0～3岁

Infants and Toddlers
Development and
Program Planning

U0635779

婴幼儿
的 发展 与
活动 计划

[美] 彭妮·劳·黛纳 / 著
张　燕 / 译丛主编
吕　萍　吴文静　唐　荣　等 / 译
向　导　李相禹　杨　希 / 校

北京师范大学出版集团
BEIJING NORMAL UNIVERSITY PUBLISHING GROUP
北京师范大学出版社

版权声明

Penny Low Deiner

Infants and Toddlers Development and Program Planning（1997）

ISBN:0-15-502064-1

Copyright © 1997 by Harcourt Brace & Company, a part of Cengage Learning.

Original edition published by Cengage Learning. All Rights reserved.

Beijing Normal University Press is authorized by Cengage Learning to publish and distribute exclusively this simplified Chinese edition. This edition is authorized for sale in the People`s Republic of China only （excluding Hong Kong,Macao SAR and Taiwan）. Unauthorized export of this edition is a violation of the Copyright Act. No part of this publication may be reproduced or distributed by any means, or stored in a database or retrieval system, without the prior written permission of the publisher.

本书原版由圣智学习出版公司出版。版权所有，盗印必究。

本书中文简体字翻译版由圣智学习出版公司授权北京师范大学出版社独家出版发行。此版仅限在中华人民共和国境内（不包括中国香港、澳门特别行政区及中国台湾）销售。未经授权的本书出口将被视为违反版权法的行为。未经出版者预先书面许可，不得以任何方式复制或发行本书的任何部分。

Cengage Learning Asia Pte. Ltd.

5 Shenton Way, # 01-01 UIC Building, Singapore 068808

北京市版权局著作权合同登记号图字01-2006-3409号

图书在版编目（CIP）数据

婴幼儿的发展与活动计划／（美）黛纳（Deiner，P.L.）著；张燕，吕萍，吴文静等译.—北京：北京师范大学出版社，2010.3
ISBN 978-7-303-10818-3

Ⅰ．①婴… Ⅱ．①黛… ②张… ③吕… ④吴… Ⅲ．婴幼儿-早期教育 Ⅳ.① G610

中国版本图书馆 CIP 数据核字(2010)第 026859 号

营 销 中 心 电 话	010-58802181 58808006
北师大出版社高等教育分社网	http://gaojiao.bnup.com.cn
电 子 信 箱	beishida168@126.com

出版发行：北京师范大学出版社 www.bnup.com.cn
　　　　　北京新街口外大街 19 号
　　　　　邮政编码：100875

印　　刷：	北京京师印务有限公司
经　　销：	全国新华书店
开　　本：	170 mm × 230 mm
印　　张：	30.5
字　　数：	540 千字
版　　次：	2010 年 4 月第 1 版
印　　次：	2010 年 4 月第 1 次印刷
定　　价：	48.00 元

策划编辑：张丽娟	责任编辑：罗佩珍
美术编辑：褚苑苑	装帧设计：天泽润
责任校对：李 菡	责任印制：马鸿麟

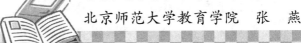

爱是需要学习的

北京师范大学教育学院　张　燕

脑科学研究的进展，越来越多地揭示出 0～3 岁早期教育对人一生发展的重要作用。特别是儿童出生的最初三年，家庭生活环境及与成人的社会交往对儿童的成长具有极为重要的意义。这意味着，对于 3 岁前的幼儿而言，家庭而非学校，是世界上最重要的教育机构；家长而非教师，是儿童发展和教育的启蒙者。

这套 0～3 岁婴幼儿教养方案译丛是专门为婴幼儿看护者和婴幼儿家庭编写的。目的是帮助家长获得科学育儿方面的知识，边育儿边学习，从而促进孩子的健康发展。

本套丛书的结构体系完整：前四册图书《摇摇铃，脸对脸——0～6 个月婴儿教养方案》《咿咿呀呀弄声响——7～12 个月婴儿教养方案》《认图形，说出来——13～24 个月婴幼儿教养方案》《唱儿歌，乱涂鸦——25～36 个月婴幼儿教养方案》根据儿童发展的年龄阶段分别讨论了适合各年龄段儿童的活动内容及形式，第五分册《婴幼儿的发展与活动计划》则介绍了有关 0～3 岁儿童发展的理论知识以及制订活动计划的指导原则。总体而言，整套丛书关注幼儿的全面发展和成长，旨在从身体、语言与人际交流、认知、社会性和情绪情感发展的各个方面为家长和看护者提供支持。

本套丛书的独特之处还在于提供了大量专为婴幼儿、婴幼儿家长及看护者设计的便于操作的亲子互动游戏。

同时，本套丛书的前四册的书名本身就概括了各个时期婴幼儿活动的特点，既生动活泼，又起到点明题义、画龙点睛的作用。

以《摇摇铃，脸对脸——0～6 个月婴儿教养方案》分册为例，书名很好地体现了这个时期婴儿的特点及相适宜的活动形式：婴儿刚出生时几乎什么都不会，想和他玩、吸引他的注意、帮助他学会伸伸胳膊踢踢腿，以及跟他说话……这一切几乎都是从玩花铃棒开始的，而作为看护者的成人与婴儿的互动游戏也必须是以大脸儿对着小脸儿逗乐这种方式进行。

婴儿每天的绝大部分时间被吃奶、换尿布、睡觉等日常活动占据了，在这几个月中，对新手父母或祖父母等看护者来说，也许绝大部分精力都得用来对付婴儿的日常起居。首先，这本书的特点之一是告诉家长如何利用这些反复进行的日常常规活动来与婴儿开展互动游戏。阅读完本书，可以鼓励父母或看护者在手忙脚乱之间，对婴儿多说几句鼓励的话；在给婴儿换尿布的时候，帮他认识认识自己的身体；在婴儿片刻的安静时间里，随手利用手边的材料和他做个小游戏……总之，这本书告诉读者要在为婴儿忙碌的日常生活中，抓住时机和他进行简单而有益的多方面的互动。

其次，全书从身体发展、语言与人际交流发展、认知发展、社会性发展、情绪情感发展等几部分呈现各种亲子互动活动，使读者能顾及婴儿成长的各个方面，通过活动促进其整体的全面发展。

常常会听到新手父母抱怨不明白宝宝的意图，不知如何与他们交流，有人还戏称自己的宝宝为"小魔鬼"，表现出茫然、不知所措的状态。针对这一点，本书的"发展重点"栏可以使读者更好地了解婴儿，更科学地对待婴儿，从而帮助读者从"凭着感觉带孩子"转变为有目的、有方法地去帮助婴儿发展。书中提供了许多生物学、心理学和教育学方面的最新研究成果，使读者可以在真正了解婴儿的身心特点的基础上，有针对性地帮助其成长与发展。

作者还特别列出了婴幼儿活动中需要注意的事项，为家长及看护者科学合理地照料婴幼儿提供了实际的指导和帮助。

这套丛书的每册大致都有这样几方面的内容：第一部分是有关婴幼儿发展的一些基本知识以及与婴幼儿互动交流的建议；第二部分是促进婴幼儿发展的创新活动。另外，每册都有附录，介绍了许多相关的育儿资源，如磁带、歌曲、手指游戏、儿歌等的目录，还提供了适合婴幼儿的一系列玩具和设备目录，以便家长及看护者选择和参照。

书中每一个活动的设计都考虑到儿童的整体发展并设定了具体的发展目标。例如，以身体发展为主要领域的活动中包括手眼协调这样的具体目标。开展这些活动需要的材料、准备工作和教育步骤也很简单与便利。本书还提供了各种变化或延伸的活动方式，并附有相关的知识，可以丰富看护者及家长与孩子活动的经验。全书按照年龄段和领域编排，非常便于看护者及家长的学习、理解和运用。

家长和看护者如果在育儿之余，还希望了解更多有关"所以然"的内容，就可以参阅本套丛书的第五分册——《婴幼儿的发展与活动计划》。该书探讨了儿童发展的基本理论，并按新生儿、学步儿等儿童发展的不同阶段详细介绍了活动计划的制订原则和过程，对于家长和看护者更科学地实施教育具有一定的启发，同时对托幼机构的管理者和教师科学有效地组织先学前儿童教育及开展亲子园活动，也可以提供启示和借鉴。

育儿是中外永恒的课题。对于大多数国人来说，在计划生育的大背景下，为人父母的经历只有一次。这套丛书译自2003年的最新版本。书中提供的知识和经验能够使家长及看护者对0~3岁婴幼儿的身心特点有比较全面的理解，有益于增进家长及看护者的育儿能力，从而帮助儿童开始良好的人生起步。

初为父母者，往往感到兴奋，看着自己的孩子，怎么也爱不够。然而，爱是需要学习的。这套包含丰富信息的既深入浅出、生动活泼又便于操作的不可多得的丛书，可以作为家长及看护者科学育儿的必读书目。

本书前言、目录由吴文静译，第一章至第二章由吴文静、贾卫云、曾婉译，第三章由吴文静、秦嘉、曾婉译，第四章由王莹、曾婉译，第五章由郭美娟、王莹、曾婉译，第六章由郭美娟、吴文静译，第七章至第十一章由吕萍、吴文静译，第十二章、第十三章由曾婉、刘羽译，第十四章由刘霞、刘羽译，第十五章由吴文静、王莹、唐荣、郭美娟、刘羽译，第十六章由刘羽译，第十七章至第十九章由唐荣、刘羽译。译稿难免有不当之处，敬请广大读者指正。

3

爱是需要学习的

前　言

本书为本科生而写，内容涉及婴幼儿的发展和活动设计。编写本书的目的是为了提出更完整的关于婴儿、学步儿和 3 岁儿童的理念，整合各种知识基础。本书涉及儿童发展、早期教育、幼儿特殊教育和家庭教育等领域，为婴幼儿的成长和发育提供了理论知识。本书也可让学生做好相关准备，让他们运用这些知识来启发式地为婴幼儿设计活动，并增强他们自身对家庭抚养孩子时拥有的快乐和担忧的认识，以支持他们对这些家庭的理解和沟通。需要注意的是，所有教科书都在很大程度上受到作者的信仰和价值观的影响，本书也不例外。

知识的应用

本书包括发展理论和活动设计，这反映了我的观点，即这两个方面是密切联系和相互影响的。尽管一些本书的读者也许实际上并不想在学前保教领域工作，但不管他们是否选择这个职业，我仍然相信应用这些知识是必要的学习部分。

在婴幼儿生活的环境中观察他们

我们不可能在真空环境中研究婴幼儿，因此本书提供了更多关于婴幼儿所处的家庭和社会背景的知识。当前的研究强调有关发展的系统方法以及执行方面的内容。和家庭成员一起努力并理解他们是很重要的，因为学前保教领域的专家们都应当学习如何和家庭成员一起努力，把婴幼儿看做家庭成员的参与者和互动者。

全纳教育

常规的学前保教环境里包括残障儿童，这就要求这一领域的开拓者也应拥有一些相关的成长和发展知识，掌握把这些婴幼儿纳入保教环境中的技能。关于残障儿童的资料为学生提供了把这些儿童纳入他们的活动设计中的知识和能力。掌握残障儿童的相关知识有助于学生为其制订活动计划，有关迟缓和非典型的发育模式的知识对鉴定残障儿童也很有帮助。早期的鉴定为许多类似儿童未来的健康成长带来了福音。

文化背景和能力

当我们在家庭和社区背景下观察儿童时，需要了解、承认并尊重种族和文化的差异。比起大一点的儿童来说，婴儿的身心健康更加依赖于与他们生命息息相关的成人的交流。和婴幼儿一起生活的人应该知道与来自不同种族或文化的人生活的差异，并且有与他们共事的能力，这一点很重要。

不断变化的人口统计数据和社会问题

经常变化的美国人口统计数据影响了婴幼儿的健康成长，由于缺乏更广泛的社会背景知识，想要理解儿童的成长和发育是很困难的。像儿童护理、对儿童的虐待与忽视、药物与酒精的滥用、贫穷、营养不良、孕期护理的缺乏等问题都会影响儿童的健康。许多生活在困境中的儿童，一天的大部分时间都待在学前保教机构中，因此学前教育工作者必须做好准备，理解那些儿童及其家庭并与之共处。如果学生做好了和这类人群共处的准备的话，那么他们的积极干预的潜力就会很大。

倡　导

第一件要做的事是儿童的支持者需要有坚实的知识基础。我希望本书能为学生提供这样的基础，并且如果学生有了自己的孩子的话，本书能推动他们去利用生活中的经验，也帮助他们把婴幼儿当做国家最宝贵的财富。

关于本书

所有作者都会面临的一个重要问题，就是如何组织一本图书。为父母们写的书经常以年龄/阶段的概念来组织，而本书主要关注的则是如动作、认知和语言的发展过程。本书采用了两种组织结构。第一部分"发育过程"——本书的主要部分，以发展领域来组织；第二部分"从理论到实践：为婴幼儿设计方案与活动"——以年龄来组织。

第一部分——发育过程

第一部分包括十二章。第一章是对婴幼儿研究领域的介绍，接下来的三章集中讨论了胎儿发育、分娩和出生过程以及新生儿的诞生。接下来的六章集中讨论了发展领域：身体和运动发展、感知觉发展、认知发展、早期交流和语言发展、社会性发展、情绪情感发展。两个结论性的章节涉及在家庭背景下观察婴幼儿：第十一章是在更广泛的生态系统下观察家庭这个单元；第十二章集中讨论了与家庭成员合作的方法。

第二部分——从理论到实践：为婴幼儿设计方案与活动

第二部分将第一部分提到的发展的理论基础与活动设计及范例联系起来。第十三章关注的是学前保育和教育系统：不同的环境类型、与质量和费用相关的问题以及保育对婴幼儿的影响。接下来的六章特别探讨了为婴幼儿设计方案的内容，以主要发展阶段划分为无移动能力的婴儿（0~8个月）、学爬儿和早期学步儿（8~18个月）、学步儿和3岁儿童（18~36个月），每个年龄段包括两章，一章为做计划，一章为活动方案。

尽管我是本书的唯一作者，但如果缺少强有力的支持也不能完成本书的写作。我的家庭是我坚实的支持者：我的丈夫是我最重要的编辑，我们的婚姻又一次保证了写作和编辑的进度。还有现年16岁的佩格，她提供了她照看的孩子的奇闻逸事，甚至允许我拍照。她的"妈妈，这是怎么回事"也给我提供了很多必要的鼓励。

还有现在居住在旧金山的杰米和迈克尔，他们非常热心地关注本书的写作进度。我还要感谢哈里特·弗格斯和洛纳·韦尔斯提供的无私帮助。我也要谢谢萨瑞莎·福特，她让我去她的商店观察那些孩子及他们的家庭成员，还向我展示了最新的婴幼儿玩具。

由艾丽丝·P. 艾曼领导的德拉华大学实验学校（The University of Delaware Laboratory school）是一个珍贵的资源——特别是那里的教师纳丁·海姆、简·戴维森和南希·爱德华兹。纳丁允许我走进她的教室观察儿童并给儿童拍照，还把自己的一些实验以及教育儿童的艰辛与我们分享。简很乐意与我们分享照片，作为交换，她也得到了我的故事。我还要感谢我的两位研究生肖恩·克瑞斯汀和乔·O. 洛克，他们在各章的进度上给了我很多反馈。

我要特别感谢 A. 帕特丽夏及其追随者。他们的进步思想一直都在影响着我的思想，并使我认识到残疾人要面对的挑战以及那些残疾儿童面对同样的挑战时应具有的能力。此外，她还贡献出许多照片，并帮我从至少 1500 张底片中挑选出我想要的。

我要特别感谢本书手稿的评论家们。他们是美国雪城大学（Syracuse University）的爱丽斯·斯特尔林·霍尼格，辛辛那提大学（the University of Cincinnati）的圣安妮·多塞和贝塞尔学院（Bethel College）的大卫·安德森。他们不仅给了我宝贵的批评意见，还勉励我，认为本书是值得他们和我花时间去读或写的作品。他们给本书的最后定稿做出了非常积极的贡献。我特别要感谢策划编辑乔安妮·韦弗，起初是她使我产生了写这本书的兴趣。与我亲密接触的哈考特—布雷斯出版公司（Harcourt Brace）的两位编辑特雷西·纳帕尔和查理·迪尔科都是非常出色且有趣的人。他们在分享编辑方面的专业意见的同时，也提供了作为父母亲的观点。

目　录

婴幼儿的发展与活动计划

7

目

录

CBA

目
录

第一部分　发育过程

第一部分包括十二章。第一章是对婴幼儿研究领域的介绍，接下来的三章集中讨论了胎儿的发育、分娩和出生过程以及新生儿的诞生。这几章关注婴幼儿的研究和头三年生活的重要性以及婴幼儿整个生活涉及的发展，对出生之前遗传和环境以及出生过程本身对发展的影响进行了详细描述。第四章描述了新生儿的内容，着重强调婴儿及其与生俱来的各种反射与技能，以及男人与女人向父母身份的转变。

接下来的六章关注发展的方面：身体和运动发展、感知觉发展、认知发展、早期交流和语言发展、社会性发展、情绪情感发展。

尽管内容各不相同，但第五章到第十章的结构相似。每章的第一部分描述相关的理论以及这些理论在每个领域是如何指导研究的，然后用具体领域的相关研究检验所述观点；接下来是发展方面的一个片段，包括一些非典型性的发展；最后阐述了家庭和环境背景的内容。

第一部分的最后两章是在家庭背景中观察婴幼儿。第十一章把家庭作为一个具有特殊任务的单位来考察，这些任务是所有家庭必须承担的。家庭被看做一个更大的生态系统的一部分。我们也关注脆弱的家庭。最后一章则讨论了与家庭合作方面的技能。

第一章　为什么要研究婴幼儿

本书把当前关于婴幼儿成长与发展的研究和理论联系起来，并把这些信息应用到他们的早期保育和教育中去。虽然关注的是婴幼儿的发展，但本书是把儿童放在家庭和看护者以及这些家庭所处的社会背景下来研究的。同时，本书也看到了在教养婴幼儿时脆弱家庭面临的挑战，以及社会在帮助婴幼儿挖掘他们的潜力时面临的挑战。

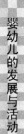
为什么以及如何研究婴幼儿的发展

先想想你自己：你为什么是今天这个样子？为什么别人与你不同？所有这一切是从何时开始的？去年？小学？还是出生时？或是更早？在研究婴幼儿以及他们是如何成长与发展的时候，我们必须从头开始——出生之前。研究婴儿本身就是个挑战！我们怎么了解婴儿知道什么？他们不能用语言告诉我们，他们不能明白我们的要求，他们甚至不能指向我们展示给他们的一幅图画。

你们中的大部分人肯定都有一些有关婴儿的经验，除了你们自己曾是婴儿之外，你们还曾在杂货店和商场中见过他们，或者甚至给一个孩子当过临时保姆，你可能想生孩子或者已经有了自己的孩子。然而，大部分家长却没有上过一节关于婴幼儿的课程。这些婴儿已经生存下来并长大成人了。在某种课程中研究照料婴儿和关爱婴儿之间的区别是什么？母亲（或父亲）难道不是凭直觉就知道怎么做吗？难道这不是与生俱来的吗？

你的一些朋友可能对你选修的这门关于小婴儿的课程感到吃惊。大部分人对婴儿的了解基于一些常识、每天的见闻和直觉的基础上。当父母需要更多的信息时，他们会求助于朋友或他们的父母。一些父母则阅读关于孩子教养方面的书，了解在特定的年龄阶段什么玩具对小孩是有益的，甚至会读一些怎样管教孩子的书。其他人会觉得这是非常明显的：如果宝宝哭了，看看他是不是尿了或饿了；如果你给他的玩具他不玩，就给他换一个；如果宝宝看上去累了，就让他去睡。所有这些仅仅是爱他们而已，所有这些想法虽都有一些效果，但它们并不能真正成为婴幼儿科学研究的一部分。显而易见，爱是重要的，但是仅有爱还不够，你需要知识以及运用和交流这些知识的能力。

单词"infant"源于拉丁文，含义是"无声"，一些人把婴儿期看做生命的第一年，也有人把它延长到18个月甚至24个月。紧接着是幼儿期，这一时期又有更广泛的定义。一些人认为幼儿期是1~3岁，另一些人则把两岁看做分界线。在年龄分段上没有一致的定义，一些学者倾向于一种功能性的定义，区分如下：以无移动能力的婴儿（0~8个月）、学爬儿和早期学步儿（8~18个月）、学步儿和3岁儿童（18~36个月）作为年龄分组（Bredekamp，1987）。在定义婴儿期时，本书也采取这种功能性的方法。

胎儿期的发育发生在从怀孕到出生之间的9个月内。尽管从技术上看它并非婴儿期的一部分，但这几个月对以后发展的影响如此巨大，以至一般都会把它们当做这个领域的一部分。渐渐地，我们也意识到环境在胎儿成长和发育期间的影响。

在过去的 30 年中，婴幼儿的研究已经形成了一个特有的领域，与关于青春期的研究一样多。婴幼儿研究涉及很多领域。医生和护士关注有关婴儿健康的医学方面的内容；儿童发展专家集中研究发展中的婴儿如何与周围世界互动；早期儿童教育者对儿童的适宜性发展感兴趣；早期特殊儿童教育者对婴幼儿是否发展迟缓并设计出早期干预方案感兴趣；发展心理学家对发现婴幼儿如何认知他们的世界感兴趣；儿童心理学家和精神病学家则关注婴幼儿的精神健康。在关心儿童发展的团体中，在像儿童保护基金会（the Children's Defense Fund）及安妮·E. 凯西基金会（the Annie E. Casey Foundation）和纽约的卡耐基基金会（the Carnegie Corporation of New York）这样的组织中，人们越来越倡导一些能够影响有关婴幼儿的社会政策的变革。总之，婴幼儿的研究是多方面的。

关于婴幼儿的历史观点

在西方，儿童期并不总是被看做一个值得注意的发展时期。在中世纪，没有单独的童工法律保护儿童免受艰苦的劳作，当青少年犯罪时，没有一个适合青少年的审判体系把他们与成人区别对待。儿童期被认为是一个"等待"的时期，年幼儿童必须成长和发展，以便于他们能在工作中顶替劳动力或被社会所接受。这些发生在早期，因为那时候没有界定青少年的概念。在 19 世纪以前的欧洲社会看来，一般说来，儿童权利的缺失是可以理解的。由于以下原因，婴幼儿作为儿童的一个特殊群体，并没有受到学者们的关注：

● 没有计划生育的常识，妇女通常会有很多孩子。尤其对贫困的妇女来说，通常孩子被认为是一种负担。

● 通常婴儿会夭折，以至孩子几个月大了，一些父母才给他们起名字并尽量不依恋他们。

● 富有家庭会雇用奶妈（有一个孩子或孩子已夭折的并还有奶水的女子）来喂养和照看婴儿直到断奶或长大。

● 不想要的、有缺陷或有残疾的婴儿经常会被遗弃或弄死。

早期的儿童研究也受当时社会流行的哲学观点的影响。在中世纪最流行的是"原罪说"。婴儿生而有罪，抚养儿童的任务就是把有罪的婴儿变成一个对上帝敬畏的、完整的成人。实现这些的途径是非常无情的。在 19 世纪末，英国哲学家约翰·洛克提出另一种观点，他认为儿童生来就像"一块白板"，他相信儿童的经验会影响到他们如何成长，同时他鼓励父母用他们期望的价值观去教育孩子。在 20

世纪早期，罗素把这种观点推向另一个极端，提出婴儿生而性善，所以抚养孩子的任务就是培育孩子并使其固有的善意得到发展。

由于欧洲经济条件的好转以及 19 世纪关于健康和疾病知识的增加，对婴幼儿的关注也得到提高。在 18 世纪晚期有了一些孤立的婴儿研究，但直到 19 世纪末，在研究婴儿方面才有了一些持续的关注。这种发展中的关注是以详细的宝宝传记的形式来呈现的，通常是婴儿每日活动的记录。这些记录通常是由父亲给儿子做的，最著名的是进化论的创始者查尔斯·达尔文（Charles Darwin）和德国生理学家威尔海姆·普雷尔（Wilhelm Preyer）。

婴儿传记作家记录对某个婴儿的一段时间的观察（尽可能多地记录一些重点内容）。通过这些观察，我们开始部分地了解到婴儿所经历的这些可预见的发展阶段，比如，婴儿在何时掌握坐、走或精细的机体活动（如变化抓握物体的方式）。然而，这些婴儿传记作家并没有解决概括从某个婴儿到所有婴儿的信息的问题。如果被观察的婴儿在某些方面是不正常的，那该如何处理呢？为了获得更概括化的信息，我们要对成组的儿童进行观察和研究。与只观察一个婴儿不同的是，对婴儿的成组观察集中在特殊表现或系列行为上，目标是尽力描述儿童发展的过程、发现某些特定行为何时发生以及它们出现的先后顺序。研究者想知道婴儿一般何时学会独立坐、走和说话。他们想知道婴儿出生时一般多大以及他们的身高、体重如何随着生长发育而变化。

关于婴幼儿的早期研究

早期的描述性研究大部分集中于婴儿的生理和机能的发展，很少会关注他们的社会性和情绪情感的发展。在机能发展方面所做的重要研究，很多都形成于 20 世纪的 20 年代、30 年代和 40 年代。尽管现在我们已经知道婴儿掌握技能略早于研究者原先认为的时段，但是他们提出的发展模式在今天仍具指导作用。

玛丽·雪莉（Mary Shirley，1933）是著名的研究者之一，她跟踪观察了 25 名婴儿在头两年生活中的技能发展。她很想知道是否所有儿童的运动技能发展的顺序是相同的以及是否一些技能是其他技能发展的先决条件。最后，她发现运动技能的发展顺序是不变的。

阿诺德·格赛尔（Arnold Gesell，1934）和他在耶鲁大学的助手利用当时的新工具——动画来分析早期机能行为的组成部分。他把婴儿机能行为的第一年分为四个部分，每部分有不同的侧重点：控制眼部的运动，控制头和胳膊的运动，控制肢体和手的运动，控制腿脚、拇指和食指的运动（Barclay，1985）。他也强调了一个原理——发展的里程碑建立在彼此的基础之上。格赛尔和雪莉都得出结论：机能的发展首先是一个生理成熟的问题而非环境所能左右的。有关练习能否影响机能的获得的调查只不过是对他们研究的一种逻辑认证罢了。

20世纪30年代和40年代期间，维尼·丹尼斯（Wayne Dennis，1941）和米特·麦格劳（Myrtle McGraw，1943）分别研究了练习和成熟之间的关系。二人得出了相似的结论。丹尼斯研究了这样一些婴儿，他们没有被给予练习坐和站之类的机会，这些婴儿在预期的年龄阶段不能表现出这些技能。但是，有了练习的机会后，他们都相对较快地发展了这些技能。麦格劳则力图去训练孩子掌握比预期要早的某些技能，如控制大小便或骑三轮车。她得出的结论是直到儿童有充分的生理成熟后，练习才会有效。

被记录的研究提供了一些过去重要的实践目标。这些研究在当今仍有价值。他们还提出了一个在这个领域反复争论的问题：天性与教养谁更有优势？

在生理和机能发展方面之外的早期研究都是在以下三人的研究中发现的：玛格丽特·瑞布尔（Margaret Ribble）、瑞尼·斯皮兹（Rene Spitz）和约翰·鲍尔比（John Bowlby）。这些研究者的精力集中在机构中婴儿的情感发展方面。以前生活在机构中的孩子死亡率较高。在1775~1800年期间，根据一个都柏林弃婴收养院（Dublin foundling home）公布的数据，在10772名儿童中，仅有45名幸存（Kessen，1965）。直到20世纪30年代才有更多的机构中的婴儿存活下来，但这些婴儿表现出高度的心理障碍。

斯皮兹（Spitz，1945）进行了一次大规模的研究，将待在两个机构中的婴儿进行对比，这些婴儿都接受了良好的医学护理，但是在与母亲的接触方式、玩具的获得和视觉刺激方面的条件非常不同。托儿所（nursery）是一种为犯罪女性的孩子建立的机构，这些女性待在处罚机构中。在托儿所中的孩子由他们的母亲或全职代理母亲喂养和照料。他们拥有玩具并且能够看到婴儿床周围发生的事情。这些孩子的智商正常且与非机构中两个控制组的孩子的智商水平相当。接下来的研究发现，他们按正常水平发展，并且3年半后所有孩子都活了下来（Thompson & Grusec，1970）。

而弃婴收养院（the foundling home）是给另一类孩子建立的一种机构，这些孩子的母亲无法养育他们。在这个弃婴收养院的孩子几乎没有玩具，床的四周都挂着床单以防细菌感染，他们根本看不到周围发生的事情，他们与外界交往的唯一机会就是照料者喂食的时候。

他们一连数月躺卧在儿童床上，以至床垫都磨出洞来了，直到按自然规律他们本应该能自己在垫子上翻转（大约 7 个月大）的时候，这些洞却妨碍了他们这么做。因而，到 10 个月或 12 个月大的时候，他们被观察到仅仅躺在那里，玩着他们唯一的玩具——自己的手和脚（Thompson & Grusec，1970）。

由于与母亲分离，被剥夺了玩具和视觉刺激物，在出生头一年末他们的智商急剧下降，对陌生人表现出一种不同寻常的反应，从极其友好到尖刻无情地尖叫。尽管有极好的卫生条件，但这些孩子都容易生病，其中很多都得了麻疹。

这个弃婴收养院的条件日益改善，但在两年的跟踪研究中，斯皮兹（Spitz，1946）发现仅有一小部分孩子活了下来。这些孩子身体发育迟缓，上厕所、说话和自理能力都发展缓慢，在出生头一年经历的状况看起来已经产生了一种不可逆转的效果。斯皮兹（Spitz，1945）把这些婴儿的状况归因于缺乏与成人——母亲或代理母亲——的接触。也有人认为这种结果是由于缺乏环境刺激而导致的，认为两组有内在的差别，基于缺少活动而产生的呼吸问题、拙劣的基因基础、贫乏的胎儿期照料以及其他原因（Pinneau，1950）。

瑞布尔（Ribble，1944）研究了 600 名婴儿，这些婴儿被剥夺了充足的母爱并被认为是不受欢迎的，通常有被她描述为"马拉松式"地消耗身体的致命病症。瑞布尔也把这些机构化的影响归因于母亲的缺席。她的数据和理论方式同样受到了批评。鲍尔比（Bowlby，1940，1944）得出的结论是，6 个月以前被剥夺母爱对孩子造成的伤害小于较晚时候被剥夺母爱造成的伤害。但是如果婴儿在头三年中失去与母亲般人物形成依恋的机会，在某段有限的时间被剥夺了母亲般人物的爱，或者没有一个固定的母亲般人物的照料，那么，就将形成冷酷无情和精神失常的人格（Thompson & Grusec，1970）。

由斯皮兹、瑞布尔和鲍尔比所做的研究抓住了其他心理学家及公众的视线，并为该领域的研究及一些公共政策改变的研究奠定了重要基础。

在此基础上，对婴儿的研究继续发展。与利用偶然的观察和直觉相比，更多近来的研究以直接的、系统的、控制性的观察和试验为手段来回答婴幼儿做了什么。最新的研究技术和 20 世纪 60~70 年代科技上的突破已经揭示出：婴儿远远比我们原来以为的完整和能干。

像罗伯特·范兹（Robert Fantz）这样的研究者的先锋工作，是以一种新的研究方式为引导的。他的观察室由一种木质结构组成，这种结构便于实验者在婴儿头上的屋顶上出示两种可视的展示物体。为了判断婴儿的视觉偏好，实验通过窥视孔来观察婴儿的眼睛。如果婴儿盯着其中之一不动，实验者就能看到婴儿眼中的反应，并能够了解婴儿看每个展示物体的时间的长短。我们之所以能够知道年幼儿童更喜欢看黑白条纹的垂直图案，就是通过这种方法来获知的。

以今天的标准来看，像观察室这样的实验看上去并不是很严谨，但是它们却增进了我们对婴儿的了解，并且为这个领域中更多的研究奠定了基础。一旦知道年幼儿童有了偏好并有能力学习，我们就会开始探索他们是什么时候开始学习的。

目前的研究趋势和焦点问题

目前的研究帮助我们了解了这个领域的一些热点问题及发展方向。一些争论已经持续了很长时间，比如，对先天论和环境决定论、发展的连续性和非连续性问题的关注等。最近又出现了更多其他的争论。总体来说，不管是有关早期保教的研究还是有关危险状况的研究，都集中于关注对不利发展结果的预防，并且有一种应用研究的趋势。有一些人关注创造最佳条件去帮助儿童意识到自己的发展潜力（Ricciuti，1992）。行为表现的生物学基础已经被证明是作为一种更多的了解正常和非正常的发展的方式（Cicchetti & Tucker，1994）。渐渐地，研究者转向家庭中心模式，并寻求对多元文化敏感的途径。还有一种伟大的论调集中在社会改革政策的影响上，尤其关注贫困和暴力对婴儿、学步儿的影响。

 天性与教养

当想到婴儿时，我们就会回到这个老生常谈的话题上："到底什么是更重要的，遗传还是环境？"或许，唯一的"纯基因时刻"是在怀孕的时候。从那时起，机体和环境之间就存在着一种相互作用。了解越多，我们就越认为这种相互作用是非常复杂的，并且无法分辨出谁占的比例的多寡。因此，天性—教养模式在描述发展上已经不再有充分的理由（Cicchetti & Tucker，1994）。

自从天性—教养模式被提出异议后，我们关于"先天"的信息就增加了很多。科学家已经发现，"1岁之前的大脑发展比我们原先意识到的更为迅速和深入"（卡耐基满足幼儿的需求特别行动小组，1994）。我们知道：大脑细胞的形成几乎在出生时就已完成。但是，对于头一年大脑发育程度的了解相对来说是一个新的信息。大脑细胞必须形成连接体或突触，才能有助于学习的产生。在头一年中，"突触的数量将会增加20倍，从50兆增加到1000兆"（卡耐基满足幼儿的需求特别行动小组，1994）。尽管专家们认为，大脑的发育有基因组成的问题，但是环境也会产生很大的影响。大脑的发育比以前认为的更容易受到环境的影响。无论是在出生前或儿童早期，营养对大脑发展的影响早已被认识到，但是，有关早期环境刺激对脑的作用却还不是足够的明确。

大脑有比它所需要的更多的神经细胞和突触，这种超丰富的脑细胞数量保持了发展的潜力，导致了各种各样的生活方式以及个体的个性和气质。在胎儿期的发展中，神经细胞在减少；而在婴儿期，却是神经突触在减少（Cicchetti & Tucker，1994）。减少或从技术上来说是分割，是大脑消除先天的神经细胞和突触的过程，而这个过程是形成大脑成熟特征的过程的一部分（Brown，1994）。减少的过程取决于是否使用它，也就是说，被利用的这些突触被保存下来，那些没有被用到的就清除掉了。动物的早期视觉剥夺试验已经表明，尽管原先视觉功能是完好的，但是被剥夺了视觉刺激以后，会导致长期的视觉损害，这就是神经细胞和突触减少的结果（Brown，1994）。

遗传提供了组织、大脑，但教养却提供了早期必需的经验，使大脑形成一个机能适应性的网络。谁是起决定作用的因素？看起来大脑是唯一的并且会自我调节的。这个过程导致了大脑本身复杂性的提高，并且，由于大脑有自我调节系统，随着时间的推移，就形成了每个孩子个性的特殊性（Cicchetti & Tucker，1994）。

发展的连续性与非连续性

关于发展是连续的还是非连续的，还是实际上两者都有，一直都存在争论。有人认为发展是连续的，并且对儿童早期的了解能够预见他在稍后的儿童期将在某些特殊领域表现如何（举个例子，我们能预见智商高的孩子将在高等学校的入学测验中表现得很好）。也有人关注环境的连续性或一致性及其对婴儿发展的影响。似乎有一种假说，认为环境的连续性好，非连续性不好，但这是毫无根据的（Peters & Kontos，1987）。如果一个婴儿开始处在一种无刺激的环境中，然后被放到一种适于发展的教养环境中，这种不一致性就可能产生积极作用。按照争论中的同一看法，一些人考虑发展中的特定领域，如认知发展或依恋行为，在此期间是否会显示出连续性而其他行为则不能。另外，另一些研究者主张，由于发展意味着变化，所以它从定义上来说就是非连续性的。

像皮亚杰的阶段理论，就倾向于发展的非连续性。同样，关键期的概念——在早期发展中的固定时间段，某些特定的行为适时地出现了——支持了非连续性。然而，目前的研究还不能完全支撑人类存在关键期的理论。

但是它却支持了这样一种观点，我们越广泛地构想敏感期，这些周期就越容易发生变化；那是发展中的间隔，在这些间隔中重大事件的影响比其他时段的影响更深远。

关于发展是连续性的还是非连续性的或是二者都有的争论仍在继续。这是一个非常重要的问题，它关系到一个人是否能通过在一种最理想的环境中度过一段时间来弥补"欠佳的环境"，或者生活在理想的环境中的婴儿是否会成为有志青年，以及在儿童期碰到困难的人是否会成为少年犯。

就在我们集中于关于天性与教养、连续性与非连续性发展的争论的同时，一些潜在的答案正来自我们传统认为的婴幼儿发展的领域之外。神经生物学、遗传学和在精神病理学领域的生物学上的进步正在提供一些新的信息，而这些信息必定会整合到这个领域中。

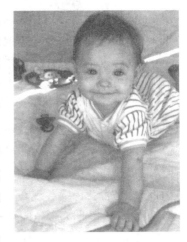

图1-1　生活在温暖、充满刺激的环境中的婴儿能够从一致的早期家庭教养环境中获益

行为的生物学基础

随着一些数据的证实，我们正逐步意识到人生早期对未来发展的重要性。随着研究者开始关注出生前的危险状况、脑的化学成分和生长失败的生物学结果，婴儿领域的研究正变得日益复杂（Riccuti，1992）。对于之前纯粹通过观察得到的数据，我们正在寻求生物学的解释。但是，非常明显的是，生物学状况只有放在社会和环境的背景中方能得以解释。

今天的研究正试图更精确地确认婴儿本身及其所处环境中发生危险的原因。人类基因工程有它自己的目标："到2005年为止，能找到大约10万个人类基因的定位，读懂整个起源的文字以及30亿位的信息。"（美国卫生与公共服务部，1995）1996年，这个项目领先于进度表。基因不但关系到我们像谁，而且会影响我们可能容易感染哪种疾病。基因中的畸形与3000～4000种遗传疾病有关。基因突变在更多疾病中正发挥着重要的作用，如癌症、糖尿病和心脏病。一旦一种疾病的分子基础被发现，科学家们就会有更好的机会去设计一种目标性强的药物来消除疾病，或者甚至通过基因疗法来更正或重置突变的基因（美国卫生与公共服务部，1995）。

然而，基因研究除了有积极的一面外，同时也存在一些争论。你真的想知道你或你的孩子是否有一种致命的遗传病吗？如果结果是不准确的呢？如果是由于基因测试的结果而导致你无法享用医疗保险呢？在了解人类基因方面有太多的道德和法律的问题方面，还需要加以考虑。

研究者也正在关注发展敏感期的早期经验。一个主要的问题是：以早期家庭为中心的干预是否能从实际上增加对处境不利儿童产生积极效果的可能性？

早期的研究（20 世纪 50 年代）关注于家庭文化倒退中的精神倒退的预防（Garber, Hodge, Rynders, Dever & Velu, 1991）。之后则是关注贫困家庭，同时更广泛地关注早期丰富刺激的概念。在绝大多数情况下，当处于无刺激环境中的婴幼儿被放在有更多刺激的环境中时，他们的行为就会发生积极的变化。问题是这种获得是否会持续。现在，有资料表明，在这些情况下，早期干预的影响既有短期的也有长期的（Consortium for Longitudinal Studies, 1983；Honig, 1979, 1983；Ramey et al., 1992；Seitz, Rosenbaum & Apfel, 1985）。这些获得以各种各样的标准来测量：更好的认知成就、更高的智商分数、积极的社会表现、在特殊教育中的更少年限、更少的少年犯罪、更低的复读率、更低的旷课率以及其他。重要的是，这些都是纵向的研究，是从 20 世纪 80 年代开始进行的，这些研究结果刚刚开始出现。有一些现象表明在此期间，早期干预的益处是日益积累的（卡耐基满足幼儿的需求特别行动小组，1994）。预计精神生物学家在不久的未来将会承认这些结果。值得期盼的是：对困境更准确的确认将给儿童带来较好结果的专门干预。

婴幼儿的心理健康

婴幼儿情感和社会性的作用正得到越来越多的关注。因为他们本身不会用语言去表达感情和组织经验。因此，在这个领域需要用专业的眼光来理解婴幼儿经验的意义。有人关注到一些年幼儿童是暴力的受害者，并且他们变得习惯于暴力，以致他们乐意成为施暴者并且不同情受害者（Osofsky, 1993/1994）。

很多年来我们已经知道，在早期承受过长期压力的儿童很容易出现一些消极的行为表现，并带来一系列认知、行为和情感方面的问题（Rutter, 1979；Trickett & Kuczynski, 1986）。儿童在精神恢复方面天生各不相同，但是也没有不会受伤害的孩子（Honig, 1986）。我们正开始研究这其中的原因。尽管我们能够确认危险和保护性的因素，但是研究者们正得出这样的结论，长期压抑的环境能够刺激荷尔蒙，而这些荷尔蒙则会影响大脑的作用，还有人认为这些影响可能是永久性的（卡耐基满足幼儿的需求特别行动小组，1994）。

一些研究者认为，早期环境的压力承受者可能不但会使大脑对这些经历的记忆成形，而且会使神经系统的发展变得敏感，并影响未来的发展。受过虐待的幼儿产生的问题可能会比我们原以为的更持久："早期虐待在精神上的后果可能不限于天生心理上的原因，也可能是在大脑发展中所经历的精神创伤之故。"（Cicchetti & Tucker，1994，546）也就是说，由于早期经验与大脑的自我调节系统相互作用，所以那部分减少的突触可能与创伤经历有关。

 ### 变化中的婴幼儿人口统计数据

在美国，婴幼儿人口正迅速地改变，这些情况促使我们用各种方式去调查天性、教养、文化等的作用以及这些方面之间复杂的相互作用（Zahn-Waxler，1995）。儿童保护基金会（the Chilren's Defense Fund）预言：到2030年，"将会有550多万拉丁美洲的儿童、260万非洲裔的美国儿童、150多万其他种族的儿童以及不到620万的非拉丁美洲的白人儿童，这些改变归功于非白种人、非英籍妇女、大量增加的移民人群中出生率的提高以及非白种人群中育龄妇女的增多"（Hanson，Lynch & Wayman，1990）。由此带来的结果是，对研究者和早期看护人员及教育人员提出了更多的要求，即他们需要发展自己的跨文化能力（Hanson，1992）。

 ### 性别和全职家庭的问题

性别角色的变化对儿童发展和早期教育领域产生着主要影响。传统家庭理论把男人和女人分为两种不同的文化，认为男性是指挥性的（坚定的、冷酷的和实际的），女性是表现性的（感性的、个人化的、现实的，并且对成就和抽象的想法不感兴趣），这些理论已经被发现是偏颇的（Collins & Coltrane，1995）。女人能够而且已经在政治权利、经济控制和科学研究方面取得了成功。同样，当男人承担起父亲的角色和孩子在一起的时候，他们是敏感、细心的，一点儿也不放肆。实际上，男人和女人都有一种指挥者和表现者的综合素质。

除了重新定位性别角色的作用外，对女人（包括那些有孩子的妇女）而言，还有一些经济的动力，促使她们进入劳动力市场（Gibbs & Teti，1990）。这就意味着原先由母亲在家抚养的孩子现在得送到儿童看护机构中去了。这给劳动力市场也带来了非常不同的要求。全职家庭的问题给家庭和工业提出了一系列全新的挑战。

 ### 影响婴幼儿的社会政策

社会政策是影响公民福利的政府行动计划。美国没有有关家庭或婴幼儿的综合性的社会政策，但却有很多直接和间接影响婴幼儿及其家庭的独立政策，包括：与保育、营养相关的计划，对有未成年子女（dependent children）的家庭的扶持，福利项目，国民医疗补助体系以及其他更多政策。

政策制定者不但要决定什么计划将是可行的，而且要决定对接受者而言合适的标准是什么。我们知道婴幼儿的健康成长与他们的家庭密切相关。一些社会政策支持家庭的完整性以及婴幼儿在家庭中的健康、看护和福利；而另外一些政策则不然。渐渐地，关注婴幼儿的专家们必须将他们的专业知识带入街道、社区、州和国家等政治领域，并为最年幼的公民的需求提供支持（安妮·伊·凯西基金会，1994；卡耐基满足幼儿的需求特别行动小组，1994；儿童保护基金会报告，1995）。

这些倾向和争论已经将关注点放在儿童早期，并强调传播有关婴幼儿如何成长及发展的信息以及我们已知信息的必要。变化的环境给那些从事与婴幼儿相关工作的人们提出了不同的、更复杂的要求，并强调在计划和提供一系列服务时合作的必要性。这需要来自儿童看护、教育、卫生、社会服务等各方面的专家之间的互动，以及家长和其他家庭成员之间的互动（NAEYC，1994）。一些新的专门化的东西已经为那些关注婴幼儿的人们创造出来了。人们有必要成为一名婴幼儿研究的明智的解读者。

成为一名研究的批判性解读者

当你阅读本书时，可能会产生一个问题，就是研究结果并不总是一致，或研究结果虽一致但研究者对这些结果有不同的解释。也有可能，你在本书中读到的内容与当今媒体流行的观点不一致。那些哗众取宠的研究总能得到关注，并且比起那些辛苦的更可靠的研究而言，更容易深入人心。有时，好的研究被报道出来，但是并没有引起研究者的重视和认可。

有时，关于研究结果的确有不一致的地方。一个例子是关于儿童看护对婴儿的影响的数据。通常，区别比实际情况更为明显。因此，你如何判断谁是正确的呢？举个简单的例子，比如，如何判断孩子什么时候会走路？研究者 A 认为，一般孩子在 11 个月时会走，研究者 B 认为孩子直到 14 个月才会走。你有一个 14 个月大的孩子目前还不会走路。如果你信 A，你可能就会担心你的孩子发育迟缓。如果你信 B，你虽然总盼望孩子很快会走路，但不会心神不宁。那么，谁是对的？成为一名研究的批判性解读者非常重要。你需要做的是了解一些关于研究是如何实施的信息和一些影响研究的变量。

操作性定义

你可能想弄明白的第一件事情是研究者的操作性定义。他们是如何界定年龄以及如何判断一个孩子会不会走路的？你会发现他们有以下定义。

研究者 A 的定义如下。年龄：一个孩子只有到月末方算一个月，也就是说，10 个月零 27 天的孩子仍然被认为是 10 个月大。走路：一个孩子必须独立行走一两步。研究者 A 认为父母是孩子最好的观察者，并要求他们记下自己孩子第一次学会走路的时间。研究员 A 在孩子卡片上记录下日期，与其他相关信息放在一起。

研究者 B 的定义如下。年龄：一个孩子只要满了 15 天就算进入下一个月，也就是说，一个 10 个月零 27 天的孩子被认为有 11 个月大。走路：一个孩子必须独立地行走 6 英尺（约合 182.88 厘米），研究者必须亲眼见到并把它记录在孩子的发展图表中。当父母认为孩子能走到 6 英尺时，他们会通知研究者。研究者 B 再观察孩子并决定他是否满足了会走路的标准。

了解了这些信息，就不难相信，在研究者 A 的研究中儿童走路较早，而在研究者 B 的研究中走路较晚。非常明显，操作性定义的不同影响到了数据。那么，像这样的区别，就仅仅是定义的问题而非孩子会走路年龄的区别了。

 代表性

除了研究方法外，另一个重要的变量是你需要研究的婴儿的数量，应确保所获得的信息是有代表性的或能推广到其他婴儿身上的。总体是所有婴儿，样本则是总体中被研究的部分。所有婴儿可能是我们感兴趣的总的数量，但我们不能研究所有婴儿。我们可以选择关注某一特定年龄阶段的婴儿，如 9 ~ 12 个月大的婴儿，尽管这样排除了另一些婴儿，但是数量仍然太多以至无法开展研究。所以，我们选择一个婴儿样本去研究，然后推广到更大的群体。研究关心的是样本是否能够代表我们想推广的群体，以及这个样本是否足够大以便进行信息分析。

当你问"我们能假定学会说话的年龄不受性别、种族、民族、地理位置和社会经济地位等变量的影响吗"的时候，问题会变得更为复杂。一般而言，你不能做出这样一种假设，所以，你选择的婴儿的样本必然是你希望去推广的婴儿人数中最具代表性的。如果你想去推广的群体是所有婴儿，你必须选择一个这些人中有代表性的群体。它应当包括男孩和女孩，至少包括白种人、非裔美国人、拉丁美洲人、亚裔美国人以及美国本土的孩子，孩子必须来自城市、郊区和乡村，并且来自不同教育水平、职业和收入水平的家庭。显而易见，为了得到数目如此大和多人种的代表性的样本，代价极大且耗费时间极长。

过分夸大推广范围是一个值得注意的问题，尤其是当结论被用于超出这个研究群体来做决定的时候。例如，假设研究者对保育对婴幼儿的影响感兴趣，仅仅在学院和大学背景下取得早期保育及教育的样本，得出保育对婴儿的认知、社会性、情感发展没有消极影响的结论，就可以得出结论，说所有保育对婴幼儿都没有消极影响吗？不！那将是一个过分夸大的代表性结论。

总之，研究者应该对信息的适用人群加以限制。例如，假设他们只研究了住在郊区的中产阶级非裔男孩，就只能限制研究结论仅适用于这一群体。同样，如果收集的数据仅来自一些学院附属的保教机构，那么就要附加说明所得结论只适用于"高质量的"保教机构。在以上两例中，结论对被研究的婴儿和机构可能是正确的，但对整个婴儿群体和保教机构来说并不一定是正确的。当研究结果被公布于大众媒体的时候，存在一个问题，就是这些限制可能就消失了。

群组数据与个体需要

大部分研究是基于儿童的群组性进行的，焦点是一个特定的群体对某些因素是如何反映的，例如，保育对一个婴儿群体的影响。数据可以说明总体上男孩比女孩适应得更快。虽然，在这个样本的两个极端上，马克可能适应得非常困难，而玛蒂莲则适应得相当好。具有代表性的研究集中于作为整体的群组，而不是儿童群组中不同的个体。这是合乎规范的研究。问题是你想知道你的孩子在儿童看护机构怎么样，这是一个个体的需要。你想知道关于一个孩子而不是一群孩子的情况。我们很少有这种个人的信息。从群组信息中得到的结果可能不适合我们感兴趣的孩子。这并不意味着数据本身不准确，而是一种信息的误用。

相关性与因果关系

相关性的研究关注两个及其以上的事情是如何发生联系的。例如，研究者可能对一名幼儿在保教机构中出现攻击性行为的次数与这名幼儿观看暴力性电视节目的小时数的比较感兴趣。有可能幼儿观看的暴力性电视节目越多，在教室中出现事实上的攻击性行为也越多。但是，这并不意味着观看暴力性电视节目导致了在教室中的攻击性行为。相关性并不是因果关系。

始于20世纪60年代的荧屏暴力和攻击性行为之间的关系研究激发了人们做一些实验研究，这些实验研究很可能会让我们对其因果关系看得更清楚些。比如，亚历山·休斯顿（Aletha Huston）在设计的实验研究中，让年幼儿童观看含有不同数量的暴力行为的电视节目，包括一些高收费的商业片，然后观察他们在教室中的行为。她和她的同事得出结论，观看暴力性电视节目确实会导致攻击性行为（Huston，1992；Huston，Watkins & Kunkel，1989；Greer，Potts，Wright & Huston，1982）。

有时，信息会被过分地推广或误解。目前在流行文学、媒体以及类似的文章中，已经有很多关于婴幼儿的信息。每个人都必须成为这种研究的明智的解读者，知道怎样准确地评价得到的信息。不明白研究原理的人可能会在理解方面出错。学习准确地理解研究成果是非常重要的。研究的批判性解读者关注的是清晰的定义和特征，而不是对术语的模糊理解。他们关注的是测量是否精确、周密，并对有关婴幼儿研究的推广持有批判性的怀疑态度。

为什么要研究婴幼儿？因为婴幼儿期作为独特阶段的重要性已经建立起来。进而，我们逐步意识到这段时期对于终生的影响。如果大家与年幼儿童一起，甚至与那些有孩子的人待在一起，就会意识到这段时期的重要性并且为这些儿童创造适宜的环境和经历，这就很有可能对我们国家最年幼的公民以及国家本身发挥更加积极的作用。

小结

本章主要回顾了儿童发展的初始阶段——婴儿和学步儿期，涉及从历史、哲学视角看待婴儿和学步儿的观点。描述了有关婴儿和学步儿的学术研究的发展，涵盖了早期研究关注的婴幼儿身体和确立机能发展标准的问题，涉及对婴幼儿机构化养育的影响的研究，也描述了新近的一些独创性研究；进而关注了研究的趋向和争论的问题，如天性和教养的问题以及连续性和非连续性的问题；还讨论了一些更新的研究趋向和观点：对出生前和出生后的危险环境的鉴别、婴儿的心理健康、变化中的婴幼儿人口统计数据、变化中的性别角色和工作以及家庭的问题、社会政策对婴幼儿及其家庭的影响。

在本章中，强调了作为对婴幼儿研究的批判性解读者的角色，同时也强调了评估研究时必须注意一些重要变量。这些变量包括操作性定义、代表性、群组数据与个体需求，以及相关性与因果关系之间的不同。

实践活动

1. 与你的父母谈谈他们在抚养你的一些事情上是如何作出决定的。回想一下，他们是如何决定用母乳还是奶瓶喂养你的、是什么时候开始训练你上厕所的、你小时候是如何被管教的。看看他们找谁咨询、读了什么书（如果有的话）以及当你很小的时候他们都担心些什么。问问他们，他们认为人生的头三年在你的发展中有什么重要作用。

2．向你的一位朋友证实为什么研究婴幼儿很重要。

3．在新闻中找出一篇关于 0～3 岁儿童的文章并加以评论。

4．鉴别当前关于婴幼儿的一项社会政策。评估这项政策对婴幼儿的短期和长期的影响，提出你对这项社会政策变革的看法以及你将会如何支持这项政策的变革。

第二章 出生前的发育

"我怀孕了!"这个事实对想要孩子的人来说值得庆贺,但对不想要孩子或忧郁的人来说则意味着震惊。了解胎儿的成长模式和环境因素的作用,会影响生产前的母亲的行为及生产结果。如果是计划中的怀孕,父母会在生活方式上做出积极的调整,为孕前和孕中的环境做准备。这样有意识的决定很重要,因为出生前的环境对婴儿发展极为重要。环境控制能对一些出生前的危险因素加以预防和处理。

孕前计划

美国几乎没有采取任何措施教育年轻女性去思考在孕期应具有的生活技能和健康的生活习惯。健康的生活方式不能保证成功的怀孕结果,但它应该是一个目标。有关怀孕的考虑会使一名女性更加意识到一些危险的事情(领域)。理想状态下,当考虑到怀孕时,她会开始一种健康的生活,而不是等到已经怀孕了才开始。

孕前和怀孕计划不只是9个月的过程。一名女性怀孕之前,必须保证要预防疾病,如风疹;还要注意预防性生活传播疾病,包括艾滋病和梅毒,这一点需要进行了解并下定决心。怀孕计划还能给一名好女人时间,以确保膳食对孕期所需的营养而言是足够的。孕前准备还包括停止吸烟、喝酒、摄入药物和咖啡因等,并避免处于有害的环境中(Turner,1994)。这些决定是为了增加拥有一个正常、健康和幸福的宝宝的可能性。如果是意外怀孕,女性在知道自己怀孕后才会做一些改变,而这可能就是怀孕2~6周或更晚以后的事了。在美国,56%的怀孕是计划外的——这是世界上最高的比例之一(Williams & Pratt,1990)。当怀孕不是计划好的时候,女人是不大可能在孕期很好地照顾自己和未出世的孩子的。

怀孕期间,很多因素会影响出生前胎儿的发育。这些因素来自影响胎儿形成的基因、胎儿前9个月生存和发展的母体环境以及胎儿自身的发育。这些因素不是单独作用的,而是相互作用、相互影响的,形成了发展着的有机体。

受精和着床

人类的身体是由细胞组成的,每个人都从一个单细胞——受精卵开始,所有的细胞由两个基本部分组成，外面是像果冻一样的细胞质，里面是细胞核。从单个细胞发展到像你现在这样一个个体，必须经历几个过程：首先，卵细胞受精，细胞必须通过分裂增加细胞的数量，开始分化组成不同的身体部分（皮肤、骨骼、心脏等），然后开始新陈代谢的系统功能。所有人类都是以这种方式发展的。如果所有人类都以同样方式发展，那么我们如何解释个体的特殊性呢？为什么一些人的头发是金色的而另一些人的头发是黑色的？为什么人有高矮之分、男女之别？出生前的成长研究是一个复杂的、科学的研究，称为胚胎学，是生物学的一个分支。婴儿专家并不需要深入研究胚胎学的知识，但必须有一种对怀孕和胎儿期发展的基本了解。

女性在出生时就具备了所有的生殖细胞。大约 200 万个卵子或者说是不成熟的卵子，在女性出生时就已出现，但是，大约只有 500 ~ 600 个会在女性能生孩子的大约 40 年里使用到。成熟的未受精的卵细胞是女性身体里最大的细胞。它大约有句点那么大。在女性能生育的那些年里，大约一个月一次，一个成熟的卵子被排到卵巢外边，进入输卵管准备受精，这个过程称为排卵。如果卵子没有受精，在大约 10 ~ 14 天内女性的月经就开始了，排出卵子和子宫壁的内层。这种循环是有规律的基础循环（大约每月一次），除非已受精（Batshaw & Perret，1992）。

女性自出生以来就有不成熟的卵子，男性则在青春期才开始产生精子，直到年老。每个精子主要由一个大头和一条长尾组成，头包括细胞核，尾用于推进运动。在交合过程中有数百万的精子细胞与生殖器的液体混合，并沉淀到女性的阴道里（一次射精大约有 3 ~ 5 亿个精子与大约一汤匙的液体混合）。精子必须游过阴道剩下的长度并通过子宫颈进入子宫，在每月一次的循环途中，阴道的黏液分泌物和子宫颈的厚度变薄，使其更容易穿过，因此更有可能受精；发生性高潮时，女性的子宫颈的收缩有利于精子进入输卵管。近来的研究表明，卵细胞比原先认为的角色更重要，在怀孕时卵子本身释放出一系列分子信号，引导着精子甚至在受精过程的选择中起作用（Freedman，1992）。一旦进入子宫，精细胞先进入输卵管，游向卵子。只有几千个精子会到达输卵管，只有几百个精子会到达卵子，精子必须游大约 7 英寸（约合 17.78 厘米）的距离到达卵子，历时大约一小时。一旦一个精子穿过卵子的外层，其他精子就进不去了，余下的精子会在 24 小时后死亡（Batshaw & Perret，1992）。

从生物学的角度说，受孕或受精发生在一个精子进入卵细胞时，受精一般发生在输卵管中，卵子得在排卵大约 6 ~ 12 小时后受精，否则就不再受精。一旦进入卵子，精子的尾部就会分解，来自精子和卵子的细胞核则相互移动并结合（见图 2-1）。

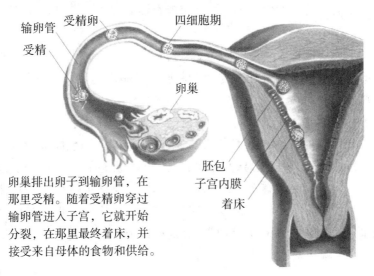

卵巢排出卵子到输卵管，在那里受精。随着受精卵穿过输卵管进入子宫，它就开始分裂，在那里最终着床，并接受来自母体的食物和供给。

图 2-1　排卵、受精和着床

妊娠

　　从受孕到胎儿出生的时间叫做妊娠期，通常持续 9 个月。我们把它分为三个时期，分别叫做胚芽期、胚胎期和胎儿期。此外，有机体发展还有其他一些更为重要的时期。

胚芽期

　　怀孕前两周称为胚芽期。一个受精卵（zygote）保持它最初的大小，像一个未受精的卵子一样。它通过细胞分裂的过程来形成一个自身的复制品，40 个小时后变成一个细胞群（morula），需要花 4 天时间穿过窄窄的输卵管到达子宫。细胞群包括 16 ~ 64 个细胞，但它的大小没有改变。

　　在受精后大约四五天，细胞群开始改变大小和形状，被称为胎盘。这个阶段以细胞的不同为特点，一些细胞来自发展中的胎盘的支持结构（胎盘、肚脐、羊水囊），而其他的则是发展中的有机体的一部分。开始发展的是外胚层（胚胎的薄膜），外胚层形成皮肤、脊椎和牙齿；中胚层变成血管、肌肉和骨骼；内胚层发展成消化系统、胃和泌尿系统（Batshaw & Perret, 1992）。

　　受精卵中只有一半可到达子宫，其他的被母体重新吸收。对胚盘而言，尽管非常容易受精或黏附，它本身也存在于子宫壁的很多地方，但是一般处在子宫上面的一部分。有时受孕发生在子宫外（一般在输卵管中），这称为宫外孕，会导致流产。

直到怀孕成功，发展的有机体才能从母体细胞中汲取营养，受孕成功大概在孕后 12 ~ 13 天。这个时候的胚盘被称为胚胎。胚胎产生荷尔蒙，生殖腺防止母体来月经。在进入孕期后，一个女人可能会怀疑她自己已怀孕，因为她的月经没来。

当精子和卵子结合时，个体的性别就已经决定了。这个时候，23 个来自母亲的染色体与 23 个来自父亲的染色体形成 23 对染色体。染色体包含有人的遗传基因，每对染色体中一个来自母亲一个来自父亲，婴儿的性别由精子决定。卵细胞贡献出 X 染色体，而精子有 X、Y 两种染色体，如果精子带有 X 染色体进入卵细胞，那么婴儿是女孩（XX）；相反，则为男孩（XY）。除了性染色体外，还有超过 1600 万的染色体组合（Gray，1973）。这或许能够解释为什么相同父母所生的不同孩子却有天壤之别的道理。

 ## 多胎妊娠

一般来说，在一个时期女性只排出一个卵细胞，如果偶然排出两个并同时受孕，就是双胞胎。从遗传上说，双胞胎长得比其他胞胎看起来更像，他们是不同的卵子和精子结合形成的，然而却共同分享子宫环境。双胞胎有家族遗传倾向。不必吃惊，这种特征随母亲。在一些偶然场合，两个或多个卵子被排出，如果它们都受精，结果就是双胞胎或多胞胎。这种几率各国都不相同，日本最低，为 6.7‰，非洲地区尤其是尼日利亚，比率高达 40‰（Crowther，1994）。多胞胎的几率随母亲的年龄而变化，而不论种族背景、是否首胎以及是否使用过促孕技术。催女性排卵以医治不孕症的受胎药（fertility drugs）可导致排出不止一个卵子，试管受精中也可能有不止一个胚胎着床。

同卵双生子来自同一个受精卵。这个受精卵在早期分裂成两个或多个细胞群。而产生这一变化的原因还在探索之中。同卵双生子不具家族性特征，对所有种族群体来说都是如此。总体而言，双胞胎的发生率为 1%，而同卵双生子的发生率只有 3.5‰ ~ 5‰（Batshaw & Perret，1992；Crowther，1994）。双胞胎以外的多胞胎要么是同卵双生子或异卵双生子，要么是两者结合。也就是说，四胞胎中有可能其中两个是同卵双生子，另外两个是异卵双生子。

尽管同一父母的孩子是不同的，但仍有一些基本的遗传规律，可提供遗传的类型。这个领域的新发展将使我们在遗传类型方面的知识更加准确。

图 2-2 虽然双胞胎兄弟分享相同的环境，但他们的基因结构不同

 胚胎期

胚胎期开始于受精发生，并持续 2～8 周。为了胚胎的存活，一种复杂的基础结构必须进一步发展以保护和给养正在生长的有机体，这些变化通过正在发展中的胚胎细胞的分化而产生。

胚胎通过胎盘与子宫壁相连，胎盘是一个被高度特殊化的、圆形的器官，胎儿通过它与子宫壁发生作用。胚胎通过脐带与胎盘连接，脐带像一个软水管并布有血管。羊膜，像囊一样的膜，充满了一种叫羊水的透明液体，提供一种像水一样的环境，保护胚胎免受机械伤害并能自由运动。

成熟的胚胎在受精以后发展迅速，覆盖了大约 22% 的子宫，胎盘中有一个胎儿和母体互相连接的部分，尽管相互缠结，但并不混乱。胎盘的屏障叫滋养层，以保持血液供给分离，小分子能通过屏障，而大分子不能，物质的精确交换是相当复杂的。但一般来讲，营养物、氧气、水和盐都能通过屏障，婴儿排泄的消化废物和二氧化碳则不能通过，一些大分子（如细胞、大部分细菌、母亲的废物和很多危险的有毒物及荷尔蒙）不能通过。一旦受精完成，将有一段飞速发展期，因为胚胎正通过胎盘从母亲的血液中汲取营养，这比从母亲的细胞中吸收营养要有效得多。

胎儿发展的方向和模式是可以预见的，即头尾模式和中心模式。它遵循头尾方向——发展开始于头、脑和器官，紧接着是躯干，然后是胳膊和腿。在妊娠 2 个月时头部占整个身体的一半，出生时头部占整个身体的 1/4，而成人时头部仅占整体高度的 10%（见图 2-3）。

中心模式从中心向外扩散，距离身体中心较近的结构，如脊椎和心脏，先于胳膊和腿的发展，而胳膊和腿的发展又先于手指及脚趾。这种发展顺序在出生后

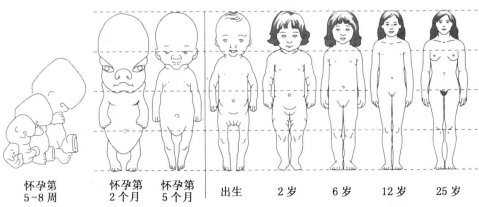

怀孕第 5~8周　　怀孕第 2个月　　怀孕第 5个月　　出生　　2岁　　6岁　　12岁　　25岁

从胚胎期、婴儿期、童年期、青少年期直到成人期身体各部分相对比例的变化。

图2-3　从怀孕第5周到成人的身体变化

表现得更加明显，婴儿学会控制头部先于胳膊、学会控制胳膊早于手指。

在胚胎期的生长率快于其他任何时期，其所有身体组织、器官和系统都在发展。此时女性可能还没有意识到她已经怀孕，然而，也就是在这个时期胎儿最容易感染疾病，受药物、射线和其他物质的影响。在此时发生的变化是准确而不可预见的。研究表明：如果孩子天生不会说话，原因可能发生在孕后35～37天内，因为这时腭弓已经关闭了（Batshaw & Perret，1992，39）。

怀孕后第4周，随着大脑和脊骨的发展，胎儿的头、眼和耳朵开始发展，心脏变大了，血管开始形成，在胳膊和腿的部位也有一些分支和萌芽，总之，胚胎正呈现出一种更加明显的形状。

接下来的月份，胚胎略微弯曲，头部开始分化出鼻子、眼睛、耳朵、嘴唇，脖子开始变长，像尾巴一样的东西几乎已经消失，有更充分发展的胳膊和腿，手和脚甚至分化出手指及脚趾。尽管非常小，但是心脏和循环系统已经开始工作。在第2个月末，胚胎具有尿浓缩和泌尿功能。生殖系统也开始形成，也有软骨形成的轮廓，甚至像一些更精细的器官（如眼皮）也正在发展。在发展的第2个月末，胚胎看起来像一个人了，尽管看上去有些奇怪（England，1990）（见图2-4）。

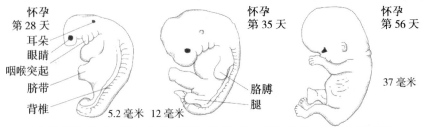

怀孕第28天　耳朵　眼睛　咽喉突起　脐带　背椎　　5.2毫米　12毫米

怀孕第35天　胳膊　腿

怀孕第56天　37毫米

在胚胎期的最后，所有的必要系统已经形成，胚胎显现出一个人的模样。

图2-4　1个月、1个半月以及2个月的胚胎

胎儿期

前两个月之后，这个发展中的有机体就叫胎儿。胎儿期的前一部分具有真正的骨骼生长特点。头部生长变慢，大约占身体的一半大小；身体的发展变快，神经组织开始加速发展。动作更加准确，大拇指移至正确的位置，生殖系统变得更加明显。到妊娠第 12 周时，就可看出是男孩还是女孩（England，1990）。

在第 3 个月期间，主要器官系统（血管、神经、消化系统）进一步分化和建立，胎儿长约 3.5 英寸（约合 8.89 厘米），重约 1 盎司（约合 28.3 克）。尽管它在运动，但母亲感觉不到，有更多的羊水在形成，一共大约 8 盎司（约合 227克），随着胎儿吞咽，液体重新循环，然后形成尿排到子宫。

第 4 个月，胎儿继续生长，重约 6 盎司（约合 170 克），长约 10 英寸（约合25.4 厘米）。现在胎儿移动时，母亲能感觉到它的存在了，这种运动叫胎动。胎儿的组织和器官继续发展，心脏能被听诊器听到，甚至耳朵放到孕妇的腹部也可以听到。胎儿全身长出像头发一样的绒毛，叫做胎毛。胎儿分泌出皮脂来，这是一种乳脂状的白色物质，它覆盖了胎儿的皮肤，并帮助它避免羊水的侵害。

胎盘日益发挥重要的作用，它仍然作为一种屏障，阻止可能进入母亲血液中的有害物质并作为营养的来源。它作用于胎儿的肺、肾和肝脏，另外也产生荷尔蒙，以帮助保持怀孕的持续和母乳的产生（见图 2-5）。

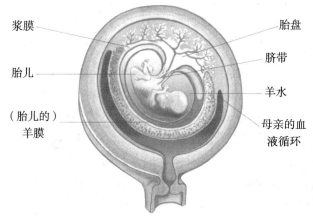

浆膜　　　　　　　　　　　　　　胎盘
胎儿　　　　　　　　　　　　　　脐带
　　　　　　　　　　　　　　　　羊水
（胎儿的）羊膜　　　　　　　　　母亲的血液循环

　　胎儿通过胎盘进行血液循环，吸收氧气和营养，把废物排到母亲的血液里，羊水则保护胎儿的运动和维持温度。

图 2-5　4 个月大胎儿的支持系统

第 5～6 个月期间，精细的发展出现并持续生长，6 个月末的胎儿长约 12～14英寸（约合 30.5～35.56 厘米），重约 1.5～2 磅（约合 680～907 克）。有了对新生儿精细护理的支持，胎儿在怀孕第22周时或之后就被认为可以生产了。

第9个月的作用是增加胎儿的体重，胎儿开始存贮脂肪，生活支持功能得到充分发展，大脑继续迅速发展，肺开始与外界的气体进行交换，眼皮张开，皮肤呈现粉红色，绒毛开始消失，并开始鼓起腮，在9个月末，胎儿长约20英寸（约合50.8厘米），重约6.5~8磅（约合2950~3630克），做好了出生准备。

胎儿的经历

前面的部分已经从外向内描述了胎儿的生长和发展。这种观点可能与从内向外看有很大区别。你曾经想象过胎儿生活的环境吗？对于胎儿而言，子宫是一个变化的环境，尽管它几乎看不出变化，但是这个环境总是随着母亲的走路、说话、吃饭、喝水、笑或哭而不断地变化，这可能不是你所想的一种充满刺激的环境，但是对发展中的胎儿来说却是最理想的状态。

胎儿在怀孕早期就开始移动，但是只有在胎儿足够大时，透过腹壁里的子宫，它才能被母亲感觉到。它会翻跟头，只要周围有空隙，它就会移动自己的身体，由于羊水的关系这些运动类似于慢动作。在怀孕后期，它不再有足够的空间去移动身体，并且被限制踢腿与伸臂，最后仅仅是晃动胳膊和腿，玩手指、吸拇指，它总是碰到子宫壁、脐带和自己，它能感觉到所有这些。它的触觉和平衡感似乎非常棒（Manrer & Maurer，1988）。

某人只要想到子宫的位置，就可能认为这是一个比较嘈杂的环境。除了心跳之外，作为讲话过程的部分，母亲的声音会穿过肺，胃和肠总是喧闹地分解食品，即便在母亲安静的时候，这一切还会进行着。有研究表明，最后三个月的胎儿不但能听到母亲体内的声音，还能听到来自外界的声音（Manrer & Maurer，1988）。

看上去胎儿对零星噪音的反应更大于像心跳这样的持续不断的噪音。就像你的声音在磁带录音中和你自己讲话时不同一样，透过羊水的母亲的声音与在空气中听到的声音是非常不同的。这样说来，胎儿能辨认出母亲的声音好像是不可能的，但是，它可以辨认出她的声音的韵律和方式，并且实际上，辨认出母亲的声音要先于辨认出父亲的声音（DeCasper & Prescat，1984）。

尽管从胎儿的角度出发，我们对子宫环境知之不多，但看起来它并不是一个刺激自由的环境。看上去，胎儿在活动，并对周围环境作出反应，由于在出生前发生的所有变化和这些变化长期的重要性，所以在这一时期，指导好母亲和胎儿是非常重要的。

孕期护理必须包含对母亲和胎儿的指导，前三个目标非常重要：

- 为孕妇及其家族提供建议、保险金和教育。
- 处理孕妇遇到的轻微疾病。
- 提供一个可持续的计划，以确保妇女始终处于低危险的环境中。

对那些高危孕妇或者因为某些原因而处于这种处境的孕妇，进一步的目标是：

- 对这些可能直接影响母婴健康的问题及因素的预防、检查和管理（Games，1994a，21）。

生产护理的资源在国内各地区和国家之间各不相同。在一些国家（如丹麦），助产士与家庭医生一样起着关键性的责任，担任支持者的角色。在其他国家（如英国），责任是共享的，助产士对一般孕妇负主要责任，主科医生则管理高危孕妇。在美国，尽管生产护理一部分由实习护士负责，但大部分都是由家庭医生或产科医生负责。在孕妇应有多少次孕期检查上，目前没有达成一致意见，建议为5～15次不等（James，1994a）。在诊所和基于实验室的筛查上，好像已经达成一致意见，一般包括人口学信息（年龄、种族、社会经济地位和母亲的地位）、孕妇以前的产科和妇科医疗经历、家庭的疾病史以及身体检查情况。

护理的部分必须包括检查和控制可能导致胎儿处于困境的先天条件以及影响母亲或婴儿的传染性疾病。从传染意义上来说，在头三个月，血清检查被用于诊断风疹抗体、梅毒、肝炎和 HIV，医生也会做一个子宫颈涂片分析、血常规和抗体筛查（James，1994a）。在某些情况下，如患高血压、肺结核和高血脂，这些病不能治愈，但是必须在早期得到控制。关于适当锻炼、胎儿运动等额外信息，在怀孕后期应提供孕期课程。在第 9 个月时，应准备好生产计划。

对低危险的妇女而言，出生计划的目标是提供多种选择，妇女应当能够选择自己的出生随从人员、生产地点和生产方式。她有权选择是否对胎儿进行电子控制以及是否采取措施缓解疼痛。这些决定在助产士开始工作之前就应做好，并成为妇女病历记录的一部分。从对产妇本身的意愿以及医药因素的考虑出发，助产士的经验可能会改变一些决定。

遗传和遗传学：如何发挥作用

遗传影响着我们如何发展，并在人类生长和发展中发挥特殊的作用。有人曾认为遗传是影响人类发展的唯一因素，近来的研究已经表明，这并非事实（Brown，1994；Cicchetti & Tucker，1994）。然而，存在于每个人身体里的基因组成在支配特殊的发展结果中起着重要作用。我们的眼睛的颜色、体重、脚的大小、肤色，甚至容易受哪些疾病感染，都受到基因的影响。大部分生物因素由我们的基因所控制。

对于一个被遗传的个体而言，它必定是从上一代传到下一代。为方便这种遗传，身体有一些基因密码（如眼睛和头发的颜色），这些密码被包含在 DNA 中。除血液的红细胞外，DNA 几乎存在于每个细胞的细胞核内。DNA 携带着遗传密码，打包成 23 对染色体，成为人体细胞的一部分。

染色体是由化学物 DNA 组成的长串，形状像两条螺旋线。这些螺旋形的楼梯由糖和磷酸盐分子组成，台阶则由四种氨基酸组成，它们分别是腺嘌呤 A、胸腺嘧啶 T、胞嘧啶 C 和鸟嘌呤 G。基因之间的区别在于染色体中这些氨基酸排列的顺序。

人体只有 23 对染色体，然而据估计却有 10 万个基因。一个基因是 DNA 的一个微小部分，DNA 携带着遗传密码（美国卫生与公共服务部，1995）。DNA 的一种排列顺序决定一个基因。

基因的遗传密码本身是不会出错的。但是，在基因密码传递过程中，可能发生两种基本的问题类型。例如，基因的一段密码应读成：ATCATCTTTGGTGTT。但是却误读成：ATCATTGGTGTT。

密码中的 3 个字母（CTT）被遗漏了，身体本该形成的一些分子物质没有形成。在这种情况下，这三个 DNA 基因密码的遗漏导致了囊性纤维变性，这是一个遗传的问题，通过分析人的 DNA 就能发现。

在其他情况下，问题不出在 DNA 本身，而出在 DNA 被分解成染色体的过程当中。例如，应当在一个染色体上的遗传物质却分别到了不同的染色体上或染色体过多。如果一个个体染色体数目异常，有了 3 个 21 号染色体，就会改变身体的机能。有 3 个 21 号染色体的孩子出生后会患上唐氏综合征。染色体的畸形发生率为 6.6%，其中在怀孕的头几周大约有 60% 的几率会流产（James，1994b）。

本章的焦点主要在于遗传和遗传学影响的一般原理及模式，以及一些较为流行的出生理论。

遗传和遗传学的影响

遗传是一个复杂的领域。人们感兴趣的大部分特征都不是固定于某个单一基因，而是几个基因或基因与环境相互影响的结果。个性和智力自然属于由多种基因与环境相互作用而导致的特征范畴。

我们关于特殊的遗传性疾病的认识不断变换，对于某些遗传性疾病发生的几率有一些经验主义的信息，例如，我们知道儿童患唐氏综合征的发生率随着母亲生产的年龄而变化，20 岁时可能性是 1∶1.528，到 50 岁时则变成了 1∶6（James，1994b）。

通过遗传模式我们也能知道有表现型是环境和潜在的基因相互作用的结果。

一些遗传特征遵循孟德尔定律（Mendelian pattern），这个定律是澳大利亚植物学家格利高·约翰·孟德尔（Gregor Johann Mendel）发现的，在19世纪后期被首次发表。他没有研究动物，但他从植物研究中得出的遗传规律为理解遗传类型提供了基础。

如果一个人知道父母的显性基因及隐性基因的话，有一种模式可预测出他的基因表现出什么性状。典型的做法是，用大写字母代表显性基因，用小写字母代表隐性基因。最简单的情况是父母携带的基因要么是显性的要么是隐性的（见图2-6）。在只得到显性基因或只得到隐性基因的情况下，孩子是这种性状的纯合体（homozygous）（DD 或 dd）。如果孩子从一个家长那里得到显性基因而从另一个家长那里得到隐性基因，那么他就是这种性状的杂合体（heterozygous）。一个显性基因被表现出来，与它结合的另一个配子可能是显性的，也可能是隐性的。

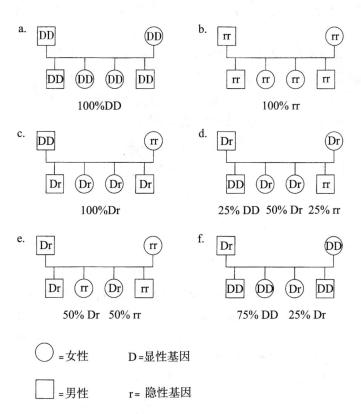

孟德尔遗传规律是基于显性基因和隐性基因可预见的关系上的，这种关系决定了后代的基因型以及是否表现出这种性状。后代的性别不影响这种规律。

图2-6　孟德尔遗传规律

无论是在哪种情况下，孩子遗传性状的机会都是100%，因而父母和孩子都会具有这些性状特征（见图2-6a和图2-6b）。换言之，父母与孩子的基因类型是一样的，只要父母之一携带两个显性基因，那么孩子在相应性状上必然表现显性。但是，基因的组成却不一定相同（见图2-6c）。在这种情况下，孩子是这种性状的杂合体（Dr），他的基因型和表现型是不同的。

理解起来最复杂的遗传类型是：父母都是某种特性的杂合体（Dr）。在这种情况下，父母都表现出显性性状，但二者都有一个隐性基因。孩子有75%的几率表现出显性性状，有25%的几率表现出隐性性状（见图2-6d）。只有在最后一个组合中，后代与父母才表现出明显不同的性状。表现型和基因型在两种情况（rr和DD）下相同，在另外两种情况下则不同。每个孩子的几率是一样的，也就是说，每个孩子表现出隐性性状的几率都是25%。

发展的一些方面几乎完全由遗传决定，如婴儿期主要机能的发展（独立坐爬，甚至骑车等）。然而，在发展的更多方面，由个体的基因类型决定着发展的水平高低及变化范围。

像体重和智力这样的特征就是这样，一个孩子可能遗传潜在高水平的基因，但是会由于缺乏营养而发挥不出潜在水平。同样，一个孩子遗传到智商为100～130的基因，但如果他在一个无刺激的环境中长大，他的智商将降到平均水平；如果他在一个充满刺激的环境中长大，在那里能阅读、能说话、被鼓励去问问题、被带着去旅行等，这一遗传类型就将成就一个很聪明的孩子。一般来说，基因和环境是共同作用的。也就是说，聪明父母很可能生出聪明孩子，他们可能为这些孩子提供一个充满刺激的环境，并且经常鼓励孩子积极与环境互动。

遗传疾病

遗传疾病（genetic disorders）与基因携带的遗传物质有关。遗传疾病能代代相传。这些畸形中有一些并不重要，但有些却能导致残障或致命。目前，已有2000多个单个的基因畸形被识别出来。一般而言，与隐性基因有关的遗传疾病多于与显性基因有关的遗传疾病。也就是说，可能父母双方都表现正常（如囊性纤维变性），但两人都携带致病的隐性基因。如果孩子带有一个致病的显性基因，那么他的父母中至少会有一人处于相同情况，除非，孩子的遗传疾病来自基因突变。

遗传疾病可分为两大类：常染色体遗传疾病和X染色体连锁遗传疾病。常染色体遗传疾病与在22对常染色体中的基因无序有关，X染色体连锁遗传疾病则由性染色体携带。

常染色体遗传模式

如果一种遗传疾病由单个常染色体显性基因导致,那么表现出遗传疾病的孩子其父母至少有一人携带相应的缺陷基因。这个父亲或母亲极有可能是杂合体,而几乎不可能是纯合体(James,1994b)。如果父母之一有缺陷基因,孩子将有50%的机会遗传此基因并因此表现出这种遗传疾病(见图2-6e)。每个父亲或母亲都能遗传缺陷基因给孩子。单个显性基因遗传疾病的一个例子是软骨发育不全症(achondroplasia),患此病的个体有一个大头,与身体的比例严重不协调。

单个隐性基因缺陷是表现出缺陷的最常见原因。在这种情况下,父母都带有同样的隐性基因。然而,父母都没有表现出基因缺陷。孩子可能从父母那里接收到隐性基因因而受到影响(见图2-6d),发生这种情况的可能性是25%;也有50%的可能性是孩子只从父母一方那里遗传隐性基因。在这种情况下,孩子不表现出基因缺陷,但他将成为一个缺陷基因的携带者。近亲结婚或人们持续在同一组群内成婚的话,由单个隐性基因致病的可能性会增加。所以,许多遗传疾病只在一些族群内高发。

镰形红细胞贫血症是红细胞的一种异常化结果,它影响身体的所有系统并且痛感非常强烈。它首先发生在非洲裔美国人身上。泰—萨二氏病(Tay-Sachs)是一种渐进的神经系统疾病,它能导致失明和夭折。它首先发生在东欧犹太裔孩子身上。囊性纤维变性是由常染色体隐性基因导致的另一种疾病,它影响肺和胰腺,使个体缺少一些必要的酶、产生过多的痰而且很难排出。苯丙酮尿症(Phenylketonuria,PKU)是一种导致精神迟钝的代谢缺陷。由于这种隐性基因携带者的高发生率(1%~2%),初生婴儿应进行此项疾病的筛查。如果在头一两个月就开始治疗,孩子有可能达到正常的智力,治疗开始得越晚,迟滞越厉害。

X染色体连锁遗传模式

X染色体连锁的性状由X染色体携带。这些性状的遗传方式不同于常染色体。常染色体是成对的,而男性的性染色体则是不成对的。女性有两个X染色体(XX),而男性的却是(XY)。在Y染色体上还没发现有害基因。由于男性只有一条X染色体,因此,任何异常基因(即使是隐性基因)都能表现出缺陷性状。连锁在X染色体上的性状被表现出来的可能性更大。显性、隐性及中间性状可能表现在女性杂合体身上。

这种遗传模式的几率见图2-7。

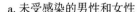

a. 未受感染的男性和女性
XY
XX
XY
XX
XX
XY
没有男性或女性将受感染
b. 男性未受感染，女性为携带者
XY
XX
XY
XX
XX
XY
50% 的女性将是携带者
50% 的男性将受感染
c. 男性受感染，女性未受感染
XY
XX
XY
XX
XX
XY
没有男性将受感染
100% 的女性将是携带者
d. 男性受感染，女性为携带者
XY
XX
XY
XX
XX
XY
50% 的男性将受感染
50% 的男性将不受感染
50% 的女性将受感染
50% 的女性将是携带者
= 女性
= 男性
= 携带者
= 出现无序或性状

后代性别不同，所遵循的 X 染色体携带性状的遗传模式也不同。

图 2-7　X 染色体连锁遗传规律

父亲

● 如果正常，则既不传给儿子也不传给女儿（见图 2-7a）。

● 如果是感染者，则致病基因不会传给儿子——父亲传给儿子 Y 染色体，而这些疾病通过 X 染色体遗传（见图 2-7b）。

● 如果是感染者，他将传给他所有的女儿（见图 2-7b），她们是表现出患病性状还是只作为携带者取决于致病基因是否显性。

母亲

● 若是携带者，她有 50% 的可能把致病基因传给儿子，他就会显示这种性状（见图 2-7c）。

● 若是携带者，她有一半的女儿也将是携带者（如果是显性的，就会表现出患病性状，见图 2-7d）（摘自 James 的相关研究，1994b，16）。

男性比女性更普遍地具有这些 X 染色体连锁特征。雄激素源性秃发就是一个例子。X 染色体携带这种特征的基因。女性可能从她的父母那里遗传这种隐性的

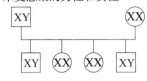

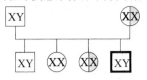

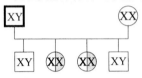

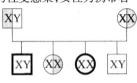

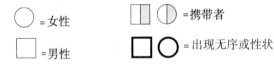

特征，从而会头发较少（见图 2-7d），这不是很普遍。男性的 X 染色体上有这种隐性基因，并且会把它遗传给女儿。这些女儿是携带者，但是不会表现出这种性状。除非她们也从母亲那里遗传了这种隐性基因。X 染色体隐性遗传病的另外两个例子是红绿色盲和血友病甲（hemophilia A，HA）。血友病是由血液中缺乏某些凝血因子而导致的。

　　除了与单一基因相关的疾病外，还有一些疾病是多因素的。也就是说，除了未知的环境因素外，致病基因也产生影响，但是它们并不遵循孟德尔遗传规律。这些疾病在家族内遗传，带有这类性状的人的近亲比普通大众更有可能遗传它（James，1994b）。这些疾病的例子包括唇裂、唇腭裂、畸形足和神经管缺陷（如脊柱裂）。神经管缺陷与脊柱神经管缺陷相关，即脊柱神经管内的一些脊髓进入体外的一个囊肿内。唇裂是上唇的两边没有长在一起，腭裂是口腔顶部正中硬腭出现裂口。唇裂和腭裂都可以进行外科矫正。畸形足是单脚或双脚处于笨拙、扭曲的位置，而不能扭回到正常位置。

 染色体异常

　　染色体异常包括数量异常和结构异常。染色体数量异常包括染色体缺失或增多。染色体结构异常包括遗传信息的缺失、重复、错位，或属于某个染色体的信息被放置在了另一个不同的染色体上。

　　通过被称为染色体组型（karyotyping）的过程，我们已经了解了大量关于染色体和与染色体异常相关的疾病。对于专业人员来说，23 对染色体是稍有不同的。在染色体组型中，取自人体的细胞在培养皿中生长，在细胞分裂的中期被终止，接受处理并被染色，形成图片并被研究。以这种方式可以探测染色体是否异常。然而，个体基因都太小了，以至不能以这种方法被看到（见图 2-8）。

　　染色体异常频繁发生，并且大约一半的结果会导致胎儿自然流产。如果是在第 1～12 号染色体上有主要缺陷的话，出现这一问题的几率尤甚。若缺陷发生在后面几对染色体上，则胎儿可以生存到临产。唐氏综合征是最频发的染色体异常，每 700 个新生儿中就有一例。最常见的唐氏综合征形式（95%～98%）是 21—三体（James，1994b）。在这种异常中，第 21 号染色体重新排列，导致形成三条而不是两条。这种排列将导致胎儿出现精神迟滞、心脏病问题和一些骨骼的异常。

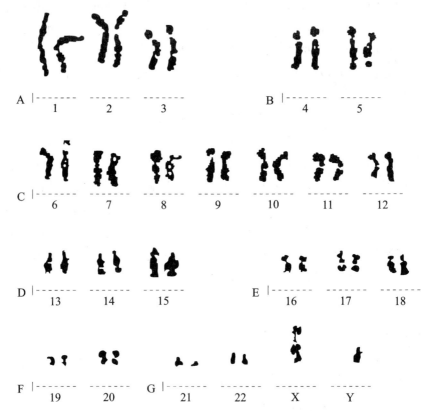

A | 1   2   3
B | 4   5
C | 6   7   8   9   10   11   12
D | 13   14   15
E | 16   17   18
F | 19   20   G | 21   22   X   Y

一个染色体组型是包含在一个细胞中的所有染色体的照片。一旦被微型拍照，个体的染色体就分裂开组成一对。最后两个染色体是一个 XY 对，表示是一名男性。大量的诊断技术被用于基因筛选，它们专用于筛查基因排列的问题中。

图 2-8　染色体组型

常规筛查

很多筛查技术常常运用于探测遗传异常和其他胎儿问题。如果筛查结果确实显示存在某种异常，那么其他更复杂、更精密和更昂贵的程序将追查到底。

孕妇血清甲胎蛋白技术（Maternal serum alpha-fetoprotein）使用来自母亲的血液样本来判断胎儿的甲胎蛋白。很多医生对孕妇做这项检测，因为它没有危险。

甲胎蛋白是一种产生于胎儿肝脏的物质，它会通过胎盘和羊膜传送到母亲的血管中。在胎儿 15～20 周期间，高水平的甲胎蛋白与神经管缺陷、脊髓和腹壁缺损有关。这些畸形允许太多的甲胎蛋白进入羊水中，然后进入母体的血液中。如果发现高水平的甲胎蛋白，医生一般推荐进行额外的测试和超声波检查

（Williamson，1994）。当检查结果超出正常范围时，会重复测试。这个过程的可靠性是一个问题。错误的阳性判断并非不普遍，同时常常与对怀孕年龄的错误估算有关系。

甲胎蛋白的水平也与诸如唐氏综合征等染色体异常有关系。大约45%的患有唐氏综合征的胎儿能够用孕妇血清甲胎蛋白水平探测到（Williamson，1994）。

超声波扫描术（超声波）运用来自低能量、高频率的声波的回波来产生一个胎儿及其内在器官的电脑录像图像。一些内科医生认为怀孕第18～20周时产科的超声波检查应该是常规实行的一部分，也有一些医生不这么认为（Harman，1994）。来自超声波的信息有助于确定怀孕能力、确定怀孕日期、识别多胎妊娠和观察胎儿解剖学异常。支持者认为它解开了胎儿生命和刺激的联系的神秘之处。他们发现家庭参与和获得来自少女妈妈的支持是有效的（Harman，1994）。

超声波也用于证实或证伪胎儿畸形，比如，神经管缺陷和唐氏综合征就是在血清甲胎蛋白测试中被提出来的。后来，超声波被用于在怀孕时关注胎头大小相对于母亲骨盆之间的关系。当做了超声波检查以后，紧跟着的咨询应该在当危险发现时立即可用。

羊水诊断（amniocentesis）涉及移动的液体，该液体里含有细胞和来自羊水腔的胎儿生化产物。这应该在持续的超声波的指导下去做，以避免伤害胎儿和脐带（Ramsey & Fisk，1994）。羊水诊断是第一个允许进入子宫内环境的技术，并且是最普遍的产前诊断的入侵程序。它包括从怀孕第14～19周的孕妇体内抽取少量的羊水。胎儿的细胞在培养皿中生长，并被用来分析测定染色体异常和先天性代谢缺陷的副产品以及甲胎蛋白的存在。胎儿染色体组型的表现是进行羊水诊断最常见的目的。在200种先天性代谢缺陷中，超过半数能在产前诊断中被发现。诸如胎儿巨细胞病毒（CMV）这类的感染也能够被查出来。由于羊水诊断造成的流产风险大约是1%，因此这很难精确量化（Ramsey & Fisk，1994）。当结果显示胎儿异常时，准父母应得到相关指导和建议。

绒毛取样法（chorionic villus sampling，CVS）是基因诊断的最新技术之一。这个过程包括在第8～12周的妊娠期内，从附在胚胎囊中细微的绒毛上采集细胞。做这项检查时，在超声波下用一根针插入腹壁或子宫颈。这项检查比羊水诊断优越的地方在于它在妊娠早期就能实施。它也收集了足够的DNA用于测试，并且收集染色体组型更快。它也用于诊断单基因紊乱、染色体破裂综合征、X连锁疾病的性别类型和脆性X染色体。大部分用羊水诊断可以诊断出来的新陈代谢疾病它也能诊断出来，但在检测神经管缺陷时它是无效的（Holzgreve & Miny，1994）。当怀孕年龄提前或妊娠不到9周时，医学上的风险更高。绒毛膜细胞与母体细胞被污染的话，可导致结果呈假阴性。然而，随着这个过程中经验的累积，这种风险正在降低。此外，准父母们需要得到一些指导和建议来理解胎儿所处的风险及其他相关信息。

DNA 分析法是用于判断基因或 DNA 中是否出现结构改变的相对较新的技术。典型的 DNA 分析是用来自绒毛或胎儿血液的细胞进行的。羊水也可以，但这需要花时间培养充足的细胞来分析。而这种新方法并不要求培养细胞（这需要花大约 6 ~ 10 天的工夫），这可能意味着结果出来得更快。血液被提纯，将 DNA 从血液的其他不需要检测的部分中分离出来。然后，实验室通过精密地将 DNA 切割成小片来处理血液。这些小片被贴上标签，使得重要的 DNA 碎片能够被识别出来。由基因专家对测试结果进行评估和解释（National Center for Education in Maternal and Child Health，1991）。大约 50 种基因缺陷可以通过这种途径识别出来，包括囊肿纤维、胞囊营养不良、脆性 X 染色体、血友病 A 和血友病 B 以及其他遗传性疾病（Holzgreve & Miny，1994）。

虽然这些多种多样的筛选测查已经被分别讨论过了，但是它们一般是一系列做下来的。例如，假设 1000 个妇女已经做了孕妇血清甲胎蛋白检查。检查后，可能有 50 个人会有"专享待遇"，这项测查将在那 50 个人身上重复进行。测查之后，大约 25 个人甲胎蛋白水平显示正常。另外 25 个将接受超声波检查。超声波检查可能发现 8 例多胎妊娠、胎儿死亡或其他不需要跟进测查的问题。剩下的 17 名妇女将接受羊水诊断、绒毛取样、DNA 分析或高分辨率超声波的综合测查。这 17 名妇女可能被归为高危孕妇，因而需要特殊的监控和护理。另外的 983 名妇女则将接受常规孕期检查。

当诊断结果显示生长中的胎儿有较严重的缺陷时，父母必须决定是生下这个胎儿还是终止妊娠。如果父母决定生下胎儿，筛选就不是为了诊断的目的，而变成决定生产过程中需要哪些学科组的成员。

基因咨询

基因咨询是这样一个过程：它告知个体由基因缺陷而导致感染或传播疾病的可能后果，并提出预防或改善的建议（James，1996b）。而基因咨询的提供范围则取决于个人情况的复杂性。大多数产科学专家和其他保健医生（如家庭医生、护士、助产士）以及社会工作者们可以提供的染色体异常的信息以及最普遍的现象均遵循孟德尔遗传规律。除此之外，他们可能会建议个体去求助临床遗传学家。

进行孕前基因咨询，通常可以发现一个家族里的遗传疾病，并减少患病的风险。这样做的目的在于降低那些严重威胁生命的疾病的发生或再次发生在同一家族的可能性。父母一方有遗传疾病，或者已经有一个孩子患有遗传疾病，那么就应该在决定是否继续生育之前进行基因咨询。基因咨询尤其适用于以下人群：遗传病高发的夫妻群体；年龄大于 35 岁的妇女；经常接触药品、化学品以及放射性物质的人群；打算近亲结婚（如堂/表系属）的人群（Miller，1990）。

基因咨询通常从族谱、三代血缘关系及家谱开始，需谨慎地排查家族中可能患有疾病或疾病携带者的人。这里的家谱包括近亲关系且一直延续到好几代人。为了使基因咨询发挥作用，所有的遗传信息必须精确且广泛，以保证准确地分析和估计出患遗传疾病的风险。接着，这些信息将以当事人能够理解的方式准确地告知当事人（James，1994b）。当事人得知信息后再做出是否生育的决定。基因咨询应该是非指向性和支持性的。

此外，在胎儿期许多因素都会影响胎儿的成长。许多因素将会影响到婴儿出生后最终的成长和发展。通常来说，怀孕前三个月的风险是胎儿成长期中风险性最高的。

孕期疾病、失调及健康状况

许多孕期疾病、失调及环境会影响未出生的婴儿。传染性的疾病（如滤过性病原体），甚至尿道感染都会导致孕期的疾病及胎儿的死亡。感染疾病在某些程度上对孕妇的影响不同。在孕期，孕妇的免疫力受到抑制，这改变了许多传染病的自然过程。一些疾病（如链球菌群 B）很少感染未孕妇女，但却是孕妇受感染导致胎儿发育不健全的源头。此外，母亲的一些非传染性疾病（如糖尿病）须根据怀孕的需求采取不同的治疗措施。

只有最常见的情况会被加以讨论。在良好的产前护理下，所有这些危险因素带来的负面影响都能够避免、治愈，从而提高生产质量。

一组称为 TORCH 的传染性疾病会导致类似的畸形。TORCH 传染性疾病是弓形寄生虫病（toxoplasmosis）、风疹（rubella）、巨细胞病毒（cytomegalovirus）、梅毒（syphilis）以及单纯疱疹病毒（herpes simplex virus）这些疾病的统称。

风疹

我们知道，母亲感染了风疹的胎儿在生长期内有许多关键时期。我们最初认为，孕期感染风疹对胎儿唯一的影响就是先天听力受损。随着时间的推移，风疹对婴儿出生的影响越来越明显。如果这种影响在妊娠 26 周后才显现出来，婴儿并不会患上先天风疹综合征（CRS），这与母亲患风疹病情的严重性没有太大的关系。

风疹最严重的影响发生在妊娠的头三个月，此时先天风疹综合征带来的不仅仅是失聪，还有发育不良、白内障、心脏疾病以及其他问题。受感染的胎儿同样有可能早产。美国的风疹疫苗注射始于 1969 年，1 ~ 2 岁的儿童都必须接受疫苗注射，这个举措大大降低了患先天风疹综合征的比例。血清免疫测试也是孕妇的常规检查之一。如果她们没有免疫力，那么在计划怀孕前三个月就必须接受风疹疫苗注射（Pastorek II，1994）。这是预防先天风疹综合征的最有效方法。

 ## 梅毒

梅毒是性病的一种，随着抗生素的出现它曾一度绝迹，然而，它却再次日益成为令人头疼的问题。如果妊娠前 16 周被检查出患有梅毒且治愈，仍然可能会产生一些副作用。梅毒的诊断和检测是基于母亲病史且具有挑战性的（早期的梅毒表现为无痛的下疳或溃疡，接着表现为皮疹）。当测试结果混杂了假阴性和假阳性时，则被怀疑染上了梅毒（Giovangrandi et al.，1994）。

虽然大部分细菌都不能穿过胎盘壁，但是梅毒产生的细菌却例外，其特殊的螺旋体能够穿透胎盘。然而，一些研究人员认为，直到妊娠 18 周左右时，婴儿才会受到细菌的威胁，且仅在孕期感染的前几个阶段（Barron & Lindheimer，1995）。另一部分研究人员却对这一时间线没有太大的信心（Giovangrandi et al.，1994）。胎儿的风险受感染的严重程度影响，许多婴儿出生前或者出生后不久就夭折了。那些活下来的婴儿有着各种各样的问题：失聪、生长迟缓、神经中枢问题、贫血症、腹膜炎以及其他问题。

巨细胞病毒和单纯疱疹病毒

巨细胞病毒（CMV）和单纯疱疹病毒是 DNA 病毒以及疱疹病毒家族中的一员，它们均会使人体产生慢性及复发的传染病，尤其活跃于孕妇体内。

巨细胞病毒是一种传染性较高的病毒，大约 1% 的新生儿会受到感染（Pastorek II，1994）。在许多方面而言，CMV 是一种能影响母亲生殖器、乳房、泌尿道或子宫颈的潜伏性疾病，它很少产生疼痛的症状，因此女性不知道她们已经患有这种疾病。当症状出现时，又很难和单核白血病区分开来。用于鉴定患病的方法现在正处于变化中。虽然 CMV 可以在任何时候通过胎盘传染给胎儿，但是最有可能在婴儿出生通过子宫颈时被传染。同时，母乳也会分泌病毒。目前还没有有效的治疗方法可治疗受感染的孕妇和新生儿（Pastorek II, 1994）。

CMV 会导致精神发育迟缓、先天性失聪、头围的过大或过小、视网膜的破坏、失明、肝或脾的增大、心智缓慢以及其他一些症状。CMV 似乎只在年轻人和身体较差的人的性行为中比较流行，它可以通过性生活传播。一般建议孕期的妇女避免接触受感人群。从事婴幼儿护理工作的妇女传播 CMV 的风险更高，因为受感染的婴幼儿会通过他们的尿道及呼吸道传播病毒。良好的卫生手段能够防止病毒的传播。然而，受感染的成人与儿童均未表现出任何症状，这给诊断带来了很大的困难：疫苗已经注射，但是并未起到任何作用。

单纯疱疹病毒能够引起从热水疱到生殖器感染等一系列疾病。口腔疱疹主要是一种儿童疱疹。成人疱疹通过性行为传播。目前尚未清楚胎儿在出生前是否会受到感染，如果是，目前的理论认为这种疾病对胎儿是致命的，并且会导致自然流产。孕妇疱疹产生的疾病严重到可能会刺激子宫过早收缩从而导致早产。如果胎儿通过产道时发生了有效损伤，受感染是肯定的（如发生了有效损伤，则建议实施剖腹产手术）。大约有一半的婴儿在此过程中会受到感染，其结果由于感染的不同而不同，目前没有一种明确的综合征与疱疹有关。一些婴儿将会受到局部感染，但大多数婴儿将会夭折。活下来的婴儿很可能患有心智迟缓、大脑发育不良、（癫痫、中风等的）突然发作、麻痹症、失聪以及失明等综合征。

像 CMV 一样，疱疹由于妇女没有有效损伤而难以诊断，可以说，这些感染性疾病无迹可循。但是，一旦诊断出一名妇女患有 CMV 或疱疹，当她怀孕时就将采取一定的方法降低新生儿受感染的可能性。如不采取适当的手段，其结果不容乐观。

 ### 弓形寄生虫病

弓形寄生虫病是人类原生物寄生虫病中最常见的一种。它通过猫的排泄物、生的或未煮熟的肉类或未加工的山羊奶传播。许多人受感染时毫无征兆，预防是最好的策略。一旦受感染，婴儿的神经中枢系统将会受到影响，并导致脑水肿（过量的脑髓液倒退到脑室，使大脑扩张或小头畸形（大脑过小、畸形或缺少其中某些部分）、心智迟缓、（癫痫、中风等的）突然发作以及其他问题。

 ### 衣原体

一些性传播疾病对胎儿的危险性极大。其中最常见但并不广为人知的一种就是衣原体。这种细菌性疾病使得美国有 300 万 ~ 1000 万的人受到感染。如果孕妇感染了衣原体，胎儿在出生过程中很可能受到感染，感染范围从结核膜炎（眼部炎症）到肺炎。它同样增加了早产以及死胎的风险。衣原体应使用抗菌药品来治疗（Wallis，1985）。

 ### 人类免疫缺陷病毒及艾滋病

第一个关于成人艾滋病的报道出现在 1981 年，随后的一年在儿童的身上也发现了类似的病症（Colon，1992）。人类免疫缺陷病毒（HIV）引起了人们对于保健及社会体系的广泛关注。成人患艾滋病的临床案例比例大大增加，开始向普通人群转移，且平行于正在提升的儿科病例（虽然略低一些）（Pastorek II，1994）。起初，儿科 HIV 病例只出现在患血友病的儿童身上，现在，超过 80% 的儿童从他们的母亲那里遗传了 HIV。到 1990 年，疾病控制中心已经确诊了 2789 例儿童艾滋病（美国疾病控制中心，1991）。据说，每例艾滋病病例将会使得至少 10 人被感染（Colon，1992），而这仅仅是一个保守的估计。

HIV 病毒将会在分娩时传染给子宫里的胎儿或通过母乳传染给婴儿。没有显现症状但携带有 HIV 病毒的妇女同样能够传播病毒。大约 30% ~ 65% 从母亲那遗传到 HIV 病毒的儿童最终发展成艾滋病。许多出生于受感妇女的婴儿都是早产儿。目前尚不清楚这是由 HIV 引起还是与其他风险因素（如滥用药物）有关。许多研究中心正致力于帮助患 HIV 的孕期妇女，但仍毫无头绪。研究集中于破坏 HIV 传播的抗病毒疗法以及防止新生儿感染的剖腹产手术的功效。

筛选测试能够有效地检测出 99% 的患 HIV 的成人。高危新生儿很难筛查，因为他们能保留母体的抗体多达 15 个月。最初，婴儿筛查是通过从脚后跟抽血进行。血液测试采用酶联免疫吸附法（ELISA）（Olson，Huszti，Mason & Seibent，1989）。ELISA 能够测出血液中是否含有 HIV 抗体。如结果呈阳性，随后需按照免疫印记技术进行确认。为了更好地区分母体和孩子的抗体，需进一步进行一个名为聚合酶链反应（PCR）的过程。这一新方法能够诊断出 50% 的婴儿出生时患艾滋病的风险，95% 的婴儿在 3 个月大时能被诊断出患艾滋病的风险（Ammunn，1994）。当婴儿的运动和感知功能退化或他们的父母处于感染 AIDS 的风险时，艾滋病同样能够在临床诊断出来（Bale，1990）。尽早确诊很重要，这有助于及时进行治疗。

艾滋病在儿童出生后 2 个月至 5 岁之间随时可能发病。由于儿童的免疫系统尚未发育成熟，儿童患艾滋病后的病情比成人恶化得更快。许多受感染的儿童不到 2 岁便夭折了（Anderson，1990）。受感染后，约 25% 的儿童在一年内便恶化为艾滋病，45%的儿童在两年内恶化，80%的儿童在第四年末恶化（Gustavasson & Segal，1994）。携带艾滋病病毒的儿童均使用抗生素作为预防性药物以防止感染，药物治疗如叠氮胸苷（AZT），用于阻碍 HIV 的发展（Bale，1990）。

患有艾滋病的儿童表现出越来越严重的精神并发症，包括大脑发育损伤以及伴随着艾滋病病毒及细菌感染（Pueschel，Scola & McConnel，1990），他们甚至错过了生长和智力发育的最好时机。他们的状况对其父母来说是棘手的——他们由于相似的健康状况而无法照顾自己的孩子。

 ## B 族链状球菌

B 族链状球菌在 20 世纪 30～40 年代被认为是产后出现的感染，直到 20 世纪 60 年代围产期范围及新生儿感染为人们所知。感染了 B 族链状球菌的新生儿的死亡率估计是 20%（Gravatt & Sampson，1994）。并没有证据显示妇女怀孕前验明或治疗 B 族链状球菌能带来任何好处。妇女在怀孕的第 26～28 周被建议接受常规的 B 族链状球菌检测，一旦发现受感染，就用抗生素进行治疗。妇女产前 18 小时或更早时薄膜脱落而受到的感染也备受关注（Gravatt & Sampson，1994）。B 族链状球菌能够引起薄膜过早破裂及提前分娩。在胚胎中，这是导致新生儿在头两个月患败血症及脑膜炎的主要原因。大约 20% 的婴儿会因受感染而夭折，其他的则有神经并发症（Gravatt & Sampson，1994）。

图 2-9　妇女通常在妊娠 26～28 周之间接受常规检查以确定是否感染 B 族链状球菌

 ## 胎儿溶血疾病

所有妇女在产前及产后必须接受血型及抗体测试。溶血疾病是由于母亲和胎儿血液中相斥的元素引起的。每个人的血型都是四大血型中的一种：A 型、AB 型、B 型和 O 型。除了这些不同的血型，血液中还存在着被称为生物抗原的元素，它必须与血型相匹配。当母亲的身体把胎儿的抗原当做一种相异物质而攻击它时，问题就产生了。我们会发现很多不同种类的血群不相容性，最常见的抗原就是铑（Rh）系（D，C，E，c，e）。D生物抗原的个体属于正铑因子，不带此生物抗原的则属于负铑因子。在美国，约有85%的白种人以及92%～93%的非裔美洲人携带的是D生物抗原及正铑因子（Weiner，1994）。

铑因子的相容性只发生在母亲携带负铑因子而胎儿携带正铑因子的情况下。如果母亲携带正铑因子而胎儿携带负铑因子，是不会产生任何问题的。胎儿只有一种途径获得正铑因子，那就是从父母那遗传到D生物抗原。直到胎儿与携带负铑因子的母亲交换血液时，问题才会产生。然而，一旦产生了交换，母亲就会变得敏感，她的身体与婴儿携带的正铑因子之间的反应就像对待外来入侵者一样，产生抗体去袭击胎儿的血细胞使其分裂。这会导致胎儿大脑受损或死亡。铑因子的不相容性很少发生在第一胎，因为胎儿的血液必须与母亲的结合从而产生抗体。这常见于生产期间，但极少发生在产前，除非母亲输入了不匹配的血液。在怀头胎的前期会有一些阴道渗血而导致血液混合以及2%的羊膜穿刺风险。

最初，人们试图通过给婴儿输血来控制这一问题（产后及宫内输血的情况均有）。这一方法越来越获得成功，并且对患有致命的溶血性贫血的婴儿有显著的疗效。随着一种免疫预防——抗Rh免疫球蛋白的发展，问题的解决有了不同的方式。抗Rh免疫球蛋白是一种能够防止母亲抗体发展的抗D型免疫球蛋白，因此，主要在母亲身上预防而不是通过控制婴儿的抗体发展。不敏感的母亲在产下携带正铑因子的婴儿的72小时内，必须接受抗Rh免疫球蛋白，且在怀孕28周内接受预防治疗。所有这些必须在正铑因子血液症状显露后完成，例如，流产、堕胎之后或阴道无原因流血之后。

糖尿病

许多妇女在有可能会影响婴儿的健康状况下就已经怀孕了；另一种情况是，怀孕本身就会带来风险。怀孕使得妇女体内的一系列物质发生了变化，改变了先前控制的状况（如糖尿病）。患有糖尿病的妇女无法分泌足够的胰岛素。在1921年胰岛素被发现之前，患有糖尿病的妇女很少怀孕。如果怀孕，母亲及胎儿的死亡率相当高（Landon & Gabbe，1994）。胰岛素使更多患糖尿病的妇女能够怀孕，但胰岛素的控制在怀孕期间是一个挑战。

怀孕会影响妇女在不同时期合成胰岛素的数量。在怀孕早期，胰岛素的需求使得患糖尿病的妇女可能经历低血糖时期，因为胎儿对葡萄糖的需求在不断地增加。其他因素，如由胎盘产生的荷尔蒙，改变了母亲的新陈代谢，总的来说就是增加了她对胰岛素的需求。母亲分泌血糖过少会导致胎儿的血糖过少，而过量的葡萄糖会使得胎儿生长过快。接受过最佳胎儿期护理的糖尿病妇女情况良好，而没接受过胎儿护理的妇女更可能经历突然的或原因不明的死胎现象。然而，即使接受了最佳护理，出生异常的风险仍然不断上升，5%~10%的糖尿病妇女会经历这种情况（Ladon & Gabbe，1994）。

没有糖尿病的妇女也会在怀孕期间出现此种情况，尤其是肥胖的妇女，因为对胰岛素的需求增加了，而可用的胰岛素远不达标。这些情况发生在怀孕的后期。糖尿病主要通过孕妇的尿液及血液来诊断（Landon & Gabbe，1994）。

 ## 孕妇的体重及体重增加

孕前的体重是很难改变的，也没有确切的以体重来衡量风险因素的标准。一般来说，评估体重的作用在于确定一名孕妇是营养不良还是营养过剩。体重未达标妇女的目标是增加卡路里的摄入量。患有厌食症或贪食症的妇女被建议在怀孕前不规律地进食以减轻症状。体重不足妇女腹中的胎儿很有可能比同时期的其他胎儿小，且有可能贫血并早产（Wildschut，1994）。

体重超标的妇女很可能患高血压、妊娠期糖尿病以及尿路感染，她们怀的胎儿也比同时期的胎儿要大。怀孕期间并不赞成使用饮食疗法，因为这对母亲没有好处且会给胎儿带来伤害（Wildschut，1994）。

许多妇女都很关注孕期体重的增长，预计妇女的体重在这期间将会增长27磅（约合12.25千克）。很显然，这取决于个人的体重、年龄、饮食习惯以及其他因素。或许说，体重将比孕前增加17%~20%更为确切（Wildschut，1994）。孕期体重的增加并不是呈直线状的，头三个月体重将略微增加，第4~6月大约每周增加1磅（约合0.4536千克），怀孕的最后三个月里，体重将会以每周少于1磅的增重速度下降。

 ## 其他疾病以及症状

如果不加以注意，一些其他孕期疾病以及症状同样会将胎儿推向危险的境地。这包括感染性疾病，如尿路感染、阴道炎、流行性感冒、性传播疾病、鸡梅毒以及肝炎。这些疾病都能够避免，如不幸感染上了，则需要接受治疗。自身免疫性疾病（如红斑狼疮及关节性风湿病）也有可能影响孕期。显然，原先的母体环境（如心脏、呼吸系统、肾脏、脑下腺以及肾上腺）的疾病均会对怀孕产生影响，这些在孕期必须严密监控。

环境因素

人们已发现环境中的许多因素对母亲腹中的胎儿的成长有很大的影响。辐射是最常发生的因素之一，但低辐射并未被发现会对胎儿造成伤害。然而，母亲过度暴露于高辐射的区域已被证实会对胎儿的神经中枢系统造成伤害。这就是为什么孕妇要尽可能地避免接触 X 光射线或穿铅质防护服以保护胎儿的原因。任何年龄的妇女在暴露于 X 光射线之下时，必须穿上铅质防护服以避免辐射影响卵细胞。其他的影响包括高热及暴露于高温环境中，尤其在怀孕的头三个月。这也是为什么不建议孕妇泡温泉的原因。孕妇接触水银可导致胎儿畸形。如果孕妇在孕期摄入了过量的铅，同样也会导致胎儿大脑损伤。最后，如果经常处于含有杀虫剂、清洁剂、油漆以及其他有害物质的地方，将会使婴儿出现后期疾病。妇女很难避免接触由于工业污染带来的环境致畸物，其中最常见的就是多氯联苯。这些致畸物在 20 世纪 70 年代就已被禁用，但是仍然会通过食物链传播。体内含有过多的多氯联苯的婴儿反应消极，随后将产生认知问题（Jacobson，Jacobson，Padgett，Brumitt & Billings，1992）。

孕期药物滥用

孕期药物滥用已经成为了健康的主要问题。虽然现在有很多关于孕期药物滥用的研究，但必须注意的是，由于药物常常混合使用而与其他物质混淆，我们很难得到关于某些特殊物质的可靠数据。例如，一名孕妇可能通过吸食或静脉注射服用不同程度、不同种类的药品；此外，她很有可能饮酒或吸烟；她的风险可能会因为缺乏营养、缺乏产前护理及贫穷而加大。总的来说，我们很难把这些变量带来的作用隔离开来，当做一个独立的单位。同样，如果没有关于数量、时间以及显露持续时间的准确知识，我们很难准确得出毒品、酒精以及尼古丁带来的影响。还有一个问题就是，药学以及其他一些部门很显然不赞成或推迟了出版某些药物带来影响的研究文件（Mason & Lee，1995）。

致畸物是会对胎儿的成长产生有害作用的物质，它们会导致婴儿死亡、畸形、生长缺陷以及功能缺陷。一些常见的致畸物包括酒精、尼古丁、处方药以及不合法的药品药物。许多特殊药物产生的影响已经被人们所知，如镇定剂——一种在 20 世纪 60 年代的欧洲被广泛使用的药品，会导致儿童身体异常，如缺少肢体或肢体畸形。在怀孕头两个月使用这些药品，产生的副作用是最大的。

由于酒精、尼古丁、药物的广泛使用以及它们带给胎儿副作用的可预防性，我们在这将更详细地讨论一下。

胎儿烟草综合征

将近25%～30%的孕妇吸烟（Gilbert & Harmon，1993）。烟草是导致婴儿出生时体重偏低的最主要原因。低重儿的比例与妇女每天吸烟的数量或被动吸烟的时间有直接的联系（Gilbert & Harmon，1993）。胎儿烟草综合征是指母亲每天吸烟超过5根，婴儿有排除高血压病史及其他诱因的成长缺陷——在妊娠37周时体重低于2.5千克（Schubert & Savage，1994）。

当一名孕妇吸烟时，碳氧化物会随着她的血流穿过胎盘，降低给胎儿的供氧量。而尼古丁使得血管压缩，母亲和胎儿的心率都有所增加，从而使胎儿的活动减少。吸烟还会阻碍胎儿对维生素及矿物质的吸收。虽然并没有很好的证据说明尼古丁会对婴儿带来伤害，但它已在母乳中被发现（Schubert & Savage，1994）。长期的后续行为显示，它会损害婴儿智力以及情感的发展。与父亲不吸烟的儿童相比，父亲吸烟的儿童在成年时期患癌症的几率高出两倍之多（Sandler，Everson，Wilcox & Browder，1985）。

预防可以降低母亲吸烟给胎儿带来的风险，因此，我们建议女性戒烟或者至少减少吸烟的数量、避免被动吸烟。目前还不清楚究竟哪种信息技术对女性戒烟是最有效的。

 ## 胎儿酒精综合征及其对胎儿的影响

目前在美国，酒精滥用比其他任何药物滥用都普遍。有将近600万人依赖酒精，此外还有1000万人可被视为酒精问题人士（Pietrantoni & Knuppel，1991）。对酗酒妇女数量的估计没有定论。一些评估认为，只有1%～3%（Schubert & Savage，1994）的育龄妇女不是酒精问题人士或酒精中毒者，然而另外一些评估则认为大概有8%～11%。胎儿尿检显示，大约有59%～65%的胎儿尿液中含有酒精成分（Mason & Lee，1995；Pietrantoni & Knuppel，1991）。孕期的酒精摄入量有下降趋势，但狂饮仍在继续或增加（Conlon，1992）。

当孕期妇女饮酒时，她和胎儿血液中的酒精成分都会增加。它们增加的比率是一致的，但胎儿血液中酒精的浓度要比母亲的高、持续的时间比母亲的长，因为在分解胎儿血液中的酒精之前，母亲的肝脏必须先分解自身体内的酒精。酒精中的乙醇会穿过胚胎壁，进入胎盘和羊水中。乙醇会损害胎盘把营养物质提供给胎儿的功能，阻碍碳水化合物的新陈代谢，导致胎儿生长迟缓。通过影响细胞以及DNA的化学平衡，酒精会引起胎儿畸形。酒精还会影响胎儿的呼吸以及血液中

氧的含量 (Pietrantoni & Knuppel, 1991)。

虽然酒精作为一种致畸物早已被公认会给婴儿带来不可避免的伤害,但直到20 世纪 70 年代,胎儿酒精综合征（FAS）才被正式命名 (Spohr, Williams & Steinhausen, 1993)。胎儿酒精综合征会导致三种异常现象:出生前及出生后的生长缺陷（包括低出生体重、较差的肌肉健康状况）、面部异常（上唇过薄、面中部扁平、短鼻子、塌鼻梁、头部过小、眼皮下垂）以及神经中枢功能障碍（包括易怒、过分活跃、注意力分散及心智迟缓）(Greene & Bert, 1992)。

产前饮酒增加了自然流产以及死产的几率,其致畸效应取决于饮酒量。轻微的胎儿酒精综合征以低出生体重为特点,当每天的绝对饮酒量为 28.35 克或两个标准量的饮酒量时会出现症状。怀孕头三个月每天的绝对饮酒量达到 2~2.5 盎司（约 56.70~70.87 克）时,则视为完全综合征 (Pietrantoni & Knuppel, 1991)。目前尚未建立安全饮酒量的标准,因此,妇女被告知在孕期内戒酒。

在美国以及欧洲的许多地方,胎儿酒精综合征是导致胎儿心智发育迟缓的主要原因,比唐氏综合征、脊柱裂、X 脆性综合征还要普遍 (Batshaw & Perret, 1992)。虽然其流行程度因种族差异而有所不同,但据估计,在美国的比率为1:3000 至 1:2000 (Pietrantoni & Knuppel, 1991;Schubert & Savage, 1994)。另据估计,美国本土的患病率高达每 100 个新生儿中就有 1 例胎儿酒精综合征患者(Johnson, 1991)。

胎儿酒精综合征可以在儿童临床检查中检测出来。但对母亲饮酒行为的了解仍然不够。如果不是所有的症状都显现出来了,就不能做准确的诊断,这种情况有时被称为胎儿酒精效应（FAE）或与酒精有关的出生缺陷（ARBD）。据估计,每 1000 个出生婴儿中就有 3~5 人患有 ARBD (Pietrantoni & Knuppel, 1991);每出生 1000 个婴儿大约有 6~8 人感染了 FAS 和 FAE。胎儿酒精效应对胎儿逐步产生微小的影响,以生长迟缓、肌肉健康状况较差及吮吸无力为特征。FAE 可能比FAS 更普遍,但由于低出生体重,它比 FAS 更难分离、更难归因于饮酒量。例如,它可能由饮酒量过大引起,也可能由其他因素引起 (Warren, 1985)。在很多情况下,很难确定引起认知异常的原因,然而,一些研究者认为产前过量饮酒引起了5% 的认知异常以及 10%~20% 的轻微心智发育迟缓（FAS 及 FAE 案例的总和）(Conlon, 1992)。

如果酒精滥用发生在怀孕的前三个月,除了会增加流产的可能性外,胎儿酒精综合征的身体反应也会表露出来。怀孕 4~6 月内滥用酒精会影响胎儿的身体及智力发育,但并不会产生身体畸形。如果在怀孕最后三个月滥用酒精,则只会影响认知发展。

药品

药品是另一种常见的滥用物品。一些孕妇不服用药品，也有一些则服用处方药。然而，一些孕妇是消遣性服用者（只是偶尔使用麻醉药），另一些则成瘾了（她们已经习惯了麻醉药品，一旦停止用药，就会出现失调反应）。美国的食品及药物管理协会（the Food and Drug Administration，FDA）正在研究一种可以测出药品对孕妇影响的方法，给安全保证提供新的信息。FDA以胎儿的潜在风险为标准，为孕期妇女确定处方标准。A类药品已被证实对胎儿无任何不良影响；B类药品没有副作用，但只停留在动物试验阶段或没有得到很好的控制；C类药品对动物胎儿有副作用，但对人类的作用尚未清楚；D类药品显然会给胎儿造成伤害，同时使母亲的生命受到威胁；X类药品是禁药，因为药品对胎儿的威胁远超过其带来的好处。许多人都认为C类、D类或X类药品是不安全的（Barron & Lindheimer，1995）。

据估计，妇女生产前后使用违禁药品大约占10%～11%（Curet，1995）。实际上，孕期服用的违禁药品比这个数据要高得多，其范围从3%到32%不等，取决于用的是自身的检测报告还是尿液检测结果（Mason & Lee，1995）。如果一名妇女服用了违禁药，特定药品的服用量必须是有限定的。妇女经常会被问到服用药品的情况。大约25%～50%的妇女拒绝服用药品，即使她们知道只是为了获得她们服用药品的信息而采取的尿液检查也如此（Mason & Lee，1995）。

一般对孕期药物反应的关注主要集中于出生缺陷、自然流产、早产、出生体重轻以及死胎等。母亲吸收的药物通过胎盘壁传给胎儿，经常服用非处方药物，如阿司匹林、布洛芬，可导致胎儿出现问题，尤其是在妊娠的最后三个月。可能出现问题的一些处方药物包括：法林抗凝、某些抗癫痫药物（尤其是苯妥英纳）、药物安定和一些抗精神病药物。这些药物中的大部分没有标明安全用量，妇女们在确定将要怀孕之际若需使用它们，应谨遵医嘱。

滥用药物如海洛因、可卡因会刺激神经中枢系统，引起血管收缩，使胎儿得到的氧气和营养减少，从而影响生长发育。由于新陈代谢及排泄功能作用缓慢，药物在胎儿体内停留的时间要比母亲长（Schneider & Chasnoff，1987），这同样会引起孕妇子宫肌肉收缩、早产或自然流产。

据国际联盟围产期上瘾研究报告（the National Association for Perinatal Addiction Research and Education），在美国，每年大约有375000名新出生婴儿的母亲在滥用药物（Curet，1995）。另据估计，一名单一药物中毒的儿童成长到18岁时，健康及教育的花费将达到75万美元（Mason & Lee，1995）。在美国，大约有25万妇女使用静脉注射吸毒。其中大多数毒品是类罂粟碱，以多样的形式出现。正如霍格尔曼和斯科诺尔（Hogerman & Schnoll）所列出的那样（1991），类罂粟碱包括芬太尼（依诺伐和芬太尼）、海洛因、杜冷丁、派替啶（德美罗）、丙氧芬（达尔丰）。其中，近90%的食用这些药物的妇女处于育龄期。鸦片类药物与胎儿流产、生长迟缓和早产倾向相关。在这些受海洛因或美沙酮侵袭的婴儿中，有30%～90%出现新生儿脱瘾综合征（NAS）或退缩行为。高达50%的街头吸毒孕妇在分娩时才被发现（Schubert & Savage，1994）。

大麻

大麻是育龄期妇女服用最多的违禁药品，且孕期的服用频度仅次于酒精和烟草（Day & Richardson，1991）。孕期使用大麻的准确数据很难确定，仅据估计就有20%～30%的孕期妇女服用大麻（Gilbert & Harmon，1993）。这个数据根据种族不同而有变化。大多数孕期妇女在怀孕早期会减少服用大麻的量，有时用酒精、药草或其他违禁药品代替大麻。经常或持续服用大麻，或服用含有大麻的药物，都会带来副作用。

大麻增加了一氧化碳在血液中的浓度，促使母亲的血压上升、心率加快。有证据表明，大麻服用者可能会早产或产出低体重儿，然而，这并不是定论。产后婴儿表现为爱哭且很难安抚。然而，对关于大麻对胎儿成长的副作用却存在着分歧。当考虑到种族、教育程度、收入、婚姻状况、饮酒量、吸烟量的时候，许多关于大麻带来副作用的结论是站不住脚的（Day & Richardson，1991）。

可卡因

虽然它不像酒精和大麻那样普及，但也是一种能给胎儿和婴儿带来副作用的药物。像其他药物一样，它也很少被单独使用。另外，虽然都被称为可卡因，但却有很多不同的形式以及用法：吸食、吸烟、免费获取（free-based）或注射；同样，其浓度也会不同。其复杂性使得我们很难得出具有说服力的结论。孕期服用可卡因造成的后果越来越严重。据估计，在美国有11%～20%的孕期妇女服用可卡因（Gilbert & Harmon，1993）。如果男性在性交前服用可卡因，可卡因会与精子结合在一起，从而增加致畸的几率（Gilbert & Harmon，1993）。

1985～1987年之间，一种被称为强效晶状可卡因的高纯度晶状可卡因被引进到美国市区。这种形态的可卡因能和其他药品混合，这种服用方法更能为妇女所接受，尤其是育龄期妇女，且使用量的增长速度很快。可卡因是一种很容易上瘾的药品，服用可卡因5～10分钟后就会产生一种强烈的兴奋感，并能持续45分钟左右（Colon，1992）。可卡因能增强人的精力、自尊，使人在很多活动中感到愉快，包括性交。但随之而来的是焦虑、精疲力竭以及沮丧。这种双向效应增加了上瘾的几率，使人们无法抑制再次体验这种"快感"（Colon，1992）。

可卡因会在怀孕的不同时期影响未出生的婴儿，其影响有直接的，也有间接的。其中最主要的问题就是减少了胎盘和胎儿的血液。与可卡因有关的结构缺陷归因于血液的阻碍影响了生长期或生长前期结构的发育（Mason & Lee，1995）。可卡因同样刺激了尿路收缩，这会导致高早产率。收缩同样导致了生长迟缓、颅内大出血、营养不良、子宫内缺氧以及小头畸形（Chasnoff，1991）。提供一个安静的、营养充足的环境，使婴儿从可卡因和过度刺激中脱离出来，对婴儿能够有所弥补，但30%～40%的儿童会出现神经障碍，通常表现在语言领域。一些异常直到学龄期才会表现出来（Chasnoff，1991）。

麻醉剂

据估计，每年大约有 9000 名产妇对麻醉剂上瘾（Hoegerman & Schnoll，1991）。麻醉剂包括鸦片及其提取物，如海洛因、吗啡以及可卡因。所有的鸦片类药物都能穿过胎盘。孕期吸收的药物是至关重要的。怀孕前 8 周致使出现神经异常的风险最大，而随后将会出现更多的行为问题（Hoegerman & Schnoll，1991）。胎儿期孕妇用药影响带来的副作用会给婴儿及其一生带来很大的困扰。将近一半对药物上瘾的孕妇不接受产前护理，甚至只在生产时才到医院。关于新生儿问题的第一个线索就是药物上瘾（Hoegerman & Schnoll，1991）。

治疗孕期妇女药物上瘾唯一的可行药物是美沙酮，它可服用，时效长，还能保持一定的血液浓度。服用其他鸦片类药物会使情绪在激动与沮丧间浮动，还会直接影响到胎儿。由药物依赖妇女生产的新生儿，有超过 2/3 表现出新生儿脱瘾综合征（NAS）的症状，这是一种无法明确的病症，在出生后 3～5 天出现，通常在母亲已经履行义务后。更严重的是，NAS 的影响与怀孕最后三个月吸收药物的总量以及生产期每天吸收的量和浓度有关（Hoegerman & Schnoll，1991）。NAS 最明显的特征就是神经中枢系统过敏（包括过敏、急躁、睡眠质量差、高声哭喊、战栗、癫痫和中风等突然发作以及肌张力过高）。其他常见的症状是胃肠及呼吸异常，包括营养不良、呕吐、腹泻、发育不良以及呼吸暂停。最常用的治疗方法是每天服用美沙酮，每天大约能降低 10%～20% 的犯病率（Hoegerman & Schnoll，1991）。

海洛因

鉴于服用海洛因会带来月经不调以及低受精率，人们很少听说由吸食海洛因母亲娩出的婴儿上瘾的案例。由于与其他药品混用，我们很难得出服用海洛因带来的具体问题，因为75%的妇女在服用海洛因的同时也服用其他药物（Gilbert & Harmon，1993）。怀孕初期的症状（恶心、呕吐以及疲劳等）就像戒毒过程中出现的症状一样，使妇女增加了吸食毒品的数量，而不是寻求药物治疗（Mason &

Lee，1995)。海洛因减少了血液的流量以及脑干中的呼吸，这主要导致了胎儿的早产以及生长迟缓。许多婴儿则表现出戒毒过程中出现的症状。这些症状在头两个星期内会随时发生，并持续 2~4 个月（Gilbert & Harmon，1993)。

小结

本章主要分析了胎儿出生前的成长过程以及影响成长的因素。首先讨论了怀孕前必须解决的问题以及必要的产前护理，然后讨论了受孕的生物过程，强调了生长期的重要性，以及发生在胚胎期及胎儿期的生长和发育。

本章还回顾了遗传和基因模式。对基因的变异，无论是染色体变异还是 X 连锁变异的模式，均有详细介绍。本章还介绍了染色体异常的情况。对日常的产前检测以及其他常见的检测，均有详细阐述。同时还讨论了基因咨询的问题。本章还包括对胎儿有副作用的母亲疾病的讨论：传染性疾病（如风疹、艾滋病、梅毒、巨细胞病毒、疱疹）以及其他母亲自身的疾病（如糖尿病）。本书还一一列出了环境对胎儿的成长影响，同时还介绍了社会及医学界对于药物滥用（如尼古丁、毒品以及酒精）的关注，罗列了多种药物带来的发育问题。

实践活动

1. 问一问一名孕妇对怀孕的感觉、她从医生那里获得的建议以及做出的生活方式上的改变。

2. 问一问你的母亲怀你时的经历：医生给她的建议、她对时间的关注以及做出的生活方式上的改变。与她分享一下现在及过去怀孕时关注的不同点。

3. 问一问你的朋友们对怀孕的感受，了解她们对胎儿生长情况的了解程度。分享一下这一领域如今的关注点，然后制订一份指导年轻妇女孕期生活的计划以提高出生率。

几个世纪前就有了接生，但直到现在它仍然是一件很私密的事。过去，妇女们通常从自己的母亲那里或在自己分娩时学习有关分娩的知识。现在，要了解分娩知识最好去问产科医生。这也是孕妇在产前需要了解的内容之一。当妊娠到3个月时，产科医生会和孕妇讨论一些注意事项，如出血、疼痛、肿胀等症状；告诉她如何为分娩做好准备；帮助孕妇根据家庭需要、愿望以及医疗条件制订一项分娩计划。另外，还涉及产后遇到的一些问题，如为婴儿选择医生以及是否准备母乳喂养（Stenchever & Sorenson，1993）。

婴儿会在哪天出生呢？虽然很难准确地预测出这个日期，但85%的妇女会在她预产期前后7天内分娩。预产期是在大约受精后的第266天，可以这样推算：末次月经周期的第1天向前数3个月再加7天的日期就是预产期。因此，如果一个准妈妈的末次月经开始于7月4日，那小宝宝就预计会在来年的4月11日出生。我们还不清楚人体是如何知道胎儿的出生时间的，但是，它都将在妊娠38 ~ 42周内出生，这时胎儿比较小，能顺利从产道娩出，也足够成熟能适应子宫以外的环境。

临产

许多因素都会导致分娩。实际上其中大部分是化学上的反应，准妈妈无法觉察到这些变化，如催产素水平的提高。前列腺素作为一种荷尔蒙，能够使宫颈和子宫保持完整，阻止循环，之后子宫壁便开始不规则收缩。儿茶酚胺（主要是肾上腺素）、耻骨松弛激素以及包括雌激素在内的其他荷尔蒙都能够帮助子宫放松。子宫收缩会引起蛋白质中的肌动蛋白与肌浆球蛋白进行交互作用（Wheeler，1995）。这些知识能帮助我们在一定程度上抑制或促进分娩，但我们还没有完全了解各种化学物质及其相互间的作用。

分娩和出生

准妈妈怎么知道分娩开始了呢？分娩即将开始的一个早期征兆是入盆或者胎儿下降感：在妈妈腹部，胎头为进入出生位置而开始下降，接近母亲宫颈的位置。见红也是先兆之一，即一种用来封住子宫颈的淡血色的黏液，这是因为宫颈变薄、张开，微小的血管破裂，所以呈现出血色的黏液流出一部分在内裤上。其他先兆还有羊水破裂，羊水是在胎儿周围起着保护作用的羊膜的液体，它的断裂导致清澈的、无色的胎膜液体随之涌出。有时候为了进行胎儿监测，需要人为弄破这层膜。如果胎膜破裂后超过 24 小时还没有分娩，受感染的危险就会增加。此外还有子宫收缩，这是子宫外壁肌肉的运动，它推动婴儿通过产道离开母体。最初的宫缩就像是一种间隔不定的腹部绞痛。随后，这种宫缩会变得越来越强烈、有规律、紧密。

把婴儿带到这个世界上的过程被称为分娩。大多数有过分娩经历的妇女都会认为这是一项非常辛苦、费力的体力劳动。分娩就是子宫的规律收缩，它使宫颈逐渐变化。这种收缩与假宫缩（通常指假分娩）不同，假宫缩在整个怀孕期间都有可能出现，但是不痛，也不会引起子宫颈变化。而在分娩过程中宫颈会出现三种变化：变软、变短、张开。当这三种变化出现时，胎儿就开始通过产道降生了（Wheeler，1995）。

分娩是一种个人体验，是不断变化的过程。从技术上讲，就是将胎儿、胎盘、脐带从子宫排出体外。它由三个独立进程组成。

第一产程

第一产程从有规律的宫缩开始，直到宫口完全张开（大约 10 厘米）。数小时后，宫缩从最初轻微的、温和的状态逐渐变得强烈、持续、频繁。第一产程在整个分娩过程中耗时最长，通常要持续 12 ~ 30 个小时。这个过程可以进一步划分为两个阶段——潜伏期和活跃期。

初产妇的潜伏期平均为 8 ~ 12 个小时，也可能持续到 20 个小时。

经产妇的潜伏期平均为 6 ~ 8 小时，也可能持续到 14 小时。许多因素会影响这一阶段的时长，比如，孕妇是否为了止痛而服用药物。通常，准妈妈在潜伏期可以在家安静地等待，直到有规律的大约 5 ~ 6 分钟一次的宫缩出现。当宫口张开到大约 3 厘米时就从潜伏期进入了活跃期。

初产妇的活跃期通常大约为 5 小时，经产妇只需 2 个多小时（Stenchever & Sorenson，1993）。活跃期的特征是有规律的、强烈的宫缩，每 2 ~ 3 分钟一次，每次持续大约 1 分钟。在这一时期宫颈至少每小时张开 1 厘米，直到张开 10 厘米左右，这时胎儿下降到产道。

活跃期的最后部分是个过渡。它最短、最强烈、也最痛，通常持续 1 小时，但可能感觉起来像是"永远"一样。宫缩频繁而强烈，宫口开到 10 厘米，产妇会突然有一种想向下用力的感觉，但这样做并无益处，反而会使宫颈肿胀而延迟分娩。许多产妇在这一期间会很难受、易怒，就需要重新估计她们的需要来调整麻醉剂的量。在这一时刻，父亲们常常会下决心再也不让妻子怀孕了。

可以通过检查来判断胎儿下降的程度。胎头在骨盆入口的脊柱处被称为0位置，一直到会阴处为+5位置（Wheeler，1995），如图3-1。在分娩过程中要对宫颈的张开程度及胎头位置进行反复测量。

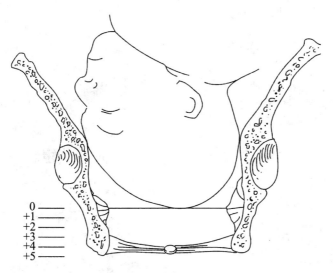

```
0
+1
+2
+3
+4
+5
```

在分娩过程中胎儿头部在下降时的测量位置。

图3-1　胎儿头部的位置

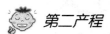 *第二产程*

当宫颈完全张开时，第二产程就开始了。第一产程使胎头进入分娩位置，这个过程中它逐渐被挤压成适合于产道的形状。妈妈骨盆的骨头会打开，宫颈进一步张开。在整个第二产程中，产妇腹部的肌肉缩紧，将胎儿的身体理顺从而将其推入产道。当胎头到达骨盆底部时，胎儿的下巴会弯起或收起，为进一步的下降而缩小直径。然后胎儿旋转，将头仰伸以使自己通过阴道，这个过程叫做着冠。当胎头着冠到3～4厘米左右时，就该决定是否进行会阴侧切。会阴侧切就是为扩大阴道口而进行的会阴部位的外科切开手术（Afriat & Coustan，1995）。通常，这会在局部麻醉的情况下进行。外阴切开术在许多地区很有争议，支持者认为整齐的外科切口比自然撕裂的伤口更易于缝合，并且缩短了第二产程，减轻了胎头的过大压力，分散了盆底肌肉组织的用力。而反对者认为外阴切开术是不必要的，它使产妇很难受，而且切口通常会比自然撕裂的伤口要大（Afriat & Coustan，1995）。

无论有没有做会阴侧切，首先娩出的是着冠之后的头，然后是脸、下巴。在等待下一次宫缩时要抽去新生儿嘴和鼻子里的液体。

当胎头娩出以后，胎儿会在外部继续旋转，以使其肩膀可以通过产道。最后，胎儿身体的其他部分就随之娩出了。这一阶段的时间长短取决于产妇在推动胎儿娩出的那一部位上用力的能力，经产妇大约需要 30 分钟，初产妇大约需要 90 分钟。这一阶段随着新生儿的娩出而结束。脐带随后被夹住，并被切断（Stenchever & Sorenson，1993），见图 3-2。

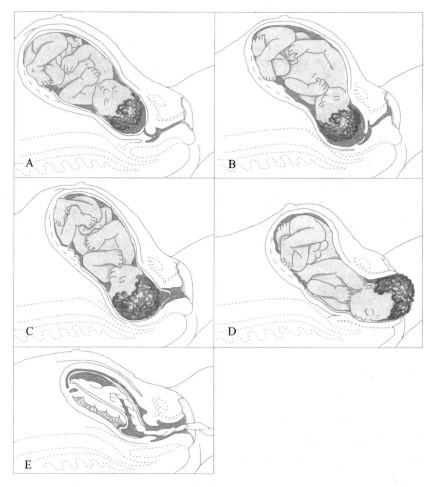

A. 先露部衔接：分娩开始以前胎儿和子宫的位置。注意产道的长度和宫颈的宽度。

B. 第一产程：注意胎头下降、宫颈管消失并轻微张开。

C. 第二产程：宫颈完全张开，胎头进入产道。

D. 着冠：注意胎头，它朝着妈妈背部做了翻转。

E. 第三产程：娩出胎盘。

图 3-2　胎儿、先露部衔接、分娩三个阶段

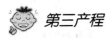 **第三产程**

最后一个产程是将胎盘及残留物排出。检查子宫、宫颈、阴道是否受伤。这一阶段大约持续 20 分钟。

影响分娩的因素

很多因素决定着整个生产过程从开始到结束是否顺利。

通常，妈妈的身体和心理因素对分娩过程起着重要作用。如果妈妈产前得到了很好的照顾、戒除了药物和酒精、饮食有营养、胎儿对母亲子宫适应良好，那么情况就很乐观。

一些分娩培训课会为分娩过程提供一些知识准备。同时，这种课程还有其他一些作用，比如，可以找到一个帮手，能尽可能参与到产妇的分娩过程并陪伴在产妇左右；可以让准父母深入地了解即将为人父母的相关知识；可以提供由很多夫妇组成的人际圈来交流共同关注的问题和经验；可以让准父母得到分娩和出生过程的相关信息；可引导准父母学到呼吸技巧以及其他对分娩有用的练习活动（Davis-Floyd，1992）。

胎儿的大小会影响分娩过程。没有精确的办法能准确测量出子宫里面的胎儿大小。有经验的内科医生可以估量得很准，超声波也能提供一些信息。但胎儿大小只是一项因素；其实胎头与母亲骨盆之间的大小关系才是最重要的因素。孕妇的骨盆越大，能生出来的孩子就越大。

胎儿的先露部位和姿势很重要。一般来说，最先出现的是头部或者说颅顶。虽说先露颅顶有多种姿势，但最普遍的还是胎儿将下巴收起面朝妈妈后背的情况。这种姿势最有利于下降。还有一些胎位不正的情况，如脸、额、头顶先出来，这样阴道分娩就可能会有难度或者根本无法娩出（Stenchever & Sorenson，1993）。如果是臀部或脚先露的话，就叫做臀位。在这种情况下，除非胎儿自己能翻转过来，否则必须借由外力将它转过来，或者实施剖宫产手术。

宫缩的质量和类型也影响着分娩过程。子宫肌肉与人体的其他组织并无区别。因为宫缩要使胎儿从产道娩出，所以其收缩强度非常重要。如果产妇已经累得精疲力竭或者脱水了，就无法使自己的肌肉有效地工作了。

在分娩过程中，宫颈会不断变化。在潜伏期阶段，它很厚并保持完整。随着分娩的推进，宫颈开始变柔软、变薄并且张开，可以通过宫颈的变化情况来判断分娩是否准备就绪（Stenchever & Sorenson，1993）。

子宫和骨盆的结构影响着分娩。子宫的组织构造及容量会影响到宫缩。无论

是因为胎儿太大、羊水过多还是其他因素，一个过分膨胀的子宫都会使分娩很困难。产科医生会根据骨盆结构及其有效容量来将其分为四种类型，用以推测分娩情况（Stenchever & Sorenson，1993）。

绝大部分的分娩都如上所述，但还有很多因素会影响分娩，这就需要进一步测量以使阴道分娩成为可能。有时则必须进行剖宫产分娩。

手术分娩

手术分娩有两种类型：阴道手术分娩和剖宫产（或称剖腹产）手术分娩。当阴道分娩无法成功时，采用哪种手术要视具体情况而定。

阴道手术分娩

选择阴道手术分娩必须具备一些条件：产妇的宫颈已完全张开、羊水已破、胎头位置已知、产妇必须有适当的痛觉丧失以及需要一名富有经验的外科医生（Afriat & Coustan，1995）。还需要有使用产钳或真空胎头吸引器所必需的条件。

产钳是像钳子一样的工具。当产妇向外用力时，手术医生将产钳夹住胎头的两侧，同时向外牵引。产钳有超过 600 种形状和尺寸。而大多数形状都被设计得适合于围绕胎头。要根据胎头所处的位置来决定使用不同类型的产钳。高位产钳分娩是当胎头不在妈妈骨盆中并高于 0 位置时所采用的。这种处理方式并不恰当，因为这时无法判断胎头是否适宜穿过妈妈的骨盆口，并且胎儿很危险，母亲也容易受伤（Afriat & Coustan，1995）。这种情况应用剖宫产手术替代。中位产钳分娩是当胎头位置高于 +2 厘米，并且只有当胎儿突然处境危险或母亲同意时才能采用；同时，还得做好如果手术失败即改为剖宫产手术的准备。

低位产钳手术是在当胎儿前额已下降到至少 +2 厘米、但又没完全抵达骨盆底部时采用的。采用低位产钳术要注意以下几点：一是作为胎儿窘迫时的救治方法；二是当分娩进程太慢时采用。当胎头已经着冠但又没出来时采用出口产钳。通常而言，采用出口产钳和低位钳可以缩短第二产程的时间。采用产钳手术和阴道分娩所带来的并发症是相似的。但是产钳手术却与婴儿的出生伤害及神经损伤具有密切联系。很难对产钳方法的安全性进行公正的评估，因为它只被用于分娩，而分娩中存在大量的并发症会影响到评估结果。母体的并发症包括软组织创伤和出血（Dennen，1994）。

在世界上的许多地方，产钳被真空胎头吸引器取代。吸引器由适合于胎头后部形状的杯形金属或塑料材料制成。这个杯形物还与一个泵相连。当这个杯放好位置后，泵就开始吸引胎头以帮助其下降到产道上。采用吸引器与产钳一样具有不稳定性。

剖宫产分娩

剖宫产手术就是通过切开腹腔和子宫来取出胎儿。这种手术的绝大部分切口位置都很低并呈水平状。其优点是缝合后的伤口将成为宫颈和子宫下部的一部分，这样，以后这名妇女再怀孕时伤口就不会爆裂（Afriat & Coustan，1995）。这还意味着进行了这种手术的妇女再次怀孕时可以选择阴道分娩（Dickinson，1994）。在剖宫产手术中，刀口切开后要通过臀部按压来使胎头娩出（按压与胎头相反的身体其他部位，以迫使头部先出来），如果胎头位置太低的话，就再使用产钳或吸引器。胎儿头部娩出后，吸住其头部，同时再次做臀部按压来协助其身体随之逐渐娩出。

大多数的剖宫产手术要满足以下四个条件之一：胎儿处于臀位；胎儿大小与骨盆大小不相称，换言之，对妈妈的骨盆来说胎头过大；胎儿处境危险；或者这名妈妈曾经做过剖宫产手术。在整个手术过程中，母亲在硬膜外麻醉下仍可以保持清醒。

虽然剖宫产手术相对安全，但仍属外科手术，风险要比阴道产手术高两倍（Batshaw & Perret，1992）。对胎儿来说，要冒一定风险，因为无法算出准确的妊娠时间，胎儿可能还未成熟就提前娩出了。而且，在阴道产的第一产程中，当胎儿穿过产道时可挤出其肺部的大部分液体，使得剖宫产手术娩出的宝宝容易得"湿肺"，从而导致一些呼吸方面的问题（Batshaw & Perret，1992）。

剖宫产分娩对母亲的风险更大。虽然生孩子非常安全，每10万个孩子的分娩成活案例中只有6名母亲死亡，但这其中，采取剖宫产分娩的母亲比以其他方式分娩的母亲的死亡风险高出四倍（VanTuinen & Wolfe，1992）。她们更容易受到感染、出现异常的血液凝结以及出现肠道和膀胱的伤害，而且通常住院时间和恢复期也更长一些。

还有一个引人关注的问题就是，在美国有太多的婴儿是通过不必要的剖宫产手术出生的。美国的剖宫产率在1970年是5.5%，到1988年上升到24.7%（VanTuinen & Wolfe，1992）。从1990年开始，这个比率开始缓慢下降。与其他国家的数据相比较的话，最理想的比率应在12%～14%之间（VanTuinen & Wolfe，1992）。在涉及产钳分娩和臀位分娩的情况中，腹腔手术安全性的提高促进了剖宫产比率的上升。其他原因还包括，出于从医学专业上对出生结果的保证以及对阴道分娩耗时太长的考虑（Afriat & Coustan，1995）。但是我们必须认真考虑一下剖宫产的数量太多这个问题了。

从胎儿的角度来看分娩过程

当妈妈的身体伸直以适应胎儿穿过产道时，胎儿的身体就会受到挤压。伸展的疼痛强于挤压的疼痛，但胎儿还不太会感觉到疼痛。胎儿会感到来自宫缩的压力、通过产道时的挤压、还有抓住自己身体的手。每一次宫缩都会压扁胎盘、压住脐带，从而间歇性地切断对胎儿的供氧。两次宫缩间的平静以及来自产妇的深呼吸能使血液中的含氧量又达到一定水平。为应对这些压力，胎儿的心跳会加快。胎儿因供氧量的起伏不均可能会有点头晕，甚至或许还有像被敲击一般的头痛。除了平时在子宫里就能听到的声音以外，分娩也是一个很吵的过程，因为子宫肌肉会反复挤压他的耳朵。鉴于此，新生儿是在毫无防备的情况下突然闯进了这个冰冷的、充满亮光的、到处是移动物体和奇怪声音的世界的。最初一段时间，婴儿会比较警觉，之后其睡觉的时间会相对变长一些（Maurer & Maurer，1988）。

如果在分娩过程中使用过止痛药的话，不同的药物在婴儿身上会有不同的影响。如果用的是氯乙烷，那么婴儿可能会表现出服过药的样子，不太警觉、睡得多。这种现象可能会持续几天，因为婴儿吸收了不适合他的针对妈妈的药量。这种止痛药可能会在分娩过程中降低婴儿获得的氧气量，并让他更加头痛，接下来更加昏昏沉沉的。局部麻醉也会影响婴儿，在药效消失之前他都会表现得和正常不同。"当他感到亢奋时，就会显得紧张、易怒，哭得更多。当他感到低落时，就会显得懒散、很难被叫醒，甚至连吃都不积极。"（Mauter & Mauter，1988，42）

出生过程中的变化

对成人来说，父母角色的转变非常突然。同样，对婴儿来说，离开子宫环境进入到一个充满空气的世界也特别突然。他不仅需要在心理上适应，也得在身体上进行调整。最主要的变化涉及呼吸和循环系统、调节体温的能力，以及吞咽并吸收营养物质。

新生儿的第一口呼吸很长，也很困难，因为他的肺还很虚弱并充满着液体。通常，只要一啼哭，肺里就会充满空气，并保持开放状态，因为在肺泡外面包裹了一种叫表面活性剂的化学物质，并阻止肺泡关闭。胎儿的循环系统不同于成人。因为肺不为血液供氧、肝脏不负担解毒，胎儿的循环系统围绕着这些器官走了一些捷径。但是，现在作为婴儿，他的身体必须开始承担这些任务。婴儿的第一次呼吸，除了使他的肺膨胀以外，还推动了一系列的肌肉收缩来关闭这条捷径，从而使血液通过肺和肝脏进行循环（Batshaw & Perret, 1992）。体温调节对新生儿来说是个挑战，因为他的表面积很大，而防止体温降低的脂肪组织又很少。

 ### 新生儿筛查

当婴儿来到这个世界上时，他们的适应性可以通过出生后第 1 分钟、第 5 分钟的阿普伽量表进行评定。如果在第 5 分钟时的阿普伽评分值很低的话，通常要在第 10 分钟或第 15 分钟再次进行测量（Cashore, 1995）。阿普伽参数是维吉尼亚·阿普伽（Virginia Apgar）博士发明并以她的名字命名的。她的目标是建立一种在分娩后快捷、系统地评定婴儿状况的方法，并以此作为必要的辅助措施，如果可能，应在出生后即刻进行。这个参数包括 5 个项目的测量，均被分成 0 分、1 分、2 分三个等级。其中有：肤色、心率、应激反射、肌肉弹性、呼吸力。为了便于记忆，一些研究会用每一项的首字母合起来简称它为 APGAR（阿普伽）。

表 3-1　阿普伽量表

分值	0	1	2
外表（肤色）	全身苍白、发青	躯干呈粉色，四肢发青	全身粉红
脉搏（心率）	无	低于 100 次/分	高于 100 次/分
面部表情（应激反射）	无反应	做痛苦表情	打喷嚏、咳嗽
活动性（肌肉弹性）	无力松软	手足有一些弯曲	积极运动
呼吸（呼吸力）	无	缓慢，不均匀	正常呼吸，有响亮的哭声

虽然在不同医院进行阿普伽测试是相对标准化的过程，但在时间掌握上却不像预期的那样规律，不同的医生和护士对分值的界定也可能不一致。不过，得分较低的婴儿处境更危险一些。很少有婴儿在第 1 分钟的阿普伽测试中能得到全部满分，而如果好几项得 0 分则意味着产下的是死婴。通常，阿普伽测试中得低分意味着这个孩子在发育上很可能会不健全，尤其是在第 5 分钟或之后的测试中都得低分，或者得分并没有逐渐上升反而下降时。但大部分最初得低分的孩子以后

都会发育得很正常（Batshaw & Perret，1992）。

许多因素影响着分娩和出生过程以及新生儿的状况。一些因素是我们已知的，是预计范围内的，但另一些因素却会使以上情况变得令人困惑而棘手。

分娩并发症

分娩过程中的并发症会影响到胎儿。各种各样的因素会使分娩变得复杂。有一些并发症与分娩的时机有关，如早产或胎膜早破；一些因素与其分娩本身的特点有关，如臀位或多胞胎分娩；一些因素与产妇自身状况有关，如感染或妊娠高血压；还有一些因素与胎儿状况有关，如胎儿窘迫。

  分娩的时机

有的婴儿会特别早于或晚于预产期出生。大约有4%～5%的新生儿是在怀孕37周之前出生的（James，1994b）。目前，人们只知道导致早产的一部分原因，对大部分原因仍不清楚，也不清楚如何才能有效地阻止已经开始了的分娩。相比对月子内婴儿（或者说新生儿）问题的了解，我们对如何延长怀孕时间问题的知识实在太欠缺了。已经有一些药物被用于控制早产，但是成功率并不高。

早产婴儿所出现的多数问题都与其自身不够成熟有关。其中一个问题是体温调节，此外还有呼吸、神经、肾脏的问题；属于新陈代谢范畴的喂养问题，也很普遍；还有一些来自感染和黄疸的威胁。有些产后的母婴是被分离的，这就涉及社会及其他相关问题。

一些婴儿出生得过晚。大约90%的孕妇会在受精后的40周分娩（Coustan，1995）。一些研究认为真实情况要高于这个比值，因为对受精日期的错误估算，实际上只有大约3%的过期分娩。有一些妇女孕期会比别人更长一些，而这也属于正常的变化范围之内。与过于成熟的妊娠有关的问题主要是胎盘老化。通常，分娩是由像后叶催产素（俗称催产素酶）这样的荷尔蒙的作用所引起的。后叶催产素是人体内正常分泌的荷尔蒙，它能促使子宫的平滑肌进行收缩，可以通过人工控制来刺激子宫。在药剂的使用量上有不同观点。综合各种意见，子宫对后叶催产素的反应因人而异，而且随着分娩的推进，子宫对后叶催产素的敏感度也会提高（Gilbert & Harmon，1993）。如果到妊娠第41周或第42周时还未分娩又不适合做引产时，就要实行剖宫产手术（Coustan，1995）。

出生时婴儿的大小

无论婴儿何时出生，妊娠时间的长短与婴儿的重量都是相关联的。婴儿出生时过大或过小，这个问题很重要。也许是因为血液中葡萄糖水平较低，出生时比较小的婴儿通常脂肪存储比较少。因为缺乏脂肪，他们在低温环境下容易生病，就需注意给其保暖。他们对出生过程中周期性的供氧量下降缺乏耐受性，就容易得一些其他的并发症。

一些婴儿在出生时较大，这也许仅仅是因为父母身材较大，或许是因为妈妈有糖尿病，这种情况在分娩前就可以预料到。但是，外型较大的婴儿在出生时容易受伤。出生后，他们可能会经历低血糖，并需要频繁地喂食。如分娩前确定他是大个头，就可能采用剖宫产以避免出生时的并发症，但这样又容易在呼吸方面发生一些问题。他们还容易得黄疸，出生后最开始在吸吮和吞咽反射上也容易有问题（James，1994b）。

 ### 妊娠晚期的出血

妊娠第 22 周以后的出血被看做后期出血。我们选择这一时期进行讨论是因为超过 22 周以后的胎儿就有望存活（早先是说 28 周，但新生儿护理技术的提高使这个时间提前了）。后期出血会使 2% ~ 5% 的孕妇出现问题（Konje & Walley，1994）。导致怀孕后期大出血的最主要原因是胎盘前置和胎盘早剥。在胎盘前置情况下，胎盘在胎儿与产道之间的附着点位置太低了，于是在分娩过程中造成大出血。这种大出血会危及母婴生命。现在母亲的死亡率已经降低了，从 5% 下降到低于 0.1%（Konje & Walley，1994）。对胎儿的危险包括早产、宫内生长延缓、先天畸形。这种情况在孕妇中的发生率低于 1%。这种情况如果一经超声波检测到，就能得到控制。在妈妈的情况稳定以后，通常需要一个周密计划的剖宫产手术或者特别的紧急情况处理。

大约 100 多名孕妇中会出现一例胎盘早剥的情况，其胎盘虽然附着在正常位置上，却过早地分离了（Batshaw & Perret，1992）。对已发生过这种情况的妇女来说，再次发病的风险很高，大约 5% ~ 17% 的妇女是易患这种病的体质（Konje & Walley，1994）。与这种病相关的因素包括吸烟、较低的社会经济地位、子宫内生长缺陷、先天畸形及生育子女数量增多（Maresh & Neals，1994）。见图 3-3。

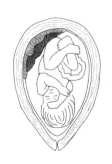

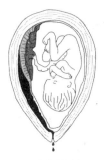

正常胎盘　　　　　　　胎盘前置　　　　　　　胎盘早剥

正常情况下，胎盘附着在子宫上部的 1/3 处，在分娩过程中它保持完整，并给胎儿供氧。在胎盘前置的情况下，它的附着位置比较低，位于胎儿和产道之间。在胎盘早剥的情况下，它附着在适当的位置，但分离得过早。后两种情况须进行剖宫产手术。

图 3-3　胎盘的位置：正常的、前置的和剥落的

 胎膜早裂

有时候，胎膜破裂后会紧接着进入没有宫缩的第一产程的潜伏期。这大约会在 10% 的孕妇身上出现。这种情况要是在妊娠 37 周以前发生，叫做未成熟胎膜的破裂，在所有孕妇中占 5%（Svigos，Robinson & Vigneswaran，1994）。它会使第一产程的潜伏期变得过长，而事先并没有任何征兆。其问题的重点在于感染及胎盘和脐带是否还在工作。母亲和胎儿应被密切观测。尤其是在胎儿还未成熟的情况下，要非常小心，所采取的救治方案要视胎儿的妊娠周数而定。当胎儿小于妊娠 22 周时，很难制订救治方案。这时，母亲通常需要住院治疗，并为预防感染注射抗生素，为提高胎肺成熟程度而注射皮质类固醇。此时需向家属解释各种选择方案。当认为最好进行分娩时，就要决定是进行引产还是剖宫产（Svigos，Robinson & Vigneswaran，1994）。另外，还须考虑到母婴相连所涉及的问题。

 产后出血

第三产程的出血会导致大量失血，并且成为使母亲致病及死亡的主要原因。这在孕妇中的发生率为 4%~6%（Still，1994a）。虽然有公认一致的正常出血量（产后 24 小时内出血 500 毫升），但很难准确地测量出真正的失血总量。出血的正常原因是子宫收缩乏力或者子宫肌肉缺乏正常的伸缩性。与之有关的因素包括早先的出血史、子宫过分膨胀（多胞胎分娩）、分娩延长，还有其他不确定因素。出血也可能是阴道侧切的伤口、破口或剖宫产所致，分娩之后的数小时内应密切观察产妇的情况。在比较困难的分娩过后的一些情况中，会用催产素预防产后大出血的发生。

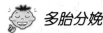

多胎分娩

怀多胞胎的妇女血液内的孕激素水平更高。她们在怀孕早期比一般人具有更强烈的眩晕、恶心、呕吐症状。遇到这些症状时首先疑为多胞胎怀孕。多胞胎比单胞胎更容易流产。妈妈体内的胎儿需要的更多，因此妈妈更容易得贫血和高血压。多胞胎分娩中并发症的发生率较高，早产、个子小和畸形的几率也可能更高一些。这些因素中的任何一项都会影响到分娩。

未成熟分娩在双胞胎怀孕中大约占一半的比例，而在单胎中只占 6%（Crowther，1994）。在子宫内日益受到限制这种复杂情况，使未成熟分娩成为多胞胎分娩的主要危险因素。如果没有其他问题，双胞胎妊娠可以选择阴道分娩。其分娩进程就好像单胞胎分娩一样，但对产程的监控水平要强得多。通常还要另外再准备一套措施，以便在需要时能实施紧急剖宫产手术。一般用超声波仪器来监测第二个胎儿的位置。第一个胎儿娩出后，脐带被夹住、剪断，接着监测第二个胎儿的位置。需要不断地进行胎心监护。第二个胎儿通常迅速跟着出来。尽管阴道分娩双胞胎受到支持，但在实际情况中，无论是产前的选择，还是在双胞胎中第一个胎儿出生之前或之后的紧急措施，人们都更倾向于采用剖宫产手术（Crowther，1994）。三胞胎或其他更多胞胎的分娩一般都采用剖宫产。

妊娠高血压综合征

妊娠高血压综合征即妊娠带来的高血压，在孕妇中的发生率在 0.5% ~ 7% 之间（Maresh & Neales，1994；Stanchever & Sorenson，1993）。在怀孕前期三个月持续进行血压测量，如果远远高于 140/90 就可以诊断为妊娠高血压。如果不进行治疗，可能会引起全身性痉挛（甚至惊厥），也可能出现与血液和肝脏有关的并发症。当有出血症状时，如果还不适宜立即分娩就必须先稳住孕妇的情况。妊娠高血压与子宫内的生长缺陷有关。当情况危及到孕妇的生命时，则可能通过提前终止妊娠的办法来对孕妇进行治疗，从而产下未成熟的胎儿。

分娩的速度

在多数情况下，分娩具有最佳的时间长度。虽然较短的分娩时间听起来很不错，但它会产生很多问题。第一产程的重点在于将胎头形状塑造得适宜通过产道。除了在头顶被称为"囟门"的软点以外，胎头的不同骨头都平滑地汇合到一起。头骨之间的连接处很柔软。正因为有这种弹性，当分娩是个渐进的过程时，胎头就有机会为穿过骨盆做一些调整。当这一过程进行得太快时，经常会或多或少地引起出血，从而损伤到胎儿的大脑。特别需要关注第二产程只有 10 分钟或者更短时间的情况。如果宫缩非常强烈而紧密，它就会阻止正常的血流到达胎儿，造成供氧中断。

难产是一个术语，现在是指与预想不同的分娩进程。过去它被用来描述相对母亲骨盆而言胎头太大的情况。现在，难产的发生率在上升。有些观点认为，对不善于应付长时间分娩的医生来说，最好改做剖宫产手术。

如果产程较长，就要注意母亲的感染、子宫破裂、产后出血问题（Arulkuma-ran，1994）。分娩对每个人来说都是不同的，对这个不舒服的过程并没有一种普遍适用的解释。在第一产程，通常通过对宫颈而非宫缩状况的检查来估测分娩进程。在这一阶段的潜伏期，可以鼓励产妇放心地到处走走，喝些东西以避免脱水。在这一阶段的活跃期，经常会给产妇注射小剂量的催产素来促进有规律的宫缩。

在第二产程，当宫颈已完全张开时，干预措施又不一样。要检查先露异常的情况，如臀位，这种胎位不正通常是因胎头缺乏弯曲和旋转而造成的。这时通常要注射催产素。这种荷尔蒙使宫缩更长、更强烈，并且缩短了两次宫缩之间的放松间歇。这时需要小心处理，否则宫缩变得太强会使子宫破裂而切断对胎儿的供氧或者伤到胎儿（Cunningham，MacDonald & Grant，1989）。如果胎儿的位置足够低，就帮助产妇进行阴道分娩，其他情况则改做剖宫产手术（Arulkumaran，1994）。长时间分娩时要考虑出现缺氧症即胎儿缺氧的情况。这是由分娩过程中脐带受到压迫或母亲低血压的时长所决定的。如发生这种情况，要采取措施加速分娩。

臀位分娩

在很少一部分实例中（3%～4%），胎儿并不是传统的头朝下的位置，而是后背或屁股先下来。这就涉及臀部先露的问题。这在未成熟婴儿中很常见，平均为 14%（Penn & Steer，1994）。臀部先露有很多种不同情况。腿直臀先露臀位大约占所有臀部先露的 60%～70%，它是指胎儿臀部先出，两腿伸直。虽然比头位先露要困难，但如果骨盆允许的话，以这种姿势也可以进行阴道分娩。完全臀位的情况是两脚和屁股都先露，不完全臀位是一脚或两脚先露（Stanchever & Sorenson，1993）。对臀位分娩情况的处理有很多争议。人们越来越倾向于一些促进胎儿自然转换姿势的方法——这些方法各种各样，有让孕妇把膀胱充满的，也有让她摆一个使臀部高于躯干的姿势的。

与完全的或未成熟的这种不规则先露姿势相联系的臀位分娩，要更加复杂。

这要由产科医生来决定是以胎儿臀位的姿势从阴道分娩，还是从外部翻转胎儿，还是采用剖宫产手术。如果以胎儿臀位姿势来分娩就要注意：在分娩过程中胎儿的供氧可能会被中断，另外，留给婴儿头骨与母亲骨盆之间相互吻合的适应时间很短。婴儿的头骨是其身体最宽的部分。当胎儿头部先下降时，在分娩的第一产程和第二产程，胎头形状逐渐适应正在张开的骨盆。在臀位情况下，后背的分娩并不是问题，却可能在头部被堵住，因为缺少时间让它适应母亲骨盆的形状（Batshaw & Perret，1992）。

 脐带脱垂

过去，脐带脱垂是胎儿死亡的主要原因，但现在的产科操作技术已经降低了其发生率。每200例分娩中其发生率低于1。脐带脱垂的出现与臀位分娩或其他胎位不正的情况密切相关（Steer & Danielian，1994）。当分娩过程中出现脐带绕颈时，就没有足够的氧气到达胎儿大脑而造成胎儿死亡。即使人们已经了解了脐带脱垂的知识，但在其分娩模式上仍有争议。在这种情况下，有时会采取剖宫产手术；而另一些时候，母亲变换自身姿势能缓解脐带的压力；或者脐带本身也可以被移开（Steer & Danielian，1994）。

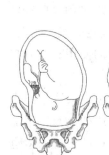 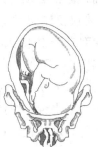   

a. 左侧枕位　　b. 脐带脱垂　　c. 腿直臀露臀位　　d. 不完全臀位或　　e. 肩膀先露臀位
　　　　　　　　　　　　　　　　　　　　　　　　足先露臀位

为了分娩，多数胎儿会变换姿势，将头从妈妈腹部下移到接近宫颈的位置。通常，胎儿会将下巴收起，头轻微转动。而其他的先露位置会使分娩变得很困难。有时前额会成为先露部分，称为"军人"先露（a）；当脐带先出现时，就称为脐带脱垂（b）；另外一种臀部先出现的情况叫做腿直臀先露臀位（c）；一只脚或两只脚先出，叫做足先露臀位（d）；或者甚至肩膀先露（e）。最后这种情况被称为横躺，也就是说，胎儿实际上是水平躺在子宫中的。

图 3-4　胎位不正和臀位分娩

🌟 胎儿窘迫

胎儿窘迫是一个应用广泛却很难定义的词。虽然这个词仅用于描述子宫内的胎儿，但它暗指不好的出生结果。最普遍的胎儿窘迫是指胎儿缺氧（hypoxia）。在第一产程中，可以每30分钟做一次胎心监护，最理想的是每15分钟做一次，在宫缩一结束就马上进行。如果基线高于每分钟150次或低于110次，就需要继续监测（Steer & Danielian，1994）。

胎儿监测应间歇或持续地跟踪心跳。可以用一个胎儿镜（改良的听诊器）对其心率进行专业性监听。当要持续监听时，普遍使用的仪器是电子胎儿监听器。有些产科医生日常工作时就用这种仪器，也有些医生认为对情况不复杂的、低危险的孕妇不适合用。电子胎儿监听器可以在身体内部使用，也可以在身体外部使用。外部电子胎儿监听器是在身体外部使用的。它是一个带状的精密仪器，使用时放置在孕妇腹部并与监测仪相连，既可以持续不断地在屏幕上看到胎儿的心率，也可以听到心跳。一些妈妈认为它使用起来很舒服，而另一些妈妈则可能觉得不舒服，因为基于机器的功能、胎儿的移动或者当宫缩发生时的一些变化，会使监测结果呈现不规则性。

当胎膜已破、宫口开到至少2~3厘米而且胎儿先露部分已经可以触及时，就可以使用内部电子胎儿监听器了，将一个电极接触胎儿，然后接到妈妈腿部的金属板上。内部电子胎儿监听器的监测结果更加准确，但也必须置入母亲体内。许多产科医生质疑是应将这种仪器作为常规操作，还是仅仅应用于高危分娩的情况。在未采用胎儿血样采集方法时，电子胎儿监听器在剖宫产手术中的使用有上升趋势，但对新生儿的使用效果不甚理想。

需要注意的是，很少也很难精确地检测出胎儿窘迫的情况。可能会频繁出现看起来异常的情况。但对真正有过胎儿窘迫经历的儿童来说，三成的儿童都不能明确显示出经历过胎儿窘迫的迹象。另外，产科医生们对胎儿窘迫的构成因素也无法做出一致的解释。总的来说，对出生结果做监测并不会比不监测具有明显的优势（VanTuinen & Wolfe，1992）。

🌟 胎便吸入综合征

在羊水中出现胎便也会导致胎儿窘迫。胎便是胎儿通过肛门括约肌排出的废物。目前尚不清楚为什么有时胎便会被排泄到羊水里。成人的无知觉排便与其情感压力有关。有一些假设认为分娩过程对婴儿也造成了一种情感上的压力，从而导致了排便问题。这似乎只是一种未经验证的假设。另有些人把它看做一个成熟的过程，因为在妊娠 34 周以前胎儿很少排便到羊水里，大约 30% 的胎儿会在足月时（妊娠 40 周）排便，到妊娠 42 周时这个比例就会上升到 50%（Steer & Danielian，1994）。其中也有肠内荷尔蒙的影响。

胎便本身并不是个问题，但将其吸入到肺里就麻烦了。这会导致轻重不一的呼吸困难，发生率大约为 1/3。吸入胎便是因为胎儿有呼吸动作，而呼吸动作是因为胎儿组织缺氧（胎儿缺氧）。随着孕期的推进，胎儿的深呼吸变得频繁。以前人们认为，当头部娩出后在第一次呼吸前直接抽吸婴儿嘴里的液体，可以控制问题的发生，但如果胎儿在子宫内已经吸进去了，那么这种做法就肯定没有用处了。胎便吸入综合征的影响范围很广泛，有些需要很少的治疗或完全不需要治疗，有些则需要长期吸入氧气或进行人工供氧（Steer & Danielian，1994）。

用于缓解分娩疼痛的药物

疼痛有警示的作用。目前尚不清楚分娩疼痛的作用，但它可能是大自然的一种方式，以此来告诉你要为即将到来的分娩做好准备，以备其不期而至。一些人觉得一旦已认识到了这种警告，就不需要再使母亲进一步疼痛或痛苦了。正常分娩中的疼痛缓解的主要作用是让妈妈对分娩过程有一种积极的感受（Morgan，1994）。

在医院的分娩操作中，通常会给产妇一些降低疼痛感和缓解焦虑的药物。在分娩的不同阶段，疼痛的类型和原因都是不同的，据此可给予不同的药物。疼痛的构成：在分娩的早期阶段，疼痛来自内部器官，是由宫颈张开所带来的。这时通常会使用镇静剂而非止痛药来降低产妇对此的感觉；也会使用安神类药物来使产妇昏昏欲睡，从而使其对疼痛的感受减弱。正常分娩会出现很多次疼痛，而分娩早期特别强烈的疼痛可能就预示着分娩会很困难（Morgan，1994）。止痛剂是用来降低疼痛感的。第二产程中的疼痛与前者不同，是由阴道和会阴组织损伤所造成的。

现在越来越多地使用心理助产技术来控制产妇们的疼痛。这是一种使疼痛最小化而非消除它的方法。最初、最首要的方法强调让妈妈为分娩过程做好准备，并使其身心都深入到降低自身疼痛的这种方法之中。其成效取决于产妇对这种方法的认同感、自愿配合的程度以及她的必胜信心，还有分娩本身是否能够正常进行（Morgan，1994）。

像心理助产技术一样，在分娩过程中，通常的止痛剂和镇痛剂的目的不是使疼痛消失，而是减缓。如果产妇没有被告知正常分娩中应该有的疼痛，以及在分娩过程中没有坚强的情感上的支撑，她们就会经历一段很痛苦的时间。现在正在研究对胎儿没有影响的降低疼痛的方法。比如，在分娩早期对皮肤进行电刺激（TENS）是一种控制疼痛的方法。TENS 装置刺激了皮肤上的感觉接受器官，从而降低了对疼痛的感知。这对胎儿没有影响，对一些产妇也可以起到减轻部分疼痛的作用。通常用安妥乐（entonox，一种含有 50% 氧的氮氧化物）来进行快速止痛，可以由产妇自己来间歇性地控制（Morgan，1994）。

所有在分娩过程中使用的药物都会穿过胎盘这道屏障而影响到胎儿。它们会穿过血和脑的屏障，直接作用到胎儿的大脑。因为药量只是根据产妇的身高、胖瘦和体重决定的，当其到达胎儿时浓度就显得过高了。胎儿的肝肾还未发育成熟，须花费比妈妈长得多的时间来排泄这些药物。无论怎样担心，还是没有一项很好的研究能说明分娩期间使用药物的确切影响。所有作用于产妇中枢神经系统的药物都会抑制胎儿的中枢神经。母亲用过镇痛药的新生儿至少在 24 小时内可能会得到偏低的阿普伽分数，呼吸系统不会太活跃，警觉性较低，应激反射不太正常，社会响应性较低，并且容易自己安静下来（Morgan，1994）。

当要消除疼痛时，通常会用阴部神经阻滞。阴部神经阻滞是一种局部麻醉药，用于阻止阴孔或产道较低位置的感觉到达大脑（不像通常的镇静药那样影响整个身体）。阴部神经阻滞是通过脊椎注射麻醉剂。最常见的是腰部硬膜外局部麻醉。产妇在注射点以下会感觉不到疼痛，也不能自主控制这片区域。这种方法通常被应用于阴道分娩以及剖宫产手术中来减轻疼痛。这需要一个对分娩的后期过程富有经验的产科医生。虽然它并不会放缓第一产程，但会使第二产程变长。宫缩通常会放慢，下挣的感觉消失。这样的结果是使用器械的分娩时间加倍（Morgan，1994）。现在，可以在持续供药的基础上对硬膜外麻醉阻塞进行控制。也就是说，既可以不控制，也可以让产妇自己向前推进控制器来施加更多药量。硬膜外麻醉阻塞会使胎儿的心率发生异常。当在分娩过程中还施加了其他药物时，其对婴儿的长期影响的研究就仅具有参考意义了。大体上说，还没有研究发现任何长期的不良反应（Morgan，1994）。

除了用到的特别药物以外，还要考虑药品的总体水平。研究显示，低水平药物比高水平药物所导致的新生儿问题要少。目前尚不清楚是不是完全不用药的新生儿必定状况要好，尤其不清楚如果母亲很焦虑，这种焦虑的水平是否会减少到达子宫的血流量。

总的说来，药物的总量是最重要的变量。因而，也许低水平的药量比较好。虽然一些药物在短期会有一些影响，但几乎没有得到证实会长期存在问题。大多数内科医生认为这些药物的影响是暂时的，另一些人对此则不是非常确定。在这个领域我们需要进行更多的研究，同时探索一种方法，既能使分娩不需使用药物，也能对准父母和新生儿而言是一个舒适而安全的体验过程。

分娩实践

本章的第一部分关注于分娩中相对更机械的、医学的方面，其中也包括了一些具有争议的问题。在此系统中，分娩操作和涉及家庭的一些因素已发生了改变。过去的传统是，准爸爸把准妈妈送到医院，当分娩进程向活跃期推进时，他就离开了准妈妈。之后，准爸爸在走廊里来回踱步，准妈妈被送进待产室，她得在那里和其他女性一起度过几个小时。当被认为已经准备好了时，她就会被送进产房，可能会有一名普通的产科医师负责。之后，当她在恢复室醒来时会被告知已经产下一名重7磅（约合3.175千克）的女婴。通常，在这之后她能见到丈夫，再之后的某个时间见到她的女儿。她可能打算在医院待上两周。一般来说，分娩程序被认为是一个医学问题，并且这一系列过程都是围绕母婴安全的角度来考虑和设计的。但许多人对这一系列程序并不满意。

再早些时代的分娩程序对母婴来说意味着更大的死亡威胁，现在几乎没有准父母愿意退回到那一时期，他们寻求更令人满意的分娩体验。这涉及几个问题，最大的争议集中在怀孕是一种疾病、分娩属于医学/外科问题这两点上。基于怀孕是一种疾病的想法，孕妇被告知要戒除从开车到身体锻炼的许多事情。她们通常对医生既生气又顺从。如果孕妇不理睬这些建议，而后又出了一些问题，就会遭到责怪。很少有人会努力去搞清楚哪些限制是合理的而哪些是不合理的。在分娩过程中，产妇也失去了自己的个性，对待起来就好像进行阑尾切除一样。考虑到分娩属于医学上的疾病，产妇的住院时间要满两周，从而也更强化了这个概念：她是生病了，需要医学上的护理和复原。

另一个争议的问题是将其他一些重要因素排除在分娩操作程序之外。虽然许多传统文化都将父亲排除在分娩过程之外，但常会有一些亲戚或邻居允许留在母亲身边支持并指导她。另外一个问题就是将母亲和婴儿隔离开来。人们对母婴相连的关注仅仅停留在口头上，他们反对将其付诸实践。传统上，婴儿只被抱到母亲那里喂奶，然后就被弄走，而这种喂奶程序却是基于医院的时间表而非母亲的或新生儿的需要。

如今，分娩方式已经得到了改变并且还在继续改变。在20世纪90年代，如果分娩很顺利，产妇通常在不到48小时之后就可以回家。在有些医院中分娩被当做门诊就医的范畴，并且母婴在那里的停留时间不会超过24小时。但这里还涉及一些问题需要注意，如新生儿的黄疸高峰常在出生后的第 3 ~ 4 天出现。皮肤微黄是胆红素水平过高的迹象，如果新妈妈不清楚这点的话，不采取措施就会导致核黄疸（一种脑病）。这会导致神经系统问题以及脑的损伤，通常将致使大脑瘫痪（Weiner，1994）。如果得到了治疗，就完全可以避免发生。如果新生儿在医院待的时间比较长，这种情况就可以被检测发现并得到治疗。

住院时间是个很复杂的问题，它涉及诸如有无保险之类的问题。住院开销很高，所以没有上相关医疗保险的人就希望尽可能缩短住院时间。而那些所上保险条款规定只支付 24 ~ 48 小时住院费用的人就希望进行不复杂的阴道分娩。

一些医院的分娩室也可以作为同室育婴之用，在那里，母亲可以和她的宝宝接触。在分娩及出生过程中，父亲及其他重要的人也常待在那里，并且被鼓励待在那里，甚至在剖宫产手术中也是如此。许多夫妇决心将父亲训练成为分娩过程中产妇的指导者。准爸爸帮助准妈妈放松，引导她进行特殊的呼吸技巧，并且在分娩过程中也是一个陪伴者、支持者、分享者，特别是没有医务人员在旁时。虽然通俗文学支持在分娩过程中父亲和婴儿能待在一起，但专业文章并不支持让父亲出现在出生现场来和婴儿发生联系（Palkovitz，1992）。

分娩过程中的一些做法上的改变使医疗费用提高了，使看待分娩有了许多不同的观点。这些改变对婴儿及其家庭的长期影响是好是坏，验证起来还很困难。

改变分娩模式

专业技术主义模式将分娩程序看做在医院里举行的典礼一般，它通过一系列措施来确保胎儿的健康，如用药、检验以及很多技术手段；时间是最重要的因素；医生对分娩的婴儿负有责任。整体主义模式将妊娠和分娩视为一个自然界固有的正常过程，它需要借助自然之力以及其他一些重要因素的支持。分娩行为是基于知识、直觉以及婴儿的健康这些诸多的因素之上的，分娩的顺利进行还要依赖妈妈的身体和心理的健康，因为她是与宝宝相连相通的。这里还需要一个熟练的指导者来帮助母亲进行分娩（Davis-Floyd，1992）。

整体主义模式的步骤可以参考格兰特里·迪克—瑞德（Grantly Dick-Read，1959）的书《不必恐惧的分娩：自然分娩的法则与实践》（*Childbirth without fear：the principles and practice of natural childbirth*），这是远离纯医疗模式分娩所迈出的第一步。对大多数妇女来说这一模式太遥远了。

但在 20 世纪 60 年代，由于人们对技术主义模式的不满以及许多人不喜欢为采用整体主义模式而花费更昂贵的费用，为另一种"自然主义"分娩打开了大门，这种模式的内核不是医院也非产科医生，而是准妈妈自己，是她清醒、积极地参与分娩过程、是她在分娩中的感觉以及所做的积极努力，导致了婴儿的出生。

为了让母亲做好积极准备以及另一些涉及积极参与分娩的重要想法，使这个系统有所改变。在20世纪80年代中期，美国几乎所有的医院都允许父亲留在产房中，并向希望做母亲的妇女推荐一些不同种类的分娩课程。

心理助产法

目前，许多母亲及其身边重要的人都采用了心理助产技术或者其变异法。心理助产法，是法国医生拉马泽（Lamaze，1956）研究出来，并由马乔里·卡梅里（Marjorie Karmel）通过她的名为《谢谢你，拉马泽医生》（*Thank you，Dr. Lamaze*）的图书在美国得到普及。这种心理助产法比格兰特里·迪克—瑞德的建议更加深入到美国的医院及美国人的分娩方式之中。心理助产法带来的挑战在于不提倡使分娩过程中的痛感消失，而是要获得另一种更重要的体验效果（Davis-Floyd，1992）。在妊娠三个月开始时，会频繁地授课。此方式的宗旨，是将涉及即将发生的事情、放松的经验、呼吸训练等这些产妇需要了解的相关知识的三倍教给产妇，并且还教产妇身边的人如何在分娩过程中帮助她。其目标是使产妇在分娩过程中能够警醒，并享受到宝宝出生给她带来的快乐，与此同时，能够不让婴儿接受不必要的药物。

心理助产法从理想上消除了对药品的需要，但如果当妈妈需要或医生要求时它还是支持使用药物的。如果需要进行剖宫产手术时，心理助产法会鼓励产妇去接受这个决定并且不把自己看做实施这种方法的失败者。这一方法还没有进行足够的研究，人们更多地关注于使用麻醉或其他药物治疗，而相对较少地去衡量其对家庭这个整体的影响。一些父亲不愿参与到分娩过程中，并表示在这个过程中会感受到太大的压力；而另一些人则觉得这一方式非常有效地使父亲们扮演了必要的角色。

勒博耶分娩法

弗莱德里克·勒博耶（Frederick Leboyer，1975）是一名法国产科医生，他关注于婴儿出生的环境。他的方法经常被视为"没有暴力的分娩"。勒博耶强调婴儿对噪音、强光、粗糙的处理方式和不舒服的震动是很敏感的（Congdon，1994）。其目标是通过一系列的措施将婴儿的外伤降低到最小程度，如降低说话声调，以昏暗的灯光布置屋子、让房间变暖而使婴儿分娩后被裸露地放到母亲皮肤上时不会感到太冷。新生儿被轻柔地、缓慢地触摸和举起，当脉搏跳动后才切断脐带。

许多选择勒博耶分娩法的妇女也参加了勒博耶式的分娩准备活动。在做这种准备时，很少有一些控制良好的研究，也很少有为人所知的研究支持其拥护者的主张。

分娩的姿势

越来越多的事实证明，平躺并不是分娩的最好姿势（Caldeyro-Barcia，1975；Liddell & Fisher，1985；Lupe & Gross，1986）。初次怀孕的母亲经常站着或走路，这样分娩的时间会短一些（Caldeyro-Barcia，1978；Diaz，Schwarcz & Caldeyro-Barcia，1980），她们也较少要求用药品来缓解疼痛（Flynn，Kelly，Hollins & Lynch，1978）。当母亲站着的时候，由于重力的作用使母子结合得更紧密。在很多文化背景下，平躺不是传统的分娩姿势。侧躺比平躺效果更好（Roberts，Mendez-Bbauer & Woodell，1983）。分娩的姿势很多，母亲会从各种各样的方式里选择她们喜欢的，如坐在分娩椅上，后面靠着枕头或一个人，或盘腿坐在地板上，或盘腿坐在干净的澡盆里。尽管研究越来越支持站立的姿势对孕妇和胎儿来说都有益，但是美国医学界仍然几乎不支持这种观点（Davis-Floyd，1992）。

其他分娩方式

正常和高危产妇都会因为各种原因选择不同的分娩方式。分娩中心结合医院和家庭看护的特点，为正常的产妇提供了多样的分娩方式。这些中心无论与医院有没有联系，都会为产妇提供家庭式的氛围。

在美国，家庭分娩在两种人中非常流行：一种是受过良好教育、了解有关分娩常识的人，而另一种则是高危甚至服用药物的产妇。在某些州，后者知道自己若非法服用药物就会在分娩后被逮捕，所以她们决定在家里生孩子。因此，选择家庭分娩的产妇也产生出两个不同的社会阶层，前者认为孩子应该在一个自然的家庭氛围中出生，当然要有助产士的帮忙；后者处于危险的处境，缺乏必要的分娩常识，孩子出生后可能也会处于危险之中，需要特别的照顾。对前者来说，这种预兆是非常好的；对后者来说，这种预兆是危险的。

在分娩过程中，助产士的参与越来越多。助产士必须要有护士学位，而且受过职前培训。然而，她们不做外科手术。一些医院允许助产士利用她们的资质，有的医院则不允许。随着助产士在教堂和农村地区的数量的减少，助产士被视为给高危产妇提供照料的必要支持者。

小结

本章讲述了怀孕和分娩的内容，集中讨论了怀孕的不同阶段和影响孕期各阶段的因素。文中讨论了阴道自然分娩和剖宫产分娩，提到了现在剖宫产越来越多的趋势。出生对胎儿来说，意味着从温暖而潮湿的子宫里来到一个有空气、光和温度变化的环境。

本章讨论了与怀孕和分娩有关的并发症，包括与母体和胎儿有关的内容以及可用于治疗并发症的方法，还提到了使用药物来影响分娩进度并缓解疼痛的内容以及对新生儿的评定。对改变分娩方式及其原因也进行了讨论。

实践活动

1. 和刚生完孩子的母亲谈谈。询问她最初是怎么看待分娩过程的、后来这些观点是怎么改变的以及她的分娩过程是什么样的。提出另一种与她不同的观点，问一问她怎么看。

2. 和自己的母亲谈谈关于你的出生过程以及母亲和父亲当时的感受。问一问她现在有没有觉得哪些事情是好的、哪些事情是不好的。了解她在你自己有孩子的时候应该扮演什么样的角色。

3. 和你的男性朋友、女性朋友讨论对分娩的认识。

第三章 分娩和出生过程

孩子的出生标志着一对夫妇新生活的开始。他们长了一个辈分，成了父母。在西方文化里，我们把新生儿的出生作为新生活的重要标志。出生意味着孩子从母亲体内的环境转移到母亲体外的环境。新生儿作为一个有多种能力的复杂个体来到这个世界，其中的很多能力，他们在母亲肚子里时就有了。第一个月的适应对母亲和新生儿来说都是不寻常的，这章主要讨论刚出生的 28 天里发生的变化。

父母角色的转换

婴儿刚出生的那个月对他自己来说是独一无二的。它有个专门的名字叫产后期，这是一段情绪的突变期和适应期。父母尽管严重缺乏睡眠，但仍然非常高兴。母亲常常会出现"产后抑郁症"，父亲对孩子的出生也会感到忧虑、出现情绪变化、容易疲惫。美国人对孩子和父母有一种非常浪漫化的想法。我们看到微笑着发出咯咯声的婴儿那么需要人保护，已经和我们连成一体。但是这个新加入的小生命总会带来一些意想不到的变化，让自认为准备充分的父母们有些措手不及。

这种父母角色的转化是困难的，有很多原因。不仅受到孩子出生的影响，而且也受到产前甚至怀孕前夫妻关系变化的影响。对很多父母来说，要孩子是计划好的；而对有些父母来说，则猝不及防。父母的身份是不可改变的，夫妻关系也许可以解除，但亲子关系是不能解除的。尽管怀孕的过程漫长而艰难，但是后来的时光令人期待。某一天还没有孩子，第二天就有了。某一天你还可以自由地出去半小时，第二天你就需要商量一下留一个成人在家替你看孩子。没有时间让父母过得轻松。有些人把父母身份的转变视为一次危机。

首先会给年轻父母们带来生活方式上的重大变化，包括睡眠减少，有时会长期疲劳，夫妻在一起时间少了，社交生活也少了。而且孩子是需要花很多钱的，这对个人的经济状况也会带来一些改变——他们需要特殊的设备，如汽车座椅、婴儿床、高椅等；他们长得很快，每个月都要买新衣服，而且过一会儿就会把衣服弄脏。父母常常会在面对新生儿的需求和想要达到"好父母"标准时，感到焦虑和不安。

尽管很多夫妇在孩子出生的几个月内能够重新调整他们的关系，但是这种关系调整的难易程度受很多因素的影响。影响因素包括孩子出生时的家庭结构和婚姻状况、做父母的准备程度、夫妇俩从结婚到生孩子之间的时间以及孩子是否是计划好要的等（McCubbin & Dahl，1985）。孩子自身也是影响因素之一。如果孩子安静、健康、吃睡较好，父母的适应会快一些；怀孕时就比较困难或者出生比较麻烦的孩子，会给父母带来一些焦虑和压力。

无论夫妇把孩子的出生看成是一个转折点还是一件正常发生的事情，孩子的出生都会给生活带来很多改变。没有打算要孩子的夫妇或个人会在与孩子、与对方相处时感受到很大的压力。很多夫妇认为有了孩子，会使夫妻关系更加紧密。但是在宾西法尼亚州的儿童和家庭发展项目调查结果里，250 对夫妇中只有 19% 感觉到双方的关系更加亲密、交流更多、争吵的机会减少；30% 认为没有改变，并没有更亲密的感觉；50% 感觉到相互之间的爱和交流反而更少了，产生了更多的争吵（Belsky & Kelly，1994）。这个项目确立了 5 项内容，来帮助夫妻转变到父母角色：

- 将彼此的个人目标、需求、工作融为一体，形成团队。
- 用双方满意的方式解决抚养和工作的分歧。
- 释放压力的方式并不是要给对方或婚姻造成困扰。
- 要认识到无论在产后如何维持良好的婚姻状况，肯定和产前是不一样的。
- 保持密切交流，这是维持婚姻的最好办法（Belsky & Kelly，1994，16）。

尽管父母角色的转变伴随着吵闹、忧伤以及很多困难，但令人吃惊的是，90% 能生育的夫妇都有孩子，而且对未来抱有积极的期望。有些人可能觉得要第二个孩子要比第一个孩子压力小，其实每个孩子都会带来不同的压力。对第二个出生的孩子，父母要调整好前一个孩子的情绪，而且还有更多的事情要做，要保证把所有孩子都照顾到。

有一个大家都这么想但错误的观点，就是认为对母亲和父亲来说，转变为父母角色时是一样的，或者说是夫妇双方一起转变。这种转变是有性别差异的，尽管男人和女人在同一时间变成爸爸及妈妈，但是他们不会用同样的方式去完成这个转变（Belsky & Kelly，1994）。

 母亲角色的转换

当母亲看到新生儿的第一眼时，这"爱的第一眼"就完成了母亲角色的转变。有些女性觉得她们的爱如此让人吃惊，因为她们除了孩子什么都不想。部分母亲会担心由于孩子的出生会影响外表。母亲们一般都会担心自己不再那么吸引人了，管家的任务更重，家务活永远做不完了。大约 50% ~ 70% 的母亲都经历过产后抑郁。这是一个短暂的忧伤、焦虑、情绪波动、烦躁的时期，大概维持一两周

（Still，1994）。10%~15%的母亲有过产后失落的经历，而且最初很难与产后抑郁区分开来。这种感觉持续时间更长，包括母亲对孩子产生的一种矛盾的情感和对家庭的无能为力感（Still，1994b）。这些感觉影响了父母角色的转变，严重的话，可能需要他人的调解。

照顾新生儿需要大量的时间和精力。如果父母都在外工作的话，则压力更大，母亲角色的转变首先需要平均分配这种压力。母亲需要丈夫表现出更多的支持和理解，而不是单纯的帮助。她需要丈夫在她向母亲角色转变的过程中，不在意她的情绪和身体的变化（Belsky & Kelly，1994）。在父母角色转变的过程中，有一个重要的发现就是家务活的分担和双方关系变得更加传统。母亲永无止境地做着做饭、洗衣、照顾孩子的家务（她们在工作之余做这些），在这段时间里父亲会"帮"母亲做一些，但大部分家务活还是落在母亲的肩上（Collins & Coltrane，1995）。

母亲常常会对妻子和母亲角色之间潜在的竞争感到焦虑。职场妈妈更是增加了这种焦虑，有53%的女性在孩子1岁之前返回了工作岗位（U. S. Bureau of the Census，1990）。在20世纪60年代，父亲平均每周花费11个小时和孩子在一起或照顾家庭；20世纪90年代，时间增加到15~16个小时。一个职场妈妈300%地超过了爸爸对孩子投入的时间（Belsky & Kelly，1994）。

很多母亲相信对新生儿来说，父母双方都有分享情绪的责任。这种情绪的分享远远超过了抱孩子或换尿布，这种改变质疑了只有母亲计划去看儿科医生、计划如何照顾孩子等的观点。母亲结婚的时间越长、健康状况越好，怀孕就越容易，适应也会更快。

母乳喂养或奶瓶喂养

在孩子出生之前，母亲就应该决定好怎样喂养孩子。乳房产生乳液称为"泌乳"。大多数医生都鼓励母亲母乳喂养孩子，对不想母乳喂养的母亲来说，至少要尝试一下。但是如果这个决定下得太迟的话，就很难进行母乳喂养了。直到20世纪40年代，在所有社会阶层里基本都是母乳喂养。随着科技的进步、婴儿产品的增加，医生和婴儿产品供应商之间的妥协增加，母乳喂养率越来越低。

20世纪70年代，母乳喂养数量有了增长，但到80年代早期又下降了。奇怪的是，这种现象发生在研究者们发现母乳喂养对母亲长久有益、对孩子来说能增强肠胃方面的免疫力和某些慢性疾病的抵抗力之后。婴儿对母乳不会产生过敏反应（尽管他们对母亲吃的某些食物会过敏），而且母乳会根据婴儿的需要来分泌，所以很少出现过度喂养或喂得不够的情况（Morris，1995）。1989年，52%在医院出生的婴儿喝母乳，但仅有18%的孩子直到6个月大还在喝母乳。母乳营养充分，而且具有安抚情绪的优势：

● 初乳是母乳分泌前的液体，含有母亲身上的抗体，能够帮助孩子抵御疾病。

● 母乳是婴儿最完美的食品。它包含了糖分、容易消化的蛋白质、脂肪、大量的无机物、维他命和酶。婴儿奶粉也许有营养，但没有酶和抗体。

● 母乳喂养可以降低婴儿肠胃不适、哮喘、腹泻、呕吐、湿疹的发病率。

● 母乳相对于掺了水或太烫的即冲奶粉来说是安全的，能抵抗疾病，而且是免费的（尽管母亲要吃得更多）。

● 母乳喂养时产生的荷尔蒙促进了母子之间的关系并且有利于避孕。

● 母乳喂养也可促进母亲的健康。它有利于母亲子宫的收缩以及更快地恢复到以前的状态；它一天要消耗 500 卡路里，可帮助妈妈较快地恢复身材；还降低了母亲的乳腺、卵巢、子宫、宫颈出现癌症的发病率，也降低了泌尿器官的感染机会（Morris，1995；Shelov，1993）。

如果母亲病得很严重，或者没有精力，或者在服药而无法进行母乳喂养（如患了艾滋病），那么在这些情况下进行母乳喂养对婴儿则是有害的。这也跟父母角色的转变有关系，母亲是唯一能够喂养孩子的人，如果父亲没有找到其他方式参与进来的话，就会觉得被隔离了。还有一个大家关注的问题是母亲的奶够不够孩子吃。在第一个月里，检验孩子是否吃饱的最好方法是观察孩子的排泄情况。孩子一天应该尿 6~8 次，排好几次便（一般是喂奶后）。由于婴儿在出生后一周内体重会减轻 10%，因此给婴儿称重并不是一个好指标。一旦体重开始增加，在前三个月里，婴儿一天应该增长约 28.35 克的体重，6 个月后增重会下降至约 14.17 克/天（Shelov，1993）。

停止母乳喂养的首要原因包括乳头创伤、充血、乳腺炎、奶水不足等（Still，1994b）。除了奶水不足以外，这些问题已经被充分研究并被证明可以预防和治疗。但奶水不足也有一些矫正方法，如增加液体的摄入，在喂奶的时候护士帮忙用橡胶管喂等（Shelov，1993）。如果母亲决定不用母乳喂养或停止母乳喂养，就要采取一些积极手段来阻止泌乳。

有很多原因会导致母乳喂养的减少。很多母亲有孩子的时候仍然在工作，尽管有些人可以灵活地安排工作时间、使用吸奶器、采取母乳与奶粉相结合的方法，但她们仍然可以继续进行母乳喂养。但是母亲在医院待的时间太少，只有一两天或更短，没有学习到应该怎样喂养孩子，她们需要全天的婴儿看护机构，好让她们能从生产过程中恢复过来。

如果有母亲或看护者的爱、拥抱、轻晃、眼神交流，用奶瓶喂养的孩子也会喜欢这种感觉，和母亲或看护者很亲近。所以说，问题在于关系的质量而不是喂养的方式。

 ### 父亲角色的转换

父亲角色的转换需要更多的努力，他们相对来说低落的时候少些，但非常高兴的时候也少些。他们可能不是立刻就爱上自己的孩子，而是要过上几个星期甚至几个月。这种感觉是逐步产生的。父亲往往关注的是妻子性欲的降低（McCubbin & Dahl，1985）。父亲也会有失落感，觉得在和孩子比赛谁能吸引母亲的注意力，但他首要关注的可能只有工作和挣钱。尽管意识到自己的工作负担已经改变了，甚至为自己参与家庭生活较少而感到惭愧，而且想改变自己首要关注的事情，但父亲仍然需要得到爱、活跃的社会生活、自由地追求他的爱好以及交友（Belsky & Kelly，1994）。

从父亲的角度来说，他可能感觉到自己对孩子的付出远远超出自己父亲对自己的付出。他的付出应该得到赞赏，而不是被指责付出得太少或缺乏技巧。一个相关的研究发现，尽管很多父亲需要学习如何去照料和看护孩子，但是父亲早期参与照顾孩子的情况会影响以后的孩子照料任务的分担情况（Coltrane，1990）。年龄大一些、视自己的父亲角色很重要的父亲的适应会更容易一些。

父母角色的转换是奇妙的，但是对父亲和母亲来说又是不同的。从夫妻关系转变成另一种家庭关系，是一种挑战。对胎儿来说，从子宫来到一个家庭的转变也很奇妙。

从子宫里出来

对新生儿来说，他所在的空间一下子发生了巨大的变化。他的感觉受到了新的刺激。他从子宫来到外面的世界，身体第一次得到伸展，可以去探索、去发现。他所面临的世界的噪音比子宫里要大得多，尤其是光线更明亮。他能自己看了，目光能追随移动的物体。

新生儿接触第一道光线时是在妈妈的产道里，尽管他的视觉系统还没有发育完善，但是他可以看了，甚至低强度的光线也可能使他眯起眼睛（Maurer & Maurer，1988）。胎儿在子宫里的温度约为99°F（37.2℃），出生以后他要进入一个比较冷的环境。新生儿容易感觉到冷，因为他的皮肤表面没有那么多油脂来保护热量的流失，所以不给他保暖的话，他的体温会下降得很快。

新生儿

新生儿指刚出生 28 天内的婴儿。新生儿一点都不像父母所期望的样子，他们的皮肤皱巴巴的，身上黏糊糊的，还覆盖着一层白色的皮质，可能还没有头发。经过产道的挤压，他的脸可能不对称，头可能尖尖的，腿是弯曲的，像青蛙的腿一样，皮肤可能还有点泛蓝色。他的呼吸不均匀，也比较快，而且手脚经常是冰凉的（Shelov, 1993）。

但是当他睁开眼睛时——突然，他变得很漂亮。如果他醒着，可能会长时间注视一样物品而且会感到很好奇。母亲有时候会有两种矛盾的反应：在自己肚子里的时候"那么大"的胎儿，出生以后变得"这么小"，尤其是他的小手、小手指头和小手指甲。

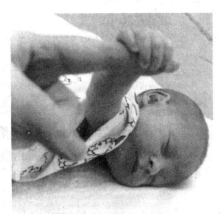

图 4-1　新生儿尽管很小，但手指甲和眼睫毛却已经完全长好了

 身体和运动的发展

尽管新生儿身体的各部分已经长出来了，但不能仅仅把他视为成人身体的缩小版。新生儿大概有 50 厘米长，重 3.4 千克，男孩子要比女孩子更长、更重一些。新生儿身体的比例和成人是不同的，他的脑袋就占了身长的 25%，而成人的头只占身长的 10%。他的头围要大于胸围，颌骨很小，导致下巴很尖。新生儿的四肢长得不成比例，短短的，弯弯的，拳头攥得紧紧的，看不出腕骨，但是他有一个小小的胸部和突出的腹部。

新生儿体内的水分含量要比成人高，当他体重增加的时候，水分含量会损失一些。新生儿在出生的头一个月里能增长约 3.8 厘米，增重 0.91 千克。他的肌肉也在反射动作中逐步地发展起来。

反射行为

新生儿具有一些惊人的反应，叫做反射。它是由脑干和脊髓控制的。随着大脑皮质的成熟，有些反射会逐渐消失；有些反射形成了协调性、自发性运动的基础；有些反射（如膝跳反射）会伴随终生。

新生儿最初能被观察的反射就是原始反射。一些原始反射在胎儿时期就产生了，如觅食反射、吮吸反射、抓握反射、莫罗反射（又称惊跳反射）。这些反射在出生时和出生后不久仍存在。反射是对特殊刺激的可预见性的反应，例如，在新生儿的嘴里放入乳头、手指头、橡胶奶头等，他们会开始吮吸。这跟饥饿没有关系，也跟放在嘴里的东西是否有营养无关。

新生儿处于原始反射阶段，他吮吸、抓握、哭泣、觅食和吞咽。这些反射在1个月后会发生改变，吮吸反射会变得更有效。新生儿会学习需要花多大的力才能将液体喝到嘴里，而且他会协调吮吸和吞咽，以及更有效地呼吸。

反射在诊断新生儿是否正常时很有作用。反射和中枢神经密切相关，如果某一反射没有出现或出现的时间比正常时间要晚，或者消失的时间比正常时间要晚，就有可能是中枢神经发生了机能障碍。表4-1呈现了一个所有反射的总结，包括反射的表现、反射的重要性等信息。

表4-1 反 射

反 射	表 现	重要性
觅食反射	抚摸婴儿的一侧嘴角，婴儿会转向这一侧，在饿的时候表现得尤其明显。	如果在分娩阶段用了药物，新生儿可能就没有这个反应，这说明孩子神经上出了问题。一般要到4个月大的时候才能消失。
吮吸反射	把手指放在婴儿的嘴里，婴儿会开始吮吸，在饿的时候表现得尤其明显。	如果在分娩阶段用了药物，新生儿可能就没有这个反应，这说明孩子神经上出了问题。这个反射会逐渐转变成自觉行为。
抓握反射	用你的手指在婴儿的手掌上用力按一下，他就会攥紧拳头，抓住你的手指头。不足月的婴儿有更强烈和更持久的抓握。	脑瘫患儿由于脊髓损伤，反应会更强烈一些。2~3月大的时候会消失。
巴布金反射	按着新生儿的两只手掌，他会闭眼张嘴。	反应较弱或消失以后又出现了，都反映出中枢神经存在机能障碍问题。在第一个月的时候会逐渐消失，3~4个月大时彻底消失。
足底反射	用手指或铅笔轻触新生儿的脚掌时，他的脚趾会弯曲起来。	脑瘫患儿反应要更强烈一些。12个月大以后会逐渐消失。
蜷缩反射	用牙刷刷刷新生儿的脚心，他会马上把脚收回去。	只有一侧有反应，说明坐骨神经有问题。如果胎儿在臀位分娩时腿部是伸直的，那么反应就可能要弱一些或没有反应。这个反射会伴随我们终生。

反　射	表　现	重要性
巴宾斯基反射	用手指接触孩子的脚心，他的脚趾会张开，大脚拇趾弯曲。	无反应表明低端脊髓神经出现了功能障碍。
不对称的强直性颈部反射（ATNR）	当新生儿仰卧时，把他的头转向一侧，他立即伸出该侧的手臂和腿，屈起对侧的手臂和腿（做出防卫的姿势）。新生儿刚出生时反应有些困难，2～3个月大的时候会容易一些。	如果只发生在身体一侧而另一侧没有反应、超过7个月还存在这种反射，就表明运动神经发育不成熟或者脑瘫。
对称的强直性颈部反射	先把头弯下来，然后抬起来，腿弯起来和胳膊伸直。孩子学会爬以后，反射就消失了。	可帮助孩子使用手和膝盖。如果这个反射一直存在，孩子头抬起来的时候腿会伸不直。
莫罗反射	当婴儿躺着的时候，把枕头拿开，让他的头突然下降约2.5厘米。新生儿会发生综合的反应，把手臂张开，手指弯曲，然后握拳（就像抱住一棵树一样）。如果重击婴儿头旁边的桌子，婴儿的头就会转向那边。	如果没有反应，就表明中枢神经系统存在机能障碍。持续时间超过4个月（早产儿持续约6个月）则表明大脑有损伤和智力发展延迟。
惊跳反射	如果有突如其来的高噪音刺激，婴儿会弯起手臂，攥紧拳头。婴儿最早表现出的反射是对他们自己哭声的反应，会产生恶性循环。	出生时候没有，但是在若干周后出现，和成人的惊跳反射一样。
安放反射	抱着孩子，把孩子的脚放在桌边上，孩子会抬起腿放在桌子上。	约12个月大以后消失。
迈步反射	把孩子举起来放在一个平面上，从一面倾斜，婴儿会维持平衡，做出走路的样子。	约2个月大左右消失，但是一般会持续到能真正走路的时候。
站立反射	把新生儿的脚放在桌上，渐渐地让其学会维持平衡。他会伸直腿和膝盖来维持平衡。	3个月大左右，大多数婴儿的这种反射都会消失，也可能一直会持续到真正能站立的时候。

资料来源：摘自 Barclay（1985），Brazelton（1983）的研究。

有很多关于反射及其价值、反射如何发生的相关研究。这些反射可能对新生儿维持自己的生命、保护自己或适应环境方面有重要意义。有人认为所有反射都是天生的，那么在某种程度上来说，反射在生物物种进化过程中有维持生存的作用。也有人认为这些反射行为是被低一级的大脑（脑干和脊髓）控制的，随着大脑皮层的发展，会逐渐控制这些反射或者改变它们。还有人认为它们根本就不是反射，而是胎儿在子宫里习得的行为（Bremner，1994）。事实上，我们确实不知道反射究竟是怎么来的。

有些关于反射的解释争议不大。比如，吮吸反射和觅食反射很明显具有维持生存的价值，抓握反射和足底反射看起来在早期进化过程中有一定的意义，如婴儿要抓住妈妈。莫罗反射或"爬树"反射在孩子要掉下来时抓住身边的物体时有用。但是，强直性颈部反射看起来对维持生存方面没有什么意义。我们很想知道反射是怎么发生的、如何适应和消失的，它们对我们诊断新生儿很有用，而且我们能从对反射的认识上增强对新生儿发展的认识。

尽管新生儿在第一个月时还处于反射阶段，但是他们已进入一个新环境，要去认识和探究新的世界。新生儿可不像我们想象得那么无助。

感知觉发展

过去我们认为新生儿发育得很不充分，还没有能力去控制和适应周围的环境。威廉姆·詹姆斯（William James）认为"婴儿有眼睛、耳朵、鼻子、皮肤、内脏，是一个很令人惊奇的综合体"（1890，488）。因为新生儿被看做原始的生理组织，所以研究都集中在生理发展方面，如发育（Hepper，1992）。新生儿不再仅仅因为他们不能达到成人的感知觉能力标准而被认为是无能力的。在认识新生儿的感觉和肌肉活动之间的互动关系方面的研究有了一些改变。在20世纪60～70年代，研究集中在眼球运动、转头和无意识吮吸上。到了20世纪90年代，重点更多地被放在感觉器官上，这些感官动作被视为组织化的、有目的、有意图的行为（Pick，1989）。另外，这些感官动作需要放在一个机体的和环境的背景下来看。

感觉指的是将神经系统以外的信息转化为内部神经活动的系统，它将外界的信息传送到中枢神经。在观察新生儿的感官动作之前，根据我们对正常新生儿的感觉能力的认识，可以给儿童的发展划分几个阶段。尽管新生儿是不独立的，不熟悉周围的环境，但是他们有令人惊异的能力，会用各种各样的动作来适应和改变周围的环境（Hepper，1992）。

视觉

婴儿的视觉和成人不同，但是对婴儿视物有用，也可让成人理解和知道应该把什么东西放在婴儿眼前。新生儿一出生就能视物，但是因为他第一眼看到的是光线，所以对强光高度敏感。新生儿没有成人的视觉敏感度（20/20），大概只达到了 20/600（Batshaw & Perret，1992）。低视觉敏感度对成人来说有些影响，但对婴儿来说却起到了保护和阻止过度刺激的作用。

新生儿喜欢光线昏暗、对比强烈的颜色。布娃娃黑白分明的眼睛、条纹和裂缝会引起他们的注意，浅颜色的物品则不然。新生儿会关注他们跟前的东西，但是他们还不具备像成人那样双目并视的能力，也不具有边缘视力。他们看东西好像是通过两个分开的渠道来看的。新生儿会注意人脸，能看到 90 度以内的范围。想要体验新生儿究竟能看到什么，可以拿一张蜡纸放在离你眼睛约 20 厘米的地方，然后向四周看，你会发现看到的东西都比较模糊。

眼睛通过视觉神经与大脑皮层中的枕叶相连，胎儿时期的视神经还没有发育成熟，这就影响了儿童注视和追随物体的能力。婴儿能看到物体的整体部分，但并没有仔细地去看、去探究这个物体。比如，一幅明暗对比明显的画，婴儿可能只会注意画的轮廓而不会注意画的内容。因此，新生儿会注视你的下巴或发型轮廓，直到 2～3 个月大，婴儿才会注意你的整张脸（Haith，Bergman & Moore，1977）。他能看到缓慢移动的物品（如间隔出现的照片），而不会看连续播放的电影或录像。新生儿的眼睛还不能追随快速移动的物体。

研究者很想知道新生儿能否看到颜色。研究结果表明，新生儿能看到一些颜色，但和成人看到的颜色是不同的。不过他的辨色能力发展得很快，3～4 个月大的时候就和成人差不多了（Maurer & Maurer，1988）。对婴儿来说，这个世界"看起来像毫无聚焦的快照，在阳光下渐渐褪色，你根本无法辨别物体"（Maurer & Maurer，1988，127）。但新生儿并不受此影响，他只是看他能看到的东西。2～3 个月大时，婴儿才能把爸爸和妈妈区分开。因为他的视觉随距离而变化，所以他认为在房子的其他地方的妈妈和抱着他的妈妈是不一样的。

听觉

婴儿在出生的时候，听觉系统已经差不多发育完备了（England，1990）。妊娠第 20 周的时候，胎儿的听觉器官尽管没有发育完全，但已经可以发挥作用（Batshaw & Perret，1992）。尽管胎儿在子宫里还不能看，但他们能听。使用实时超声波可以增强我们对胎儿出生时的能力和行为的理解。有关胎儿听觉反应的材料很多，尽管一般认为妊娠第 24 周之前的胎儿还不能听，但是最近的研究表明胎儿的听觉能力要发生得更早一些。研究者（Hepper，White & Shahidullah，1991）

发现胎儿在妊娠第 16 周时就对声音有反应了，有的可能在第 12 周就有反应了，这都发生在听觉器官发育完善之前。他们假设胎儿时期有一个特殊的接收细胞，与神经系统不一样，可以对刺激发生反应。换言之，小胎儿对感觉有反应，但是还没有划分为特定的感觉模式。很明显，如果胎儿时期就能听而且已经能倾听很长一段时间，那就不用怀疑新生儿能倾听了。

当声波穿过空气或羊水到达耳膜引起耳膜震动时，就会听到声音。这个过程引起了中耳小骨头的震荡，震荡再传到内耳，在这里小细胞将震荡波传到大脑皮层组织，大脑皮层组织将震荡波转化为电脉冲传输到大脑。

新生儿的这个传输系统还没有发育完善。首先，他的外耳（可以看见的部分）很小，而且不成比例；其次，他的耳道里充满了白色乳状的胎儿皮脂，这要在出生后一周才能消失，而且中耳里还有从子宫里带出来的多余液体，需要一些时间被身体吸收。从功能上来讲，胎儿是不能听的，但事实上他能听，只不过比起成人来说要听得模糊一些。

掌管听觉的大脑皮层就和视觉的一样，还没有发育完善。新生儿的大脑没有能力去分辨声波的回声，以至他不能准确地听到成人所听到的，就像他看到的和成人看到的不一样（Maurer & Maurer，1988）。他听到不仅是一个原始的声音，而且还有像书打到桌上的声音，还会听到持续的声波。我们成人的大脑会忽略更远的震荡波，而只"听到"单个的声音。新生儿能听到声音、声音之后的声音、声音之后的声音之后的声音。

正是因为新生儿听到的和成人如此不同，所以一些最初的纯音测试得出结论，认为新生儿出生时是听不到的（Maurer & Maurer，1988）。但是在合适的刺激下，如嘎嘎声，新生儿会有反应，转向嘎嘎声发出的方向。研究者认为新生儿并没有去寻找声音的来源，而只是对声音的定位反射。也就是说，新生儿对长时间的声音会犹豫一下，然后慢慢转向声音发出的方向。新生儿不是在找声音来源，而是像在黑暗中闭上眼睛一样。他们将此称为"本尼反射"（根据美国电影喜剧演员杰克·本尼的表演特点命名），这种反射常常在 2～3 个月时消失。

新生儿听到高频率的声音后会去寻找声音的来源。比如，女性的声音要比男性高，因此新生儿对母亲的反应要大于对父亲的。尽管他能听到父母的声音，但不能准确地辨别父母声音的方位（Maurer & Maurer，1988）。很奇怪的是，新生儿的听觉发展得并不好，但是他能辨别语言模式，甚至能表现出对声音的喜好。他能分辨出"pa"和"ba"的不同，当你和他玩的时候，他能很快学着辨别自己的声音，而且比起其他女性的声音更喜欢自己妈妈的声音。你可能要问了："我们怎么知道这些的？"

研究者（DeCasper 及其同事）对胎儿在子宫里能听到什么及其是否会影响他以后对声音的喜好很感兴趣。首先，很明显胎儿能听到妈妈的声音。他们（De-Casper & Fifer，1980）用新生儿吮吸的类型来判断孩子的声音喜好。首先他们确定新生儿吮吸的标准（婴幼儿的吮吸呈现间断性，如"吮吸、吮吸、吮吸、停一下、吮吸、吮吸、吮吸、停一下"等）。在此基础上，研究者统计了每个新生儿吮吸间断的平均时间。然后将新生儿分成两组，第一组里，如果新生儿的间断时间比平常短，他就能听到妈妈的声音；如果间断时间比一般要长，他能听到不熟悉的女性的声音。第二组里，程序是相同的，但呈现的声音是相反的（妈妈的声音出现在较长的间断时间之后）。新生儿会为了听母亲的声音而改变自己吮吸的间断时间，他们没有表现出对父亲声音的喜好（DeCasper & Presctt，1984）。

研究者（DeCasper & Spence）也对胎儿是否能听到声音很感兴趣。他们让 16 名孕妇在怀孕的最后 6 周里，阅读苏斯（Seuss）博士的《戴高帽的猫》（*The Cat in the Hat*，上海译文出版社出版了中文版），一天大声读两次。孩子出生以后，研究者用非食物的吮吸行为来研究他们的听觉喜好。在新生儿旁边放一台仪器，当孩子吮吸的时候让他们听录音：他们的妈妈朗读的《戴高帽的猫》或《国王、老鼠和奶酪》（*The King, the Mice and the Cheese*）（用不同的声调和速度朗读）。研究发现，孩子更喜欢《戴高帽的猫》，会吮吸得更多，以便能够继续听这本书（DeCasper & Spence，1986）。还有一个相关问题，即：他们是更喜欢妈妈的声音，还是更喜欢和他们在子宫里听到的一样的声音？研究发现，当孩子还在子宫里的时候，更喜欢听母亲的声音（Fifer & Moon，1989）。

新生儿只有在听到别人说话以后才能学会说话，最适合他的需要的语言就是"宝宝的语言"。在所有文化背景下的成人和孩子说话时都会改变原有的说话方式。他们说得更慢、更清楚，音调更高，在语音的频率上有了更多的变化，有点像唱歌的音调，句子也很简短，这符合新生儿的需要。这种声音的频率和节奏能吸引孩子的注意力，慢节奏有利于他们分清声音和回音，停顿可帮助他们听清楚说话的内容（Maurer & Maurer，1988）。令人惊异的是，成人做这些完全是自发的。或许我们是天生就会用这种方式来回应婴儿的！

触觉

在胎儿早期的时候，触觉是他们首先发展起来的感觉。随着胎儿越长越大，他们要与子宫内壁有所接触，胎儿能接触到自己，尤其是自己的脸。脐带一直传达给胎儿触觉感受（Hepper，1992）。新生儿不像成人对接触那么敏感，他们可能对成人能感受到的很轻微的接触没有反应。但是很多早期反射是通过敏感触觉发展起来的，如觅食反射、莫罗反射、吮吸反射和迈步反射。通过系列的肌肉反应和对触觉刺激即时反应的降低，婴儿对触觉的不自觉的反应会降低，而逐渐被自觉的反应所取代。

很长时间以来，一直存在一个问题：新生儿是否会感觉到痛？当把痛的程度视为一种主观现象时，新生儿是不能表达自己的感受的。假设他们感受不到痛，从这个理由出发，为男婴儿割包皮时是不需要使用麻醉剂的。我们现在知道新生儿事实上至少存在类似疼痛的反应（Anand & Hickey，1987）。如果是为了宗教或医学的原因必须实施，那么割包皮是应该在麻醉的情况下进行的（Balfour-Lynn & Valman，1993）。

触觉刺激在胎儿情绪情感发展中扮演着重要角色。他们需要触觉刺激，也想要保持下去。触觉同样在婴儿的视觉注意力和依恋行为的发展中起着重要作用。

嗅觉

人类大脑中管理嗅觉的部分比其他哺乳动物的要小，这会让人认为嗅觉对人类来说是不太重要的感觉。而且研究者对视觉、听觉的研究兴趣要大于对嗅觉的研究兴趣。结果，我们对新生儿的嗅觉技能所知甚少。新生儿表现出发展很好的嗅觉能力，他们能分辨愉快和不愉快的气味，他们也表现出对芳香气味的喜好和对难闻气味的不喜欢。在出生后第一周周末，新生儿能辨别出母亲的气味（和别的女性相比）（Poter，1991）。他们喜欢自己妈妈的气味。出生后第6天的时候，他们还能辨别自己母亲和其他母亲的奶味（MacFarlane，1975）。一些研究者（Blass，1990；Engen，1986）假设味道对小婴儿来说比以前想象的要更重要。新生儿可能具有学习的能力，将嗅觉和熟悉的人、地点联系起来，作为社会行为的重要媒介。这可以解释孩子在还没有完善地发展辨认人脸的视觉能力时怎么会"认识"熟悉的人。

味觉

人们早就发现新生儿有味觉了，但是很少有这方面的专门研究。新生儿的舌头上已经有足够的味蕾细胞，他们能辨别甜味、酸味、咸味和苦味。新生儿更喜欢甜味，也喜欢咸咸的液体，不太喜欢酸味。他们能辨认出各种味道的浓烈程度，尤其对甜味很敏感。一些研究表明糖尤其是蔗糖，能降低对疼痛的感受（Blass，1990）。有很多方法来测试新生儿对味道的喜好，如一些可以观察到的面部表情、吮吸频率、心跳频率等。后两个看起来更可靠一些（Lipsitt & Behl，1990）。

认知发展

在20世纪60年代以前，很少有人研究新生儿的心理能力。研究新生儿的认知有一个很大的挑战就是孩子大脑的发展变化迅速，身体和肌肉的发展速度也很快。一些对新生儿认知感兴趣的研究回到了区分先天因素和后天因素的阶段。研究者通过对新生儿的研究能更好地理解心理意识的结构。新生儿的意识还没有完全被揭露，如果说环境是决定意识结构的唯一因素，那么环境就是早期研究的重点和核心。同样，如果这未被揭露的意识成为将感知觉转化为行为表现的组织结构，那么研究的唯一任务就是证明认知的普遍存在（Mehler，1985）。事实上，和其他心理活动一样，环境都是不可忽略的影响意识的因素。

对新生儿认知的研究仍然集中在先天和后天的相互作用上，尤其是先天的获取机制（acquisition devices）。婴儿天生就会学习语言、逻辑、数学和其他认知信息，科学家也在研究新生儿的先天学习机制（Mehler，1985）。此时，问题变成：婴儿的先天学习机制是什么？这种先天的状态如何得到改善？研究新生儿先天状态时容易混淆的一个问题是：它们可能并不都是先天带来的。有些可能是随着机体的成熟而发展起来的，有些可能是受环境影响（Carey，1984）。

一些研究者对新生儿的兴趣在于发现他们是否能够"学习"。学习被定义为"由过去的经验引起的机体的长久改变"。因为学习是人类社会生存的重要方式，它引起了很多相关的研究。结果很明显，新生儿虽然还没有发育完全，但是已经有了学习的能力，而且已经在学习了（Lipsitt，1986）。他们甚至在出生前就会学习了（Hepper & Shahidullah，1992）。

适应

新生儿有适应的能力，适应是最简单也最基础的学习过程。适应是指在重复刺激面前降低反应。例如，如果当电话铃声第一次响起时婴儿会哭，重复几次以后不哭了，就可以说他已经适应了。适应是中枢神经系统的功能，包括早期的学习和记忆。适应是人类基本的有效功能，使人类得以忽略重复刺激而注意新刺激。研究中进行解释时有一个问题就是，判断反应频率的减少是因为习惯了还是因为疲劳了。适当的方法论，加上用新异刺激再次引起反应，就能够对上述问题进行区分（Hepper & Shahidullah，1992）。适应使新生儿"排除"一些刺激，对它们不再有反应，但是人类的声音不会被新生儿"排除"掉。

语言发展

语言始于新生儿的第一声哭泣。新生儿的哭声是不一样的，父母要仔细辨别。除了哭泣以外，他们还会发出喘气的声音和语音（如喃喃自语、咯咯发笑等），这些声音常常在他们进食时发出。无论说什么语言，新生儿都会对人类的声音有反应。比起乐器演奏的声音，他们更喜欢人类的声音而且会随着成人的语速活动：如果语速加快，婴儿的活动就会增多；如果语速变慢，他们的活动也会慢下来

（Barclay，1985）。对新生儿来说，声音相对容易辨别和识别。但是有一个问题，即如何理解新生儿对语言的反应以及他们是如何理解说出的语言语词的。

理解语言是一个复杂的过程。首先新生儿要组织听觉空间，寻找声源；要将语言从周围环境的噪音中区分出来；当来自不同声源的声音同时出现时，新生儿还要将它们彼此之间进行辨别。新生儿能找到单个声音发出的声源，但寻找得很慢（Mehler，1985）。

 ## 社会性和情绪情感发展

有人相信，出生的头几个小时或头几天是母亲和婴儿建立情感联系的关键时期。在这段时期，父亲参与也能感受到与孩子之间的情感联系。这种情感联系是人们认为母亲和孩子在医院里不能分开的原因之一，已有研究并没有支持这个观点，而是提出了一些其他的原因。父亲和孩子在一起的时间和持续性的互动比父亲在分娩过程中的出现更为重要。研究者（Palkovitz，1982）发现父亲抱着孩子的时间越长，他和孩子建立情感联系的时间就越长。在前5个月里，和孩子接触得越多，父亲就越容易参与到照顾中去。这支持了这样一种观点：持续性的接触比只是出生时的出现要重要得多。

新生儿具有感觉的基础。他对甜甜的口味和气味感到愉快，而对强烈的灯光、声音和苦味会感到不舒服，他不喜欢被冻着或处于强烈刺激的状态中（Maurer & Maurer，1988）。我们很容易感受到一个婴儿不喜欢什么，却不易感受到他喜欢什么。大多数时候，他都在睡觉，有反应的时候经常是消极的，而且变化很快。

新生儿并不会对某个人有特别的情感依恋，因为他不能区分自己和他人。他更喜欢"熟悉的人"。对成人，他看起来更喜欢母亲，因为他的母亲是最熟悉他和他的生活规律的人。但是，婴儿有反应是因为他熟悉此人，而并非因为是他的母亲。

大量研究已集中在父母对婴儿的作用方面，现在我们越来越多地开始审视婴儿对其父母的作用，影响这种作用的因素之一就是婴儿的状态和性格。

 ## 状态

新生儿的自我认知状态最能在他调整状态的能力上反映出来。新生儿的状态从不同水平的睡眠状态到觉醒状态都是不一样的。对状态的关注产生于普雷希特和宾特玛（Prechtl & Beintema，1964）对新生儿获取最佳反应的研究兴趣，仅当婴儿处于安静觉醒状态中时，这些反应才能被发现。

当成年人大致思考自己在做什么的时候，能轻易地区分自己是睡还是醒。婴儿一天睡 17 ~ 18 个小时，他们醒着时安静 2 ~ 3 个小时、活跃 1 ~ 2 个小时，剩下的就是哭喊和焦躁。正是这些状态影响着家庭：一些婴儿晚上睡得多、哭得少，醒着时又处于安静的状态，通常被认为是容易教养的类型；另一些婴儿睡得少、哭得多，醒着时很少安静，这就成为家庭中的一个难题。尽管这种信息很有用，但引起研究人员的兴趣的是婴儿调整这些状态的能力和成人适宜行为的匹配。婴儿的状态在很大程度上决定于他怎样和外部环境相互作用。许多研究人员对区分婴儿的状态很感兴趣，然而在这些状态的分类和定义上却不能达成一致。

大多数研究人员通过活动量来区分几种睡眠状态。所有研究者似乎都认同在睡和醒之间还存在一种状态。清醒状态变化更快，这种状态和活动量、注意力及哭喊有关。表 4-2 指出了这种状态的主要方面。

表 4-2　状态的种类

规律的深度睡眠	眼睛闭着，呼吸规律；对外界刺激没有反应；完全放松，基本不动
被打断的睡眠	不规律的睡眠，眼皮在抖动；身体移动，做怪相，呼吸不规则；还可能呜呜地哭或者叹气
困倦	当孩子被吵醒或要睡时表现出来的状态；眼睛微微睁着，没有聚焦，不清醒；不怎么移动
警醒但不活跃	眼睛明亮地睁着，脸部很放松；没有身体上的移动；这种状态在新生儿中不常见
警醒而且活跃	眼睛睁着，很明亮，有很多自由活动
不灵活的聚焦	醒着，对外部刺激无反应；使劲地哭、打，有很多自由活动；眼睛眯着；吮吸动作较多
不确定的	这可能反映了状态正在改变或无法确定状态的时候

资料来源：摘自 Brazelton（1979），Brown（1964），Korner（1972），Prechtl（1965）和 Wolff（1966）的研究。

婴儿对外界环境的反应能力受他所处状态的影响。婴儿在不同状态下反应的时间是不同的。婴儿处于警觉状态的程度以及对成人的反应，对于学习和建立社会联系很重要，它取决于成人能够明白婴儿的状态并相应地作出反应。成人最困难的任务之一是尽力帮助婴儿转变状态。不同的婴儿对不同的使其安静的方法反

图4-2　新生儿的安静清醒状态往往很短暂，不久就昏昏欲睡了

应不一。最常用的手段是把他抱起来（这通常意味着阻止婴儿的哭泣），或说一些听起来安抚性的话语，或限制其四肢（将婴儿裹起来），或转变他的位置。给他一个橡胶奶头也会影响他的状态，还有就是灯光和噪音的影响。

婴儿的状态影响了这些想更多地了解他们的研究者们。例如，如果你想去了解婴儿看到的事物是什么样子的，很明显你不会想对一个熟睡的婴儿做实验。但你能从一个昏昏欲睡的婴儿或号啕大哭的婴儿身上得出什么呢？理想状态是一种安静觉醒的状态，但这种时机很难把握。婴儿的状态不仅影响着家人和研究者，还潜在地影响了医学护理。对内科医生来说，对熟睡或哭泣的孩子进行检查很困难，也不能将注意力集中在母亲可能有的问题上；而且很明显，让父母去预期一个婴儿的日常作息，通过它来安排自己与医生的约见，几乎也是不可能的。

 哭泣

哭泣，作为状态控制的一个方面，父母尤其关注。对父母来说，婴儿的哭泣是一个他不高兴的信号，这种不高兴的信号使父母心烦意乱，特别是当父母做出一切明显的举措去使婴儿舒适而他仍在哭的时候，比如，抱着他、摇着他、换下湿尿布、安慰他。一些婴儿，特别是早产的婴儿，哭声不同寻常，音调很高且刺耳，这可能预示着他的中枢神经系统发生了紊乱（Lester, Zacharaial Boukydis, Carcia-Coll, Hole & Peucker, 1992）。

所有正常的婴儿都会哭泣，对初为人父母的人来说，他们很奇怪婴儿怎么会哭这么长时间，并且如此频繁。在婴儿刚出生的前6周内，他们每天大约哭2个小时，在他们醒着的时候大约每小时哭15分钟。哭的高峰期大约在出生后6周的时候，婴儿每天要哭上2~3个小时（St. James-Roberts & Halil, 1991; Shelov, 1993）。然后，哭的总时间逐渐减少，尽管间断性的哭喊仍很频繁。第一年末，婴儿每天哭泣的时间略少于一小时（St. James-Roberts & Halil, 1991）。婴儿在下午6点到半夜这段时间哭得更多。

一些婴儿比其他婴儿哭的时间更长。腹绞痛是新生儿中的一种症状，婴儿会通过高声大哭来表达，伴随着做鬼脸、紧握拳头、举起或生硬地伸直双腿，安慰也无效。腹绞痛的婴儿每天哭超过 3 小时，每周 3 天，刚出生的前 3 个月要哭上 3 周（Steinberg & Meyer, 1995）。我们不完全明白是什么引起腹绞痛，给焦虑妈妈的一些不成熟建议是从肠胃方面的饮食因素入手解决。大约有 20% 的婴儿会发生疝痛的病症，一般发生在出生第 2 周到第 4 周之间（Shelov, 1993）。无法阻止婴儿哭泣是导致人们错误地对待婴儿的常见原因。最常见的错误方式是摇晃孩子。过度摇晃可能导致婴儿眼盲、大脑损伤甚至死亡（Shelov, 1993）。

处于危险中的新生儿

新生儿具有最高的夭折率，比婴儿时期其他时段的夭折率高出 3 倍。最高的死亡率发生在出生第一天，其次是第一周（Rossetti, 1986）。出生的体重和妊娠的时间是判断婴儿死亡风险的最常用因素。婴儿出生后不超过 2.5 千克被认为是低出生体重（low birth weight, LBW），在 1.5 千克以下的体重被认为是非常低的出生体重（very low birth weight, VLBW）。

妊娠的平均时间是 40 周。一个在妊娠 37 周到 42 周之间出生的婴儿被认为是正常出生，在妊娠 20 周到 37 周之间出生的婴儿则被认为是早产。在美国，接近 7% 的婴儿是早产儿（Svigos, Robinson & Vigneswaran, 1994）。

妊娠时间和胎儿大小之间的关系很重要。生下来相对于妊娠时间偏小的婴儿（small for gestational age, SGA）尤其处于危险之中。这些婴儿的出生体重相对于他们的妊娠时间所对应的正常体重来说少了 10 个百分点。低于 5 个百分点的婴儿尤其危险。如果不是单纯的遗传，本身就小，那么新生儿低出生体重则意味着胎儿期发育迟缓（Steer & Danielian, 1994）。一名妊娠 40 周出生的婴儿如果只有 4 磅重（约合 1.81 千克），就会被认为体重偏小，因为他应该在 7.5 磅（约合 3.4 千克）左右；如果这名婴儿在怀孕 34 周时出生，他可能会被认为是低体重儿或早产儿，因为他的体重和妊娠时间是一致的。偶尔有婴儿生下来有 7 磅（约合 3.175 千克）重，然而从技术上来说仍是早产儿，因为他们是妊娠 37 周前出生的。像这样的情况可能是由于妊娠时间算错或其父母本身体格较大。

早产儿和低出生体重的婴儿占据婴儿死亡率的 50%，刚出生时体重非常轻的新生儿死亡风险比正常出生体重的新生儿几乎高了 200 倍，出生之后的死亡风险则高了 20 倍（Semmler, 1989a）。除了夭折率上升之外，这些婴儿还更容易患上疾病，如发育中的残疾和慢性健康问题等病症（Semmler, 1989a）。

为什么一些婴儿会在预产期之前出生，至今仍无从知晓。已知的因素我们已在前面的章节讨论过了。出生太早意味着婴儿不得不用自己那欠发育的身体和身体系统调整自己从子宫内到子宫外的生活。通常，1.5 千克或以下的婴儿要待在医院 2 ~ 3 个月。

 ### 早产儿和低体重儿

早产儿看起来与正常的婴儿有些不同。典型的特征是他们的身体上都有很好的毛发或者细毛（38 周时会消失）；皮肤呈现微红色，因为他们的血管和皮肤表面很接近；他们的皮肤更像半透明的；他们还可能没有乳头、皮肤的褶皱以及耳垂上的软骨，因为这些都是在妊娠 34 周以后出现的（Batshaw & Perret，1992）。肌肉组织在胚胎中逐渐发育，因此那些在妊娠 28 周以前出生的婴儿，可能看起来软弱下垂且有"双关节"。一些早产儿在出生时还可能没有原始的反射行为（Batshaw & Perret，1992）。内科医生用诸如此类的特征去判定婴儿的发育，特别是当不知道具体妊娠时间的时候。

出生太早意味着有的系统还没有发育好，早产儿出生时面临着一些其他婴儿没有的风险。尽管早产儿和低体重儿有所不同，但他们所面临的一些问题却是相似的。典型的问题包括调节体温、营养（包括吮吸和吞咽的协调、消化系统吸收营养物质的能力）、呼吸（发育不全的肺）和胆红素（血红细胞破裂后的副产品）等相关问题。这些共同的问题将在以下章节中主要加以介绍。

呼吸困难综合征（respiratory distress syndrome）

一个早产儿也许会在出生时表现出正常的呼吸模式，但接近 20% 的早产儿都会患呼吸困难综合征（RDS），以前这被认为是一种半透明薄膜疾病。RDS 是导致早产儿夭折的主要原因（Batshaw & Perret，1992）。婴儿年龄越小，感染 RDS 的可能性就越大。早产儿的呼吸系统不能像正常的那样容易而顺畅地运转。由于缺乏一种表面活性物质，肺部不能很好地扩张。在不太严重的情况下，早产儿依靠人为供氧呼吸，直到他们的系统能产生足够的表面活性物质。这种物质是直到胎儿妊娠 35 周时才能自己生成的。

化学研究已经能制造出合成表面活性物质的化合物，可以将这种化合物直接滴入婴儿肺部。另一种方法是，如果生育进程能被推迟 24 ~ 36 小时的话，可以给母亲药物以刺激表面活性物质的生成（Batshaw & Perret，1992）。这些措施极大地提高了早产儿的存活率，并有利于他们的长期发育。大多数患呼吸困难综合征的婴儿在 2 ~ 3 周内才能脱离氧气罩或呼吸器。但是一些婴儿还患上了慢性肺病（支气管肺的发育异常），需要再使用氧气疗法和人造呼吸设备一段时间（Batshaw & Perret，1992）。随着表面活性剂疗法的发展，现在得这种并发症的几率看起来比以前小了很多。

其他循环问题

对于一些早产儿来说，在循环系统中必备的变化并没有产生。其中最常见的问题之一是动静脉血管的阻塞，胎儿的循环系统要借此经过肺部。但30%的早产儿身上并没有出现这种阻塞。这种阻塞受血液中的含氧水平刺激，特别是如果早产儿有呼吸困难综合征的话，这种开放的状态也许不会阻塞。有些药物可以刺激阻塞。如果药物不管用的话，就必须实施手术去改变这种开放的状态（Batshaw & Perret，1992）。

早产儿还受发育不全的中枢神经系统的困扰。中枢神经系统控制着呼吸和循环系统。把氧气输送到肺部就成为一个问题。有些婴儿一次完全停止呼吸能达20～30秒（呼吸暂停）。还有一种症状叫做心搏缓慢，影响心脏跳动，使疾病变得更加复杂。早产儿中有10%的婴儿有呼吸暂停和心搏缓慢这两种问题，婴儿个头越小，患病的可能性就越大（Batshaw & Perret，1992）。

呼吸暂停和心搏缓慢会对大脑造成损伤。这些婴儿还面临着极大的猝死风险（sudden infant death syndrome，SIDS）。在将有持续性呼吸暂停和心搏缓慢的婴儿从医院带回家中时，同时还应将心脏和呼吸监护仪放置在其身旁。如果婴儿停止呼吸，监护仪会发出警报声，父母可使用特别的仪器使婴儿的心肺功能恢复过来（cardiopulmonary resuscitation，CPR）。

视网膜发育不完全

早产儿还可能患有眼疾，即视网膜发育不完全（retinopathy of prematurity，ROP），它能导致视网膜分离，甚至致盲。最初，人们认为这种问题是由于过去在治疗呼吸困难综合征时的氧气含量太高造成的，称之为晶状体纤维素增生。然而改变了氧气的供给虽然减少了这种疾病的蔓延，但仍没有根除这种疾病。接受过呼吸困难综合征治疗的婴儿在他们出生的头几个月里时常需要眼科医生给他们做检查。

颅内出血

早产儿有着非常脆弱的血管系统，负责给大脑的两个半球供血。大多数早产儿在出生几小时内颅内会有不同程度的出血。最初几天里，人们主要关心的是，这种出血是否会对生命造成威胁。当出血被控制住后，看起来似乎就没有什么副作用了。

出血越多，大脑受到损伤、出事故就越多，如突然发作的混乱、大脑的麻痹性复颤、早产儿视网膜神经疾病以及发育的推迟，特别是在语言学习和认知方面的落后。通常来说，出生时体重越轻、妊娠时间越短，出血的可能性就越大。接近1/3～1/2的出生时为1.5千克或以下的婴儿会有颅内出血的疾病，这也是引起此类婴儿死亡的主要原因（Semmler，1989b）。这些低出生体重的婴儿占据了死亡婴儿总数的 1/2。

当婴儿从医院回到家后，应主要关注的问题是颅内出血对婴儿长期发展的影响。出血严重的婴儿有发育迟缓的危险，应给予经常的发展性评估（Semmler，1989b），他们会从早期的干预和治疗中收益颇多。

对颅内出血的分类相对而言还处于起始状态，多少有些武断。随着新技术的不断发展，将可以提供更准确的信息。超声波是用于诊断和区分细胞内出血的最广泛使用的方法。

生物化学的反常

除了以上早产儿特有的主要疾病外，早产儿还比正常婴儿更易受到体温过低、黄疸病、低血糖症等疾病的困扰。没有体温或体温过低是因为早产儿没有足够的皮下脂肪，他的身体表面皮肤与体重之间的不成比例导致他散失热量比正常婴儿要快，这也是为什么早产儿要被放在恒温箱里的原因。早产儿体内的葡萄糖储备更少，这使他处于低血糖的危险之中，出现的症状包括昏睡、呕吐、突然发病等。提供早期的喂养、监控体内葡萄糖的含量、管理葡萄糖的静脉输入是解决这些症状的方法。因为早产儿的肝部没有完全发育好，身体里出现胆红素，会使他的皮肤呈现出黄疸病的黄色。典型的治疗包括"照片治疗"：把新生儿放在光源下，挡住他的眼睛。当胆红素的含量不再处于危险水平时，就可以将婴儿从光源下移开。如果胆红素的含量继续增长，这样的治疗需重复进行，类似病例的比例约为 25%（Donn，1992）。

营养

很多低体重早产儿无法用乳头喂养，因为他的吮吸这种条件反射常常发育迟缓，吞咽功能亦如此。早产儿的胃部很小而且消化功能发育不成熟，因此他很少能得到足够的卡路里和营养物。医生往往会通过一个特殊设备喂养他们一些特殊的食物，高卡路里的食物配方能降低出现疾病的可能性。肠胃不适会对生命造成威胁，这一问题对 2% ~5% 的低体重儿都会产生影响（Batshaw & Perret，1992）。这样过一段时间后，这些低体重儿也许就能采取正常喂养方式了。但是，喂养可能会是一个较长的过程，无论白天还是夜晚，每隔 2 ~3 个小时就得喂上一次。

特别看护的保育室

不同的医院会给新生儿提供不同水平的护理。配有一级设备的医院能处理日常新生儿的护理工作。这些是典型的能从大厅里看见的健康婴儿保育室，任何有产科的医院都会配备。配有二级设备的医院能够处理一些高危险的母亲和新生儿的问题，但人工输氧不能超过 48 小时，他们不操作主要的大手术。配有三级设备的保育室能给处于任何危险中的母亲和婴儿提供服务，他们拥有专门的技术和设备来照顾病得很严重的婴儿。如果婴儿在配有一级设备的医院出生却需要更高级的照料，他会被救护车或直升飞机转运到配有三级设备的医院。

生产低体重婴儿的妇女通常被劝告去配有三级设备的医院，甚至正在分娩的母亲都要转移过去，这要比等待婴儿出生时再转移好。大约半数需要这种护理的婴儿都要经过剖腹产手术。转移过程本身就是个危险因素，特别是当这种转移的距离很长时就更危险了。配有三级设备的医院被称为紧急护理机构（intensive-care nurseries，ICN）或新生儿紧急护理单位（neonatal intensive-care units，NICU）。一些早产儿和特别低体重儿需要三级设备的护理（Semmler，1989a）。

新生儿紧急护理单位要求是大容量的，短期内可以提供细致而敏锐的护理。它们更关注医学水平，而非社会利益。它们被运用在特别设计的医院，有着严格训练的职员，并有着非常先进的技术设备。它们的职员不是儿科医生和儿科护士，而是新生儿专家、专门集中关注出生一个月内的新生儿的医学专家，以及同样也是经过特别训练、专门照看生病的新生儿的护士。

一个典型的新生儿紧急护理机构一般有 20 个床位，每年可以给 300 名婴儿提供服务，有 4 名看护医生和 200 名护士（Gilkerson，Gorski & Panitz，1990）。因为这些单位专业化要求很高，所以多数分布在大一些的州，稍小的州只有一家这样的机构。

但是大多数父母认为 NICU 是个危机四伏的地方，使他们根本体会不到做父母的滋味。设备本身就使人晕眩，监护仪蜂鸣的噪音以及人员迅速移动处理紧急情况的忙碌景象都使人不知所措。那些待在 NICU 的婴儿常常很小，只得借助仪器来进行从呼吸到饮食等一系列的生命功能，并对他们的生命功能进行监测。

父母不是在房间里拥抱、爱护他们的孩子，而是必须学会透过迷宫般的仪器去看本应需要他们拥抱、爱护的孩子。

把早产儿带回家

和 NICU 一样具有威胁性的是：把早产儿带回家的想法对父母来说更恐怖。大多数早产儿在他们刚出生后就被带回家，这可不同于把一个正常的婴儿带回家，早产儿的身体内部组织还未长好，还不会给出一些明确的信号。比如，什么时候饿了、困了或受到过分刺激了等，他们可能会在几秒钟内从熟睡到大声尖叫。健康婴儿需要几个星期去建立吃和睡的日常作息时间，对早产儿来说，要花的时间会更长。

因为婴儿未完全建立好作息时间表，成人需要帮助他们建立。对父母来说，最容易的方法就是持续记录婴儿一天 24 小时做什么，每 2 ~ 3 天制成一张表格。考虑到总体情况，这似乎看起来不合理，但长远的结果确实是好的。应该记录下婴儿的不同状态和它们发生的时间，比如，什么时候会睡觉和睡多久，什么时候哭喊或感到烦躁，什么时候是清醒的，什么时候换尿布，能吃多少，喂多长时间的奶……都一目了然。

早产儿通常一天睡 18 个小时或更多。然而，如果他们待在 ICN 的话，那里就不会把他们睡觉模拟成白天和黑夜的场景。ICN 与家里非常不同，所以对父母和婴儿来说，调整是一个主要的工作，通过一个合适的环境去帮助婴儿调整很有必要。一些婴儿喜欢安静与平和，另外一些婴儿则可能要在他们睡觉时有微弱的灯光和轻微的收音机的声音。父母和婴儿都需要发展学专业的护士的支持，以学会该如何进行调整。

 ## 早产儿带来的长期影响

社会经济因素对早产儿的长期发展有着重大的影响。看护早产儿的压力被父母有限的资源（金钱、交通、教育等）所限制，发育迟缓和神经方面的问题对出生在低收入阶层家庭的婴儿比出生在中等阶层家庭的婴儿的威胁更大，因为低收入家庭的父母可能只有 17 岁或者更小、没受过中学教育并且未婚（Heyne，1989）。早产儿和低体重儿在婴幼儿阶段受父母或看护者虐待的风险较正常婴儿高出 3 倍（Schmitt & Krugman，1992）。甚至在同一个社会阶层中也是一样的。

早产儿也有可能发展迟缓。总的来说，出生体重和发展迟缓之间有一个相互关系：出生体重越轻，发展迟缓的可能性就越大。而且比起语言方面的能力，感知觉方面的能力更容易发展迟缓（Bird，1989）。出生体重本身并不是主要因素，主要因素可能在于那些并发症，如出血和其他医疗风险等情况。

婴儿猝死症

婴儿猝死症（sudden infant death syndrome，SIDS）是婴儿死亡中最令人困惑和恐怖的。SIDS 是 1 ~ 12 个月大的婴儿非事故性死亡的主要原因。它每年影响着美国大约 7000 名婴儿（McKenna，1990）。这种发生在健康婴儿身上的死亡非常突然，并没有一点预兆，也没有明显的医学方面的原因。它最有可能在夜晚婴儿俯卧睡觉时发生。早产儿占所有婴儿猝死数量的 20%（Gyco & Beckerman，1990）。而且死于猝死的婴儿的兄弟姐妹也会处于危险状态中。

研究表明，猝死的婴儿可能不像先前所想的那样在死亡之前是健康的。在死亡前 2 周内，许多婴儿会出现感冒、腹泻、呕吐，看起来无精打采，情绪上表现为易怒（Hoffman，Jacobson，Padgett，Brumitt & Billings，1988）。这些婴儿更多的是用奶瓶喂养而非母乳喂养，风险最大的婴儿是那些 1～5 个月大、出生在贫穷的单身未成年母亲家庭的婴儿，这些母亲在怀孕期间曾经吸烟（Hoffman，et al.，1988）。

医生推荐婴儿俯卧睡觉可以避免婴儿吐唾沫，这种误导持续了很多年。美国儿科医生协会推荐让婴儿侧着睡或仰卧睡觉，这样被认为更安全一些。俯卧睡觉和猝死之间的关系还不清楚，可能是由于婴儿从床单中重复吸氧，导致吸入更少的氧气或呼出更少的二氧化碳。当婴儿能自己翻身的时候，他们将会选择他们认为舒服的睡觉姿势，但那时（4～7 个月大时），发生猝死的最高危险期已经过去了。

 ## 处于危险中的婴儿

很难讲明哪些婴儿最需要早期干预。看起来似乎在头一年里，医学风险的因素是最好的预报因子，但对稍大一些的孩子来说，环境风险的因素是更有用的预报因子（Bird，1989）。总体来说，发育测试过高地预测了那些问题的存在。然而，需要指出的很重要的一点是：有一定数量的低体重儿虽然智商正常，但却在达到上学的年龄时被诊断有阅读能力和学习能力障碍。

早产儿被证明在生理上比正常出生的婴儿有更多不正常的特点。典型的就是他们在婴儿早期很多方面都发展滞后。研究表明，早产儿在生命的第一年里有运动神经的发展滞后，但在运动神经发育的后期，表现就不是那么明显了。研究者（Hanson，1984）建议，应延长时间看护和评估处在危险中的婴儿并与他们的家人密切合作。危险因素是渐增并互相影响的。人们不仅要评估婴儿，而且要评估影响婴儿发育结果的家庭和社会经济因素。不从生理和环境因素出发，就不可能去断定所采取的干预措施是合适的还是不合适的。

新生儿评估

最广泛使用的婴儿评估工具是"新生儿行为评估量表"（the Neonatal Behavioral Assessment Scale，NBAS）。NBAS 于 1973 年由柏利·布莱泽尔顿（T. Berry Brazelton）开发，在 1984 年和 1993 年又做了改进。它能够从婴儿出生的第一天到整整头一个月里使用，它的设计是为了给婴儿的神经反应和行为指令提供一个评估。它评估了婴儿潜在的自我组织和对环境反应的控制能力（Tirosh & Scher，1993）。它专为存在风险的婴儿而设计，且需要一个经过专门训练的测试者来施测。测试需花费

20~30分钟，而且要婴儿的父母在场以便让他们理解婴儿的发展情况。

不像以前的大多数方式，NBAS作为一种交互评估方式已经概念化了。施测者的目标是弄清楚婴儿的能力发展情况，重点在于建立新生儿的能力和极限档案，特别是婴儿与实施干预者相互作用之后的发展状况。这种测试承认婴儿不同状态的重要性，观察测试过程中婴儿处于什么状态很重要。测试结果使用婴儿的最高得分，而不是平均得分。由于测试的要求，测试者除了要了解婴儿以外，还必须接受关于怎样控制这种特别测试的专门培训。

NBAS需要对6种状态进行观察：熟睡、轻睡、三种水平的觉醒（瞌睡、清醒的状态以及活跃的状态）、哭。理想的情况是，婴儿在熟睡中开始进行测试，他对不同的刺激（如灯、铃、拨浪鼓）的反应可能减少或是惯性的。在被唤醒时，婴儿的触觉反应也被测定了下来。一些反应被测试，而当婴儿从轻度睡眠进入瞌睡状态时，其余的反应测试也就完成了。直到此时，一种持续的觉醒状态到来了，婴儿去找拨浪鼓及球的能力、表情和声音也会被测定下来。婴儿平躺时，给他的脸盖上一块布，然后看他的反应。此时，婴儿会表现出强直性颈部反射和莫罗反射。这通常是令人不安的。并且，如果婴儿自己做不到的话，测试者接着会观察婴儿自我安静的能力并帮助他获得一个更低水平的觉醒。测试者会继续监测和观察婴儿行为的不同的变化（Worobey & Brazelton，1990）。

通过利用有关婴儿反应的详细计分工具，测试者通过观察来评定"最好""正常"和"不合格"，维度包括互动环节、运动神经调节、状态控制、对压力的反应。进行重复的测试，对于进行一个有意义的婴儿概况介绍是很有必要的（Worobey & Brazelton，1990）。

NBAS已经开始开发检验正常时期出生的婴儿的相关项目。早产儿行为评估（the assessment of preterm infant's behavior，APIB）是针对早产和高风险婴儿的，这是对NBAS的一种提炼和延伸，它包括很多相同的项目，却有不同的表现和需求。5个下属系统分别是生理、运动、神经状态、交互作用和注意力、自我调节（Widerstrom，Mowder & Sandal，1991）。在训练有素的测试者的使用下，APIB能为那些脆弱的婴儿制订出一些干预策略。

小结

父母身份的转变对父母和新生儿来说都是突然的。新生儿远比我们想象的更有能力。他们能从自己所有的感官系统获得信息，但是这些感觉没有我们成年人敏锐。虽然他们不能处理复杂的问题，但却能够进行简单的学习，而且确实存在偏好。他们的语言虽然还没有完全区分开，但却很有效，他们会学习成人的语言。婴儿有不同的状态，在每个属于他们的状态中，都是完全不同的。他们确实对重复性的刺激感到厌烦或习惯了。

一些婴儿在预产期之前出生或者出生时体重低，这些婴儿与正常出生的婴儿在很多方面不同，而且比正常时期出生的婴儿存在更多的并发症。他们需要在紧急护理的保育室进行特别的护理，在那里，被培训过的医学专家们会去满足这些婴儿的专门需求。早期生长和发展最明显的方面，表现在生理和运动神经的发育上。

实践活动

1. 与有孩子的夫妇谈一谈他们对自己角色转变的认识。询问他们记忆里最美好和最糟糕的事情分别是什么。分别让他们描述一下自己角色的转变和他们配偶角色的转变。思考一下彼此的不同以及这些与所属文化有什么联系。

2. 请你的父母说一说他们为人父母时角色的转变以及他们有什么经验。和他们讨论一下现在的夫妇面临的新挑战，他们对此感受如何？

3. 想一想你自己对产后阶段的预期。在阅读本章之前，你了解了什么？为了让这种转变对你、你的配偶、你的孩子更容易一些，你会怎么做？

第五章 身体和运动发展

　　所有的孩子都是独特的，然而在成长和发展的模式上又具有许多共性。成长指的是孩子的身体随着时间而发生的变化。成长可以用英寸或厘米、英镑或千克来测量，而发展则与技能的获得有关，如走路和说话。理解了成长和发展的固有原则，我们就能预测未来的成长和发展是否沿着正常的模式进行，也能为婴儿和学步儿拟订发展性的可行方案。孩子来到这个世界，以某种固定的模式成长发展。大多数孩子都遵循这种模式，只是有快慢之别；另外，也有很少一部分孩子的发展完全不遵循这种模式。

身体的发展

　　胎儿期的发展是人类生长最快的阶段，但我们看不到。在看得见的阶段中，生长最快的时期是一岁期间。

身高

　　发育完全的婴儿平均身高为 48.26～53.34 厘米，男婴比女婴略高。婴儿出生时的身高与成人的身高几乎没有关系，精确的测量出生时的身高很具有挑战性。长到 2 岁时，孩子们躺着测量身高。1 岁期间身高比出生时的身高会增长 50%，一般会增长约 25.4 厘米，达到大约 76.2～83.82 厘米高（刚学步的孩子到 2 岁时大约能达到他们成人时身高的一半）。这种减速增长的模式会继续，在 12～24 个月间平均增高 12.7 厘米，在 24～36 个月间大约增高 7.62 厘米（达到大约 96.52 厘米）。

体重

　　出生时婴儿重约 3.4 千克，同样，男婴比女婴略重。80% 的婴儿体重在 2.61～3.8 千克之间（Shelov, 1993）。5 个月以后婴儿的体重通常是出生时的 2 倍（体重大约达到 6.8 千克），一年后婴儿体重是出生时的 3 倍（体重大约达到 9.98 千克）。与一个成年人相比，一年中发生这样的变化会让人目瞪口呆。如果类似的变化发生在你身上，你会是什么样子呢？假设现在你是 167.64 厘米高，体重 54.43 千克，那么一年后你会长到 251.46 厘米高，体重也会增长到 163.29 千克。

难怪婴儿在 0～12 个月期间需要好几套衣服，需要时间来调整他们的身体，进而了解身体状况和反应情况。增长会慢慢地减速，刚刚学步的婴儿在 12～24 个月间增长 2.72 千克，24～36 个月间增长 1.36～1.81 千克（摘自 1976 年美国国家健康统计中心的报道）。增长的时间大致上与遗传有关。一个人最终的身高和体型大体上由父母的基因决定。也有一些变异与基因无关，因为基因会受到诸如健康状况及营养方式等因素的影响。没有获取足够的卡路里或营养不良的孩子可能达不到基因决定的潜在增长。

总体而言，个子高的父母生的孩子在出生时要比个子矮的父母生的孩子高且重。增长模式是可预测的，一旦发生偏离，表现也很明显。为了比较一个婴儿实际的增长与预期的模式，经常会绘制一张成长图表。图 5-1 显示了国家健康统计中心做出的预测，这个预测常被用于标出从出生到 36 个月的孩子的体重和身高。尽管模式一样，性别差异却很明显，正如增长减速比率一样。

出生时体重在第 75 个百分位上的足月儿将会持续这种模式，如果体重降至第 10 个百分位，就有理由担心了。但若婴儿出生时就在第 10 个百分位并且继续那种增长模式，就不用那么担心，尤其是当父母的体型相对较小的时候。

早产儿不适用这种特定的具体设计的百分位，因为他们的增长比率是测量危险因素的一项重要指标。长期的预期是他们的增长将正常地按计划进行，但至少在 0～12 个月期间需要用到不同的图表。当使用为早产儿发展绘制的标准时，我们经常用一个调整后的年龄，即从怀孕算起的婴儿的年龄（一个早产 2 个月的 5 个月大的婴儿相当于一个 3 个月大的足月儿）。这种调整后的年龄被用来对早产儿进行预测。

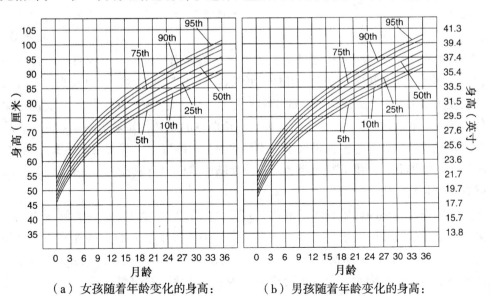

（a）女孩随着年龄变化的身高：从出生到 36 个月
（b）男孩随着年龄变化的身高：从出生到 36 个月

图 5-1　从出生到 36 个月大的婴儿的身高和体重的发展

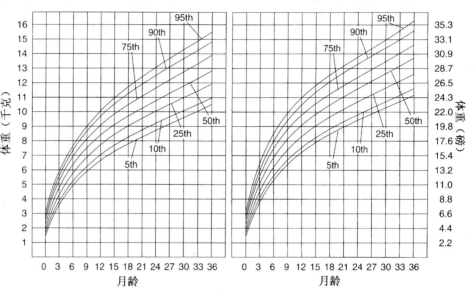

（c）女孩随着年龄变化的体重：
从出生到 36 个月

（d）男孩随着年龄变化的体重：
从出生到 36 个月

图 5-1（续）　从出生到 36 个月大的婴儿的身高和体重的发展

资料来源：美国国家健康统计中心（1976）．每月重要数据报告：健康检查调查数据．25，3（附刊），第 1～22 页。

 头围

内科医生采取的另一种测量增长的维度是头部周长即头围。像身高和体重一样，绘制图表用来显示一个新生儿的平均头围（约 35.56 厘米），以及头围随着时间会发生多大的变化（6 个月时约 43.18 厘米，1 岁时约 48.26 厘米）（美国国家健康统计中心，1976）。这些测量标准有着诊断性的意义。如果头围异常的小，就有可能是大脑发育延迟。如果低于平均尺寸两个标准以上，就有可能是头小畸形。头小畸形的婴儿，是指大脑太小、畸形或大脑的组成部分缺损。若头部增长过快，就有可能是脑积水。

大脑里有一种叫做脑脊液的液体，它能为大脑提供营养并减轻大脑压力。如果这种液体的流动受到阻碍，就会产生内在压力。由于婴儿的头部骨骼还没有完全闭合（或连接），头部就会以一种非正常的速度快速扩大，进而形成脑积水。当医生测量婴儿的头围时，同时也会检查是否有脑积水。这种情况可以通过药物或外科手术移植一个水道减轻压力来解决。如果诊断得早，许多孩子除了需避免运动之外，生活将不会受到限制。对于另一些婴儿而言，脑积水可能与造成大脑发育迟缓的其他因素有关。

大脑和神经系统

　　神经系统由大脑、脊髓和神经组成。神经系统的发育影响着肌肉、腺体、身体器官、运动神经与感知能力的作用。

　　早期胎儿的大脑是单层的，而成人的大脑却排列着 6 层。刚出生的婴儿大脑的重量只有成人的 25%（约 340.19 克），6 个月后它长到成人的 50%，2 年后达到成人的 75%（Rosenblith，1992）。大脑在尺寸上增长的同时，脑细胞层的数量和复杂性也在增长。在 6 个月到 2 岁之间，大脑皮层变得更为复杂。这种发育的复杂是由于神经元和髓鞘连接的数量增加（而不是神经元数量的增加）。神经纤维和髓鞘的"绝缘"加速和提高了传送的效率（Morrell & Norton，1980）。

　　大脑由神经元组成。它们有着蜘蛛状的外表，从细胞主体向四周以树突（dendrites）延伸，轴突（axon）是像蛇一样的纤维，也由细胞主体向四周延伸。轴突从细胞主体传递刺激，而树突负责接受刺激并把它们带向细胞主体（Batshaw & Perret，1992）。

　　如图 5-2，细胞主体的轴突没有完全接触到另一个细胞主体的树突，树突之间还有空间，叫做突触。电神经刺激不能穿过突触，它停在轴突的末端，在那里被一个神经元传导物转变，穿过了这个空隙，然后树突把它改变回电能量，直到它到达其突触，这种过程继续发生，直到它到达目的地（Batshaw & Perret，1992）。

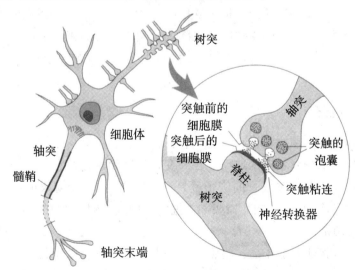

树突

突触前的
细胞膜
突触后的
细胞膜

轴突

突触的
泡囊

脊柱

树突

突触粘连

神经转换器

细胞体

轴突

髓鞘

轴突末端

这是一幅简化的、抽象的神经细胞图，表示树突如何把刺激传递到轴突的。

图 5-2　神经细胞或神经元

这看起来似乎很复杂、很长，也很费劲，通过这些步骤，我们就会很清楚为什么速度很重要了。对于树突发育不成熟的婴儿来说，这种过程会很慢。接收到的感觉需花很长时间才能到达大脑，开始这个过程，然后返回信息。这就是为什么有些婴儿看起来反应迟钝的原因。

除了层面（layen），在大脑中还有两种完全不同的部位：灰质和白质。灰质由神经细胞主体组成，颜色是灰色的。白质是轴突，由一种叫髓鞘的覆盖物保护。在婴儿出生第一年的主要变化就是髓鞘的发育。刚出生时，大多数轴突是有很少或没有髓鞘的。髓鞘将有利于加速神经传导。

尽管我们不能看到神经系统的不断变复杂的过程，但我们能观察到它的一些效果。由于大脑皮层的发育，它会影响到运动和感觉的发展。有意行为开始取代反射，感觉（特别是视觉）变得对婴儿更为有用。大脑不是单独发育的，除了被遗传决定的发育，大脑还需要刺激。更具体地说，它需要两种类型的刺激：感觉输入和自我主导的行为（Bornstein & Lamb，1992）。

大脑，在它早期发育时，就显现出发育的灵活性。也就是说，如果一些细胞受损，其他细胞会代替它们，提供另外一种选择的路径。对残障儿童的大量早期干预工作，尤其是专业的方法，都是基于这种灵活性的（Ayers，1979）。如果是发生在成人时期的伤害，这种方法就无效了。

牙齿生长

通常，牙齿开始冲破牙龈，是在婴儿 4~5 个月时。一般是下面的 2 颗门牙先出现，一两个月后，上面的 4 颗门牙也随之长出来。再后来，下面的 2 颗牙齿长出来。直到约 30 个月大时，孩子才具有了一副完整的 20 颗乳牙。

非同步成长

前面的讨论可能使成长看起来是一个平稳的过程。事实上，成长是不平衡的。身体部位不同的部分以不同的速度成长和变化。这种过程被称为非同步成长或协调现象。最明显的非同步成长的例子就是身体的比例。2 个月大的胎儿的头部占据他整个身体长度的 1/2，出生时头部占据的比例减少到了 1/4，到成人后就会大约只占 1/8（10%~12%）。头部的长度从出生到成人时会增长 2 倍。四肢在出生时会不成比例地短小。成年后，胳膊在长度上长了 4 倍，腿则长了 5 倍，躯干则有了 3 倍的增长。这些不同在第二章的图 2-3 中有展示。虽然很难看到身体内部的变化，但总的来说，水分占身体的比例会减少，而由肌肉组成的数量会增加。

运动行为的发展

没有什么领域的发展能像运动行为的发展这样带给父母、婴儿研究专家、孩子自己更多的乐趣。婴儿阶段的运动行为能力在不断地发展着，感觉刺激的发展给运动行为的发展提供了新的动力。运动技能会增加社会行为，从认知发展中受益又促进认知的发展。知道不同时期运动行为能力的发展程度是非常重要的。了解相关的知识可以保护孩子的安全，有利于为孩子提供成长和发展的良好环境。

婴儿出生时还不会控制自己的身体，就在一年多点的时间内，他们学会了坐、站、走路甚至是跟跟跄跄地跑。一开始，他只会随意地挥动自己的手臂，后来就能够准确地够取自己想要的东西，而且还会握住拳头来捡起一粒豌豆。这些行为的发展都是在预期的模式内发生的。

运动行为的发展显示的方式长期迷惑着研究者和家长们。先天与后天的争论主要集中在运动行为能力的发展上。我们知道现在的婴儿获得很多技能的时间都略早于 20 世纪 20 ~ 30 年代的婴儿，但是那时研究者发现的运动行为能力发展模式在今天仍然有效。

 ### 运动行为能力发展的研究

今天我们用于研究婴幼儿的方法和技术已经不同于以往了。研究者对不同方法的选择取决于他们的学术方向、自身的理论背景以及他们完成学业所需要的经济支持和时间。

自然情境和实验室情境下的研究

我们可以在自然情境或在实验室情境下研究婴幼儿。自然情境可以是一间房子或公寓、一所幼儿看护机构、一个附近的公园，甚至是当地的购物中心。这些都是儿童经常会去的地方。对一个婴儿来说，实验室情境都是新的和陌生的。如果一个研究者想要观察成人和儿童是如何互动的，自然情境下的设置是最好的。而另一方面，如果一个研究者想要了解在没有任何玩具可供玩耍的情况下，成人和儿童是如何互动的，那么实验室肯定会更好一些。

自然情境的好处是婴幼儿有熟悉的感觉。但是，如果一个研究者在 50 个不同的家庭中共观察 50 个不同的婴幼儿各约一小时，那么家庭环境本身也可能是 50 种不同的，想要全部概括是不可能的。比如，可能一个婴儿有几个兄弟姐妹，而其他婴儿没有兄弟姐妹，但有一个祖母。在一些家庭的观察可能会因为一次电话或者一个邻居的拜访而中断。有的家庭可能有许多玩具和书籍，有的则几乎没有；

在有些家庭中孩子只能在围栏里玩耍，有些家庭中孩子则可以自由地出去玩耍。所有这些变量都可能会使得观察和结论产生偏差。但是，如果一个研究者想知道在家中发生了什么事，那就只有通过自然情境下的观察方能实现。

实验室下的研究比较容易控制。对所有的婴儿，设置可以保持一致。此外，这些设置可以详细描述出来，其他研究人员则可复制研究，以核实有关资料。研究者可先观察婴儿在自然情境下想要学习什么，然后建立实验室去观察他们感兴趣的特殊行为。接着可以将婴儿带入实验室内，得到受控环境允许的量化结果。

实验研究和观察研究

观察研究关注发生了什么、什么时间发生的以及在什么情况下发生的。实验研究关心因果关系，如何系统地改变条件而找出问题的结果。如果一个研究者对两兄弟（或姐妹）如何一起玩耍感兴趣，可能就只要简单地观察这些孩子怎样在一起玩。如果他不仅仅想了解孩子们怎样一起玩耍，还想知道如果有某种压力参与其中，他们会如何互动，那么就可能会在一个特定的时间里给孩子提出两个谜语（一个简单的，一个难的）。这将是一项实验研究。

实验研究在特定的情形下是非常有效的，而且更容易被复制。观察研究确保被研究的行为是自发产生的，注重环境因素。录像带的出现提高了观察研究的可靠性。一般情况下，观察研究用于自然情境下，实验研究用于实验室情境下。

研究发展历程

通过以下三种途径可以获得婴幼儿的相关资料：纵向研究、横向研究以及聚合交叉研究。纵向研究是一直观察一个或一群儿童；横向研究是观察不同年龄阶段的儿童；而聚合交叉研究则是两种方法的结合，可以在较短的时间内研究一群儿童。表5-1呈现了这些方法的区别。

横向研究可以很快地完成，因为研究者不一定要等到婴儿长大才能收集资料，而且被试家庭很容易找到，因为家长们都愿意自己的孩子参加这种短期的实验，而不愿意去承诺定期参与一项几个月甚至是数年的长期实验。然而，当不同的婴儿参与实验时，确认行为的模式或前兆就变得比较困难。

纵向研究需要接触一个家庭很长时间，确保家长愿意让他们的孩子一直参与实验。家庭可能会失去兴趣或在收集数据的中途离开，从而造成信息缺失。另外，如果你在孩子6个月大时发现他的某个行为很耐人寻味时，但你却不能回到孩子更小的年纪去收集相关的资料。如果你发现你并不喜欢所采用的措施或技巧时，同样也很难去改变。

聚合交叉研究是以上两种方法的一个综合。由于它研究的是处于不同年龄阶段（如1~8个月大）的一群儿童，而且可以对这些儿童进行反复研究。因为同样的孩子学习一段时间后，行为方式可能会发生变化。但研究可以在很短的时间里完成，因为不同年龄的孩子都是原始样本。有时，重大社会事件（如经济萧条或战争）可能会影响到研究对象群。研究对象群是一个群组，基于出生时间和年代而非个人年龄进行划分。出生于"二战"之后"婴儿潮"群组的个体，与出生在20世纪30年代经济大萧条时期的婴儿有着非常不同的生活经历。同样，早期就读于儿童日托中心的婴儿也与那些待在家中的孩子不同。聚合交叉研究可以用于解决这方面的问题。

表 5-1　纵向研究、横向研究、聚合交叉研究的案例

年龄	日期	纵向研究	日期	横向研究	日期	聚合交叉研究
出生	1996 年 1 月	Raelynn, Jennifer Mark, Juan	1996 年 1 月	Jamela, Suling, Inti Roxanna, Isidro	1996 年 1 月	Raelynn, Jennifer, Mark, Juan
4 个月	1996 年 4 月	Raelynn, Jennifer Mark, Juan	1996 年 1 月	Kristina, Hank, Myrtle, Giovanni, Don	1996 年 4 月	Raelynn, Jennifer, Mark, Juan
8 个月	1996 年 8 月	Raelynn, Jennifer Mark, Juan	1996 年 1 月	Nancy, Jack, Aura, Humberto, Bethel	1996 年 1 月	Jamela, Suling, Inti Roxanna, Isidro, Raelynn, Jennifer, Mark, Juan
12 个月	1996 年 12 月	Raelynn, Jennifer Mark, Juan	1996 年 1 月	David, Peggy, Alex, Bung, Min	1996 年 4 月	Jamela, Suling, Inti Roxanna, Isidro

注：使用纵向研究需要 12 个月的时间来收集数据，横向研究仅需要 1 个月的时间，交叉研究可能需要 4~8 个月的时间，这取决于研究儿童时间的长短。

 行为模式

在所有儿童中都存在着个体行为差异。正因如此，当我们评判行为模式（如走路）时，我们设定了期望这一行为发生的年龄范围。在评估孩子是否在进步时，通常研究典型模式比观察孤立行为更加有效。比起仅仅观察"独立行走"和判断孩子的行为是否达到既定目标，我们不妨关注行走的进展情况。举例来说，我们会期待以下几种步行方式：

扶着家具走；双手举着走；单手举着走；单独步行 2～3 级台阶；在没有任何支持下步行 2 米左右。

如果一个婴儿在"扶着家具走"和"双手举着走"这两个阶段要比预期的出现得晚一些，我们预期他会继续这种"更慢"的模式，不能期望他可以在 15 个月大之前学会"无须任何支持地行走"——15 个月是正常范围内独立行走的时间上限。发展得最快的婴儿可以在 12 个月大甚至更早时就能无须支持地独立行走（Furuno et al.，1991）。

描述性研究在过去有着非常重要的实际用途，在今天仍然具有价值。我们根据典型发展行为来使用相关模式和年龄的发展性信息，从而决定对不同年龄阶段的婴儿应该使用何种材料，并确定婴儿是否呈现迟缓的或非典型的发展模式。

韦恩·丹尼斯（Wayne Dennis，1935，1938，1941）在其研究中限制婴儿去练习触摸物体、坐和站的能力，而且还与他的妻子一起研究（Dennis & Dennis，1940）霍皮人（Hopi）是如何对待在摇篮中的婴儿的。他们发现，只要给婴儿机会去练习他们能够达到的技能，婴儿就能很快地掌握。这引出了一个问题：密集的训练能否让婴儿在成熟之前产生技能？研究者如格赛尔和汤普森（Gesell & Thompson，1929）、麦格劳（McGraw，1935）关注的就是学习爬楼梯、小跑或骑自行车之类的技能。这些孪生子控制研究训练还没有成熟的双胞胎中的一个，对另外一个则不进行训练。研究者（Hilgard，1932）用学龄前儿童作为自己的研究对象。总体而言，他们的结论是婴儿运动行为的发展取决于大脑成熟和身体肌肉的发展程度。然而，研究表明这些条件并不充分，还必须有一定的机会去实践行为。但是，在婴儿发育成熟之前，密集的训练并不能奏效。稍后讨论的发展模式，大多是基于这些早期研究者的发现，其结果得到了证实和确认，所以几十年来关于该类研究的话题都少有人关注。婴幼儿发展的跨文化研究显示，婴儿的运动行为出现的时间有一定的差异，这种差异基于育儿风俗和练习的不同而产生。举例来说，巴干达（Baganda）的婴儿很早就会坐，这是由于母亲鼓励他们练习，以免于携带婴儿进入她们劳动的地方。不过，这些婴儿学会爬行却没那么早，因为他们在地面练习的时间非常之少（Kilbride & Kilbride，1975）。

 运动行为的发展原则

儿童在各方面的发展遵循着相似的模式。儿童在不同年龄应当掌握他们所需的不同的具体本领。出生的第一年是获得动作技巧的快速增长期。在接下来的几年中，儿童则可能花费大量的时间和精力来"微调"这些动作技巧，以适应错综复杂的动作过程。实际上，许多我们认为的运动行为发展是成熟和练习的共同结果。

拥有良好的运动行为能力对幼童来说是非常重要的。婴儿通过运动可以获取感知觉上的认识。新感觉的获得是通过对周围环境的积极参与，而不是通过被动的互动。婴儿正不断收到来自环境的信息，使用不同的感觉通道，包括听觉、视觉和触觉。早期的动作发展不仅是动作，而是努力把感官和动作技巧结合，使之更加协调发展（Bloch & Bertenthal，1990）。

婴儿运动行为发展遵循几个原则。这些原则适用于所有婴儿和幼儿，而不论文化或种族的差异。想要了解婴儿正常的发育过程就需要知道这些原则，以及适合发展的基本方案。这些原则有助于婴幼儿获取动作技巧。它们分别是：

● 运动行为发展是连续的。它开始于子宫内，就像伴随着出生过程的一种记号。由大肌肉动作到精细动作的转变标志着运动系统的成熟。它涉及由大肌肉动作向精细动作的转变、协调以及自主运动的反应。复杂动作技能是建立在简单动作技巧之上的。

● 所有儿童的运动能力发展都遵循着一种普遍的模式。但是，不同儿童的发展速度存在差别。有些儿童可以更加迅速地掌握技能，有些则可能慢于他人。但习得技能的顺序是相似的。更高运动技能的获得是基于婴儿的先天低级别的技能。对大部分婴儿来说，坐是一种基本的技能。但每个儿童都必须先获得控制头部的能力，然后才可以坐起来。

● 运动行为发展，像身体发育一样，遵循从头到脚（首端—尾端）、从中线或脊椎向外到四肢（近端—远端）的顺序。婴儿首先学会控制头部，然后协调手臂，最后控制自己的双腿。协调动作技能首先发展身体的中心，同时控制颈部和肩膀，然后发展远离身体中线的肢体，如胳膊，并最终发展到手指上协调一致的动作。

● 控制身体的动作首先发生在水平位置，然后慢慢向垂直位置发展。儿童最先学习头部控制是趴在他们的胃上的（俯卧）。当学会坐以及后来的站立后，这项技能才逐渐整合。

● 运动行为发展的顺序是重叠的。虽然技能的掌握确实需要达到一定的能力，但掌握一项技能没有必要等到别人可以开始时才开始。当儿童学着微微调整动作时，就已经开始尝试新的动作技能了。

● 广义的集体活动由个人的具体动作取而代之。婴儿早期运动行为的特点是全身运动。这在很大程度上是非自发的。运动能力的发展伴随着由大肌肉动作向着精细、协调、自主以及具体的动作发展。

● 运动行为发展与中枢神经系统的成熟密切相关。

虽然练习对于技能的出现是必要的，但是在儿童机体发育到必要成熟之前，任何数量的练习都不会使得儿童获得某项技能（Barclay，1985；Connor，Williamson & Siepp，1978；Fetters，1984）。

运动行为的发展模式

动作发展侧重于行为模式，而不是实现一个单一的技术或部分技能。发展的模式可以是正常的、延迟的或非典型的。

定义一种所谓正常的发展模式是有一些困难的。对于某些动作技能，不同年龄和等级的儿童能力也不尽相同。某种具体技能也许有的婴儿在 1 岁就能掌握，而有些儿童则可能需要在 1 个月、2 个月甚至 3 个月之后才能掌握。然而，掌握技能迟一些并不意味着儿童在发展上是落后的。事实上，他可能会发展得非常正常。正常情况下的变化是依赖于特殊的技能的。最初学习走路这项技能就有很多影响因素，如果缺乏伸展手指的能力或眼睛跟踪物体的能力不能在预期的 2 个月之内建立起来，那么就应表示出担心了。

要证明不同年龄的儿童掌握技能的程度不同，学会走路是一个很好的例子。我们知道，一般说来儿童是在 13 个月大左右开始学走路，大部分儿童会在 15 个月大时学会走路。当然，有的孩子在 9 个月大就已经学会走路，而有的则是在 15 个月大之后。年龄上的差异只是表明了有些孩子走路早、有些孩子走路晚。这就是为何一个孩子 18 个月大还不会走路会让我们非常担忧的原因。

有了这种想法后，我们的脑海中就会构建出一幅儿童正常发展范围的画面。从形式上来说，在我们选定的人群中，我们将一切落入规定范围内的行为都认定为是儿童的正常发展。我们之所以强调"选定的人群"，是因为在多种发展模式中，人群的特质起着非常大的作用。这些因素主要包括个人学习风格、文化模式以及环境等相关方面。对绝大多数年轻人来说，这些差异会对预期年龄的习得技能构成轻微影响。

运动行为发展的一般顺序可视为婴儿从俯卧到仰卧、再到坐立、直至站立的过程。

俯卧

婴儿是以俯卧的姿势来学习控制头部的，他们会抬起头来观察周围发生的事情。这是他们与地心引力相抗衡的开始。在这个时候，婴儿双手会握成拳头，前臂由于支撑身体会变得紧张。随着婴儿肌肉的强健和平衡反应能力的提高，会逐渐变成不仅仅是头部而且整个躯干都能离开地面。前臂逐步地用来承受体重。两个进一步的变化就产生了：婴儿可以同时抬起头、手臂以及腿，而且可以用一只前臂保持平衡、用另一只去够触物体。因为缺乏很好的控制性，婴儿时常会摔倒。这种情况并不会一直延续下去，一旦婴儿学会了控制，就很少会摔倒了。

婴儿现在开始学习仰卧时翻转。翻转是下半身保持不动、上半身转动的一种模式。婴儿会使用他的手臂（有时候也会用腿）在地上蠕动或爬行。婴儿蠕动时胃部是贴着地面的。随着下半身以及腿部控制力量的提高，婴儿可以用手和膝盖来支撑体重，将自己的身体稍稍抬起。婴儿首先会保持一个姿势，然后就会前后活动，最后开始向前爬。这就是爬行的全过程。婴儿可能先学会向后爬，然后再向前爬。爬行所需要的支撑体重的相互活动对于今后发展动作非常重要（Fetters，1984）。

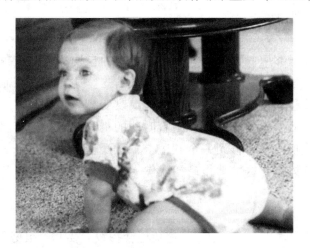

图 5-3　婴儿最开始学习爬是用胳膊支撑身体，然后抬起胳膊，让手和膝盖支撑住身体，接着开始来回地摇动，最后发展为与爬行有关的相应运动

许多人将"蠕动"和"爬行"两个词互换使用，从技术层面上来说是不准确的。想一想蛇是如何蠕动的，就会明白婴儿将胃部贴着地面是一种蠕动而非爬行。

仰卧

婴儿保持仰卧的姿势（背部朝下），这样他们的手臂和腿就可以自由活动。挥手和踢腿在仰卧姿势中最为常见。在这种情况下，婴儿的视野会变宽，能看到周围的物体和来回走动的人群。他可能会先盯着手看，接着会协调自己把手放到嘴里。婴儿学会从俯卧到仰卧大概是 6 个月大时。大部分时间处于仰卧状态或者是保持头部受到支撑姿势的婴儿，不如那些将大量时间花在俯卧姿势的婴儿的头部控制性发展得快（Fetters，1984）。

坐立

当让新生儿坐立时，他们看起来就像字母 C。他们的身体是弯曲的。随着身体控制能力的增强，婴儿坐立时可以抬起头来。当婴儿的头部位置正确，平衡反应以及保护性反应都成熟了时，他就可以独立地坐立了（Fetters，1984）。

最初，婴儿坐立时就像一只三脚架，其重量是由他们伸出的手以及身体来支持的。随着身体主要部分控制能力的增强，双手主要用于平衡，然后双手可以进行探索。

当婴儿在一个地方能维持坐姿时，让他们自己学会坐立就不需要很长时间了。一旦婴儿能够依靠手和膝盖去维持一种姿势，他就可以从爬行过渡到坐立。婴儿可以爬向一个预期的目标，坐起来，接着拿起物体，然后玩。婴儿通常进入坐姿是从俯卧或侧卧的位置开始，用双手支撑着坐起来。他们从仰卧的姿势还坐不起来，因为腹部的肌肉还不够强劲。

站立

虽然新生儿能够用双脚支持其重量，但这种自发的体重支持不会一直延续下去。他们要先学会坐立，然后才会去尝试站立。这个直立控制通常始于婴儿学会跪。他想要移动就必须借助匍匐位置或改变坐姿。婴儿利用胳膊的力量借助家具从跪的姿势开始站立起来。随着时间的推移，这一动作将会被取代。婴儿会单膝着地，把体重转移到一个膝盖上，从而释放出另一条腿。他伸直这条腿，并再次转移体重。这个动作最初就像一场斗争，随着练习的增加会变得越来越流畅。

步行

步行始于蹒跚学步，过程中不可避免地会摔跤。婴儿会很努力地迈开他的脚去走出坚实的一步，并将他的手臂举到约肩膀的高度，保护自己以免摔倒。随着时间的推移，步伐将缩小，手臂会降低，经典的"脚跟—脚尖"的走路模式就发展起来了。

运动行为的发展类型

早期运动行为发展包含三个相互联系的方面：获得对总体大肌肉的控制能力，而后发展起精细的小肌肉，最后根据感觉信息综合发展运动技能。

大肌肉运动的发展

大肌肉运动的发展是指发展和协调身体的大肌肉，包括颈部、躯干、手臂和双腿。这些肌肉对所有反重力的动作（如坐、站及行走）都是非常必要的。它们对完成精细动作时稳定身体也同样必要。

以下技能领域通常被认为是大肌肉运动的发展：

● 有综合性反射。

● 增强头部和躯干的控制性。

● 增强坐立技巧。

● 学会站立。

● 行走能力的发展。

● 爬楼梯。

● 学会保持平衡。

● 玩一个活动的游戏。

● 跳跃（Furuno et al.，1991）。

婴儿的动作发展依靠肌力和肌张力的复杂协调。正如所有发展技能一样，练习技能的机会有助于增加发展的可能性。肌肉无力或缺乏练习，会极大地影响儿童的运动能力。

在头几个月的生活里，婴儿有时仰卧、有时俯卧。最重要的早期运动技能发展是头部的控制。约4周大时，婴儿会抬起下巴。3个月大时，婴儿会抬起头和肩膀，同时伸展腿。4个月大时，他能够用弯曲的手肘支撑起身体，让胸部离开地面。与此同时，婴儿在直立方向学会控制头部。在坐立位置的反复练习将有助于增强婴儿的肌肉力量。

第二个重要的发展阶段就是坐立。一旦婴儿在直立方向已获得足够的头部控制力，他就能支撑起上半身。在3～5个月大期间，婴儿已经学着让头部保持在中线位置，而且需要成人帮助他们保持坐立。5～6个月大的婴儿正在发展背部力量。大约6个月大时，婴儿能用手向前支撑坐在地板上，到7个月大时不需要任何支撑就能坐稳。到9个月大时，婴儿终于获得力量和平衡，可以开始安全地操控物体、旋转、转动，在坐立时完成各种协调工作。

儿童动作发展的另一个重要阶段是他能够让自己处于一个直立的位置。婴儿6个月大时在有支持的情况下能够承受自己的重量，在7个月大时学会弹跳。大约8个月大的儿童可以借助一个安全的家具，尝试着站立起来。一旦儿童感到安全，并已积累了一些直立和站立的平衡感，就要开始小心地迈步了。11个月大的儿童可以抓着家具徘徊。他也可以举起一只手或双手用作平衡以方便步行。最后，在大约13个月大时，儿童可以不须依靠地迈步。行走能力会随着儿童的实践和练习慢慢发展起来。

图 5-4　当儿童走路越来越稳的时候，他们开始尝试上下楼梯

有关学步儿开始走路的看法是很宽泛的。随着儿童的不断进步，他逐渐掌握一种固定的步调，走路就变得容易起来。学会走路后发展起来的技能被视为是协调的。学步儿掌握跑步、跳跃、攀爬等大型活动的全部本领；在 18 个月左右他们可以借助帮助上下楼梯；到了 2 岁，可以一步一步地独立上下楼梯，每步约 5 厘米。他们会踢球，能跑动，其间只会偶尔摔倒。

在儿童即将度过 3 岁生日时，可以双脚跳起至少 5 厘米、用脚尖跑步、避开路上的障碍、交替双脚下楼梯以及攀爬器械和梯子。他可以骑上一辆三轮车，追着一个大球玩。这些随后发展的技能都展现了肌肉的强劲、良好的平衡感以及协调性。图 5-5 就详细描述了婴儿行为模式发展的不同阶段的细微变化。

 ## 精细动作的发展

运动行为发展的第二个领域是小的精细动作的发展。这包括小肌肉的协调性。精细动作的发展依赖于婴儿自身已发展起来的一些相关技能。视力在早期精细动作的发展中起着很重要的作用。

虽然视力并不是精细动作发展的必要先决条件，但却是婴幼儿够取和抓物体的动因。另外，能够看见物体也使得婴儿的够取更加准确。

精细动作的发展包括使用手臂、手以及手指上的小肌肉的能力。在这段时间完成的主要标志是可以准确地用手够取、抓握以及操作物体（Fetters，1984）。够取物体会从手臂的大肌肉动作发展直到直接、精确地触摸到物体。抓取过程则是从开始的挥舞手臂、抓不到物体发展到后来的精确拿起细小颗粒物和小东西。以下技能被认为是精细动作技能：

- 观看和目光跟随。
- 发展对称和中线定向。
- 使用手臂、手腕和手掌。
- 学习去够取、抓握和释放。
- 发展手掌抓握能力。
- 发展手指抓握能力。
- 移动和放置物体，接着将小物体放入容器。
- 学会握蜡笔、铅笔。

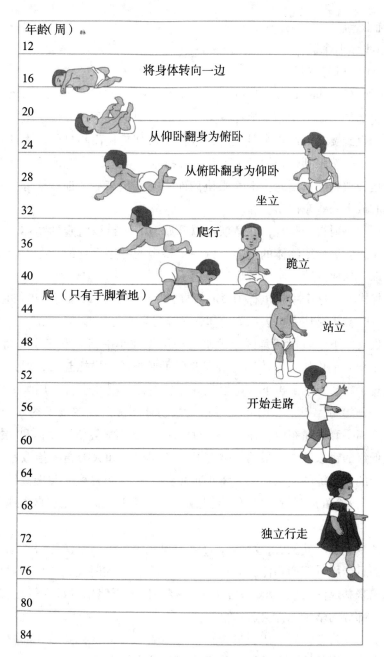

年龄（周）

12	
16	将身体转向一边
20	
24	从仰卧翻身为俯卧
28	从俯卧翻身为仰卧
	坐立
32	
36	爬行
	跪立
40	
44	爬（只有手脚着地）
	站立
48	
52	
56	开始走路
60	
64	
68	
72	独立行走
76	
80	
84	

身体发展将按照预定的顺序，标志性事件的发生时间有一个正常的范围。

图5-5　婴儿期运动行为的发展

- 学会早期的书写技能。
- 玩积木。

- 玩小螺母。
- 用线穿小珠子。
- 会用剪刀剪东西。
- 折纸（Furuno et al.，1991）。

婴儿手部的早期活动是受抓握反射支配的，即把东西放在他手上会导致他紧紧地抓住。直到婴儿大约4个月大时，这种反射都是显而易见的。大约在这个时候，婴儿的手仍然张开，开始尝试主动接触物体。但是直到第10个月，婴儿才会用手主动地释放物体。当儿童的手眼协调能力发展起来后，他就能够主动地、成功地拿起和放下一些东西了。

一旦抓取反射得到整合，儿童就可以开始专心于拾取特定的物体了。对大部分儿童来说，发展抓取物体的能力是以一个特定的顺序出现的。在生命早期儿童不擅长抓取，抓取的第一阶段被称为"耙子"，婴儿将手握成拳头去抓物体，就像用耙子去抓东西。这个模式也称为掌心抓握，使物体握在掌心而手指都是弯曲的。如果你将一只袜子裹住手再去抓取物体，就能看到掌心抓握的特征。

抓握发展的下一阶段就是区分手掌的小尺骨（小手指）和三个尺骨（中指、无名指和小指）的作用。物体还是被婴儿用手像耙子一样抓起来，但是在手指的使用上出现了一些差别。再下一阶段是一个转折点，婴儿学会使用大拇指来协助抓取物体，开始用大拇指和前两个手指去抓物体。这出现在孩子约6个月大时，很像戴了连指手套去抓东西。在7~8个月大时，婴儿学会使用食指和大拇指，这被认为是低级的钳取技能。最后，婴儿开始使用指尖和大拇指去拾取小物体，这被称为高级的、熟练的钳取技能。婴儿通常会在约10个月大时掌握高级技能。图5-6就说明了这个发展过程。同样，婴儿在9~10个月大时就能够自主地释放手里的物体。

随着抓取技能不断发展，7~8个月大的婴儿可以自己拿薄脆饼干吃、从桌上拿东西，而且会用手传递物体。但是直到10~11个月大时，他才开始对将物体从盒子里拿出来并放回去感兴趣。1岁左右，婴儿倾向于使用哪只手就会表现出来，到2岁时，部分的学步儿都会选择自己偏好的那只手，大约90%都是右利手。进一步的发展技能将会使婴儿成长得更好。

精细动作发展的第二个重要技能就是用手臂去够取具体物体的能力。婴儿对头部和全身的控制能力以及平衡感的发展对于够取能力非常重要。

早期的取物发生在婴儿仰卧时。儿童试图挥动手臂触碰越过头顶的物体。挥动的特点是手臂在空中划圆弧形（Fetters，1984）。随着儿童对头部及肩部的控制能力提高，够取物体的准确性也会提高。起初，技能发展开始于接近中线的身体，

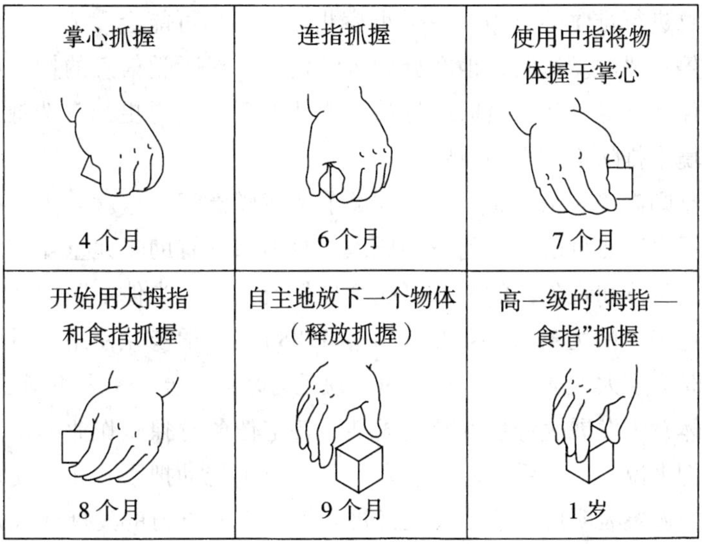

掌心抓握	连指抓握	使用中指将物体握于掌心
4 个月	6 个月	7 个月
开始用大拇指和食指抓握	自主地放下一个物体（释放抓握）	高一级的"拇指—食指"抓握
8 个月	9 个月	1 岁

抓取动作从 4 个月大时的掌心抓握逐渐发展到 12 个月大时的钳取抓握。

图 5-6 抓取技能的发展

缓慢扩展到四肢。约 4 个月大时，婴儿能够双手合十，也开始接触直接放在他前面的物体。5 个月大时，若被置于有支持的座位上，婴儿能够开始伸手触摸放在桌上的物体。无法触及的物体将极大地干扰婴儿抓取物体的能力。

一个相关的概念被称为"内旋到外旋"。起初，所有关于婴儿手的活动都涉及使用手并使手心向下（内旋）。当儿童的手腕逐渐有力时，他的手掌就可以翻转过来，就能手心向上来抓取物体了（外旋）。

感觉运动整合

第三方面，感觉运动整合，包括伴随感觉输入的行为反应整合。运动技能常常结合视觉和听觉的使用。感觉运动整合是感官和运动在大脑中整合的过程，这样使得活动更为流畅，学习新的技能也将变得简单。感觉运动整合对于拾取细小物体、画画、使用剪刀和进行许多自主活动（如扣纽扣、抓东西等）都是必要的。

被认为是感觉运动技能的有：听觉加工、身体知觉、协调身体、行为控制、行为规划、视觉控制、运动知觉、触觉以及视觉—空间知觉（Bissell, Fish, Owens & Poleyn，1988）。

听觉加工是指理解听到内容的能力。这不是指听力本身，而是整理、记忆以及将听觉信息进行排序的能力。一个小婴儿听到巨响可能会大哭，当他听到妈妈的声音却会停止哭泣。这时，他在处理听觉输入。对听觉信息的加工始于出生之前，并一直伴随终身。随着时间的推移，婴儿的反应变得更加有选择性，学会在他所处的环境中排除不相干的声音。

身体知觉则需要对来自身体肌肉和关节的感觉意识。这就是为什么你不需要视觉上的扫视也明白自己身处何方的原因。身体知觉有助于儿童知道将多少压力施加于对象。身体知觉欠佳的儿童可能会破坏玩具，因为他不明白在黏合或拆除玩具时应该花多大的力气（Bissell et al.，1988）。当学步儿使用工具时，可能会在使用蜡笔时力度太大或太小，这是由于缺乏对来自手臂、手和手指运动的反馈。

协调身体对于发展优势手以及完成某一特定任务时独立作业的两只手是非常必要的。举例来说，一只手拿着玩偶盒，另一只手转动把手。婴儿使用双手越过中线的身体的迹象表明协调能力正在发展。婴儿协调能力的发展还表现在传递物体或者双手一起敲击两个物体的过程中。

行为控制涉及肌肉和关节的稳定性，尤其是颈部、躯干及上肢的肌肉（Bissell et al.，1988）。手部和手指良好的控制能力对儿童今后使用工具（如蜡笔、记号笔或者铅笔）非常必要。

行为规划是指发生在动作出现之前的关于如何行动的认知概念化过程。婴儿从他接触到的各种熟悉的活动中学习行为规划，比如，摇晃三四种不同类型的摇铃或者模仿扮演游戏中的触摸式蛋糕、偷看并发出嘘声。儿童需要行为规划技能去弄清楚如何攀登、搭建一幢积木大楼或使用剪刀。行为规划对学习新的技能非常重要。

视觉控制是指眼睛可以顺利找到指定物体的能力。控制眼球运动对于寻找和跟踪移动的物体、观察一个房间、与对方保持目光接触、将焦点从一个物体转移到另一个物体都是非常必要的。这表明了几乎所有的行为都需要手眼协调。

运动知觉需要处理产生于内耳的前庭信息。前庭告诉儿童他在哪里。如果儿童不能处理有关自己的运动的足够信息，那么就可能在保持平衡上存在麻烦，而且需要集中意识能量才能刚刚好坐在椅子上。那些处理太多运动过程信息的儿童有可能会害怕或者过度兴奋。前庭信息将有助于调节注意力、姿势和平衡能力。

触觉包括保护性和差异性两个方面。保护性触觉系统就是我们可以从一个很烫的表面迅速地将手收回。儿童可能会对触觉反应过度或触摸感不足。敏感度较低的儿童，即使碰得头破血流，也可能不会觉得痛楚，也未必能够操作好材料。易过敏的儿童应当尽量避免与致敏物质的接触，如玩沙或玩水。这些儿童有时会被贴上"过敏性保护"的标签。

视觉—空间知觉不仅仅是指视觉，还涉及对自己的身体和某个物体之间或两个物体之间的相对距离的评估。视觉—空间认知有缺陷的儿童可能会撞上物体，而且在控制上下步伐方面存在问题。

除了大肌肉和精细动作发展以及感觉运动整合之外，在运用这些新技能时还会有一系列保护机体的反射。

 ## 自动反应性反射

有一些反射在儿童出生时不会出现，而直到儿童的行为能力逐渐成熟时才会显现出来。这些被称为"自动反应"。它们是一组很重要的反射，用于保护机体免受伤害。这些反应会对儿童在空间和运动中的特殊地位的需要自动回应。虽然这些反应是普遍自发性质的，但儿童在使用时也会有一些控制。第一个反射是在婴儿2个月大时出现的防御性眨眼之类的反射。婴儿在面对有可能进入眼睛的物体时会很快地闭上眼睛作为保护。

其中最常见的一种可观察到的自动反应称做"降落伞反射"。当一个婴儿腹部悬空（平行于地面，脸朝下）时，以很快的速度将他降低，几乎脸都要贴近地面时，3个月大的婴儿没什么反应，而6个月大的婴儿则会张开双臂，为的是防止自己掉落。这是一种对失去平衡感的回应。即使婴儿的双眼被蒙上也同样会出现这样的反应，所以这并不是对某个视觉刺激的反应。这是一个基本的安全反射，从6个月大一直到成年都会存在。这个反射始于婴儿开始独自坐稳的时候。另一种相关反射，称为"支撑反射"，出现在差不多同一时间。当婴儿坐立时轻轻推他，他将利用自己的手臂作为支撑，以防止自己摔倒。大约9个月大时，婴儿会使用双手保护自己，从而防止向后摔倒（Furuno，1991）。

还有一种自动反应，叫"纠正反应"，称为倾斜。当婴儿的身体受引力作用错位或严重倾斜时会出现这种反应，为了找到正确位置而移动头部。这个条件反射出现于婴儿6个月大时，并会一直持续下去。这有助于婴儿坐立和站立。若没有这种条件反射，会导致中枢神经系统紊乱（Barclay，1985）。

预测婴儿的动作发展模式，有助于我们了解一些发展延迟或按非典型模式发展的问题婴儿。许多家长在孩子没有出现相应的发展行为时，就会求助于医生和早期护理及教育专家。有时候这些问题是值得进一步评估的，但许多时候却是正常的变化、增长和发展。

处于危险中的身体和运动行为发展

人们往往很难准确地衡量一名儿童的发展究竟是不平衡或不同步地增长，还是发展迟缓。与运动行为发展相关的规则常常被用来确定一名儿童的发展是否在一个适当的速度上。人们对于以自己独特的方式发展的儿童存在一定的误解。此外，如果婴儿确实发育迟缓，早期干预可以解决或者至少会改善问题。儿童尤其难以归类，因为他们成长和变化如此之快，而且还有行为的细小变化。在 20 世纪 70 年代，我们对自己为儿童进行排序、分类和贴标签的能力更具信心，但有时我们是错误的。我们在两种不同的方式上犯了错误：将不是残疾的儿童标记为残疾儿童，或者将有残疾的儿童标记为存在某种残疾（如智障），但实际上，他们有另外的问题（如脑瘫）。在承认这些问题的评估的前提下，我们现在尝试对年幼儿童使用广泛的分类，如"发展迟缓"或"危险（at-risk）"。危险期是一个模棱两可的概念。在危险期能做些什么？研究者（Hrncir & Eisenhart，1991）提出，在认为儿童处于危险期时必须有三种警惕的想法："风险不是静态的；标准化测验的分数都不能有效地预测风险；儿童不是孤立的实体，而是在生态环境中发展的。"

在不太容易确认的运动功能障碍的情况中，必须用一个框架去研究和寻找运动行为问题的迹象。研究者（Fetters，1984）将非典型群体的发展模式分为三类，包括正常的变化、非典型变化和病变。

在一定年龄获得动作技巧会有一些正常的变化。有些儿童可能会以一种略微不同的方式来增加或完成各种运动行为。有些儿童在一个领域的技能发展会早一些，以此来弥补另一个领域。举例来说，一个很早就开口说话的婴儿可能会要求得到某一物体，但他可能要到 18 个月大才会走路，因为东西都是别人给他拿来的。这可能就是获得动作技能时产生的可接受的变化。这种发展模式是有点非典型的，但并不是机能障碍。不过，建议家长停止给儿童传递他想要的东西，看看在短短数周内他自己会不会走着去拿。如果可以，这将被视为一种正常的变化。

第二类，非典型变化，指儿童的运动行为发展模式明显呈非典型性，且没有病理鉴定。这些儿童中有许多是行为延迟或表现为肌肉力量软弱。也许没有明确的原因可说明他们有运动行为问题。研究者（Fetters，1984）指出明显的运动功能障碍可能是一个短暂的问题，这些儿童中有许多会在不受任何干预的情形下消除这个问题。这个问题也可能预示着今后会出现更多的相关的运动困难。

第二类是最难的一类，早期教育专家在其中应发挥最大的作用。以下迹象可能与非典型变化有关，需要加以关注并进一步检查：

——多次出现的异常反射模式已经融为一体。

——没有预期的反射，如自动反应（眨眼睛、防护性体位）。

——较差的协调性、缺乏平衡感或者无法解释的肌肉无力。

——不正常的肌张力，包括过于紧张或者过于松弛的肌肉。

——婴儿运动行为退化的标志就是运动技能出现恶化。

——婴儿若在出生前和围产期有病史，会对今后的成长不利。

第三类，病变。研究者（Fetters，1984）确定运动行为问题与已知的残疾（如脑瘫或脊柱碎裂）有关。患儿病理运动行为问题常常会在早期被发现。然而，不同个体之间与残疾有关的症状各不相同。

 发展中的危险

在判断一个孩子的发展中是否存在"危险"时必须先澄清"危险"这个词的意义。父母应了解根据什么标准来确定危险以及如何在已有标签的基础上来确定自己孩子的情况，这也是非常重要的。此外，随着孩子的变化和发展，环境也在发生变化。因此，危险需要重新定位（Hrncir & Eisenhart，1991）。定义一个孩子的发展处于危险中应谨慎，一旦给孩子贴上了这样一个标签，不仅应该考虑孩子，还要考虑整个家庭。

"危险"一词并不意味着孩子必然会延误或受到影响，只是出现问题的概率高于正常情形。孩子被归为这一类是因为他们受到自身生理条件、家庭环境或成长的物理环境的影响。已确定存在生理问题（如唐氏综合征）的孩子在幼年时期的发展可能在正常范围内，但人们认为他今后会存在发展迟缓的"危险"。因为经验表明，后来他的发展速度将减慢，从而导致发育迟缓。

家庭有可能增加或减少出现发展危险的孩子。家庭虐待或疏于照顾孩子，会使他们在生理、心理、教育程度方面处于危险之中。早产儿和患有残疾的孩子特别容易受到虐待及忽视。此外，家庭喜爱和关心婴儿，花时间采用适当的方法去培养他们、促进他们发展，使他们保持安全和健康，就会减少他们出现发展危险的可能性。

环境也可能使儿童处于危险之中。一些环境更容易导致运动行为发育迟缓或形成一些造成学习困难的行为模式。不合标准的房屋、拥挤、营养不良以及缺医少药都会增加儿童出现发展性问题的危险。一个可以让儿童安全和自由地出入、有可供玩耍的丰富的玩具材料、有成年人的支持、有便利的游戏和学习的环境，足以减少发展危险的出现。

早产儿在身体发育上面临着更大的危险，容易表现出异常变化。一般说来，孩子出生过早，婴儿期几个方面的发展就会被推迟。研究表明，早产儿在出生的第一年中就表现出运动行为发育迟缓。早期干预计划能够对早产儿的发展产生重大的积极的影响［《婴儿的健康和发展计划》（*Infant Health and Development Program*），1990］。对于不同的婴儿，早期干预的效果是不同的。出生体重低于 1.5 千克的婴儿，早期干预的受益最少。当早产儿达到入学年龄时，可能还需要支持性疗法，如语言疗法和职业治疗（speech and occupational therapy），也许还可以读一读研究早期干预的指导者所取得的成果（Ross，Lipper & Auld，1990）。研究者（Fetters，1984）的研究显示，医生仔细观察和评估过早产儿，并与其家庭紧密合作过一段时间，在某些情况下干预可能会有帮助，但对其他人来说，则可能没有必要。

小结

婴儿的身体和运动行为发展在前三年中非常明显，在以后的时间里不会再以这样的速度来发展。然而，发展并不是均衡的，身体的某些部分以不同的速度成长。虽然发展的速度有差异，但发展的模式是相对可预见的。

自动反应产生于婴儿需要保护自己免受外界伤害，从而使用新演变的动作技巧。本章描述了大肌肉发展和精细动作发展两种状况，并讨论了如何将这些技巧与感知结合起来，还描述了正常与非正常的运动行为发展模式。生理条件、家庭和外部环境可以导致婴幼儿出现发育迟缓或风险，也可以增加儿童处理问题的可能性。

认识及把握成长和发展的规律，有助于成人评估儿童是否遵循发展的正常模式，让他们自行规划环境，刺激和配合这些新出现的技能。逐渐地，动作技能会与感觉信息相配合，并为儿童提供反馈。

实践活动

1. 静坐在一个让你感到舒服的地方：操场、儿童看护机构、宗教场所或一个购物中心的就餐区。观察那里的孩子，根据孩子的外形和运动行为发展能力去判断孩子的年龄。然后，问问孩子的父母他（她）的实际年龄，继续观察并增进你在这方面的能力。

2. 与一个孩子（12～18 个月大）玩耍，并尝试不同类型的爬行（如不同的爬行表面、越过一个枕头等）及步行（如扶住家具、握住一只手、握住两只手、推东西等）。玩精细动作游戏，双手交换边长约为 2.5 厘米的立方体，将它们装入盒内，尝试用蜡笔在纸上画画。注明孩子使用的力量和动作的质量。可能的话，与一个 12 个月大的孩子一起做同样的活动，并比较他们的动作在质量和数量上的差异。

3. 去一家玩具店，并评估其现有的玩具对促进儿童大肌肉动作或精细动作发展的作用。可以的话，记下它们的价格和包装盒上标明的适用年龄范围。选出这些玩具材料中你认为值得那个价格的有哪些，并给出你的理由。

第六章　感知觉发展

婴儿接受来自外界的信息是通过行为和感觉的反馈，但是他对那些有意义的信息会怎么处理？在他的视野中会进进出出很多物体。他可以听见妈妈的声音，闻到她身上的香水味，而且在更换纸尿裤后可以感觉到湿度的变化。究竟怎样的发展模式可以让婴儿的世界更具有可预见性？他应当给出怎样的关注？也就是说，什么是相关的而什么又不是？

视觉能力可以让婴儿得到他感兴趣的事物的信息。婴儿的眼光将会追随关注的物体的活动并发生移动转位。听觉能力可以向婴儿提供周围环境的信息并发展他的语言能力。触觉能力让婴儿学会拥抱和向他的看护者移动身体，而且学着尝试触摸各种不同的物体——一条可爱的毯子、冰水、糊状食品、硬塑料等。味觉是嘴巴的一部分功能，婴儿通过放进嘴里的食物来获取有关物体感觉上的信息。婴儿的嗅觉非常敏锐，特别是对母亲和家庭中的其他看护者，是很敏感的。

研究者们通过各种不同的视角去研究婴儿的知觉发展。两种传统的理论呈现出了关于婴儿如何获取知识的两种不同观点。

联结理论（the Associationist Theory）最早是由亚里士多德提出来的，其内容包括：婴儿出生时像一块白板，他们接受外界信息的唯一心理能力就是通过感觉和与这些知觉之间的联结。这些联结方式分为三种类型：相似、对比（对立统一）、共同经历过同样的事情（在同一时间和地点）。联结理论者相信所有的知识都应当让婴儿学习，他首先要知道物体存在于一个三维世界中，然后才能去抓住一个物体。

先天论（Nativism）的理念是，婴儿出生时带有一定的结构知识。这种理论认为知识不是基于经验，但又指出婴儿以一定的方式学习知识。先天论者相信婴儿能认识物体和自己的存在。动物对待天敌的先天性也支持了这个理论。

虽然很有趣，但这些说法在指导研究感觉和知觉的发展上都显得过于笼统，并且又绕回到困扰这一领域的"天性—教养"问题上。婴儿研究者正试图超越这一争论，让神经生物学家来解决。

有一个问题的确激起了研究者的兴趣，即婴儿的感官是否独立发展并协调成熟，还是刺激更普遍之后感官方式才得以区分。婴幼儿五大感官的研究都集中在这两方面：视觉和听觉。因此，相比其他三种，我们知道更多关于这两种感觉的知识。研究者所关注的不仅是婴儿的反应能力和感官输入，还有怎样看待这些。

感觉和知觉

感官方面的发展，与感觉器官对刺激的反应相关，这就是感觉（sensation）。知觉（perception）不只是感觉。知觉是感觉到的信息被大脑重组、解释的认知过程。在某种程度上，知觉取决于动机和记忆。所有婴儿的感官在出生时就具有功能。然而，这一切都需要成熟，达到成人的水平。我们感兴趣的是感觉是如何成熟的以及环境发挥了什么作用。

研究者想知道婴儿出生时知觉是否就已经存在。是否婴儿出生就具有这种能力，还是从发展与互动的环境中得到，或由于成熟？他们感兴趣的是，婴儿如何通过感官接受信息，他们如何学习并利用这些资料。是否婴儿通过一种感官会比其他的获得更多的信息？研究者也关注那些感官受到损害的婴幼儿、感官损害给他们的发展带来的影响以及能够做些什么来弥补。

感知觉发展研究

你如何知道婴儿听到什么？而且，除此之外，你是如何知道他倾听的偏好是什么？这些问题已经被研究者探究很多年了。

婴幼儿不是理想的研究对象。他们的注意时间很短，没有社会意识。在试验中，他们呐喊、大惊小怪甚至打瞌睡。他们还可能肚子饿或尿裤子。他们的状态在测试时对结果的影响很大。婴儿的行为技能很弱，他们不能写、说甚至不能用手指点。由于大多数有关婴儿感知的研究是在实验室里进行的，因此研究者都依赖于父母带婴儿进入实验室。婴儿描述能力的缺乏会使得研究颇具挑战性，并在结果的解释上产生许多不一致。我们都知道婴儿感知是间接的，并且是基于假设婴儿的行为在同样情形下会和成年人一样的情况下。

以下技术通常用来研究知觉。

 定位

定位（orienting）就是注意到刺激的过程。定位反应是通过婴儿看到或听到刺激、改变呼吸或心跳来证明的。定位行为是学习感知的先决条件。即使一个婴儿是在看图画或寻找声音，目前也尚不清楚是否有任何内部的处理过程。人们只知道婴儿是接受了刺激。

偏好

研究者感兴趣的是找出婴儿究竟喜欢什么。基本假设是，婴儿会对他们喜欢的东西看或吸吮较长时间。特别是在看东西的时候，研究者小心地将两种刺激放在一起，然后左右变换物体的视觉位置，以确保他们查出的不是婴儿的位置偏好，而是他的视觉刺激的喜好。尖端科研使用的摄影技巧，可确定婴儿实际上是在注视一种刺激，这通过测量婴儿的眼睛就可以知道。很难解释婴儿没有任何偏好。难道他们不能区别这些刺激，抑或他们只是没有偏好？

在口味偏差的测试中，不是同时提供两个刺激的，需轮流测试它们以确定婴儿的偏好。在一个流体试验中，一半的婴儿喜欢第一种，其余的则偏好另一种。然而，你就可能再次发现视觉位置偏好的短暂平衡性，因为婴儿可能始终会喜欢第一种流体，先不管那是什么东西。或者婴儿对于第一种流体会很容易就满足。

 条件反射

条件反射会给婴儿及其如何学习提供更多信息。其中一个我们感兴趣的原因是找出婴儿是否可以学习以及对早期学习的影响因素。精神分析理论认为，早期活动有持久的心理效应。不过，除非显示非常年幼的儿童可以学习，否则关于早期事件对儿童学习的心理影响还是有疑问的。这个问题推动了早期研究。

条件反射是对于新的关联的学习。婴儿都可以被条件化，但越年幼，条件作用就需要越多时间来完成。研究者研究两种条件反射：操作性的和经典性的。操作性条件反射涉及形成一个联系，婴儿产生一种行为，只有这种行为得到奖励和强化，才会增加它发生的几率。如果行为是积极的强化，就有可能重演；如果它是中性或负面的，就不太可能再发生。当行为经常发生时，它可以用于条件反射。使用条件反射可以提供更多婴幼儿如何看待世界的信息，但对于非常年幼的婴儿而言是需要花很多时间的。

关于年幼婴儿的操作性条件反射涉及婴儿的行为，如转头或吮吸。当婴儿显示出预期的行为时，他会得到奖励或强化自身的行为。由于奖励，婴儿更可能重复行为。操作性条件反射的目的是要看看婴儿是否可以在某一刺激下学习出现某一行为反应，需要多久才能建立这种学习。在操作性条件反射中，行为来自环境背景，也就是行为的后果。斯金纳（1969）提出了操作性条件反射的以下关系：

S ——————→   R ——————→   S

（差异性刺激）   （操作性反射）   （可能的刺激）

在这种关系中，可能的刺激决定了对反应会产生哪些影响，即是否增强。如果是积极的强化，就很可能会持续下去。如果是处罚或者强化转移了，这个反应就将减弱。研究人员利用这种模式来了解婴儿的喜好。例如，如果研究人员想知道婴儿是否能区分50分贝和60分贝的声音，首先必须建立一种关联行为，即头转到右侧（差异性刺激），给予最初的声音（50分贝）。第一个问题是让婴儿头部可以正确地转向。为实现这一目标，研究者可能会将一张有趣的图片（强化）对着婴儿的右侧，将单调的灰色画面放在他的左侧，用来鼓励他右转。当他的头右转时，发出一个声音（操作性反应）。当声调与头的转向匹配时，图片只是有时使用（间歇强化）。后来，强化可逐渐消退。最终婴儿可以通过声音的不同来确定头的转向。一旦这种条件反射已经建立起来了，研究人员就可以利用这个来研究婴儿的知觉。在这种情况下，他们可能想知道，婴儿是否能够清楚地区分50分贝和60分贝的语调。

婴儿和成人一样，是在大的背景下形成一个广义的概念的。也就是说，如果在婴儿眼中50分贝和60分贝的声音是相同的，他就会将头转向两边；如果他不这样认为，就只会把头转向初始音（50分贝），这是被条件化的。声音的变化越细微（如50分贝、51分贝），得出的反应就越类似；婴儿眼中的刺激是相似的，那么反应变化就较少。这些变化都是泛化梯度的。在某一点上刺激与原来的很不相同（鉴别刺激），不会有任何反应出现（婴儿不会把他的头转向右侧）。这种行为有助于研究者知道什么是婴儿视为相同的、类似的或者不同的，即他们如何区分不同的刺激。

非常年幼的婴儿都可以被条件化，但这个过程非常缓慢。婴儿大约4个月大时，仅需短短几分钟。4个月大的婴儿的行为方式已经很丰富了。在这个年龄的始发阶段，发声和社会反应可以用来研究知觉。研究者有兴趣利用操作性反射作为一种干预方案。他们想教导腹痛的宝宝不要哭，加强静音强化；并教导唐氏综合征患儿，用增加发声来强化他们。

经典性条件反射是指建立两种原本不相关事物之间的联系，对原事件（无条件刺激）的反应，也被新的活动（条件刺激）复制。巴甫诺夫的兴趣在于，狗不仅仅看见食物会流口水，在视线范围看见给它们带来食物的训练员也会流口水（Driscoll，1994）；也就是，一些中性的刺激（训练员），会引起反射性反应（流口水）。经典性条件反射是不常用于婴儿的，因为它需要更长的时间来建立。但是，它仍然是一种有用的研究方法和实用工具。此处呈现的将是一个完全不同的问题：如果婴儿在被喂食时停止了哭泣，那么当他看见乳房或奶瓶甚至喂养他的那个人时，是否就会停止哭泣？经典性条件反射是这样建立的：

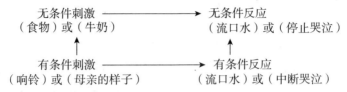

无条件刺激 ─────────────→ 无条件反应
（食物）或（牛奶）　　　　　　（流口水）或（中断哭泣）

条件反射之后，有条件的刺激和无条件的刺激可以引起同样的反应。

无条件刺激 ─────────────→ 无条件反应
（食物）或（牛奶）　　　　　　（流口水）或（停止哭泣）
　　　　↑　　　　　　　　　　　　　　↑
有条件刺激 ─────────────→ 有条件反应
（响铃）或（母亲的样子）　　　（流口水）或（中断哭泣）

条件反射是研究婴儿感觉的工具之一。婴儿学习有一个感官基础。为了更好地了解知觉，有必要先了解感觉，并了解感官是如何工作和协调的。

视觉

虽然婴幼儿没有好的视力，但他们可以看到。为了支持婴幼儿的视觉探索，成年人需要懂得婴幼儿是如何看见的、什么是婴幼儿最容易看见的、婴幼儿如何探究视觉上的物体以及如何处理这方面的资料。从婴幼儿的角度来看，他需要看一些东西，可以将它们保持在视觉范围内并聚焦于它们。

眼睛

视觉系统很复杂。以下是对其构成以及如何运作的一个简短的说明。眼睛位于颅骨的穴孔。当光进入眼睛时，它通过角膜（透明膜）、房水（水液）、玻璃体（一种胶状物质，充满了眼球）。虹膜控制进入眼睛的光线，一套肌肉用于扩展或紧缩瞳孔，光线穿过瞳孔洞，接着调节光线的强度。物象投在视网膜上，神经冲动传递通过视神经传向大脑。视网膜最敏感的部分是凹；不敏感的部分只有盲点，在这里神经纤维聚集在一起。眼睛其实"看不见"。它们接收到光，使光转换成电脉冲，再发送到大脑的枕叶。其实是大脑在洞察视觉图像。具体参见图 6-1。

视觉灵敏度

视觉能力的测量基于灵敏度（一个人可以看清楚到什么程度）及其视野范围。总的来说，一个婴儿的视力和成人是有区别的。正常成年人的视力是 20/20。刚出生的婴儿的视力敏锐度大约是 20/600，即婴儿可以看见约 6 米之外，而成年人则能看见约 183 米之外。对新生儿来说，一切超出约 30 厘米之外的事物都是很模糊

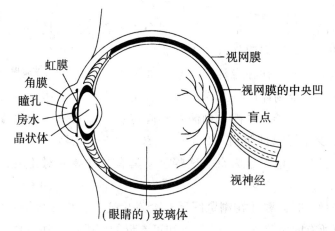

视觉系统是复杂的，包括眼睛、视神经、大脑的枕叶等。

图6-1　眼睛

的。原因之一就是最敏锐的视力点——视网膜的中央凹是慢慢成熟的（Mehler &
Dupoux，1994）。在 6 个月大时婴儿的视力提高至约 20/100，3 岁时提高至 20/30，
到 5 岁时提高至 20/20（Boothe & Teller，1985）。

关于失明有许多不同的定义。法律与医学将失明定义是在矫正后视力在
20/200 及其以下，或是视野范围低于 20 度（Batshaw & Perret，1992）。正常视野
约 105 度。显然，在这些定义之下新生儿虽然有视觉，但却是法定失明者。

其实，幼儿失明比较少见，约 1/3000 名幼儿会被确诊为失明。这些失明儿童
中约有半数儿童出生时就已双目失明，另外 40% 是在生命的第一年中失去视力的。
在出生就失明的婴儿中，1/4 没有视力，另外 1/4 可以看到光，而余下的婴儿其视
力只能够阅读放大型字体（Nelson，Calhoun & Harley，1991）。虽然失明的原因是
多种多样的，但一出生就无视力的婴儿最常见的失明原因是子宫内感染，如风疹
和视觉系统畸形。虽然可能只有失明这种残疾，但大约一半以上的儿童还有其他
发育障碍等。

如果想要确定一个婴儿的视力，你会如何做呢？研究者（Gwiazda，Brill，Mo-
hindra & Held，1980；Hayes，White & Held，1965）采用两个被给予同等照明的
光碟，一个灰色光，另一个黑色光（水平、垂直或倾斜）。婴儿喜欢看灰色条纹的
光碟。当光线或条纹足够宽时，两个光碟看起来不同；然而，随着条纹变窄，两
个光碟看起来会一样。条纹不断变窄直到光碟看起来一样，这是个如何测定视力
的过程。当婴儿看不出有什么差别时，就显示不出偏好。这是他们视力的极限了。
在婴儿出生的第一年重复此过程，我们会发现他们的视力在逐渐变好，也就是说，
他们可以看到越来越细密的线。

浏览图形

在看一幅画或某人的脸时，你会看见什么？很显然，是一张由眼、鼻、嘴组成的典型的人脸。这表明你有了把整张脸进行扫描和整合的能力。新生儿未必有这样的能力。他们往往专注于一点，如下巴或脸上的发际线、一个三角形或正方形的角、一个物体的外部轮廓。尽管浏览力尚不发达，但新生儿已能够调节自己的行为，以避免看视觉刺激物和固定看一个物体。新生儿往往横向浏览，因为这较少需要眼部肌肉（Haith，1980）。新生儿喜欢看一个纵向的黑色和白色图案，这一点也不足为奇。这些色彩具有非常高的对比度，横向扫描时条纹是有趣的。

大约 2 个月大时，婴儿在浏览图示时会发生变化，更多地浏览完整的图画。现在婴儿浏览所有的角落、一个三角形和正方形的侧面以及注意探索一张脸的内部轮廓，主要是眼睛和嘴巴。在 2 个月大时，婴儿识别复杂图形的视觉能力大幅度提高。另外，他开始记住这些图形（Salapatek，1975）。研究者认为，正是在这此时，婴儿开始寻找有意义的视觉刺激。这些变化被认为与大脑皮质的发育成熟有关（见图 6-2）。

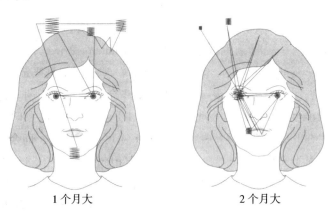

1 个月大　　　　　　　　　2 个月大

在 1 个月大时，婴儿主要浏览一张脸外围的高对比区别。到 2 个月大时，婴儿开始浏览脸的内部轮廓。

图 6-2　1 个月和 2 个月大的婴儿浏览图形的区别

2 个月后，婴儿对看复杂图形的兴趣增加。他们已经不喜欢看线条，而是看西洋跳棋、人的眼睛、人的照片或有趣的物体。太复杂的物体，像小型西洋跳棋或缺少对比的东西，婴儿连看都不看。

视觉跟踪

除了扫描静止的物体外，婴儿还需要视觉跟踪移动的物体。即使物体移动的速度慢，但对新生儿来说，追踪移动的物体也要比大一些的婴儿花的时间更多。

尽管受限，但新生儿仍能够追踪。然而，发展的过程是快速的。到 2 个月时，婴儿就可以轻松和连续地追踪一些可预见的物体移动。到 6 个月大时，婴儿可以自己轻松地调整不同的追踪速度。眼部控制开始于水平面（从一边到另一边）。因此，在大约 3 个月大时婴儿能够跟随地平弧（horizontal arc）。到 4 个月或 5 个月大时，婴儿通过调节自己的眼睛，不用转头来追踪物体。到 5 个月或 6 个月大时，婴儿会被更远处的物体所吸引（Furuno et al.，1987）。

对面部的知觉

关于婴儿喜欢看人脸或近似人脸的图形这个问题已经有了很多讨论。这又回到了关于天性—教养的问题上。一些研究者认为新生儿天生就喜欢看人的面孔。其他人认为婴儿喜欢看人脸的这种兴趣是一种机能的一般成熟，而不是先天就有的。随着婴儿的成长，他们的实际行为有了更多的一致性。研究表明，婴儿在大约 2 个月大时就能够区分一种典型的人脸和被重新排列器官的脸（眼睛、鼻子、嘴和眉毛）。到 3 个月大时，他们能够将自己的父母与陌生人区分开来。人们达成的一般共识是婴儿对脸部的知觉是知觉的发展。

知觉的变化与恒常

脸部知觉，也被用来确定哪些是婴儿认为的一个物体的不变或变化。研究者对婴儿何时起被这些变化所吸引感兴趣。在 2 个月大之前，婴儿没有这种区分变化的能力。然而，大约从 3 个月大开始，婴儿就能够区分熟悉的物体，如母亲的脸，这个过程持续到 7 个月大时，婴儿将能够认出一张陌生脸的各个部位。

形状大小是知觉恒常的另一个方面。当一个人在距离远时看似非常小，虽然这是反映在视网膜上的大小，但我们不认为这个人就是很小的。我们有一个估计，人的大小是恒常的。6~8 个月大的婴儿似乎也有这种视觉大小恒常，或许在出生时就有（Mehler & Dupoux，1994）。

深度知觉

研究者一直以来就对婴儿是否在出生时就有深度知觉这个问题感兴趣。现有的研究表明深度知觉包括各种各样的方面，而不是在特定的时间进行的一个单一的实体。一些深度知觉的表现出现在婴儿大约 4 个月大时。目前还不清楚，深度知觉发展是经验的作用还是受生物时间表的控制，或者是两者兼有。

尽管我们只有一双眼睛，但通过一个叫做"融合（fusion）"的过程，我们能够看见一个形象。这被称为双眼视觉。当两个图像在视网膜对应的位置排列时，融合就发生了（Held，1985）。可以有很多方法用来测定双眼视觉何时发生，包括追随物体时，左右眼进行相同的运动；有光的时候闭上一只眼睛，当眼睛睁开时，两眼的瞳孔做细微的调整以保持一致。对于 4 个月大以下的婴儿和有斜视的人，这一调整是不会发生的（Birch & Held, 1983）。目光定位是另一个双眼视觉、空间感、深度知觉的指标。

4个月大是深度知觉发展的一个转折点。两只眼睛在成像时的细微差别形成了深度知觉和立体影像。20%左右2个月大的足月儿和80%在5个月以内的足月儿会出现立体影像，被称为"立体视觉（stereoacuity）"。一旦出现，立体视觉会在几个月内就发展到成人的水平（Held, 1985）。

婴儿约4个月大时双眼视觉的出现是成人深度知觉的开始。因为眼睛是分开的，通过每只眼睛我们会看到一种略微不同的视野。这种视觉上的不同就是深度产生的线索。双眼视觉的发展似乎是深度视觉发展的一个前提条件。

一些关于深度知觉的研究集中在"迫近（looming）"上。迫近是指不断与物体接近，看起来好像要碰撞到一起一样。愈接近物体，看到的愈大。2个月以下的婴儿一般会盯着迫近的物体看，但是不会眨眼。大约2个月大时，一些婴儿开始眨眼；到4个月大时，几乎所有婴儿在物体迫近时都会眨眼，并将头向后移动。这表明3个月大的婴儿就有了基于动力学信息的深度知觉（Yonas & Ganrud, 1985）。在生命早期，运动信息是视觉系统的一个基本方面。

某些方面的深度知觉是基于环境线索或图示线索的。这些可以从二维和三维物体中观察到。在一幅图画中，如果一个人与另一个人相比非常小，那么假设是那个小人所在的位置非常远。这与物体"迫近"或双眼视觉无关，因为即使用一只眼睛看图画时，你仍会得出同样的结论。5~7个月大时，婴儿与大小和距离有关的能力开始发展。它如何发展并不很明确，但似乎视觉经验发挥了作用。

通过一个非常有趣的方法，研究者们已经研究了深度知觉，即运用一种称为"视觉悬崖"的装置。基本上，视觉悬崖上放置一块玻璃表面，分为两半，一边看来表面直接就在玻璃之下，玻璃的另一边表面看来距离玻璃几尺之下。崖下的地面是典型的花纹，所以深度是容易看到的。把一块木板放置在带有玻璃的桌子中间，然后将婴儿放置在木板上，让他们开始爬，6~9个月大的婴儿不会爬去崖的那一边。即使他们的母亲在"深崖"的那边叫他们。婴儿也决不穿过"深崖"去找他们的母亲。婴儿爬过"浅"的一边去找他们的妈妈。这些结果得出的研究结论是：婴儿具有深度感知。

视觉悬崖还被用来测量与视觉有关的信息。大约2个月大的婴儿能够区分出视觉悬崖的两边是"不同的"。当研究者测量他们的心率时（心跳加速意味着害怕），5个月大的通过"深崖"的婴儿心跳没有任何变化，然而9个月大的通过"深崖"的婴儿心跳会加速。

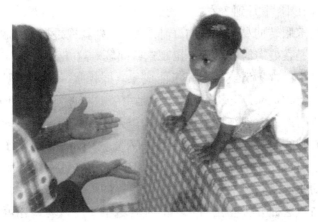

图6-3　当婴儿的深度感知发展起来时，她将不会穿过"深崖"去找自己的妈妈

 视觉损伤

　　完全失明的婴儿其失明通常是由眼睛的结构性损伤引起的，这在婴儿出生或出生不久就能诊断出来。父母或医护者会发现婴儿对周围事物明显缺少视觉反应。视觉的不断下降将影响儿童接受重要信息的能力。为了便于以后的技能发展，他们对视觉的依赖更大。一个缺少视觉技能的儿童在其他所有领域的发展都会受到影响。

　　主要有四种类别的视觉问题，这包括物理机制的眼睛存在受损或缺陷、有视力障碍、有眼睛肌肉组织结构的损伤、存在视知觉或眼睛和大脑的信息通路的问题。每一类的视觉问题，可进一步细分为特定的领域。对于大多数有物理机制、视力、肌肉组织结构问题的婴儿和学步儿来说，可以辅以医学手段、眼镜或外科手术治疗。对神经通路问题进行医学干预则非常困难。虽然存在不少问题，但是本章只讨论三个问题，因为它们影响到许多婴儿和学步儿，并且必须在初期治疗以防止长期的消极后果。

　　早产儿视网膜病变（Retinopathy of prematurity，ROP，以前称为晶体后纤维增生）主要发生在早产儿身上。视网膜正常血管的发展受阻，因此它们停止增长，留下伤疤。如果受损血管足够多的话，血管从眼睛的视网膜脱离，并引起失明。7%的低体重儿（约低于1.6千克）会受到这样的影响。

　　斜视出现在约3%~4%的婴儿身上，但是15%的早产儿会出现斜视（Nelson，Calhoun & Harley，1991）。眼睛由6块肌肉控制，有4块分别分布在眼睛的4个方向；另外2块肌肉是用来帮助眼睛旋转的。这些肌肉控制眼睛协调以保持清晰的视觉。当肌肉无力或缺少协调时，就会出现斜视。在双眼视觉发展的时候，眼睛会失衡。当幼儿在 18 个月到 3 岁之间时，可以诊断出是否斜视。最为普遍的斜视是内斜视，是指双眼转向鼻子的方向（斗鸡眼）。外斜视是指两只眼睛转出。一些婴儿和学步儿只是在疲劳时间歇性地出现这些问题。这并不严重。

弱视是指视力模糊不清或视网膜不能成像。弱视是一种未用肌肉萎缩和未用神经通路恶化。有 2% 的幼儿患有弱视。它是由一些与视力有关的因素引起的：白内障、不平等折射误差、斜视。后两个因素，大脑接收到两种不同的画面，这是因为两只眼睛看到的是不同的。为了避免双视觉，大脑"关闭"了较弱的一只眼睛，这就导致了弱视。如果及早治疗的话，痊愈的可能性很大。为了治疗视力较弱的眼睛，在幼儿走路时通常用眼罩把视力较好的一只眼睛罩住，以此强迫幼儿使用较弱的眼睛。这种方法应在幼儿小的时候尽早使用。弱视还可以通过手术来治疗。

有视觉损伤的婴幼儿的发展

有视觉损伤的婴儿和学步儿经常表现出迟缓发展。这些婴儿的肌张力低，因为他们通过视觉刺激使用肌肉；大运动技能被推迟。因此，有视觉损伤的婴儿和学步儿会表现出坐立晚，不会爬行。他们走路时动作幅度大，并需要帮助，直到 2 岁或更晚才会走路。这些儿童的言语发展能力也会推迟，肢体语言、面部表情和言语交际都很少。

对这些儿童强调的是手耳协调发展，而不是手眼协调发展。可使用能发展各种声音的玩具。成人要多和儿童讲话，帮助儿童理解周围的一切。虽然尝试把这些儿童放置在游戏的护栏里，可确保他们的安全，但是这并不是他们了解世界的最好的办法。有意识的帮助可以激发这些儿童够、抓和探索物体，帮助他们用双手探索。他们需要的是尽早地在自己的世界中活跃起来。

听觉

婴儿的听力系统是在初生时身体机能中发展最好的。随着婴儿的成熟，他可以定位声音，通过把头转向声源方向找到声源来定位。婴儿有分辨声音强度和频率的细微变化的能力（Mehler & Dupoux，1994）。

耳朵

耳朵是身体的器官，是我们听声音时使用的器官。耳朵由三个部分组成：外耳（或称耳廓），是唯一可以看见的部分，它与中耳通过耳道相连。卵圆窗（oval window）将中耳和内耳分开（见图6-4）。

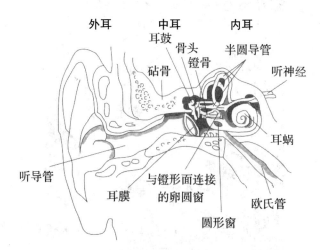

听力系统包括外耳、中耳、内耳、听神经和在脑部颞叶的听皮层。

图6-4 耳朵

声波或振动通过耳廓，并穿过约2.5厘米长的耳道，到达鼓膜，造成颤动。鼓膜与中耳内的三块听小骨中的一块相连。这三块听小骨将声波传至卵圆窗，即内耳的前端。除了传播声音外，鼓膜和听小骨将声音扩大了约30分贝（Batshaw & Perret，1992）。当中耳有液体存在的时候，声音扩大则无法发生。耳咽管将中耳和喉咙的后部连接，可以用来平衡中耳内的耳压。耳咽管具有中耳引流作用，如果耳咽管不能很好地工作，就会有液体在中耳内，这样容易造成感染和失听。

内耳可将机械声波转变为电子能量。只有豌豆大小的内耳包括前庭（控制平衡的）和耳蜗。声波引起卵圆窗（一个薄膜）振动，压力被转到内耳。耳蜗内有两种液体：外淋巴液和内淋巴液。压力的变化引起内淋巴液中的毛细胞移动。根据声音的强度和频率的不同，它们移动的速度也不相同。这些毛细胞将机械能转化为电化学冲动，然后将这些冲动通过神经纤维到达听觉神经，听觉神经与耳蜗相连，然后到达位于听觉中枢在颞叶脑的听觉皮层（Batshaw & Perret，1992）。大脑本身并没有听见，而是结合声音与其他感官的信息来知觉和解释的。

声音的大小或强度可以用分贝（dB）来测量，波动频率或声压水平则是通过每秒周期或赫兹（Hz）来测量的。声波越相近，赫兹越高。人类能够听见每秒约20～20000个周期的频率或赫兹。1赫兹等于每秒1个周期。我们对言语频率非常感兴趣，它的范围为250～6000赫兹。强度被定义为声波振动幅度的大小。0分贝是让具有正常听力的人感到眩晕的分贝。虽然人们讲话不一，但是正常交谈的声音是 40 ~ 60 分贝。

图 6-5　许多婴儿都喜欢听铃声，尤其是当他们自己摇响它时

为了使婴儿的听觉发育良好，成人需要了解一下婴儿是如何听到的、婴儿喜欢听什么、在其发展中听力扮演着什么角色，以及婴儿如何感知、定位和处理听觉信息。

 听知觉

我们知道婴儿在初生时能够听见，他们的听神经髓鞘已经得到发展。大脑高级部位的髓鞘活动（如听觉皮层的活动）会持续数年之久。研究者感兴趣的不仅仅是婴儿能听到，还有他们是否能探测声音的不同强度和频率，以及对强度、频率或听觉刺激是否有偏好。

强度

研究婴儿的听力知觉，就像研究他们的视觉知觉一样，具有挑战性。婴儿对声音的反应不同，取决于声音自身的复杂性。一旦新生儿耳内的液体被清除，他们就能够听见约 40 分贝的声音。因为对话的声音一般是 40 分贝或高于 40 分贝，所以婴儿能够听见人们说话的声音。

频率

婴儿似乎偏好于噪音的频率，他们喜欢低频声音（200 ~ 500 赫兹），有趣的是，这是与人类声音相同的频率。研究者发现，与其他所有的声音相比，婴儿喜欢人类的声音特别是自己母亲的声音。他们觉得非常高（超过 400 赫兹）和极低（70 赫兹）的声音听起来令人沮丧，复杂的低频噪音可以安抚婴儿。复杂性取决于一个声音有多少个频率。一个纯音具有单一的频率。很明显，婴儿能够区分高、低频率。

定位

现在研究者认为新生儿会转向发声的位置，这是一种与生俱来的定位形式。研究者认识到，如果将婴儿放置在一个头可以转向声音的位置，并且声音来源是一个人不停地说话，那么婴儿对声音做出定位则需要 12 秒的反应时间。声调长短（1～20 秒）似乎并不重要（Mehler & Dupoux，1994）。这种指向声音的能力在婴儿约 2 个月大时消失，取而代之的是约 4 个月大时的自动定位。但很难证实上述实验结果，研究者有可能没有给予婴儿足够的时间来回应，而错误地认为他们没有回应。

等到 18 个月大时，学步儿已能够精确地定位出一个声音的来源。研究定位可以了解新生儿是否知道物体引起声音，婴儿转头看声源是否表明期待看到产生声音的物体。尽管有证据显示，婴儿在 3 个月或 4 个月大时具有这些知识，但目前尚不清楚更小的婴儿能否做到。

 ### 听觉损伤

有听觉损伤的婴儿直到 6 个月大时才能像其他婴儿那样发出响声、咿咿呀呀。然而，他们不能对听觉刺激产生反应。听觉损伤严重影响了他们的语言发展。语言发展依赖于生命头几年听力的发展。语言是通过听、模仿、练习和纠正来获得的。

有两种主要形式的听觉损伤：传导性听觉损伤是由外在或中耳受损引起的，感觉神经损伤是由耳蜗或听觉神经受损引起的。如果既有传导性听觉损伤，又有感觉神经的损伤，就被称为是一个混合损伤。

传导性听觉损伤

传导性听觉损伤是指外耳和中耳有问题，从而阻止了声音传到内耳。这是由存留在耳道内的物质、过多的蜡状物或中耳内的液体引起的。许多耳朵易感染的婴儿都有间歇性传导听力损伤。传导听力损伤减少了听到的通过空气传播的声音。通过传导骨传播而听到的声音是正常的。大部分传导性听觉损伤可以通过抗生素或手术治疗。

大部分幼儿（76%～95%）在幼儿早期都会至少有一只耳朵受感染。事实上，耳朵疼痛对幼儿来说是第二个最常患的疾病。据估计，市面上消耗的一半以上的抗生素都用在了耳朵感染或有中耳炎的幼儿身上（Hallahan & Kauffman，1991）。这些间歇性耳炎通常有几个长期的影响（Bluestone & Klein，1988）。患反复发作性中耳炎的幼儿有患永久性听力丧失的危险，可能存在语言技能获得困难和学习困难等（Denk-Glass，Laber & Brewer 1982；Ralabate，1987）。

中耳疾病或慢性中耳炎，是由于中耳内有黏稠状液体，通过欧氏管也无法排除。很难准确地衡量流行性中耳疾病。然而，据估计，有多达50%的幼儿有这样的疾病（Denk-Glass，Laber & Brewer，1982）。这种黏稠状液体会引发细菌生长，导致听力损失约60分贝或更少。虽然抗生素可治疗感染，但这种液体可能持续数天甚至数星期，并造成听力障碍。

通常情况下，中耳疾病是在婴儿或学步儿有显示身体疾病的迹象时才被发现的。烦躁、嗜睡、注意力不集中是最典型的症状。一旦耳朵受到感染，婴儿可能会拉自己的耳朵或能看到液体从耳朵中流出。由于这种疾病是间歇性的，所以容易被人忽视，甚至是在孩子做听力检查时也被忽视。

中耳疾病可以通过内科使用抗生素进行治疗。如果疾病持续存在，就要进行鼓膜手术：首先将鼓膜切除，然后插入导管，让液体流出来。如果对疾病不做任何处理，持续间歇性的损伤将会变成永久性损伤（Mollick & Etra，1981）。

感觉神经损伤

感觉神经损伤会给内耳、脑干神经或二者皆带来损伤。声音振动的正确传输是从外耳到中耳，但是感觉神经损伤后，声音在耳蜗或听觉神经通路的传输中出现障碍。这种情况下，一种新的手术方法——植入人工耳蜗，可以使一些2岁以上的深度失听的聋儿都能听到声音。这种手术可能使那些无法扩大声音以听到环境中的声音（如电话、汽车笛声）的儿童重新听见声音，使口语阅读相对更容易一些。在这个时候，结果是不固定的。学习过程是必须的，因为幼儿需要区分和辨认自己第一次听到的声音（Hallahan & kauffman，1991）。

遗传性耳聋是一种常染色体隐性遗传病。婴儿和幼儿感染也可导致听力受损。细菌性脑膜炎的危险性最大，但一般病毒性疾病（如水痘、麻疹、腮腺炎等）也可以引起听力损伤。感觉神经受损还可以由许多症状引起，如风疹。

助听器是为有中度听力损失的幼儿准备的。一般来说，助听器可让声音更响亮。应该尽早配戴助听器。而且，即使配戴扩音器，幼儿还是会听不太清楚声音。

 ## 有听觉损伤的婴幼儿的发展

很难找到一个听力受损的婴儿。婴儿和年幼儿童不能告诉我们，他们听不见，6个月大的听力受损的婴儿与正常婴儿的发展无异。除非有家族耳聋史或是早产儿，否则很少会对婴儿进行听力检查。一般来说，只有当幼儿错过语言发展的关键期时，才会被怀疑其是否有听觉损伤。

在一般情况下，较严重的损伤是后来才被诊断出来的。只有听力特别严重损伤的婴儿才会在出生的头一个月就被检查出来。起初的检查只是观察。父母观察自己的孩子对声音是否有反应，特别是，一个熟睡的婴儿能否在喇叭声或铃声之后眨眼或移动。6 个月以下的婴儿的反应测定采用的是听觉脑干反应装置。将电极贴在处于睡眠中的婴儿的前额和耳后，透过耳机声调来呈现和记录，并进行异常性反应分析。这个程序测定从内耳到大脑的完整的听觉通路（Warren，1989）。

在听觉损伤测定中，大约从 6 个月至 2 岁的儿童能对一个配有声音的视觉增强装置进行自我调节（Batshaw & Perret，1992）。通常使用耳机对学步儿或大一些的幼儿进行测试，一次告诉他们一个简单的任务，比如，把木块放进容器内。配戴耳机时可以听见左、右耳声音的差异。

可以使用电阻测听器来检查中耳的功能。它是和其他听力检测一起使用的，用来检查 7 个月以上儿童的中耳炎的发生。麦克风连接到探头并将其密封在外耳道，其中的空气被抽取。当有流体进入儿童的耳朵时，鼓室与舌骨弓的形状就是一种有效的诊断（Batshaw & Perret，1992）。

婴儿和学步儿传导损失阻止了他们听清楚声音。大多数的传导损失还没有完全阻止声音的传输，而是声音在传输中被压抑了。一个耳朵里满是液体的婴儿就好像在水下听声音一样。一个耳朵里满是蜡状物的婴儿听声音就好像耳朵被封住一样。在这两种情况下，都能听见声音，但听见的可能性非常低。经常犯有传导损失的婴儿和学步儿容易患言语及语言损伤。儿童交流受阻、听不见口语时，语言模式是不能发生的。有传导损伤的儿童会经常遗漏开始和结束的词语。有中度损伤的儿童在言语和语言发展上通常表现得迟缓，在语言清晰度上需要特别的帮助。

感觉神经损伤严重的儿童对言语几乎没有任何理解。到 6 个月左右，他们很可能像其他孩子一样咿咿呀呀。然后，虽然咿咿呀呀变得更加复杂，但会减少。除了语言表达会迟缓以外，有严重损伤的婴儿和学步儿会在接受语言方面出现问题。他们需要口语和交流。

触觉

婴儿出生时就有敏感的触觉能力。各种感觉神经末梢位于皮肤浅表层，其目的是把机械的能量装转化为电子信号，再传到大脑。一些反射，像迈步反射，是由触觉引起的。随着对触觉刺激的运动反应的综合和瞬时反应的减少，幼儿原始的触觉反应减少为自动反应。婴儿有对触觉的反应能力，他会根据物体的软硬来探索不同的物体。

引起研究者注意的另一个问题是婴儿是否基于物体的质地（平滑或不平滑、坚硬或柔软）来用嘴对物体进行探索，然后再通过视觉认识物体。在1个月大的时候，他们明显是如此的（Gibson & Walker，1984）。然而，还存在一些问题，即嘴的探索是否属于触觉感知（触摸）的一部分，因为婴儿用双手探索与用嘴探索是截然不同的（Streri & Molina，1994）。由于使用双手传递和触摸物品，使得问题进一步复杂。看起来，由于是单一抓握，2个月大的婴儿很难获得触觉信息。也就是说，由于缺少协调，他们仅仅只能抓住一个物体而不能展开探索。这个年龄阶段还不能将视觉信息转化为触觉信息，直到5个月大时才有可能。从4个月大婴儿的伸展模式观察数据中，可以得出这样的结论。处于这个年龄段的婴儿伸手拿一个物体时，结果却没拿到，而不会调整自己刚才没有拿到的动作（Streri & Molina，1994）。在4~5个月大时，婴儿开始使用双手（Streri，Molina & Rameix，1993）。到6个月大时，婴儿能够从视觉上感知物体（Rose，Gottfried & Bridger，1981）。

触觉和动作技巧之间的关系证明了发展相互影响的方式。随着婴儿对自己身体控制力的增强，他的手能够灵活地探索物体。探索给儿童提供了视觉或听觉所不能获得的关于物体的额外信息。

非典型性触觉反应

有非典型性触觉反应的儿童相当多元。一些儿童显示出极端形式的触觉防御。对这些儿童来说，接受任何形式的触觉刺激都是不愉快的，甚至是痛苦的。因为防御产生咀嚼反射，吃东西变成一个困难的任务，因此儿童会出现拒绝吃东西的情况。

有身体缺陷的儿童，如脑瘫，触摸他们时，他们会对触觉有原始反射。这些反应会干扰正常的身体运动。非典型性触觉的发展也有部分情绪行为障碍。比如，自闭症儿童倾向于寻找不愉快的触觉刺激，事实上自闭症儿童会尽量避免出现这种可能导致接触的情况。一些儿童对触觉不敏感，感觉不到疼痛。这些儿童会有经常性的严重的情绪问题或严重的残疾。

味觉

小婴儿一出生就有足够的味蕾。因此，人们认为婴儿一出生其味觉就已经得到相当的发展。有许多方法可用于测量婴儿的味觉偏好。一些研究者观察面部表情，其他研究者计算吸吮频率，还有一些研究者计算心跳。后两种方法似乎是最可靠的。婴儿能区分甜、酸、咸、苦的口味，他们大都喜欢甜味。新生儿对水和盐（食盐）溶液没有偏好。4~6个月大的婴儿开始出现口味上的偏好。

目前未掌握任何关于婴儿味觉障碍方面的信息。但是存在拒绝饮食和不吃流食两类婴儿。尽管表明摄取营养和口感二者之间关系的研究结果还没有确定，但是口感输入的研究仍没有完成。虽然人们对味觉所知不多，但是味觉可以说是幼儿早期发展的一个重要领域。小婴儿大部分的时间都花在吃周围环境中遇到的东西上，味觉的发展会影响这项活动。

嗅觉

人们对婴儿的嗅觉能力知之甚少，因为有关这方面的大部分研究是关于新生儿的，这在第四章已经做了陈述。一旦关于婴儿在出生时嗅觉感官已经形成、且儿童能区别好的和不好的气味这样的结论得到肯定，许多研究者都会失去兴趣。婴儿显示出偏好闻芳香的气味和不喜欢令人不悦的恶臭味。

因为人们对婴儿的嗅觉能力知之甚少，所以就更不知道任何与这一感官有关的问题。一些迹象表明，在对不同的气味作出反应时，学习是一个重要的变量，而女性与男性相比可能会对气味更加敏感。

多感官视角

虽然我们对婴儿的感觉能力已有一定的认识，但对他们接收到感官信息后如何处理仍有许多疑问。对如何使感官变得协调，有两种对立的理论：整合理论和分化理论。

整合理论认为感觉不是生来就有的，而是随着多种感官逐渐协调而出现的。感官理论认为婴儿大约在4个月大时出现一个单独的信息"通道"作为感官模式，然后进入信息转移区，使感官信息交流成为可能。

分化理论认为感官在对刺激的反应的发展中开始是统一的，不同的感官再逐渐分化。在该理论中，信息被看做逐渐形成于儿童中的，与单独的感官无关。因而，出生时出现多重观感是可能的。该理论认为直到4个月大时婴儿的各种感官才开始分化，婴儿才能意识到自己通过"看"或"听"获得的信息（Bahrick & Picken，1994）。

皮亚杰（1952，1954）的婴儿感官发展理论是一个最著名的整合理论。他认为婴儿出生时就具有特殊的信息输入形式，直到 4 个月大时由"看"变为"触摸"和"聆听"。皮亚杰的理论表明，通过对身体控制程度的增加，婴儿逐渐主动地参与到周围的环境中，对自己身体的控制是感觉器官整合和协调的基础。

吉布森（Gibson，1969）系分化理论的代表，认为婴儿天生具有理解能力。根据分化理论，婴儿不需要来自各种感官中的综合输入，相反，他们是同时接收感官信息。之后，婴儿区分自己是如何收到信息的。吉布森认为即便是非常小的婴儿，也能从数量和质量两个方面对接收的刺激作出反应。

由分化理论演变出来的一个理论是密度假设（the Intensity Hypothesis）（Lewkowicz，1994），它认为婴儿能对刺激给出数量上的反馈——刺激的总量。声音、亮度、形状等这些特质是不区分的、混在一起的。直至 4 ~ 6 个月大时，婴儿对刺激的节奏、质地和形状等特质也是不区分的（Lewkowicz，1991）。

研究者对婴儿是如何感知、整合周围世界这个问题非常好奇，但是要弄明白婴儿是如何使他们的世界变得有意义，仍是一个挑战。

分类

婴儿具有的技能仍然不能回答他们是如何关注到所处的世界的。婴儿似乎通过分类来组织信息。成人通过分类使得感官信息变得有意义。当信息连续时，如波长，我们将信息分为不连续的单元，称为频谱，我们能够看到不同色块之间的界限。

研究者论述了不同的分类。知觉使我们能够区分不同的物体，语言可以对不同色彩进行命名，如蓝色、青绿色、蓝绿色等。还有自然和技术分类。幼儿不用教就能学会自然分类，它发生在语言学习阶段的词汇学习期。技术分类的发生要比自然分类晚，技术分类的发展取决于幼儿所生活的家庭和所处的文化（Mehler & Dupoux，1994）。色彩知觉（自然分类）对所有人来说都是一样的，而知觉色块的命名是不同的（技术分类）。

如果色彩属于知觉分类，那么问题就是：婴儿区分色彩的方式与成人是否相同？为了找到答案，给不满 4 个月的婴儿呈现一种被成人称为蓝色（波长为480nm）的颜色，直到他们习惯它为止。婴儿面前呈现出两种最初的等距离波长的刺激物：蓝色（波长450nm）和绿色（波长510nm）。婴儿对绿色的反应要比对蓝色的反应大得多，这表明他们发现绿色中发生了质的变化，而蓝色却没有（Mehler & Dupoux，1994）。使用同样的模型，研究者研究了其他色彩的关系，并得出结论：虽然婴儿的分类要比成人的分类更宽泛，但是和成人一样，他们将波长主要分为 4 类。颜色是一种自然分类。有趣的是，在 4 岁以前没有幼儿能对颜色进行命名。这可能是因为大脑皮层在这以前还没有发育成熟。婴儿似乎有与方向（垂直的和水平的）、形状、整体和部分关系有关的自然分类（Mehler & Dupoux，1994）。

如同区分色彩一样，婴儿将他们的听力世界也进行了划分。他们就像成人一样节奏性地加以区分（Mehler & Dupoux，1994）。

有时研究者会对婴儿如何感知世界的观点有争议。皮亚杰认为小婴儿对物体永久性没有任何概念。与之相反，鲍威尔（Bower）却认为婴儿对物体有概念，即独立于他们的行动之外，他发现婴儿会预计物体有定期的轨迹，并在某点出现。

小结

研究者对新生儿的感知能力及其变化很感兴趣。他们对婴儿如何理解世界和如何使周围世界变得有意义很感兴趣。然而，由于行为范围和行为技能所限，婴儿面临着挑战。研究者通过间接手段对婴儿的偏好加以假设。适应和调整是知觉学习的手段。

总之，在感觉和知觉领域我们了解最多的是视觉知觉，其次是听觉知觉，对触觉、味觉和嗅觉了解很少。婴儿出生后就能看，但是他们的视力与成人相比是模糊的，在改变焦距上有困难。随着年龄的增加，他们的视力不断增强，他们具有深度知觉并知道保护自己。婴儿和学步儿视力损伤不容易被诊断出来，除非视力损伤程度深。

婴儿出生后就能听见声音，但是不如成人的听力敏锐。他们对声音的不同强度和频率敏感，出生后不久他们就能试图对声源进行定位。随着年龄的增长，婴儿对声音的定位能力不断增强。直到错过语言发展关键期时，否则有听力损伤的儿童是很难诊断出来的。虽然我们对婴儿的触觉、味觉和嗅觉知之甚少，但是这些知觉对小婴儿有重要作用，并影响着他们的发展。

实践活动

1. 设计一个你能够决定婴儿颜色偏好的实验。首先将它写下来，然后加以实施：选好你将使用的颜色，你会如何呈现它们？你需要多少实验以及对于结果你有多少把握？

2．对婴儿的父母解释他们孩子的视觉能力如何以及孩子可能会喜欢什么类型的刺激。

3．使用一个条件反射的范例去教婴儿某些东西。记录下：你的设计、采取多长时间进行了条件化以及你已经了解了什么。

4．向一对父母解释：为什么1个月大的婴儿对发现报纸的头条比看到婴儿床栏或婴儿毯上的彩色印刷体更感兴趣？

第七章　认知发展

　　我们知道，婴儿来到这个世界，是逐渐有了视觉、听觉、触觉、味觉和嗅觉的。然而，我们并不知道他们怎么在自己的世界之外构建"意义"。他们是逐渐"学会"还是必须通过与周围环境进行互动来学习？这种学习是直线型的还是递增型的（每次增加一点知识）？抑或有时候知识突然在眼前出现，且与之前的知识有着质的不同？

认知发展

　　多年以来，认知发展的研究一直都吸引着研究者。学习知识的行为叫做认知。最广义地来讲，认知就是知道的过程，它涉及：收集信息、对信息进行分类、分析信息、与之前的信息数据进行比较以及组织信息。组织信息对于认知具有决定性作用。信息和符号必须经过组织才能在将来被检索出来。认知还涉及一些其他不同的功能，包括获取、记忆以及学习。认知还涉及非脑力过程，如个性、情感以及社会意识。认知研究者将重点放在认知的普遍性上，而不是放在个体差异上。集中研究个体差异的工作被归入智力研究领域（Meadows，1993）。

　　智力是个体适应环境的能力。人们对典型的"聪明"儿童的普遍印象如下：很早就会说话；与同龄人相比，词汇量很大；总是试图用办法来解决问题；对周围的世界很好奇；适应能力强。没那么聪明的孩子在这些方面做得稍微差些。智力与认知的不同在于它取决于需要对哪些东西适应做出判断。因此，在某些方面，智力取决于不同文化和人们生活的时代。研究者对认知的普遍性和特殊性都感兴趣，本章的后面部分将集中讲述智力的内容。

　　获取是认知的一方面，包括组织和分析能被人认知的信息。为使获取有效，你需要记忆。记忆是存储信息以便将来检索的心理过程，记忆的时间有长有短。没有记忆，学习就不可能发生。记忆包括三个方面。识别是记忆的最简单形式，也是婴幼儿最常用的记忆形式。它指的是认出先前知道的人或物。联想记忆是将两个事件联系起来。为使记忆有效，儿童必须会一些联想记忆。记忆还包括回忆，在没有任何线索的情况下重现某种经历。回忆要比识别复杂得多，因为回忆要求儿童能进行符号性的思考。显著的符号性思考在婴儿约 1 岁开始使用单词时才会出现。

正如你可能想到的，关于儿童怎么在他们身处的世界进行学习，有很多不同的理论。并且这些理论变得越来越复杂。理论就像知识一样，不是一成不变的。由于不断出现新的成长和发展方面的信息，而且理论家们也不断提出新观点，这样，理论变得更加综合、更加深刻，也更加接近真实世界。有的理论观点重叠，能找到共同点，有的则不然。有的观点有核心观点，比如，聚集于认知发展，但也同时涉及其他领域，如语言或社会性发展。在分析专业的理论之前，必须先了解一些有关早期发展的理论都要探讨的问题。

发展理论

关于发展的理论以及与这些理论相关的问题一直都在发生变化。曾经有段时间，理论仅仅是为了帮助人们思考发展方面的问题而建立的，这些理论被视为基础研究。20世纪90年代，人们对干预的兴趣增加，对儿童的健康和福利更加关心，这点尤其能反映在社会政策上。随着这些变化，人们对应用理论和再度研究产生兴趣，从而将重点集中在基础研究上。人口统计的改变使得文化在发展中起作用这个问题摆在了人们面前，同时，它还对认知和语言发展中的普遍性假设质疑。

发展是持续的还是不持续的，关于这方面的争论很多。如果发展是不持续的，那么，发展是不是被分成若干个阶段？如果是持续的，那么究竟有多少个阶段？人们又怎么划分这些阶段呢？

发展的阶段

认知发展的阶段性和过渡理论的有用性即有效性问题，给许多研究者提出了挑战。皮亚杰的理论应用了以阶段为基础的模式。他认为，当儿童出现下一个阶段的行为时，儿童的发展才进入下一个阶段。其他人（Feldman & Snyder，1994；Flavell，1971）虽然也认为在不同时间段个体有不同的内部组织，但是，他们把阶段看成更具有渐进性的，阶段之间有过渡。同时，他们还思考这样的现实，即儿童发展的不同方面可能会处于不同的阶段。也就是说，不管在何时，儿童在发展的几个阶段所表现出来的行为取决于所处的领域。尽管有研究者（Bijou，1992）在他的行为分析里用了阶段这一概念，但是他的阶段区分完全是随意性的，只能用来划分时间而与发展没有什么关系。

研究者（Feldman & Snyder，1994）一致认为用阶段能很好地理解和划分发展的领域。然而，他们也承认其局限性，"因为任何一个给定儿童的行为永远都不可能像假定的理想状态所预定的那样持续、有序或符合某个阶段"（1994，19）。他们将根据以阶段为基础的理论得出的假设总结为四类：

普遍成就。根据以阶段为基础的理论得出的第一个假设是，来自所有文化的所有儿童都将经历这些阶段。文化和个体的特殊性没有什么太大的影响。

普遍获取。普遍成就之所以成为可能，是因为这些行为的获取并不一定需要特殊的环境或教育。建议是，儿童生下来便会自发地构建自己关于世界的观点，而世界上所有的文化都能提供环境条件，并允许这种情况发生。不用特殊的介入，儿童将经历所有阶段。

不变的顺序。有一种特定的顺序是发展必须遵循的，所有儿童也必须遵循。在发展中，不能跳过阶段，也不可能在这个过程中后退。然而，个体在每个阶段中所花的时间可能会不同。

等级同化。从一个阶段到另一个阶段以及每个阶段的信息怎么进行重组和转化，以为等级中的下一个阶段做好准备，这些都有规则可进行管理。

研究者（Feldman & Snyder，1994）认为，如果将发展的焦心范围扩大，包括一些非普遍性的行为，那么，前两个假设就存在问题或者需要修改，以便符合具有普遍性的发展的部分，以使其他领域也能利用以阶段为基础的模式所剩下的原则（顺序和等级组织）进行探究。

从普遍到特殊

将普遍性作为研究中心，不仅影响了认知领域，还影响了语言领域，并且将中心从个人及其家庭以及文化的影响中脱离出来，转而放在发展的"共同"方面。随着普遍性成为研究的中心，产生了诸如我们是否错过了特殊发展中某些重要的方面这些问题（Feldman & Snyder，1994）。

将中心放在认知的普遍方面，是大多数婴幼儿认知理论的特征，它并没有考虑到婴幼儿怎么获取其他（如他们自己的文化和民族认同等方面）的知识。

文化是指某个特殊群体一代代相传的行为方式、价值、信仰和产品。某个群体的文化影响其成员的身份认同、学习和社会行为（Lonner & Malpass，1994）。民族以文化遗传、民族特征、种族、宗教及语言为基础。民族认同是一种群体成员的意识，它基于个体对这些差异的理解。例如，文化领域包括三个 R——"读（Reading）、写（wRiting）和算（aRithmetic）"，同时还包括对政治和经济系统的理解。虽然人们不能期望某个特定文化中的所有个体都能达到精通这些领域的每个方面的水平，但是，人们仍然会期望所有的群体成员都能达到掌握这些领域的每个方面的某个水平（Feldman & Snyder，1994）。

将一种文化与其他文化进行对比分析叫做跨文化研究。这些研究的目的是提供关于儿童发展中的普遍信息，也就是，某个特殊文化群体的哪些行为方法、价值、信仰和生产是相似的及其相似程度、哪些是独特的及其特殊程度。

有些知识是有学科基础的。你目前正学习的是儿童发展这个学科的知识。不考虑文化背景的话，很多人都没有干过婴幼儿方面的工作，没有专业的相关学术知识。有的人作为该领域的专家可能会有高学历。我们对这种很专业的知识以及如何获得这些知识知之甚少。即便是在某个达到相当水平的学科里，我们也不是很清楚为什么有的医生成了外科医生，而有的则成了神经科医生。天才儿童是特质认知发展中最令人吃惊的范例。他们以一成不变的方式经历发展的几个阶段，但是，是以一种超快的速度（Feldman & Snyder，1994）。一般来说，认知理论不研究、也不解释特殊的认知成就。研究的中心集中在认知发展的普遍性而非特殊性上。

在认知发展的研究领域，有一位先锋人物，那就是皮亚杰。他的著作在这一领域占据主导地位。皮亚杰的理论提供了大量婴儿期和幼儿期发展的信息。后来的很多理论家都将自己的原理和发现跟他的理论进行比较。以下将讨论皮亚杰的观点，包括目前研究讨论得更多的修改意见。此外，紧接着还将简要讨论其他认知发展理论。

皮亚杰的认知发展理论

皮亚杰称自己是一个基因认识论学者，因为他研究的是学习或认知。他的结论是认知发展（儿童思维技能和能力的发展）包括许多复杂因素和易变的东西，会影响发展。虽然后来的学者对他的部分理论提出了挑战，但是，毫无疑问的是，他改变了我们对婴儿的观点。

皮亚杰介绍了这一观点：有两种知识，逻辑—数学知识和物理知识。知识是以儿童的中心为基础的。一方面，如果儿童将中心放在组织自己的行为、行为的顺序以及如果自己作用于某个物体会发生什么上，那么他就是在学习逻辑—数学知识。另一方面，如果他将注意力放在某个物体本身的特性上，那么他就是在学习物理知识（Sinclair et al.，1989）。

皮亚杰对自己的三个孩子和其他瑞士儿童的行为做了非常仔细的观察。通过这些观察，他发展了关于婴儿怎么学习的理论。他的著作重现了婴儿在他的世界里作为积极的活动参与者及问题解决者的角色。现在的研究者认为儿童比皮亚杰所论述的更能干一些（Gelman，1979；Lewkowicz，1994；Mehler & Dupoux，

1994）。他将重点放在其他人从未考虑过的儿童学习方面。他得出了两个结论，这两个结论对他的著作影响非常大，也极大地影响了整个儿童发展领域：第一个结论是儿童犯的错误比他们的正确答案更加有趣；第二个结论是必须从儿童的视角而非成人的视角来理解他们，而且，找出这个视角是可能的（Gratch & Schatz，1987）。

皮亚杰的理论是一个生物模式，建立在两个基本条件之上：一是认知方法是基本生物规则的延伸；二是通过与外部世界的互动，这些方法变得具体化和不同化（1970）。皮亚杰将中心放在行为的普遍性上，发展了一个以阶段为基础的理论。

皮亚杰的目标是通过观察来理解婴儿是怎样定义那些准确、有逻辑的和持续的概念的。这个目标不仅影响了他所要观察的是什么，同时还影响了他怎样组织他的观察、怎样理解这些观察到的行为。现在的认知发展观点比这种单一认知方面的观点要广泛得多，而且更强调背景，也就是说，今天的研究者更不愿意从有限的具体信息中得出宽泛的大概化的信息。他们认为有连贯性，但是这些连贯性是松散和泛泛的，特殊的行为需要从所处背景上看。

皮亚杰强调认知发展，就像运动发展，以一种可辨别、可预测的连续序列发生，后来的发展是以儿童在之前的发展阶段和互动中所接受到的信息为基础的（Flavell，1963；Piaget，1963，1970）。他认为儿童的智力发展从出生时就开始了，智力发展是一种与环境持续互动的功能。婴儿早期的行为大部分都是感觉动作。以下将详细讲解他的理论，包括后来的一些修正和评论。

 ## 皮亚杰理论的组成

皮亚杰（1970）将认知发展分为包括学习过程在内的智力发展阶段。以下就是他描述学习模型中的主要组成部分。

同化（assimilation）。儿童通过体验和积极的参与逐渐了解自己所处的世界。他们的脑子将所有信息集中进行处理（同化）。所有的知识都与动作相关，而同化提供基本意思。同化不同于"刺激—（同化）—反应"中的刺激反应（S-R）。同化代表着将刺激同化为一种图式（Beilin，1992）。比如说，一个婴儿用同样的方法去抓所有的拨浪鼓，而不管它们的大小或形状如何。这种抓的信息被处理为"旧"知识。也就是说，儿童会使用同样的抓的方式去抓一个立方体，就像抓一个拨浪鼓一样。如果结果与他的"旧"知识相去太远，他便会不去管它。他会做一些小的而不是大的改变和调整。同样，要求婴儿伸长身子去够拨浪鼓提供了稍微不同的信息，以为顺应做准备。

顺应（accommodation）。当新信息使重组已学到的知识成为必要时，顺应便产生了。如果婴儿不能用之前的方法来有效地抓住积木，此时，他就需要采取调整措施，这就是顺应。顺应是一种内部事实。有人可能会把同化想成是一种归纳的过程，而顺应则更像一种辨别的过程。

适应（adaptation）。同化和顺应是独立的，但它们是产生适应这个新水平的必要过程。适应包括改变，是一个持续的过程。有了适应，婴儿就可能会根据他的经验对抓拨浪鼓有两个不同的理解；也就是说，他可能会根据要抓的东西的形状和大小来发展一种新的抓法。

对同化、顺应和适应观点的考虑，引领皮亚杰得出这样的结论，即：认知发展的关键因素是环境，在这个环境里有许多相似但不完全相同的经历。有限的多样性允许儿童同化过去的经历，然后顺应一种新的经历（如果与他过去的经历不是相差太远的话），接着发展一种新的适应水平，这将扩大他的知识面。认知发展的下一个关键因素是以有意义的方式来组织知识。

组织（organization）。组织是个体对现实的解释。它与因素之间关系的系统有关。经验和知识被分类、分组成有意义的"单元"，这些"单元"之间的关系被建立起来。这是些复杂、有序的关系。组织包括一个稳定化的过程，因为这些"单元"或变化彼此之间变得有关联。

平衡（equilibration）。理解皮亚杰理论，其核心是认识到同化、顺应、适应和组织是以一种和谐的状态共同存在的，这种状态叫做平衡。平衡是动态的，它要求几乎不变地重组和调节。建立和维持平衡的过程叫做平衡状态。同化和顺应之间的相互影响要求更复杂的组织，这也产生了一种新的平衡状态。随着与其周围环境进行互动，婴儿必须得不断地对现实进行重新解释，因此，要求有新的适应。这就是皮亚杰是如何看待婴儿成功地适应一种更加复杂的环境的。

以下的例子将展示这些过程是如何进行的。一个孩子通过学习了解了屋子外面的绿色物体叫做植物。后来，这个孩子知道了屋子外面并不是所有绿色的东西都是植物，而可能是其他东西，如罐头、小汽车等。他还明白植物有不同的品种，有的可以吃，有的会伤人，有的看起来很漂亮。再后来，他还清楚在屋子里面的那些小的绿色的东西也是植物。最后，这个孩子弄懂不同的植物种类还有它们的名字（如仙人掌类、蕨类植物），这样可以将不同种类的植物区分开来。在每个案例中，这个孩子将先前的知识适应到一个范围更大的信息类中。

图式（schemes）。儿童会发展行为方式，或者叫做图式，其功能是作为与环境互动的反应组织。图式是在同化和顺应过程中建立起来的。一个图式作为一个组织起来的行为方式发展着，这种行为方式频繁地重复。婴儿有吮吸图式。婴儿最初可能会吮吸奶头或者奶瓶，后来可能会吮吸橡皮奶头或者手指。随着婴儿对这些不同物体的适应，吮吸图式被扩展和修改。婴儿将这些吮吸的共性抽象成一种心理表征，吮吸就是一个图式。婴儿的图式建立在感官动作行为的基础上。随着婴儿有更多机会与不同的材料进行互动、练习已经学到的技能，他将慢慢地朝认知或认知活动的更高层次前进。

图 7-1　皮亚杰认为，对于儿童来说，要想学习，他们就必须积极地参与到环境中去

一个图式就是一个心理表征，或者叫做智力结构，指的是一种特殊的行为动作序列。图式是那些条例分明、有适应性的和有目的性的元素或者想法的组织。发展图示网络，以指导儿童对世界的感觉和动作。随着年龄的增长，图式逐渐以心理活动为基础，因为个体从概念信息、推理和语言或符号中发展了知识。

积极学习。学习是与环境互动的结果。通过积极体验各种材料和物体，儿童获得新信息。积极的学习对儿童的练习、定义先前学到的技能和获得新图式非常必要。儿童需要合适的材料来获得体验。这些学习工具要符合他们的感官动作发展水平。为了学习，皮亚杰认为儿童需要大范围的体验。儿童所学的关于世界的知识来自他们的身体体验。因此，所有儿童都是通过积极的参与来获得这些知识的。从社会的角度上看，儿童也是要学习和发展的。但是，社会经验是从人们身上学习得到的，从某种程度上说，这种经验是可以教授的。社会学习对所有儿童来说不尽相同，因为社会学习是建立在文化基础之上的。

以阶段为基础的发展

所有儿童都以相同的顺序经历认知发展阶段，但发展不一定都以同样的速度或在同样的年龄发生。认知发展以层次为基础，也就是说，下一个阶段所能达到的水平取决于它先前阶段发展的程度。发展中的每个顺序或阶段，都是其下一个阶段的先决条件。随着儿童经历这些认知发展阶段，他们的智力能力将发生质的变化。

皮亚杰将儿童认知发展划分为四个阶段。每个阶段根据特定的认知过程进行确定和辨别。这四个阶段是：感觉运动阶段、前运算阶段、具体运算阶段和形式运算阶段。皮亚杰并不强调年龄层次，但是很强调每个阶段产生的认知能力的质的不同。感觉运动阶段和前运算阶段的初期发生在婴幼儿时期。

皮亚杰把发展的第一个阶段叫做感觉运动阶段。这个时期的特征是：婴儿使用他们的感觉和动作活动来探索周围的世界。这个时期通常是从出生至2岁。他将感觉运动阶段这个阶段又分为6个单独的次阶段。前三个次阶段主要集中于婴儿自己的身体，后三个次阶段描述的是与实践智力相关的图式，因为实践智力与空间和客体有关（Beilin，1992）。感觉运动阶段的结束以符号功能的出现为标志——符号功能，即婴儿用心理表征事件和物体以及通过心理活动来解决问题的能力。生命的头两年创造了表征的需要，也创造了表征的能力。一开始，婴儿需要将现在的经历和过去的经历连接起来；然后，他们需要表征物体、人物、动作等；最后，他们需要解决问题的方法（Sinclair et al.，1989）。环境中的人们充当了检验婴幼儿所学知识的判断根据。

后来的研究对皮亚杰的6个感觉动作发展阶段提出了修正意见，同时根据能观察到的婴儿动作改变和脑中产生的变化确定了4个阶段。其中，能被发现的是脑电波、睡眠周期和感性能力的显著改变。这些改变与行为改变同时进行，这在婴儿第3个月、第8个月、第12个月及第18个月的转换点时很容易被发现（Bornstein & Lamb，1992；Fischer，1987；Fischer & Silvern，1985）。如果忽视反射阶段，并将中心放在转换标记上，这种分法与皮亚杰的阶段分法也惊人的一致。

以下将讨论感觉运动阶段的特征及其修正、个体在每个阶段获得的技能以及转换标记。

第一阶段：反射（0~1个月）

根据皮亚杰的观点，生命的最初一个月基本处于反射阶段。新生儿几乎不认识任何物体。但是，他有练习和重复反射的行为。婴儿练习诸如吮吸、哭泣和抓取等反射时，会经历同化和顺应。

后来有些研究并不认为婴儿像皮亚杰所确信的那样受反射支配。新生儿的眼睛能扫视，对声音有反应，有味觉偏好，能记住气味，这些都表明新生儿可能比皮亚杰想象的要更加能干和复杂（Lewkowicz，1994；Mehler & Dupoux，1994）。

第二阶段：初级循环反应（1~4个月）

逐渐地，随着感觉动作认知结构代替反射，婴儿开始能控制反应。循环反应是指动作（如伸舌头或吮吸拇指）持续重复好几次。这些反应之所以被称为初级循环反应，是因为它们的出现不需要外界物体。这些反应与婴儿的身体有关。初级循环反应是最初偶然发生的行为的重复。因此，婴儿的中心在动作本身而非物体上，动作的目的似乎是重复动作，而不是探索物体。过了这个阶段以后，这些初级循环反应在量上会有所增加，看起来更加容易，不再那么费劲。

偶然与环境的互动，加上反射动作，常常使婴儿继续这些动作。通过这个重复的练习，婴儿学会新技能。比如，有个婴儿很偶然地接触到一个玩具，他用胳膊的动作将这个玩具碰动了，这时，他就可能继续做这样的胳膊动作。经过重复地挥击动作，胳膊的活动变得更加准确，手眼协调能力也得到了提高。

这个阶段的婴儿很好奇。当别人模仿他们时，他们开始模仿行为和别人的发声。如果婴儿做出某个行为（如发出一种声音），然后成人模仿婴儿发出的声音时，那么这个婴儿就会重复发出声音。有的研究者认为此时的婴儿不能区别自己和他人，因此，这不是真正的模仿（Rosenblith，1992）。皮亚杰认为婴儿在同化行为模式，因为此时婴儿的模仿并不是真正的模仿，而是把这种动作当做一种学习的方法。

第二阶段的第三个方面的典型特征是婴儿协调和整体收获。他们现在知道可以用不同的模式来探索事物。婴儿会转过头去看那些发出有趣声音的物体。当婴儿听到母亲的声音时，也同样想看她。现在，他会去够取那些有趣的物体进行探索，虽然有的探索还仍然是用嘴进行。

第三阶段：次级循环反应（4~8个月）

在这个阶段，婴儿变得更加有目的性，他们一次又一次地重复做那些有趣的动作。随着有目的地探索物体，婴儿不再是为了动作行为本身，而是会观察将发生什么，次级循环反应开始了。婴儿摇拨浪鼓，鼓发出声音，他就会重复摇鼓。"次级"这个术语表明反应是由环境中的某些物体而不是婴儿本身引起的。如果给婴儿一个新玩具，这个婴儿会试验他所有能用的图式：吮吸、拍打、抓取、扔、摇等。如果他对这几个图式中的某个感兴趣，就会重复这个图式（扔好像总是最能吸引他们）。婴儿可能会展示一些缩略的图式；也就是说，如果一个婴儿看见一个拨浪鼓，他通常会用某种方式来摇拨浪鼓，那么，当他玩这个拨浪鼓的时候，他可能会用手只做摇的部分动作（Barclay，1985）。

婴儿开始模仿简单的动作。然而，他们只做那些自己能看见或者听见的动作。挥手或牙牙学语便是这样一个例子。根据皮亚杰的观点，他们不会模仿面部表情，因为他们看不见自己的脸。

首次出现客体永久性的迹象是在第三个阶段。客体永久性（object permanence）是指一种记忆技能，即使是没有看到物体本身，婴儿仍能记住物体的存在。这对后来的更高层次技能的获得很重要。在这个阶段，婴儿表现出有部分客体永久性的迹象。比如，如果一个玩具被部分藏起来，在覆盖物下面露出一部分，此时，婴儿会寻找，并有可能找到这个玩具。然而，如果这个玩具被完全藏起来，婴儿便会对这个玩具失去兴趣，不去找它。

后来的理论将初级循环反应看做这个阶段的主要标志，认为这些反应是最早的原因和结果意识。这些理论将焦点放在婴儿第 3 个月时的转换上。它们还将这些反应看做许多后来的技能的基础。它们觉得进入转换期的婴儿受刺激的影响仍然会很大，这些婴儿会带着偶然发现的知识继续向前发展（Steinberg & Meyer，1995）。

第四阶段：次级循环反应协调（8～12 个月）

现在婴儿会将两个次级循环反应放到一块儿：他可能会结合拉和扔的动作。现在的婴儿表现出真正的"手段—目的"行为。为了能到达一个更喜欢的娃娃那儿（目的），他将另一个玩具挪到一边（手段）。手段—目的行为表明的是一种能力，明白要想得到自己想要的东西应该怎么办的能力，知道达到一个特殊目的的解决方法、程序等。下面这个孩子很明白这个概念：他推挤大人的腿，想继续玩骑马，或者把成人的手拉到一块，想继续玩做蛋糕（pat-a-cake）的游戏，或者举起他的胳膊想让成人抱他。婴儿的模仿技能会有进步。他现在可以开始模仿新的声音。在这个阶段的后期，简单的单词会出现。儿童能开始模仿自己看不见的姿势，如面部姿势或者拍头顶。

婴儿的如下能力在发展：没有看见玩具或其他物品时也能记住它们的存在。如果看见东西被藏起来，会去寻找这些东西。当他去某个地方找某样东西而没有找到时，开始表现出不高兴的表情。然而，如果这样东西不在他开始去找的地方，他将停止寻找。因为他解决问题的技能还没有完全发展起来。

婴儿 8 个月左右时发生的转换的特征是从先前的偶然发现变为有目的的行为。婴儿的焦点在物体上，而不在自身。在次级循环反应中，使用物体可视为客体永久性的焦点。这些物体意义非凡，它们被看做婴儿区别自我和客体的标志，可以以一种有目的的方式来作用于物体。研究者努力想弄明白客体永久性的各方面，试图弄明白为什么这个年龄的婴儿只能表现出部分客体永久性。皮亚杰认为婴儿之所以停止寻找物体是因为他们觉得那个物体已经不存在了。其他人提供了不同的解释：也许婴儿被一个方面所"困"住，如物体消失的地方（Flavell，1985）；也许这是个记忆力的问题（Harris，1983）；或者，也许婴儿的全部技能中甚至没有其他行为可以调动。

第五阶段：三级循环反应（12～18 个月）

虽然在这个阶段，过去的循环（重复的）质量继续，但是，三级阶段包括先尝试然后变化。通过积极的尝试，婴儿学习全新的做事方式。这是重复导致的变化。研究者（Alice Honig）将这确定为"如果……会发生什么呢"阶段。这是个奇妙的尝试阶段。儿童利用探索材料来解决问题。在此三级循环反应阶段，儿童重复动作，改变他们的行为，观察会发生什么事情。儿童解决问题的能力发展了，这其中包括尝试错误，而不是预见。因果思维正在发展，客体永久性的发展在继续。儿童会去新地方寻找被藏起来的东西，但是他们还是必须要看到物体被藏起来才会去找。

在这个阶段，儿童建立全新的图式。走动的能力给他们提供了新的学习领域。随着记忆力的提高，儿童能够通过看来进行学习。随着语言的获得，他们能够也确实开始问问题了。

婴儿第 12 个月时转换的标志是：从只是有目的的行为发展到更有系统性的探索和对客体永久性更加成熟的理解。儿童使用他们全部的行为技能来探索环境。盒子经常比新玩具更能吸引他们。

第六阶段：思维的开始（18 ~ 24 个月）

这是一个介于感觉运动阶段和前运算阶段之间的过渡阶段，是符号表征阶段。现在，儿童能够在他们的头脑中解决问题，而不用通过实际的外部问题解决过程。他们能够从心理上描述物体和动作，发现新方法去获取某样东西，而不用通过尝试错误。他们可以模仿那些当时没有的模型；表示"再见"时，即使没人回应，他们也会挥手。他们也会模仿一些自己看不见的姿势，如挤脸的面部表情。即使没有看见物体被藏起来的过程，他们也会去寻找物体。他们已经开始假装某种动作了！

第 18 个月时的转换标志着在认知发展中，开始从婴儿期的感觉动作导向转变为儿童早期特征的符号思维。符号思维让儿童能够从心理上描述、利用和组合信息、物体及事件。不断发展的记忆技能允许儿童回忆并利用过去的经历来解决现在的问题。来自客体永久性的挑战被征服了，因为他们知道物体是存在的，而不管这些物体是被藏起来了还是被拿到别处。

感觉运动阶段的主题

皮亚杰认为儿童的认知发展可以通过研究特定的持续性主题来分析，这些主题随着发展的变化而出现，而这些变化贯穿整个感觉运动阶段。这些主题包括循环反应、手段—目的行为、客体永久性、空间关系、因果关系、模仿以及与物体相关的图式。

循环反应给皮亚杰提供了一种方式来理解行为怎样影响认知发展，也就是说，儿童怎样明白新的经历，重新组织它们，最终控制它们（Gratch & Schatz, 1987）。观察循环反应的方法之一是在技能发展中的练习。从以自我为方向的活动中，儿童逐渐使用循环反应来探索环境，在环境中活动。

手段—目的行为包括在解决问题过程中儿童的理解和工作能力。这个过程包括"明白怎么得到自己想要的"的能力。手段—目的行为慢慢地从基本的刺激行为发展成为一个复杂的问题解决过程。儿童最初是通过尝试错误的行为来解决问题的，比如，怎样将一个方形物体放进同样形状的盒子里。最后，儿童能够从头脑中想出一个解决问题的方法，而不必去真正完成这个任务。

客体永久性是儿童知道物体和人物存在的能力，即使儿童不能看见或者听见这些物体和人物。客体永久性发展得很慢，从儿童能记住被部分藏起来的物体的存在，发展到即使不能看见物体时仍能记住物体的存在。然后，儿童对物体或人有一个记忆中的心理形象。

这个序列是皮亚杰理论中最受挑战的方面。学者们会对可能影响这个过程的不同的变量进行争论。有的学者觉得可能是儿童的知觉而非认知影响了结果，或者是物体静止或移动的状态影响了结果（Bower，1975）。有人将研究的焦点放在"什么被藏起来和是什么把它藏了起来"这个关系上（Dunst，Brooks & Doxsey，1982）。还有人将研究焦点集中于可能和不可能的事件上（Spelke et al.，1992）。

关于为什么婴儿不能完成寻找任务这个问题，其他研究者给出了不同的解释（Baillargeon，1994）。这些解释与婴儿不能利用物体有关，还与在天性—教养问题中的熟练情况有关。有研究者（Spelke，1991）提出建议，说婴儿天生具有关于物质世界的实质信念或者核心原理来指导他们的推理，这种推理与原理与诸如力量、透明性和继续性（守恒）的作用有关。有研究者则认为婴儿具有更加概括性的学习机制，让他们能够概括物质世界。巴亚热昂（Baillargeon，1994）是后一种模式的支持者，他认为婴儿首先对一种现象形成一个"要么全部要么没有"的概念，然后慢慢地弄清跟这个现象相关的细节。为了测试这个模式，他的实验以"婴儿看新鲜事件比看熟悉事件时间更长"这个知识为基础，给婴儿展示一个可能和不可能的事件。实验过程中，3个月大的婴儿看"不可能的事件"的时间更长，由此他得出这样的结论：婴儿拥有很多跟成人一样的基本信念。这个研究还挑战了皮亚杰关于婴儿的物质世界的知识及婴儿怎么获得这种知识的观点。

关于客体永久性，另一个引起大量研究的方面是：儿童在寻找那些他们看不见或被藏起来的物体时所犯的特殊错误。有些研究者认为问题出在记忆上，也就是说，这个阶段的婴儿能够记住那些存在的物体，但是他记不住在哪个地方，尤其是当藏物体和婴儿寻找之间有时间差的时候（Gratch et al.，1974）。有些研究者则认为这个问题跟婴儿如何对空间位置进行译码（或不译码）有关系。如果使用的位置在空间上被分隔得很好以及使用不同的遮盖物来藏物体时，婴儿犯的错误确实减少了（Bremner，1994）。

　　总而言之，研究确认了客体永久性的最早迹象出现在儿童大约 4 个月大左右，主要的提高出现在大约 8 个月和 1 岁时。看起来也很清楚的是，与物体本身有关的情况变化——它们被什么东西遮盖住以及它们被放在哪里——和对婴儿的反应要求都影响了婴儿的行为。

　　空间关系与儿童认出一个物体在空间上的位置（这个物体在哪里）的能力有关，跟婴儿对自己与物体的相对位置感有关。最初，婴儿并不知道或者不注意空间关系，但是很快他就开始追寻物体，并能够借助于声音。他开始能够得着物体，再后来准确性相当高。随着逐渐长大，搭积木、走路和跑的任务出现，他也获得了物体与自己以及环境相对的位置感。

　　因果关系能力是指儿童辨别和理解事件因果关系以及特定的行为会带来相应的后果的能力。对于自己的行为会引发什么事情，小婴儿没有这方面的意识表现。后来，婴儿开始明白一个特定的动作会引起事件的发生，比如，摇拨浪鼓会产生声音。

　　模仿是儿童"复制"他人的姿势或者声音的行为能力。开始，婴儿能大体地进行模仿。虽然他会试着模仿动作，但并不能模仿得很好。很小的婴儿只会模仿已经存在于他的动作图式中的行为，而且还是他自己能看得见的。这种早期的模

图 7-2　虽然 6 个月大的婴儿能够做鬼脸，但是，皮亚杰并不认为他们在大约 8 个月大之前能够模仿这些面部表情

仿水平会一直存在，直到大约 8 个月大时。到那时，婴儿开始模仿那些自己做的时候但看不见的动作和新声音。到了 18 个月大时，儿童能够进行延迟模仿，即模仿那些以前看见的动作。儿童可能会在星期三模仿他星期一看见的行为，而当时他并没有模仿那个行为。

　　皮亚杰相信，模仿能力是认知发展的一部分。他将模仿看做一种学习新动作或知识的方式。一旦模仿已经发展，他便将这个过程看做顺应的一种。当婴儿模仿的动作不是他的全部技能中的一部分时，首先进行的是顺应，然后是适应。

　　大体而言，研究支持了皮亚杰的观点，即儿童的模仿能力取决于他的认知技能，模仿的频率增加并变得越来越细化和准确。在新生儿和很小的婴儿能否模仿不熟悉的动作这个问题上，存在一些争议。跟听见比他们大的幼儿的哭声、模拟的哭声、猩猩的哭声或者安静比起来，很小的婴儿听见其他小婴儿哭的时候

会哭得更多（Martin & Clark，1982）。这是不是模仿？不清楚，有的说是，有的说不是。很多研究已经对婴儿是否在第四阶段之前会不会模仿动作进行了调查。使用得最多的动作是伸舌头或者张嘴，因为婴儿能够做这些动作，然而他们并不能看见自己做这些动作。大多数研究者发现，处于第二阶段的婴儿能够模仿伸舌头（Jacobson，1979）。

这时，你可能会问："那又怎样？谁在乎啊？"为什么我们应该如此关注模仿或客体永久性呢？根本的问题是：婴儿是否如皮亚杰相信的那样必须建构他们自己的现实，或者，他们是否生下来就具有某些知识？另外，关于模仿和模仿的发展知识直接关系到与婴儿相关的工作。知道婴儿模仿的行为或者是在仅稍微高于他们的认知水平之上的，这样将有利于制订适宜的发展计划。

前运算阶段

皮亚杰认为认知功能的一个主要改变开始于 2 岁左右。此时儿童不再受感觉运动表征的限制。现在，儿童能够使用心理表征进行思考，或者使用符号来表征环境。在这个过程中，词语作为物体和事件的象征形式开始出现。

皮亚杰把第二个主要的发展期叫做前运算阶段（大约 2~7 岁）。这个时期最明显的转换是语言的快速习得（Beilin，1992），语言支持心理表征。思想是自我中心的，符号形象高度个性化。这种自我中心主义不同于感觉运动阶段。然而，儿童还没有自己以外的视角，他想当然地认为所有人都喜欢他所喜欢的东西。他们开始理解过去、现在、将来的概念。然而，儿童在看一个项目的步骤如何组成一个整体这方面还存在困难。他们将过程的每一步都分开来看。儿童的玩耍技能扩展到更富创造性的活动上。

虽然在前运算阶段儿童的学习已经比上个阶段以感觉动作为基础的学习高级了很多，但是，他们的思想过程还并不成熟。以下将详细描述这个时期中发生的一些重要变化。2~3 岁的幼儿刚刚跨进这个长达 5 年的时期。因此，很多这个时期的特征在这些幼儿身上表现得不是很明显。

 前运算阶段的主题

跟感觉运动阶段一样，前运算阶段也有贯穿这个时期随发展变化而出现的主题。这些主题包括自我中心、集中倾向、不可逆性、转换推理和概念形成。这里将分别讨论这些主题。

自我中心（egocentrism）。即儿童不能从他人的角度看问题。他们的语言反映了这种自我中心。他们似乎认为其他人知道自己在想什么，而将信息的重要片段省略掉。此外，儿童不能将自己放在他人的立场去想出策略，而这种策略其他人可能会在游戏或者解决问题时使用。

集中倾向（centration）。这个概念代表的是一次只集中在物体某个属性上的能力。为了成功地解决问题，儿童必须能够同时考虑物体的很多方面。前运算阶段儿童的思考集中倾向不允许他同时思考物体的多种属性。如果将一个高而细的杯中的水倒入一个矮而宽的杯里，儿童会认为水量改变了，即便是他亲眼看见倒水的过程。他看不出来倒入另一个杯子的水在水位变低的同时也变宽了。他会将中心集中在一个属性或另一个属性上。再进一步举个例子，假设一个儿童得到 10 块木制积木，其中 6 块是黄色的，4 块是红色的。他也许能说出积木的颜色及哪种颜色更多。但是，因为他的关注点只集中在颜色上，所以可能不知道是黄色的积木多一些还是木质积木多一些。他不能将焦点同时集中在颜色和材料类别（木质）这两种属性上。

因为很小的儿童集中在表面现象上，所以他们可能会被那些穿着万圣节服饰或者打扮成节日形象或者卡通形象的人吓着，即便是他们看着这些人穿上这些服饰。儿童并没有意识到有些人可以同时是两种身份，他们完全集中在视觉表象上了。

不可逆性（irreversibility）。前运算阶段的儿童不能意识到逻辑操作的可逆性。他意识不到用黏球做成的薄煎饼是"可逆"的，它还可以变回黏球。形状不影响质量、体积及其他属性，这种知识叫做守恒（conservation）。守恒要求儿童集中于从一种状态改变为另一种状态，这些状态与质量、长度、数量、体积和面积相关。在这些品质中，数量虽然首先显示，但也要到儿童 3 岁以后才出现。

转换推理（transductive reasoning）。逻辑推理要求儿童对归纳推理（从特殊到普遍）和演绎推理（从普遍到特殊）都能使用。转换推理要求儿童即便是有视觉上的改变，也能识别属性的稳定共性。

概念形成（concept formation）。随着逻辑思维的出现，儿童解决问题和做决定的能力发生了巨大变化。他能够有效地排列事件和物体。他开始明白种类（动物）和集类（狗）这些概念，并明白这些概念之间的关系。

 ## 对皮亚杰理论的总结

今天的研究者并不认为皮亚杰的阶段像他自己描述的那样"整洁"，他们觉得阶段之间的分界并不是那么清楚。关于主题的灰度级和变化比皮亚杰承认的似乎还要多。阶段是一种组织信息的有用方法。它们是"理想的类型"，但是它们的质的重要性并没有像它们所描述的发展前进那样被很好地证明。皮亚杰是个先驱，他为后来的研究奠定了基础。今天，有很多研究者都把自己的结论与他的进行比较。研究者教很小的儿童学会辨别，如果是皮亚杰的话，他会认为这些儿童太小了而没法做到这一点。但是，总的来说，皮亚杰的理论似乎引起了人们对极小儿童的发展的极大兴趣和研究。

其他认知发展理论

还有很多其他关于认知发展的理论。有的理论只是将重点集中在认知发展上，而有的理论则更宽泛。以下将简要描述一些相关的理论。

维果斯基的理论

列夫·维果斯基是一位苏联发展心理学家，他英年早逝于 1934 年。他死后，他的理论继承者们继续发展他的观点，但是却在关于他将如何继续自己的理论这个问题上有分歧（Meadows，1993）。维果斯基的作品近年来才被翻译成英文。

维果斯基强调的内容与皮亚杰的不同。他将重点放在社会和社会互动上，他认为语言是认知的基础（Berk，1994），社会经历被看做形成儿童的思维和对世界的解释的方式。语言起着决定性的作用，因为它是个体之间彼此交流的方式，它是思维不可或缺的工具［维果斯基，1934（1987 年译本）］。维果斯基把成人和儿童之间的对话看做更高形式的心理活动在建构和传输（Berk，1994）。

维果斯基将认知发展分成三个阶段，分别是：前心智语言、前口语思考和外部符号手段的使用。他将 2 岁以下的儿童归为前心智语言的初级阶段，在这个阶段，这些儿童运用声音进行活动，把它们当做一种获得社会联系和心理表达的手段。他们能够进行有系统、有目的导向的活动，这些活动不要求言语运作。2 岁左右，随着儿童的语言反映出句法和逻辑形式，实践智力开始了。到了第三个阶段，儿童开始使用外部符号手段（如语言）以利于解决内部问题。现在，语言能够用来反映和发展思维。最初，语言用来表达心理和维持社会联系，然后用来交流、参考、表达观点，再后来，用来调节自己的行为（Meadows，1993）。儿童自言自语被看做在调节和进行心理活动计划。皮亚杰所说的"自我中心语言"在维果斯基看来是"明显的自我调节"。随着年龄的增长，这些语言表达被内部语言所代替，这些内部语言有着同样的调节功能，不过人们已经观察不到它。

维果斯基将语言看做一种多功能的手段。语言可以集中在符号（学得的惯例，如词语）和现实之间的关系上，而且作为一种符号系统，它可以分析符号之间的关系（Deleau，1993）。语言提供计划功能，允许儿童通过语言来解决问题然后开展活动。通过思维和语言的交织，儿童从对表征系统的不完整使用发展到精通使用表征系统和复杂的认知技能［维果斯基，1934（1987 年译本）］。

根据维果斯基的理论，认知发展之所以发生是因为儿童与更有能力的搭档之间会进行社会互动。这种成年人的指导叫做"支架（scaffolding）"，有助于推进学习。更成熟的搭档创造与儿童的对话，通过扩大和伸展他们的知识基础来支持儿童的认知和语言学习（Meadows，1993）。如果儿童能够独立地用同样的策略来解决类似的问题，成人提供的支持就最有效果（Berk，1985）。举个例子，如果一个儿童正努力将一块三角板塞进一个图形板中，此时，建议他把三角板转个方向或者试着放在另一个地方，比直接告诉他说"这是个三角形，放在那里行不通"要好得多。

维果斯基在这个领域做出的另一个贡献是提出了最近发展区（zone of proximal development，ZPD）这个概念。最近发展区指的是一系列任务，儿童不能单独完成，但是在成人或更有能力的同龄人的帮助下就能完成（维果斯基，1987）。学习循环包括不同经验领域里的最近发展区。为了找到这些最近发展区，成人必须评估儿童的能力，设计活动，活动要稍微高于儿童的现有发展水平，然后为儿童提供必要的指导以完成任务。随着儿童能力的提高，成人要减少自己在任务中的责任，让儿童做得更多，同时提出逐渐变难的、需要指导的任务。

 ## 成熟理论

直到 20 世纪 60 年代，成熟理论（maturation theory）在美国都被广泛接受。阿诺德·格塞尔和他的同事是这个理论的主要提倡者。他们认为儿童首先是受其基因遗传的影响，然后才受外界影响。儿童被看做以他们的生物"准备"为基础，从一个阶段发展到另一个阶段。以这个理论为基础，有关认知发展可预见阶段的标准被建立起来。格塞尔理论集中在两个重要的特性上：行为具有普遍性；行为作为一种年龄的功能产生（格塞尔，1928）。格塞尔理论中几乎不涉及干预。

 ## 行为分析

根据斯金纳所倡导的行为分析（behavioral analysis）的学习观点，学习之所以发生是因为儿童有系统地与一个建构起来的环境产生互动，他们成功地完成任务便会得到奖赏或者积极的强化（Bijou，1992；Morrison，1988）。这个观点建议成人要为儿童创建一个"正确的"环境，对儿童的要求要有回应，或者对儿童恰当的行为马上予以赞赏。得到赞赏的反应会继续，而没有得到赞赏的反应则会消失。

行为分析的基本原则被用来分析婴儿期的发展。研究者（Bijou & Baer，1965）得出结论认为：虽然婴儿个体是独特的，但是婴儿期却具有共性。他们还发现在某种特定的文化里，所有儿童发生的变化都是类似的。在这个发现的基础上，他们认为个性构建的发展始于 2 岁，并持续到 5 岁。他们将分析的重点放在探索性行为、好奇心、玩耍、认知能力、问题解决、智力、能力以及道德行为的基础上（Bijou，1992）。

研究者（Bijou & Baer）于 1978 年对他们的理论进行了修改，将重点更多地放在：个体的影响及其社会性、感情和心理互动，在个体的互动历史背景下看刺激和反应的概念。当一个婴儿爬行时，一条椅子腿（刺激物）对他四处爬行（反应）造成了障碍。随后，这条椅子腿（刺激物）可能会被拉起来（反应），当椅子被拉到桌子下（反应），这条椅子腿（刺激物）可能会被移开。逐渐地，他们得出与行为发生的背景相关的因素，对刺激—反应序列产生互动性的影响。

行为分析的主要原则被广泛运用于研究儿童感知，儿童感知是认知的一方面。行为分析突出这样一个因素，即每个问题都有自己独特的历史，因此需要针对特殊的问题行为寻找独特的解决方法。目标是协助那些从事与儿童有关的工作的个体使用以经验为基础的学习程序来修正或改变目标行为。应用行为分析被广泛应用于那些与严重或深度残疾儿童相关的工作。

社会学习理论 (social learning theory)

社会认知论者也同样强调环境（包括物质和人类）对个体认知发展的影响（班杜拉，1992）。和行为主义者一样，他们认为个体深受其经历的影响。基因因素和神经系统的成熟也被认为很重要，但是社会认知论者觉得人类具有很大的潜力，行为结果受个体与环境的特殊互动的影响非常大。

社会认知理论（social-cognitive theory）研究的是外部环境与行为、认知、生物以及其他能够影响感知及动作内部事件的互动。这些因素中的每一个因素都被看做既能对其他因素产生作用，也能对其他因素的作用作出反应。更进一步观察这些互动，能够更深刻地洞察儿童的认知发展。

社会认知方法的焦点集中在学习过程中的人身上。班杜拉（1992）提出建议，通过榜样、观察、替代强化和自我调节行为会产生学习。社会学习理论家与行为理论家的区别在于：前者相信学习有动机的观点，他们相信如果儿童对正在学习的东西感兴趣，就会学得更多。而在后者看来，儿童的兴趣并不重要。他们认为对成就的赞赏而不是对材料的兴趣决定着儿童的学习。

人们的所想、所信和所感影响着他们的行为。父母对孩子的期望影响着他们怎么对待孩子。如果父母相信孩子在成为自主的个体时需要帮助，他们就会采取这样的行为方法：提供时间和活动以支持其独立的行为。人既是环境的生产者，也是环境的产品（班杜拉，1992）。

 ## 信息处理模型

认知发展的信息处理方法将认知看做一件关于记住和组织信息以解决问题的事情。研究者将重点放在信息是怎么选择、表征、存储和提取上。他们看待人脑就好像他们看待电脑的中央集成器一样。有时，他们使用电脑来测试他们的假设（Meadows，1993）。他们对记忆的存储和控制过程都很感兴趣。

信息处理方法的研究者对儿童针对任务要求使用的特殊策略感兴趣（Simon，1981），尤其是对儿童在解决问题时怎样解码和转换信息感兴趣。很小的儿童解决问题的全部策略似乎很少，也不灵活，运用起来也相当随机。他们总是将熟悉的事件记为一个序列或者程序的一部分。他们通常有一个"起床"和"睡觉"程序。非常小的儿童不能用语言技能来解释这些程序，他们可以通过布娃娃来表达这些意思。2岁的儿童会通过喜欢的图画书来填上漏掉的词语，甚至当疲乏的成人将"短吻鳄"说成"鳄鱼"时他们也会予以纠正。随着年龄的增长，儿童开始运用经过思考的战略性方法来解决问题，在运用策略时灵活性增强。知识基础也随着年龄加强（Meadows，1993）。信息处理模型使用的很多认知任务都有皮亚杰式的基础在里面（Case，1985）。

认知发展理论寻求描述儿童的认知能力和发展连续统一体的局限性，解释如何从不足的能力中产生更高级的理解。到现在为止，这一章已经讨论了婴儿如何在认知上发展，将重点放在普遍性而不是个体差异上。智力突出强调了认知发展中的差异。

智力发展

大多数研究者都对认知和智力做了区别。认知与学习有关，而智力则是知识的使用。认知是个抽象的概念；智力却可以衡量。智力和认知之所以容易弄混，是因为不同的人利用智力的用途不同。心理学家把智力看做认知功能的生物基础，是个体智力能力差异的原因所在。公众关于智力的观点与个体如何在日常生活中指导事务、解决问题以及个体在学术、文化和职业追求方面的成功有关。智力还有个意思，指的是测试衡量的内容以及我们通常所指的智力商数（IQ）（Eysneck，1986）。

测试可以被设计来衡量智力的第一或者第二个定义。测试非常不同。卡特尔（1971）努力区分智力的这个方面，分别是流体智力和晶体智力。他将晶体智力看做个体从学校教育和其他学习经历中获得的累计知识基础。从婴儿期到青春期，晶体智力增长，取决于工作的智力挑战，在成年期也有增长的潜力。通过以知识为基础的测试和词汇测试来衡量晶体智力。流体智力独立于教育和文化影响之外。它虽然也一直在增长，但是到了青春期就停止了，并始终维持这种水平。流体智力通过新奇的任务、归纳推理和波形曲线形状的分类来衡量（Meadows，1993）。

 ### 智力发展理论

儿童发展领域有很多关于智力发展的不同理论模型。常见的模型与智力来源有关。有人认为智力主要是由遗传或基因决定的；有人则相信智力的主要决定因素是环境；还有的人强调遗传和环境的互动，即基因决定了智力的上限和下限，环境则影响个体在这二者中所处的位置。虽然有关智力来源的争论众所周知，但认识以下一点很重要，这就是：关于基因和环境对智力的作用的观点对儿童发展领域会产生深刻的影响。

如果智力发展是一个基因表现的过程，那么足月出生且健康的婴儿应该会成长为健康的成人。如果不是这样，那么，肯定就是我们没有能力在出生的时候就查明那些细微的基因问题。同样，如果一个婴儿天生就带有基因残疾（如智力发育迟缓），那么早期介入就没有丝毫意义，因为环境不能改变基因决定的结果。基因观点认为遗传为智力发展设定了轨道，这条轨道不会受环境的影响。

环境观点则认为婴儿的成长和改变是对环境因素的反应。这个观点预测说，如果一个婴儿生长在一个负责任的家庭，这个家庭关爱他、细心呵护他，给他提供丰富的营养，创设积极的环境，那么他以后的生活肯定同生活在以下家庭里的婴儿不一样：不负责任，忽视婴儿，没有提供积极发展的良好环境的家庭。

以上这两种观点都没有强调儿童作为一个个体这一点。关于儿童在他自己的智力发展中到底是积极的还是消极的，仍然存在争议。研究者（Sameroff，1993）利用里格尔（Riegel）的模型，将消极婴儿—消极环境组合作为这些学习理论的基础。这些学习理论认为类似于刺激频率这样的因素决定着个体将"学习"哪些内容。消极婴儿—积极环境模型是行为修正论的基础。在这个观点中，环境被积极地利用，以从个体那儿获得特殊的反应。积极婴儿—消极环境模型是与皮亚杰观点最相通的。婴儿在经历的基础上构建知识。积极婴儿—积极环境模型是一种交互影响的观点，这种观点认为儿童和环境之间有互动，这种互动既影响儿童，也影响环境。儿童被认为是随着时间在变化的。这个变化的过程是持续的、动态的。

然而，即便这是个动态的过程，人们仍发现，那些生长在高危机环境中的儿童和生长在非高危机环境中的儿童之间还是有差别的。研究者（Sameroff，1993）得出结论认为，环境情况限制或者增加了发展的机会，需要从他们所处的环境这个背景来认识婴儿。

 ### 婴儿智力测量

我们怎样测量婴儿的智力？测量的目的是什么呢？评估婴儿是为了获得关于婴儿是否发展正常以及预测婴儿将来的智力将如何发展。但是，在直接介绍婴儿评估方法之前，了解一下与儿童评估有关的普遍问题非常重要。

历史

测量智力的问题之一是对它的定义。有的研究者（如高尔顿）相信智力是一种固定的遗传能力。后来的研究者（如斯皮尔曼）将焦点放在一般性的认知和智力能力上，他们想测量这个没有被不同的经历、知识或教育的干扰的"g"因素（Meadows，1993）。其后的智力定义更多地跟教育需要有关。

就像皮亚杰影响了我们的婴儿认知发展观点一样，阿尔弗雷德·比奈影响了我们评估智力的方式。比奈是位实验心理学家，他与一位叫西奥多·西蒙的同事在巴黎研究发展了一种测试，来辨别学校里那些智力发育迟缓、不能从常规教育中获益的儿童（有趣的是，皮亚杰在巴黎的时候也跟西蒙共过事，那时比奈已经过世）。比奈相信那些智力正常的儿童与智力发育迟缓的儿童具有相同的智力特性。他认为智力是可以测量的，分数测量的是连续区中的点（Meadows，1993）。这个假设挑战了"智力是固定不变的"这个概念，向我们展示了那些在某些时间某个点上发展落后的人有可能后来居上。同样，那些智力发展很快的人也可能会慢下来。

比奈对智力的定义与更高层次的心理功能（如记忆、理解、注意、判断和想象）相关联，而不是像他的前辈那样从感觉和动作能力来定义智力（Teti & Gibbs，1990）。他的定义对智力的概念表达和智力测量产生了深远的影响。

比奈和西蒙发展的测试是这样设计的：从做最容易的项开始，然后做难度逐渐增大的项。测试给出一个总的分数叫做智力商数（也称智商，英文为 intelligence quotient，简称 IQ），有标准化的实施过程。测试还能得出心理年龄。如果一个 3 岁的儿童做测试，回答出来的正确项跟他那个年龄段的儿童平均做对的项一样，那么，他的心理年龄（MA）就跟他的实足年龄（CA）一样，也是 3 岁。根据智商的计算公式：智商 = 心理年龄 ÷ 实足年龄 × 100，在这个例子中，如果心理年龄与实足年龄相同，那么这名儿童的智商就是 100。如果心理年龄比实足年龄大，那么这名儿童的智商就会高于100；如果心理年龄比实足年龄小，那么这名儿童的智商将低于100。

虽然测试被修改过好几次，但是，在英语国家里，最著名的测试版本还是斯坦福大学的德曼（Terman）的测试。在美国，德曼将比例标准化，利用智力商数（智商）作为测试的指数（Teti & Gibbs，1990）。在美国，这一测试曾经以（现在也以）著名的斯坦福—比奈智力测试著称。后来的很多智力测试虽都经过了标准化，但参照的就是斯坦福—比奈测试。这个测试被认为很有用，适用范围小到3岁儿童，大到成人。1920年，研究者们开始寻找适合更小儿童的测试。耶鲁大学的阿诺德·格塞尔、明尼苏达州的玛丽·雪莉和加利福尼亚州的南茜·贝莱都对这样的婴儿评估方法的发展做出了重要的贡献（Teti & Gibbs，1990）。格塞尔和贝莱设计的测试至今仍在使用。卡特尔测试（the Cattell）是斯坦福—比奈测试的向下延伸。

婴儿智力测量中存在的问题

与婴儿智力测量的准确性相关的问题主要包括两个方面，一是测试本身的问题，二是来自婴儿本身的挑战。测试婴儿的原因之一是通过测试来确定婴儿是否存在长期的问题，以至需要成人的介入。在这种情况下，我们关心的问题是，测试是否能检测出那些可能导致长期消极后果的问题。婴儿智力测量能很好地确定出婴儿是否有严重或很深层次的发展延缓问题，但是却不能很有效地检测出很小的儿童是否具有轻微的或者一般的延缓问题。

还有一个重要的问题是婴儿时期做的智力测试和年纪稍大后做的智力测试得出的分数之间的关系。这是个大问题。我们所考虑的婴儿期的"智力"问题跟小学生或成人的"智力"问题并不一样，也就是说，构成智力的认知活动形式随着年龄而发生变化（Meadows，1993）。更新的思考线索将重点集中在：习惯任务中表现出来的婴儿警觉、作为儿童早期的智力测试分数预测的注意力（Sigman，1986）以及使用视觉辨别记忆力的测试（McColl & Carriger）。这些类型的任务检测基本的认知能力，这些认知能力是任何年龄的智力的基础。由于需要使用纵向的研究数据来对这个假设进行确认，因此要知道这种方法的结果还需要一段时间。

婴儿

婴儿自己对测试的准确性都会表现出关注。母亲几乎总是在场，所以她是测试过程的一部分。不管她的角色是积极的还是消极的，都有可能影响测试的结果。时间安排也是一个需要考虑的问题。婴儿一天中可能只有1~2个小时的警觉时间，这无疑是测试的最佳时间。最起码的，在测试时，要避开常规的小睡和进食时间。灵活也是一个重要的因素。由于时间是如此的有限，测试者必须沉着、温和以及高效（Kamphaus，Dresden & Kaufman，1993）。

心理测试问题与智力测试或其他任何被测量的特征有关。问题是，如何区分"好的"测试方法和"坏的"测试方法？测试有一些基本的特征，决定着测试的质量，无论它测试的是什么。

信度和效度

信度主要集中在一种测试方法的一致性上。确定一种测试方法是否可靠，方法之一是多测几次，然后比较测试结果。如果这种测试方法是可靠的，那么它得出的几个结果就应该相同或者非常接近。如果一个婴儿星期二接受测试得到的发展商数是100，那么他在星期三接受测试时也应该得到与星期二同样的或者非常相近的分数。

当一个测试测出了它要测的东西时，换句话说，它给了我们想要的信息时，那么这个测试就是有效的。现实是，测试并不具有有效性，而是测试的用途决定了它是否有效。由于效度有不同的层次，真正的问题是一个特殊的用途是否具有足够的效度（史密斯，1990）。效度涉及很多方面。对于婴儿，我们最关心的是预见效度。预见效度设法预见出将来相同的或相关的性格。我们希望知道婴儿在将来的几年如何发展、我们正在寻找的问题解决方式是否会影响他们的未来。

可靠性跟有效性有联系。如果你每次测试某个物体时不能持续地得到相同的结果，那么这个测试方法就不是有效的。相反，仅仅是因为你能持续的测试某个物体，并不就意味着它一定是有效的。

客观性和偏见

在分析测试方法和谁在使用这些方法时，客观性很重要。如果在一定程度上，一个特定的测试要求没有得到坚持，或者使用了主观的评估，那么测试的效度和信度就低些。还有一个相关的问题是偏见。有人担心，在测试的情况下存在个体偏见和测试本身中的文化偏见。如果干净、漂亮的、乐于合作的、语言能力好的儿童的测试分数总是比那些邋遢的、衣着不好的、害羞的、跟其他儿童合不来的儿童的分数高，那么就有可能是偏见在作怪。如果所有儿童接受同一个特殊的测试，却没有得到相同的材料，那么文化偏见就可能产生了。

常模参照测量和标准参照测量

在常模参照测量中，是将一个儿童的分数与其他同龄儿童的分数相比较。常模参照测量可能是标准化的，也可能是非标准化的。标准化时，有特殊的与管理和测试分数相关的指示。在标准化的方法中，发展商数（developmental quotients，DQ）的"常模"是100。测试分数超过100的儿童被认为比"常模"儿童发展得更快；而那些发展商数低于100的儿童则被认为没有"常模"儿童发展得快。通过对数以千计的婴儿进行测试和重新测试，常模被建立起来。常模参照测量被用来确定那些有发展延缓的儿童。我们所关心的问题之一是常模参照测量可能不能准确地展示那些有残疾的儿童的能力（Noonan & McCormick，1993）。

一个标准参照测量依赖于一个绝对的标准，提供与儿童表现有关的信息，这种信息与一种特殊技能或者活动相关。出于计划目的，标准参照测量通常更有用。了解是否能期望一个婴儿能够独立地坐起来5分钟或者堆叠3个立方体，比知道他的发展商数是110更有用。

针对婴幼儿的量表的类型

评估婴幼儿的主要原因是为了确定哪些儿童在发展上存在风险。评估使用的三种测量方法是：筛查测量、常模参照测量以及标准参照测量。

筛查测量。如美国丹佛Ⅱ量表（Frankenburg & Dodds，1990）被用来判断哪些儿童需要接受进一步测试以及哪些儿童不需要。这是一个很关键的判断。在筛查测量的过程中，可能会发生两种错误：假阳性和假阴性。如果筛查测量结果表明儿童需要额外的测试，而事实上这些儿童并不需要，那么结果就是假阳性。这种结果会给家庭和儿童带来过分的认同、担心和压力，也会给工作者带来工作问题。如果存在发展风险的儿童通过了筛查测量，没有得到认同，需做下一步测试，那么假阴性就产生了。假阴性会导致认同不足，由此使得儿童没有获得早期的干预，而他们本来可以从这种干预中受益。假阴性结果促使家长及儿童工作者认为儿童发展正常，而事实上他们并不是这样。而且，假阴性结果不能让家长进行早期干预计划，以使儿童从中获益。

标准化的常模参照测量。比如巴帖尔发展量表（the Battelle Developmental Inventory，BDI）（Newborg et al.，1984）和贝莱婴幼儿发展量表（the Bayley Scales of Infant Development）（Bayley，1993），这种量表通常形成诊断性评估的核心。可以用这些测量来获得婴儿或幼儿的总体情况，以判断是否有必要进行进一步、更专业的测试。在缺乏高质量的筛查测量的情况下，对很小的儿童来说，常模参照测量也可以起到筛查测量的作用。这些测量是标准化的，测查者需要经过培训。

标准参照测量。如布里根思早期发展诊断量表（the Brigance Diagnostic Inventory of Early Development）（Brigance，1991）、学习完成档案——诊断版（the Learning Accomplishment Profile-Diagnostic Edition）（Lemay，Griffin & Sanford，1978）和夏威夷早期学习档案（the Hawaii Early Learning Profile）（Furuno et al.，1988），通常是在筛查和诊断已经完成之后才使用。这些测量在项目计划和测量发

展中的小的增量时很有用。也有这样的评估方式，专门针对一些特殊的群体（如那些有动作和感觉障碍的儿童），他们比较难测量，可能对标准化的测量项目没法给出相应的回应。其他的评估方法将目光放在发展的特殊领域或者互动形式上。

认知发展迟缓

认知发展迟缓是指智力发展跟不上预期的认知发展速度。认知发展迟缓的儿童与其他儿童遵循相同的获得认知技能的顺序，但是，他们的技能获得速度要慢一些。而且，这些儿童很少能够达到更高层次的抽象思维技能水平。

通常情况下，很难确定婴幼儿是否存在认知发展迟缓，尤其是这些迟缓比较轻微时。其他的变化，如说话、语言发展迟缓或者缺少环境刺激，也可能会反过来影响测试的分数。由于这些问题，那些在认知发展中表现出迟缓的婴儿和幼儿通常被归为认知发展迟缓。这是个比智力发展迟缓更具不确定性的诊断，带来的影响也不一样。由于它将焦点放在儿童的发展速度上，因此给其他诊断提供了可能性，如学习能力缺陷。

发展迟缓的婴幼儿学习速度更慢、记忆能力差、抽象思维存在问题、归纳技巧不好、缺乏学习策略（图式）。他们集中注意的时间可能很短，很容易分心。与获得基本的日常生活能力或适应能力（如进食、如厕和穿衣服）一样，他们的语言技能也同样发展迟缓。那些发展迟缓严重的儿童还有可能缺乏社会互动技能，没有动力，不能争取独立。

如果婴幼儿表现出极端的发展迟缓或者有已知原因（或病因）时，他们有可能被诊断为智力障碍。对于智力障碍，美国智力障碍协会（the American Association on Mental Deficiency）给出了最广为接受的定义：

> 智力障碍指现有的能力水平有实质上的限制，其特征为显著低于平均智力水平，同时具有下列各项适应技能中两种或两种以上相关限制：沟通、自我照顾、居家生活、社会技巧、社区使用、自我引导、健康安全、功能性学科能力、休闲娱乐，以及工作。智力障碍发生在 18 岁以前。（美国智力障碍协会，1992，5）

考虑到本质说明和评估过程的评价，协会对这个定义后面的条件以及如何应用定义给出了解释：

1. 有效的评估应考虑到文化和语言差异以及交流、行为因素的不同。

2. 适应技能中的限制存在发生在以个体同龄人为典型的社区环境背景里，根据个体对支持的个性化需求来索引。

3. 特殊的适应限制通常与其他适应技能或其他个人能力的强项共存。

4. 如果恰当的支持能够持续，那么，智力障碍者的生命功能将总体上得到改善（美国智力障碍协会，1992，5）。

定义的改变和应用使得人们的重点从只是强调智商分数转变到将同时存在的适应技能的限制包括在内。虽然 70～75 或更低的智商被认为是在平均水平之下，但是，有一种意见一致认为需要利用额外的测量来证明这些结果，这些结果应该由一个多学科的团队来进行审查。

 ## 认知发展迟缓的根源

根据对认知发展的干扰因素，儿童认知发展迟缓的类型和严重程度有很大的差别。认知发展迟缓的儿童并非都相同。每个儿童的发展都受多种因素影响，包括每个儿童的个性及其所生活的环境。尽管如此，根据与迟缓相关的原因或因素，还是能将发展迟缓的儿童分类如下：

● 脑或神经问题。这些问题包括脑损伤、脑畸形、大脑某些成分缺失以及其他一些很难具体确定的神经性问题。

● 医学综合征。某些医学诊断已经建立起认知迟缓的风险。这些诊断包括唐氏综合征、某些基因异常以及新陈代谢失调（如苯丙酮尿症）。

● 未知的原因。这些儿童通常表现出轻微的或中度的发展迟缓，没有可知的病因。很多这样的儿童生活在极其贫困的环境，缺乏足够的早期刺激（Peterson，1987）。

除了迟缓的原因外，儿童能够与其周围环境互动的程度以及这种环境的质量，也影响着儿童认知障碍的水平（Connor，Williamson & Siepp，1978）。比如，一个有生理障碍的儿童没法参加早期的动作学习活动，如摇拨浪鼓或者做鬼脸，那么他就会缺乏重要的早期学习经验积累。这最终会影响到后来的、更高层次的技能发展。

认知发展和活动计划

很小的儿童是如何学习的？你对这个问题的看法会影响你跟孩子的互动以及你对他们的期望。有人相信学习主要是个成熟的问题。根据阿诺德·格塞尔的成熟论的观点，儿童的发展以生物学为基础，并由生物学决定。支持这种想法的成人会将重点放在给儿童提供适合发展的环境上，他们期望儿童能够根据他们内在的能力来发展。他们会从儿童身上寻找"准备"迹象而不是急于发展技能。这些"准备"迹象表明这些儿童从身体上、行为上都已经准备好，他们将进行更加高级的任务。如果这些迹象不明显，那么，根据成熟论的观点，唯一的办法就是等待，直到儿童准备完毕。

认同皮亚杰的认知发展观的成人对儿童的内在能力、认知的阶段以及提供给儿童的环境质量都会加以注意。教师需创设一个激励性的环境，在这样的环境里，儿童能够通过做自己感兴趣的、符合自己的适应水平的活动来学习。

图7-3 教师创设合适的发展环境，给儿童提供支架帮助，同时鼓励儿童独立探索，这样可以满足儿童的个体需求

维果斯基的观点与皮亚杰相反，给早期保育和教育基础提供了一个不同的模式。儿童将被安排在混龄群体里；师幼比约为1:1；教师需要接受属于最近发展区的广泛的详细技能诊断培训，需要知道如何提供支架帮助和有效的教授技能（Meadows，1993）。教师将更多地与儿童对话，鼓励混龄儿童组成一组，要支持和鼓励儿童在一定社会文化背景内的玩耍（Berk，1994）。

虽然这些思想的哲学理念各不相同，但是，更多的儿童养护者从中发展出一种选择性的思想，集中了好几种思想的不同方面。比如，一名养护者可能会以皮亚杰的理论作为指导，将儿童喜爱的一个玩具放在呼拉圈里，鼓励儿童去拉呼拉圈。如果儿童不拉，她就给儿童做示范，当儿童拿到玩具时她会发出声音（社会学习理论）。然后，她会鼓励儿童再次尝试。当儿童成功时，她给儿童一个拥抱，以此来奖励儿童的行为（行为主义理论）。

小结

婴儿来到这个世界，开始看、听、感觉、尝和闻，然而，我们并不清楚他们来到这个世界的时候是一个"白板"还是已经"知道"某些东西。儿童从不自觉的早期婴儿动作反应发展到 3 岁时能使用符号和进行抽象思维。关于这些变化是如何发生的以及为什么会发生，有不同的观点。

皮亚杰理论聚集于婴儿认知，他强调认知发展以一种可辨别、可预测的序列发生，后来的发展取决于之前的发展程度。他相信认知发展从出生时便已开始，认知是一种与环境进行感官动作互动的功能。维果斯基的理论则认为在认知发展和社会互动中，语言更加重要。

研究者对认知和智力做了区别。有人认为智力主要是遗传性的；有人则认为主要是环境因素在起作用；还有人认为遗传和环境之间有很强的互动。更复杂的观点更多地考虑婴儿的角色。对早期经历和环境作用的认识引领人们发展出评估婴儿智力的测量方法。人们希望早期评估能够带来及时而有效的干预。与婴儿评估有关的问题包括婴儿本身、智力的定义、测量方法的信度和效度。

针对婴儿使用的典型评估方法有三种：帮助确定儿童是否需要进一步测试的筛查测量，将儿童的发展与其他同龄儿童的发展进行比较的常模参照测量，在项目计划和测量小增量发展方面很有用的标准参照测量。评估儿童主要是为了确定他们是否发展迟缓。

认知发展迟缓指跟不上预期的发展速度。认知发展迟缓的儿童被称为存在发展障碍。很难准确地确定出那些发展轻微迟缓的儿童，因为每个儿童的发展都受到多方面因素的影响，这些因素包括每个儿童的个性及其生活的环境。

虽然在本章中认知发展是重点，但是，符号和发展的其他领域的重叠（尤其是语言），也以多种方式影响着认知的发展。

实践活动

1. 与一个 8 个月大的婴儿玩耍，利用皮亚杰关于客体永久性的观点，将婴儿感兴趣的物体藏起来。同时，在比他小和大的孩子面前重复这个动作。由此，关于客体永久性、年龄和皮亚杰理论的用处，你得出什么结论?

2. 与一个婴儿的家长交谈。询问家长他们对自己孩子的智力感觉如何以及他们是通过什么行为得出这样的结论的。

3. 设计一个可能成为测试孩子智力的项目。将项目的操作性定义和实施过程写下来。让你的朋友给一个婴儿进行测试。注意你的朋友是否按照你所设想的方式来施测。若有必要，进行一些修改，然后重复这个项目，给项目打分。你和你的朋友的结果是否一致? 若不是，你能分析出原因吗?

第七章 认知发展

第八章　早期交流和语言发展

第一声啼哭，第一个单词，第一句话！短短三年间，儿童从没有语言到能够明白复杂的语法规则，这令研究者们很惊奇。有人认为儿童一来到这个世界便会学习语言；有人认为这只是成熟问题；有人则相信儿童通过模仿周围的人来学习语言；还有人坚持认为儿童通过基本的社会和心理动力来学习语言。

语言和交流

语言指的是一种能被他人理解的有目的的交流系统。据传统而言，它包括声音、手势和符号。在能够使用文化语言之前的很长一段时间里，婴儿就已经能够理解语言。语言包括一系列可接受的规则系统。

总体说来，语言可以分为两类：接受性语言和表达性语言。接受性语言指的是理解信息的能力。表达性语言是一种以他人能明白的方式来准确地交流信息的能力。人们一致认为理解或接受性语言在单词和句子的产生（即表达性语言）之前获得。因为理解和语言产生之间的关系相当不对称，有人认为理解和语言产生的基础可能不同。语言有三个主要的组成部分：（a）音系学，语言声音系统；（b）语义学，与词语和言语相联的意思；（c）句法学，造句的语法规则系统（Tager-Flusberg，1994）。

虽说在整个大脑中都遍布有语言区域，但是与语言相关的两个主要区域是：布洛卡区和威尔尼克区。大多数人的布洛卡区位于大脑皮层的左半球，在控制涉及说话的舌头、咽喉和面部的皮层运动区附近（Wilson，1990）。这个区域的损伤会对说话能力（表达性的失语症）造成干扰。患有这种失语症的人说话很慢，很吃力，但是在理解语言方面并没有障碍。威尔尼克区也位于大脑皮层的左半球，但是它靠近颞叶皮层。威尔尼克区对理解词语和词义之间的关系很重要。如果这个区域受到损伤，那么虽然说话本身会很流利，但理解观点和表达思想却会很困难。

交流是一个更加广泛的术语，包括说话和语言以及很多不确定的东西，它们共同构成过程。交流涉及发出和接受知识、符号及信息。它不仅包括说话的过程，还包括以下方面，诸如理解从简单到复杂的姿势、模拟新声音、能意识到交流中细微的暗示以及明白说过的内容等，在此不一一列举。

交流不仅仅局限于声音的表达。它涉及的是一个更大的概念，包括通过姿势、面部表情、咕哝、哭喊、词语和复杂的短语等模式，来交流所想、所要和所需。一个人可以和说不同语言的人、有听力障碍的人、不能说话的人以及动物进行交流。

语言发展理论

好几十亿儿童在学习说话，他们学习的是父母所使用的语言。问题在于他们是如何学习的？对确定语言习得普遍规律的兴趣回答了我们所熟悉的天性—教养问题。婴儿学习语言，是通过模仿成人还是因为他们具有发展语言的内在生物特性？

研究者们从不同的理论和研究角度对语言习得问题进行了研究。有的研究第二语言习得；有的从进化的角度来看待这个问题；还有的研究那些天生就缺少对语言习得而言很必要的官能的儿童。很多认知发展理论都包括语言发展的内容。

 ### 成熟理论

早期交流研究（20 世纪 50 年代及之前）使用的是标准化的或成熟的方法，格塞尔支持这种方法（1928）。研究者们寻找模型或标准，将婴儿发出的声音进行分类，计算儿童学到的单词数量，与年龄联系起来看儿童能够说出的句子的长度。从 20 世纪 60 年代开始的研究更加复杂，更多地关注语言习得、早期交流功能和婴儿理解语言的能力。

 ### 行为主义理论

行为主义支持者认为婴儿通过模仿和强化来学习语言。这两个过程共同解释了为什么那些生活在说英语的家庭里的孩子学会说英语，而那些生活在说西班牙语的家庭的孩子学会说西班牙语。儿童通过模仿，发出声音或声音的组合，有些言语是随机的。成人对很小的儿童刚出现的语言的奖励、纠正、忽略或者惩罚，影响着儿童的语言质量、数量以及对交流的态度（Osgood，1968）。

强化的作用是普遍的。婴儿咕咕地、含糊不清地发出声音，成人对那些与单词相近的声音进行强化。一个声音序列如"mamama"被强化，成为单词"妈妈"。那些没有被强化的语言最终会消失。随着婴儿的语言越来越接近于成人的，他们通过强化那些连续的近似单词将这些语言"仿造"成单词，直到这些语言成为真正的单词。随着语言长度的增加，模仿在这个过程中所起的作用越来越重要。

从这个理论方法中，并不能找到以下问题的完美答案：儿童运用单词时，为何会采用那些成人并不采用的方式？比如，儿童会说"走我""妈妈车""坐椅"，但即便是成人使用简化了的语言与他们交流时，也没有这么说过。大多数学者都认为，对于解释语言发展而言，这种行为主义方法过于简单（乔姆斯基，1959）。

天赋论

与认知一样，有些研究者的主要目标之一便是找出"普遍性"，即所有语言和儿童语言习得的共同特性（Thal & Bates，1990）。找到跨语言的不变的共性，则支持了这个理论：有某种天生的、单一的"语言获得装置"（language acquisition device，LAD）存在（乔姆斯基，1968）。乔姆斯基假定儿童有学习语言的倾向，这个LAD具有语言的整套语言系统规则。若没有找到共性，那么这个"天赋"就有问题。为了支持"天赋"观点，支持者举了这样一个事实为例：婴儿用他们从来没有听过的语言来喃语、发声。根据库尔（Kuhl）的观点，在出生到4个月之间，婴儿能够区别人类每一种语言的150个声音（Grunwald，1993）。2岁的儿童能够说出他们从来都没有听过的、复杂的但能被人理解的句子。

语言习得的各种典型模式，使得我们对非典型模式的定义和研究更加困难。同时，也对语言发展的"普遍性"质疑，要求我们考虑比之前所接受的更大范围的年龄普遍性和语言习得的方式（Baron，1992）。

有研究者（Thal & Bates）提出反对意见，认为天赋和普遍性没有必要一定结合。他们认为变量在本质上是有地区特定性的，语言发展中缺少了变量将会给"天赋"带来问题。他们推断语言能力发展中亚成分的个体差异支持了以下观点：语言过程包括很多不同的分过程，这些分过程在不同时间得到明显的发展。语言习得中的速度差异和个体变量并不意味着语言不是天生的。

心理语言学理论认为儿童天生就有学习。乔姆斯基（1990）所说的"语法的深层结构"的倾向，是儿童语言发展的普遍性。这个深层结构包括将观点转换为句子的规则。表面结构与语言本身以及说话者都不相同。表面结构集中在词汇量和语法上。

最新研究发现，在婴儿和语言各自内部及其二者之间都存在着形式差异。这些差异有的似乎与自然语言之间的结构差异有关。然而，就是在同一种语言群体里，也存在着不同的语言习得方式。比如，泰尔（Thal）和她的同事发现儿童在开始说话的阶段存在很大的差异。但是，无论儿童开始说话是早还是晚，他们的理解力似乎是一样的（Thal，Tobias & Morrison，1991）。

语言、认知、社会性和情绪情感发展之间的关系

由于程序方面、哲学方面和实际工作中的问题，研究者们倾向于将语言发展与认知发展、社会发展、心理发展分开来研究（Bloom，1993）。然而，它们之间是有关联的。语言不再被视为独立于认知发展之外的单独领域。认知发展所讨论的很多生物标志都在语言发展中体现出来。语言对我们的思想进行表征，同时也对我们的思维进行塑造和引导（Honig，1982）。社会互动被认为是语言发展的一个重要因素。心理发展是语言发展的激发因素，就像心理表达是语言的一种或语言的提前使用一样。

那些主要对认知感兴趣的研究者，在语言方面关注的是：语言是否是儿童获得知识的一种方式？或者说，儿童如何将语言的形式与他们所知道的物体、事件以及他们的世界——对应上？他们还对思维过程的发展变化感兴趣，这种思维过程使知识的获得成为可能，其中最主要是表征思维的符号能力（Bloom，1993）。

维果斯基的发展理论在很大程度上依赖于儿童的语言习得，他的理论认为语言是更复杂的认知和社会互动的发展动力。他发现，当儿童在任务中遇到障碍或认知困难时，他们的自我中心语言的发生频率几乎翻了一倍（维果斯基，1962）。

语言是个交互影响的过程。语言发展中的个体差异似乎与认知发展有关。由此，语言最可能被看做"思想的窗户"（Thal & Bates，1990，379）。语言是认知发展的显示，也是一种交流的装置。语言是一种工具，让儿童能够表达自己的个体世界、影响他人，并完成事情（Bloom，1993）。

人类语言的特征

弗罗姆金和罗德曼（Fromkin & Rodman，1974）指出人类语言有四个特征是其他动物交流系统所不具备的：创造性（或生成性）、任意性、移位性和离散性。

创造性或生成性，决定语言组成部分（声音、单词和句子）的安排和重新安排，以创造新的意思。"pat"跟"tap"的意思不同，"佩奇给她妈妈打电话"与"她妈妈给佩奇打电话"的意思完全不同。语言的任意性与单词所代表的物体或事件有关。虽然拟声词是通过模仿某个事件或者物体的自然声音形成的（如"叮当声"和"嗡嗡声"），增加了说和写的乐趣，但是，它们并没有改变词语的随意性这个本质。

人类语言中的移位性概念，让我们能够指出在不同时间范围和地点发生的事

情。语言能用来说明那些发生在过去或将来、在这里或别处的事情。语言的组成部分可以分成单个的单位，如声音、单词或句子。我们经常使用这些单位去分析语言发展。音素是言语的最小单位，它将一个言语同另一个言语区分开来。它们通常都是字母声音。例如，hat（帽子）和cat（猫）的意思通过音素/h/和/c/来进行区别。词素是语言中有意义的最小单位。通常情况下，它们都是词语或者有意义的单词的组成部分。词素包括单词，也包括单词的前缀和后缀（"block"是一个词素，但"blocks"是两个词素）。平均语句长度（the mean length of utter-ance，MLU）测量的是词素或意义单位的数量。这是一种经常用来测量语言习得的有效方法。

 交流的前提

婴儿从出生时就能够交流，但是他们使用语言的能力却是逐渐发展起来的。语言能力的最初基础在玩耍中形成。婴儿与成人最初进行的游戏有助于他们将注意力集中于声音、姿势、面部表情、模仿和轮流上。早在儿童的交流具有目标引导性之前，成人对儿童的交流进行回应就提高了儿童的沟通能力。

儿童在使用语言或姿势来表明物体之前必须具备三个要素：目的性、参照性和惯例（Bates，O'Connell & Shore，1987）。婴儿的目的性告诉我们婴儿知道一些交流过程的行为。它出现在出生后9个月左右。目的性很难捕捉到，因为在成人这方面，对行为的解释有相当多不同的版本。比如，一个7个月大的婴儿如果想吃曲奇饼，他就直接看着饼。而一个9个月大的婴儿则交替着看饼（想要的物品）和成人。我们认为后面这种行为是有目的的。如果拿不到物品，婴儿会直接寻求成人的帮助，而不是只盯着物体看。如果婴儿的目的没有达到，那么，他可能会重复这种动作，或者在某种方式上对行为进行改变，直到目的达到或者有迹象表明成人会帮他。

参照沟通指的是物体或事件和单词之间的关系。最初，婴儿玩玩具时可能会把玩具展示给成人看。后来，随着成人的评论和说明，他可能会把玩具给成人。这种展示和给予的行为被认为是儿童通过参照沟通的原则在工作。这之后是婴儿指向物体（在9个月或10个月大左右）；几个月之后便是给物体命名。

惯例是任意性的一个方面（Fromkin & Rodman，1974），指的是传达意思的分享的、仪式化的、任意的行为。单词"红色"和颜色中的"红色"并没有直接联系。但是，当你谈及一个红色的物体时，你对物体的颜色还是会有一种"惯例"的理解。大约10个月大时，婴儿开始模仿新声音和新姿势。模仿成为一种学习新的惯例行为的方法。这时，有些其他行为也被仪式化，如"拜拜""藏猫猫"

"这……么大"以及其他行为等。如果有人要求，儿童会经常做这些动作。最初，婴儿做这些动作要有身体上的支持，但到最后，只需要有言词上的要求就够了。模仿和惯例化这两个过程的结合对于文化惯例的获得很有必要（Bates，O'Connell & Shore，1987）。

9～10个月大左右，婴儿的语言发展会发生许多变化。很多研究者认为这些变化伴随着认知发展中的变化而发生。从认知方面看，此时的婴儿正在掌握手段—目的行为和物体恒常性。同时，他们的记忆能力也在提高。这些变化为理解命名的符号功能打下了基础。

婴儿面临着相当多的语言译解任务。首先，他必须确定在一个言语（词素）里的意义单位是什么；然后，他必须确定在组合（语法）里使用的意义单位是什么。举个例子，他必须将单词"球"和物体"球"联系起来，然后，将词组"拿到球"和得到球这个动作联系起来。

 ## 言语和语言的生物前提

我们并不期望新生儿能够走路，因为对婴儿腿部的视觉检查就能让我们得出这样的结论：从身体上来讲，他还没有能力走路。从生物学上看，新生儿不能走路，说话也好不到哪儿去。然而，控制说话的身体部分的成熟更加不容易被人看到。新生儿的说话装备不仅仅是比成人的小，而且，语言器官部件的相对位置也与成人的不同，还不能让他发出说话所必需的声音。

婴儿的舌头短而宽平，处于口腔内部，而成人的舌头后三部分在咽喉里。新生儿的硬腭（嘴内顶部的前部分）也是宽平的，不像成人的硬腭是拱形的。最本质的区别在于喉（音盒）和咽。喉正好位于口腔底部。咽是从嘴和鼻道一直到喉及食道的部分，这样的位置让婴儿能够同时呼吸和吞咽（这一点成人做不到）。虽然这非常有益于婴儿的喂养，但是也使得婴儿不能清晰地发出说话时使用的某些声音（Baron，1992）。随着年龄的增长，儿童的声道慢慢地更像成年人的声道，直到能准确地发出所有英语中的发音。

非人类的灵长目动物的声道构造与婴儿的非常相似，这也是研究者没法教会黑猩猩说话的原因之一。声道的不完全成熟会影响儿童言语的清晰度。直到6岁，声道才会完全发育成熟。未足月就出生的婴儿在发音的某些领域会出现障碍，因为声音装置发育迟缓。

还有一个领域的发育也会影响语言，这便是中枢神经系统本身。语言能力主要依赖于大脑左半球。这里的关键问题在大脑的单侧性上。随着发育的成熟，大脑越来越分化，脑半球更加特殊细化。单侧性自出生时便明显开始，大约需10～

12 年完成。单侧性最大的变化出现在生命的早期，极有可能影响语言的发展。然而，关于这究竟是如何发生的人们还不得而知（Baron，1992）。在这个过程完成之前，那些左脑半球受损伤的儿童能够恢复部分说话能力，而有同样左脑半球损伤的成人却恢复不了。因为脑的发育原因，语言学理论家认为从 18 个月大一直到青春期这个阶段对语言学习是个敏感时期。

早期交流

毫无疑问，婴儿的第一个声音交流是哭，这也是在生命的最初 6 个月中出现得最多的声音形式。早期的哭叫声似乎与婴儿的心理社会状态有关，换句话说，就是愉悦状态和不愉悦状态。随着年龄的增长，这些声音变得更像交流。虽然研究交流发展的方法很多，时序法（chronological approach）似乎更能使人明白。观察那些主要的里程碑，我们就能得出一些逻辑分类：早期声音、始语、始词组以及语法的发展（Bates，O'Connell & Shore，1987）。尽管语言习得的时间划分有差别，但还是有一些主要的语言发展里程碑的出现能够被人预测到。但是，因为不同的研究者找出的阶段不同，所以他们划分这些阶段的方法也不一样（Brown，1973；McLean，1990）。

早期发声（0～10 个月）

婴儿在发出第一个单词之前，还有很多准备工作要做。婴儿试图跟人沟通他们的不舒服、不愉悦和满足感。早期交流行为主要是一种本能的反射，或者用来表达身体的基本需求或状态，如饥饿和疼痛。婴儿没有使用具体的单词来表达他们的需要。

在最开始的几个星期，婴儿的主要发声是哭泣以及发出"单调的声音"。在第 2～3 个月时，喔啊声和笑声增加到婴儿的技能里。婴儿满足时发出的是喔啊声和类似元音的声音，不愉悦时则会发出哭叫声。

婴儿哭声的不同取决于他们是饥饿、潮湿还是不高兴呢？这个问题悬而未决。也许有的婴儿确实有不同的哭声，但是，也有可能是成人对哭声的理解不一样，他认为的哭声所表示的意思和实际的可能不一样。举个例子，如果一个婴儿在预期进食的时间哭泣，一看到奶瓶便停止哭，那么我们就可能得出这样的结论：这个哭声代表饥饿。这个结论可能更多地从哭泣背景而不是从哭泣本身得出。在对婴儿哭声的研究中，研究者并没有发现哭泣是以疼痛或者饥饿为基础的。在一个实验中，研究者播放婴儿的哭声磁带，并且让成人说出婴儿为什么哭泣。果然，成人并不能推断出哭声有什么不同。但是，作为控制的一部分，他们已经记住婴儿哭声常数（crying constant）的长度和强度。也许正是哭声常数的长度和强度的增加形式，成了家长进行推测的相关信号，而这些信号在实验的条件里并没有出现（Baron，1992）。

从出生直到 2~3 个月大时，婴儿的交流及沟通包括由于内部和外部刺激产生的反射回应。看护者根据这些信号或线索来进行反应，通过增加或减少刺激以及用"母性语言"跟婴儿说话予以反馈。母性语言是一种常见的语言改版，在这种语言中，句子短，速度慢，声调高，并且很夸张。轮到婴儿时，婴儿根据声音语调和面部表情来进行回应，发出更加连续的信号，调整自己的情绪状态（McLean，1990）。

在出生后 2~3 个月时，婴儿在采取行动和发出信号时变得更加有目的性。从 2 个月左右起，婴儿开始发出喔啊声和笑声，这对成人而言是件非常愉悦的事情。早期的喔啊声曾经被认为是前语言阶段。喔啊声是否真的与语言发展（即语言学阶段的发展）相关联？对于这一问题，研究者间存在分歧。从生理上看，从咽喉后部发出/ku/（coo）和/gu/（goo）这两个发音非常容易。即便是那些感觉喔啊声与早期沟通有关系的人，也没有描绘出这种声音在语言发展中的作用。这种声音游戏可能是牙牙学语开始之前的过渡阶段（Tager-Flusberg，1994）。

在出生后 2 个月左右时，哭声和其他发声都开始具有人类话语的结构；到了出生后 3 个月左右，出现一些类似元音的模仿声音，如/ah/和/ee/等（Stark，1986）；到出生后 4 个月左右，婴儿开始咿呀学语了。婴儿高兴时会发出这些咿呀语。这些咿呀语的持续出自婴儿对内部状态的反应，不需要外部刺激，因为即便是严重丧失听力的婴儿也会发出咿呀语。在这个时期左右，婴儿还知道了沟通需要轮流：成人说话，然后暂停；婴儿发出声音，然后等待；然后成人再说话。这些成为成人和婴儿之间的"对话"。随着婴儿发出的声音更像交流，敏感的成人就会对这个线索进行回应，开始进行轮流的程序。

也是在出生后 4 个月左右，婴儿似乎能准确地理解成人说话的语调升降。此时的婴儿会被生气的声音弄得不高兴，会因为友好的声音而平静下来。约 5 个月时，婴儿的言语似乎开始出现语调和母语的说话方式（Bates，O'Connell & Shore，1987）。他们现在叫喊，发出尖叫声，言语的全部技能里也有了更多的种类和变化。

约 6 个月大时，婴儿的咿呀语有了显著的变化，变成标准的或者重叠的咿呀语。标准的咿呀语是一种辅音和元音的系统成对（如"ma"或"dah"），然后声音重复（如"ma-ma-ma"）。与过渡咿呀音不同，婴儿似乎从听到自己发出的声音的消遣中找到了乐趣，就像在认知发展中所提到的循环反应里面的重复一样。婴儿最初使用的辅音是那些最容易发出的辅音，包括/m/、/d/、/b/和/g/。这些发音通过简单的口腔动作操作就很容易产生。最后，儿童的能力发展到能自由地发出混合的声音组合——/ma/、/ba/、/ge/、/ga/和/da/等。

　　家长能很明显地注意到这些咿呀语的变化，他们可能会认为此时婴儿的咿呀语与单词有关联。这倒未必；而且，即便如此，这仍然是一种令人愉悦的想法。婴儿会一遍又一遍地重复他们觉得有趣的声音。不能听到声音的婴儿没法发展标准的咿呀语。咿呀语并不包含任何意思，但是，它确实为婴儿提供了说话练习和探索的机会。口头游戏是最好的，它还是一种进行社会接触、将早前出现的轮流扩展为更长的对话的方法。

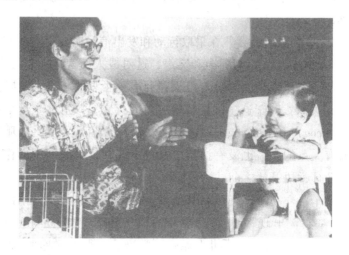

图8-1　当婴儿试图交流时获得强化，会更有可能增加交流的积极性

　　婴儿的声音在发展，变得更加精准。他开始重复从周围环境听到的声音。他模仿声音，开始更多地试验节奏和音调。约8个月大时，咿呀语经过另一个叫做变化性重复音节的阶段，在这个阶段婴儿将辅音和元音的形式多样化（如dah-de，ba-be）。

　　与动作发展一样，婴儿的咿呀语也有很多不同之处。婴儿咿呀语的数量不同、声音不同、时间长度也不同。有的婴儿开始会说话时（约12个月大时）便停止了咿呀语，有的婴儿则一直持续到2岁。晚期的咿呀语似乎确实会变成早期说话的声音（Baron，1992）。

 ## 始语期 *(10 ~ 16 个月)*

　　现在的婴儿开始出现有目的的姿势和声音以获得想要的东西，对某些事件或物体给出自己的意见以及回答简单的问题。他还会模仿成人的话语。

然而，确定什么时候出现"第一个"单词却很难，几乎就跟确定"第一步"什么时候迈出一样难。开始出现的单词通常是双音节，包括很容易发出的辅音/m/、/b/和/d/以及元音。典型的词语包括"妈妈""爸爸""拜拜"等。婴儿所说的更早的单词根本就不是真正的单词，只是声音的组合。但是，这些声音的组合近似于真正的单词的发音，像"妈妈"或者"爸爸"，这是对婴儿的关注带来的，其中伴随着刺激和互动。最初没有单词联想，但是最终单词和物体之间关系的思想会被发展起来。在大多数情况下，开始在交流时使用单词之前儿童会先学习单词的意思。

单词的理解（接受性语言）在单词的产生（表达性语言）之前开始。单词的理解和产生是两个相当不同的过程。理解要求发音—言语序列与物体或事件有联系，而产生则要求记忆上的想起以及与这些物体或事件相联系的声音序列的清晰发出。在10个月左右，婴儿开始有预测性地对有些单词进行回应。据传统来看，这些单词开始都是婴儿的名字或者"不"。

为什么是"不（no）"而不是"是（yes）"呢？原因之一是，比起"是"来说，儿童好像更经常被告知"不"。成人的角色之一便是保护这些小小的调查者以免他们受伤害。这可能就要出现很多"不"，随后成人才会建议什么才是安全的做法。另外，对婴儿来说，/n/的发音要比/y/的发音容易得多。

随着婴儿显示出对语言的理解，很多成人在与儿童互动的时候开始指出并说出物体的名字，如"看，这是你的球"或者"爸爸来了"。如果婴儿给予回应，说出"爸"或者"爸爸"，一个单词便诞生了。通过成人表现出来的兴奋和要求婴儿再说一遍，这个发展会得到强化。"这真好，你说出了'爸爸'，我要给你一个大大的拥抱！"对儿童来说，这个发音什么时候成为一个单词以及这个单词真正是什么意思，就不得而知了。

婴儿继续使用简单的单词，但同时也还有一些口头活动，在这些活动中的声音跟真正的单词发音类似，但却不是真正的单词。这就叫做呢喃儿话。在表达中，婴儿使用成人的节奏和音调。真正的一两个单词可能在呢喃儿话的上下文中可以被识别出来，但是，它们在很大程度上还只是与儿童有关的口头发声而已。

随着婴儿学会单词，有的单词怎样以及为什么会成为儿童的词汇中的一部分，而其他的则不能，对这个问题的猜测非常吸引人。研究者（Bloom，1993）给出了三条管理单词学习的原则。第一条原则是相关性——儿童学习那些与物体或者动作有关的词语，而这些物体或者动作对他们而言有意义。开始的单词通常都是名词，而且经常是儿童的行为对象的名字，如球或者鞋子（Genishi，1988）。起初，儿童似乎从动作转移到概念，再到单词。有的儿童将最重要的相关性放在物体

（名词）上，有的儿童则学习那些能帮助他们开始或者维持社会互动的词语（如打招呼）。但是，儿童正在学的，不仅仅是单词，还有这些单词的心理表征。第二条原则是矛盾性，它与真实的世界和儿童想要的世界之间的差异有关系。如果儿童想要什么东西，就会使儿童对语言产生需求。第三条原则是精巧性。这反映了儿童世界的复杂性的增加。随着知识的增长，儿童需要更加复杂的单词和结构以表达这些思想（Bloom，1993）。

有些单词对儿童而言很难。发/b/和/p/这两个音时，嘴唇该怎么放很清楚，但要想弄清楚在发/y/这个音时嘴唇之间的距离应该是多少，可没有那么容易。有的发音普遍很难，是因为其需要嘴、舌头、嘴唇和气流等之间协调的缘故。有的发音很难，是因为它们在单词中的位置或者单词本身长度的缘故。

在处理对自身而言很难的单词时，这些新兴的说话者使用的策略多种多样。有时候他们干脆就省略掉一些音节。比如，"香蕉"可能就成了"蕉"。有时，他们把难的单词换成更加简单的单词，比如，用"哗哗"代替"水"。幼儿不会受我们使用的说话惯例的限制。有时，如果他们不知道某个物体的名称或者名称太难时，就会自己想一个名字出来。他们可能会用声音来做线索。一个真空吸尘器可能会成为一个"嗡嗡"，这是用模仿真空吸尘器发出的声音来表示真空吸尘器。

儿童学习单词是为了让自己知道：他们所处生活环境中的人、所拥有的东西以及所参与的事件。看起来，他们在学习那些跟变化的事件有关的词语以及与这些变化相关的动作词语，如"走"和"停"。有些可能会成为跟别的词连接在一起的最早的单词，如"小车走"。某些形容词，如"更多"，对儿童而言也很有用（Baron，1992）。随着儿童慢慢学习更多的新单词，他们经常会把两个新单词弄成一个，如"哞哞牛"（moo-cow）。

与儿童使用单词一样有趣的是他们使用单词的背景情况，而单词的多功能则更加有趣。开始时，儿童对单词的运用很严格。有时候，他们会拒绝将单词一般化。这就叫做"延伸不足"。称呼"书"指的是一本书而且只能是一本书，其他的书就必须有其他的称呼。后来，儿童的延伸过头或者归纳过头，有时候显示的就是他们认知中的归类系统的一方面。一个有趣的例子是：在一张海报上，一个儿童边抱着一只柯利狗边说："好猫咪，好猫咪。"对这个儿童来说，所有有毛的四条腿动物都是"猫咪"。对大多数成人而言，这是个很幽默的归纳过头的例子。但是，如果儿童把所有男人都叫做"爸爸"、把所有女人都叫做"妈妈"，这就没那么幽默了。尽管这也是归纳过头的类似情况。

有时，儿童在称呼上会碰到难题。一个儿童非常喜欢一条毯子，她把这条毯子叫做"喜欢"，这是合适的。后来，她又喜欢另一条毯子，这时，周围的成人跟她开玩笑，建议她把这个毯子叫做"喜欢2"。但是，她却结束了这种合适的称呼讨论，只是简单地将另一条毯子叫做"另一条"。还有一个儿童，听到别人说她的娃娃极其大时，她把这个娃娃叫做"极其大"。

我们很好奇儿童知道多少单词。我们对此感兴趣，将重点放在数单词的数量上。但是，要想准确地数出单词的数量很困难。儿童在抚摸柯利狗时知道"猫咪"吗？那个把她的毯子叫做"喜欢"和"另一条"的儿童知道这些单词吗？对于"哗哗"和"嗡嗡"，你又怎么处理呢？如果你想知道为什么我们给出的我们认为儿童在幼年时期知道的单词范围的报告有这么多不同，那么，原因就是研究者们对要数什么采取了不同的决定。另外，有的单词儿童只是暂时知道。比如，去沙滩度假的儿童学到了单词"蟹"；2个月后，这个儿童可能就记不住这个单词了。

用简单的单词来表达复杂的思想，叫做单词语。他们的意思给成人留下了很多想象。单词"喜欢"可能指的是"这是我喜欢的""我想要我喜欢的"，或者其他很多别的不同的意思。这些单词本身可能会通过姿势而增加不同的意思，因为上下文将有助于单词的解释。通常，当成人没有准确地理解自己所说的词组意思时，儿童会变得很不满意。

单词联结期 (14~28 个月)

14~18 个月左右，儿童开始尝试新的声音组合，使用从周围环境中听到的声音，组合它们，制作新单词。随着儿童过渡到能说两个词语，单词的顺序不再是固定的。一个儿童可能会说"小娃娃"或者"娃娃小"，单词本身也可能没有关联。儿童把两个单独的词放在一起，并没有组合词语的目的，如"饼干——妈妈"。渐渐地，这些包括两个词的发音表达开始有关联，如"掉下"。漏掉很多单词的言语通常被称为电报式说话。早期的两个词的词组有要求的倾向："妈妈来""爸爸球""要果汁"。有了几个单词后，儿童就能把它们组合在一起，传达出令人吃惊的信息量。成人在理解这些言语的意思时总是没有什么困难。儿童有一小组经常使用的功能性词语。这些重要的词语经常是"不""还要""我的""走"和"都没了"（Machado，1990）。

与其他发展领域一样，语言的发展也是不同步的。语言发展有断断续续的迸发，这些迸发因人而异。15 个月的儿童经常会经历这样的迸发期。有的儿童更早，早到 10 个月左右，而有的则更晚，晚到 20 个月左右（Cawlfield，1992）。在这个语言迸发期，儿童对玩具和自己玩耍的兴趣减少，而对看护者的兴趣增加。他们对书本和图片中的物体名称感兴趣。他们努力地说出词语，全神贯注地看着成人的嘴。这个时期通常持续 4 个月左右。这个时期的高潮似乎是符号思维的出现，伴随着对玩具的兴趣提高，注意力持续的时间更长（Cawlfield，1992）。

儿童的词汇量在增加。新单词很快就学会，虽然在最初阶段发音不一定正确。儿童开始进行简单的对话，并开始与另一个同龄儿童或成人进行交流。交流使用的词语扩大到2个、3个和4个。这些词语可能包括名词和动词，甚至还有形容词。然而，此时，儿童的言语可能不能完全被理解。练习有助于儿童表达技能的发展。在这个语言迸发期，他们需要成人的支持，在对其他儿童使用言语交流或者自己玩耍时，他们也需要成人的持续支持。

 ## 语法期（24~36 个月）

在整个2岁期，儿童的词汇量极大地增加，说话的流利程度提高，语法和句法技能有进步。儿童使用很多新的辅音。然而，对于这个时期的语言，最令人感兴趣的方面还是儿童如何学习语言的结构。关于儿童怎样从使用不规则动词和复数时所出的错里面学习语法，我们知道的信息很多。

2岁左右，儿童开始使用过去时态。他们总结出一些规则，如在词尾加上"-ed"。你可能会听见儿童说："I goed home（我回家了）.""I blowed hard（我用力吹）.""I weared it today（我今天穿了它）."这个阶段令人感到高兴，因为我们通过这些错误，能很清楚地知道儿童已经在归纳一些语言的规则。开始，他们可能会从模仿中得出一些不规则动词的正确使用情况。跟不规则时态一样，他们在学习使用复数时也有类似的问题："Look at the mans（看那些男人）."词语的放置对于他们而言是个挑战，尤其是有否定时："Why you aren't coming（你为什么不来)？"儿童在摸索着表达他们自己，在成为"文字专家"的过程中，有的创造会让人很开心。

随着儿童使用语言能力的发展，认知和语言的互动是很明显的。一个2岁的儿童靠近炉子，对自己说"不要碰"，这是他在用语言来指引自己的行为。这种"个人的"言语在社会言语出现之后很快便会出现，给儿童同时提供了练习和快乐。到学前年龄结束时，虽然个人言语依然存在，但是这个时候的儿童不再需要将这个词语大声地说出来（Machado，1990）。

成人为婴幼儿所做的言语调整

与婴幼儿说话时，大多数成人都会改变他们的言语方式。虽然每个人的言语方式不同，但是，在进行言语改变时，他们还是遵守了一些常见的原则。巴龙（Baron，1992）总结出以下原则。

声音。与婴幼儿说话时，成人把他们的声调提得更高，说话更大声、更慢（常被称为"母性语言"），吐字更清晰。他们大范围地使用重叠词和更活泼、有生气的词语。他们可能会使用一种特殊的强调方式（是的，那是<u>山姆</u>的小卡车）。他们可能会给单词发出特殊的音（Sooo big）（这……么大），或者重复儿童不正确的发音。因此，当一个儿童坚持说她姐姐在玩"fa-lute"时，成人可能会重复她的话。当不正确的发音显得很幽默时，它们所得到的注意就会强化。

意思。与婴幼儿说话时，成人频繁地使用表示小的词语，如小猫咪、小狗、小兔等。成人还频繁地使用代用语，如用"轰轰"（火车运行发出的声音）来表示火车。他们可能会使用不标准的组合，如"轰轰火车"和"哞哞牛"，或者使用儿童自己组成的词语："I have to get the vooom and clean this up（我要去拿除尘器来把这里清理干净）."成人总是尽量地让概念更容易被儿童所理解。

语法。很典型的，成人总是同时缩短和简化自己的言语。他们还经常用非寻常的方式来使用名字和代词。他们不说"我来做"，而是有可能说"妈妈来做"。他们可能使用代词的复数而不是单数："我们来把饭吃完吧。"他们甚至可能故意不正确地运用语法，比如，对一个正在打人的孩子说："no hit（不打）！"

对话。一般情况下，成人与儿童之间的对话都是与即刻当前（immediate present）或者儿童的即刻环境有关系。很多的对话都包括成人给儿童指出物体，并告诉他们物体的名字。成人还问儿童许多简单的问题。他们可能会问问题，同时提供答案，比如："你饿吗（当孩子给出明确的信号后）？为什么饿了呢？我能看出来你饿了。"成人也会重复、扩展、延长儿童的言语。当儿童还要"更多"时，家长可能会给出这样的回应："你还想要更多的牛奶？"

许多这样的练习对儿童很有用。当这种说话方式已经不再必要或者有用时，成人仍然继续使用这种方式，此时，就会产生问题。对很小的儿童而言，所有"长得像鱼的"生物都有可能被"鱼"所指代。但是，2~3岁之间，儿童已经能学习"鲤鱼""鲸鱼"和"海豚"的概念。

语言发展多样化的根源

不是所有的儿童都学习相同的"语言"。语言学习很复杂，是因为其中有许多变量，如智力、儿童自己的个性及其所生活的家庭的情况。家庭因素包括：儿童是否是家中的第一个孩子、非第一个孩子或独生子；还有，家庭关于抚养孩子的想法。

家庭因素

孩子是不同的，家庭也一样有差异。每个家庭对孩子的期望不同，对自己在孩子的语言发展中的角色的看法也不一样。有的家庭认为孩子基本上是靠自己学会说话的，家长支持孩子，但是几乎不传授知识。有的家庭则有意识地做更多努力，通过给孩子指出物体并说出它们的名称以及给孩子阅读，来促进孩子的语言发展。

成人给这些小小的语言学习者提供了大多数范例。对孩子的交流尝试给出回应的家长是在支持并鼓励这些尝试。如果成人对孩子的声音和姿势没有回应，那么这些成人就在发出这样的信息，那就是，这些沟通行为很不重要。对孩子的沟通行为尝试并努力给出回应非常重要，因为只有这样，孩子才会继续与他们周围的环境进行交流。缺乏强化，这些行为会消失。对孩子语言能力的发展而言，家长的互动是非常必要的。

图8-2　在儿童很小的时候，那些给儿童提供语言支持、介绍书本知识的家庭里的儿童似乎更喜欢看书

成人很少会造成孩子语言发展迟缓，但是他们，还有教师，却通常能帮助孩子发展出好的语言来。成人言语的有些类型，如问开放性的问题、对孩子的沟通尝试表现出赞许，非常有助于孩子的语言发展。那些可以用"是"或"不是"回答的封闭性问题就没那么能够促进孩子的表征能力和建设性思维了（Honig，1982）。而对孩子的语言给出贬损评论则更会对孩子的语言发展产生消极的影响。只盯着孩子的不足，不给他们时间来进行反应，这样会打击孩子的自尊心，减少他们的语言输出（Dumtschin，1988）。通过遵循语法规则的模型来纠正孩子的言语，问一些开放性的问题，进行重复，扩展孩子的观点，所有这些都能刺激孩子的语言发展。

婴幼儿在家庭中的地位

孩子在家庭中的地位、母亲的受教育程度、阅读和看电视的量以及一些其他的变量，都会造成孩子语言发展的不同。随着孩子开始使用可被认同的词语，他们看起来是在采用以下两种学习新单词的方法中的一种：参照方法或者表达性方法（Baron，1992）。那些家中第一个出生的孩子，尤其是中产阶层家庭中的第一个孩子，通常用的是参照方法。通常情况下，这些孩子很早就说话（9～10个月），他们的词语总体上都是他们的即刻环境里的物体或者人。其他孩子开始说话的时间更晚些（12～14个月），他们使用的表达性方法、表达的词语差异更大，比如，说"请"或"谢谢"。他们的词汇量的增加速度似乎更慢。

孩子的风格可能会反映出家长的风格。如果母亲给孩子说出物体的名字，那么，孩子就可能学会了这个物体的名字。有其他孩子在场时，母亲会调整对孩子使用的语言。比起小一些的孩子来说，年龄大点的孩子更有可能回答给出的问题、更容易"占据"这些经历。当其他孩子在家时，母亲可能会将重点放在让孩子们一起融洽地玩耍上，因此，她会让大孩子和小一点的孩子做类似的事情，她的要求里可能会更多地涉及社交内容。关于那些待在儿童看护中心的孩子如何受到影响的问题，目前还不清楚。

性别

总的来说，成人同男孩说话与他们同女孩说话不同。某些证据证明，相比男孩而言，母亲同女孩说话时说得更多。而且，比起同男孩说话，他们在同女孩说话时更有可能使用与感觉和心理相关的词语。比起男孩的母亲，女孩的母亲问的问题更多，更容易重复孩子的言语，使用的句子也更长。男孩的母亲使用的祈使句更多（Gleason，1987）。这些差异显示出巨大的文化突变（culture variation）。

双语／双文化

在美国，具有非英语语言背景的4岁或更小的儿童的数量在稳步增长，估计1990年时达到大约260万（Soto，1990）。关于很小的儿童怎样学习第二语言，有很多不同的错误观念。其中之一是很小的儿童比成人更容易学会语言。这个观点建立在这个基础之上，即婴儿有学习语言的天赋。学习第二语言时，成人比幼儿学得更快。事实上，在学习第二语言时，青少年是学得最快的（Krashen，Long & Scarcella，1979）。那些能接触第二语言的幼儿似乎比成人更熟练。但是，在语言习得中，这个过程最初会使幼儿的速度减慢。很明显，那些同时听到两种语言的幼儿会将这两种语言混淆，不能意识到这两种语言之间的区别，这种情况会一直持续到3岁或4岁（Garcia，1983）。

学习第二语言基本上有两种方法：加法和减法。加法的重点是通过增加的形式来丰富第二门语言，但是主要的交流还是通过母语来进行。减法教授第二语言时把它作为母语的替代和弥补。这种方法在现在的美国普遍存在（Soto，1991）。

在学习第二语言时，儿童需要被接受和支持。学习两种语言的儿童需要时间来学习、探索和体验第二语言。两门语言他们都需要练习。第二语言应该被视为儿童母语的额外部分。儿童对他们的母语和文化都需要珍惜。

 个性

怎样学习语言受到儿童个性的影响。在社交方面表现突出的儿童比安静的儿童说的话更多。爱冒险的儿童更想尝试说新单词，而不管自己有没有能力说这些词语；更谨慎的儿童在说某一个单词时则可能会一直等待，直到他们更加自信自己能说出这个词语。在家长进行扩展以及使用儿童之前发错的单词时，有的儿童会很安静地听着，有的儿童则很快就转移到另一个话题或者领域。

(188) 语言评估

在语言评估中，有很多不同的方法。一种传统的方法是确定一个儿童的语言发展是否"符合常模"，如果不是，就要弄清楚语言的哪些方面有缺陷。另一种方法是将语言作为一种工具，用来找出儿童知道什么以及他们怎样在日常生活中运用这种知识（Lund & Duchan，1993）。

人们必须首先确定语言评估的目的是什么。如果做语言评估是为了确定一个儿童是否发展迟缓，那么，标准化的以常模为基础的评估方法或者为这个目的设计出一个发展尺度，可能就是最明智的方法。已经有几种语言测量方法可供选择，这些测量方法已经按照"常模"儿童的标准进行标准化了，这样，我们就确实知道：对一个给定年龄的儿童而言，反应的平均长度（the mean length of response，MLR）是多少；应该掌握哪些辅音；儿童是否应该使用名词、介词、复数、过去时态等。这类测量方法包括：学前语言量表（the Preschool Language Scale）（Zimmerman，Steiner & Evatt，1979）；沟通发展顺序量表（the Sequenced Inventory of Communication Development）（Hedrick，Prather & Tobin，1984）；以及一些传统的发展筛查测量方法在语言领域的分支测试方法，如丹佛II量表（Frankenburg & Dodds，1990）以及巴帖尔发展量表（Newborg et al.，1984）。

一旦得到数据，专家就要确定儿童的发展迟缓程度及其是否令人担忧。比如，一个"低于平均水平的"儿童是不是应该引起家长的重视？那些处于第25个百分位数的儿童呢？第10个百分位数的儿童呢？或者那些发展方面迟缓6个月的儿童呢？必须对测试结果进行解释，以有利于做出决定，这些测试的结果还需要跟其他测试一起，对儿童整体得出一个更加宽泛的数据结果，要考虑儿童生长和发展的背景。

　　如果有疑问的发展迟缓得到确定，那么，接下来的一步便是找出是什么原因造成这种问题的。通常情况下，可以从家长或者父母那里找来案例的历史，以洞察一些造成问题的原因。发展迟缓可能跟心理或者身体问题（如听力障碍、智力障碍或者孤独症）有关系。还有一些关于产钳分娩、未成年妈妈、婴儿出生时体重不足等的信息。虽然这些信息会有帮助，但是，知道这些造成语言发展迟缓的原因对问题的补救也没有太大的用途，除非可以用某种方法来改变这些原因。

　　接下来，有必要更具体地确定缺陷的区域是在哪儿。普遍而言，人们可能会将目光放在接受性交流和表达性交流上。运用语言的背景也很重要。如果一个儿童在测试中没显示出他会复数，我们也不能据此就说这个儿童在平常的语言交流中不使用复数，反之亦然（Lund & Duchan，1993）。明白儿童试图交流什么和他实际上交流了什么之间的矛盾，也很重要。由于儿童的语言在不同背景下会有差别，因此，在下结论之前，很有必要收集更多关于儿童在不同背景下的语言表现这方面的信息。

　　下一步是确定儿童的语言行为中的形式和规律性是什么。同样，这又不仅仅是检查儿童的语言本身，还包括语言运用的不同背景。我们可能需要看儿童参加的活动或者事件，儿童对事件或他人的熟悉程度、互动目的、在活动中的角色等（Lund & Duchan，1993）。这些知识可能会影响儿童语言的产生。

　　利用收集起来的信息，专家可以更好地评估一个儿童的交流技能，如果有必要，设计一个项目来促进儿童的语言发展。对儿童进行评估是一个持续的过程。很明显，治疗需要在社会中进行，因为社会是运用语言的背景。儿童的交流能力在发展和功能方面是一个很重要的因素。交流能力是一个关键的过程，通过这个过程，个体传达和接收信息，包括他的所需、所要、知识和心理。交流领域的混乱最终可能会影响认知、社会性以及心理等方面的发展。

交流和语言发展迟缓

　　在发展和机能中，儿童的交流能力是一个重要因素。交流是关键的过程，通过这个过程个体可传递和接收信息、需要、愿望、知识及情感。交流领域的失调必然会影响认知、社会性和情绪情感领域的发展。

 早期交流和语言发展迟缓的危险

　　很多变量会影响儿童的言语和语言发展。第一，儿童必须有一个完整无缺的感觉系统来接受周围环境的相关信息。第二，儿童必须有能力处理这些信息，理解他们看到的和听到的东西，记住重要信息。第三，儿童的环境必须是这样的：提供足够的刺激以供儿童学习。第四，环境必须一直对儿童进行强化，以促进他们的交流进一步发展（Peterson，1987）。

更具体地来说，听力障碍是造成很小的儿童言语迟缓的主要原因（Billeaud，1993）。那些天生染色体变异的婴儿以及那些暴露于毒品和酒精之下的婴儿，一样面临着沟通混乱的风险。诊断孤独症的衡量标准之一是从3岁前开始有严重的言语/语言障碍。据估计，只有4.5%～10.1%的未足月、出生体重不足的婴儿没有重大的残疾（McCormick，1989）。那些5个月以后有自我调节问题的婴儿同样也面临着沟通混乱的风险。有的儿童在3岁之前患病、有精神创伤和外伤，这些都会影响他们的沟通能力（Billeaud，1993）。

据估计，大约有3%～7%的儿童有或者被诊断为听力残疾，这通常都涉及沟通混乱。那些后来被确定有诵读困难的儿童可能会在早至2岁半时就表现出语言发展迟缓的特征，这些特征都是这些问题的表现。

通常情况下，很难在很早的时候就诊断儿童具有沟通混乱问题，除非这种混乱与很容易就能看出来的障碍有关系，如严重的认知残疾或者神经动作异常。沟通混乱是一种高发却不容易被人看出来的病，通常在婴儿或者幼儿时期判断不出来。看看在特殊教育计划中的学龄儿童的记录，里面记载有高发残疾，包括沟通混乱。其中，只有1/6的儿童在3岁之前被确定为沟通混乱，只有1/4的儿童在5岁之前被确定有沟通混乱（Palfrey et al.，1987）。由于沟通混乱在儿童很小的时候没有被检查出来，那么，要想在早期就抓住机会进行干预就是不可能的。虽然很多学说话很慢的儿童后来确实赶了上来，但是，他们当中只有一半的人能在没有干预的情况下达到正常的技能水平（Thal，Tobias & Morrison，1991）。那些只显示出不标准语言的儿童的问题，不可能在婴儿期和幼儿期被准确地检查出来，直到上学时才有可能被确定出有这种问题（Billeaud，1993）。

言语和语言迟缓并非同义。它们所涉及的迟缓领域不同。在每个种类里还有进一步的残疾分类，能协助临床医师和干预专家全面地了解发展迟缓的特征以及一些可能的干预选择。有些具体的发展迟缓并不影响很小的儿童，所以在这里将不做讨论。

言语迟缓

言语迟缓指某些特定的发音或者声音联结的产生受到干扰，导致言语声音不准确、不规则或者缺失。除非言语迟缓有生理原因，如豁嘴或者脑瘫，否则，很难将婴儿和幼儿归为言语迟缓一类。因为他们还没有能力说出所有的言语声音。言语的缺失更多地被用来确定其他障碍（如听力缺失），而不是作为言语迟缓本身的标志。

言语流利是指儿童有能力发展正常的言语流和节奏。言语的流利发展取决于运动的协调和时间控制、语言和认知知识以及心理的成熟情况："流利的说话者指的是这些人，他们说话容易（不需要很多肌肉或者心理努力）、连贯（没有干扰）、速度快。"（Gottwald，Goldbach & Isack，1985，9）最常见的流利障碍是说话结巴。结巴包括不正常的重复、犹豫以及声音和音节的拖长。伴随结巴的是很明显的身体动作，如做鬼脸、眨眼以及整个身体的运动。

偶尔的不流利对稍大一些的儿童而言很普遍，通常根据情况而有所不同。在这些情况下，儿童说话不流利的几率会增加：在与那些快言快语的人说话时，儿童使用的语言更正式，回答问题时使用的表达更复杂，或者使用的词语不那么熟悉（Gottwald et al.，1985）。最普遍的正常口吃是重复整个单词或者词组，如"我……我想要"。这样的口吃通常发生在句子的开始。男孩比女孩表现出的重复更多，但是，随着年龄的增长，男孩和女孩的重复都会减少。

有的学步儿会变成口吃者。在学步儿口吃之前，家长可以觉察出一些相关信号。指示信号之一是孩子说话不流利现象发生的频率。如果孩子每说100词，超过两个词的发音或者音节重复，或者一个以上的单词发音拖长，这就是个危险的迹象。还有的迹象包括单词的某部分的发音重复（如爸—爸爸），尤其是这些重复超过两次或者节奏不规则（b—爸—爸—爸爸）以及声音停顿超过一秒（爸……爸）时（Gottwald et al.，1985）。

处于紧张和害怕状态下的儿童也容易形成口吃。忽视口吃只有在早期学话不流利时，才是适宜的。与儿童保持眼神接触，倾听他们传达的信息内容，对他们会很有帮助。人们对于造成口吃的原因方面的分歧，还是在器官性原因和学习行为原因上。语言治疗可以帮助儿童克服说话结巴的困难，还可以教儿童消除口吃时的紧张。成人说话慢、清晰、不给儿童"即时"回答问题的压力时，儿童的口吃就会减少。

语言迟缓

语言迟缓指的是不能以正常的速度、不能在预期的时间段学会语言。语言迟缓的儿童在语言习得方面的发展模式同正常儿童一样，但是他们学会语言技能所需的时间更长。语言迟缓既包括语言所有方面的迟缓，也可以只跟某个特定的领域有关，如语义或句法。语言习得迟缓的原因可能包括身体或结构问题，如听力

第八章　早期交流和语言发展

障碍，也可能包括生理或神经问题，如脑瘫、智力障碍或心理问题（Dumtschin，1988）。有的语言障碍没有具体的原因，但有可能是环境问题带来的。

造成语言迟缓最常见的器官性原因是智力障碍和听力障碍。智力障碍越严重，语言习得就越少。但是，语言迟缓并不因此就是智力障碍的标志。智力障碍包括的与学习有关的特征有记忆力差、注意力时间短、分类技能低、抽象思维技能不好，所有这些都会引起语言发展障碍。

脑损伤也是造成语言混乱的器官性原因之一。脑损伤会干扰儿童接收、理解、记忆、识别沟通信息的能力。这些类型的障碍被称为接受性语言混乱。在这种情况下，儿童能听见足够的信息，没有表达性混乱，但是信息一旦被儿童听到并传送到大脑，就会受到某种干扰，造成儿童不能理解信息。

听力障碍通常会导致语言习得的一些迟缓。有很严重的听力障碍的儿童不能明白言语，甚至带着助听器也不能明白。那些几乎听不见的儿童无论是否有助听器，都能明白言语（但是有困难）。儿童接收和表达口头交流信息的能力根据听力丧失的类型及程度而不同（Neisworth & Bagnato，1987）。

身体残疾对言语和语言发展都有影响。动作障碍使得儿童不能加入到他们的环境中，也就是说，那些不能积极地操作材料和接收有意识的输入信息的儿童会缺乏经历，而这种经历是有助于构建语义语言技能的。有这些障碍的儿童可能在语言习得上会有迟缓，他们需要别人的协助来弥补知识或者经历的获得。身体残疾还会影响语言—动作结构和身体的肌肉系统。有这些障碍的儿童虽然有能力发展语言，但是可能不能用别人能理解的言语方式来表达自己的观点。对这些儿童，必须为他们寻找其他方法来表达和沟通想法及愿望。

对发展的影响

语言迟缓或者混乱会对儿童的社会性和心理发展造成重大的影响。沟通困难会阻碍社会互动。互动通常都要求一种给予—接受的情形。不能参加社会互动，会导致个人与社会脱离以及人际技能发展较差。脱离社会或者互动技能较差，可能会导致社会互动的缺乏，而这种社会互动是后来的社会互动技能的示范，有助于建立很强的自我概念。

不当的环境回应可能会使儿童对沟通失去动力。早期沟通发展与足够而数量适宜的社会互动有着错综复杂的关系。在咯咯声和呢喃语阶段，成人对儿童的发声予以回应，这会促进儿童的进一步发声。如果周围环境没有与儿童进行互动，就会使儿童对沟通失去兴趣。如果儿童沟通的努力一直没有得到回应，就会对这个活动失去兴趣，然后消失。语言模型不好也会导致语言迟缓。语言是通过模仿和体验进行学习的，没有适当的语言来作为示范，儿童的语言技能就会有缺陷。

那些住院时间很长的儿童也会表现出语言习得的迟缓。过长时间住院或者经常住院，会使儿童不能参加许多正常的、积极的学习活动，而这些学习活动会有助于他们构建好的语言技能。医疗上的互动往往缺少一些在家庭环境所存在的强化和激励因素。这些与医学有关的因素可能会造成语言迟缓。

心理疾病也会导致语言迟缓。有中度或严重心理疾病表现的儿童往往在语言表达上也有问题。心理疾病可能会使：有的儿童缺乏让别人了解他们想法的表达性语言技能；有的儿童可能会缺乏那些思考接收到的信息的内在语言；有的儿童可能发展自己的语言形式，而外部世界却无法理解这种形式。患有孤独症和严重精神错乱的儿童总是表现出严重的语言混乱，虽然他们可能没有经历过言语问题。

语言在认知技能的学习中非常必要。如果是环境在造成语言的迟缓，那么，它非常有可能再次影响、限制认知的发展，因为认知缺乏足够的早期刺激。理解语言可以帮助儿童搭建基础，为后来的学习做准备。不能理解和处理所交流的内容会阻碍学习。导致语言混乱的脑损伤也可能会影响认知的发展。

不能沟通自己的观点和想法会使儿童非常沮丧。这一点对于那些语言系统完整无缺但言语输出有缺陷的儿童尤甚。如果儿童知道自己想说什么但却不能表达，就会产生极大的沮丧感和压力。这会导致儿童产生行为问题或者从互动中退出。在这两种情况下，儿童都需要有其他的有效方法来表达自己。

小结

同其他技能的发展一样，语言发展也是分等级阶段的。婴儿必须先能够产生简单的声音，如喔啊声和咿呀语，然后才能协调舌头和嘴巴来发出更加复杂的声音，如单词和句子。语言的习得是生命头三年中的儿童取得的主要成就。

足够的沟通及语言在儿童的学习和随后的认知以及社会发展中起着很重要的作用。同样，动作发展、认知能力、环境会影响早期沟通和语言发展。因此，不能发展适当的语言技能会给重要的学习和社会技能的发展带来深刻的影响。

实践活动

1. 观察一个学步儿，把他使用的词语写下来。数一数他使用的单词有多少。找出他的平均发音长度以及他是如何使用词语的。把得到的信息与本文给出的标准信息进行对比。

2．跟一个学步儿玩耍，选一个你想教给他的单词。为这一活动做一个计划，然后根据计划进行活动。分析活动成功或不成功的原因。

3．选一本书，念给一个婴儿或学步儿听。想一想这本书的语言特点，根据他对书的回应来改变你的风格。

4．跟一个婴儿或学步儿说话。把你们的对话录下来。描述你的言语方式。你是不是改变了你的言语方式？如果是，怎么改的？你是不是与他轮流说话了？你怎么知道什么时候停下来、什么时候继续？

第九章 社会性发展

社会性发展是一个非常重要的过程，而这一过程从儿童出生时就已经开始。儿童一出生就被一张巨大的社会关系网所包围。他们主要的生活任务之一就是适应这种人际环境，而婴儿似乎天生就有适应社会环境的能力。他们对母亲有一种特殊的识别能力，很小就能辨别母亲身体所散发出来的气味、母亲的声音和脸部轮廓。

社会性发展主要包括在生活中建立、维持人际关系以及人际之间的角色定位。婴儿期适宜的社会性反应和情感发展，为日后与成人和同龄人之间的社会性互动奠定了基础。

社会性发展大致分为以下几个领域：依恋、亲子关系（虽然目前也有关于父子关系的数据，但主要还是母子关系）、与其他成人的关系、与兄弟姐妹和同龄人的关系。其中某些人际关系需要与另一些同时发展，即某种人际关系的发展依赖于另一种人际关系的发展，而另有一些人际关系则可以独立地发展。

与社会性发展不同，情感发展决定了婴儿和学步儿的自我概念的形成及个体的健康状况。社会性发展和情感发展在本质上相互联系，就像认知发展和语言发展一样。虽然社会性发展和情感发展存在某些交叠及冲突，但当前对婴儿精神健康的强调和对幼儿缺乏亲社会行为的关注，使得社会性发展和情感发展成为相互独立的章节。

为了更好地理解婴儿期的社会性发展，需要有像皮亚杰的认知发展理论对认知发展研究的理论贡献一样有影响的理论依据。但是遗憾的是，对社会性发展的研究还远远不够，因为在该领域还没有一种能与皮亚杰对认知发展产生的影响等量齐观的理论。早期婴儿社会性发展深受行为主义者约翰·B. 沃森和精神分析学家弗洛伊德的影响。

早期的社会性发展理论

行为主义者和精神分析学家都把婴儿期看做儿童社会化以适应成人社会的关键时期。与行为主义者不同的是，精神分析学家不再把婴儿视为被动接受外部世界的个体，其婴儿观和社会性发展的理论观点把婴儿视为在社会性发展过程中具有本能驱动力的积极的参与者。但这两种理论都没有关注在此过程中个体自身发

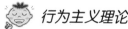 **行为主义理论**

在行为主义者看来，社会化之前的儿童是一张白纸。成人的作用是让儿童接触到正确的价值观，并成长为一个具有一定生产力、能养活自己的社会成员。在亲子关系这一问题上，行为主义者更关注亲子之间的权力对比，对父母依恋的儿童更愿意追求成功、避免惩罚。有人认为，抚养婴儿是一种具有效率性可言的事务，父母甚至被警告不要与自己的孩子过于亲昵，"别拥抱、亲吻他们，也别让他们坐到你的膝盖上"（沃森，1928，81）。抚养孩子成为一项工作，父母期望孩子遵守某些正确的行为准则，而父母的任务就是使孩子达成这一目标。

人们普遍认为父母应该对孩子的行为负责。在关于天生还是后天培养的争论中，后天培养论占据上风，这种理论就如沃森所阐述的那样：

> 选择十几个身体健康且发展状况较好的婴儿，将他们置于特定的环境中培养，其中的任何一个孩子，无论他的天赋、喜好、倾向、能力、素质和种族如何，我保证能将他培养成预先设想的某一类人才——医生、律师、艺术家、商业领袖，甚至是乞丐或贼。（沃森，1924，82）

当前的行为主义者没有这种极端的看法，但由沃森提出的行为主义观点影响了早期社会性发展的研究。

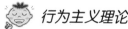 **精神分析理论**

弗洛伊德是精神分析理论的创立者，是一位精神病学的内科医生，曾在维也纳、澳大利亚行医，生于 1856 年，逝于 1939 年。他的阶段性发展理论对早期社会性发展研究产生了重大的影响。与沃森将婴儿视为消极的被塑造者的观点不同，弗洛伊德（1940）认为，婴儿是积极的参与者，内心充满了与社会抗争的本能。父母对孩子爱的逐渐消弭是阶段性发展的驱动力。他认为，所有个体都要经历五个精神发展阶段。他还假设，在发展的每一个阶段，都有某个身体部位（性敏感带）比其他部位更兴奋。根据弗洛伊德的理论，兴奋的来源与社会需求之间存在矛盾，这个矛盾的解决将影响个体的个性发展。

口唇期（oral stage）。这是发展的第一个阶段，从出生一直持续到 18 个月左右。婴儿的兴奋点集中在嘴部，以吸吮、发声和咀嚼的动作来实现，婴儿通过口唇动作来缓解压力。如果婴儿过早或过晚断奶，就可能长时间处于这个阶段。弗洛伊德认为，婴儿也可能吸吮拇指或手指来缓解压力。的确，早期的研究者发现，吃奶少（无论是吃母乳还是吃奶粉）的婴儿会更容易吸吮手指（Goldman & Eisler，1951；Roberts，1944）（行为主义者则会认为那些断奶晚的儿童吸吮手指是后天习得的，并得到了正强化）。弗洛伊德认为，过多或过少的吸吮行为会影响依恋关系。

肛门期（anal stage）。这是发展的第二个阶段，大约始于 18 个月，并一直持续到 3 岁左右，集中表现在排泄功能上。在弗洛伊德看来，在这个时期，肛门周围肌肉的运动可以缓解压力。这一时期的矛盾集中在如何训练儿童上厕所以及训练得过早或过严对儿童日后个性发展的影响（行为主义者可能会认为训练如何上厕所会引起肠或膀胱功能性失调，如引发便秘）。有证据显示，训练上厕所时要求过严与消极心理和攻击性行为有关（Sears et al.，1953）。肛门的特征（定时、定量或排泄量少）是长期训练的结果。

性器期（phallic stage）。这是发展的第三阶段，大致从 3 岁开始，到 6 岁左右结束。这一时期，儿童的兴奋点集中于生殖器。儿童普遍享受自我控制所带来的快感。这个阶段在弗洛伊德的理论中非常重要，而女权主义者则表示非常反对（Horney，1937，1945）。这个阶段的男孩的内心冲突表现为喜欢上了自己的母亲，并有一种强烈地取代父亲在母亲感情中位置的渴望。这种乱伦的欲望通常被称为"恋母情结"（在希腊神话中，俄狄浦斯无知地杀父娶母）。对父亲责罚的恐惧，导致男孩对阉割的恐惧。对同性父母的认同有助于解决这种矛盾。这个阶段的女孩则表现为特别羡慕拥有阴茎，认为母亲应该为此负责，她开始依赖父亲（恋父情结），并在五六岁时通过对母亲的认同化解内心的冲突。如果这些矛盾得不到解决，就容易形成攻击性行为或产生自恋（个体本身是性欲享受的客体）。

图 9-1　根据弗洛伊德的理论，男孩需要通过确认父亲的角色来成功地渡过心理性欲的某个发展阶段

潜伏期（Latency Stage）。这是一个性压抑时期，大概从 6 岁到青春期。这个时期，儿童的精力大多集中在社会性发展和智力发展上。

生殖期（Genital Stage）。这是一个性复苏时期，由家庭外的某个人唤起。与父母之间不可调和的矛盾重新出现。

在这些阶段以外，弗洛伊德（1940）还指出个性发展的三重基本结构，每一重个性结构又有各自的发展基础。其中，最原始的是本我，包括本能与个体精神能量。本我在潜意识中影响着个体对快乐的追求。弗洛伊德认为，婴儿期受本我控制。随着年龄的增长，个体需要适应现实问题，随之产生自我。自我介乎有意识和无意识之间。由于本我是随个体经验发展出来的，因此蕴涵着个体的理性思考。自我能够解决问题/评估风险，并根据有关信息做出理性决策。无论是本我还是自我，都没有包含道德因素。超我或良心是个性发展的最后一重结构。

超我是渐进式发展的，在五六岁左右完成，但此后可能还会发生一些变化。儿童会遭遇并屈服于挫折，父母的要求是一种诱因。这种受挫的情绪容易让儿童心生敌意。而先前遭受惩罚，特别是没人关爱，甚至遭到父母遗弃，这些经历都会使儿童压抑这种情绪。儿童会遵循父母设定的规则和禁忌，继续压抑这种情绪，并获得父母的疼爱。当触犯了某种禁忌（或因被引诱而违反时），他会效仿父母的做法进行自我惩罚。他会认为是自己的过错招致惩罚，甚至是遗弃。所以，为了避免上述情况，儿童会尽量采取符合父母要求的行为，并发展防御机制来控制可能将其卷入麻烦的冲动（Hoffman，1970）。

当弗洛伊德集中研究个性的三重结构发展的同时，鲍尔比（Bowlby，1952）则关注依恋如何影响自我和超我的发展。鲍尔比认为，婴儿依赖母亲来帮助他获取向自我和超我过渡的能力。母亲是其精神状态的组织者。如果母子关系持久而融洽，孩子就会逐渐地自我管理。只要母子关系和谐，就能顺利地过渡。但鲍尔比认为，如果母子关系失调，孩子就会面临自我畸形发展的风险（Bowlby，1952）。他还认为，出生到 2 岁这个时期非常重要。

同鲍尔比一样，埃里克森也很推崇弗洛伊德提出的精神分析理论，但他将精神发展阶段论重组为个体整个生命周期内要经历的不同的社会心理发展阶段。埃里克森的理论将在下一章详细论述。

早期的社会性发展研究

早期关于社会性发展的研究主要以精神分析学派和行为主义学派的理论为基础，这些理论深刻地影响了研究的领域。人们对依恋和依赖关系进行了大量研究，如抚养孩子的技能、性类型、社会化和攻击性行为。

早期关于依恋关系的研究主要集中在母婴关系上。这些研究的对象主要是典型的欧洲中产阶级核心家庭，母亲在家操持家务，父亲在外工作（Crokenberg，Lyons-Ruth & Dickstein，1993）。显而易见，这种核心家庭机构揭示出为何母亲的角色如此重要，父亲的角色则不然。

研究者（Sears，Maccoby & Levin）的经典著作《育儿方式》（*Patterns of child rearing*，1957）集中阐述了父母给孩子断奶、训练孩子上厕所和管教孩子的时机及方式，此外，还探讨了父母该如何应对孩子的性表达和攻击性行为。书中大篇幅地讨论了父母是否应该使用权力的决断方式，包括体罚、没收物品、剥夺特权，或据此进行威胁（行为主义学派），以及是否可以用非权力的决断方式，如断绝亲情（精神分析学派）。

研究者（Baumrind，1967）在另一个经典研究中选取了134名学龄前儿童及其父母，通过观察儿童、亲子互动方式以及对父母进行访谈，描述了父母管教的三种基本类型。

专断型管教——采取严格的管教，包括制订许多规则，并要求孩子严格遵从，通过惩罚或斩断爱抚的方式使孩子顺从。

权威型管教——更加灵活的方式，给予孩子一定程度的自由，但有所限定，树立权威形象，以说理的方式教育孩子。

放纵型管教——放任的管教方式，给予孩子大量的自由，几乎不设置规则，不过问孩子的行为，也无须孩子服从。

她观察到的资料表明，管教类型与孩子的行为方式有关（Baumrind，1967）：专断型父母的孩子比较容易引起冲突和争端——易怒（恐惧、情绪化、消极反抗等）；权威型父母的孩子通常精力充沛而友好（自食其力、兴致勃勃、愿意合作等）；放任型父母的孩子比较容易冲动，攻击性较强（反叛、自制力差、喜欢支配别人等）。

早期理论研究的热点

20世纪50年代，对父母管教方式的研究占主导地位，这种状况一直持续到20世纪60年代。但到20世纪60年代末、70年代初时，有些研究者不认同通过这种视角来研究婴儿的社会性发展。他们的研究领域集中在以下三个方面：婴儿的能力、个体差异和婴儿间的相互影响（Feinman & Lewis，1991）。

行为主义者认为婴儿无能力可言，他们的行为没有受到引导。精神分析学家虽然也认为婴儿没有能力，但解释他们的行为时却说的是因为没有得到正确的引导。对婴儿期甚至是胚胎期个体的感知觉能力和学习能力的研究，使得早期的那些认为婴儿没有能力的观点没了依据，研究者们开始集中研究婴儿的能力。

婴儿的个体差异和发展的多样性越发地引起研究者的注意，将研究的焦点从共性转向个性。研究者（Tomas，Chess & Birch，1968）关于婴儿气质性格的早期研究就体现了这种研究转向。

最后，研究者开始关注父亲角色的作用，并将关注点扩展到所有家庭成员。这是由于人们日益认识到家庭大环境对家庭中的母婴关系的影响，家庭环境还会影响母亲照看婴儿的方式，进而影响婴儿的发展。研究的焦点已经不再以母亲为中心，而是把婴儿的发展放到一个更广阔的视野。因此，研究者开始对父亲的作用产生兴趣，同时也强调祖父母和兄弟姐妹的作用，即关注所有与婴儿有关的人的影响和作用。另外，研究者也开始考察婴儿自身对所有照看者的影响和作用。

那种认为婴儿是有能力的、积极的并且独特的婴儿观，使得婴儿社会性发展的研究更加复杂、研究的主题也更加分散。虽然研究者发现了以前的概念存在偏差，但还是没有找到可以替代的概念。当那些对儿童早期社会性发展感兴趣的人开始转向研究社会心理的时候，研究婴儿的专家也开始转向发展心理学的研究（Feiman & Lewis，1991）。对儿童的早期研究开始转向研究电视、超人和战争在其社会性发展方面所起的作用。在对婴儿社会化的研究进程中，研究者仍然沿着行为主义和精神分析学两条路径进行扩展与丰富，或试图建构另一种分析范式（Feiman & Lewis，1991）。

与其说研究人员致力于探索一种关于社会化的普适理论，不如说他们更倾向于聚焦社会性发展的某一个具体方面，如人际关系或依恋，事实上，他们已经开始向后一个方向迈进了。

人际关系

研究人际关系可以有多种方式。有人通过研究处于人际关系中的不同群体，如成人、朋辈、婴儿和学步儿。毫无疑问，性别和年龄自出生起就开始影响人际关系。有人研究个体间关系的亲疏或联系程度，如婴儿和父亲之间的关系。有人将人际关系的亲疏远近视为从爱情到友谊、从熟人到陌生人（Lewis，1987）。所界定的这些关系可以再细分。此外，当我们将人际关系视为复杂的、处于过渡中的且与当下的社会背景相关时，对人际关系的理解和研究就更不明晰了。

人际关系的发展

　　为了了解人际关系的不同类型，有必要研究一下人际关系是如何发展的。天生的基因会影响日后人际关系的发展，早期的亲子互动的质量也是一个参考。如果关注点是社会互动，研究的问题就是最初的亲子间互动是如何发展成人际关系的。研究者（Lewis，1987）将自我观念的出现视为促使这种关系发展的因素。

　　对婴儿而言，人际关系发展的首要因素是婴儿形成自我区分。最初，婴儿认为自己是母亲的一部分，因此，直到他认为自己是一个独立的个体时，人际关系才开始发展。另一个必要的因素是婴儿形成了自我恒常的概念。这个概念类似于物质的恒常性，即当婴儿看不见物体时也能知道其确实存在，这一概念大概在婴儿8~9个月时形成。当婴儿建立了自我区别和自我恒常两个概念后，就开始意识到不管自己处于何种环境、与何人交往、发生何种互动方式，自己都是一个独立的个体。在这个过程中，"自我—他人"的观念就形成了。这一观念的形成是自我概念其他方面发展的必要条件，并为更复杂的社会认知发展提供了基础。

　　婴儿自我概念的发展都包括哪些方面呢？如果我让你描述你自己，你会说些什么呢？你可能会说你有着红头发和棕色眼睛、20岁、男性等。这种以各种特征界定的自我被称为绝对自我（Lewis，1987）。而这就是我们认识自身的方式，包括性别、年龄、身体特征、能力等方面。学步儿自我意识的觉醒有助于其自我意识的形成。在早期，学步儿对自己的身体特征感兴趣，喜欢在镜子里指出鼻子等特征，然而，尽管他们喜欢欣赏自己，但看着镜子中的自己，可能也会感到不好意思。他们也会担心失去母亲，这表现出他们已经具有自我观念以及与母亲相分离而独立的意识。

　　自我意识发展的一个组成部分就是性别认同。到2岁时，大部分儿童能说出自己是男孩还是女孩，并会使用男孩和女孩这样的语言与同龄人说话。但他们只是通过视觉判断，容易被外表所迷惑。如果一个女孩有一个男孩的名字，并且长得也像男孩子，就会被他们当做男孩。虽然他们意识到了性别，但却没有性别恒常性概念，他们认为性别不是一生不变的（Huston，1983）。但到了3岁，他们就开始明白关于性或性别的典型形象（社会对于不同性别的行为期望），自己的行为也会依照典型形象：男孩会喜欢胡乱打斗、玩卡车和积木；女孩则喜欢家务活、安静地玩洋娃娃（Huston，1983）。2岁的男孩可能会在玩具角玩，但到3岁或更大时，就不大可能了。总体来说，男孩喜欢的游戏比女孩的游戏更典型。鉴于它能为以后行为模式的更新奠定基础，有人认为这种关于性别角色的刻板印象有必要存在（Lobel & Menashin，1993）。

　　明确的自我和"自我—他人"这一概念的发展促使幼儿以不同的方式将自己

第九章　社会性发展

与他人联系起来，尤其是与同龄人。幼儿意识到自己也有需求、需要、愿望和喜恶。当他们认为自己也有这些情感需要的同时，也开始理解其他个体也有这样的需求、需要和感觉，其他儿童也是活生生的个体。在认知理论中，这个过程被称为去自我中心化。幼儿必须克服那种认为自己是世界的唯一的自我中心观，把自己所有的感觉、需求和需要推演到他人身上。去自我中心化对于两种有助于建立人际关系基础的前社会性技能（即同情心和分享观念）的发展是必要的（Lewis，1987）。同情心和分享观念的确立，不仅需要儿童意识到自我，同时也需要儿童意识到他人。

皮亚杰认为，这种观念在学龄前后期才得以发展，而另外有人则认为早在2岁就开始形成了（Lewis，1987）。儿童使用"不"这个词，表现出乐于自治、凡事自己做，这些都可以被视为儿童意识到了自己和他人。

⑳ 依恋

依恋是基于婴儿与成人之间的关系而发展的。与其他有关早期儿童人际关系的研究相比，有关依恋的研究更加具体和深入。有人认为，依恋的发展是儿童早期社会生活中最重要的事。虽然依恋在出生时并不存在，但它却贯穿人类发展的整个阶段的每个过程。这个领域的研究大多集中于母婴关系。

 依恋理论

精神分析理论是大多数早期依恋研究的基础。弗洛伊德认为，母婴关系非常独特，母亲是孩子第一个并且最强烈的依恋对象。另外，这种关系是日后发展爱情的参照。他认为这种关系的基础是吸吮。由于吃奶对婴儿非常重要，所以断奶对母婴关系是一种威胁。断奶过于苛刻或过于仁慈，都不利于婴儿以后人际关系的发展。

埃里克森扩展、修正并重新整合了弗洛伊德的理论。他认为，是互动关系而不是吃奶影响了人际关系的发展，并将其称为"信任—不信任"连续体。他认为，良好的母婴关系促进了基本的信任而不良的母婴关系会导致不信任的产生。他提出的"信任—不信任"这一理论不仅适用于个体之间，而且还适用于对机构是否信任。

弗洛伊德和埃里克森都认为母婴关系很重要，这不仅是因为这种关系本身重要，还因为它是人的一生中各种人际关系的原型。如果没有特殊干预，那些非安全型依恋的人终身注定人际关系会不顺，尤其是婚姻关系和日后的亲子关系。虽然弗洛伊德和埃里克森都认为依恋这个概念处于中心地位，但他们都没有用依恋这个特定的术语来描述母婴关系。

用变革的眼光研究行为学理论会看到，依恋是动物和人类的一种生物性的生存机制。发展较为缓慢的物种需要某种方式保护幼体安全，直到幼体成长到可以照顾自己，而幼体对母体的依恋则为幼体的成长提供了必要的保护。当儿童的行动能力得到较好的发展后，安全的依恋关系就会成为儿童探究环境的后盾（Bowlby，1989）。不难理解，对陌生人的警觉和对离别的抗拒则增加了存活的几率。

当前对依恋的研究深受行为学家著作的影响，主要是鲍尔比（Bowlby）和艾斯沃斯（Mary Ainswoth）的著作。行为学家建议，为了确保生存，幼儿应该学会以下有助于提高自己生存几率的行为：哭、紧紧抓住、呼喊、笑、举起渴望拥抱的双臂、啜泣以及紧跟即将离去的成人，这些行为是幼儿对成人依恋的基础。

如今，这听起来可能并不奇怪，但想象一下鲍尔比首次提出依恋发展过程这一概念时（孩子对母亲关系的本质），前提是依恋的基础仍在发展。鲍尔比的模型是与众不同的，他将依恋行为定义如下："依恋是一种这样的行为，会帮助一个人获得或维持同某一确定个体的亲密度，而这个个体被认为能够较好地处理同世界的关系。"（Bowlby，1989，238）依恋的生物性功能是获得保护，学者们认为这种功能将贯穿个体一生，尤其是当紧急情况发生时。

鲍尔比（Bowlby，1989）设想了两种相关的过程——依恋和探索。安全型依恋的幼儿，无论在哪个年龄段都能够自由地探索环境；对幼儿来说，这些探索在时空上是有限的。安全感是进行探索的基础。当一种紧密的、有同情心的、亲密的人际关系形成后，婴儿就能在安全感和探索的需要之间权衡。高度的安全感能让幼儿自由地探索、全情地游戏。但如果没有安全感的话，幼儿就不能痛快地享受游戏了（Honig，1993）。随着幼儿的成长，和依恋对象的分离时间和距离也会随之增加，幼儿能够成功地实现长时间离开依恋对象。

有效依恋关系的建立需要幼儿了解自身和依恋的对象。他们必须能够判断当环境和条件发生变化时，依恋的对象最有可能作出怎样的反应。将近一岁的婴儿能够掌握周围世界的大量信息，借此形成一个"行为模式"，包括与母亲互动的模式（Bowlby，1989），并运用这些模式计划自己的行为。这个模式越精确、越充分，幼儿的行为就越具有适应性。

依恋的发展阶段

与认知发展一样，人们认为依恋也有如下几个发展阶段。前三个阶段发生在婴儿期和学步儿期（Anisworth，1967）。前三个阶段的界定已获得广泛的共识。鲍尔比（Bowlby，1969）提议，第四个阶段始于幼儿期即将结束时。

依恋的第一个阶段被称为无差别依恋或者无差别的社会反应阶段，这个阶段一般出现在从出生到4~6个月大左右。婴儿喜欢被人抱着、被人亲近，并且喜欢融入社会互动关系之中，对于主要的照看者没有特别的反应，任何人抱着都行，但婴儿会做出指向性行为（追踪、倾听、改变姿势）和信号性行为（哭、笑、发声）。

一旦婴儿能够辨识熟悉的成人（3~4个月大），就开始形成区别性依恋或选择性社会反应。在第二个阶段，儿童的社会性行为会发生非常明显的变化：对陌生人的反应与对某个（或几个）熟人的反应截然不同。他们的视线可能会追随某个依恋对象，当依恋对象离开时就会吵闹，对依恋对象笑的次数比对其他人多。依恋对象通常是母亲，但这并没有生理上的原因，因为依恋关系是通过联系和增加熟悉程度来实现的。

虽然这两个阶段都有许多支持性的文献资料（Anisworth，1969），但研究者对第三阶段的研究还是很有限。第三阶段的研究应建立在对早期依恋行为研究的基础上，这一阶段以婴儿主动寻求亲密关系并与依恋对象接触为特征，被称为主动引导阶段。进入这个阶段要以特定的动机和认知发展为前提。首先，为了寻求亲密关系，婴儿必须具备某种活动能力，达到某种认知水平，掌握物体或人的恒常性概念，大约出现在出生后的第8~9个月。这个阶段很有吸引力，后文将做进一步讨论。

最后一个阶段以目标导向或合作校正目标（goal-corrected partnership）为特征，这一阶段通常出现在3岁左右，以儿童能够理解影响成人行为的因素为标志。由此，儿童就能够以一种较为复杂的方式同成人互动（Anisworth，1973；Lyons-Ruth & Zeanah，1993）。在游戏情境中，儿童能够以较为平等的身份与成人交往，成人可能被当做"宝贝"，儿童则假装要外出工作，并告诉他的"宝贝"，不久他就会回来接他。

积极探索阶段

由于安全型依恋的重要性，研究人员不仅对描述依恋和依恋的发展感兴趣，而且对依恋的测量方式也颇感兴趣。为了能够考察幼儿在积极探索阶段的依恋发展，艾斯沃斯（Anisworth，1963）设计了一种"新异情景"（Strange Situation），实施如下：母亲和孩子（12~14个月大）进入一个陌生房间，房间里有2把椅子和几个儿童玩具，母亲陪伴孩子三分钟后离开，然后有一个陌生人进入房间，停留3分钟，随后母亲再进来，母子重聚（Honig，1993）。研究人员需要对母亲离开之前、离开过程中和离开之后的儿童的行为表现进行观察，重点观察儿童寻求亲密关系、保持联系和消极抗拒等有关行为。从理论上说，一个安全型依恋的儿童在母亲离开时会表现为激烈的抗拒，而母子重聚之后又会对母亲表现得格外亲近。然而，一旦儿童已经形成了安全保障，就会做好离开母亲这个安全后盾的准备，回头独自玩玩具。

有人质疑，当母亲离开或陌生人接近时，儿童的抗拒程度是否可以作为一种测量依恋的方式；争议点在于是否部分地把这些消极反应当做反应依恋的积极指标；还有人甚至质疑，能否将抗拒当做测量依恋的方式。许多人都认为，对陌生人产生恐惧并不是测量依恋的有效方式，因为儿童曾经有过与不同的陌生人相处的经历，托儿所里有许多不同的照看者，而且还会遇到其他儿童的母亲。艾斯沃斯（Anisworth，1973）本人也提出过许多这样的疑问。对陌生人的恐惧与对未知的担心之间的关系，可能比与依恋的关系更大。

现在暂且将能否将儿童遇到陌生人的反应作为判断依据这个问题搁置，还有其他一些值得探寻的问题。其中之一是，从理论角度看，依恋是比较稳定的，即一个 12 个月的安全型依恋的婴儿的行为表现可能会持续到 2 岁；与之相似，在各种环境、各种情景中，依恋应该保持不变，但事实并非如此。艾斯沃斯（Anisworth，1973）解释问题不在于依恋这一概念，而在于对其采取的测量方式。进一步说，更应该把依恋视为一种行为模式，而不是某种特定的行为。

艾斯沃斯阐述了三种幼儿依恋类型：安全型依恋、矛盾型依恋和逃避型依恋。第四种类型，无组织或无方向型依恋也已经出现了（Main & Solomon，1990）。所有幼儿都会对他们的照看者产生依恋，区别在于所产生的依恋是否是安全型依恋，如果不是，会表现出怎样的行为模式？

安全型依恋。当被单独留下时或在熟悉的地方与陌生人相处时，安全型依恋的幼儿会表示抗议，可能会表现为大声哭闹、停止玩耍或不愿与陌生人合作，但当母亲回来时，这种幼儿就会很快恢复平静，亲近母亲，继续玩耍。这种类型幼儿的父母对孩子的表现敏感且反应迅速，在自己所归属的依恋模式中，他们就会感到安全。

逃避型依恋。当在陌生的环境中且母亲离开时，逃避型依恋的幼儿不会表示抗议，也不能立即意识到母亲的离开，而是积极地探索周围的环境，对陌生人表现得很友好。这种表现似乎显得他们很成熟，但很多人都认为这只是一种应对分离压力的策略，而不是缺乏压力，这是一种有计划的自卫策略。这些幼儿的父母比较容易淡化或忽视依恋的重要性，并会以逃避的方式应对负面的影响（Lyons-Ruth & Zeanah，1993）。

矛盾型依恋。这种类型的婴儿对母亲的离开表现得很难过，当母亲回来时会与母亲亲近，但这种亲近往往会表现为一定程度的愤怒。当母亲返回时，他们似乎也不能再静下心来，不会选择继续玩耍。有人认为这种解释夸大了对无反应的照看者的表现。这种类型幼儿的父母对自己的父母也会有相同的矛盾心理，过度陷入依恋关系，而不能取悦父母，他们沉溺于依恋关系中（Lyons-Ruth & Zeanah，1993）。人们普遍认为，逃避型依恋和矛盾型依恋是一种有组织的、一致性的压力应对策略。

无组织/无方向型依恋。面对压力，无组织/无方向型依恋的婴儿缺乏一致性的应对方式。他们的反应可能比较特殊，但大多应用某种方法，并会选择逃避母亲。当感到有压力时，他们缺乏动力来寻求舒适、安全、有组织的应对方式。他们的父母似乎也闷闷不乐，好像经受了一种无法挽回的损失或精神创伤，某些母亲显得比较压抑，甚至口吐脏话、嗜酒成性或患上严重的精神问题（Lyons-Ruth & Zeanah，1993）。

幼儿表现出的依恋类型比其表现出的具体行为更能经得起时间的考验，但对家庭经济状况不好的幼儿或母亲在外工作的幼儿而言，依恋的形成并不是那么一帆风顺。母婴关系似乎需要重新议定，进一步的研究将会关注依恋行为及其分类。在这一点上，既有人认为依恋对于长期人际关系的影响很重要，也有人对此持相反的态度，并质疑依恋的测量方式。

依恋与早期保教

一些研究人员认为，对低龄幼儿进行早期非母性保育可能会干扰依恋这种人际关系的发展。他们认为，这种情况下的幼儿已经在内心形成了以不安全型和逃避型依恋为特征的反应模式。虽然相关资料的显示并不完全一致，但大致表明：如果婴儿在一周之内、20 个小时以上都是由非母性照料者照顾的话，那么他很可能会形成非安全型依恋。有关依恋类型的资料虽然不是很明确，但却明显显示出逃避型依恋发生率日益增高这一事实（Barton & Williams，1993）。

虽然对父婴依恋关系的研究较少，但是研究结果却趋于一致，不过研究对象仅限于父亲与男孩之间的依恋关系。一周待在托儿所的时间超过 35 小时的男孩，父子关系很可能属于非安全型依恋（Belsky & Rovine，1988；Chase-Lansdale & Owen，1987）。研究者在详细研究幼儿的特征时发现，在幼儿教育机构中，男性和困难型幼儿之间容易形成非安全型依恋（Belsky，1988；Belsky & Rovine，1988）。

这意味着什么？有人认为，频繁的分离会让婴儿感觉母亲是不可接近的。但这并不能解释有关婴儿与父亲之间关系的资料。因为在实例中，父亲每天都外出工作，而且也不能说明下述事实：大多数（65%）由母亲以外的照料者照顾的婴儿的母子关系是安全型依恋（Barton & Williams，1993）。为了解释这些数据，研究人员开始将家庭纳入研究。

总之，文献表明，职场妈妈和全职妈妈与孩子的亲子互动的影响差别不大，且已发现的差别也自相矛盾。几乎没有证据可以表明某种类型的母亲比另一种更优越（Barton & Williams，1993）。研究人员没有系统地研究母亲的心理变量，可能考虑到职场妈妈的压力比较大且劳累，当她们回到家中与孩子相处时，无法对孩子照顾得很周到。如果婴儿没有形成安全型依恋，可能与托儿所无关，而是与母子共处时母亲没有照顾好孩子有关。因此，更重要的是母亲与孩子在一起度过的有效时间，而不只是共处的时间长短（Clarke-Stewart，1989）。

与那些对父母中的一方形成安全型依恋、但对其他人是非安全型依恋的儿童相比，与双亲的依恋关系都是非安全型依恋的儿童在处理社会性或情感问题时，可能面临更大的困难。只对母亲有安全依恋感的儿童比那些只对父亲有安全依恋感的儿童的能力似乎更强一些（Belsky，Farduque & Hrncir，1984）。也有资料表明，对母亲没有安全依恋而对代替照料者有安全依恋的儿童，比那些对母亲和替代照料者都没有安全依恋的儿童，社会性的发展更好。当儿童在高质量保育中心被照看时，比较容易形成上述情况。这些保育中心的儿童数与成人数的比例较小，且成人对儿童需求的反应更为及时（Howes et al.，1988）。虽然也有研究证实，高质量的保育可能会在长期之内改善婴儿期形成的不安全感型依恋造成的后果，但是对母亲有不安全依恋的儿童更有可能被送入保育质量较差的保育中心（Howes et al.，1988）。

图 9-2 我们对父亲及其他男性照看者与婴儿的关系了解得很少

替代性照料似乎与婴儿的非安全型依恋比率居高有关，这种相关性的显著程度远不如这种照料方式与婴儿长期适应能力的相关程度。有人声称，母亲以外的照料者与婴儿日后社会性适应不良有关，尤其与攻击性和反抗性行为发生率增长有关。这方面的资料较少，结论不统一，且采用的研究方法论制约了调查结果的普遍性应用（Barton & Williams，1993）。

有人可能会问："我们提出的问题合适吗？"我们需要知道，婴儿和学步儿的依恋类型与母亲或母亲以外的照料者在哪些方面相关、前提条件是什么、影响结果的变量有哪些（Barton & Williams，1993）。照料质量，而非婴儿是否在保育中心，更为重要。

儿童的依恋观

从儿童的视角来看，形成依恋的目的是能接近依恋对象。他会使出浑身解数，与依恋对象建立依恋关系或保持联系。人们经常研究分离情境中的依恋，即在特定的时间把儿童单独留下，观察并评价他的反应。儿童一般都会经历多种类型的分离，从父母中的一方工作而只能和其中一方在家，到只能与临时保姆在家，或与某个成年亲戚在家。当儿童进入托儿机构时，也经常会发生分离的情形。

所有儿童在分离时都会产生某些反应，有的哭闹，有的想要母亲留下，有的想回家，有的则表现出一些实际的行动，有的在进入托儿机构时就很犹豫，当父母离开时，就会跟到门口；有的看起来很沮丧，而有的则会随身携带日常依恋的物品或化解分离焦虑的过渡性物品（transitional object）（Gottschall，1989）。可根据儿童在实验中的分离情境下出现的反应来判断其依恋类型。在日常生活的自然分离情景下，要运用我们掌握的有关依恋的知识，为儿童提供一定的支持。

儿童想要拥有预测能力，对他们身处的世界有所预期。父母在离开之前告诉儿童将要发生的事，会形成一种儿童在分离时的反应模式；有些父母想悄悄溜走，以避免出现分离反应，这样的做法可能会使儿童产生更强的分离焦虑（Powell，1989）。即使那些最初没有分离焦虑的儿童，在另一种情境下可能又会出现分离焦虑，例如，弟弟、妹妹出生或父母在周末时外出。

儿童能够通过与成人一起玩象征性游戏来化解分离焦虑，这类游戏包括实物消失或被藏起来、继而又出现等。这些游戏带有令其敏感的指导语，可帮助儿童面对被遗弃所带来的恐惧，涉及的主要话题包括父母是否要回来，在离开的时期里会由谁来照顾儿童。在这两点上，儿童需要父母一再地保证。

象征性游戏也为儿童提供了宣泄分离后情绪的机会。许多儿童认为，是因为自己"不好"，父母才会把他们送到保育中心。父母可能会在无意之中告诉儿童，他们长大了，所以应该去托儿所了。但儿童可能会坚持这样的观点（因为长大了，所以就不带玩具等东西），以此作为一种化解分离焦虑的方式。告诉儿童"只有把他们送到保育中心里，父母才能工作"，这种方式能起的作用很小，而且并没有解决儿童所关心的事或澄清其持有的错误观念。

许多儿童用过渡性物品作为一种缓解分离焦虑的方式。当儿童依恋成人时，日常生活中的某些东西也被赋予特定的意义，甚至成为儿童的情感纽带（Jalongo，1987）。这种过渡性或依恋性物品能给儿童看得见、摸得着、闻得到的舒适感觉。瞌睡或晚间就寝时，儿童通常需要格外的安全感，这就是毛毯成为过渡性、依恋性物品的原因。依恋性物品对学步儿最为重要，这种需求在两三岁时达到高峰。当儿童遇到新状况时，这些物品能方便地给他提供心理慰藉（Jalongo，1987）。教师应该认可儿童对依恋性物品的需要。这种物品不能分享，当将其放到抽屉时，儿童就会不时地打开看看，就像一个有安全型依恋的儿童看他所重视的成人一样。

依恋性物品可帮助儿童比较轻松地度过过渡期，为儿童探求世界提供一种家的安全的感觉。成人对这些物品的不屑一顾会更增加儿童对它的依赖和对失去它的恐惧。随着儿童自信心和能力的增长，这种需求会得到缓解。当儿童逐渐适应一种新环境时，他就会愿意用自己家里看得见的物品来替代依恋性物品。人们应该鼓励儿童把照片作为家庭的替代物带到学校，而不是依恋性物品。

那时，问题就变成了对依恋型物品的依恋什么时候会不明显。与发展的其他领域所运用的原则一样：持续时间、情感强度以及情感的痛苦程度。

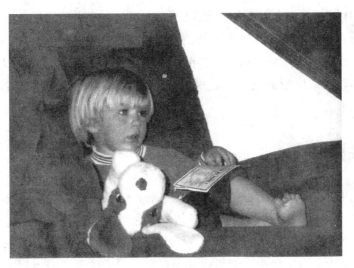

图 9-3　当幼儿生病了或感到沮丧时，依恋性物品就变得更为重要

 敏感期

依恋的一个方面是把握时机。如果依恋的目的是为了生存和学习社会性互动，是否存在最适宜形成依恋的时间就成为一个问题。研究人员划分了敏感期和关键期。关键期是这样一个固定时期，发生在生命初期，受生理变化的影响，能产生长期影响，但持续时间较短，这是一段"此前和以后都再也不会发生了"的时期。发生在关键期的"印刻"在文献中可以查证。鹅的"印刻"是其中一个例子（Lorenz，1965）。小鸡（孵化后 12～14 小时之内）跟随在关键期时出现的生物，多于跟随之前或之后出现的生物。因为大多数鸡在那个时候会看见母亲，它们会

记住母亲的形象并跟随它。但如果当时它们看见的是另一个生物，如一个人，它们将跟随这个生物，就好像跟随自己的母亲。即使以后母亲在身边，它们仍然会跟随最初跟随的生物（Lorenz，1965）。

受关键期这个概念的影响，敏感期这一概念的内涵也有所调整，即敏感期能够持续较长一段时间，有一个事半功倍的最佳发展时期。依恋的发展不存在关键期，因为其发展需要积累一定知识，时间跨度（出生后的 18 个月内）较长，并且依恋发展的前提条件可能会有变化。但许多人认为婴儿期是安全型依恋发展的敏感期（Bowlby，1952），如果婴儿没有形成安全型依恋，或在埃里克森（1989）的道德发展框架内没有形成信任感，那么他日后的社会心理发展就将面临危机。

如此关心依恋发展的原因之一是，安全型母婴依恋关系与儿童以后能否健康成长有较大的关联。安全型依恋的儿童更容易接纳自己的弟弟妹妹（Volling & Belsky，1992）。这类儿童更可能成长为社会性发展较好且有安全感的学龄前儿童。学龄前时期，非安全型依恋的儿童表现出较多的行为问题（van der Boom，1990），但这并不意味着安全型依恋的儿童没有行为问题。人们更关心，社会性互动较少或感情淡漠的家庭中的非安全型依恋的儿童到何时才能真正生存并成长起来。

非典型性社会性发展

有些婴儿没有与成人形成安全型依恋，对社会性刺激的反应不符合人们的通常普遍预期。他们易怒、不易安抚、不喜欢亲密关系，甚至可能会退缩。信号指示系统的发展障碍会影响早期依恋发展。这样的婴儿可能会一直哭闹，撕心裂肺，拒绝他人安抚性的身体接触，无视成人的安慰，与人的目光交流很少，不愿进行社会互动，通常被称为困难型婴儿。婴儿如果表现出上述一种或多种行为，就会让父母或者照看者觉得婴儿不喜欢他们。他们就不会再愿意照看这个婴儿。那么，成人与这样的婴儿之间就很难形成安全型依恋。

很难确认和检测儿童是否有非典型性社会性发展。在对适宜性行为和非适宜性行为进行主观性界定的基础上，才能做出判断（Peterson，1987）。另外，还要考虑文化背景与抚养方式的差异。

人们普遍认为，非典型性社会发展的首要标志是幼儿尝试掌握基本的发展技能和社会性反应，包括幼儿何时感到不舒服、何时不理会陌生人或继续表现出恐惧、何时不理会成人，这些反应都预示了幼儿的社会性发展。非典型性社会性发展与典型性社会性发展之间的区别在于：上述这些行为在什么时候会经常性或持久性地表现出来，并且这些行为是否会在不应该发生的时候出现，尤其是过了这些行为预期的发生阶段时。

 依恋失调

性格内向或缺乏社会性互动的幼儿更容易形成非适宜性依恋。他们可能会表现得暴躁或行为古怪。社会性的反应有限，这类幼儿与成人或同龄人之间不能形成适宜的互动模式，对社会刺激也不能出现人们普遍预期的反应。而当成人或同龄人倾向于忽视或厌烦他们、不愿与他们互动时，上述行为的相继出现会导致他们更加自我封闭。

依恋与看护者的照料行为中存在的问题也相关。在依恋的发展中，看护者起着关键的作用：心情郁闷或压力较大的母亲很难对婴儿的暗示作出反应，如果有所反应，则反应方式也并不适宜。大概50%～70%的妇女会患产后忧郁症，通常出现在产后第10～14天（Still，1994）。如果不加以注意，就有可能进一步发展为忧郁症或精神病，因为这可能是精神病的前兆。婴儿期的早期，儿童与看护者的分离也会影响依恋的形成。困难型依恋的儿童面临极大的紧急情况时，会表现为性格内向或对环境缺乏社会性互动，需要持续的安抚。

使新生儿适应也需要复杂而有效的职能培训。一些家庭不能很好地使儿童适应，那些不能准确地预期儿童行为和发展的家庭会发现，要使儿童适应很困难。那些有能力预测和"预演"即将到来的发展变化的看护者比起那些没有此项能力的看护者而言，对儿童技能的发展能够起到更好的支持作用。压力大的看护者——不管他们压力的来源——会发觉使儿童适应也是非常困难的；资源较少的家庭，无论是财政方面的、社会方面的还是教育方面的资源，也会发现要使儿童适应非常困难。

适应是一个互动过程，婴儿本身能够提高需要适应的量。由于某种残疾或母亲怀孕、劳动或分娩时的并发症，那些早产的、出生时体重过轻的婴儿通常给予成人的提示不太清楚，并对看护者反应较少。很明显，最不堪一击的情况是婴儿与看护者同处危机中的时候。

那些精神不在状态或敌意较强的母亲，其孩子很可能是属于不安全依恋型的。假设年幼儿童遭受过体罚，那么他们就会对依恋感觉焦躁不安；而精神有障碍的儿童对依恋则比较逃避（Honig，1986）。对依恋有焦躁不安情绪的儿童，攻击性、挫败感普遍较强，会有比较多的负面情绪。研究人员证明，这些母性行为除了会对儿童精神产生不良后果外，还会使儿童的发展或者智商呈危险的下降趋势：母亲有精神障碍的一些儿童，在9个月大时他们的智商平均值是118，而到24个大时，已经下降到 87 了；那些有过体罚经历的儿童，在 9 个月大时智力发展的平均分是 121，而到 24 个月大时，就已经下降到 83 了（Honig，1986）。非常明显的是，这些对待婴儿的方式产生的影响是普遍性的、毁灭性的。

 ## 不正常的社会性发展模式

解释儿童的社会行为需要根据其发展水平和具体的情况。某些行为仅仅存在且适应于发展的某些阶段，当儿童经历过某些阶段、接受新信息之后，他们的行为通常发生变化，以至于旧的行为消失，新的行为取而代之。对陌生人的恐惧往往出现在 8 个月左右，但是随着儿童后来的安全感和信任感的发展，这种恐惧往往会被更合适的社会技能所代替。

有研究者（Peterson，1987）列举了几种普通因素，可能会有助于区分正常的和不正常的社会化行为方式，包括：

- 这些行为出现的环境。
- 这种行为出现以及继续出现的年龄。
- 这种行为出现的密度，过量还是不够？
- 这种行为的持续时间。
- 别人能改变这种行为的尺度。
- 这种行为干扰其他领域发展的程度。
- 这种行为干扰其他人生活的程度（Peterson，1987，226）。

父母抚养儿童的类型与他们之间互动的类型，能够明显地影响儿童的社会性和情感发展，能够影响儿童社会化技能和人格的发展。影响儿童发展的与父母有关的因素包括：放纵的程度，父母对儿童表达生气、挫折和高兴这些情绪时的反应方式及气氛，父母对成绩的期望，父母管教的程度，父母对儿童情感反应的度以及管教的类型（Peterson，1987）。

 ## 伤害及其对发展的影响

除了那类单纯关注虐待和忽视儿童的文学作品之外，为了构建一种发展框架结构，运用它来研究儿童处于危险时的社会状况，费肯豪（Finkelhor，1995）提出了"伤害（victimization）"的概念，他需要在一种发展的框架结构内建立一种可以理解社会精神创伤的方式。

建立一种关于儿童的不适当对待的类型学是人们最初的动力。根据国家统计的数据，不适当对待被分为三大类：普遍性的、严重性的和惊人的。普遍性的伤害在大多数儿童的成长过程中都会发生，然而并没有得到公众或专业人士的注意，这包括来自兄弟姐妹或同龄人的攻击以及父母的体罚。比起被绑架，儿童更有可能被其他人袭击，事实上，由于发生的频率和对他们日常生活的影响，儿童对这个更为关心（Finkelhor & Dziuba-Leatherman，1994）。对于那些待在儿童保教机构里的儿童来说，来自同龄人的袭击的可能性会更高。然而，我们很少考虑到这一点。严重的伤害，涉及的儿童较少，包括体罚、忽视与家庭诱拐。最后，惊人的伤害，涉及的儿童更少，但是得到了高度的关注，包括谋杀、虐待儿童和非家庭性的绑架（Finkelhor & Dziuba-Leatherman，1994）。

儿童成为暴力受害者的比例非常高。根据国家关于家庭暴力的调查（Straus，Gelles & Steinmetz，1980），儿童成为严重暴力事件（痛打、踢打、用拳头或实物捶击）受害者的比例是成年人的两倍。随着兄弟姐妹和同龄人袭击年幼儿童事件的频繁发生，似乎有必要对这个领域格外关注（Finkelhor & Dziuba-Leatherman，1994）。

儿童在成长和发展的过程中，会获得或者失去一些特性，这些特性会让他们面临受到伤害的危险。由于年幼儿童必须依靠成人才能满足基本的需要，因此，他们往往会在较大儿童不易受到伤害的方面受到伤害。在伤害当中，最明显的与依恋有关的形式就是忽视（Finkelhor，1995），父母应该对这个负有主要的责任（Sedlak，1991）。其他人也会意识到忽视这个问题，但是照顾孩子仍然是父母的主要责任，而且即使有父母监管，年幼儿童也是儿童虐待、谋杀、绑架的受害者。

对年幼儿童受到伤害的后果的评估不同于对成人的评估。成人在受到伤害之后，会普遍表现出精神创伤后期的压力特征，持续时间相对较短，而且受到影响的主要是与这些经历有关的行为。年幼儿童也表现出诸如害怕、梦魇、逃避电视上的暴力画面、害怕与冒犯者相像的人以及害怕回到伤害发生的地方（Finkelhor，1995）。几乎所有的精神创伤的情形都会导致恐惧感的日益上升。除了受到传统的创伤后期压力综合征外，对儿童实施的不恰当对待会打乱他们正常的发展过程（Shirk，1988）。

对于发展中的问题虽然应该具体分析，但是伤害的确会导致不良依恋的产生（Cicchetti & Lynch，1993）、与其他人有关的问题、与同龄人的不良关系（Wolfe & Mosk，1983），而且会时常攻击同龄人而不知悔改（Friedrich，Beilke & Urquiza，1988；George & Main，1979），以及会出现应对压力和焦虑的问题（Briere，1992）。

研究伤害的学者都把儿童时代发展目标的中断作为理解脆弱性的基础（Mac-Donald，1985）。婴儿时期最主要的社会化任务是形成对主要看护者的依恋，然而看护者辱骂儿童等伤害方式干扰了这项任务的正常进行，结果会导致不安全依恋的形成，并且这种不安全依恋感会影响以后发展的阶段和其他的人际关系（Cicchetti & Lynch，1993）。这可能会导致分泌系统和神经系统上发生生理变化，将对一系列的认知和行为发展产生永久性的影响（Putnam & Trickett，1993）。

当儿童长大、能够表示精神抗议时，他们就形成了一种游离能力，具体表现诸如：幻想、寻求精神玩伴和否认他们已经做过的事情（Putnam，1991）。当学龄前儿童把游离作为一种防卫机制并且形成一种慢性游离症时，这就可能出现失忆、发呆的倾向与听力或视力上的幻觉，此时儿童就会成为受害者。

儿童认知发展的水平会对伤害产生影响。认知上的鼓励（总是被肯定的儿童）可能会改善伤害产生的影响（Rutter，1988），人们相信，在儿童身上它会起到与在成人身上不同的作用，因为儿童的认知能力不成熟，不能客观地评价所有情形，因此，父母能够重构那段经历和行为，缓解一些负面的影响（Kendall-Tackett，Williams & Finkelhor，1993）。但是如果父母参与了伤害的话，这种影响就不好消除了。

非常极端的情况是，儿童会得反射性的依恋无序症，这与总体上的变态照顾有关，这种照顾无视儿童身体上和社会性/情感上的需要。儿童会表现出下列两种反应中的任意一种：他们变得比较压抑并且不能作出社会性反应，或者是感觉不到压抑、不分青红皂白地形成依恋（American Psychiatric Association，译作美国精神病学协会，1994）。

发育不健全

发育不健全是现代社会衰弱的表现，或者是衰弱的等价物，而不是由于儿童生理上的原因造成的。由于父母心理不健全，儿童可能会拒绝进食或饮水以及拒绝社会互动，体重显著下降，以致不得不介入医疗，包括静脉注射。如果营养不良的状况每年持续 6 个月以上，对儿童产生的影响就不可能得到纠正了，并且这会影响到大脑的正常发育（Marzek，1993）。

发育不健全的主要原因是儿童没有获得足够的食物。在大多数情况（70%）下，儿童不能进食，并不是由于身体上的原因，其中 50% 是由于疏忽大意，只是简单地喂饱儿童是不够的；另外的 20% 比较偶然，主要是由于错误的餐饮习惯引起的。当儿童长到 2 岁左右的时候，就不太可能发育不健全了，因为他们能够自己索要或者自己在家里就可以找到食物了（Marzek，1993）。

成人与儿童之间的互动

社会性发展是一个互动过程，需要儿童与成人的共同参与，并对彼此作出反应。

社会性参考

　　社会性参考是一个人运用另一个人对情况的解释作为其认知基础的过程（Feinman，1992），它是一种积极的交流方式，经常发生在这样的情况下：一个儿童遇到不确定的情况，向他信赖的成人求助，希望他能给出一个情感表示以解决这种情况（Emde & Buchsbaum，1987）。对年幼儿童来说，这降低了日常生活的压力。例如，儿童可能对一种打开盒子即跳出一个小丑的玩具盒感到惊奇或害怕，但是一个聪明的成人可能会做出一个奇怪的夸张的表情，问"你看过小丑吗"，然后向儿童解释清楚应该对这种新体验作出何种反应。

　　在生命的前 6 个月期间，婴儿会传达出感情上的信息，看护者可以根据这种信息满足婴儿的需求。在 1 岁以内的后半段时间里，婴儿会利用成人的表情面对未知的情况，熟悉的成年搭档的面部表情会给婴儿提供信息。到 1 岁末的时候，婴儿会把成人的面部表情作为社会化参考的方式，遇到陌生情况时，婴儿会向成人求助，然后决定是否要接近。如果成人看起来比较慎重，婴儿就不大可能接近。儿童通常会变化着运用社会性参考意见，安全依恋型的婴儿可能会比较多地运用这些行为，而且通常会向那些善于表达感情的成人求助（Camras & Sachs，1991）。

 婴儿的讯息

　　显然，婴儿不能控制自己的世界，他们自己不能获得食物或更换尿布。为了改善环境，婴儿需要向他们的看护者发出一些讯息，然而，他们并没有掌握许多能发挥作用的行为，他们依靠诸如睡觉、哭闹、警觉、饥饿、改变身体姿势、烦躁以及其他讯息。有些婴儿发出的讯息清晰、易懂，其他婴儿发出的讯息则模棱两可或者令人迷惑，使看护者作出恰当的反应比较困难。人们比较容易看懂婴儿眼皮变重、打哈欠、搂抱然后入睡的表现，而对那种睁着眼睛、看起来清醒，但是被抱起来之后则烦躁不安、随后才能入睡的婴儿，想要弄明白他们则并不容易。早产儿与那些身体有残疾的儿童的早期反应比较迟钝，想明白他们发出的信号也比较困难（Hussey，1987）。

对婴儿讯息的反应

　　看护者必须能够明白婴儿的讯息，才能满足婴儿的需要。在对儿童讯息的反应上，有些人比其他人更敏感，然而，这是一项可以通过后天学习来掌握的技能，因此，即使那些天生对此不敏感的人也能通过了解这些行为讯息的具体含义来提高这方面的能力。婴儿用某些讯息表示烦躁，如啼哭，看护者必须明白烦躁的信号，并要决定采取何种恰当的行为来减缓这种烦躁，也就是，考虑一下婴儿是否需要改变姿势、进食或者拥抱。

成人的反应越快、越准确、越敏感，婴儿就会越快地舒适起来（Honig，1993）。压力较大的看护者对婴儿的反应可能不是很敏感；对压抑的看护者，婴儿也会作出反应并且可能也会表现出郁闷的情绪（Honig，1986）；有些看护者认为，对婴儿的要求作出迅速反应会把他们宠坏，而且他们的要求会越多。这种观点是不对的，而且事实恰好相反：当看护者对婴儿作出的反应比较快的时候，婴儿甚至开始期待这种反应，并且一看到看护者可能就会停止哭泣，因为他知道他的要求会得到满足。

为了婴儿的健康，减轻他们的烦躁非常重要，然而，这仅仅是照顾婴儿所面临的挑战中的一小部分。成人需要同婴儿玩耍，对其要求作出反应，培养社会互动以及鼓励他们认知，这需要看护者有更多的适应，而不仅仅是解决他们面临的困难。

 连带社会化

当成人对儿童的讯息作出准确的反应时，互动就会发生，然后，儿童辨别成人的反应，以便于他能够修正行为。婴儿会用哭的方式给看护者提供讯息，看护者把婴儿抱起来，搂在怀中，然后更换尿布，婴儿于是停止哭闹并可能闭上眼睛；但如果婴儿对看护者没有任何反应，那么成人想要适应婴儿就不大可能了。而且婴儿并不是每一次都有反应，同样，看护者也不是每次都能准确地看懂婴儿的讯息。然而，如果由于婴儿或看护者的原因，二者的互动出现不合适，那么这种互动关系就令人担忧了。

婴儿与成人之间互动的顺利发展是几个因素共同作用的结果，包括：婴儿的性格，婴儿的交流提示或信号，成人反应的类型、个性、技能以及在抚养婴儿过程中的情感投入。婴儿社会化行为的发展是这些因素综合或互相起作用的结果：一个脾气暴躁的婴儿，如果有一对冷静、细心的父母，那么他也有可能会成为一个相对安稳的学龄前儿童；但是一个脾气暴躁的婴儿，如果有一对专断的、粗鲁、不温柔的父母，则可能就会成为一个有情感障碍和社会行为问题的儿童。

理解这种互动关系的另一个架构就是维果斯基的最近发展区理论，根据他的理论模型，儿童把成人当做了解自己的世界的向导，成人的作用就是帮助儿童在自己已知的与未知的情况之间找到联系。对年幼儿童来说，这种架构可能包括建立模型、区分物体与事件的口头标记、判断情况的非口头的感情线索等。年幼儿童是非常聪明的观察者，能运用社会化参考意见作为了解信息的有效途径。

起先，在构建一个概念理解的模型上，年幼儿童需要许多遍的重复。如果成人与年幼儿童正在玩球，成人可能先给儿童看球的样子，慢慢地滚动，然后鼓励他们自己滚，同时嘴里说着："你想玩球吗？""你能滚动这个球吗？""这个球是红色的。球是圆的，并且是红色的。"一个人想要掌握一个代词时，对这个词的重复使用，无论是口头的还是非口头的，都是十分必要的。随着儿童对球的特性的了解和掌握，在构架上的重复使用会渐渐失去作用。因此，成功依赖于成人适应儿童改变世界的能力。

父亲的身份

在 20 世纪 90 年代，父亲的身份是一个热门话题。专业和通俗文学把父亲刻画成一种新的形象：在以儿童为中心的活动中，他们积极参与，责任感日益提高，并且花费了大量的时间和精力（Palkovitz，即将出版），这种父亲的新形象被冠以"参与型父亲""高期望值父亲""全职父亲"，或者简单地说就是"新型父亲"（Griswold，1993；Lamb，1986；Palkovitz，即将出版）。同时，公众中也充斥着关于游手好闲的父亲的故事，他们无视父亲的责任，成为"好爸爸—坏爸爸"的形象（Furstenberg，1988）。格瑞斯沃德（Griswold，1993）认为，新型父亲的形象主要是一种中产阶级现象，代表着男性为了适应妻子的职业而形成的一种生存策略，以此补偿他们养家糊口能力的下降。另外，这种"好爸爸—坏爸爸"的形象被种族和社会阶级的变化因素弄混了，学者们往往集中研究贫穷的非洲裔美国父亲，而没有研究中产阶级的非洲裔美国父亲，因而强化了他们在公众中的硬派男子汉的形象，这种男人经济上不负责任而且也不管孩子的生活（McAdoo，1986）。

关于家庭中性别角色应该平等的讨论并不意味着父亲一定要更多地照顾小孩子（Lewis，1987）。尽管父亲有许多花言巧语，但是似乎并没有总体性的证据可以证明父亲与母亲在同等地照顾小孩子。在孩子出生前接受采访时，夫妻俩告诉研究人员，他们希望母亲照顾孩子的时间应该是父亲的 2 倍，然而，孩子出生后 3 周，在照顾孩子方面，母亲所花的时间是父亲的 4 倍（Palkovitz，1992），虽然母亲的准许可能会说明某些区别，但是照顾孩子看起来不可能平摊任务。

研究者（Lamb，Pleck & Levine，1987）发现了 4 种可以理解父亲参与度不同的关键因素：动机、技能、母亲的支持以及文化和制度方面的扶持。动机就是父亲照顾孩子的欲望，然而仅有动机是不够的，随着他们运用技巧同孩子发生互动的自信心的提高，男性还需要技能与敏感度。父亲参与照顾孩子的水平也与支持、尤其是母亲的支持有关，但这里存在着母亲实际想要父亲在多大程度上参与的问题，这可能也与父亲缺乏技能领悟力有关，也可能是因为母亲觉得自己在这个领域有绝对权威而且不想放弃；或者与态度和价值观有关，在这一领域，中产阶级的文化价值观正在发生明显的变化。第四个因素与制度性的实践有关——父亲工作的需要，有人可能希望当母亲有工作时，父亲更多地参与照顾孩子，然而，父亲参与的水平与母亲的职业地位和工作计划并无明显的关系（Marsiglio，1991）。

对父亲与孩子进行的研究表明，父亲与孩子玩闹和互动的方式同母亲迥然不同：母亲倾向于在常规的照顾行为上（如换尿布和喂食）花费较多的时间；然而，待婴儿长大一点时，父亲则更多将时间花在体力活动等的行为上，更可能跳跃、挠痒痒、与孩子玩比较费力的滚翻游戏。然而，父亲之所以为人父，并不是因为天生能力欠缺，作为人父的本质远比性别更为重要（Griswold，1993；Starrels，1994）。有些研究发现，孩子更喜欢选择父亲作为玩伴（Lamb，1973）。

孩子比较大时，父亲会更多地照顾孩子，并且他们在常规料理活动上花的时间较少，而玩耍、探索性的活动则较多。父亲和母亲与孩

图 9-4　同孩子玩闹时，父亲与母亲迥然不同

子进行不同的互动活动非常重要，他们共同照顾孩子可以促进孩子发展。虽然研究恋父情结的比研究恋母情结的少，但是有一点是非常清楚的：孩子也会依恋父亲，并且父亲也会被孩子依恋，而且也会是聪明的看护者（Lamb & Oppenheim，1989）。

除了父亲对孩子的直接影响外，父母彼此相互学习、支持也会有间接的影响。母亲观察、模仿父亲与孩子积极互动的方式，反之亦然。当父亲积极地参与照顾活动时，母亲会感觉到来自家人的莫大支持；反过来，也会同孩子互动得更加积极、有效。

兄弟姐妹

在儿童的社会化方面，兄弟姐妹的作用也很重要。小孩子会依恋兄弟姐妹，尤其是小孩子会依恋较大的孩子（Lewis，1987），兄弟姐妹的关系是持续时间最长的家庭关系。由于兄弟姐妹的性别、年龄、相间的年龄以及家庭与文化预期的因素，他们能发挥各种各样的作用。兄弟姐妹拥有共同的父母和环境，因此，儿童有关共享和轮流的早期经历经常发生在与兄弟姐妹相处时。儿童通过观察和模仿稍大点的兄姐能够学到许多技能，而且他们通常也会成为较大儿童的玩伴。

虽然兄弟姐妹的关系有着正面的影响，但是更为有趣的是，研究更多地集中在这些关系的负面影响上，受到普遍关注的一个领域是后面的孩子对第一个孩子的影响。第二个孩子出生，父母的注意力、时间、精力必然要在两个孩子之间分割，尽管如此，第一个出生的孩子依然比后出生的孩子得到更多的关注。关于认知能力的变化，有些研究表明，由于弟妹的出生，儿童的智商首次出现下降，但在弟妹出生一年后这种下降消失（Feiring & Lewis，1982）。然而，也有研究发现，不管出生顺序如何，有弟妹的孩子比那些没有的更为聪明（同是第三个出生的孩子，有弟妹的比没有弟妹的孩子更为聪明）。一些人猜测，教育弟妹的机会是一种积极的认知经历（Lewis，1987）。

许多对兄弟姐妹的研究集中在家庭结构的变化因素上，比如，用性别、出生的顺序解释兄弟姐妹社会化过程中的相似点与不同点，近期的许多研究已经开始把兄弟姐妹之间的关系看做家庭内部的微观环境。研究人员列举了兄弟姐妹关系中的四种不同经历来解释他们社会化的不同：（1）父母不同的照看方式；（2）与其他兄弟姐妹的不同经历；（3）同龄人间的不同经历；（4）经历的不同的生活事件（Bussell & Reiss，1993）。

这项调查似乎得到了研究结果的证明：父母对家中每个孩子的反应不同，并且孩子们也感觉到了这种不同；小孩子紧紧地观察父母与兄弟姐妹之间的互动，并且对这些互动作出反应。与其他的兄弟姐妹相比，受母亲管教比较多或者得到母爱较少的小孩子可能会比较忧虑或压抑（Dunn & McGuire，1994）。

父母照顾孩子的方式会随着时间而变化。经过长期的研究，达恩与莫克盖厄（Dunn & McGuire，1994）指出，虽然对单独一个孩子的管教方式可能会随着时间发生变化，但是对 2 岁孩子的管教与对他的兄弟姐妹 2 岁时的管教是相似的，因此，基于孩子年龄的管教可能是相同的，而不是根据以前的想法。而且，虽然我们觉得父母对每一个孩子的表现不一样，但是我们需要根据孩子的年龄来考虑父母管教方式的适当变化，而不是笼统的整体上的一致，这可能也是孩子认为父母对待他们与兄弟姐妹不同的原因。

当孩子长大或需要进入儿童保教机构的时候，可能会遇到与自己没有关系的同龄人，他们之间的互动通常不同于与兄弟姐妹之间的互动，因为他们年龄相仿。

儿童之间的互动

儿童之间的互动经常发生在婴儿的早期阶段，但是婴儿并没有必要的社会或运动技巧参与彼此间的互动。到 6 个月大时，他们会非常有兴趣地观察彼此，并可能会朝他们做手势或说话，但是直到能够脱离成人而安全地活动时，他们之间更多的社会互动活动才真正开始。

早期的社会活动大多围绕着玩耍之类的游戏，而且随着年龄的增长，他们之间的游戏等互动活动的质量、类型和水平开始提高。研究人员对这个过程非常着迷，米尔德里德·帕腾（Mildres Parten，1932）构建了一个至今还在用的游戏发展等级范畴。

 ## 游戏的分级

帕腾的游戏分级是以儿童社会化的参与水平和游戏本身的组织水平为基础的，他看到了游戏中存在的社会化的发展成果，但也注意到，即使稍大点的儿童在不同的时期也会处于不同的社会化参与水平上。

出生后的前两年，儿童会无意识地玩、作为旁观者玩耍或者玩独自游戏，需要成人也参与游戏，因为他们不能独立地游戏。伴随着机动性与认知能力的发展，儿童自主性游戏的长度与质量也随之提高，早期的游戏集中于对材料和环境的感性探索上（见表9-1）。

表9-1　帕腾的游戏等级范畴

水平	定 义
无意识行为	并不是普通意义上的玩耍，而只是观看对之有瞬间兴趣的活动或者摆弄自己的身体。
旁观活动	只是看着别人玩，可能会同正在玩的儿童谈话、向他提出疑问或者给他出主意。
独自游戏	同玩具游戏，这不同于同其他儿童玩耍，和其他儿童没有口头上的交流。
平行游戏	一群儿童各自玩着相似的玩具和东西。
联结游戏	与其他儿童一起玩，所有人都参与同样的活动，但是没有组织性或角色分派。
协同游戏	以团体的形式参与游戏，这个团体是为一定的目的——达到一定的目标或扮演成人的生活——而组织的；比较正式的游戏也属于这个范畴；其中有明确的劳动分工与对集体的归属感。

资料来源：帕腾（1932）的研究。

大概 18 个月的时候，许多儿童开始有兴趣观察其他儿童，但是这个时候的互动最少。在这个阶段，儿童把其他儿童看做物体而不是人类，可能会对他们推拉、捏、打或者咬，对某些儿童来说，这种行为可能会持续 30 个月或者更长时间。大概 24 个月的时候，除了继续玩独自游戏外，儿童还经常参与平行游戏，此时，儿童还没有准备好参加协同游戏，他们仍旧参与独立性的游戏活动，但是这些活动经常在靠近其他儿童的地方进行。儿童密切观察彼此的游戏活动，并会普遍模仿游戏中的动作。

在帕腾的平行游戏和联结游戏中，霍斯与马西森（Howes & Matheson，1992）注意到了某些变化：在平行游戏中，儿童不仅使用相似的东西，而且也变得比较社会化，并能用眼神彼此交流，随着交流的增多，儿童可以彼此笑笑、说话，可能会交换玩具，将这种游戏升级为一种简单的社会化游戏。儿童希望在同样的游戏中玩同样的玩具：在积木区，两个儿童用同样大小的积木修筑道路；而在整个游戏活动中，他们各玩各的，互不干预。伴随着年龄的增长，2岁的儿童可能会在小型团体中同其他儿童玩，但是他们远远还没有达到那种协同游戏的水平。

与帕腾不同，斯密兰斯基与舍费塔（Smilansky & Shefatya，1990）对游戏的定义不同，他们也集中研究儿童的发展，但将更多的兴趣放在游戏的认知方面，他们以皮亚杰关于认知发展的思想为基础，他们概念化的游戏发展与帕腾的社会化互动水平相吻合。从斯密兰斯基和舍费塔的理论框架来看，如果在其他人附近或者与他们一起，儿童就能够独自参与机械性、建设性或扮演性的游戏（Rubin & Howe，1985）。见表 9-2。

表 9-2　游戏分类

水平	定义
机械性游戏	动作重复，看起来比较好玩并涉及实物（咔哒咔哒地响、倒出来再装进去等）。
建设性游戏	用物体或材料制作或创建某种物体（摆一个迷宫、使用橡皮泥、画画等）。
扮演型游戏	假装性的游戏，可能有也可能没有小道具，并且通常只需要一个角色（假装吃/喝，扮演家庭成员，用布娃娃等）。
规则型游戏	需要遵守特殊的要求或可能涉及竞争的活动（简单的面板上的游戏、球类游戏、捉迷藏等）。

资料来源：斯密兰斯基与舍费塔（1990）的研究。

随着游戏的发展，儿童社会化活动的互动对象从看护者转移到同龄儿童身上。机动能力与认知能力的同时发展，可以分散他们的注意力，也就是，把精力分散到物体的多个方面，这就允许儿童在一种社会背景下同时玩弄玩具和其他物品。渐渐地，儿童学习着与同龄人发展相互关系。象征性游戏的发展与所预期的一致。

假装的能力可能出现在大概 1 岁的时候（Fenson & Ramsey，1980）。成人脑中的前假装状态比儿童要多，当 1 岁儿童躺在床上时，成人可以说"噢，你正在睡觉，我最好安静些"，然后踮着脚出去了。根据维果斯基的最近发展区理论，这与象征性游戏有点沾边（Gowen，1995）。起初，当儿童假装梳头或喝杯中水的时候，这种行动只针对儿童本身（自我欺骗），经过几个月，假装的能力超出了自身（欺骗他人），这时，儿童可能假装给布娃娃梳头发，或者甚至让布娃娃拿着梳子假装给自己梳头发。

象征性游戏发展的一个重要方面是儿童的替代性行为的参与能力，也就是，儿童能够把一个物体想象成另一个，如一块汽车积木（实物替代品）。简单的替代品的能力（汽车积木）出现在儿童大概 24 个月的时候，双重替代品的能力（汽车积木与一系列汽油软管）稍后出现（Gowen，1995；Trawick-Smith，1991）。

大概 2 岁时，儿童能将想象中的东西和实物结合起来并运用到游戏中去；但是，他们需要真实的物体作为支撑，他们能够想象茶叶，但是需要将之倒入茶壶和茶杯中。儿童能够运用实物替代品的不同形式（积极代言人），他们赋予物体生命，不仅仅喂养玩偶，还扮成玩偶，回应它们说："真令人讨厌！"木偶、玩偶以及填充性的玩具对象征性游戏的出现起了非常大的支持作用（Gowen，1995）。

随着象征性游戏的发展，儿童的游戏会更加完整，用不同的东西（与顺序无关）重复一个动作，使得游戏更加完整（Gowen，1995）。他会给不同的玩偶喂食或者假装让玩偶给自己喂食。他假装把饭放在一个盘子里，然后吃或者倒茶，再喝，这发展成有关的行为（与顺序有关），大概 15 个月的时候，这些次序开始出现，并且频度与复杂性随之提高（Gowen，1995）。向儿童提出关于游戏的问题是提高复杂性的一种方式。计划性行为在让儿童变得老练方面起着非常重要的作用，到 4 岁时，计划就成了游戏的一个重要方面，在实际做之前，儿童首先要考虑一下他们要做什么并将怎样做。

参与象征性游戏需要认知能力作为支撑，对精神发育迟缓儿童的研究发现，精神年龄小于 20 个月的儿童没有参与过象征性游戏（Hill & McCune-Nicholich，1981）。即使能参与，与其他儿童相比，这些儿童也普遍表现得比较机械（假设游戏以他们的日常经历为基础），缺乏创造性。

斯密兰斯基与舍费塔（Smilansky & Shefatya，1990）指出了扮演型游戏与社会化扮演型游戏之间的区别。在扮演型游戏中，儿童扮演一个角色并在真实或想象物品的帮助下模仿一个人，对儿童而言，这些角色普遍与自我有关，所以他们经常扮演自己的母亲或父亲。社会化扮演游戏涉及某种类型的主题，并且至少有其他一个儿童参与（Smilansky，1968；Smilansky & Shefatya，1990）。当儿童从 2 岁长到 3 岁，他们也从以自我为基础的游戏转向了虚伪的游戏，开始参与与分享主题有关的游戏，比学龄前时期的游戏更为复杂。

促进亲社会行为

社会化一直被认为是儿童时代早期发展任务的核心，直到 20 世纪 60 年代，强调的重点开始转向认知能力的进化。儿童时代早期项目的目标是，促进亲社会化行为与儿童—儿童社会化互动的健康发展，亲社会化行为包括帮助、给予、分享以及表示同情、善良、感情和对别人的关心（Wittmer & Honig，1994）。但对于许多项目而言，亲社会行为不再是核心目标。

由于各种原因，对亲社会行为的担心开始上升。一些研究人员发现，攻击性和不服从的日益上升，可能与从婴儿时代开始的对儿童全天候的保育有关；也有人担心有关战争和超级英雄等游戏的影响（Carlsson-Paige & Levin，1987），并且想研究一下这种游戏是怎样发展的、为什么连年幼儿童都爱看；对于儿童经历的暴力事件数量的上升，全社会也普遍关注（Osofsky，1993/1994）。

自从 1984 年美国联邦通讯委员会（the Federal Communications Commission）放松了对儿童电视的管制之后，人们开始普遍担心电视上的暴力画面。儿童平均每天看 4 个小时的电视，低收入家庭的这个数字上升到 6 个小时（Miedzian，1991）；与其他节目相比，专为儿童设计的节目不大可能出现长期的负面影响（其中 5% 也可能会），而且它们通常以幽默的方式刻画暴力（67%）（National Association for the Education of Young Children，译作全美幼儿教育协会，1996）；许多人担心儿童通过看电视而形成的价值观。当电视没有为儿童选择合适的节目时，人们担心，儿童将了解到的是世界充满危险，敌人到处存在，为了人身安全必须携带武器，而不是帮助儿童树立一种信任和安全的感觉（Levin & Carlsson-Paige，1994）；电视所刻画的自主普遍与战斗和武器使用有关，而不是帮助儿童形成一种自主与彼此联系有关的印象，相反，无助和利他主义则与联系有关；其他人的担心则围绕赋权、功效、性别认同、多样性认同以及道德与社会责任等（Levin & Carlsson-Paige，1994）。其实，电视本身并不坏，我们需要用发展的框架考察电视节目的适宜性；儿童也需要调整花在电视上的时间，年幼儿童需要在自己的世界里花更多的时间。

儿童对分享、轮换、拥有这类观念不断表示抗拒，而促进亲社会行为的教师尤其认同这些行为："你和卡尼尔轮流使用这个书签，我觉得很高兴！"评论应该是具体的，然而，亲社会化的目的应该变成内心的标准，而不应该只注重外在的奖励。那些强调合作而不是竞争的节目有利于促进亲社会行为的产生（Honig & Wittmer，1996）。

为了促进亲社会行为的发展，成人应该经常鼓励儿童站在另一个儿童的角度上考虑问题，尤其是在一个儿童伤害了另一个的情况下："你把她打哭了，如果想让她感觉好些，你应该做点什么呢？"这既指出了行为的后果，又可以帮儿童明白，做什么事情可以使得另一个儿童感觉好些。儿童在采取亲社会化的实际行动之前，需要准确地判断另一个儿童的情感状态（Honig & Wittmer，1994）。大多数儿童都会安慰难过的同龄人（Howes & Farber，1987），然而，挨过责骂的儿童对此则比较消极或以生气作为回应（George & Main，1979），在发展亲社会行为方面，感情脆弱的儿童尤其需要支持。为儿童选择一本亲社会化的文学书籍，可能是促其发展的一个起点（Honig & Wittmer，1996）。

亲社会行为不是偶然发生的，必须通过学习才能形成。亲社会行为的模式化为儿童的发展定了基调，给予儿童选择权会深化他们的亲社会行为，同样，让他们了解其他儿童的存在和感受，也有利于促进其亲社会行为的形成。

小结

社会化从一出生就开始了，主要围绕着生活中人际关系的建立、维持以及角色定位上，社会化为同成人及同龄人之间以后的互动奠定了基础。行为主义和精神分析理论为早期的社会化提供了理论基础。早期的社会化研究集中在诸如抚养孩子的技能、定性和社会化等方面，随着对婴儿知识基础的积累，学者开始质疑这些理论的有效性。

目前主要研究这些人际关系之间的关系和发展状况。在社会化方面，依恋是一个必要因素，自出生以来，婴儿就有促进依恋发展的行为，但是他们需要成人对形成安全依恋感所表示的支持，并不是所有儿童都能对主要看护者形成安全依恋。有些婴儿因为本身的原因没有表现出对其他人的依恋，而有的则是因为主要看护者照顾得不够。有些婴儿表现出逃避型依恋，其他的则是自相矛盾型的，不过，也有的形成了无组织/无方向的依恋。婴儿不仅依恋他们的母亲或者主要看护者，而且也会依恋父亲和兄弟姐妹。现在的研究日益开始注意父亲、兄弟姐妹和文化的作用，以及婴儿与看护者的连带社会化。

不是所有的婴儿都表现出普遍的社会化，由于婴儿行为的自然变化，不规则的社会化也很难判断出来。依恋和儿童的不适当对待问题仍是人们关心的重点，婴幼儿不仅要经历短期性的问题，而且也要面临发展的中长期性的危险。

当婴儿长大，他们社会化互动对象的范围也超出了家庭，扩展到了同龄人。这种互动以游戏行为为基础，当儿童学会象征性游戏时，他们与同龄人的互动也日益增加，玩耍变成了社会化的基础。随着年龄的增长，这种互动的复杂性开始，而日益复杂的互动则需要儿童自我意识的发展。

实践活动

1. 当你把 6 岁的孩子送到儿童保教机构而自己去工作时，请你解释一下该怎样帮助孩子形成安全型依恋。

2. 运用维果斯基的最近发展区理论来解释，在一个假设型游戏的情况下，你将给孩子提供哪种类型的成长支架？

3. 思考一下你对父亲的期望——照顾婴儿的动机、技能以及对照看婴儿的支持程度。想好你的决定，然后同一名男性讨论一下他的期望。比较一下你们的期望，并分析原因。

4. 与一位母亲讨论她的孩子看电视的数量和类型，注意她表现出的关心的问题。这与项目的发展适宜性有关吗？

第九章 社会性发展

在幼儿发展研究的各个领域中，与关于语言发展和认知发展的研究相比，针对情绪情感发展的研究是较少的，甚至与社会性发展的研究相比，也是如此。很多教科书将情绪情感发展与社会性发展联系在一起，统称为情绪情感和社会性发展。社会性发展和情绪情感发展相关联，且情绪情感的发展需要处于社会情境中，这一点是毋庸置疑的。然而，如果将情绪情感与社会性发展联系起来，就会弱化情绪情感发展与认知、语言及其他领域发展之间的特定联系（Hyson, 1994）。

与其说是因为人们认为情绪情感的发展不及其他领域的发展重要，倒不如说是因为人们对于情绪情感发展领域知之甚少，这也反映出该领域研究的复杂性所导致的研究过程的复杂性。然而，近些年来，人们开始意识到这一领域的重要性，并增加了研究的兴趣。研究的焦点是情绪情感健康的幼儿。人们对情绪情感发展日益浓厚的研究兴趣主要是基于以下几点：将情绪情感发展视为发展的一个动因；关注婴幼儿阶段保教环境对其发展的影响；贫困对情绪情感发展的影响；很多新组建的家庭所面临的压力；这些条件对婴幼儿发展产生的累积性效应。

与情绪情感发展有关的理论

直接关注情绪情感领域发展的理论很少。因此，我们对情绪情感领域发展的理论基础和认知理解更多地来自一般性的理论。早期，很多关于情绪情感领域的想法并非以发展为导向，而是更多地涉及情绪情感的评价、情绪情感的表达、情绪情感的成因，或是不同阶段与情绪情感相关的生理事件（Lzard & Malatesta, 1987）。

关于情绪情感发展的各种理论并非毫无关联，但不同的理论的关注点确实不同。在任何情况下，显而易见的是，描述情绪情感及其感受比对情绪情感进行界定要容易得多。到底有多少种情绪情感？其中哪些又是最基本的情绪情感？幼儿最初体验到情绪情感是在什么时候？由于对以上这些问题无法达成共识，不同的研究者对情绪情感都有各自的界定。一些研究者关注情绪情感外显的特征，特别是面部表情，他们通过观察儿童外显的面部表情来判定其内心的情绪情感；一些研究者关注情绪情感的认知性方面，并将研究聚焦于移情；另一些研究者则关注情绪情感的生理表现和心率；还有一些研究者研究有关情绪情感的主观经验。

社会心理发展的心理分析理论

埃里克森的研究涉及心理分析理论，为理解情绪情感发展奠定了基础。他拓展并重组了弗洛伊德的心理分析理论。埃里克森提出了一个阶段性发展理论，指出每一个阶段都依赖于前一个阶段的发展，并为下一个阶段的发展做铺垫。这些阶段是一系列发展中的社会心理危机。顺利渡过这些危机就能对社会情绪情感的发展产生积极的影响。表10-1描述了这些阶段。

表10-1　社会心理发展的冲突

年龄	社会心理发展的冲突	成功解决的途径
婴儿期	基本的信任　VS. 基本的不信任	希望
幼儿期	自主性　VS. 羞愧、怀疑	意愿
学龄前	主动感　VS. 内疚感	目的
学龄期	勤奋　VS. 自卑	能力
青少年期	身份认同　VS. 角色混乱	忠诚
成年初期	亲密感　VS. 孤独感	爱情
成年期	繁殖　VS. 停滞（创造力感——自我专注）	关心
老年期	正直　VS. 绝望、厌恶	智慧

资料来源：埃里克森（1989，49）的研究。

埃里克森构建的心理分析模式所固有的冲突与社会心理危机有关，而非源于弗洛伊德所提出的唤起情欲的地带。埃里克森认为这些危机更多地反映了个体成长和发展的社会情境。每一阶段危机的顺利渡过都能增强个体品质或"自我"的基本力量（埃里克森，1989）。如果未能顺利渡过危机，那么个体的心理就会产生退缩，并且其今后的心理发展也会受到威胁。这样，如果个体在婴儿期没能发展起信任感，那么在幼儿期就很难建立起自主权。当婴儿哭泣时，如果成人能及时地给予回应，那么婴儿就能建立起一种信任感。但是，如果他们大哭时而没有人回应，一段时间后他们就很难再产生信任感。

埃里克森将婴儿期自我或称自我概念的建立，视为婴儿在基本的信任和不信任之间的挣扎。从发展的角度讲，信任的建立必须通过及时的回应和细致的照顾来实现。在某种程度上，这可以与心理分析理论下的吃奶和断奶相对比，即婴儿过早或过晚断奶都会对其在各方面的发展产生影响。信任感的发展与希望的发展相关。"希望，可以说，是纯净的未来；如果很早就被信任感所笼罩，如我们所

227

第十章　情绪情感发展

知，无论是在认知上还是在情绪情感上的期望就会隐退。"（埃里克森，1989，61）如果未能发展起信任感，婴儿就会胆怯并丧失希望。埃里克森对于在弃婴养育院里的婴儿死亡的解释是婴儿可能没有发展起信任感，对其身处的环境产生退缩的心理，因此尽管医疗条件很好，但他们仍然因失去希望而死亡。

在幼儿期，焦点转移到学步期发展的独立性和自我选择的自主性的建立上。这个阶段以学步期幼儿自主性与羞愧感、怀疑的抗争为特征。学步期的幼儿在自由选择和自我约束之间徘徊。幼儿在做他们想做的事（冲动使然）和按照社会接受的规范行事（强制性）的抗争中发展了自我的意志。幼儿"从依赖口腔逐渐到依赖肛门收缩的天性，再到一定程度上的自我控制"（埃里克森，1989，60）。

尽管心理分析理论和社会心理理论的作用大不如前，但二者却对幼儿期的研究产生了巨大的影响。幼儿期强调自我发展的技能以及在学步期完成任务后获得的成就感和胜任感。同时，人们十分关注那些以羞愧来迫使学步儿顺从的看护者以及这种管制方式对学步儿发展的影响。

在游戏期，或称学龄前，当幼儿与父母在游戏的气氛中一起玩时，第三种心理冲突就显现了。自主和羞愧向两个相反的方向冲击着幼儿的内心。解决这种冲突的正面方法在于意愿。如果该阶段的冲突不能正面而有效地解决，就会酿下日后精神紊乱的祸根，如歇斯底里，就根源于这个阶段（埃里克森，1989）。

差异情绪情感理论

差异情绪情感理论主要基于卡罗尔（Carol）及其同事所做的工作。该理论的基本假设是，将影响神经系统的化学物质、具有表现力和个体经验特点的情绪情感作为人类行为的最根本的驱动力。一些情绪情感具有特定的适应性作用，作为人类基本的情绪情感。兴趣让婴儿学着了解这个世界，感到恶心后就不再吃了，露出痛苦的表情以获取他人的照顾。像作为附属研究的理论基础的行为学一样，差异情绪情感理论强调情绪情感存在的价值，并对此进行深入研究。

差异情绪情感的理论家们坚持认为，情绪情感是关键的基石，同时在所有人类重要行为的发生和发展进程中也起着组织与激励的作用（Izard & Malatesta，1987）。他们指出了支撑这个理论的 7 项基本原则。

原则 1　与基本情绪情感相关的面部表情有一些基本形式，人们可以预见这些表情，并且这些表情具有适应性。

面部表情是特定面部肌肉运动导致的面部发生的变化，体现出特定的情绪情感。通过身体的变化所体现出来的情绪情感是对情绪情感的一种综合表达，也构成了表达情绪情感的神经肌肉。它是天生的，但可以在后天改变。出生的时候会呈现出三种面部表情：兴趣、恶心和疼痛（Izard & Malatesta，1987）。愉快，表现为社会性微笑，大约在婴儿1个月大时出现。这种微笑的出现会鼓励婴儿进行社会性交往。大约在婴儿7个月大时，生理成熟就会引起惊讶、悲痛、恐惧和愤怒的这些情绪情感。这些情绪情感对婴儿具有标志性的意义。

婴儿不仅通过面部表达情绪情感，还运用整个身体来传达他们内心的感觉。一个快乐的婴儿不仅面带笑容、眼睛明亮，还能大声地笑，如人所愿地活动四肢（Hyson，1994）。而害羞的学步儿则会把注意力转移到地面，吮吸大拇指。一个胆怯的学步儿会"一动不动"。随着年龄的增长，这些肢体动作信号可能会发展为标准的成人化的表达方式，如举手击掌、竖起大拇指。声响和音色也会传达情绪情感的信息。

构成这一概念的一个假设就是表情与感觉之间有一种天然的和谐，即婴儿的面部表情是其内在情绪情感的精确表征，二者之间是一致的。当婴儿感觉痛苦时，他的面部表情会表现出这种痛苦。同样，当感觉很高兴时，他的脸上也会出现相应的表情。

原则 2　情绪情感系统能够独立地运行。因此，随着婴幼儿的发展，其情绪情感系统和认知系统之间的交流与依赖会变得更加复杂。

由于神经系统的日渐成熟和与社会环境的互动，情绪情感外显的行为在作用与形式上都会发生变化。儿童逐渐学会控制情绪情感的表达。他们还会对他人的行为所暗示的含义作出反应，并学着利用这些行为暗示。

原则 3　由于自身的成熟和与周围环境的互动，婴儿逐渐从呈现与生俱来的表情发展到有节制、有控制地表达。

新生儿表达他们的内心状态，但并没有什么能力做更多额外的事。自我控制最初是一种让自己冷静和放松、并不受外界环境影响的能力。随着年龄的增长，人们可以预期情绪情感的变化。一个可能让一个2个月大的婴儿感到痛苦的事件，也有可能引起一个12个月大的婴儿出现或愤怒或恐惧等更为具体的反应。可预见的变化包括：频率、范围、谨慎和表达的完整性（Izard & Malatesta，1987，513）。随着婴儿的成长，负面的影响会逐渐减少，也就是说，感到恶心和痛苦的时间会逐渐减少，相应地，会出现更多的积极的情绪情感，特别是好奇和微笑。

情绪情感的控制能力会渐进地发展，但情绪情感的不同方面的发展并不平衡（Hyson，1994）。在兴趣的引导和自我管制能力的作用下，婴儿逐渐学会如何控制自己的情绪情感。兴趣促使婴儿实地探索周围的世界，这对他是一种激励。但如果周围的环境充满了各式刺激，他就可能运用自我控制的能力，通过选择性地转移关注点来掌控自己，如辨认出看护者的脸，聆听充满爱抚的声音，回应他人的轻拍和摇晃。

婴儿会学着自我安慰。许多近 1 岁的婴儿有了自己独特的自我安慰方式。1 岁左右的婴儿会做一些有意识的、自发的情绪情感控制训练，甚至会有意加强或减弱情绪情感的表达（Hyson，1994）。婴儿还会学着对情绪情感表达作出反应。

婴儿的情绪情感不具有连贯性，但随着时间的推移，当情绪情感控制能力进一步增强时，他们会有更多的不同情绪情感的交融。表现出来的复杂的表情则传递出复杂的情绪情感，或者企图掩饰某种特定情绪情感。有迹象甚至表明，2 岁左右的幼儿能够用一种社会性微笑掩盖其他的情绪情感。然而，通常，他们微笑时并不能完全控制自己的面部表情来隐藏所有的负面情绪（Izard & Malatesta，1987）。

原则 4 婴儿的表达和感知具有与生俱来的一致性。但伴随着婴儿的成长，表达和感知之间的关系会更具有可变性。

差异情绪情感理论的假设是，当婴儿出生时，其表达和感知之间就建立起一种内在联系，即一个婴儿内心的感觉和他如何表达这种情绪情感是一致的。婴儿的任务之一就是要学会分解这种联系，并管理好自我的情绪情感表达。婴儿完成这一任务的能力是认知发展和社会交往的结果。在每天的生活中，婴儿花相当多的时间学习管理情绪情感的表达。随着身体所有技能的增长，他们会为了自己的得失或者不伤害别人或者逃避惩罚，而隐藏自己的情绪情感。当其他人受到伤害时，他们会学着表现出悲伤，甚至在他们并不喜欢那个受伤的孩子时。当已经过了自己的次序或者等待自己的次序时，他们也会学着控制愤怒。

原则 5 情绪情感表达的社会化导致了对情绪情感的控制。

婴儿的面部表情影响着看护者，相应地，看护者的表情也会影响婴儿。这些表情有助于通过匹配和移情作用来传递情绪情感，促进社会交往。当婴儿学着对自己的情绪情感加以控制时，就意味着他们将要开始与家庭和社会文化的习俗发生冲突。很多控制情绪情感的规则都具有文化特定性。在社会化的进程中，幼儿学会表达、转换、控制或者隐藏自己的情绪情感。在这种学习中，幼儿要学着依从于所处的更广阔的文化背景中有关情绪控制的规则。社会化中的某些方面具有性别特定性。

原则 6 人一生中的情绪情感—感觉是不变的，但是这些情绪情感的诱因和发展顺序会随着儿童的发展发生改变。

虽然情绪情感的发展随着年龄的增长而变化，但情绪情感—感觉并不发生变化。疼痛感大概是其中最好的例子。不管是接种百白破疫苗的婴儿的哭声，还是一个晚期病人的禁欲承诺，疼痛始终是一种感觉。然而这种感觉的诱因和表达是不一样的。疼痛、恶心和恐惧这些感觉发生之前具有暗示性的征兆，能使一个人平安地终其一生。一些人认为，移情作用也应该作为一种基本情绪情感被加以重视。移情作用符合作为利他主义行为基础的具有革命性意义的标准。这一点对人类来说自然是有价值的。因而，助人行为的表现虽然不同，但在所有年龄段都会出现（Izard & Malatesta）。因为情绪情感本身是稳定的，所以通过重复，婴儿会学会辨别情绪情感，如快乐和悲伤。情绪情感也许是构成"自我"的第一要素。

研究者（Izard & Malatesta）区分了情绪情感—感觉和情绪情感的外现。通过面部表情传达的情绪情感通常不太复杂。所以我们不能假定，当一种情绪情感的外在表达消失时，相应的情绪情感也不在了。一种情绪情感的持续过程非常复杂，包括认知和身体的生化反应过程，在这个例子中，还包括特定的荷尔蒙和神经递质。

随着年龄的增长，幼儿对情绪情感的回应方式也会增加。经历过恐惧的婴儿会试图逃离或避免类似的情形。稍大一点的学步儿会试图运用语言来化解恐惧。一个幼儿对着嘲讽自己的同龄人大喊："你吓唬不了我！"则表明他在用一种更复杂的方法来摆脱恐惧。

原则7 面部表情与情绪情感表达的一致性有助于儿童建立情绪情感—认知关系和情绪情感—认知结构。

差异情绪情感理论把情绪情感视为语言习得和认知发展的首要动力。与之类似，在理解和语言方面的发展又促进了幼儿情绪情感发展的复杂性及灵活性。

这一原则表明儿童建立的第一个情绪情感—认知结构是积极的情绪情感反应和看护者的面部表情之间的联结。通过生活经验，与情绪情感相关的心理结构得到发展，面部表情就成为情绪情感的一种外现形式。正是这一系列的表达—情绪情感之间建立的联系，帮助儿童识别了自己的情绪情感，这种联系从字面上可以理解为一种因果序列。随着认识的增强，儿童能够识别、体验、控制这些情绪情感，最终为己所用，并影响周围的环境。

 情绪情感发展的阶段和里程碑

格林斯潘（Greenspan，1985）界定了情绪情感发展的6个阶段，或者说是情绪情感发展的重要里程碑。这种界定可以被视为基于阶段的理论，阶段或者说里程碑之间有重叠的部分。儿童在经历某一特定阶段的同时，也在探索着情绪情感发展的另一个阶段。格林斯潘没有像前人那样，将情绪情感发展阶段之间的差别作为分类标准，如皮亚杰的认知发展理论；相反，该理论把一个阶段的结束视为进入下一个阶段的开始，整体上呈现一种持续性。

在母亲的子宫里经历了大约 9 个月的黑暗后，婴儿来到了一个充满感官刺激的世界。在婴儿情绪情感发展的第一个阶段或称情绪情感发展的第一个里程碑中，有三个重要的条件：能沉静在这种刺激之中，厘清各种感官体验，并积极地探索这个世界。正是这种探索让婴儿过渡到第二个阶段。婴儿一定会对他身处的这个崭新的世界中的声音和景象感兴趣，并从中发现乐趣。第三个阶段的婴儿将会更加深入地认识人类世界，此时，他身边的事件不仅要激起他的兴趣，而且还要更加充满诱惑性、愉悦性和刺激性。处于第三个阶段的婴儿的年龄在 3 ~ 10 个月之间，他们想要和周围的世界进行互动。这个阶段的婴儿希望得到父母的回应，并展开持续的互动。他们想要发起和回应互动。在互动过程中，他们的情绪情感是外显的，比如，高兴时会笑，生气或抗议时则表现得不愿意放弃，紧紧握着小手或者流泪（Greenspan & Greenspan, 1985）。

婴儿在 10 ~ 12 个月前后，开始进入第四个阶段。婴儿可以把细微的感受和社会行为联系起来，并能预测即将发生的更加复杂的行为模式。在这个阶段的中期左右，即处于学步期的儿童，就已经具备了更复杂的行为能力。处于该阶段的儿童在行为上能表达出好恶之外的复杂情绪情感。如果他想要一个玩具，但自己又拿不到那个玩具，就不会再用哭喊来表达这种自己的期望得不到满足的情绪情感，而是把注意力集中到自己希望得到的东西（如玩具）上，并会为此谋划一些有意的行为（比如，抓住妈妈的手，并用妈妈的手指向他想要的玩具），当他通过自己的一系列行为得到想要的东西后，还会表现出一种满足感（玩弄玩具）。他能意识到物品的象征意义，同时也认识到物品对于人们的作用。如果把一个电话放到他的手里，他会拿着电话说话。他也能识别有生命的物体和无生命的物体之间的差别，以及两者的不同作用。上述的行为都发生在幼儿 2 岁之前（Greenspan & Greenspan, 1985）。

在情绪情感发展的第五个阶段，学步儿在认知发展方面获得进步，开始对周围世界形成初步的概念。这个阶段的儿童能够从理解某个物体的作用发展到在自己的头脑中假想某个物体。他能在头脑中想象父母或宠物的样子，也可以进行假想游戏，甚

图 10-1 现在幼儿能够分清楚什么是现实、什么是假装，并且喜欢想象游戏

至可以做梦。但是，他很难区分梦境和现实（Greenspan & Greenspan，1985）。

处于情绪情感发展的第六个阶段的儿童能够区分假装和现实，因为此时他们能够根据自己的想法进行游戏，展开计划，乃至预测。他们可以借助情绪情感来丰富自己的观念。除了一些基本的诸如快乐这样的情绪情感之外，他们具有更强的好奇感，且对自己的能力有一定的认识，并能表达同情和爱心。3岁的儿童希望进行更复杂的情绪情感对话（Greenspan & Greenspan，1985）。

用语言表征感觉到的事物是情绪情感—认知发展的又一个里程碑。学步期的儿童在1岁时就开始表征自己的情绪情感，1岁半时，大多数儿童都在这方面发展了相当多的技能。3岁的儿童已经熟谙情绪情感乃至情绪情感的因果关系方面的知识。

格林斯潘相信儿童和成人一样，由于情绪情感收放的限度，在情绪情感的不同领域达到的程度也不同。也就是说，儿童也许表现出令人温暖的信任感，但他却无法控制或断言。儿童可能在情绪情感各个领域都有较好的表现，但却在某个特定的领域会有退步。当然，也有一些儿童不能达到情绪情感各个领域的水平，他们不知道如何与他人交往，因而经常独自玩耍。他们也许会通过一些攻击性行为或以发脾气的方式来发泄自己的沮丧之情。这是他们唯一的表达方式，因为他们从来不表露或宣泄自己的积郁。如果儿童总是不能达到情绪情感发展各个阶段的里程碑，那么就可能导致接下来的情绪情感发展阶段受阻（Greenspan & Greenspan，1985）。儿童早期情绪情感的培育和发展是确保其情绪情感健康发展的最佳途径。

情绪情感发展的定义

与该领域的其他专业人士相比，依泽德（Izard）及其同事以及格林斯潘对情绪情感的界定所做的贡献更多。

"情绪情感是一种体验到的感觉，能够刺激、组织及引导感知、想法和行动。"（Izard，1991，14）

"……情绪情感，能够影响神经系统的化学物质，具有个体表达性和经验性，是人类行为的基本动机，且每种基本情绪情感都有其特定的适应性，其中包括在发展过程中扮演组织的作用。"（Izard & Malatesta，1987，494）

"……情绪情感被视为一种由多种因素构成的、复杂的、主观的经

验，包括生理方面、表达方面、认知方面和组织性方面。情绪情感也具有高度的个体化、主观性的意义。"（Greenspan & Greenspan，1985，7）

上述评论指出情绪情感能够促进发展，并实现一种有序发展。这就使得有关情绪情感的研究不仅仅局限于面部表情以及心跳速率。

鉴于相关理论对于情绪情感的分析视角的复杂性，我们有必要将这些理论的相通之处应用于儿童发展领域。以下的主题贯穿了所有的理论。

 ## 发展的各个领域是内在关联的

为了理解发展的含义，学者倾向于将其在发展维度和技能维度进行因素分解。虽然因素分解法易于实现发展过程的概念化，但却忽略了发展的不同领域之间的内在关联性。这种分解法导致的长期后果是与发展有关的评估、治疗和干预都聚焦在某个特定的发展区域，似乎不同发展领域本来就是彼此独立的。比如，一个患有小儿麻痹症的婴儿不太可能选择一位精神科的专家，而更有可能向生理方面的专家寻求帮助，以期解决其发展中的滞后问题。

近些年来，学者更关注情绪情感的不同发展领域之间的内在功能联系，并认识到某个领域的发展会影响另一个领域的功能的效用。相关学者没有过多地涉及社会性发展和情绪情感发展之间重叠部分的研究，而是把关注点更多地聚焦于研究情绪情感在认知、语言和运动能力方面的作用上。这种多领域研究法使得看待儿童发展的视角更加复杂，把在特定的社会历史背景下、身处特定的地理区域、持有特定的文化价值观的儿童作为家庭系统的一部分这样的研究变得更加复杂。

虽然我们分别研究儿童在认知、语言、运动能力、社会性和情绪情感各个方面的发展学习是有必要的，但当面对儿童整体时，我们不可能把这些领域的研究相分离，因为这些领域彼此联系、相互影响。

 ## 情绪情感发展具有生理基础和适应性

人们似乎都公认婴儿与生俱来就有所谓的驱动力、动机或天生偏好，乃至"写书写（prewiring）"等特性，且这些特性中都包含某种适应性的生存技能。一般说来，这些适应性生存技能包括自我控制、积极活动、对周围世界的兴趣、与人交往互动以及寻找积极的效果等（Poisson & DeGangi，1992）。另外表明这一观点的是婴儿生而有之的一些行为，如大声哭泣、黏着看护者、露出迷人的微笑、伸手要看护者抱，以及其他一些惹人怜爱、与重要成人建立亲密关系的行为（Honig，1993）。

情绪情感在社会情境中发展

　　婴儿和学步儿的情绪情感在人际互动中得到发展。儿童的情绪情感最初是通过模仿、向成人发起或回应成人而发展的，并在此过程中理解情绪情感及其作用的范围。婴儿似乎有一种天然的对其看护者形成依恋的倾向。他们能同时与几个看护者建立关系。兄弟姐妹之间也有一种强烈的情绪情感关系。随着年龄的增长，儿童逐渐形成友谊模式，并发展成一种同伴关系。

　　一个婴儿的哭声引发的其他婴儿的大哭并非是一种移情的表现。但随着时间的推移，儿童能回应其他儿童的痛苦，这可以被视为移情的先兆。一些专家认为，这种试图体验他人情绪情感的移情能力伴随着人类的进化，可以作为利他主义的生物学依据（Hoffman，1981）。这种社会参照始于八九个月大的婴儿，且在学龄前阶段会一直延续。移情发生在如下情况，例如，当一个儿童想要拿走另一个儿童的玩具时，他会有意地看着成人，并想象这样做的后果（Hyson，1994）。儿童似乎着迷于他人的情绪情感，并予以表达，时而高兴、时而生气。

 情绪情感发展的模式

　　情绪情感的发展随着年龄的增长而变化。随着身体运动能力的发展，婴儿在成长的过程中也积累起更多的情绪情感。情绪情感可以被视为由多种不同元素组成的（Lewis，1992）。情绪情感状态是指不同情绪情感带来的不同感受。情绪情感的表达方式包括面部表情、身体姿势、运动及其他言语和非言语的表达方式。情绪情感体验与一个人如何理解和评价其情绪情感有关。情绪情感体验是情绪情感中最具认知特性的方面，因为它要求个体知觉这些经验，并加以思考（Lewis，1992）。

　　很难知道儿童从何时开始理解情绪情感。许多研究指出婴儿在出生后 6 周时就可以区分面部表情（如高兴或生气），但却鲜有证据表明这种辨别对婴儿有什么样的意义。辨别情绪情感发展的模式包含两个相关的问题。第一个问题是识别儿童最初有关情绪情感的理解和语言之间的联系。第二个问题是儿童对情绪情感的理解与他人的互动有关。关于不同情绪情感状态出现的时间表，研究者已达成基本共识。

　　● 从出生到 7 个月左右——表现出情绪情感（出生时表现出兴趣、痛苦、厌恶，大约 1 个月大时流露出喜悦），并且回应他人的情绪情感（Izard & Malatesta，1987）。

　　● 7～18 个月——大约在 7 个月时，会出现惊奇、悲伤、恐惧和生气。在

12～18 个月时，会出现羞愧、害羞、愧疚和轻蔑等情绪（Izard & Malatesta，1987）。儿童利用他人的情绪情感暗示（社会参照）来回应。他们只能理解或分辨出一些情绪情感（Kuebli，1994）。

● 18～24 个月——开始出现困窘和骄傲的情绪，能够说出第一对表达感情的词语（高兴和伤心）。这个时期的学步儿在与他人交谈时能够运用这些表达情绪情感的词语（Kuebli，1994）。他们完全能够将面部表情与一些基本的情绪情感联系起来。高兴似乎是他们最容易识别的情绪情感（Hyson，1994）。

● 2～3 岁——儿童表达情绪情感的词汇得到迅速的发展。他们可以正确地识别自己和他人的基本情绪情感类型。他们可以讲述自己过去体验到的情绪情感、现在的感受以及未来可能的感受。他们可以识别特定情境下的情绪情感，并说出这种情绪情感的因果（Kuebli，1994）。到了 3 岁，儿童就可以想象他们在各种不同情境下的感受。在假想游戏中，他们会用一些表达情绪情感的语言。

我们对情绪情感体验出现的时间知之甚少。情绪情感体验可能会伴随儿童自我识别能力的发展以及使自我概念的形成得到发展。成人通常在儿童情绪情感社会化的过程中扮演着重要角色。成人的行为可以强化儿童的情绪情感表达。一方面，告诉纳丁"我喜欢你的微笑"是对儿童行为的积极反应；另一方面，说"不能那样伤害它"告诉儿童那样的情绪情感表达是不好的（Ford，1993）。成人也可以直接告诉儿童社会惯用的情绪情感表达方式。但这种直接教育的方式在某些情况下有失妥当，"男孩子不应该哭"就是一个典型的例子。情绪情感表达也可以通过间接的"感染"进行（当一个儿童发笑，其他人也常常"跟风"），如通过社会参照以及观察和模仿榜样等（Kuebli，1994）。有时，情绪情感信念会受心理期待或心理暗示的影响，比如，当成人告诉儿童他正准备去"享受"一个的新体验（不管是去看一本新书还是去接触一位新教师）时。

情绪情感表达的方式植根于文化和子文化背景。不同的文化认同和谅解某种特定的情绪情感及其表达的时机、方式及对象。例如，与美国文化相比，日本文化更强调羞愧心（Lewis，1992）。不同的家庭也有不同的可以为家庭成员所接受的情绪情感和语言表达方式。在家庭中，父母与不同性别的子女谈论情绪情感表达的方式时可能也有所不同。父母都更倾向跟女儿而不是跟儿子谈论多种不同的情绪情感（Kuebli & Fivush，1992）。

与儿童谈论情绪情感，有助于他们理解各种不同的感觉。研究者（Hyson，1994）分类归纳了幼儿情绪情感发展的 7 种主要趋势：

● 更广泛、更复杂的情绪情感关系。

● 更多样、更复杂、更灵活的情绪情感表达方式。

- 更好的情绪情感协调控制能力和与情绪情感处理相关的技能。
- 更多思考自己和他人的感受的能力。
- 通过语言、表演和假想表达的情绪情感。
- 符合自己文化背景中推崇的情绪情感技能和标准。
- 一种整合的、积极的、自治的、情绪情感化的自我感觉。（Hyson，1994，59~60）

气质

虽然儿童在学习和情绪发展方面的过程是相似的，但是其情绪情感表达和情绪情感状态有很大的个体差别。个性也是情绪情感发展的一个方面，且受到很多的关注。儿童的个性与生俱来。个性是一种情绪和反应方式，在出生时就能表现出来。一些儿童不管发生了什么都会一直笑，但还有些儿童在被打扰或受挫后很难平复。一些学步期的儿童在陌生人面前很害羞，但也有一些无论在何处都会感觉很舒服、很安全。儿童的气质表现在他如何在身处的世界里影响他人和受到他人的影响。

图 10-2 在某些场合，所有儿童都会变得焦躁，这是他们个性和气质的反应方式

个性随着时间的推移而发展，经历塑造个性。刚出生时，婴儿只有气质；个性是其在生活和成长的过程中逐渐发展起来的。气质影响婴儿与其身处的世界的互动方式。气质包括：婴儿的基本情绪（高兴、急躁等）；行为方式（冒险的、谨慎的）；适应性（灵活的、常规的）；反应强度（适宜的、不适宜的）；坚韧性；专注性；对新环境的适应能力；睡觉和饮食的规律性。婴儿像成人一样，也用可以预见的方式对环境作出反应。正是婴儿表现出的可以预见的反应方式和偏好造就了其气质。

研究者（Thomas，Chess & Birch，1968）根据对纽约的家长的访谈及对其孩子的观察以及跟踪研究，确定了气质的 9 个维度和 3 种类型，至今仍具有参考价值。那些在 3 岁时属于随和型或困难型的儿童，在他们青少年时期仍分别属于相应类型（Chess & Thomas，1990）。这些界定的特征对观察很有帮助。研究者（Soderman，1985）描述了在儿童身上观察到的这些特征。

● 活跃程度：指儿童活跃时间和不活跃时间的百分比。一个总是要动、不能安静坐下来的儿童是一个极端，而一个一直坐着的儿童则是另一个极端。儿童需要在活跃的活动和安静的活动之间保持平衡，活动的安排也应该动静相宜。

● 节奏性：儿童具有内在的生物钟，这个生物钟既可以是有规律的，也可以是没有规律的。对于生物钟规律的儿童而言，重要的是成人的期望和儿童典型的回应方式是否相匹配。匹配程度低的儿童比那些生物钟不规律的儿童还要麻烦。

● 反应方式/退缩：儿童对新异事物有特定的反应方式。一种极端是毫无顾虑和恐惧地接近，另一种极端是通过哭和向成人求助的方式千方百计地逃避。大多数儿童在面对新异事物时都会有些谨慎。对于那些近期在此有过痛苦经历的儿童来说，黏人和大哭这些反应都是可以理解的。

● 适应性：一些儿童很容易适应改变，另一些儿童则不然。在一些抗拒变化的儿童看来，新的常规、新的看护者、新的兄弟姐妹甚至班里的新同学的到来都会使他们感到有压力。特别是在节庆、假日和转折阶段，这些儿童需要额外的关注和支持。

● 反应强度：很多情况都能引起儿童的反应，时而高兴，时而伤心或生气。需要考虑的是特定事件中儿童的反应程度和持续的时间。

● 反应基准：指能引起反应的刺激强度。对某个儿童来说，轻轻地触碰就会让他感到疼痛而大哭；而对另一个儿童而言，需要告知他水烫，他才会把手拿出来。一些反应基准较低即反应迟钝的儿童需要更大的声响、更多的触摸和更亮的光线刺激，他们需要得到支持才能掌控所处的环境。

● 情绪：儿童的情绪在快乐和悲伤之间摇摆。有些儿童在大多数时候的情绪都是可预知的，另一些则变化无常。那些情绪可预知且多呈现消极情绪的儿童总是大哭，周围也总是乱作一团，成人对此感到很惭愧。但如果他们能得到所需要的额外的关注、关爱和支持，上述情形是可以避免的。

● 注意时间和抗干扰能力：随着年龄的增长，儿童专注于一件事物的时间也会相应增加。一些儿童能够坚持完成任务，而有些儿童却漫不经心地不断更换活动。抗干扰能力是指被打断后能再度回到且投入原来从事的活动中。这个能力具有很大的个体差异性。

● 专注性：涉及儿童如何对外界刺激作出反应。他们是否能不受令人分心的景象或声音干扰，或者是否很容易就丧失注意力？一些儿童非常投入地去做某件事，以至于上厕所都匆匆忙忙；而另一些儿童则不能专注于任何一项活动中，总是心不在焉。

大多数儿童和成人一样，也有一些"难移"的本性，或只在某几天里表现出这些特点。但只有当儿童可预见的反应方式走到极端时，成人才有必要予以关注。

 ## 气质类型

- 随和型儿童的反应强度适宜，在适应性、调节能力和节奏控制方面表现良好，且具有显著的积极情绪。他们通常表现得很安静，其行为是可预测的，饮食起居也很有规律且能在一定程度上进行调节。他们对新异事物的反应积极，很少表现出消极的情绪。这些儿童通常都很随和，且善于与人交往。切斯和托马斯（Chess & Thomas，1977）把他们选样中40%的儿童归为随和型。

- 困难型儿童是气质类型中的另一个极端。困难型儿童表现出很多消极情绪，经常大哭，对新异事物感到恐惧，且容易分心。他们的情绪飘忽不定，作息不规律，情绪总是起伏。虽然他们有自己的饮食起居方式，但却不固定。他们的情绪变化很快，能在数秒之内从睡梦中惊醒、尖叫。这些儿童适应困难，行为方式紊乱，反应程度强烈，且往往产生消极情绪。他们非常好动，爬来爬去，不停走动或跑步，总是不能待在一个地方。即便是在他们带有目的性的运动中，也是如此。相比于其他儿童，他们不太善于与人交往，切斯和托马斯（Chess & Thomas，1977）发现他们研究的样本中10%的儿童属于困难型。

- 慢热型儿童有困难型儿童的特点，但不像困难型儿童那样反应得强烈而持久。起初，他们对新事物的反应是消极的，如果假以时日，他们就会"热身"起来。虽然他们适应新异事物的时间比随和型儿童长，但他们并没有表现出像困难型儿童一样的强烈反应。样本中其余的35%并不全属于这一类，而是被认为具有"平均（average）"气质。切斯和托马斯（Chess & Thomas，1977）发现研究的样本中只有15%的儿童属于慢热型。

儿童的气质有时对成人是一种挑战。如果是要承认儿童具有不同的气质而非自己孩子的气质的原因的话，有的家长会认为这一点可以理解。但是气质却影响儿童的发展，因为气质会影响儿童与周围环境互动的方式（Brazelton，1992）。成人对困难型儿童和随和型儿童的反应不同。但儿童并不能得到所有成人的一致回应。关键在于儿童和成人之间的互动模式，也就是吻合度（Chess & Thomas，1980）。吻合度可看做成人的期望和儿童的反应之间的契合程度。一个情绪多变的母亲不会被孩子的哭声和发脾气所困扰，而可能会为自己的孩子是困难型儿童而感到欣喜，因为她会认为一个随和型儿童很无趣。而那些墨守成规且有耐心的家长可能会更喜欢慢热型儿童，因此当面对一个困难型儿童或随和型儿童时，他们都不会太喜欢。

单凭气质来评估一个儿童是不合理的。切斯（Chess，1983）强调成人的期望与儿童的反应之间的关系是衡量成人与儿童之间关系的质量的重要参数。我们应该关注那些需要成人特别理解的、但可能在实际中得不到成人的积极回应的困难型儿童，那些家长不知如何应对这些儿童。这些困难型儿童在发展上可能会遭遇更多风险，如依恋障碍、学习问题（注意力缺乏多动症）以及行为与社会性问题（Goldstein，1992）。

 ### 哭泣和发脾气

所有儿童都会时不时地大哭或发脾气，但不致于伤及身体。发脾气通常是生气这种情绪的强烈表达，表现为哭泣、大喊大叫，也许还伴有拳打脚踢或破坏东西。稍大的儿童也可能打人，或者用言语来表达沮丧的心情。在语言表达能力还比较差时，儿童通常通过发脾气的方式来发泄心中"压抑的"紧张。

虽然号啕大哭被视为一种压力症状（Honig，1986），但人们越来越以一种积极的视角来看待哭泣。有些人认为哭是所有人与生俱来的天然缓冲剂，并认为这是一种重要而有益的生理适应机制。流泪不仅能缓解紧张，也能排除体内毒素（Solter，1992）。宣泄的哭泣释放了"压死骆驼的最后一根稻草"。紧张的情绪一直在积累，当达到一定程度时就会喷薄而出，以流泪的方式得以释放。人们往往很难说清是什么原因而哭泣。直接导致流泪的事件或许微不足道，但此前积聚的情绪可能由来已久。

虽然哭声被看做积极的、有益于健康的，但就像高声欢呼一样，儿童需要在特定时机和情境下学习控制自己的情绪。随着儿童年龄的增长，这一点得到了更多的印证。成人有时很难接受儿童的哭声。他们认为自己让儿童快乐，而当儿童哭泣时，他们就会觉得自己不称职。他们尝试让正在哭的儿童"快乐起来"，温柔地告诉他们不要哭，或强行威胁他们别哭。事实上，"哭泣本身没有伤害，而试图变得不受伤害的过程是有害的"（Solter，1992，66）。哭泣是一种宣泄，并不构成问题。

有些儿童在哭的时候喜欢被抱着，有的儿童则不然。有时，哭泣会转而变成愤怒和发脾气。如果某种行为会使其他人受到伤害，就要禁止这些行为，以避免暴力行为，同时鼓励儿童用言语表达情绪情感。和一个正在发脾气的儿童进行立场坚定且有耐心的接触，往往能使他哭起来。语言发展滞后的儿童在同龄人都不再发脾气时仍会有此类行为。通过肢体动作来发泄心中爆发的情绪情感，是儿童仅有的几种表达愤怒和失望的方式之一。

发脾气也可以被看做一种寻求他人关注的行为，特别是对在缺乏社会激励的环境中成长的儿童而言。强化儿童的适宜行为，同时呈现其消极行为的后果，是一种解决发脾气问题的方法。随着语言能力的发展，儿童就能用语言来表达沮丧和愤怒的情绪，而不再诉诸发脾气。

咬、掐、打

大多数儿童经历过一个阶段，在此期间他们会咬、捏、打其他儿童或成人。预计儿童在 1~2 岁之间会出现这种现象。此时的儿童仍以自我为中心。他们能注意到其他儿童，但却把他们看做物体，而不是人。他们会因没有占有某样物品而频繁地感到不安。因为儿童尚不能控制自己的情绪并对自己说"不"，通过发怒和咬人可以用来获得他想要的。由于语言技能仍处于发展中，儿童还不能用合适的语言表达愤怒和失望。正是在这段时间，咬、掐现象会频频发生。

儿童在学步期需要成人的口头指导，就如在他们发怒时需要给予适宜的语言提示来疏导这种情绪。如果当儿童过了咬、掐、打等行为预期发生的年龄后，还继续出现这些行为，或当这些行为表现得太过分时（如咬破了对方的皮），成人就要对此加以关注。

害羞

儿童偶尔表现出害羞是可以理解的，因为所有儿童有时候都需要独处。害羞是一种矛盾的情绪，且不被提倡（Hyson & Van Triest，1987）。害羞不同于谨慎和疏离社会，后两种行为都没有矛盾性。

婴儿期的害羞经常表现在对陌生成人的反应上，而随着认知的发展，学步期的儿童有了更高的社会敏感度。文化差异可能会导致害羞（Honig，1987）。害羞在儿童身上往往表现为吮吸拇指，或表现为时而微笑、时而躲藏（Izard & Hyson，1986）。避免凝视、不愿回应友好的社会建议甚至脸红，也与害羞有关（Honig，1987）。

害羞的某些方面是儿童学到的，有些是基于文化的，还有一些是遗传的。当害羞是一个故事或严重的社会问题的暂时解决方案时，很可能就是适宜的。当害羞这种情绪表现得很极端时，就可能与自我形象不佳或缺乏社交技巧有关。害羞的儿童可能不受关注，且可能没有机会或技巧与其他儿童交往或获得成人的注意。在学校里沉默不语可能是害羞的一种极端表现，尤其是当儿童在家里也表现异常时。

我们需要给予害羞的儿童充分的适应新环境的时间。我们也需要教他们一些社交技巧，使其顺利加入同龄群体。他们需要他人的支持，以获得良好的自我感觉，并意识到自己有能力帮助他人。他们需要有爱心的成人的暗示和支持，需要成人鼓励自己去做，而非演示或替自己去做。

害羞的儿童需要学习一些技巧，加入某个社会团体，并维持和组员的关系。在权威型家庭中长大的儿童，更可能害羞。关怀、尊重、民主决策的家庭氛围对儿童是有益的（Baumrind, 1971）。使儿童感到自己是有吸引力的以及在他们学会如何进入一个小团体的技能后，继续指导、支持他们在其中的活动，乃至教他们一些放松肌肉的游戏，这些都有助于缓解儿童害羞的情绪（Honig, 1987）。

 退缩

内向或外向的儿童表现不同。内向的儿童需要更多独处的时间，而外向的儿童喜欢进行社会性互动。尊重内向型儿童的权利是很重要的（Morris, 1994）。

当儿童出现过多的退缩现象，并表现为亲子关系或同伴关系的发展不佳、不活泼、过分自闭、缺乏影响力时，成人就要引起注意了。如果儿童出现上述一种或多种表象，就有必要加以关注。如果长时间缺乏社会性互动，儿童就会失去有助于提高社会技能、增强自尊和增加综合发展的经验。儿童需要成人传授其有关社交的技巧，也需要成人对其自发的社会性活动予以肯定。

非典型性情绪情感发展

专业人士关注非典型性情绪情感发展，主要是儿童心理健康领域。关注该领域的焦点一直都是预防和确定儿童长期发展的危险性因素（Edme, Bingham & Harmon, 1993）。这是一个快速发展的领域之一，有别于成人的心理健康领域。从一开始，这个领域就是跨学科的。因为没有一个专业能囊括研究儿童所需的所有知识和技能。

研究者面临的挑战之一就是如何对该领域遇到的问题进行分类。必须以发展为导向进行分类，因为儿童的成长是如此之快，以至于某个时间被认为是正常的发展状态，在另一个时间段就不正常了。必须在了解儿童及其所处的环境之间的动态关系的基础上来进行分类。需要以一种系统的、代际的视角来分析。

对非典型性情绪情感发展的儿童进行分类更是个挑战。但分类有助于专家之间进行交流和会诊，以帮助患儿。一些组织已经建立了这种分类系统，它们包括：美国精神病协会（the American Psychiatric Association）、世界卫生组织（the World Health Organization）和美国婴儿临床项目研究中心（the National Center for Clinical

Infant Programs，简称 NCCIP）。美国婴儿临床项目研究中心（1991）的分类系统界定了五种主要临床病症：社会性发展与交流障碍（disorders of social development and communication）；创伤性精神失调（psychic trauma disorders）；调节性异常（regulatory disorders）；情绪情感紊乱（disorders of affect）；适应障碍（adjustment reaction disorders）。

 ## 社会性发展与交流障碍

这方面的症状包括非典型性泛化发育障碍（atypical pervasive developmental disorders）。泛化发育障碍被描述为发展的许多领域存在严重缺陷（美国精神病协会，1994）。幼儿早期精神分裂症、Rett 综合征（译者注：一种严重影响儿童精神运动发育的神经遗传病）和自闭症便是泛化发育障碍的病例。比起其他儿童情绪情感或社会性发展障碍的病症，自闭症获得了更多的关注和实验研究。因而，下文将对自闭症进行较详细的论述。

自闭症

自闭症是一种儿童期的精神病。每 10000 人中有 4～5 人患有自闭症（美国精神病协会，1994）。男女患病比例为 4∶1（Batshaw，Perret & Reber，1992）。患自闭症的儿童刚出生时与其他儿童没什么两样，且发育正常。一些症状非常微妙，如被拥抱的时候身体僵硬或缺乏眼神交流等，在儿童早期不会引起成人太多的关注（Segal & Segal，1992）。18～36 个月之间，自闭症患儿的症状表现得很明显，因而有可能被确诊。在患有自闭症的人群中，约有 70% 伴有智力发育迟缓（美国精神病协会，1994）。

患有自闭症的儿童开始表现得退缩，没有回应，也没有表情。他们的身体会不断地重复一种动作，如撞头或摇头。虽然患有典型自闭症的儿童会不断重复、用他们特有的说话方式或者用一些肢体语言表达，但他们仍会说一些有意义的言语。他们缺乏与同龄人之间的交往。这些儿童可能表现出一些刻板的行为举止，如玩弄小东西、摆弄手、摇头晃脑、模仿言语或表现出过分的秩序感。

尽管研究者们似乎一致认为自闭症是由大脑发育不正常或者大脑创伤引起的，但其真正的病因尚未知晓（Batshaw，Perret & Reber，1992）。早期的研究者认为自闭症是由于母亲的冷漠和忽视引起的。当前的研究并不支持这一观点，但还是有一些家庭认为家里有自闭症患儿是一种耻辱。

已有研究证实，早期干预对早期自闭症患儿非常有效。集中的行为矫正、个体关注和设计合理的学习环境是对患有自闭症的儿童进行有效的早期干预的重要方式。研究者（Lovaas，1982）的研究报告表明，在 3 岁半以前接受了集中的一对一式的行为矫正的自闭症患儿中，50%能完全康复且在学龄期进入普通小学，智商达到正常的 IQ 值。在父母看来，对生活方式加以调整是必要的，因为自闭症患儿的行为是难以预期的。在生活中，他们的很多行为都会形成潜在的威胁。毫无疑问，这些家庭的压力比较大。

 ### 创伤性精神失调

这种类型的情绪情感障碍可以按其原因分为如下两类：与某个独立事件（尖锐的、独立的事件）相关；与一系列反复的令人痛苦的事件（长期的、重复的）相关。一个在车祸中伤及胳膊并被送到急诊室的儿童在短期内很可能会被噩梦侵扰，并害怕坐汽车。一个持续受虐待或长期被忽视的儿童可能在发展的很多领域面临危险。

 ### 调节性异常

儿童可以采取各种各样的方式去调节自己的行为以适应周围的世界。在这方面有障碍的儿童经常被认为是"性急"。有时，他们的行为不能简单地归于"性急"，此时就需要成人指导儿童调节自己的情绪。调节性异常表现为感觉、感觉运动或组织处理过程紊乱（Edme，Bingham & Harmon，1993）。这种类型的儿童很难调节自己的情绪状态、掌控对外部世界的感知、进行有效的运动，还会出现一些社会性问题（Edme，Bingham & Harmon，1993）。目前已经确认了 6 种调节性异常的类型：超敏性型、低反应性型、积极侵略性型、混合型、调节性睡眠紊乱型和调节性饮食紊乱型（美国婴儿临床项目研究中心，1991）。这些类型着眼于调节性异常的不同方面。这种分类系统避免了将婴儿阶段的饮食起居紊乱症状作为年龄更大的儿童的典型性紊乱症状。

这类疾病的治疗方式因人而异。但对婴儿而言，躺在温暖的襁褓中、听着有节奏的音乐、有一些自我安慰的方式，特别有益。言语疗法适用于进食困难的儿童，如描述食物质地、浓度，用一些语言技巧来增加儿童的进食量。

 ### 情绪情感紊乱

这种类型反应了一般性的消极情绪和具体情境下的情绪情感紊乱。此类情绪情感紊乱包括：焦虑型、情绪型（包括长期的情感剥夺、情绪消沉和情绪波动）、情绪情感表达系统紊乱以及情感缺失综合征。有些情绪情感失调还与人际关系和成长中的困扰有关。尽管更多地强调亲子关系，但一个备受照顾却依旧感到沮丧的儿童也有可能会出现这种类型的情绪情感紊乱。需要帮助成人通过儿童暗示性的言行理解其真正意图，并指导成人为儿童创设一个更有秩序感、更可预期、总是有主要看护者在身边的环境。

 适应障碍

这个领域关注儿童要经过多长时间的调整以适应新的变化。如果 4 个月后，儿童仍难以适应这种新变化，那么这个儿童一定有更多我们没有预见的问题。婴儿期和学步期的儿童在 4 个月后仍不能适应其看护者，就需要引起成人的关注了。在这种情况下，就不得不向婴儿精神病专家进行咨询，就遇到的问题对儿童及其看护者提供指导和帮助。

小结

情绪情感发展是有关儿童发展的研究中涉及最少的研究领域。情绪情感发展方面的研究和理论成果较少这一事实，也能反映出情绪情感发展研究的复杂性，而并非是因为该领域的研究不重要。虽然直接研究情绪情感发展的理论很少，但许多行为问题的基本理论也可以作为研究情绪情感发展的假设和理论基础。例如，埃里克森提出的阶段性发展理论，其中的心理危机和危机的解决方式就可以被视为影响儿童情绪情感发展和社会性发展的因素。

差异化情绪情感理论的学者认为，情绪情感是组织和促进认知、语言、运动以及其他显著的人类行为发展的动力。格林斯潘一派的学者从情绪情感发展的阶段性角度，提出了发展的重叠阶段和里程碑性的事件。

这些理论之间也有相通之处，只是在情绪情感发展方面关注的领域不同。但很显然，对情绪情感进行描述比对情绪情感进行定义要容易。有研究者对发展的不同领域之间的内在功能联系感兴趣，并认识到某一个发展的领域会影响其他领域。

情绪情感发展备受关注的一个方面是气质。气质影响儿童与周围世界的互动方式。根据儿童不同的行为特征，可以将他们的气质归结为三种类型：随和型、困难型和慢热型。

一些情绪情感性行为特征得到关注，另一些情绪情感性行为则被认为是非典型性的。当儿童的行为还停留在比他年龄小的儿童所特有的行为水平或这种行为显得极不正常时，那么就可以将这些行为视为情绪情感失调的征兆。关注非典型性情绪情感发展的研究人员大多从事儿童精神健康领域的工作。美国婴儿临床项目研究中心（NCCIP）确定了五种非典型性情绪情感类型。儿童精神健康研究专家认为界定这些特征对临床诊断很有帮助。

实践活动

1. 同儿童谈话，关注他的情绪。画一幅开心的笑脸和一幅悲伤的脸，观察儿童是否能分辨这些情绪。然后，看他能否建立起事件和情绪之间的因果关系。问儿童过生日时是什么感觉、跌倒受伤后又是什么感觉，等等。

2. 应用本章的知识，与一位有几个孩子的家长交谈。观察并判断每个孩子的情绪类型以及这个家长分别以什么样的方式对待这些孩子。

3. 观察一个在不同文化背景下成长的儿童。你能否发现他与你所处文化的情绪情感表达和偏好的不同吗？

孩子的出生对所有家庭而言都是一件具有重大意义的事。婴儿从出生的那一刻起，就开始了个体的成长和发展。但是，他出生在某个特定的家庭。与家庭成员结交的关系是他最早的社会关系，他关于世界的最早经验也是在家庭成员的陪伴下形成的。他进入了一个业已存在的并动态发展着的家庭单元。随着婴幼儿融入其家庭，家庭系统也需要做出相应的变化和调整。家庭发展的生命周期不同于个体成长的生命周期。为了理解不同家庭中婴幼儿的行为，有必要回顾一下家庭的发展脉络。

家庭的定义

由于社会的变化、家庭结构的变迁，界定"家庭"这个概念就变得比较复杂。也许像"情感"一样，"家庭"这个词也是易于描述、难于界定。为了收集数据，美国人口统计局的官员对"家庭"进行了如下界定，即"由一个、两个或两个以上的人组成，通过生育、婚姻、收养或共同居住在同一场所而形成的群体"（美国人口统计局，1991，5）。

这种统计口径更突出法律和生物学的关系；而学者则更关注承诺和责任所缔结的家庭关系。研究者指出家庭是一个由生育、婚姻或其他形式组成的小的自然群体，有共同的居住地，家庭成员彼此联系（Zibach，1986，6）。

其他有关家庭的定义的侧重点不同："家庭成员有着共同的过往经历，并朝着相同的方向憧憬未来。家庭的感情联系至少跨越三代，靠血缘、法律和历史纽带来维系，更通常的情况是四代。"（McGoldrick，Heiman & Carter，1993，406）

对婴幼儿而言，家庭成员的作用比起血缘联系和法律关系更有价值。

 家庭的特征

家庭是多种多样的。有多种不同类型的家庭，即便是同一类型的家庭，由于父母、子女、继子的数量、子女的性别及家庭成员在家中的地位不同，也不尽相同。为了理解幼儿对于家庭的影响，我们必须首先了解一下其家庭特征。这就要求同时掌握家庭和幼儿两方面的信息，包括家庭的规模、结构以及家庭的文化氛围和意识形态等有用的信息。家庭成员的个人风格也会对家庭及其发展产生影响。

所有的家庭成员都有自己独特的个性和特质，但新生儿的降生将会对家庭成员的性格构成压力或挑战。

一个家庭的经济、教育和职业共同构成了家庭的经济社会地位（SES）。具有较高的经济社会地位的家庭有能力支付外聘人员费用，比如，雇人做家务或者护理婴幼儿。但这并不意味着这些家庭与那些经济社会地位较低的家庭相比，能更好地应对和处理一些事情。但他们的确拥有更多的资源来缓解压力。一个家庭的文化背景、宗教信仰和伦理道德，决定了其饮食习惯、家庭仪式或庆典、价值观和看问题的视角。美国多种族和多民族的趋势越来越明显。婴幼儿专家需要意识到并重视文化的差异性，了解家庭的价值观，在交流时保持一种文化敏感性。

毫无疑问，城市中提供的幼儿护理服务要远远多于农村。农村地区的婴幼儿可能只有一处勉强可供选择的幼儿护理服务，而且姑且不论其质量好坏。有特殊需要的幼儿要获得有针对性的或系统的医疗护理，可能还需要较长时期。不少大城市中的贫困人口的子女也遇到类似的难题，很难找到适宜的服务和教育。

成人需要花很多时间陪伴婴幼儿。家庭中所有成人的健康状况是决定婴幼儿被照顾的质量的一个重要因素。如果某个家庭成员有频发的或慢性的疾病、精神问题，或有药物滥用史，或酗酒，就会降低照顾婴幼儿的能力。

新生儿的诞生给家庭增加了压力。不同的家庭成员有不同的减压办法和应对策略。在这方面，某些家庭成员更有技巧，但所有家庭成员都有必要学习如何减压。如果父母是双职工，还要照顾孩子，他们的压力就会很大，个人空间也会被压缩。一些家长求助于专业的支持系统，如向专家咨询如何缓解压力；一些家长则通过非专业的社会支持系统，如家庭和朋友；还有一些人选择忽略这些压力，寄希望于自己慢慢淡忘或这些压力能不治自愈。但事实并非如此。

不同的婴幼儿对家庭有不同的需求，且在不同时期的需求也不同。一些婴儿，如早产儿，可能需要更高水平的医疗干预；另一些婴儿可能只需要做常规检查。一些婴儿喜欢哭闹，且难以安慰；另一些则很少哭闹。一些婴儿总是清醒着，并保持警觉；而另一些婴儿则大部分时间在睡觉。一些学步期的幼儿对身边的事物总是充满好奇，另一些则毫无反应。理解家庭的育儿观是很重要的。一些家庭认为新生儿的降临意味着将要面临一场家庭危机，而另一些家庭则认为只需要对家庭生活做一点小小的调整和改变。

家庭的功能

只有当每个家庭的基本需求得到满足时，家庭才能维持和发展。所有家庭都要发挥一定的作用来满足家庭成员的需要，从长远角度来讲，就是实现每个家庭成员的自足和自立。尽管不同的家庭可能通过不同的方法实现上述目标，但这些作用对每个家庭都是适用的。下文将阐述婴幼儿在这些作用的发挥上产生的特殊影响。

经济：家庭必须有收入来源，以支付账单。抚育新生儿增加了家庭的支出，同时也减少了家庭的收入。增加的支出可用来购置新的器材、衣服、食物、尿布和支付托幼费。如果母亲休产假或父亲陪同休假，或父母一方不再工作了，或父母之一必须请假照顾生病的孩子，都会使家庭收入减少。

维持（抚养）：所有家庭必须承担日常生活的任务，如做饭、扫除和洗衣服等。由于婴幼儿需要依赖成人，与稍大的孩子相比，在日常生活中需要更多的照顾，这就增加了父母的负担。家庭成员要决定如何分配这些工作。

社交：绝大多数家庭都觉得身边有孩子会影响他们的社会生活和外出休闲娱乐活动。但家庭也是大的社会体系的一部分，他们需要来自非专业的像朋友、邻居这样的社会支持系统的帮助，这个系统也会给婴幼儿提供训练和发展社会技能的机会。父母也需要一种没有孩子在身边的社会生活。总之，有较好的社会支持系统的家长比那些缺乏社会支持系统的家庭的家长，更容易适应新的家庭生活角色。

图 11-1　家庭成员需要花时间与孩子们相处，以形成一个成人社会支持网络

互相影响和自我认知：家庭满足了家庭成员对于身体亲昵接触、爱以及支持的需要。婴幼儿需要培养信任感，父母对他们的爱与照顾能让他感到安全。拥有积极的自我形象对于家庭中的每一个成员都很重要。当父母感到他们做父母的技能不太娴熟时，就会产生一种消极的自我形象。所有的家庭成员都要有效能感和价值感。父母要支持孩子实现目标。如果父母全天上班，回家还要做家务，还要操心其他事由，那么就很难支持孩子的活动。

教育化和职业化：有了孩子的家庭就要关注相关领域的教育，包括选择何种托管方式、选择什么样的环境。从婴儿期过渡到学步期，就要关注适合婴儿的教育环境是否也适合学步儿。

娱乐：家庭也需要有些活动来调节、休息和放松。家长经常由于压力大，就取消了家庭活动。有时，家庭受限于经济能力而无法进行娱乐消遣；有时，由于要把孩子带在身边而不能进行某些活动。家庭集体活动真的很重要。通过这些活动，家庭成员对家庭的认同感更高了，同时每个人也满足了自己休闲娱乐的需要。

当满足了基本的家庭功能时，就算建立起了一个家庭单元。所有家庭成员都在不同程度上参与实现这些功能。照顾婴幼儿和其他需要照顾的家庭成员，满足个人发展的需要，在整个家庭发展生命周期内对每一个家庭成员予以关注。

正如一些理论有助于我们理解认知和情感发展，也有一些理论有助于我们理解家庭背景下的婴幼儿行为。

关于家庭的理论

有许多关于家庭的理论，其中只有三种有助于我们理解家庭中婴幼儿的行为。

 家庭系统理论

家庭系统理论的分析框架对家庭的功能做出假设。该理论关注家庭整体系统，而非关注婴幼儿个体。家庭被视为一个系统来发挥作用的理论最早由贝塔朗菲（Ludwig von Bertalanffy）在1934年提出。作为一位生物学家，他将生物视为由相互依存的各个部分之间相互作用构成的有机体。社会科学学者在此基础上进行改进和扩展，认为所有发展中的系统，包括家庭，其内部结构都是相互关联的（Gladding，1995）。家庭成员之间相互作用、相互影响。也就是说，只要有一个家庭成员发生变化或家庭生活环境发生变迁，那么，这个家庭的方方面面就会受到影响。家庭系统理论框架更关注家庭成员之间的相互关系，而不仅仅关注家庭成员个体。

家庭系统理论指出，家庭中的各种系统都在相同的规则下运行（一个系统是由一系列内在关联的各个部分构成的）。在家庭系统理论中，家庭起着强有力的核心作用，可以推动或阻碍家庭成员的个体发展。家庭系统是开放性的或封闭性的。一个封闭性的家庭系统不能与外界进行相互作用。发展中的有机体，包括婴幼儿，都属于开放系统中的一部分。他们必须通过与其所处的环境之间的相互作用来维持自身的生存。家庭系统总是持续地发生变化，并不断地进行重组。家庭是一个开放的且能够进行自我调节的系统。家庭也与更广大的社会系统相互作用。家庭总是处于或稳定或变化的状态中，并在这两者之间寻求一种平衡。这种平衡状态或称其为动态平衡状态，是通过反馈回路来调节的。当家庭系统发生微小的变化时，反向的回路中会起作用，以维持系统平衡。但当家庭发生的变化较大（如有新生儿降生）时，正向的反馈回路就会发挥作用，以维持系统平衡。

像许多系统一样，家庭系统被分为许多了系统，了系统即系统中的系统。界定的标准是某个部分是否属于该子系统。这样的标准界定表述时而清晰、时而模糊。当子系统的界定标准非常清晰时，进入或退出系统就变得很难，甚至两个平行的子系统之间也无法交流。在这种系统边界清晰的家庭中，新生儿的到来意味着一场危机。而在子系统标准的界定非常模糊的家庭中，很难确定系统的起始时间和系统的成分。在这种家庭中，幼儿很难被有效地照顾好。最理想的情况是，系统的边界清晰，系统之间的关系明确，各子系统间能进行交流，且各子系统能不受影响地发挥各自的作用。

各子系统之间发生相互作用时，存在着一种层级结构。丈夫和妻子或夫妻双方，构成婚姻子系统。该子系统掌管着家庭，处于执行层。处于这一层级且边界清晰的系统中的夫妻双方能实现共同成长和发展。同样是这对夫妻，他们也构成了为人父母的子系统。在父母子系统中，是由父母来维持家庭的有效运转的。当出现了代际之间的关系（如母子关系）时，那么其影响就会超越婚姻关系，而婚姻关系也可能面临危机。

研究者（Olson，Portner & Levee，1985）建立了集中表现家庭成员之间如何相互作用的家庭功能的圆周模型，包括三个重要的因素：亲和性、适应性和沟通性。可以依据家庭适应性和亲和性等级标准（the family adaptability and cohesion e-valuation scale，FACES Ⅲ）进行评价，这个等级标准目前正在进行第三版修订。

亲和性：研究者（Olson，Portner & Levee，1985）所定义的亲和性，基于家庭成员之间情感的亲疏远近以及每个人在家庭中的自治程度。关于亲和性的测定集中表现为家庭成员各自的独立性、家庭决策的民主性、家庭成员共度的时间长短以及家庭成员是否有共同的兴趣和爱好等。

高亲和性的家庭中的家庭成员可能会受到一些牵绊。如果家庭成员间的关系太过亲近，那么势必会挤占个人时间，减少个人空间，家庭的目标和需求就会优先于个体的目标及需求。这类家庭表现为过度的干预和保护。如果家庭成员间过分疏离，那么家庭成员就不会积极参与家庭活动。这类家庭的家庭成员有高度的自治性和个性，但鲜有共同生活的经验，家庭的亲和性低。家庭成员对家庭事务漠不关心，家中的孩子很容易被忽视。许多家庭都处于受到牵绊和遭遇疏离的境地之间，家中有孩子的家庭会更偏向前者，即容易受到牵绊；但当家中的孩子长大特别是进入青春期后，家庭就会偏向后者，即容易遭遇疏离。

适应性：适应性是指在不同情况下的家庭系统，对系统中的权利地位、角色关系以及规则做出变化或调整的能力（Olson et al.，1983）。不同家庭在应对变化和不稳定因素方面的能力有所不同，这些变化的阶段和不稳定的时期是所有家庭都要经历的。

控制性不高或结构性不强的家庭容易面临混乱。这些家庭设立的规则很少，即便有规则，也会经常变化，且很少执行。家庭系统中的成员是不确定的，没有人主管家庭事务，家庭成员来去随意，毫无计划，也不会预先告知他人。这些家庭没有定性，时而会压力重重。家庭成员间很少有机会亲近或取得共识。家庭成员彼此间不能依靠，也不会聚在一起为家人的未来出谋划策。这些家庭通常不能很好地呵护孩子。

家规森严的家庭是另一个极端，有较高的控制性和结构性，反对变化和发展。家庭成员的角色是固定的，遵循传统意义上的设置，权限严格分级，几乎没有回旋的余地，家规代代相传、代代奉行。但是，适用于婴儿的规范并不会随着其进入学步期而发生改变。能较好地发挥作用的家庭通常是介于这两个极端之间的。

交流：交流处在家庭功能圆周模型的协调维度，家庭成员的交流程度不但是家庭的特征，而且也有助于对上述两个维度（即适应性和亲和性）进行调整。交流能避免家庭成员之间过度亲昵，有助于父母与处于婴幼儿期的子女发展亲密关系，随着子女的成长，父母会给予子女更多的个人空间。

家庭发展生命周期

在与家庭发展生命周期有关的理论中，家庭被定义为一个家庭成员间相互作用的单元，有固定的发展阶段、发展任务和过渡阶段。某些发展是可预测的（标准化的），如当家庭迎来新生儿、孩子不断成长或脱离家庭等。但有些变化是不可预测的（非标准化的），如新生儿天生残疾或夭折等。家庭发展生命周期理论是将家庭作为一个单位理解其发展变化的一种方法。

研究者最初试图建构一种"普遍"的家庭发展阶段，即所有家庭都要经历某些固定的发展阶段（Duvall，1997）。发展的过程差异很大，有些人会质疑"普遍"的家庭发展生命周期这一观点的效度。其他人尝试进一步建构这一概念（Carter & McGoldrick，1993；Combrinck-Graham，1985）。20 世纪 50 年代以来，美国家庭的结构、发展阶段和构成都发生了巨大的变化。并且，过渡期的长短、发展的时序以及具体内容，在不同的社会历史时期、不同的社会阶层之间存在较大差异（Gladding，1995）。导致上述变化的原因与晚婚、死亡率下降、离婚率上升、再婚和寿命延长等因素有关。

家庭的结构也发生了变化，这一点对"标准化"的家庭发展生命周期提出了更大的挑战。未婚同居（约3%）、未婚先孕（约26%）、越来越多的女性选择单身（约12%）、越来越多的家庭选择做不要孩子的丁克家庭（15% ~ 25%）。美国的离婚率高达50%，其中包括20%以上的再婚率，6%以上的人是同性恋（卡耐基满足幼儿的需求特别行动小组，1994；Carter & McGoldrick，1989；McGoldrick，Heiman & Carter，1993）。有猝死、慢性病、药物滥用和酗酒的家庭成员的家庭又缩小了"常模"家庭的范围。不同文化背景的家庭、移民家庭或贫困家庭，又进一步缩小了符合"常模"的家庭范围。

在所有的变化中，妇女角色的变化对家庭发展生命周期模式变化的影响最为显著（Carter & McGoldrick，1989；Piotrkowski & Hughes，1993）。拥有妻子和母亲双重角色的妇女是家庭发展生命周期理论中的核心概念。由于妇女要生育和抚养子女，所以家庭的不同发展阶段也标志着妇女生命周期中的重要阶段。抚养子女占据了妇女生命周期中最有活力的阶段。现实生活的变化要求我们必须在家庭生活情境中对幼儿进行观察。

鉴于家庭发生如此重大的变化，之前通过对理想化的中产阶级家庭进行研究得出的阶段性发展理论的效度怎样呢？该理论的构建恰恰忽略了家庭结构的变迁，如家庭扩展化、核心化、家庭成员的关系重组，通过家庭功能的发挥，对家庭成员的到来、脱离和个体发展提供有效的支持（Carter & McGoldrick，1989）。家庭发展生命周期理论的价值还在于揭示出：家庭在不同阶段必须完成哪些艰巨任务？满足每个家庭成员的需要有多难？如何适应家庭的动态发展需求和新的社会时期下家庭成员的需求，从而对家庭发展模式做出调整？

一些理论家将家庭发展生命周期曲线视为一种舞蹈的线条。有时家庭成员之间关系过密（向心的），有时家庭成员有较多的自由和个人空间（离心的）（Combrinck-Graham，1985）。新生儿的降临是一种向心力，能将家庭成员凝聚起来。当第一个儿女或孙辈即将出生时，在童年期和父母关系很疏离的成人竟然也能找到与自己儿女相处的适宜方式。

家庭发展生命周期将家庭发展放在时间维度上，持一种阶段性发展的观点。每个发展阶段，家庭都有不同的发展任务；如果不能在特定阶段完成该阶段应该完成的任务，就很难进入下一个阶段。当某个家庭成员出现与社会期望一致的需求，家庭就要面对一项发展任务（Duvall，1977）。例如，家庭的一项普遍性发展任务是成人对婴儿的看护。当不能完成某个发展阶段的任务时，家庭就将面临一定压力。如果家庭中的孩子在婴儿期不能得到及时的安抚或到了 18 个月仍不能行走，都会给家庭带来一定的压力。

每一个发展阶段持续的时间都较长，但阶段之间的过渡期却很短。在过渡期，家庭成员会面对新情境下引发的变化和重新适应所带来的压力。过渡阶段发生的变化，对家庭发展生命周期带来的挑战以及当发展的阶段性任务无法完成时该如何应对，这些问题都会在下文进行论述。

第十一章　婴幼儿及其家庭

进入单身青年期

也许从青年阶段讨论家庭发展生命周期显得有些蹊跷。但是，这个阶段的确有进入一个崭新的家庭发展生命周期的可能。当单身的年轻人脱离家庭时，他或她必须自己承担在感情和经济两方面的责任。这个阶段的主要发展任务是要求年轻人建立起一种在生养自己的家庭中的自我感。他们要考虑家庭对自身产生的重大影响，包括自我概念，以及在什么条件下与什么人在何时何地以什么方式结婚。家庭还会影响他们今后对家庭发展的预期，包括婚姻中的角色、生育观（McGoldrick，Heiman & Carter，1993）。此外，青年人还要发展与同伴之间的亲密关系，进行职业规划，并实现经济独立。

青年期对于自身以及家庭日后的发展至关重要。顺利度过这个时期意味着青年人要脱离生养自己的家庭，但这并不意味着切断与家庭的联系，断绝家庭的情感支持。在这个时期，青年人要树立自己的人生目标，在下一阶段的家庭关系开始之前形成一种自我感，并与生养自己的家庭建立起一种不同于以往的、崭新的关系。如果未能顺利度过这个阶段，青年人或表现为过度依赖于家人的情感和经济支持，或表现为与家庭断绝关系（Carter & McGoldrick，1989）。

结婚并组建家庭：伴侣

两个已婚或未婚但预期会成为相互依赖的伴侣的人同住一个屋檐下，就可以被视为是家庭单元形成的最初形态。伴侣，无论一开始就已经结婚还是后来才结婚或者不结婚，都需要将此前由个人单方面决定的问题与另一方进行讨论和协商。虽然我们通常认为夫妻是两个独立的个体的结合，但实际上婚姻意味着两个家庭的结合，并会形成第三个家庭。不同的夫妻之间的情况差异很大，现如今的男女关系比过去更复杂，原因在于女性角色的变化，夫妻双方文化背景的差异以及家庭成员所在地相距甚远（Carter & McGoldrick，1989）。

和谐的夫妻关系难于实现，特别是当夫妻双方都追求性别平等时。夫妻脱离原来各自生养的家庭，过渡到夫妻关系，组建一个新的家庭，会面临许多挑战。夫妻双方需要在新的扩展家庭中既保持各自独立的发展空间，又要能彼此联系（McGoldrick，Heiman & Carter，1993）。夫妻之间要做出的决定事无巨细，大到决定是否要孩子，小到争议是否把牙膏盖儿扣上，都要进行协商。这一过渡阶段的顺利实现，需要夫妻双方发展一种彼此取悦对方的关系，同时又要保证各自的独立性，并与原来生养自己的家庭保持一种新型关系。

所有的夫妻都会就一系列类似问题进行谈判。随着对夫妻角色和家庭角色的理解，他们的决定也会发生变化。这些角色可能由一方承担，或者由双方根据某个比例共同分担（50%：50%或20%：80%等）。这个阶段的角色是可以分担的，夫妻双方也都认同以协商的方式进行责任分担。通过协商进行各种家庭角色的分担，是家庭发展生命周期的每个阶段都要遇到的突出问题，因此，有必要对各类角色的分担机制建立一种协商的框架。

提供者的角色——谁来挣钱养家，有了新生儿后这种角色是否会发生变化。

维持者的角色——谁来负责做饭、打扫居室或照看房屋。需要注意的是，在某些情况下，上述工作不是由家庭成员承担，而是雇人来完成。

照看儿童的角色——谁来照看婴儿，满足其基本需要，并选择进入哪个托幼机构？

儿童社会化的角色——由谁来教导孩子了解哪些是可以接受的社会性行为？

娱乐的角色——谁来组织娱乐活动？是一起负责还是分头行动？双方承担的次数是否对等？

性爱角色——在性生活中，哪一方主动或被动？女方怀孕后会改变这种状况吗？

治疗师的角色——谁来倾听？谁来诉说？谁来提供支持和鼓励？

资料来源：改编自 McCubbin 和 Dahl（1985）的研究。

夫妻双方的角色互补程度和各自从中获益的程度决定了夫妻关系的质量。顺利的、和谐的商议为家庭发展生命周期进入下一个阶段奠定了良好的基础，即夫妻双方决定是否要孩子。在这一问题上的协商程度，将决定家庭进入下一发展阶段要面对的压力的程度。

为人父母：家有儿女

家庭发展生命周期进入这一阶段的标志是家中增加了一位需要照顾的家庭成员。为人父母使得夫妻双方在伴侣关系的基础上又增加了一重父母关系，这意味着双方要承担起照顾下一代的责任（Combrinck-Graham，1985）。父母要就照顾子女这一问题进行协商。在前一个阶段，他们已经就照顾孩子和料理家务的职责进行了分配，但计划和现实相去甚远。初为家长的父母在照顾新生儿的过程中会遇到很多挠头的问题，包括如何设置一个合理的限度，进而发展到能耐心地倾听孩子的表达。

向父母角色过渡。家庭发展生命周期的每个过渡阶段，如结婚或退休，都会随之带来很多压力——向父母角色的过渡阶段也不例外（Belsky & Rovine，1984；Doering，1981）。为人父母后，夫妻会重新审视和澄清自己的价值观，回顾各自年轻时的一些决定。新生儿的到来可能并不像他们所期望的。一位准妈妈最初计划离职 6 个月，然后把宝贝送到托儿所，但真正有了孩子且孩子出生以后，她可能会改变这个计划。但如果由于经济原因不得不重返工作岗位，她就会感到极大的压力。与之相反的是，当一位放弃工作、在家做全职妈妈的女性发觉照顾孩子并不像自己想象的那么有趣后，可能会再找一份工作。为人母的一方在就这些问题举棋不定时，为人父的一方可能还坚持原来的想法或随之做出调整。许多变化都是短期的，尤其是当这种变化会带来互斥的影响并令家庭成员感到有压力时。

新生儿的表现与家庭的期望之间的差距会给家庭带来不同程度的压力。婴幼儿不仅受到他身处的环境的影响，而且本身也会对其成长的环境产生影响。婴幼儿表现出来的特征以及这些特征与父母教养方式间的吻合度（适切性）特别重要。

现代社会的家庭发展生命周期在这一阶段关注的焦点已不同于 20 世纪 50 年代。现代社会的许多双职工父母在照看孩子和处理家务上比较苦恼。该阶段面临的核心问题是为孩子挑选高质量且可以负担的托幼机构，父母之间会相互协调，合作承担照顾孩子和家务劳动的任务（Piotrkowski & Hughes，1993）。

一些理论家把学龄期的儿童视为幼儿期的延续。其他理论家则认为学龄期是一个独立的发展阶段，表现为一个需要照顾的家庭成员开始进入一个更广阔的外部世界（Zilbach，1989）。如今，学龄期的儿童早年都有接受学前保教的经历，尽管如此，发展空间延伸到学校仍然将是一个重要的转变。

家有青春期儿女

当家中的孩子进入青春期时，家长们应该改变对孩子在幼儿阶段时采取的评价标准，重新确立一个标准。虽然青少年需要自由，但家长也不能疏于日常生活中的适时指导（McGoldrick & Carter，1982）。青少年总是希望与同龄人保持一致，而家长的权威会因此而遭到挑战。此时，家长需要采取一种灵活的底线和机动的原则对待青春期儿女。当不能独立处理问题时，青少年们希望得到家长的指导和帮助；同时，随着独立性的日益增长，他们也希望家长能放手让他们尝试新鲜事物。难以应对的青春期性冲动也会在这一时期出现。

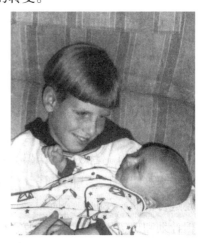

图 11-2　一些家庭中既有已经上学的孩子，也有年龄很小的孩子

家庭发展中期：子女进入青年期并继续成长

这是家庭发展生命周期中最长的阶段。由于低出生率和高寿命，有些家长退休前20年才决定要孩子。养育孩子始于婴儿期，是一个循序渐进的过程。当家长把婴儿带到托幼机构，就意味着婴儿开始进入青年期（Zilbach，1989）。家庭发展中期的特征以家庭成员的去留为特征。家长们必须同时做好为人父母和祖父母的准备，也要承担起照顾他们年迈的生活不能自理的父母的责任，发展与他们父母的新型关系。如果婚姻关系不再稳固，他们会试图留住身边最后一个孩子或者选择离婚。

家庭发展晚期的家庭

适应退休后的生活是年迈的家长在人生的黄昏期面临的最重要的任务。这一时期的夫妻关系可能会出现紧张。经济缺乏保障，需要依赖子女也是年迈的家长可能面临的问题。这一时期同样也可能面临痛失亲友、配偶甚至子女的问题。但作为祖父母，则无须通过子女就能与孙辈建立关系。从家庭发展生命周期的这种理论来看待家庭，突出研究了家长在不同阶段扮演的不同角色以及面临的不同问题。

家庭发展生命周期理论重点指出了家庭在不同发展阶段面临的问题以及这些问题在不同时期如何演化。布朗芬布伦纳（Bronfenbrenner，1992）将家庭系统理论和家庭发展生命周期理论的观点融入了他的生态学理论之中。

 ### 生态系统理论

生态学旨在研究生物和环境之间的关系。生态系统理论为我们提供了一种在社会背景的视角下分析儿童及其家庭的理论框架。生态学关注儿童及其家庭、居住地的邻里关系、儿童所处的托幼机构的环境、父母的工作场所、影响儿童生活的社会制度和法律体系以及他们所处的社会历史条件。布朗芬布伦纳对生态系统理论的界定表述如下：

> 人类发展生态学（the ecology of human development）是一门科学研究，研究在人的生命周期内，活跃的、发展中的人与其当下所处的动态变化的环境之间如何相互作用、相互适应、获得发展，以及这一过程如何受这二者所在的系统之间的关系以及这两个系统所处的更为广阔的系统的影响（Bronfenbrenner，1992）。

生态系统模型研究婴儿（或学步儿）和环境之间的动态变化。这种内在的相互作用通过彼此的反馈同时对婴儿和环境产生影响（Howe & Briggs，1989）。这种生态系统模型将世界看做一个不断扩展的社会体系。布朗芬布伦纳（1986，1993）提出了微观系统（microsystem）、中观系统（mesosystem）、外部系统（exosystem）、宏观系统（macrosystem）和时间系统（chronosystem）这几个概念。其他学者（Howe & Briggs，1989）将个体置于更复杂的环境系统中。理论观点与之相似，只是概念界定不同。

微观系统是生态系统里最小的单位，是个体当下发展所处的环境。对婴幼儿而言，微观系统是典型的亲族家庭，如果是孤儿，则可能是抚养孤儿的家庭或新生儿的加护病房、邻里或托儿所。布朗芬布伦纳把微观系统定义为：

> ……发展中的个体在某个有特定的天然性和物理性特点的环境，这个环境中有许多脾气、性格、信仰不同的人，能面对面地直接体验到环境中的各式活动、各种角色以及人与人之间的关系（Bronfenbrenner，1992，227）。

这种定义基于他之前提出的理论，并加以扩展（changes in italics；Bronfenbrenner，1979），涵盖了环境中其他个体特质。该理论突出了环境的特征，即能够"维持或提高发展的能力，提供有效的情感支持和有发展意义的挑战"（Garbarino，1990，81）。一般而言，微观系统关注个体被照顾的情况，通常由家庭成员共同提供照料。婴幼儿是许多微观系统的潜在组成部分：家庭、早期保教环境、宗教场所、邻里游戏的区域等。这种微观系统是持续变化的，所以不能仅仅观察一个独立的事件，而是要关注一系列事件的始末。

中观系统是一种个体与微观系统相互作用的系统。中观系统由许多微观系统以及它们之间的关联构成（Bronfenbrenner，1992）。这个系统关注家庭与托幼机构之间的关系、家庭与学校之间的关系等，而不是关注各自独立的系统。对婴幼儿而言，这个系统较小。

外部系统是能够影响中观系统、但不能对个体产生直接作用的系统。我们提到的外部系统都是能影响婴幼儿发展的环境，但不能直接对婴幼儿产生作用。外部系统关注"两个或两个以上的环境系统之间的联系或作用，但其中至少有一个与个体发展不直接相关，但却影响当下的情境中与个体有关的事件（比如，对孩子而言，家庭和父母工作场所之间的关系）"（Bronfenbrenner，1992，227）。

外部系统可以通过现行的政策直接影响儿童，也可以通过影响其父母而对其产生间接的影响。父母的公司会制定有关休产假、请假照顾生病的孩子、搬家等方面的规定。相应地，也会有关于父母的薪酬（更为重要的是，诸如父母可以享受的医疗保健）这样的关键性规定。这些规定既可能为家庭提供支持，也可能会使一个有孩子的家庭难以为继。

这种外部系统通常也包括扩展家庭、邻里和家庭的朋友。由亲友组成的社会支持网络能缓解有孩子的家庭面临的生活压力。反之，没有社会支持网络的家庭可能会感到更大的压力。一般而言，评价社会支持系统时，要看其所含关联的多寡，即广度，也就是支持系统中有多少愿意提供帮助的亲友、这些人之间是否相互认识。如果这些人彼此认识，就会加强社会支持系统的深度。如果不考虑社会支持系统的广度和深度，社会支持系统所提供的帮助的效度就是一个重要的考察指标。

宏观系统是一种意识形态和文化层次的系统，是中观系统和外部系统运行的大背景。宏观决策、信仰体系和程度会影响方方面面的许多人。法律就是在这个层面上制定的。例如，如果美国要制定有关婴儿护理和福利保障的通行标准，就需要在宏观层面制定。文化观也是宏观系统的组成部分。

> 宏观系统涵盖的范围已经远远超越了有着某种特定文化、亚文化或社会特征的微观系统、中观系统和外部系统，但却与内在于这些系统的信仰体系、渊源、潜藏的风险、生活方式、人生的可能性乃至社会交往模式有着特定的联系。宏观系统可以被看做特定文化、亚文化或更广阔的社会背景下的蓝图（Bronfenbrenner，1992，228）。

宏观系统包括了其他所有的系统，信仰模式会随着家庭、学校、宗教机构和政府机关的社会化实现代代相传。从这个角度看，社会阶层、宗教团体和某些情况下的邻里社区，能构成一个宏观系统。宏观系统与文化部分重叠，但提供了一个独特的分析框架（Bronfenbrenner，1992）。

时间系统把生命的发展历程置于特定的社会历史条件下，关注某种特定的环境中发生的重要事件和重大转变。其中，重大性的事件包括大萧条、战争等影响个体的事件，同样，更多的有孩子的母亲选择外出工作以及离婚率上涨，也都会影响孩子的生活。布朗芬布伦纳（Bronfenbrenner，1992）认为要在婴幼儿所处的生态系统中对他们进行研究。

在微观系统中，发展中的幼儿被看做一个活跃的个体，受重要他人所具有的特质的影响，同时也会对重要他人产生影响。理解发展的关键在于系统的稳定性、持续性和可预测性。当不同层次的系统都极为无序或极不灵活时，就要引起注意了（Bronfenbrenner，1992）。

各种家庭类型

　　一般而言，有孩子的家庭的类型多种多样。家庭类型发生变化的原因多为父母离婚或再婚，部分是因为单亲家庭境况的变化。这些变化能预示婴儿期和学步期的儿童将如何成长与发展。

 离婚家庭

　　对传统家庭发展生命周期影响最大的因素就是父母离婚。20 世纪 90 年代，美国的离婚率大约为 50%。在 20 世纪 80 年代，离婚率达到高峰，此后则呈现平稳而缓慢的下降趋势（Collins & Coltrane，1995）。离婚变得很正常，而不被视为非常态。在这些离婚的家庭中，大约 60% 的家庭有孩子（Hetherington，Law & O'Connor，1993）。在离婚的家庭中，孩子的年龄普遍偏小。此外，大约有 10% 的孩子是在父母离婚后或再婚前出生的（Rindfuss & Bumpass，1977）。高离婚率的原因错综复杂，比如，选择进入劳动力市场、争取经济独立的妇女的增加，避孕措施的改进，社会福利体系的完善，未婚先孕者的增加，妇女运动理念的变化，离婚法的自由化（Hetherington，Law & O'Connor，1993）。

　　离婚几乎都源于婚姻出现的矛盾以及夫妻间长期积郁的怨愤和不快。不考虑特定的冲突事件，如一些经常性发端的小事，像谁来教导孩子，婚姻中大部分的冲突都源于如下一些基本问题：孩子、性爱、金钱、如何度假、亲戚和忠诚等（McCubbin & Dahl，1985）。美国的许多夫妇之间发生的冲突更多源于孩子。在抚养孩子的态度问题上的不一致是影响夫妻关系的关键因素，夫妻双方经常因此相持不下、很难妥协。

　　有孩子的家庭所处的阶段在家庭发展生命周期中通常被称为"麻烦制造者"阶段。离婚多发生在这一阶段，大约是在婚后六年，婚后的第二年和第三年达到高峰（美国统计署，1992）。离婚多由女方提出（Carter & McGoldrick，1989）。在这几年，孩子通常处于婴儿期和学步期。据估计，20 世纪 90 年代期间，约有 40% ~ 60% 的婴儿会经历只有母亲的单亲家庭生活（Furstenberg & Cherlin，1991）。

　　做出离婚决定背后的原因非常复杂，这些原因也存在内在的关联性。经济条件是一项关键因素。在经济衰退时期，婚姻更容易保持；但当经济处于保持平稳、快速增长的时期时，婚姻更容易波动（Collins & Coltrane，1995）。孩子在其中的影响作用难以确定。但我们可以基于离婚夫妇就离婚原因的典型性回答进行一些设想。男方一般会提到性爱不和谐以及法律事项，而女方多会抱怨遭受了身体和言语虐待、经济问题、酗酒、丈夫不顾家及孩子、缺乏爱（Kitson & Sussman，1982）。

当研究人员试图解释离婚现象大量产生的原因时，他们也关注婚姻失败真正的原因。婚姻的满意程度和争吵的频繁程度都不是预测离婚的理想指标。但夫妻间解决矛盾的方式却与离婚有关。导致离婚的最典型的夫妻关系是其中一方，通常是妻子面临着冲突，她竭力要解决焦点问题和冲突，并表达自己的感受。当她和一个避免冲突的配偶结婚（即这个配偶总是忍气吞声、避免和化解争执）时，那么婚姻关系就比较稳定，但如果配偶反应的情绪是怨恨和愤怒，那么就容易导致离婚（Hetherington，1989）。另一种容易导致离婚的婚姻关系就是虽然夫妻间并没有大的矛盾冲突，但是双方在家庭生活、婚姻、孩子、交友偏好和兴趣爱好等方面存在较大的分歧（Hetherington & Tryon，1989）。

这类婚姻关系在一个家庭离婚之前会持续很长时间。这就意味着孩子会在父母的争论、冲突和徒劳无益的尝试解决问题的过程中一直处于悬而未决的状态。麻烦的婚姻关系会致使父母无法履行其应尽的照料子女的义务。因此，这种家庭中的孩子在父母离婚前出现行为问题的比例就比较高。这样，就会造成一种恶性循环，即父母苦于应对频频制造麻烦、固执己见、且有反社会性行为的孩子，会让原本脆弱的婚姻关系更加不堪一击，离婚的几率也会更高（Hetherington，Law & O'Connor，1993）。无论导致离婚的原因如何，毋庸置疑的是离婚前的家庭关系都是支离破碎的，父母和孩子都表现出了不合时宜的行为，并且这些行为会影响他们日后如何应对各自分离的单亲家庭所带来的变化和挑战。

离婚对年幼的孩子而言，意味着丧失了一种生活方式。没有了每天可预期的生活方式，取而代之的是不同的生活预期、生活经历和对即将发生的事的极度不确定感。家庭规矩和常规变了，并且单身父母通常要面临更沉重的工作负担，因为在此之前，这些工作量是由夫妻双方共同承担的。虽然离婚之于孩子的生活是一次重大的颠覆，但是通过实证观察会发现，孩子所受创伤的程度不像早期研究者认为的那么严重。这些家庭生活中冲突的经历似乎是更重要的影响变量。生活在父母双方争吵不断的家庭中的孩子比那些生活在父母双方和谐共处的家庭里的孩子会面临更多的压力（Demo & Acock，1991；Furstenberg & Cherlin，1991）。

在离婚后的诸种压力中，经济压力会使人不堪重负。离婚后的第一年，单亲妈妈的平均家庭收入下降了大约40%，一部分原因是有孩子的父亲中有70%断断续续或根本不承担孩子的抚养金（Hetherington，Law & O'Connor，1993）。孩子得到的抚养金的平均数额在 3000 美元以下（Ahlburg & Devita，1992）。父亲根本不承担孩子的抚养费的现象，致使低于贫困线界定的生活水平之下的单亲妈妈家庭是单亲爸爸家庭的 6 倍（美国统计署，1992）。在离婚后的很多年，这些单亲妈妈家庭的收入水平仍然很低（Hoffman & Duncan，1988）。但离婚后的第五年，不管当初是夫妻哪一方提出离婚，相对于她们婚姻生活的最后一年，很多单亲女性更满意目前的家庭生活状况（Wallerstein & Blakeslee，1989）。

离婚的夫妻一般都有两个年幼的孩子。离婚后的前几年，主管孩子的教育的母亲对孩子的督促会随之减少。这些母亲会很快地变得全神贯注、易怒、失去社会支持力量，并采取毫无规律的惩罚措施。在离婚后的前两年，很多孩子都表现出一些问题，主要表现在社会性和心理方面。年幼的孩子变得固执、易怒、要求增多（Hetherington，Cox & Cox，1982）。兄妹关系也出现问题，伴有彼此间冲突、进攻、敌对、竞争和抵触（Hetherington，1988）。

在大多数情况下，母亲是孩子有效的监护者。在离婚时，只有 10% ~13% 的父亲被誉为孩子心目中的保护神，而这种情况多数是因为母亲的无能为力，母亲不希望保护或家中有处于青春期的哥哥（Emery，1988；Hanson，1988）。很小的孩子，无论是男孩还是女孩，通常都是在母亲的庇护下的。

离婚前后，母亲对孩子的养育质量表现出一致性和连贯性，而父亲则不然（Hetherington，Cox & Cox，1982）。无监护权的母亲通常都与孩子保持联系，但无监护权的父亲很快就不再探望自己的孩子。研究者（Furstenberg & Cherlin，1991）总结了三个影响孩子对父母离婚后生活的适应情况的因素：（a）有监护权的父母在教养孩子方面的有效程度；（b）父母亲争吵和冲突的程度；（c）孩子与无监护权的父母一方的关系如何。当有监护权的父母一方的教养有效，则父母之间的冲突就会减少，并且孩子也能保持与无监护权的父母一方的关系。这样就会对孩子产生积极而正面的作用。

父母间的争吵和冲突不会因离婚而终止，甚至通常还会加剧。争执的焦点集中在探视权和孩子的抚养费上。孩子被夹在这些冲突和争吵中间，年长的孩子具有适应或交涉的能力，但年幼的孩子却没有这些能力。

对很多年幼的孩子来说，父母离异只是从双亲家庭生活到单亲家庭生活要面临的一系列变化的开始，通常情况下，他们很快又会进入一个双亲家庭（女性再婚的比例已经上升至 65%）（Carter & McGoldrick，1989）。大约一半离婚后的成人在离婚后的 3 ~5 年内会选择再婚。如果孩子的双亲都再婚的话，那么他将面对 4 个父母亲。离婚、单亲家庭和再婚带来的家庭变化会对年幼孩子生活的很多方面产生影响。

单亲家庭

    单亲家庭指的是那些由父母单方和一个尚无独立生活能力的孩子组成的家庭。在美国，有 1/4 的孩子生活在单亲家庭中。自 1970 年以来，单亲家庭的数量增加了 2 倍多。同时，造成单亲家庭的原因也发生了变化。在 1970 年，大约 1/4 的单亲父母是鳏夫或寡妇。到了 20 世纪 90 年代，造成单亲家庭的原因多是因为分居（19%）、离婚（42%）或未婚（29%）（Karmerman & Kahn，1988）。导致单亲家庭迅速增长的主要原因是未婚的妇女（Mulroy，1989）。超过 90% 的单亲家庭是由女性主导的。

    单亲家庭的类型也像双亲家庭一样呈现多元化的特点。尽管单亲家庭的数量与日俱增，但人们还是认为这些家庭不稳定、不完整。社会也不认可单亲家庭，将其视为与众多家庭的结构、价值观不同的家庭类型的一种（Lindbland-Goldberg，1989）。

未婚少女妈妈构成的单亲家庭

    未婚少女妈妈的数量一直在不断地上升。这类单亲家庭占所有单亲家庭的 9%（安妮·E. 凯西基金会，1994）。据估计，80% 怀孕的少女妈妈是意外怀孕的（Alan Guttmacher Institute，译作艾伦·格特曼切尔研究所，1993）。过早怀孕是一个复杂而严重的问题，并且这一问题在美国比其他发达国家都要严重（美国未婚少女妈妈的比例是英国的 2 倍、是荷兰的 7 倍）。每年都有超过 100 万的少女怀孕，有将近 50 万的少女成为未婚妈妈，更重要的是，这些未婚先孕的少女妈妈都承担起养育孩子的责任（卡耐基满足幼儿的需求特别行动小组，1994）。

    仅仅是这些单身父母是未成年人这一现象就会使问题更加复杂。在青少年时期，女性经历了来自生理、社会、认知和心理上的诸多变化。如果青春期出现一些诸如意外怀孕的意外事件，这些自身还是学生的未成年人的心理和社会性的发展程度还不足以使她们成为合格、称职的妈妈（Ketterlinus，Lamb & Nitz，1991）。需要引起注意的不仅是那些意外怀孕的少女妈妈，也要关注对孩子出生后的影响。那些未曾准备要孩子的妈妈很难照顾好孩子，她们不愿减量或戒掉毒品，不愿放弃酒精或吸烟。孩子出生后，很少进行免疫（Public Health Service Expert Panel，译作公共卫生服务专家组，1989）。此外，孩子更容易遭到虐待和忽视，更容易出现出生时体重偏轻，也更容易夭折（Zuravin，1987）。

    那些在单亲家庭中长大以及妈妈在少女时期未婚先孕的孩子，更容易早孕。单亲的少年父母，尤其是低收入的非裔美国单亲父母的养育经历，会对日后家庭中婚姻关系的稳定以及母亲和孩子的经济状况产生严重的不良影响（Hayes，

1987）。一般来说，那些在青少年期就有孩子的母亲一般比那些成年后生育的母亲多一个孩子（Moore & Burt，1982）。少女妈妈一般都会早产，婴儿出生时体重偏轻，阿普伽新生儿测评（指对新生儿的肤色、心率、反射应激性、肌张力及呼吸力五项的评分）得分偏低，并且在出生后第一年甚至第一个月的死亡率也较高。出生时体重偏轻是导致婴儿死亡的主要原因，同时也会对孩子的长期发展产生一系列严重的影响，比如，精神发育迟缓、脑瘫以及其他发展问题。

　　足月出生的孩子面临的危险性因素也不少。少女妈妈不能够更多地与孩子交流，为孩子的社会性或情感的发展提供很好的支持（Pope et al.，1993）。在发展中，这种情况对孩子的智力、社会性和情感发展以及学业成就上都有着长期的不良影响（Harel & Anastasiow，1985）。如果一个少女在很年轻的时候就成为一个贫穷的单亲妈妈，那么她就很难摆脱贫困的境地。即使年轻的单身妈妈不受经济的困扰，她们的未来也不容乐观和确定：孩子出生 15 年以后，这些少女妈妈们需要操持更多的家务，独立支撑起单亲家庭，并且她们的孩子也很有可能依然在贫困中生活（Mercer，1990）。

图 11-3　家庭越来越多样化

在所有的教养责任中，新手妈妈被更多地要求承担起孩子的教育和社会性发展的职责。这对于那些自己还处于社会化过程中的少女妈妈来说是一个很艰难的任务。这些少女妈妈可能根本都没意识到自己还要担负这些责任。她们可能更关注孩子的行为的规范性，很少关注孩子统整的社会能力的发展。很多年轻的妈妈很难理解孩子出现攻击性行为背后的原因，也不能对孩子的行为设定一个合理的限度。她们同样需要家庭的支持和引导。"如果没有扩展的社会支持网络，由一个认知、情感和社会性发展还不成熟的青少年担负起一个成人要承担的多重复杂的角色，无论对少女妈妈还是对孩子，都意味着一场灾难。"（Mercer，1990，72）

在美国，越来越多的人从婚姻生活中解脱出来，尤其是非裔美国少女。在白人少女妈妈中，有52%的人在即将分娩时结婚了，而对于非裔美国少女，这一比例只有10%（Hardy & Zabin，1991）。祖母或其他的家庭成员往往担负起养育孩子的责任。这样，孩子的养育就能由家人共同承担，但家庭也不免增加了很多压力（安妮·E. 凯西基金会，1994）。

 ### 再婚家庭

再婚家庭复杂而多变。并且，在现代的美国社会中，再婚家庭已不再被视为不同寻常的家庭形式。在1987年，有33%的人是继养的，19岁以下的儿童中有20%的人是继子或只有一半相同血缘的兄弟姐妹（Visher & Visher，1993）。专家预测，到2000年，美国的再婚家庭将会比任何一种家庭类型都多（Glick & Lin，1986）。再婚家庭系统包括不止一个家庭单位，所有家庭成员在情感、经济和法律上都受其他家庭成员行为的影响。合作养育的父母们组成了一个复杂而有弹性的组合，这个组合包括孩子血缘上的亲生父母和父母再婚后的配偶以及其他住在一起的人。扩展家庭包括多个祖父母和继祖父母，也包括有血缘关系、半血缘关系和无血缘关系的兄弟姐妹（Whiteside，1989）。

再婚家庭有很多种不同的形式，男方是孩子的继父的家庭称为继父家庭，女方是孩子的继母的家庭则称为继母家庭。复杂的再婚家庭指的是父母双方都从以前的婚姻关系中带有孩子，然后又各自组成家庭，这种家庭占所有再婚家庭的比例约为7%（Visher & Visher，1993）。约有一半的再婚家庭有一个亲生孩子，这个孩子出生的时机影响着这个孩子及其家庭关系。如果这个孩子出生在家庭成功重组前，那么其出生可能就会给家庭的再婚带来更大的压力和困难；如果这个孩子出生在再婚的夫妻双方建立起比较稳定的关系之后，那么其出生则会对整个家庭生活产生积极的影响（Bernstein，1989）。

再婚家庭与首婚家庭在很多方面都存在较大的差异。再婚家庭是在原有家庭经历了一系列损伤和改变之后组建的。再婚家庭成员在个性、婚姻状况和所处的家庭发展生命周期等方面都存在很大的差异，背景迥异的他们共同组成一个家庭，孩子和成人都有着不同的经历和处世的方式，因此，所有的家庭成员都有各自关于家庭应该如何的观点。亲子关系先于并影响夫妻关系。孩子在某处还有一个家长，不是在现实中就是留存在记忆中。再婚家庭中有一半的孩子都与不在身边的亲生父母的另一方还有联系，所以当孩子在不同的家庭之间转换的时候，再婚家庭的家庭成员也在不停地发生变化。在继父、继母和继子、继女之间很少有，甚至没有法律上的关系。

在再婚家庭建立的早期，家庭结构还是割裂的，家庭成员主要靠生物学的关系联结。再婚家庭顺利而成功的转变，要求家庭中的成人能够很好地处理他们与原来的配偶之间的关系，使得孩子放弃与亲生父母重新在一起的想法。还有许多财产权和利益纠纷需要解决。接下来，新组建的家庭需要解决与权力和冲突的忠诚相关的问题。这一重组过程大约要持续两年（Visher & Visher，1993）。

再婚的中期（3～5年）以典型的再婚家庭结构为显著特征。这一时期，再婚的夫妻双方的感情基础不断增强。血缘缔结的亲子关系逐渐削弱，继父或继母的影响逐渐增强。如果这些问题没有得到解决，家庭会依然面临僵持的局面，依据血缘分化，甚至走向离婚（Whiteside，1989）。再婚家庭可能会缔结牢固的夫妻关系，但这并不意味着继父、继母与继子、继女之间的关系能随之改善。很显然，这两种关系不相关联。再婚的离婚率比首婚的离婚率还要高，即使再婚后的夫妻相处得很愉快，但仍然可能会因为继父、继母与继子、继女之间的关系处理不当走向离婚。成功的再婚家庭经历的最后一个阶段以家庭成员间建立起亲密而真实的关系为特征。家庭结构得到了有效的整合。

如果不考虑家庭的类型及婴儿和学步儿所处的微观系统，一些家庭会比其他家庭面临更大的挑战。当今，婴儿和学步儿及其家庭面临的最大的宏观系统的问题之一就是贫困。

贫困

在1990年，美国社会中有3岁以下孩子的家庭是生活水平处于贫困线以下的唯一突出的家庭类型。"在所有种族的不同家庭结构中，相对于家长的孩子比较大或成年人和老年人较多的家庭，有更多的有3岁以下孩子的家庭生活在贫困之中。"（卡耐基满足幼儿的需求特别行动小组，1994，17）在1987～1992年间，生活在贫困线以下的6岁儿童的数量从500万增加到600万，相应的贫困率增加到

26%。1995年，有2个孩子的家庭的贫困线是10030美元，有3个孩子的家庭的贫困线是12590美元，有4个孩子的家庭的贫困线是15150美元（儿童保护基金会，1995c）。1993年，有1570万儿童的生活处于贫困，是30年以来的峰值（儿童保护基金会，1994b）。

导致贫穷的原因是复杂的、多面的。贫穷不利于家庭和孩子的发展，迫使父母每天过度工作，还要为年幼孩子的花销焦头烂额；贫困也影响着人们的健康状况，如导致家庭成员营养不良、居住环境过于拥挤以及缺乏医疗保障，增加人们处理上述问题时面临的压力。

贫困家庭中的人均生活成本较低，这对于年幼孩子的成长是巨大的打击。低收入家庭中的孩子通常：

- 由于出生缺陷导致的死亡率大约是其他孩子的2倍。
- 死于各种综合原因的可能性约是其他孩子的3倍。
- 死于火灾的可能性大约是其他孩子的4倍。
- 死于传染性疾病和寄生虫病的可能性大约是其他孩子的5倍。
- 死于其他疾病的可能性大约是其他孩子的6倍。

资料来源：儿童保护基金会（1995a, 19）的资料。

在所有的有孩子的贫困家庭中，38%的家庭得不到公共救济金，约有20%的人有自己的收入和现金援助，32%的家庭仅仅靠公共救济金过活，另有10%的家庭从其他渠道获得资金（National Center for Children in Poverty，译作美国贫困儿童中心，1995）。1992年，即使拥有全职工作的人也难以不受贫穷的困扰。如果一个成人每周在只能拿到最低工资（1992年，每小时的最低工资金额是4.25美元）的地方工作35个小时，那么他的收入就是7438美元，这相当于有3个孩子的家庭的贫困线水平的66%，相当于有4个孩子的家庭的贫困线水平的52%（国家贫困儿童中心，1995）。尽管在双亲家庭中，父母都出去工作挣两份工资是可能的，即使是在支付最低工资的单位也勉强够一个孩子的开销，但是如果家里有更多的孩子，那么经济上就会负担不起。

农村的贫困现象最为严重，有35%的家庭处于贫困中，而在城市，这一比例只有19%。据统计，由单身母亲支撑、生活在内陆的有色人种家庭是最为典型的贫困家庭。6岁以下的孩子中约有29%是西班牙人或非裔美国人，然而他们却占贫困儿童总数的55%。未婚先孕的母亲生产的孩子更易生活在贫困之中（国家贫困儿童中心，1995）。有年幼孩子的西班牙人家庭构成了最贫困家庭中的一部分。

有73%的单身母亲家庭和30.8%的双亲家庭生活在贫困线以下，非裔美国人的生活状况也不容乐观，有69.7%的单身母亲家庭和21.4%的双亲家庭生活在贫困线以下（Einbinder，1992；卡耐基满足幼儿的需求特别行动小组，1994）。

贫困增加了孩子及其父母的非正式社会支持系统、乃至他们的邻居可能面临的危险性因素。贫困这种不利因素影响到生活的方方面面，从医疗保障和营养状况，到住房和邻里关系的质量以及教育机会等。贫困的恶性循环与母亲在孕期缺乏营养、婴儿出生时体重偏低以及孕期药物滥用有关。这些都是导致原本就压力重重、且存在发展问题和潜在压力的系统更加摇摇欲坠的潜在原因（儿童保护基金会，1995a）。在美国，低收入的女性最容易产生失望情绪（Halpern，1990）。有失望情绪的母亲对孩子的反应迟钝，不能尽到教养的责任，很少关心孩子的感受，更倾向于限制孩子。在极度贫困的家庭中长大的孩子出现发展障碍的可能性更大，产生这种现象的原因是复杂的，比如，缺少认知和语言发展的刺激、营养不良、更易发生安全事故、医疗卫生没有保障等。不利的经济状况会影响到整个家庭，包括增加离婚率和再婚率，增加家庭暴力和忽略等情况发生的几率（Conger，Elder & Lorenz，1992）。

在所有的贫困家庭中，孩子在3岁以下的单身母亲家庭中有65%生活在贫困中。相比之下，双亲家庭生活在贫困线的比例只有12.8%。1989～1993年间，接受食品援助的孩子的数量增加了50%（儿童保护基金会，1995b）。来自政府和社会援助并不能消除贫困现象。在1993年，对年幼儿童的救助和食品援助的总和只能使家庭的总收入提高到贫困线的65%（安妮·E. 凯西基金会，1994）。

无家可归

20世纪80年代后期，有小孩子的家庭成为无家可归人口中增长最快的一部分。调查显示，这类家庭约占无家可归群体总数的1/3，在纽约和费城这样的大都市中占的比例甚至更高（VanRy，1993）。无家可归的家庭是多样的，但是年轻的单亲家庭特别是单身母亲家庭占全国无家可归人口中的比例最大（Kryden-Coe，Salamon & Molnar，1991）。因为人口的特性和对无家可归的定义有所不同，精确统计出无家可归的孩子的总数是很困难的。据估计，每个晚上都大约有10万名孩子无家可归，其中大多数孩子在5岁以下（卡耐基满足幼儿的需求特别行动小组，1994）。

这些无家可归的孩子所在的家庭大多有较高的家庭暴力倾向，家庭暴力成为孩子无家可归的最主要原因。通常是母亲带着孩子离开那个令人感到屈辱的、暗无天日的、冷冰冰且缺乏经济来源的家庭，去寻找一个安全的生活环境。由于担心再次遭受家庭暴力，离家出走的母亲和孩子通常不会留在一个固定的居所（Kryden-Coe，Salamon & Molnar，1991）。有统计表明，这些无家可归的母亲一般都是 20 岁之前就有了孩子，她们身边的孩子都在 10 岁以下，并且在无家可归之前也都经历过居无定所的生活，12 个月里平均搬迁达 2.6 次（Winkleby & Boyce，1994）。

流浪街头或在避难所生活对处于婴儿期和学步期的孩子以及其他家庭成员都有很大的影响。一般来说，他们会有与无家可归有关的身体健康问题，如寒冷、疲惫、经常感觉不舒服和感觉失落，这些是无家可归群体经受的最普遍的健康问题（VanRy，1993）。处于婴儿期和学步期的无家可归的孩子总是忍饥挨饿、营养不良，健康问题也会增多。无家可归家庭中的父母没有地方安置孩子，因此，孩子也很少有机会游戏，探索周围的环境。

对处于婴儿期和学步期的孩子来说，无家可归带来的打击是沉重的。

> ……一个家庭现有社会关系网络的破坏、家庭常规的紊乱、家庭成员间的情感基础的瓦解、对未来生活的不确定、恐惧和家庭暴力，通常都与家庭生活在避难所有关。对一个无家可归的孩子来说，玩耍的场地可能是汽车旅馆的走廊、床上和汽车的后座（Klein，Bittel & Molnar，1993，23）。

与无家可归有关的条件通常会使处于婴儿期和学步期的孩子发展迟缓，特别是在动作、认知和语言方面。

在美国，越来越多早教机构开始接收无家可归的孩子。这些机构必须调整相应的教育方案，以帮助无家可归的孩子重新获得安全感，并发展具有年龄适宜性的技能和概念。但实际操作会很难，因为尽管很多孩子能在这些早教机构中接受教育，但这些孩子所在的家庭还要在避难所生活多久是不同的，此外，由于提供早教服务的机构的资金来源没有保障，所以这些机构所能提供的活动场地也不确定。一些避难所会拥有就地（on-site）儿童看护设施，另一些则利用社区组织活动。不管怎样，提供保教服务已经成为帮助无家可归的孩子的一种重要途径（Klein，Bittel & Molnar，1993）。很多无家可归的孩子的内心都充满恐惧，通常伴有情绪或行为问题，如注意力不集中、退缩、嫉妒、语言发展迟缓、睡眠障碍、感觉统合失调、攻击性行为、动作不协调和社会性发展不良（Klein，Bittel & Molnar，1993；VanRy，1993）。

父母的角色随着家庭的发展而变化，当父母每天烦恼于处理与食物、住房和经济相关的问题时，就会无暇积极回应孩子的情感需要。贫困和无家可归的现象与家庭和社区如影随形。很多情况也常伴随着暴力。

暴力环境

没有人愿意将暴力和孩子放在一起思考。当暴力事件在我们周围发生时，我们总是倾向于让自己相信这不过是一次例外，是报纸为了提高销售量而将其作为头版头条。当读到这些文章时，我们也倾向于让自己相信遭遇暴力的孩子并不理解究竟发生了什么，不会记住发生的过程。但研究结果却与人们乐观的想象相反。

研究者从三个方面对暴力进行了分类：（a）社区或团体暴力；（b）家庭暴力；（c）身体虐待或者性虐待（Osofsky，1993/1994）。随着家庭压力的增大，发生暴力的可能性也随之增加。过小的孩子是暴力事件中的受害者。婴儿和学步儿在经历暴力事件时，已经尝试去理解。但因为他们没有足够的语言能力表达自己的感受，专家们有责任解读暴力对婴幼儿意味着什么（Osofsky，1993/1994）。幼儿不仅是遭遇暴力的受害者，也不可避免地受到电视、家庭和社区中上演的暴力事件的影响。

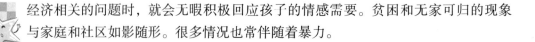 **社区暴力**

美国是世界上暴力事件发生最多的国家之一，这些暴力事件已经影响到青少年和很多无辜的民众。有将近400万的孩子在"极度痛苦的社区"中成长，在这些社区的特征是贫穷、女性主导家庭、高退学率、居民无业和依靠社会福利生活（安妮·E. 凯西基金会，1994）。在这样的环境下，对犯罪和暴力的恐惧危及人们心中的安全感，并加重孤立感。很多孩子都在他们的家庭或社区中亲眼目睹过抢劫和枪击事件（Osofsky，1993/1994）。

父母担心自己没有能力保护孩子免受暴力的侵扰，难以确保孩子的安全，不管是在家庭中还是在社区中。低收入和少数民族家庭的父母表现出更多的焦虑和不安（Osofsky & Jackson，1993/1994）。确保孩子的安全是一个家庭应履行的基本职能，但当做不到这一点时，父母就感到无助和恐惧。尽管年龄过小的孩子可能意识不到社区内发生的暴力，但他们还是能感受到身边的看护者的恐惧和焦虑，并且会受成人处理问题的方式的影响（Osofsky，1993/1994）。在暴力环境中抚养孩子的父母更有可能表现出失望、悲伤和焦虑的情绪。失望的父母很少与孩子交谈，不能积极地回应孩子的需求。他们很难控制自己的情绪，相应地，他们的孩子也会受到更多的责骂，而不是亲吻和拥抱（Osofsky & Jackson，1993/1994）。孩子也会以同样的方式回应父母，表现出失望、很少微笑，并蜷缩在自己的世界。成人对暴力事件可能会有不同的反应。他们可能会把孩子放进浴盆让其睡觉，以此避免随时可能出现的子弹。他们很少带孩子出去或者让他们在户外的场地玩耍。他们可能会对孩子过度保护以确保孩子是安全的。

生活在暴力环境中的孩子对世界的理解是不同的。这一点在持续生活在暴力环境下的孩子身上表现得最明显，随着年龄的增长，他们对暴力事件的理解能力也相应地发生变化，对世界的理解也会有所不同。这些孩子很难相信别人或相信所生活的环境是可依赖的和可预测的。

与年龄较大的孩子不同，婴儿和学步儿只有有限的几种表达忧伤和痛苦的方式。儿童的反应模式与他们的年龄、性格和身处的环境有关。生活在暴力环境中或遭受过暴力的一些孩子更容易表现得退缩，且更容易出现失落的情绪，另一些孩子则可能变得更具有攻击性（Cicchetti & Lynch，1993）。在亲眼目睹过父母争吵、打架的孩子中，男孩子更容易变得具有攻击性，女孩子更容易表现得畏缩不前（Cummings et al.，1993）。其他的典型特征还包括饮食和睡眠障碍，产生恐惧感（Drell，Siegel & Gaensbauer，1993）。

家庭暴力

家庭暴力被认为是一种与性别有关的、系统化的虐待形式。这类问题难以界定且不易报告，因而，很难了解到这种虐待的真实程度。据全国反家庭暴力同盟（The National Coalition Against Domestic Violence）估计，每年大约有 300 万 ~ 400 万的妇女被男性伴侣殴打（Alsdurf & Alsdurf，1989）。但家庭暴力事件只有当受害者主动寻求帮助时才会被报道。据估计，家庭暴力受害者打电话到警察局报案之前约有 10 次类似的遭遇，而在此之前的 10 次家庭暴力经历却未有报道（Davis，1988）。

家庭暴力事件对儿童的影响表现在以下三个方面：家庭中的主要看护者对他们的关心更少；他们可能亲眼目睹家庭暴力事件的经过；他们有可能被牵扯到暴力事件中。家庭暴力是处于生育期（15 ~ 44 岁）的女性遭受伤害的主要原因（Indrassia & Beck，1994）。据估计，有 20% 的成年妇女（1500 万人次）有至少一次被男伴施以身体虐待的经历（Stark & Flitcraft，1991）。有 21% 的孕妇流产，其中流产孕妇中有 30% 在孕期受到虐待（全国反家庭暴力同盟，1994）。每年至少有 330 万名儿童亲眼目睹父母之间发生的暴力行为，包括使用枪支和刀具等造成致命性的伤害，也包括徒手的殴打（Jaffe，Wilson & Wolfe，1988）。

家庭暴力更多地反映出一种行为模式，而不是单单一桩独立的事件。暴力事件通常都以争吵和冲突发端，接下来就进入僵持环节，双方的对抗不断升级。积累到一定程度后，施暴者就难以控制自己的情绪而爆发出攻击性行为。但攻击性行为过后，攻击者通常会表现得很和善，他们试图去弥补自己的恶劣行径所导致的后果（Alsdurf & Alsdurf，1989）。虐待行为不限于对身体的攻击，还表现为威胁、强迫、胁迫、断绝经济来源、在家庭和朋友圈子中孤立等（Fishbane，1993）。遭受过虐待的女性会变得情感麻痹、唯命是从，产生习得性无助。这不仅会对女性产生负面影响，也会对女性所照料的儿童产生负面影响（Gondolf & Fisher，1988）。发生过家庭暴力事件的家庭中的孩子更容易遭遇不良对待。在有暴力、虐待和忽视历史的家庭中长大的孩子，在生理、心理和教育方面都会面临危险性因素。

忽视和虐待儿童

虐待儿童是一个上位概念，包括许多不恰当的对待儿童的方式。研究者（Honing，1986）界定了4种虐待儿童的方式：

> 严重的身体虐待会使儿童的身体受到伤害，甚至导致死亡，每年因身体虐待致死的儿童约有几千人；一些儿童无法从母亲那里获得内心的依赖感；一些儿童处于被忽视的状态或忍饥挨饿；一些儿童由于激烈的敌对、羞愧感、长期的言语虐待和批评而受到情感创伤（Honing，1986，49）。

幼儿也可能成为性虐待的受害者。这种性虐待通常发生在幼儿和成人（或者年长的孩子）之间，是出于成人对性爱的需求和欲望。某些类型的幼儿更容易遭受性虐待。早产的婴儿和残疾儿童遭遇虐待与忽视时会显得脆弱无力。例如，在佛罗里达，出生时体重偏低的婴儿占所有婴儿的7.7%，但却占受虐待婴儿总数的20%（Task Force for Prevention of Developmental Handicaps—1991更新版）。

尽管很多人更愿意相信儿童遭受性虐待的几率很小，然而事实却绝非如此。1岁以内婴儿的死因中，遭受身体虐待占据首位。他杀致死的1~4岁幼儿占该年龄段幼儿死亡总数的10%（Mrazek，1993；引用自Waller，Barker & Szocka，1989）。身体虐待的受害者中有1/3是1岁以下的婴儿（美国卫生与公共服务部，1992）。有将近90%受虐待或忽视致死的儿童的年龄都在5岁以下，1993年的数据显示，有46%致死的儿童年龄在1岁以下（儿童保护基金会，1995a）。在所有的性虐待案件中，1/3涉及对2岁以下幼儿的性虐待（Schmitt & Krugman，1992）。据估计，

1993 年美国儿童权利保护机构接受了 298.9 万起儿童受虐待和忽视的案件，其中约有 4.5% 的儿童投诉被粗暴对待（National Committee to Prevent Child Abuse，译作美国预防儿童受虐委员会，1993）。但据估计，未经报道的同类案件数量约是曝光案件总数的 2~3 倍（Bowdry，1990）。

对婴幼儿来说，身体虐待大多是成人施加的。成人出现这种行为的原因是他们易怒，并会一直对孩子大吼大叫。父母教育孩子的无能导致他们对孩子进行言语呵斥。身体虐待还包括过度体罚、教育失当和猛打孩子。一些父母对孩子进行体罚而不是说理教育，他们相信只有通过体罚才能把孩子培养成一个好人。体罚的方式包括抽打、扇耳光以及用木板、皮带或绳子鞭打，造成孩子身上出现明显的瘀青、鞭打的伤痕和伤口等。采取这种方式教育孩子的父母大多承认自己小时候受过类似的惩罚。他们可能也认为体罚是错误的，但却仍坚持认为，如果孩子在小时候没有从错误的行为中受到应有的惩罚、从中吸取教训，长大后就会违法犯罪。很多人觉得这是可以接受的教育方式，不是虐待。

很多父母在引导孩子的行为方式时已经伤害了孩子，他们可能用烫孩子的手的办法让孩子知道火炉很热，不要去碰它，这些父母承认他们这样做过，但他们不觉得这是一种虐待，也反对别人认为这是虐待。

1993 年，儿童受虐待和忽视的案件约有 300 万起，其中有 100 万起是确凿的。遭受忽视是儿童受到的最普遍的虐待方式，占所有被报道和确定的案件总数的 49.9%（儿童保护基金会，1995a）。父母可能仅仅是因为没有足够的钱为孩子买足够的食物和衣物，或他们购物时的首要选择不包括孩子的必需品。

很多时候，当父母外出工作时，婴幼儿不得不独自一人在家，因为他们的父母没有能力为他们雇用照料者。在很多情况下，儿童受到忽视是因为家庭功能失调，包括父母滥用药物。在这种情况下，家庭的所有收入几乎都被用来买毒品。不幸的是，与药物滥用和被忽视有关的问题，因幼儿出生前就不可避免地沾染了毒品和酒精而变得更为复杂。此外，再加上环境中的忽视和虐待行为，孩子产生多种社会性发展问题的风险就增加了。

情感虐待是一种最微妙、最不易察觉的虐待方式。然而，情感虐待会极大地伤害孩子的自尊。有一些施加情感虐待的父母存在这样的设想，即如果不对孩子冷淡些，孩子就容易"充大头（get a big head）"。父母对孩子的印象和描述都是消极的，而他们的观点也会影响孩子用相同的眼光来看待自身，认为自己"不好"。

男孩和女孩都可能成为性虐待的对象。尽管错误不在孩子，但孩子通常也会隐瞒发生过的事实。施虐者经常试图通过哄骗孩子这是自己的过错、如果否认也没人会相信，来保持秘密。性虐待要复杂得多，因为大多数施虐者是孩子的亲生父母、继父母和养父母（Faller，1989）。家庭成员之外的人进行性虐待的情况很少。

 ### 被寄养的儿童

有时，儿童的养育会因某些情况造成的压力而变得复杂，如身体或精神疾病、与酗酒和吸毒成瘾有关的家庭暴力和虐待等，另如意料之外的社会保障系统出台了不能保障幼儿福利的政策（Lee & Nisivoccia，1989）。有越来越多的儿童被亲生父母从其出生的家庭遗弃或送出。家庭可能没有经济能力养育孩子，不得已放弃对孩子的抚养。"随着家庭贫困程度的增加，孩子受虐待的几率也随之增加……贫困与儿童受虐呈显著正相关。"（Lee & Nisivoccia，1989，5）越来越多的孩子离开生养自己的家庭而被寄养，与家庭成员吸毒成瘾和患艾滋病有关。出生在家庭功能失调的家庭中的孩子遭受忽视和虐待的几率更大。将孩子送到他人家中或机构中是为了确保其安全而采取的应急措施。1993年年底，美国有442218个孩子被收养（儿童保护基金会，1995b）。"全国有75%被收养的孩子重新回到生养自己的家庭，但也有研究指出，有32%的孩子又重返收容所。"（Lee & Nisivoccia，1989，3）

当儿童离开生养自己的家庭时，原来形成的依恋关系也会随之受到影响。因为在一定程度上，依恋关系是在日复一日的交往中建立起来的，能同时满足儿童身体、营养和情感的需要，无法满足上述条件的环境就会让孩子的发展面临危险（Solnit & Nordhaus，1992）。对于婴儿期和学步期的儿童来说，这种环境所造成的危险是双倍的。身边的看护者不能对他们的需求及时回应，那么他们面临的危险就将是长期的。离开生养的家庭会对儿童原有的依恋关系产生负面影响。"作为实际中的判断标准，对大多数2~5岁的幼儿来说，与生养他们的家庭分开的时间超过两个月所引起的苦恼足以对他们造成心理伤害。"（Solnit & Nordhaus，1992，16）

一半以上被收养的儿童在收养他们的家庭中都有兄弟姐妹（Solnit & Nordhaus，1992）。儿童可能会与他们的兄弟姐妹形成依恋关系，尽管形成这种依恋关系并不能取代作为照料者的成人所扮演的角色，但却提供并增强了儿童之间的联结，当这些兄弟姐妹不待在一起就需要引起关注了。为缔结依恋关系所做的努力是制订长远计划的基础（Kagan & Schlosberg，1989）。

小结

现在，对婴幼儿的研究通常是在其所处的家庭背景中进行的。个体被视为一个开放的系统，受环境的影响并反作用于环境。一个家庭如要维持下去，就要具备一些基本的家庭功能。婴幼儿也会对家庭功能如何实现产生绝对的影响。

学者通常把家庭发展生命周期划分为几个不同的阶段，处在某一阶段的家庭要完成特定的发展任务。处在不同发展阶段的家庭对婴幼儿的影响也不同。而传统的家庭发展生命周期所规定的发展阶段会由于一些特殊事件而重新划定，这些事件包括离婚、再婚或成为单身父母。

所有的家庭都是不同的。要想真正了解某个家庭，就需要分析家庭的特点及各位家庭成员的特征，包括家中的孩子。重点考察的变量有：家庭结构、文化背景、家庭的社会经济地位、家庭所处的地理位置以及家庭成员的个性特点、健康状况与处事风格。不同的家庭有不同的交流方式，这也是要考虑的变量。

将婴幼儿的发展置于家庭背景下考察，与把家庭的发展置于社会背景下考虑同等重要。在生态学的分析框架中，婴幼儿及其家庭都可以被视为是一个开放而宽广的系统。首先考虑的是婴幼儿所在的家庭，然后是婴幼儿当下成长所处的社会环境、这些环境之间的关系、维持这些系统运转的秩序，最后要考虑的是社会历史维度下影响众多决定的文化和意识形态因素。

家庭在不断地变化，这些变化对从事国家儿童教育研究的专家提出了挑战。研究不断揭示早期经历对儿童发展的重要影响。我们需要以生态学的视角考察婴幼儿的发展，以婴幼儿所在的家庭为中心，并综合考虑其生活所处的外部环境。同时，人们也逐渐意识到早期经历对儿童日后的发展起到的关键作用。我们也发现，有越来越多的儿童在贫困中成长，并面临着比历史上任何时期的儿童所面临的都要多的危机：少女妈妈、单亲家庭盛行，缺乏高质量保教服务。专家们需要意识并直面这些挑战，为了儿童，也为了我们身处的社会。

实践活动

1. 在你居住的社区逛逛，有没有一些使你感觉不舒服的邻居？描述一下这些邻居，试想一下：与一个使你感觉很舒服的环境相比，在这里你会如何抚养一个孩子？

2. 选定一个问题，如关于幼儿教养方面的问题，用生态学的视角加以讨论。如果你尝试解决这个问题，请考虑一下你在微观、中观、外部和宏观系统水平上采取的策略有何不同。

3. 与那些父母离婚的朋友或熟人聊一聊。谈一谈他或她的父母离婚的时间、监护权的分配、各自承担的抚养指标。这些经历是如何影响他或她对夫妻关系和家庭生活的期望的？

第十二章　与婴幼儿的家庭合作

　　"我们是以家庭为中心的""我们支持家庭参与""我们信赖家庭的支持""我们把父母视为教育过程的合作者"，所有这些都意味着什么呢？这当然只是新说法中的一部分。但是，这是一种新颖的、与众不同的诠释还是仅仅是旧词新说呢？旧的理论体系公认父母是孩子最初的生活看护者、老师和使之社会化的人。在达成这种共识以后，专家们就倾向于告诉所有父母应该如何养育自己的孩子。实际上，与家庭合作对老师、父母和孩子都是有益的。

　　人们之所以重新开始关注与家庭的合作，源于社会中两方面的变化。一方面，越来越多的母亲投身于劳动力大军，需要看护的幼儿数量也因而增加；另一方面，越来越多的人意识到对 0～3 岁的幼儿进行早期教育的重要性、在这三年中父母所扮演角色的重要性以及社会对父母能否担当好这个角色的顾虑。这种顾虑不仅引发了人们对家园合作的关注，而且还激发了人们对家长培训以及促使亲子共同成长的策略的关注（Powell，1990）。

　　20 世纪 90 年代以来，一些新情况的出现使我们重新聚焦如何看待婴幼儿这一问题。在 20 世纪 40 年代，由于一次全国性紧急情况，父母武断地决定将孩子暂时寄养在家庭之外。本来期望这个紧急情况解除以后，一切能恢复到从前，但事实则不然。现在，人们普遍将孩子的教养视为父母及其他养育孩子的成人的共同责任。这种新观点的出现与家庭结构的变迁、家庭生活方式的变化以及文化背景和民族特性有关。

生态系统理论

　　布朗芬布伦纳的家庭生态系统模式给我们提供了理解、分析和厘清与家庭、早期看护以及教育环境等相关的信息。家庭和社会教养机构都是儿童所处的微观系统。中观系统聚焦各个微观系统之间的关系，包括家庭、社会教养机构以及幼儿接触到的其他环境，如进行宗教仪式的场所、社区游乐场所等。虽然布朗芬布伦纳（1979）提出的这些原则适用于中观系统所包括的各种关系，但本章只讨论家庭和社会教养机构以及二者之间的关系。

　　布朗芬布伦纳致力于明确地描述出总体原则或假设，使微观系统之间的关系达到最优。他提出了以下原则：

- 家庭与教师之间进行频繁的交流和面对面的沟通。

- 对于那些直接养育孩子的人们来说，沟通有助于激发和提升他们的能力，而非降低或削弱他们的能力。

- 要就养育孩子的目标和成人在其中承担的角色等问题达成共识。

- 无论家庭成员、孩子的能力、经历、种族和文化背景如何，家庭和社会教养机构都要相互支持。

- 当孩子进入一个新的微观环境时，需要有一个熟悉的成人陪伴（布朗芬布伦纳，1979）。

当我们应用布朗芬布伦纳的生态模型时，很显然，家园合作所能达到的目标之一就是能增强家庭和托幼机构这两个微观系统间的一致性。显然，家庭和托幼机构还存在不一致，那么这种情况是好还是不好呢？

 ## 连续性与不连续性

虽然这个领域的研究者关注的是幼儿教育的连续性和不连续性分别导致的结果，但由于对"连续性"和"不连续性"还没有很好地加以定义，因此对二者分别在何种条件下有利和不利这一问题还没有弄清楚（Peters & Kontos，1987）。为此，研究者（Powell，1990）从操作性的角度进一步阐释了这两个词。他认为，"连续性"是指家庭和社会早期养育机构的关联性及适切性。关联性专指这种关系的结构性，比如，沟通的层级、类型、频率以及在一种环境中生活的个体适应在另一种环境中生活所需要的时间。适切性是指这种关系的实物性，即家庭和社会教养机构在儿童的养育、价值观、目标、期望、语言和亲子关系等方面的相似度。例如，一个孩子的家庭可能与其所处的托幼机构的环境关联密切，这是因为孩子的父母在这个机构待了很久，而且沟通频繁。但是，如果这个家庭的成员的母语非英语，种族传统不同，文化价值观更强调生存技能，那么家庭和托幼机构之间的适切性就会很低。不管托幼机构中的教师的种族和社会阶层如何，那些既不是中产阶级家庭又不是英裔家庭的孩子更有可能经历家庭与托幼机构的不连续性（Powell，1990，1）。

在很多方面，教养的连续性和儿童看护的质量互相影响。父母的价值观与托幼机构的决定相互影响，因为一旦有选择的机会，家长都倾向选择能够减少不连续性的托幼机构。研究者（Whitehead，1989）发现，当我们考察与家长满意度相关的变量时，如果母亲和看护者持有共同的价值观，那么母亲对儿童看护的满意度就会提高。重视教育增值性的家长倾向于选择那些同样支持这种观念的托幼机构（Clarke-Stewart，1987）。然而，这既可以被认为是积极的，也可以被认为是消极的。比起那些生活压力较大的家长来说，生活压力较小的家长倾向于选择更高质量的教育机构（Howes & Olenick，1986）。但在另一方面又具有连续性，经济条件相对较差的家长倾向于选择那些相对较差的托幼机构（Goelman & Pence，1987）。

关于连续性和不连续性对幼儿的影响，我们了解得相对较少。不连续性既为幼儿的发展提供了机会，同时也不免带来风险。研究者（Peters & Kontos，1987）提出了不连续性在影响幼儿方面的四个维度。第一个维度是不连续性的程度，即不连续性越大，导致的风险越大。第二个维度是不连续性的持续时间。第三个维度是不连续性产生的时间点。如果不连续性正好发生在敏感时期，那么影响就会更大。许多人认为婴儿期正是这样一个时期。一个疑问是这些变化被认为是"及时的"还是"不及时的"。而且，很多人质疑婴儿是否应该待在全日制的托幼机构（Belsky，1988）。第四个维度是儿童对环境的适应能力和在过渡时期的沟通理解能力。

对家长进行教育是一种系统地提高连续性的方法。家长培训的最初目的是改变家长的观念，与托幼机构中的专业人员的观念保持一致。如今，对家长的教育更多是合作性的，即需要家庭重新审视价值观，重新考察家庭创设的环境以及与幼儿的互动和提供的看护服务等。

家长培训

对家长进行培训是一种合作形式。家长培训为间接促进孩子的发展提供了很多的可能性；与此同时，家长们聚集一起，为有类似经历的家长之间的交流提供了更多可能性。家长培训组织的目标就是提高家长的育儿技能、改善他们的决策方法。作为成年学习者的父母在个人经历、态度和价值观方面存在较大差异。需要有一个开放的环境兼收并蓄各个层次的专业知识（Berger，1995）。面向家庭的集中培训项目已经显示出短期和长期两方面的积极作用。短期的积极作用在于提高了孩子的能力，增加了母亲的积极行为；长效作用在于提高了家长的教育水平，缩小了家庭规模，增加了家庭自助的可能性（Powell，1989）。

家长培训组织在组织结构和目标设置存在较大差异。有的组织可能由某个家长领导，有的组织可能由某位专业教师来管理，后者更趋于低结构化，更多的组织结构介于这二者之间。组织召开的会议可能没有具体目标，会议的内容低结构化，也可能是由一位专业教师来主持讨论，这位教师将控制课程的内容和家长的参与度（Berger，1995）。这些不同的家长培训组织本身的形式无所谓好或坏，但是家长和组织结构会影响家长的参与度及学习效果。

家长培训面临的一个挑战就是家长在育儿情境中流露出来的不同的价值观。儿童发展这一学科领域已经就家长教养的类型有了明确的界定，并指出其中的哪种教养方式有助于儿童实现学业成就。这种教养方式倾向于说理而非体罚、权威而非独裁、温柔而及时地回应儿童的需求而非等到他们大喊大哭出来等。但上述观点并没有为所有家长接受，通常情况下，很难与那些持有不同价值观、不想被告知如何养育子女的家长们合作（Theilheimer，1994）。但家长培训项目正在调整，由一些儿童发展方面的专家给一群母亲宣讲如何养育子女这种传统形式已不再适宜了（Powell，1990）。如今，高质量的家长培训项目表现为：

● 家长和教师之间的关系是平等的，他们的目的都是为了家长们能够更好地扮演养育子女这一角色。专业人员不再以专家自居，告诉家长们什么才是最好的养育子女的方法。

● 用更多时间进行开放的、家长主导的讨论。

● 兼顾家长和孩子的需求。培训项目还为增强家长的社会支持网络和与社区的纽带联系提供一些信息。

● 对所服务群体的需要和特征要敏感。好的项目都是根据所服务的家长的特征和需求来进行规划的，因而各具特色。应该对目标群体的文化特征、价值观、收入水平以及家庭所面临的风险非常敏感。

资料来源：改编自 Powell1990 年的相关研究。

特定文化背景下的家长合作

任何人都不可能在真空中发展语言、仪式、规则和信仰，这些都是在家庭中由一代一代人通过文化传承下来的。文化是一种生活方式、一种生活图景。人是通过习染和内化而成为特定文化的一部分的（Berger，1991）。婴儿期和学步期的儿童进入托幼机构时便带着和自己父母一样的文化背景，要理解婴幼儿及其家庭，就必须了解其种族和文化背景。

现在已经不再把美国比喻成"大熔炉"了，取而代之的是将其比喻为"沙拉碗"。不同文化群体的发展已经达到一定程度，以至于"少数民族"这个词已经失效了。研究者（Hanson，Lynch & Wayman，1990）指出了一些关于美国人口变化的有意思的信息。有孩子的家庭发生的变化尤为显著。美国人口中儿童所占的比例在下降，但是来自非欧美国家的人口中儿童的比例却在增加。

在 1985～2030 年间，使用不同民族语言的儿童的总数将增长 53%，而且这些群体中的儿童占儿童总数的比例将会从 28% 上升到 41%（Hanson et al.，1990，115）。

到 2010 年，美国将有 1/4 的儿童来自少数民族（Chan，1990）。这是因为少数民族人口中出现越来越多的移民、越来越高的出生率和偏低的生育年龄。但这些人群中也会有更高比例的"危险"儿童，这与他们经常遭受环境中的危险性因素、特别是贫困和相应的儿童早期医疗保健缺乏有关（Rounds，Weil & Bishop，1994）。

要秉持多元文化的视角，这对于理解每个家庭及其所处的社会文化对不同年龄段的子女的养育观和期望值非常重要。比如，为一个崇尚亲缘关系的家庭建立一个促进独立和自助能力发展的项目，注定要失败。同时，你首先必须了解一个家庭关于生养孩子的基本看法以及他们关于家规、养育孩子的感受。

了解有关不同文化群体的知识对于文化敏感性的养成是必要的。但是，仅有这种有限的知识远远不够，因为每个个体和家庭都是不同的，他们接受了文化的不同方面。既要了解文化的普遍性特征，又要关注文化的特殊性表现。"少数民族或种族家庭在养育孩子时面临着双重任务，他们既要让孩子认同自己所属的少数民族的特殊文化，又要让他们能在主流的大众文化中生活。"（Rounds，Weil & Bishop，1994，8）

当一个人收集信息时，能够给予他信息的不同的人却不能用同一种语言给予他充足的信息，这个沟通过程就会很困难。即便某些信息能够被翻译，翻译的过程也可能存在错误的编码和解码，特别是当字面的含义与实质意义相去甚远时。对文化敏感的教师应该具备以下四项能力：

第一，必须澄清自己的价值观和设想。第二，必须收集并分析与每个家庭所处的社区文化有关的人种学的信息。第三，必须了解家庭的跨文化程度。最后，必须要考察每个家庭在特定的儿童教养问题上的倾向（Hanson，Lynch & Wayman，1990，126）。

研究者（Cross，Bazron Dennis & Isaacs，1989）提出了影响文化理解的五方面因素：

承认并重视差异。包括对文化差异的认同以及文化差异对不同家庭的婴幼儿观和教养观起到的作用。

进行自我文化评价。在了解其他文化之前，首先应该近距离地审视一下自己身处的文化以及这种文化如何塑造了婴幼儿的价值观和信仰。这就像通过一面透视镜来看婴幼儿及其家庭一样，同时要谨防自己持有偏见。除了本土美国人外，我们的先辈都是移民来的。这是我们的文化背景中的重要组成部分，影响着我们如何看待和照看婴幼儿以及如何回应他们的家庭。在对自己的文化和价值观有一定的了解之后，我们才更有可能成为一个对文化敏感的个体，才能够认可不同人的文化背景差异，并学会欣赏他们的共性。

意识并理解差异的活力。文化背景的差异会使不同个体同时形成外在显著的和内隐潜在的差异。外在显著的差异包括诸如语言、目光交流的次数、肢体语言的使用等；但往往是内隐潜在的差异会更多地影响个体内心的隐秘。

尊重差异。对婴幼儿的照顾就是一种使其适应自身文化的社会化过程。日常的看护反映出文化根基、深层的价值观和信仰（Nugent，1994）。在看护过程中，儿童吸收了自身文化中的一部分，许多家长都非常重视儿童早期保教。养育方式也许是我们理解不同文化背景下的社会化过程的关键。但是，如果托幼机构反映的仅仅是主流文化的价值观，那么父母就可能会担心托幼机构中的施教方式。相应地，儿童可能会被部分地剥夺自身的文化，或者可能会被动地经历家庭教养和托幼机构教育之间的不一致性。

掌握文化知识。学习不同的文化是一个持续的过程。很多书中描述的内容都聚焦于不同种族有关早期儿童的一些实际问题（Lynch & Hanson，1992）。这是我们掌握更多有关个体信息的基础。在同一文化群体之内需要额外掌握不同家庭的信息：

● 移民的原因。这个家庭曾追寻和留下的是什么？他们是因为政治迫害、贫穷或战争而逃亡？还是因为他们不愿意做奴隶？

● 移民的时间。这个家庭在美国已经延续了多少代？

● 居住的地点。这个家庭是住在少数民族聚居区吗？

● 移民的方式。这个家庭是整体一次性迁移过来还是一位成员先过来、其他成员随后陆续迁移过来？

● 社会经济地位。这个家庭的社会经济状况如何？如何看待教育和教育对社会流动的促进作用？

● 宗教信仰。家庭所属的种族信奉的宗教是什么？这种宗教与政治之间有没有关联？

● 语言。家庭成员交流使用什么语言？对不同语言的适应性和运用的流利程度？

● 通婚。家庭成员中是否有人与其他种族的人通婚？通婚发生的频率如何？

● 态度。家庭成员如何看待其所属的种族群体及其价值观？

资料来源：改编自 McGoldrick1993 年的相关研究。

适应多元文化。文化敏感性的最后一个要素就是运用我们获得的信息和洞察力，使早期教育实践满足婴幼儿及其家庭的需要。这可能会挑战我们对"家庭"的界定，扩展这一概念的外延，将祖父母和其他重要他人的参与也考虑进来。聚焦特定文化背景对婴幼儿的影响，考察家庭的影响及其设定的优先级。从另一个角度来说，适应多元文化可能会促使你关注公告牌、书籍，甚至以一种全新的视角来看戏剧中聚光灯下的娃娃，想了解不同文化背景下的温馨、舒适的家庭是如何看待托幼机构的环境的。

还没有研究结果来证实有关一致性和不一致性的问题。但家庭与教师之间必须进行积极的交流，建立起一种支持性的关系，以避免婴幼儿面临教养的不一致。

家长与教师之间的合作

从事早期教育的专业人员达成了这样的共识，即家长与教师之间的合作非常重要。如果家里的孩子有哥哥姐姐，家长就可能有过与教师合作的经历。如果家里的孩子没有哥哥姐姐，那么家长与教师的首次见面就可为今后家长的更多参与奠定基础。家长和教师都认为建立合作伙伴关系是目标，这一点对年幼儿童尤其重要（Berger，1995）。

为了支持家长与教师的合作，托幼机构的人事部门需要培训员工学习如何与家长、与幼儿进行合作。随着我们日益关注以家庭中心的视角来看待婴幼儿，人事部门对将家庭视为一个整体的需求的敏感也变得非常重要（Seefeldt，1985）。最初，有必要基于这样一种假设，即将孩子送入托幼机构的家长就可以放手去工作了。这可能会限制家长的参与程度，也会影响家长的个人偏好。判断家长参与性的一种方法就是看家长参与的方式或程度。一级参与程度是指家长有义务必须确保将年幼的孩子送入安全、有益于健康的托幼机构，并贯彻保障教养一致性的常规。二级参与是指孩子与其看护者之间能进行基本沟通，以传达和接受相关信息。三级参与需要家长参与早教机构的活动，这些活动包括从参加家长会到进行自愿性活动。使家长成为固定志愿者似乎不太实际，如果将此作为判断家长参与性的指标势必会给家长带来压力。四级参与是家长能够把在早教机构的学习延伸到家庭中，有意识地鼓励孩子在家进行学习和活动。五级参与需要家长参与早教机构的管理和教育方面的决策，比如，在家长咨询委员会中承担职务，这个委员会能够参与决策教师的聘用、机构开放的时间、成本核定等方面的问题（Epstein，1987）。五级参与更多地与早教机构的具体情况相关。

机构本身的氛围会影响参与的程度。家长如果觉得托幼机构欢迎他们，也许就会更好地参与进来。开放的政策和固定的时间使得家长有机会认识并与教师交谈，家长参与的可能性也会因此提高（Berger，1995）。同时，发言人定期就家长提出的某些问题发表观点和看法，就会使家长觉得托幼机构能积极地回应他们的需求。成立家长咨询委员会也能增加家长的参与率，甚至提高家长的满意度。

有孩子的家长特别是单亲家庭，有许多需求。如果将家长活动安排在傍晚，家长实际上已非常劳累，因为他们在白天已经工作了一整天，而且需要有人在家照看孩子，或者雇用一个保姆来照看孩子。如果将家长活动安排在周末，家长可能就会觉得仅有的几天休息时间被占用了。对家长参与的期望需要考虑双职工家庭和单亲家庭等不同类型的家庭的实际情况。判断家长的合作程度不是由家长出席机构的次数而决定。

家长与教师的角色

相较于面对婴儿和学步儿来说，家长、教师或保育员在面对年龄稍大的学龄儿童时各自扮演的角色和期待要更加清晰。年龄稍大的学前儿童的家长往往被人们期待给予儿童更多的爱和关怀，相应地，教师和保育员则需要提供更多的支持和鼓励。对于婴儿，父母与教师之间的角色差异不大。婴儿需要爱、照料和来自所有看护者的关怀。家长和教师之间的矛盾可能就是基于这种角色的混淆，传统意义上的角色期待是教师和保育员在照看大一点的儿童时扮演的角色与照看婴儿时是相同的。虽然看护者没有侵占家长的角色，但是为了儿童的适宜发展，需要非父母的看护者也能与儿童建立起一种很强的爱的联系。

图 12-1　家长有着对孩子成长的期待和对照看者所扮演的角色的期待

父母与看护者在照看孩子时都面临着各自的角色期待问题。各方需要就这些角色期待进行沟通。当父母把孩子送入托幼机构，就可能意识到保育员会把自己作为一位家长来对待（Furman，1995）。这会影响其选择分享哪些信息，可能会使其在一段时间内备感压力，因为他正在尽力帮助自己的孩子适应一个新的教养环境，同时，自己也要在原有"常规化的"工作日程之外，额外担负帮孩子适应新环境的责任。在这一转变过程中，父母需要得到帮助和支持。

为了进行有效的合作，父母需要了解看护者怎么看待孩子，而看护者也需要知道家长如何看待孩子。无论是在家长会上、家访过程中、与家长的交谈中还是在为家长提供信息时，好的沟通技巧都非常重要。开放、畅通的沟通渠道能明确父母和看护者各自应该承担的角色，这对每个人来说都是有益的。处于婴儿期的孩子，其看护者与家长的角色有时是重合的，并且如果没意识到这一点就可能造成额外的压力。

父母可能会担心孩子喜爱看护者胜过喜欢自己（Gestwicki，1992）。父母承担所有养育子女的角色。对父母来说，生养孩子就如同在跑马拉松。身陷长跑之中的父母不得不调整自己的生活节奏，将关注点在家中其他孩子、婚姻关系、工作及其他事务之间平衡。人们普遍认为父母必须无条件地爱孩子，而且要帮助并保护孩子。父母可能会关注看护者的情感投入程度。

早教专家们与孩子的交流仅限于教室或托幼机构。他们只是从"短跑者"的角度来看待孩子。他们的参与时间非常短暂，所以没能及时完成的事情可能永远也不会兑现。他们可能会对他们关心的孩子倾注强烈的情感，但当他们的观点与家长的观点不一致时，就会面临问题。人们认为看护者应该关爱并照顾好孩子，但同时，也要保持一定程度的中立和客观态度。人们普遍期望他们能不偏爱某个孩子。教师有时觉得父母总认为在一间教室只有一个最重要的儿童，很显然，这个儿童就是他们自己的孩子（Gestwicki，1992）。

角色定位的不同以及早教专家角色的模糊不清，可能导致教师和家长关系紧张。有研究指出，家长和教师似乎在什么是好的家庭教育这一问题上已达成共识。但是，教师认为家长所具备的家教技能远比自己认为的贫乏得多（Kontos，1984）。另外，教师觉得尽管他们工作得非常努力，但却没能获得家长的赞赏（Galinsky，1988）。这些想法也可能会导致家长与教师或保育员关系紧张。

家长的压力

家长与教师对彼此形成的印象都是在他们最忙碌和最疲惫的时候：早晨，家长匆匆忙忙赶着上班的时候；晚上，结束了一整天工作的家长赶着回家的时候。

工作在某种程度上可能会增加家长的压力。家长的工作时间越长，越容易感受到工作职责与家庭责任之间的冲突。那些无法控制工作时间的家长需要承受更大的压力，他们总要面对一些需要马上交工而且繁重的工作。当工作中的领导者不考虑这些为人父母的上班族在平衡工作和家庭方面的需要时，他们的工作满意度就会降低，压力也会增加（Galinsky，1988）。

当父母想方设法地竭力满足迅速成长的孩子的需求时，就可能对自身的育儿能力没什么把握。他们想独占孩子，而且不太信任由其他人照看孩子。他们可能不想让自己的孩子与其他看护者建立起强烈的依恋关系，这样可能会令他们更加不安。他们会嫉妒其他看护者每天能够长时间与孩子在一起。所以，将孩子送到托幼机构可能会给家长带来很大的压力。

 ### 教师／保育员的压力

托幼机构中的教师和保育员也会面临工作时间过长带来的压力。而且，当家长延误了接孩子的时间时，教师和保育员会更有压力。照看孩子是一项费力而辛苦的工作。这项工作需要知识、智慧、灵活性、创造性和细心（Ryan，1990）。

当看护者既要帮助家长、又要及时回应孩子的需求时，就会感到压力重重。因为他们发现自己成为"所有人的所有"（Galinsky，1988，6）。与家长一样，教师和保育员之间的工作关系对于彼此的健康及幸福也很重要。关于家长感到专业教师的角色定位模糊这一点，教师和其他看护者也同样感知得到。

一些早教专业人员认为，那些为了工作而把孩子送到托幼机构的家长不重视照顾孩子，否则，如果认为照顾孩子很重要，那么孩子的母亲就应该自己在家照看孩子。同样，一些托幼者认为，那些把年幼的孩子早早地送到托幼机构的家长其实是遗弃了自己的孩子。而这种判断会困扰照看孩子的教师。如果教师对家长的个人看法如此，那么他们很可能就会倾向于照顾年龄大些的孩子，或找一份不用直接与家长和孩子打交道的工作。

照看孩子这项工作的社会地位会使本来就觉得自己的工作不被欣赏的这个领域的从业者，在评价这项工作时变得更复杂。这种需要很强的责任感、但报酬偏低的工作势必给他们造成压力。当看护者对比自己的经济状况与他们所照看的孩子的父母的经济状况时，他们可能会对这些家长宁愿花钱换一辆新车或买一套昂贵的房子而不愿为孩子的教育花更多的钱而愤愤不平（Galinsky，1988）。

早教专业人员通常很少接受有关如何与家长合作的培训。当一切似乎都很顺利时，早教从业人员就不容易觉察出有什么问题需要沟通。一旦与家长与发生冲突，他们通常没有什么技巧来化解这些冲突。双方作为成年人，经常会诉诸言语攻击和诋毁，或干脆避而不谈，或各自抱怨。尤其当教师工作不顺但又不想拿孩子出气时，就很可能指责孩子的父母或责难恰巧遇到的其他家长（Galinsky，1988）。

虽然教师和保育员不愿公开承认，但他们中有很多人都对家长有一些看法。通常，那些与教师和保育员很少交流或持专断型教养方式的家长获得的尊重较少。这些家长大多来自低收入的单亲家庭。这些家长通常也是压力最大、经济状况最差的，大多数需要社会救济，但他们从托幼机构获得社会支持的可能性则较小（Kontos & Wells，1986）。

家长、教师、保育员都有各自的背景，他们之间的交流需要彼此认可对方的背景。每个人都会有一些顾虑，也会对这些顾虑的成因和可能的解决方法持自己的看法。教师和保育员的沟通水平会加剧或减缓这些潜在的紧张因素。沟通是成功合作的关键（Shea & Bauer，1991）。

与家长沟通

沟通是获取和传递信息的过程。它既指语言的，又指非语言的。此外，还包括沟通发生时的社会背景。沟通是评价人际关系质量的指标。清晰的语言和非语言沟通对于有效地获取与传递信息都很重要。

沟通包括诉说、倾听、觉察心理感受和理解言外之意（Berger，1995）。沟通是一个复杂的过程，因为在沟通的过程中，不仅要考虑语言所传递的信息，还要考虑非语言所表达的信息，比如，语调和说话时伴随的肢体动作。仅凭语言来判断传达的信息通常是无效的。研究者认为，在沟通时，语言（所说的话语）仅能传递7%的信息；38%的信息是通过说话的方式（说话的声调和音调）来理解的；55%的信息则是通过视觉对肢体语言的推断获得的（Miller et al.，1988）。

通过对沟通过程的了解，我们可以得出以下结论：应该通过面对面的方式向家长传达重要的信息；事实的、非情感的信息最好通过电话传达。在沟通的过程中，除了以上要注意的方面外，还有一些特别需要引起注意的，因为人们在传递信息时总会根据个人的价值观和过去的经历进行筛选与过滤，并且不同的人对同样的信息会有不同的理解。

研究者（Berger，1991）认为能够成为良好的沟通者的教师具有以下特点：

● 在对方说话时予以关注，进行眼神交流，并使用肢体语言。

● 倾听家长说话时，既要理解他们的语言，又要体会他们的内心感受。能够澄清、重构和复述家长所说的，并区分哪些是对事实的陈述、哪些是对内心感受的表达。

● 不说批判、纠正、指责或评价他人的言辞。在讨论教养过程中的焦虑之前，首先要明确婴儿和学步儿已经具有的良好品质。

● 根据家长处理信息的能力来确定所要传达的信息量，并采取适宜的方式传达。如果觉得家长还不具备处理这些信息的能力，就不要一次性将所有信息"倾注"给家长。

● 强调过错不是某个人造成的，致力于通过共同努力来解决问题、规划未来。

● 每次只关注一件事情，并收集足够的确定的信息来权衡利弊，但始终聚焦在一个问题上。

● 与家长为友，把家长视为合作者，提升其教养能力。

● 关注眼前的事，在交谈中只占用一半时间，更多地鼓励家长之间进行交流和分享信息。

资料来源：改编自 Berger1991 年的相关研究，参见第 156～157 页、第 175～176 页。

语言是思想的抽象化表征。通过语言可以实现沟通，但有时可能会使沟通不畅。不同文化背景的人互相沟通时，想要彻底地澄清某些事情尤为困难。在理解话语的真正含义时，对语境的把握是非常重要的。比如，单词"orange"既可以指一种水果，也可以指一种颜色。在理解具体的含义时，上下文有助于我们区分两种不同的意思。

当所要表达的意思更加抽象时，就很难理解得透彻了。例如，家长可能认为自己接孩子的时间只是"有点"晚，但是教师或保育员则可能认为这个时间已经"非常"晚了。

 ### 沟通中应避免的事项

在与家长或者其他人沟通时，某些方式可能会起到相反的效果。

避免进行建议。我们总是忍不住劝告家长应该如何处理与孩子之间的问题，但大多数情况下，这种做法是不明智的。给家长提供一些建设性的意见则比较合适，但这种建议也要尽量少些。在提出建议之前，有必要全面地把握相关信息，以便所提的建议具有可行性。当问题出现时，要弄清问题的症结、问题发生的频率、家长为解决问题已经采取的措施以及这些措施是否有效等。在提供建议之前，要尽可能多地获取确切的信息。然后，提出自己对这个问题的看法，并和家长的看法进行对比。对家长已经尝试的解决办法予以积极的评价（如果这样做是适宜的话），以此鼓励他们努力尝试解决问题。如果确实需要提供建议，就以一种非正式的、试探性的、不带评判的方式提出来，并多提供几种建议。

避免使用"理解"这个词。有时，看护者回应家长提问时会说："我理解你的意思。"这样的回答对于问题的解决毫无裨益。这种回答可能会让家长这样想：你怎么能理解呢？你又不是我，体会不了我的感受，你又不需要在半夜爬起来……当人们用"理解"这个词时，通常传达的意思是他们其实根本不理解。采用移情的回应方式会更适宜——"半夜爬起来肯定很痛苦，第二天还得去工作。"

避免评价和指责。虽然我们会有意识地尽量避免评价家长，但有时却管不住自己的嘴。当家长感觉到他们被评价或被指责时，通常会防备起来。以"你知道……"开始一段谈话总会让人感到不快。使用"应当"或"应该"这样的词也暗含着一种评价。"你应该多给春戈准备一些尿布放到他抽屉里"这种说法与"春戈的尿布用完了，你明天可不可以再带过来一些呢"是不同的。前一种说法很可能会激起家长的反感，比如，他/她可能会想：如果用尿布的时候在意点儿，就不会用得这么快了。我知道孩子在家时的用量，留下的足够多了。这样，根本于事无补。但避免评价和指责相对比较容易做到。

避免猜测。在询问对方之前就假定别人想知道什么或者应该知道什么就是一种猜测。当一位家长说"请告诉我我需要知道的事情"，他说这句话正是基于"你能够明白他的心思"这样一种假设。如果你对此予以回应，你很可能会告诉他/她你认为有趣的事，或你觉得自己作为家长想知道的事。比如，你可能会告诉家长他/她的孩子特别喜欢的活动，而他/她实际想知道的是孩子睡午觉时会不会哭。如果他/她的孩子睡午觉时不哭，你就不太可能会提起这件事。你不可能对家长感兴趣的事了如指掌，家长最终还是会不满意这样的交流。比起假定自己能明白别人的心思来说，帮助家长澄清他们想知道的事情更有用。向家长询问更多确切的信息，如："我想告诉你一些你所担心的问题。您可不可以说明你想知道的今天某些特定部分的问题呢？"如果这位母亲坚持想知道一些你认为重要的事情的话，那么你就必须给她提供一些可供选择的问题，如："您是想知道他的活动、睡觉、吃饭情况？还是他跟其他孩子相处的情况？请您来确定一下我们从哪里谈起。"通常在这种情况下，家长可以表露出自己的某种偏好（改编自 Deiner1993 年的相关研究）。

大多数家长和看护者之间沟通的内容大多是日常活动。除了日常活动的交流外，还可定期召开家长会，以将孩子的日常表现整合起来，把握孩子的整体发展，而不仅仅局限于孩子日常活动的表现。

家长会

按常理，一个学期至少应有三次家长会的时机。第一次是在学年初，第二次大概在学年的中期，第三次是在学年即将结束的时候。如果孩子要在同一托幼机构中换班或要转到另外一个托幼机构，就需要家长与教师进行额外的沟通来促成这种过渡。通常会有一些例行的会议，人们熟知的基本的沟通技巧被命名为"三明治"法：

- 谈一谈孩子的积极表现、适应得怎么样及其在发展方面取得的进步。
- 说一说你对孩子的忧虑，如果有的话，请给出具体的事例。
- 以积极的方式结束。

会议不是随意召开的。会议之前需要收集和处理一些信息，并对这些信息进行分析。

 会前准备

收集和整理关于孩子的信息。准备一些关于构想的、可以与家长分享的小例子。将孩子作为一个个体进行详细的分析，他所喜好的及厌恶的、个性特点、气质和你所欣赏的他的独特品质。摆放一些他喜欢且适合他玩的玩具，以便家长能看到这些玩具（这也是在告诉家长针对孩子发展适宜性的玩具有哪些，他们也可以相应地在家中准备），考虑如何能让家长身体感到舒适、心理感觉舒服。很多成人坐在适合学步儿坐的椅子上可能会感觉不舒服。

 召开家长会

如果会议是在托幼机构召开，家长可能会觉得这个会议是由"教师主导"的。在这种情况下，就需要帮助家长放松下来，获得心理上的舒适。避免使用专业术语，尽量用积极的方式表达，用确定的词语进行交谈，以便当家长需要建议时，能正确地采纳建议（Bjorklund & Burger，1987）。

对教师和保育员来说，做一个活跃的倾听者是非常重要的技能。家长可能不会问一些真正想知道答案的问题，这可能要取决于教师或保育员如何重新解读他们的提问。一位家长可能会问："你觉得帕特在这儿高兴吗？"如果简单地回答"是的"，很可能并不能回答家长真正想知道的情况。你可能需要进一步询问家长真正关心的问题，比如："您能告诉我您具体想知道什么情况吗？"家长可能会说："我担心这个问题是因为我离开他时，他总是哭，我想知道他这一整天是不是都在哭。"对此恰当的回答应该是："您离开以后，帕特哭了大概 5 分钟。有位老师抱着他围着教室散步，看看有什么东西能引起他的兴趣。这位老师给了帕特一些他感兴趣的东西，然后他就玩了起来，一直玩到午睡时间，这期间他在玩玩具时经常会中途放弃，有时有点想哭。中间会有人摸一摸他的背，安抚一下他。帕特感到难过的另一个时候就是当其他孩子的父母来接小朋友的时候，他急切地渴望见到您。我能理解您为什么会觉得他一直都不高兴，因为您只看到他最难过的时候。您曾用过哪些有效的安抚他的办法？给我们一些建议，这样我们也可以试用一下。"与之相反，假设你这样说："帕特的确很喜欢玩生面团，他玩起来能高兴很长时间。"虽然你如实地回答，但家长可能会觉得你并没真正回答他的问题，甚至会因此不来参加家长会（虽然他实际上从来也没问过这个问题）。猜测会使你在家长开口询问之前，仅凭主观臆测对方想知道的。

家长真正想知道的是自己的孩子一整天都做了些什么。对于大点儿的孩子来说，他们在校完成的作品和教师的评语都有助于家长了解他们是如何度过在校的时光的。父母想要了解婴儿和学步儿更是困难，因为这个年龄段的孩子还不能表述必要的信息，他们很少有展现自己参与的活动的作品为证。将婴儿一整天或一天中不同时段的活动情况拍摄下来，有利于家长了解孩子的一日生活，这也是一种与家长沟通的方式。

旨在解决问题的会面

有时，教师会就某一问题要求与家长会面沟通，有时家长会主动要求与教师沟通。这种面议不同于惯常的家长会，因为它针对某个具体问题，并就某个特定的话题进行讨论。旨在解决问题的会面通常是在婴幼儿的行为发生持续变化时，或其行为偏离一般发展轨迹，或其不断地表现出异常的情感和社会性行为。这种异常不只是某一天表现不好。一套综合但构成有所重叠的方法即适用于这种类型的会面。

安排会议时间

安排一次旨在解决问题的会议需要一定的技巧。虽然你不想惊动家长，但他们的确需要知道会议召开的目的。很重要的一点是，你要在尽可能充分讨论会议议题和尽可能缩短会议时间之间寻求平衡。如果会面的时间是在接送孩子的时候，家长可能会很着急。提前计划好要说的话，把你担心的问题大致描述一下："我观察凯特好几个星期了，竭力地调整计划以更好地满足她的需求，但她在您走后仍然哭，还会在自己的储物柜前驻足很长时间。我们能不能约个时间见面谈一谈这个问题呢？"家长可能会急切地想知道更多情况。把大概情况告知家长，但不进行会谈。提示家长你有事情要告诉他们，以便使他们更好地理解发生的事情，这样，你们双方才能展开合作，共同解决问题。要尽快安排会面。

旨在解决问题的会面之前的准备工作

像所有的会议一样，做好充分的准备非常重要。但在旨在解决问题的会议召开之前，有许多需要你自身做好准备的工作。在观察并收集所有的信息之后，你可以按照以下步骤来做：

界定问题。这部分工作中最重要的是将事实和假设或概述区分开来。做到特定化和精确化非常重要。如果只说布莱和其他孩子相处得不好的话，不够精确。但如果说布莱和萨丽一起玩橡皮泥时，布莱咬了萨丽，之后还把娟从三轮车上撞了下来，这样的表述就能把问题界定清楚。

表达担忧。在这一点上，表达看护者如何担忧某种行为是有效的："我不仅担心其他孩子会受伤，还担心布莱还存在一些我们不知道的问题。"

形成假设。描述问题，并在就此形成假设前表达担忧是有效的。听听家长对此的看法，收集和了解这些信息非常重要。他们可能与你有同样的顾虑或持不同的看法。家长或许会回应说他们不认为这是个问题："他就是一个像他父亲一样的男孩而已。"或许，有的家长会感到震惊，自己的儿子这么具有攻击性，准备"回家好好教训他"。在不了解家长对这个问题的看法之前，尝试解决无异于徒劳。虽然大家都认可这些事实，但对这些事实的理解可能大相径庭。询问家长对孩子行为的假设。通常，一种行为背后的原因不是单一的，而解决问题的办法也不局限于某一种。在第一次会面时就充分地讨论某一问题，比就同一个问题进行第二次会面要明智得多，再次会面可能会对问题的进一步解决毫无益处。问题解决大体包括对问题的原因和可能的解决办法形成假设。

建言献策。一旦对问题的成因提出了至少四种假设，就有必要就如何解决问题提出一些建设性意见了。重要的一点是所有与会者都参与提供建议，并且，这些建议得到一一讨论。分析每个建议，并进行评论，进而排出优先级。在权衡这些解决方案的长期和短期优势时，需要经历一个协商谈判的过程（Brandt，1995）。

制订行动方案。在界定好问题、确定问题的原因和解决方案后，接下来就要实施了。先要制订方案，然后再加以执行。如果这种解决问题的方法在实施过程中会遇到重重困难，就要进行详细的规划，并预计一些潜在的问题（如果解决问题的办法比较简单且显而易见，就无须再开会讨论了）。方案制订过程中始终要考虑的是为何没能形成简单而明显的方案，如果能形成这种方案，结果会有何不同。把可能的解决方案一一列出，并设想每种方案的效果，形成初步的行动计划。

试用上述方案。在某一特定的时间试验这个方案以检验其效果。要多试验几次，不能因为一次试验的效果而轻易断言方案需要修改或评估方案的最终效果。尝试修改是很难的；如果所面对的问题很容易解决，就不需要你的介入了。

调整方案。为了达到更好的效果，大多数计划都需要进行一些调整。把解决问题看做一个过程而不是一个结果，这点很重要。尝试对问题的成因进行其他假设，设想相应的解决办法，并考察实施后的效果能否有所改进。不能期待方案首次就能生效并在以后的试验中持续有效，需要在试验过程中随着新情况的出现不断调整方案。可能无须通过正式的途径对方案进行调整。

评估方案。制订一个时间表，对方案进行评估以判断其效果。如果效果甚微或没有效果，就要对方案加以调整或重新制订新的方案。甚至方案一时有效也不意味着问题得到了永久性的解决。因为环境和人一直都在变化。

与家长分享解决问题的过程于家长有益且有效。所有人都会遇到问题，制订出方案有助于问题的解决。把解决问题视为一个过程，在这个过程中出现的各种变化会使人们不会轻易断定自己在解决这个问题上已经失败了。

旨在解决孩子发展问题的会面

这是对看护者和家长都有挑战的旨在解决问题的特殊会面。没有人希望别人说自己的孩子存在发展方面的问题；但在某种程度上，托幼机构可能不得不这么做。在这件事情上，托幼机构的角色是为家长提供一些必要的信息，以便他们决定是否需要展开后续工作，如果需要，该如何做。这种旨在解决问题的会面召开之前需要做充分的准备工作，通过观察收集和整理出确切的信息。

拥有专业背景和观察技能之后，观察某个婴儿或学步儿时，早教工作者可能会感到焦虑。当一开始就怀疑某个孩子存在某种发展问题时，就会有一种莫明的焦虑和不安。你可能会感到这个孩子的某些行为处在你所认为的"正常"范围之外。相信你自己，进一步近距离地观察这个孩子，记录下你所观察到的，以便弄清是什么事情在困扰你。这些记录是给自己看的，不需要优美的文字表述。记录的内容除了包括观察对象的表现，还要包括你在观察中发现的问题。记录的内容可能类似下述：

肖恩似乎在与妈妈分离时存在一些问题，比其他学步儿的反应更频繁，他一直以来就是这样吗？在以前环境中的表现也是这样的吗？他参与一种活动的时间不会（或将不会）超过一两分钟。他好像不跟其他同龄的同伴一起玩（觉得单调、无趣或是不会玩儿）。

肖恩是不是存在情感问题？或许真的有，或许根本没有。教师的角色就是收集信息，而不是进行诊断。如何处理这些信息是家长的事。在对孩子确诊之初，教师需要贡献一些有价值的信息。

第一个目标就是要收集必要的信息，为你的预感提供事实依据；或与家长交谈，或消除这种预感。收集信息时，考虑这个问题是否与孩子有关，或与方案有关。是否要对方案进行一些调整以矫正孩子的行为？而且，或许用另一种视角来看待孩子会更有用。方案的领导者或管理者，或其他教师可能会有不同的视角，或许能提供一些其他的建议（Abbott & Gold，1991）。

 ## 收集并处理信息

如果进一步观察问题情境之后，你仍然觉得存在问题，那下一步就要收集足够的关于孩子的信息，以便与家长沟通。

图 12-2　高效的教师在拍摄孩子的表现的同时还能回答某个孩子的提问

时刻记住以下问题："我需要知道什么?""我将如何利用这些信息?""收集和传达这些信息的最有效的途径是什么?"收集信息时需要考虑得更加灵活、更加周全。

拍摄。如果婴儿的某个行为是你所担忧的,而且你想把它提出来告诉其家长,就把它摄录下来,以便于你能够具体地展示你所担忧的问题。对于更大一点的孩子,我们经常可以使用工作模式来描述,但是对于年幼一点的孩子,在说明你的问题的时候使用摄录的办法可能会更有效,因为年幼的孩子是没有什么"作品"可以呈现出来的。

工作范例。当婴儿进入学步期时,可能会有一些他们工作的模式供你使用。收集这些,而且如果你想让家长看到他与其他孩子的不同点的话,或许还可以收集一些一个相似年龄的孩子的情况。

事件记录。记录下孩子的情况才可能与家长进行分享,并且可以用来证明你的担忧。

计划调整。准备好与家长谈论你为孩子所调整的计划的方式以及调整以后的结果。

非正式咨询。与家长分享你最初的担忧以及你在这个过程中是怎么努力的,你把你的担忧告诉了谁? 他们在这个过程中给予你什么反馈?

代理机构、家长和其他专业人员。如果家长有和你一样的忧虑,可能会想根据你的建议进行后续工作。如果他们这么做了的话,很可能会问一问你认为出现这些情况的根源是什么。考虑一下家长可能需要什么类型的服务,获取一个联系人的名字和电话号码。他们可能想知道有关"儿童发现(Child Find)"或其他可以服务至孩子 3 岁的代理机构。他们可能也想知道一些不公开的信息。他们甚至可能想知道是否有家长或者家长组织能够为他们提供一些见解(改编自 Abbott & Gold 1991 年的研究)。

你的角色是说出你的担忧,帮助家长制订一个行动计划,这个计划将肯定或者消除你对某个孩子的担忧。这个确定的过程将需要相关的服务。《公共法》(Public Law)第 99~457 条为 3~5 岁的孩子提供免费的评估(B 部分);有些州也为 0~3 岁的孩子提供免费的评估(H 部分)。"儿童发现"的专家可以成为一个联系人,他了解这个州的法规、提供的服务以及花费。家长可能对评估程序会有不同的选择,但是"儿童发现"是一个很好的信息来源。

如果家长没有像你一样的担忧,也要知道参加这个会议可能是一系列会议的第一次。家长可能需要一些时间来考虑你所说的话,并且用一种新的眼光来观察他们的孩子。除了信息以外,给予家长一些时间也是非常重要的。虽然你可能为这次会议准备了所有的信息，但是你可能不会在第一次会议上全部用上。会议是整个程序的一部分，但后续工作和会议本身同样重要（Bjorklund & Burger，1987）。

 ## 就孩子的发展问题召开家长会

迎接家长，大体说出你所担心的问题，然后了解家长如何看待孩子在家和在托幼机构中的表现。如果家长也有同样的担忧，并为其他人不谋而合的观点而庆幸，会议将会进展得很顺利。如果他们没有与教师类似的担忧，就需要了解家长形成这些看法的根源。家长有关孩子发展的观点通常都源于对这个孩子的其他兄弟姐妹早年的养育经历（杰克一直到3岁才会说话，他喜欢独处）。此外，缺乏关于孩子发展规律的知识或缺乏与其他孩子的交往经验，也是家长形成这些观点的原因。了解孩子发展规律的知识会影响家长如何看待和理解孩子的发展，有助于他们区分出哪些是具有年龄适宜性的行为、哪些是不适宜的（Morgan，1989）。他们可能会把这种行为归于特定的环境（多特的奶奶以前在医院工作，现在在家从医）。家长的看法决定着会议该如何进行。他们可能会提供一些信息促使你重新判断和考虑。

会议的目标是形成行动方案。这个方案可能是进一步观察或家长就相关情况开展后续工作。必须明确分工和再次召开会议的时间。家长可能会在托幼机构中观察自己的孩子，并在家里更细致地关注孩子，而教师的任务是引导家长如何观察。同时，教师自身也要观察并在两周以后的再次会面中互相沟通，与家长一起分析彼此观察到的情况。

如果家长做出决定，评估将是一个非常耗时的过程。与家长敞开心扉地交流，并鼓励他们所做的努力。这段时间可能会面临压力，且可能要等到家长知道评估结果后才愿意与其他人交流。家长可能会反对继续评估，这样会增加家庭的压力。教师要提醒自己避免给予劝告、猜测、评价和指责，或告诉家长你理解他们所经受的。有时，这样的情况是很容易让人产生兴趣的。支持这个过程和家长心中的焦虑。

一些与家长的交流非常具有实效性，或者家长和教师就这个问题以及如何处理达成了一致。有时，家长会决定或要求教师为自己的孩子做一些事情，但他们却不知道这些事情是否是孩子最感兴趣的。比如，家长可能会要求孩子上午不要睡觉，这样，孩子回家才能睡得更好。如果教师普遍认为孩子上午需要睡一小会儿觉，所有其他同龄孩子的确需要睡一会儿，而且他们发现如果这个孩子上午没有睡觉的话，就很容易烦躁且难安抚，那么，教师可能就会面临两难的境地。

如果托幼机构有关于孩子睡眠的规定，教师就能有所依据。如果没有相关规定，教师必须决定该怎么办。

托幼机构中的道德行为

Ethics 来自希腊语的 "ethikos"，意思是道义的或道德的。Ethics 的含义是指在某个职业中引导个人行为的正确方式。有些人可能会问为什么道德对于从事有关非常年幼儿童的工作和研究的人来说那么重要。凯兹（Katz，1991）聚焦于研究职业中产生道德问题的四个方面。

服务对象的多样性。托幼机构的服务对象有哪些？人们普遍的第一反应是"当然是孩子了"。但如果真是这样的话，对于儿童照料成本的关注就会更少。事实上，家长才是托幼机构第一位的服务对象，孩子次之。从另一个维度考虑，也包括组织化程度和社区利益问题。有时，这些因素之间会产生矛盾。家长盼望着管理部门能提供支持，但教师则可能认为家长的要求不是孩子最需要的，等等。

影响力和地位。托幼机构的教师以及其他所有与婴幼儿接触的成人，都会对婴幼儿产生巨大的影响。婴幼儿的自我保护能力非常有限，需要依赖成人的关怀和保护。家长和教师之间也相互影响。家长可能不会对专业人员（如儿科医生）提出要求，但却会直接对婴幼儿的看护者提出要求，因为这些人的社会地位较低。

信息库的模糊性。虽然早期儿童教育领域有一系列关于何为"最适宜的行为"的看法，但很少有证据证明某些程序的有效性。比如，如果有人问你托幼机构对婴儿或学步儿的看护效果如何，你会怎样回答呢？如果回答得不够确切和清晰，那么就需要出台一部关于职业道德的规范来规范你的表述方式。

角色的模糊。照料婴儿和学步儿的教师更像妈妈还是更像老师呢？他们要对孩子的一切负责，而不只是对在托幼机构中的学习和生活负责。从这个角度来说，就不能对教师的角色进行清晰的界定了。当父母和教师在孩子的养育、纪律养成、如厕训练、社会化发展等方面发生分歧时，一般会发生什么情况呢？从孩子发展的角度来说，父母和教师在教养方面的不一致对孩子发展的影响是否存在分歧？

这些确实是两难的问题，而且随着人口构成日益多样化，各方面的问题也随之增加了。教师必须知道该如何处理一些情况，如有些家长不想让自己的儿子玩布娃娃，有些家长想通过"打"的方式来制止自己女儿的"不当"行为。家长可能也认为在托幼机构中不能这样做，但他同时也要求教师能反馈孩子在托幼机构中的表现，以决定是否在家中实施惩罚。但当这个孩子行为失当时，你会告诉孩子的家长吗？

全美幼儿教育协会在 1989 年已经出台了一部《有关道德行为和犯罪行为的法

规》（*a Code of Ethical Conduct and Statement of Commitment*）。这部法规规定了各部门对孩子、家庭、同事、社区和社会在道德上的责任。虽然这部道德法规不能解决具体的问题，但是它为解决这些问题提供了一个框架。

小结

家长的参与能促进早期保教质量的提升，但是人口的变迁使家长的参与程度有限。家长培训项目和理念正在发生着改变，提供的服务越来越针对所服务的人群的特点。与家长进行沟通和合作是从事婴幼儿工作的重要组成部分。家长需要了解自己的孩子，教师也需要从家长的角度来了解孩子。家长和看护者的角色与期望不能总是得到清晰的界定。这两者角色期望的不同以及角色的模糊可能成为教师或保育员与家长关系紧张的根源。此外，家长和教师的会面经常是在家长感觉最焦急时：早上赶着上班并送孩子之时以及劳累地工作一天之后。看护者通常没有接受过如何与家长相处的相关培训。当一切进展得很顺利时，不会有什么问题。而一旦出现问题，教师或者保育员就缺乏处理问题的技能了。培养良好的沟通技巧非常重要。

一些善于沟通的看护者会专心地倾听家长说话，聚焦问题，并与家长形成相同的立场。避免一些常见的错误可以提高沟通的效率。看护者和家长之间有一些例行会面、为解决特定问题举行的会面以及针对孩子发展问题举行的会议。后两种会议需要更多的前期准备工作和更详细的后续工作。

托幼机构中的婴儿或学步儿都属于特定的种族，有不同的文化背景。人们逐渐意识到，文化对于孩子和家庭的重要性，看护者更要意识到自己所持的文化价值观，同时对他人的文化价值观保持敏感，并在进行沟通和项目计划时适应这种文化多样性。

实践活动

1. 观察一次家长会。在会议召开之前，与教师讨论一下他定的目标和策略。会议结束后，再与他谈谈对这次会议的感想。

2. 与一位家长谈一谈自己对家长会的感想、记忆最深刻的一次会议（印象好的或不好的）和对那次会议印象深刻的原因。

3. 与一位朋友进行角色扮演活动：通过电话召集一次旨在解决问题的会议。评价你的表现。

第二部分　从理论到实践：为婴幼儿设计方案与活动

　　本书的第二部分会将第一部分有关发展的理论基础和据此开发的婴幼儿活动联系起来。第二部分的第一章主要阐述了早期保教的环境：不同的环境类型、有关质量和成本的议题以及早期保教对幼儿成长的影响。接下来的六章主要讲述如何为幼儿设计活动。这几章是根据 0 ~ 3 岁婴幼儿发展中具有里程碑意义的阶段而划分的。相邻章节互相呼应。前一章提出活动设计所需的信息，接下来的一章则论述可供选择的具有发展适宜性的活动。有足够多的活动方案，从中可以再具体选择针对个体发展适宜性的活动。第十三章和第十四章主要针对刚出生几个月、还没有自发的目的性活动的婴儿（从出生到 8 个月）；第十五章和第十六章主要针对会爬或会走的婴儿和学步儿（8 ~ 18 个月）；第十七章和第十八章主要针对学步期到 3 岁这个阶段的幼儿（18 ~ 36 个月）。

　　有关活动计划的指导方针和依据发展框架而设计的活动，包括适用于各个年龄段幼儿发展的原则，将在下文进行阐述，就不在各个章节赘述了。

依据发展的指导方针来设计活动

　　不同目标的活动在开发时的指导方针也不同，确定指导方针更多地不是依据评估而是依据活动目标。在设计活动时，重要的就是要了解婴儿最先显露哪些技能、婴儿展现了哪些技能、其中哪些是已经掌握了的。通常，会应用发展常模来判断不同阶段应该达到的发展水平。活动的规划应该有助于培养孩子的技能。这些技能应该在维果斯基的最近发展区的范围内。孩子无法独立地掌握这些技能，需要成人予以支架（scaffolding）。一些婴儿和学步儿的发展符合常模，即他们在不同发展阶段的发展水平是可预期的；另一些孩子则表现出独特的发展轨迹，某些技能和行为的发展超前，而另一些技能和行为的发展则滞后。在设计活动时，应该兼顾遵循常模发展的孩子和发展轨迹独特的孩子。

新显露的技能

如果一种技能会在特定的时间出现，就需要提供促进这种技能发展的活动。例如，如果已经知道1个月大的婴儿看到玩具时双臂的活动会非常活跃，当他仰卧在床上时，双手会向中间靠拢，你可能就会把一个玩具悬挂于他的头顶，并用语言鼓励他去够这个玩具。到2~3个月大时，他就能抓住玩具了。成人需要为孩子创设必要的环境和条件来促进孩子相关能力的发展。

 正在锻炼中的技能

一旦孩子展现出某种技能，就需继续锻炼和发展这种技能。当一个婴儿能抓住一个玩具时，他就需要进一步尝试用不同的方式抓住不同形状的玩具。玩具需要被悬挂在不同的方位，以锻炼其向上、向下、向左、向右抓握。成人需要变换活动的材料和方式，这样才能扩展孩子的经验。你会注意到，很多活动都会标注"各种……"。这些活动需要多次地重复设计。看起来这些活动设计似乎只对刚出生几个月的婴儿适用，但实际上它们对于更广年龄段的孩子也适用。通过变化活动的材料和形式来扩展孩子的相关经验，是成人要实现的目标。

 正在掌握中的技能

婴儿无须在完全掌握一种技能之后才去学习其他技能，一些技能可以并行不悖地发展（1岁的孩子已经坐得很稳了，爬行的能力还需要继续锻炼，而走的技能隐约出现）。掌握了一种技能的婴儿能以有趣的方式将这种能力迁移到很多其他活动中，或促进其他技能的学习。当掌握了一种技能后，婴儿需要在更具有挑战性的活动中进一步扩展相关经验，也需要有机会发展相关的、更加高级的技能。因此，掌握了爬行技能的婴儿还需要进一步发展站立和行走（举着双手走）的技能。婴儿对某种技能达到掌握这一水平就意味着这种技能的发展已经很成熟了，实现了自动化。在这种情况下，需要为婴儿提供足够的机会使其锻炼这种已经掌握了的技能。

在发展框架体系内设计活动

本部分是为婴幼儿提供的具有发展适宜性的活动蓝本或雏形。活动划分的依据是发展或规划的不同领域；目的相似的各种活动归于同一领域（如改善感觉统合）。相应地包括一系列活动指标、所属的发展或规划领域、针对的年龄范围和页码。

所有的活动都表述为以下形式：

发展或规划领域是某个活动所属的特定领域。对于婴儿，关注的焦点是发展，例如，认知和语言的发展。对于学步儿，应用了更传统的规划领域，例如，艺术创造和科学探索。对于特别小的婴儿，发展领域往往是重叠的，但每种活动只有一个特定的指向。

活动名称是对每个活动描述性的命名。

目标是对活动内容的表述。比起发展领域的表述而言更为具体，包括互相重叠的领域的信息。例如，"唱唱跳跳"是一个艺术创造活动，活动的目的在于"鼓励创造性的身体运动、律动和模仿"。

材料指明了一系列活动所需的物品和器材。

制作方法提示该如何使用这些材料。

步骤告诉成人该如何组织活动。总之，活动的设计旨在锻炼孩子的某种技能。

降低难度是在活动蓝本的基础上加以改造，使之更适合孩子。通常需要通过变换材料或程序来实现。简易化适用于技能即将出现之时。简易化也包括为适应残疾孩子的需要对活动加以改造，使活动具有全纳性。

增加难度是在活动蓝本的基础上将活动复杂化，也是通过变换材料或程序来实现的。适用于孩子完全掌握了某种技能、需要进一步扩展经验之时；适合于处于婴儿后期和学步期、使用的材料已经特殊化或想加入大一些的儿童游戏群体的孩子。

备注是对活动中需要额外强调的部分的批语、对如何使清洁工作简易化的提示以及进一步扩展活动的建议。

注意包括安全提示。

活动索引

发展或规划领域	活动	适合的年龄段（按月龄）	页码
感知觉	各种俯卧活动	0～8 个月	
感知觉	各种坐的活动	0～8 个月	
感知觉	各种能发出嘎嘎声的玩具	0～8 个月	
感知觉	各种翻滚运动	8～18 个月	

发展或规划领域	活动	适合的年龄段（按月龄）	页码
感知觉	各种推拉运动	8～18 个月	
感知觉	各种走步运动	8～18 个月	
感知觉	各种爬行运动	8～18 个月	
感知觉	倒和装	8～18 个月	
感知觉	障碍练习	18～36 个月	
感知觉	各种平衡运动	18～36 个月	
感知觉	各种投掷运动	18～36 个月	
感知觉	各种球类运动	18～36 个月	
认知	给婴儿按摩	0～8 个月	
认知	毛发	0～8 个月	
认知	小老鼠	0～8 个月	
认知	藏玩具	0～8 个月	
认知	红铃铛	0～8 个月	
语言	黑白书	0～8 个月	
语言	边走边说	0～8 个月	
语言艺术	儿歌	8～18 个月	
语言艺术	手偶	8～18 个月	
语言艺术	我能行	18～36 个月	
语言艺术	帽子	18～36 个月	
语言艺术	用贴绒板讲故事	18～36 个月	
语言艺术	把声音录下来	18～36 个月	
情绪情感/社会性	预期	0～8 个月	
情绪情感/社会性	感人的歌曲	0～8 个月	
情绪情感/社会性	镜子	0～8 个月	
社会意识	关于我自己的书	8～18 个月	
社会意识	我的宝宝	8～18 个月	

301

第二部分 从理论到实践：为婴幼儿设计方案与活动

婴幼儿的发展与活动计划

发展或规划领域	活动	适合的年龄段（按月龄）	页码
社会意识	杯子和勺子	8～18 个月	
社会意识	食用明胶	8～18 个月	
社会意识	洗手液	8～18 个月	
社会意识	关于穿衣服的图书	8～18 个月	
社会意识	大幅图画	18～36 个月	
社会意识	庆祝活动	18～36 个月	
社会意识	工具	18～36 个月	
社会意识	穿衣服	18～36 个月	
适应性/自助	寻找手指	0～8 个月	
适应性/自助	磨牙棒	0～8 个月	
适应性/自助	编织垫子	0～8 个月	
探索发现	用纸板制作的积木	8～18 个月	
探索发现	各种藏猫猫活动	8～18 个月	
探索发现	把它藏起来	8～18 个月	
探索发现	香蕉饼	18～36 个月	
探索发现	黏糊物	18～36 个月	
探索发现	各种面团活动	18～36 个月	
探索发现	室外百宝箱	18～36 个月	
探索发现	盒子、盒子、盒子	18～36 个月	
艺术创造	唱出来	8～18 个月	
艺术创造	布丁手指画	8～18 个月	
艺术创造	涂鸦	8～18 个月	
艺术创造	刮胡霜手指画	18～36 个月	
艺术创造	撕纸	18～36 个月	
艺术创造	心情舞蹈	18～36 个月	

越来越多的研究表明，婴儿时期的经历对人的健康成长很关键。婴儿出生后，婴儿和父母之间处在互相适应的阶段，婴儿和父母双方彼此发出信号并解读这些信号，从而形成依恋。大部分医生都认为女性需要至少 6～8 周的假期才能从怀孕和分娩中恢复。儿童发展心理方面的专家认为，婴儿出生后 4～6 个月对培养和发展健康的依恋情感很重要。大多数母亲更喜欢在家待上 6 个月（卡耐基满足幼儿的需求特别行动小组，1994）。为什么 6 周大的孩子在早期保教环境中需要母亲的感情和专家的建议呢？尽管有些孩子一直由他人照顾，但因为女性需要就业，所以进入托幼机构的幼儿数量有所增加。经济需求使妈妈们比过去而言，更早地投身工作岗位。

儿童看护的历史

儿童看护在美国有很长的历史，可以追溯到 19 世纪中叶，包括一系列接二连三的运动："幼儿园运动、托儿所运动、日托机构运动，最近则出现了更多早期干预或补偿教育运动。"（Spodek，Saracho & Peters，1988，3）

在美国，直到 19 世纪中叶，有组织的集体儿童看护才开始兴起。最初是由上层社会的妇女发起的慈善事业，以照顾贫穷家庭和最近移民来的家庭的孩子。后来，又出现了社会工作者培训、辅助专职人员照顾年幼的孩子，这些集体看护演化成为一场社会福利运动（Klein，1992）。

20 世纪 30 年代经济大萧条时期，联邦政府也参与了儿童看护工作。儿童看护成为工作改进组织（the Works Progress Administration，WPA）的一个方面。它的三项好处包括：为失业的教师提供工作；照顾那些父亲失业、母亲需要工作的孩子；从农民那里采购过剩的食物。联邦政府对儿童看护的关注一直持续到"二战"结束，然后，大部分在 20 世纪 40 年代后期都关闭了，只有一些儿童看护中心保留了下来（Barclay，1985）。在 20 世纪 50 年代，中产阶级认为婴儿和学步儿应该由母亲在家照看，且学龄前儿童在进入幼儿园之前应该先进入半日制托儿所。到了 20 世纪 60 年代，由于更多女性重新就业，儿童看护又成为一个重要的社会问题，且延续至今。

与儿童看护有关的问题正在发生改变。在 20 世纪 60 年代，人们关注是否应该每天看着儿童。到了 20 世纪 80 年代，人们更关心高质量的儿童看护的构成、早期儿童看护对儿童及其家庭的影响。到了 20 世纪 90 年代，人们关注的焦点是如何为儿童提供高质量的看护，尤其关注工作/家庭两方面的问题。人们将儿童看护置于其他关联的背景之中来看待（Pawl，1992），指出这些关联的质量会影响到儿童接受看护的质量。

 ### 儿童看护中存在的问题

儿童看护的早期历史对这个领域研究有一定的影响。一些重要的问题还没有解决，这些问题与婴儿或学步儿看护设施的利用效果相关，还与设施本身有关。设施的质量会影响婴儿或学步儿的看护效果，因而很难清晰地区分这些问题。也很难区分儿童看护和早期教育的差别。儿童看护与福利制度变迁之间的关系又派生出许多观点。作为服务系统的一部分，儿童看护为需要帮助的家庭的孩子提供照管和看护服务。这样，母亲就有空闲工作，不需要社会福利，同时也维持了家庭这个单元（Klein，1992）。

随着时间的推移，托儿所和幼儿园运动开始兴起，并与儿童看护运动交迭。两者之间重要的区别在于，托儿所和幼儿园运动基于教育而不是基于社会福利兴起。兴起背景的差异也在很大程度上影响儿童看护运动，主要表现在两个方面：教育者对幼儿课程的实施效果感兴趣，不再局限于照管和看护，而是进一步向前发展。这种教育也被认为是面向公众的服务，而不是社会福利（Klein，1992）。

该领域的一些专家将儿童看护和早期教育看做给幼儿提供的两种不同类型的服务，但又相互交融。其他人，如斯波代克和萨拉乔（Spodek & Saracho）则不认为两者有区别，"确实，如果他们在参加某个儿童看护中心的活动时，就会被排除在早期教育规划之外，孩子的发展将处在危险之中"（1992，189）。人们对儿童看护和早期教育之间的关系缺乏共识，对质量，特别是职前准备、在职培训和师幼比的观点不一。

某些不一致也与"目标受众"的确定相关。究竟为谁提供服务？从早期教育的角度来看，服务的对象主要是 3~5 岁的幼儿。儿童看护则是一种针对父母需求的服务。在资金有限的前提下，父母和孩子的需求有时会出现竞争：高质量的看护对孩子更好，但对父母来说更昂贵。为了减少开销，父母常常牺牲儿童看护的质量。

为婴儿和学步儿提供看护服务具有一定的挑战。婴儿和学步儿需要教师还是"母亲的替代者"？婴儿和学步儿正在形成各自的特性，并开始自我学习。成人在自我定位上扮演着一种角色。婴儿是在被照看的过程中而非教育活动中形成自我意识和敏感性的（Lally & Phelps，1994）。为了促进这一过程，看护者需要具备婴儿发展方面的知识和技能，也需要具有同成群的婴儿和学步儿在一起的知识及经历。但仅这样，他们就能成为专业的看护者或教师吗？这个社会非常珍视"母爱"，近来也越来越重视"父爱"，在更普遍化意义上说是"双亲的爱"。我们提供养育技巧和养育压力方面的课程。但遗憾的是，我们却认为看护者"不需要技能"。

1993年4月，一个国家性的志愿组织联盟尝试着为统一早期教育和儿童看护概念开发一组系统的指导原则，并寻求各方共识。经过一年多的努力，他们开发出一个文本，受到了14个国家组织的认可（到1994年11月为止）。这些组织包括一些不同的群体，如国家家庭儿童看护协会（the National Association for Family Child Care）、儿童保护基金会、儿童看护法律中心、2000质量认证体系和早期儿童政策研究（全美幼儿教育协会，1995c）。

儿童看护和早期教育系统指导原则支持高质量的小区看护服务和基础设施建设，包括一系列高质量的服务、员工良好的薪酬待遇以及家庭可支付的价位。这些原则声明儿童看护和早期教育是公共部门、私人单位、家庭和看护服务提供者共同的责任。其中一些基本的原则主要包括：

● 家庭应该能够在不同的早期儿童保育机构间选择，且能够就决策发表自己的基本看法。

● 选择高质量的服务，包括有一支称职的、训练有素的、稳定的教师队伍作为保障，并有一个安全、健康、与孩子年龄发展相适宜的环境。

● 政府管理部门提供的服务应该是建立消费者保护机制。

● 小区应该提供延续性服务，从亲职教育到对青年的支持性服务，小区需要满足家庭不同时期的需要，服务体系的设计应该基于小区的独特需要。

● 早期儿童保育系统应该与其他家庭支持计划相整合，应该包括对残疾儿童和不同收入水平家庭的儿童的服务。需要提供与上述相关各种资源，在小区层面进行规划和持续评估。

● 从事早教工作的领导和员工应该竭力满足本国及当地小区家庭的多样化需求。员工之前接受的有偿培训、有效辅导和职业发展机会将增加员工的边际效益，薪水也应该相匹配。各个层面的员工都应发扬领导者精神。

● 早期儿童保教系统必须通过多方管道获得资助，以提供高质量且

家庭能够支付的服务。

资料来源：改编自全美幼儿教育协会（1995c）的研究。

第 105 次美国国会会议（1996）已经把儿童看护提升到国家层面，政府是否应该为年幼国民提供服务及其应发挥的作用成为讨论的焦点。焦点之一是提供高质量儿童看护服务的可行性。

儿童看护的可行性

父亲在外挣钱谋生、母亲在家教子，这成为美国 20 世纪 50 年代的家庭生活的经典画面。但到了 20 世纪 90 年代，这样的家庭在美国已经不足 7%（Silver-stein，1991）。在 1965 年，1 岁孩子的母亲中只有 17% 在外工作。1991 年，已经有 53% 的 1 岁孩子的母亲在外工作。据估计，到 2000 年，幼儿的母亲中约有 70% 参加工作（儿童保护基金会，1990）。处于较低的社会经济地位的单亲家庭总是需要儿童看护（Klein，1992）。20 世纪 60 年代和 70 年代，妇女解放运动的兴起以及生活成本的日益增长，使得不同社会阶层的母亲都加入了劳动力大军。

随着婴儿和学步儿数量的增加以及越来越多的母亲进入劳动力市场，儿童看护的需求也日益增加。在 1976～1990 年间，儿童看护中心的数量增长了 2 倍，而在这些看护中心的孩子数量却增加了 3 倍（Willer，1991）。在 1990 年，大约有 8 万所儿童看护中心，11.8 万所经过注册许可的家庭日托机构，55.5 万～110 万所未经注册许可的家庭日托机构。未注册许可的家庭日托机构中约有 330 万名儿童（Research and Policy Committee of the Committee for Economic Development，译作经济发展委员会下属的政策研究委员会，1993）。

"儿童看护的需求和供给之间是否平衡"已成为一个问题。研究者（Hofferth，1992）指出二者之间"不平衡"。他的理由是：（a）并不存在大量没有人照顾的学龄前儿童；（b）自 1975 年来，儿童看护的成本只是略有增长（Hofferth，1992）。其他人则不这么认为。盖琳斯盖（Galinsky）和她的同事（1994）发现，65% 的家长认为他们在选择儿童看护机构时没有选择的余地，还有 28% 的家长指出，如果可能，他们会选择其他的看护机构。

儿童看护的质量

虽然儿童看护机构的数量似乎是充足的，但这些机构的质量如何以及家庭的选择余地仍是个问题。

"质量"是一个相对的概念，而不是一个客观的事实。"质量"随着时间动态地变化。不同人对"品质"的定义不同；"质量"已经成了国际上的流行词（Moss，1994）。儿童看护的质量直接影响着需要看护的儿童的利益。

很少有对看护质量的客观评价标准。由哈马斯和克利福德（Harms & Clifford）创编的《早期儿童环境评价标准》（the Early Childhood Environment Rating Scale，ECERS，1980）、《家庭日托机构评价标准》（the Family Day Care Rating Scale，FDCRS，1984）和《婴儿/学步儿环境评价标准》（the Infant/Toddler Environmental Rating Scale，1989）使用得最为广泛。虽然这些评价标准的制定方法相同，也适用于类似的目的，但是这些评价标准的具体内容是不同的。需要一个中立的观察者对这些评价标准评分，从1分到7分，1分代表不合格，7分代表优秀。

《早期儿童环境评价标准》（ECERS）的37个评价项目在7个子标准下：个人看护遵循的常规；陈列的各种设施；语言和推理；精细动作和和大肌肉动作；创造性运动；社会性发展；成人需要（Harms & Clifford，1980）。《家庭日托机构评价标准》（FDCRS）的32个评价项目在6个主要子标准之下，包括：看护和学习的空间和设施；基础护理；语言和推理；学习活动；社会性发展；成人需要（Harms & Clifford，1984）。《婴儿/学步儿环境评价标准》（Harms & Clifford，1989）仅仅关注这个年龄段的婴幼儿。

单独的访问中会运用到这些手段，这将有益于研究目的。然而，访问进行的时间和针对的具体观察对象决定了这种"快照"方式的效果（Brophy & Statham，1994）。很难判断环境的可变性及其是如何适应孩子不断变化的需求和欲望的。

国家儿童看护机构员工调查研究（the National Child Care Scaffing Study）（Whitebook，Phillips & Howes，1990）综合使用了多种评价方式，主要研究5大都市的227所托幼机构。一些托幼机构拒绝配合，有人推测这些不愿配合的托幼机构的质量可能偏低。研究结果并不乐观，"大多数托幼机构提供的服务质量都被评定为不太合格"（Whitebook，Phillips & Howes，1990，4）。

成本、质量和结果研究团队（the Cost，Quality and Outcomes Study Team，1995）评估了400所儿童看护机构，并调查了826位孩子的家长。对婴儿和学步儿来说，结果非常不好。40%的婴儿教室被评定为低质量的，52%被认为是中等质量，只有8%的儿童看护机构被评定为与儿童发展相适宜。

与质量相关的一个上位问题就是每个婴儿和学步儿得到的个别关注的数量及质量是否满足他们的个体需要。备受关注的另一个问题是儿童看护服务提供者的计划和实施的质量及其对婴幼儿的适宜性。

儿童看护质量的定义

是什么决定有关婴儿和学步儿的儿童看护的质量？家长和早期教育专业人员都希望儿童看护机构中的孩子能够健康、安全、拥有良好的人际关系、爱学习。但他们并不都认为某个儿童看护机构能满足上述所有的条件，且就儿童看护机构如何能达到这些效果这一问题也存在不同的看法。

早期教育专家关于看护质量的看法

大多数儿童发展专家在考虑高质量的儿童看护的特点时，都认为存在一系列一般性的影响因素。

图13-1 为学步儿创设的环境应该包括这样一些东西，比如，鱼缸应该放在一个合适的高度，让孩子不仅可以享受喂鱼的乐趣，而且还可以轻松地欣赏它们

环境。环境能够支持或促进保育员、婴儿/学步儿和家长之间形成良好的关系。所有孩子都需要一个安全、健康和舒适的环境。需要支持性的环境（足够的空间和弹性的时间），以鼓励家长参观，并满足那些想继续对孩子进行母乳喂养的母亲的需要。舒适的环境有助于幼儿和看护者之间建立积极的情绪情感（Lally & Phelps，1994）。

班级规模和师幼比。孩子需要在小规模的班级中得到照顾。一般推荐的班级规模是根据孩子的年龄来决定的（孩子越小，班级规模越小）。表13-1总结了各个年龄阶段孩子适宜的班级规模。

表 13-1 　全美幼教协会对师幼比和班级规模的认定标准

班级规模（人）　　　孩子年龄（按月龄）	6	8	10	12	14
0～12	1:3	1:4			
12～24	1:3	1:4	1:5	1:4	
24～30		1:4	1:5	1:6	
30～36				1:6	1:7

资料来源：改编自 Willer（1990，64）的研究。

当班级规模控制在这个水平上的时候，残疾儿和学步儿是可以被接纳的。在混龄班级中，如在家庭日托机构，一个班级不应有 2 个以上小于 2 岁的孩子（Lally & Phelps，1994）。

当班级规模增加时，教师不仅要满足更多的婴儿和学步儿的照看需要，还不得不处理与班级中其他教师的关系。这种需要往往会使教师更强调纪律，对孩子的社会交往和语言激励就会减少（Howes，1992）。婴儿和学步儿需要一个亲密的环境，在这个环境中他们可以在看护者的支持下发现和分享自己了解的世界。对幼儿来说，规模大的班级中有太多分散注意力的因素，包括更多的噪音、刺激、局促不安和亲密接触不足。

有教养的看护者。照看婴儿和学步儿的成人需要接受一般性的早期儿童看护的培训，特别是与 0～3 岁儿童生长和发展规律有关的培训。看护者的技巧至关重要。因为婴儿和学步儿是如此依赖其所处环境中的成人，那么这些成人就必须受过良好的训练。婴儿发展的如此之快，以至于适合 4 个月发展的内容到了 9 个月就不再适合了。看护者需要知道婴儿和学步儿是如何成长与发展的，如何从出生长到 3 岁，不仅包括他们的身体（physical）和肢体动作（motor）的发展情况，还有他们的社会性和情绪情感的发展（Provence，1992）。

指定的首要看护者。除了班级规模的因素外，要指定某个成人针对特定的婴儿履行照看责任，这样一对一的形式可以让婴儿与某位看护者形成亲密的关系，而且这位看护者也可以更好地了解某个婴儿的发展情况和模式。如果学步儿能够选择看护者的话，他会继续选择自己的首要看护者。在可能的情况下，这种要求应该被允许。但这并不意味着一个人只管某一个孩子，仍然存在一个团队，只是每个看护者履行对某个婴儿的首要照料责任。这样，当家长有哪些问题时，就可以专门联系孩子的首要看护者，提高效率和质量（Lally & Phelps，1994；卡耐基满足幼儿的需求特别行动小组，1994）。

第十三章　0～36 个月儿童的看护

看护的连续性。当婴儿和学步儿与看护者形成了亲密的关系后，很重要的一点就是维持这种亲密关系。婴儿正处在建立信任感的时期。对婴儿来说，安全感是一个首要的问题。就安全感而言，最严重的威胁是首要看护者的缺位（Reinsberg，1995）。从一个婴儿的角度来说，看护者的流动或者更换都是一种缺失。整个国家每年的儿童看护服务提供者的流动率是 40%（卡耐基满足幼儿的需求特别行动小组，1994）。虽然有时这种情况是难免的，但儿童看护机构有义务保持婴儿和看护者之间的关系。一旦发生变故，应事先有计划予以缓解。那种每隔几个月就变动孩子或看护者的儿童看护机构，对孩子的成长是很不利的（Lally & Phelps，1994）。

家长参与。好的早期儿童看护机构鼓励家长参与和介入。虽然家长还有其他的义务，但通常都会积极地寻求有关自己的孩子和看护机构的建议。有些儿童看护机构创造了一些条件，让忙碌的家庭成为看护机构的积极组成部分。在理想的状态下，家长参与看护机构的活动，应该与综合性且"运行良好"的机构本身有关。其中，儿童看护只是幼儿家庭支持系统的一部分。但遗憾的是，很难实现。如果将美国的儿童看护视为一个系统的话，也绝非是一个完整的系统，因为该系统对儿童看护机构或者家庭几乎没有什么约束，也并未提供什么支持（卡耐基满足幼儿的需求特别行动小组，1994）。

保教的文化敏感性。在美国，非白人、非安格鲁语系家庭中的婴儿和学步儿越来越多。1970 年，18 岁以下的人口中约有 12% 不是白人。估计到 2000 年，18 岁以下的儿童中约有 38% 的不是白人或不说英语（经济发展委员会下属的政策研究委员会，1987）。这些数据很可能还会增加。看护的价值取决于童年期接受的看护的质量和成长的文化氛围。家人和家庭的一致性很重要，特别是当家庭属于特定的文化传统时。在理想状态下，看护者与孩子说的是同一种语言，来自同一种文化。如果看护者无法与幼儿的家长就一些重要信息进行沟通，这样对于照看幼儿来说就尤为困难。当婴儿发展自我意识时，文化敏感性更是起着基础性的作用。

在美国，还没有一套国家标准能用来评价儿童看护机构。州政府已经被委任制定这种标准，但是各地的执行不同。例如，23 个州没有设立关于班级规模的任何标准；一个州要求师幼比是 1:3；而另一个州则要求 1:12（卡耐基满足幼儿的需求特别行动小组，1994）。

虽然在班级规模和师幼比的要求上存在分歧，但针对培训的要求是一致的。事实上，所有州都不要求婴儿和学步儿的看护者必须是从高校毕业、接受过有关婴儿与学步儿发展的专门训练、每年接受 6 小时以上的在职培训等。几乎没有几个州对早期儿童看护机构的工作人员设立关于接受培训的时长、内容或质量的标准。"在美国，许多早期儿童保教工作的从业者没有被要求必须受过早期儿童的相关培训才能看护幼儿。"（Morgan et al. ，1994，80）。州政府并不认为培训对儿童看护的质量很重要，这与专家和家长的看法截然不同。

家长对儿童看护质量的看法

虽然家长和早期儿童教育专家对高质量儿童看护的标准达成了共识，但他们各自的具体看法却不尽相同。家长关注的焦点是自己的孩子。他们希望看护者特别地关注他们的孩子，像对待自己的孩子一样爱护他们的孩子。他们希望自己的孩子能够得到细致的、个性化的照顾，从看护者那里得到"父母般的良好看护"，能够很开心地与他们的孩子在一起。总之，他们很关注看护者。大多数家长认为，政府制定的法规和标准与看护的质量关系不大。他们认可政府设定的健康和安全标准，但质疑这些标准真正发挥的作用（卡耐基满足幼儿的需求特别行动小组，1994）。

尽管家长对高质量的儿童看护的标准意见不一，但还是在以下几方面达成了一致，包括：

- 对孩子安全的关注。
- 就孩子出现的问题与家长的沟通。
- 整洁。
- 孩子得到的关注。
- 看护者对孩子的热情（Kontos et al. ，1995，127）。

家长在他们需要什么样的儿童看护这个问题上的看法各不相同。一些家长想要一个家庭似的环境，看护者就像妈妈一样。这种情形下的儿童看护机构成为家庭的延伸，类似家庭，但看护者除了自己的孩子以外还要照看其他孩子。其他家长则希望他们的孩子能够参与由受过早期教育培训的看护者组织的活动。这种情形下的儿童看护机构可以认为是一种微型的托幼机构，看护者通常都当过教师，决定在家里照看自己的孩子。第三种类型是前两者的综合：有像妈妈一样的看护者制订和实施教育计划，或是有活动计划的延伸性家庭（Jones & Meisels，1987；Whitehead，1989）。

幼儿对看护质量的看法

在美国，我们几乎没有考虑过儿童对看护质量的看法，尤其是非常年幼的儿童。但丹麦已经有所行动。丹麦已经设立了一个长期的、有组织的公开资助早期儿童服务的体系，包括看护中心和家庭日托机构。社会事务部（the Ministry of Social Affairs）设定了一系列所有早期儿童服务机构都必须遵守的原则，包括：

- 儿童的发展、良好的身心状况和独立性必须得到鼓励。
- 必须倾听儿童的声音。
- 父母必须能发挥影响。
- 必须与预防性机构相联系，比如，员工在与其他专业人员合作时，必须保证为那些有特殊需要的家庭提供支持。
- 机构必须成为每个小区中的儿童便利服务设施，比如，员工必须与该小区其他公立或私立的便利服务机构合作（Langsted，1994，30）。

为了贯彻第二点精神，丹麦在"儿童公民（Children as Citizens'）"的基础上发起了一个延伸项目，以更好地倾听和接纳儿童。儿童有关自己所处的看护机构的评价表明，看护机构需要做出结构性调整。儿童反映所有人并不会在同时感到饥饿，有时他们也不想在指定的时间出去玩，或在户外玩得时间过长。儿童还认为他们只能在两餐之间喝水而成人随时可以喝茶或咖啡是不公平的。随后，儿童看护机构也进行了一些调整。儿童可以随时喝果汁，安排某个成人全天在户外场地守候儿童，取消固定的午餐时间（Langsted，1994，30）。

要想发现 3 岁以下儿童的需要和欲望，更具挑战性。许多针对低龄儿童的项目预先设定了一些规则和禁令。看护者和父母都很难对这些规则提出问题。但幼儿却可以对其说"不"。如果他不想吃东西就不用吃，他可以随时起身去做一些自己感兴趣的事情。他不能做的事情就是在椅子上前后来回地荡"悠悠"。保留了安全的规则，取消了其他大多数规则。导致的一个结果就是成人和儿童之间的冲突更少了，但儿童之间的冲突却更多了。我们应该用一种积极的观点来看待这个问题，即儿童拥有自己解决彼此冲突的权利。但家长却有些担心，因为自己的孩子在看护机构被允许在家具上蹦蹦跳跳，孩子回到家后也可能会这么做。在教师与家长召开几次会议和一段时间的观察后，家长意识到比起以前由成人要求儿童该做什么事情而言，儿童现在能够自己决定做事情了，并且能够区分家庭和看护机构的规则的不同（Langsted，1994，30）。

这么做的目的并不是提倡大家采用丹麦的模式，而是可将其视为一种选择，开阔对看护质量以及相关问题的看法，在衡量看护质量时尊重儿童的想法。

综合家长与专业人员有关儿童看护质量的看法

家长和专业人员都希望婴儿及学步儿是快乐的、健康的，并能在儿童看护机构中学习。大多数家长发现自己的孩子接受的看护质量是"非常好的"，然而受过训练的观察者的评价却是中等偏下的。对于这种分歧有几种解释。一种解释就是不同评价者对"质量"所下的操作定义不同；另一种解释就是家长与专业人员在评价儿童看护机构的质量时的信息来源不同；还有另外一种解释就是，尽管家长对看护机构的质量也有顾虑，但他们不愿意把这些顾虑告知自己或其他人。从家长的角度来看，如果把一个儿童看护机构评定为"差"，然后又把自己的孩子送进去，那样做是很难堪的。在家长和专业人员有关高质量的儿童看护的不同看法中，我们很难知道各种因素各发挥了什么作用。

"研究表明，家长较少关注专家给出的在选择儿童看护机构时应该关注哪些质量特征的建议，比如，执照和看护者的培训等。"（Larner & Phillips，1994，51）研究者（Howes，1992）讨论了儿童看护质量的概念，也考虑了家长和专家的不同倾向。她认为质量应该包括两个方面：结构性质量和过程性质量。"结构性质量大体上指那些可以控制的变量，包括师幼比、班级规模、看护者的教育程度和培训情况。""过程性质量指的是制订儿童看护计划和实施发展适宜性活动的人员能否提供充满热情、兼顾养育、积极响应幼儿的看护。"过程性质量显然比结构性质量更难量化，但却是质量标准的重要组成部分，所幸两种质量彼此重合。

图 13-2　热情的、擅长养育的教师为学步儿做示范，并热情地鼓励学步儿取得的成绩

教师/看护者的特点

家长和专业人员都认为，在任何早期儿童看护情境中最重要的影响因素就是教师。教师的特征可以结构化为：所接受的正规教育的程度和类型、这些教育经历是否与婴儿和学步儿相关、自身的儿童看护经历以及在早期儿童保育机构服务时间的长短。更重要的是，照看婴儿和学步儿的教师不仅需要接受正规的教育，还需要一些特殊培训。

我们很难对看护的过程性质量进行量化。很难对像热情度、细心度和敏感性等影响看护质量的因素进行操作性定义。但当这些指标都较高时，就可能使儿童产生更安全的依恋关系和更多的亲社会行为，且语言水平也会发展得较快。而师幼关系的稳定是影响儿童成长的更重要的因素。如果能长期不更换看护者，婴儿和学步儿就会发展得更好。当在儿童看护机构中顺利度过依恋阶段时，幼儿就能接受更多的指导，拥有更好的语言技巧（Howes，1992）。

质量问题并不局限于应该设立什么样的标准，或是应该由父母还是专业人员来确定这些标准，而是应该聚焦在如何实施这些标准以及高质量的儿童看护所需的成本是否是家长能够负担的。

高质量儿童看护的成本

那些最富有的父母可以保证自己的孩子得到高质量的儿童看护。但问题是，最富有的父母确实得到了最优质的儿童看护吗？儿童看护质量几乎完全取决于家庭的支付能力吗？家庭因素对婴儿和学步儿的看护效果影响更大。高质量的儿童看护与以下因素有关：父母对儿童发展的认识会影响他们对机构的选择；家庭收入决定了选择儿童看护机构（如不同质量的机构）的余地；家庭压力程度与家庭经济收入成反比；儿童教养的价值观和行为，往往与儿童发展专家所认为的早期教育中的最适宜的行为相吻合（Howes，1992）。对那些很富有的家长来说，能否成功地获得高质量的儿童看护甚至部分地取决于运气。也就是说，在选择一所早期教育机构时既要看它的地理位置是否合适，还要看它是否有适合自己孩子年龄段的班级。一般来说，最贫穷的家庭选择儿童看护时存在的问题最严重。

研究表明，高质量的儿童看护和需要为此付出的成本之间存在着一定的关系。1993年，在许多小区中，针对婴儿和学步儿的高质量看护服务的价格是每周185～200美元。每个家庭每年就需要为此支付花费8000～10000美元（卡耐基满足幼儿的需求特别行动小组，1994）。全美幼儿教育协会估计的数字要少一些，为每年6364～8345美元（Willer，1990）。这些花费超出了许多家庭的支付能力，特别是那些不止有一个孩子的家庭。

那么，事实上，每个家庭需要支付多少钱呢？1990年，母亲在职的家庭平均每年用于孩子的花费是 3150 美元（Galinsky & Friedman，1993，89）。家庭为了让每个孩子待在家庭日托机构的平均支付金额是 2565 美元或者花费在儿童看护中心的金额是 3173 美元。在大多数机构里，1 岁以下儿童的看护费用更加昂贵（卡耐基满足幼儿的需求特别行动小组，1994）。

那些无法支付高质量的儿童看护的家庭一般会花并不匹配的钱，送孩子到一些中、低质量的儿童看护机构。年收入少于 15000 美元的家庭在儿童看护上的花费占总收入的 23%，年收入为 50000 美元的家庭在儿童看护上的花费多于 6%（卡耐基满足幼儿的需求特别行动小组，1994）。来自低收入家庭的孩子一般都在低质量的儿童看护机构，少数民族家庭的孩子往往如此（Galinsky et al.，1994）。

转到高质量看护机构所需的花费是低质量看护机构花费的 2~3 倍。这些多出的花费用于提高看护者的薪水和降低师幼比。1992 年，儿童看护机构的教师和其他服务者年薪大约为 10000 美元。如此低的薪水实际上还有些水分，事实上从 20 世纪 70 年代中期以来，实际工资下降了几乎 1/4（Bellum et al.，1992）。从业者的低收入导致的结果是儿童看护的连续性难以保障、看护的质量下降以及较高的教师流动率。我们了解到，那些具有大学学历和看护婴儿、学步儿经历的人并没有被吸引到儿童看护机构中。

与低龄幼儿一起工作的专业人员的资格是一个问题。其中较少有人接受过职业准备，拥有较低的地位和待遇。1977 年，美国劳动部在《职业名称辞典》（*Dictionary of Occupational Titles*）中把日托工作人员和托儿所的看护人员与养狗师归在同一类别（Hostetler & Klugman，1982）。既然已经认识到了这些人员在幼儿成长中的重要作用，就应该推动国家低龄幼儿工作人员的职业准备运动。

1992 年，全美幼儿教育协会重申了对完全补助问题的责任。"这次声明明确指出在许多早期儿童教育机构中的工作人员存在非完全补助、地位低和工作条件恶劣的问题，这些源于三个相关联的需求：为幼儿提供高质量的儿童看护、对员工进行补助和为家庭设定可支付的费用。"（全美幼儿教育协会，1992，43）

职业准备

职业化的概念可以区分那些专业从事某项职业的人和那些以非专业的方式从事该项职业的人。母亲和其他成人都是基于一定规则而看护婴儿的。在早期教育机构工作的从业者是专业人员，但母亲却不是。从一定意义上来说，职业化概念与技能和培训没有什么关系。

那些从事婴幼儿工作的人员的职业准备被认为是早期儿童教育的一部分。早期儿童通常被界定为从出生到 8 岁的儿童。许多不同类型的早期教育机构既包括婴儿和学步儿，也包括各种各样的专业人员。这种多样性混淆了职业的认定。我们是不是正在谈论关于儿童看护提供者、婴幼儿教师、早期教育教师、早期干预者或者早期教育从业者？研究者（Bettye Caldwell）自创了一个新词叫 "educare"，但是这个词没有被广泛采用（Daniel，1995）。全美幼儿教育协会的主席丹尼尔（Jerlean Daniel）提出 "儿童发展专家" 这个词。她认为这个词有三层意思：它代表了我们与儿童一起工作、为孩子和家长提供服务的方式的专业化观点；兼顾多种项目实施风格；提供了参与儿童和家庭公共政策问题的理论基础（Daniel，1995）。儿童发展专家这个词的含义就是工作的同时要关注孩子、看到孩子的成长经历和成熟水平以及这些因素在更广阔的社会背景中的相互作用。

若干个专业组织共同发布了一份关于从事早期儿童和早期特殊儿童教育工作人员的岗位标准的文件。这个愿景酝酿了三年多，提出了如下建议：（a）所有早期儿童教育者所必需的知识和技能的共同核心；（b）与一些具有强烈的学习需求的孩子相关的一系列特殊的知识和技能，这是共同核心的一个延伸。这个共同核心在 1994 年被全美幼儿教育协会和特殊儿童委员会的早期教育部门（the Division for Early Childhood，DEC）所采纳。这份文件被命名为《早期儿童教育专业人员职业准备纲领》（*Guidelines for Preparation of Early Childhood Professionals*），由全美幼儿教育协会颁发。《早期儿童特殊教育资格认证纲领》（*Guidelines for Licensure in Early Childhood Special Education*）在 1994 年被这两个组织采用，在 1995 年又被教师教育协会（the Association of Teacher Education）采用。这份文件在很多早期教育部门都可以看到。这三个组织一致认为应该有一个独立的认证过程……以便把早期儿童教育者与普通的教育工作者或特殊教育工作者的资格区分开来（全美幼儿教育协会，1995，1）。他们认为，0~3 岁的孩子与 3 岁以上孩子的教育是不同的，需要一些专门化的知识，而不是简单地将其他知识向下延伸。早期教育部门也关心早期教育的质量，并且通过建立工作组来实施它们（DEC）所推荐的措施：为有特殊需要的孩子及其家庭设立项目的质量指南（DEC 有关推荐实践的特别工作组，1993）。

20 世纪 80 年代到 90 年代期间，对这些纲领内容的修订反映出了这个领域的许多变化。以前的纲领集中在 "教师教育" 上，而新的纲领关注的是 "职业准备"。这个变化突出了早期教育工作者的角色不仅仅局限于在教室内组织实施教学，还强调了专业人员工作环境的特殊性，与家长、尤其是那些比较敏感的家长结成伙伴关系，能够与其他成人（如领导者或督导人员）合作，或向一些专家（如心理学家和治疗师）咨询请教。这些纲领更强调 "文化和语言的多样性，课程指导措施、不同领域课程的核心概念知识以及个性化的探究方式"（Bredekamp，1995）。这些变化反映了全美幼儿教育协会在很多方面的支持性政策，包括对早期教育机构中有特殊需要的残障儿童的考虑、对相关术语的使用以及对日益增多的暴力事件对儿童的影响的担忧。这些变化还反映出更加以家庭为中心的导向，更强调反思性思考在该领域的需要以及对儿童及其家庭主张的支持。这些纲领构建起早期儿童教育从业者的职业发展体系，这个体系包括各种层次的早期教育专业人员：准资格人员、具有学士学位或更高学位的人员等（Bredekamp，1995）。

由于这些机构的设置和作用各不相同，每个选择早期教育领域的人都有着不同的教育背景、不同的知识和经历。一些机构招聘时没有什么硬性条件，有些机构则看重年龄和道德水平，还有一些机构则关注是否具备特殊的技能、知识及其获得的方式。

来自美国小学/幼儿园/托儿所教师协会、国际儿童教育协会（the Association for Childhood Education International）、全美幼儿教育协会的代表们共同开发了全美儿童发展协会证照方案（*the Child Development Associate Credentials Program*，*CDA*），以此作为认证早期儿童教育领域多种学习和获得资格的方式的一种努力。其职能是研发评估和认证系统，特别是要使那些接受了没有颁发职业许可资格的学校教育、但有志于在早期儿童教育领域发展的人们获得资质认证。正如我们所说的，获得了儿童教育准入资格（CDA）的专业人员就能够：

初步满足托幼机构中儿童在身体、社会性、情感和认知方面的发展需要，并满足一些儿童的特殊需要；创设和维持儿童看护环境；在家长和儿童发展中心之间建立密切的关系（CDA 导航计划，1978，1）。

这个项目的重点是为那些具有一些初级经验的人加入这个领域提供资质认证。这个项目已经开发了 6 种能力及 13 个功能领域，指导招聘并评价在职人员。CDA 资格包括以下几个方面的能力：

- 创设和维持一个安全、健康的学习环境。
- 提高身体运动和认知能力。
- 支持社会性和情感的发展并提供积极的引导。
- 与家长建立积极而有效的关系。
- 确保项目规划运转良好、反映参与者的需求、有目的指向。
- 不断地为专业化而努力（Phillips，1990）。

第一份资格认证书是 1975 年颁发的，截至 1990 年已有 30000 多人获得了此项资格认证（Phillips，1990）。

早期儿童看护的职业连续性

理想状态下的早期教育职业发展，应该是一个由不同水平的职前准备和相应的责任、促进职业流动的足够培训组成的连续过程。但"没有相应的人才流动机制来确保训练有素的从业者在家中、早教中心、开端计划机构和学校中的儿童看护项目之间转换"（Morgan et al.，1994，80）。

为了界定早期儿童从业者的职业发展水平，全美幼儿教育协会已经设定了职业发展生涯的 6 个阶段，既包括学术水平，也包括相应的成就描述。水平Ⅰ包括那些在督导指导下工作的人员或需要更高一级的专业人员指导和帮助的人员。这些人员工作时通常都与幼儿在一起，或在教室里作为专业人员的助手。通过额外的培训（比如，为期一年的早期教育资格项目的培训或儿童教育准资格（CDA）认证项目的培训），就可能上升到水平Ⅱ。水平Ⅲ的人员拥有与全美幼儿教育协会纲领相符的学位或具备与这一水平相当的熟练技能。

处于管理职位，又是课程领域的专家，获得学士学位，曾经从事一线教学且对婴幼儿的教学进行督导的人员，属于水平Ⅳ。他们可能会直接参与看护幼儿，或作为项目的指导者或进行项目规划的管理者。具有硕士（水平Ⅴ）或博士学位（水平Ⅵ）的专业人员不大可能直接服务幼儿，而可能从事一些管理工作或研究工作（全美幼儿教育协会，1994）。

可以从另一个角度理解早期儿童教育的职业连续性，即从与某个孩子开始接触到分离。可以从与孩子开始接触时就观察，早期教育服务怎样直接与某个孩子的发展相关联。一些专业人员在一日活动中直接服务于这些孩子。其他专业人员，如社会工作者和家庭治疗师，还为家庭提供服务。还有一些专业人员在这个领域中提供指导性服务，如全美幼儿教育协会、国际早期教育协会、婴儿临床诊断项目国家中心等专业组织和机构的主席或会长。其他一些人员处在国家和州领导层中，通过影响政策的制定来作用于孩子及其家庭。一些专业人员像教授、作家和研究者，他们所做的研究旨在为婴儿和学步儿的发展提供信息。其他专业人员则为早期教育提供商品和服务。他们中的一些人可能会撰写与幼儿相关的书籍，设计与幼儿发展相适宜的玩具或各个年龄阶段儿童的衣物，等等。虽然在早期教育领域内职位的不同会使职业化的问题更复杂，但它仍提供了许多不同层次的就业机会。

儿童看护对儿童发展的影响

儿童看护会对儿童的发展产生影响，但很难确切地指出对每个儿童的具体影响。研究者通过分析不同资料，得出儿童看护对婴幼儿影响的不同结论。另外，我们特别比较了那些全职看护孩子的母亲与那些投身工作并把孩子送到托幼机构的母亲。结论的不同通常只归因于托幼机构的差异，几乎没有考虑在职母亲的影响，但母亲是否在职是一个复杂的变量。另外一个问题就是我们在研究中选取的机构通常偏向于高质量的托幼中心，尤其是那些大学附属的托幼中心。

关于儿童看护对婴儿和学步儿发展的影响的研究结果虽然显示出了一些趋势，但这些结论都不如那些针对学前儿童的研究的结论有说服力。通常，儿童看护机构的学前儿童在做智力发展测试时的结果相当于或高于那些待在家中的儿童。唯一的特例是那些来自质量很差的托幼机构的孩子（Clarke-Stewart，1992a）。因此不能确定接受儿童看护服务对婴儿的影响。

社会阶层也影响儿童看护对婴儿和学步儿的作用。一个针对托幼机构中867名0~3岁婴幼儿的追踪研究发现，儿童看护的作用随着家庭的收入水平而变化。对于那些来自低收入水平家庭的孩子来说，接受早期教育与较高的阅读分数和较高的数学分数相关。对于中等和更高收入水平家庭的孩子来说，不存在稳定的正相关性。例如，对于那些1岁以前就进入托幼机构的孩子来说，他们的测试结果就要差一些（Caughy，DiPietro & Strobino，1994）。这样看来，儿童看护对于补偿那些低收入家庭孩子的家庭环境是有一些作用的。但在婴儿期进入托幼机构，对于中、高收入水平家庭的孩子的益处寥寥甚至影响是负向的。

儿童看护对儿童社会性和情感发展的影响并不明确，存在着争论。一些研究表明，托幼机构中的学前儿童社会交往能力更强，表现得更加开朗、果断、自信、友好、合作，语言表达能力也更强。其他数据则表明这些儿童更不礼貌、说话声音更大、更加粗暴和反叛、使用更多粗俗的语言、更具攻击性（Clarke-Stewart，1992a）。

一个复杂的变量就是儿童所接受的看护的质量。就学前儿童而言，研究表明幼儿的社会技能和智力的发展与成人的看护行为密切相关。当看护者倾向于激励、有教养、可敬而非在教养过程中处于支配地位、表现得很强硬的时候，接受这种看护者照看的幼儿更可能出现一些积极的表现（Clarke-Stewart，1992a）。看护者的稳定性也会对教育质量产生积极的效果，与接受高素质、专业化的教师的效果一样（Whitebook et al.，1990）。另一个有益的因素就是拥有一些类型的课程；课程的性质不是很重要，重要的是能否组织并实施一些用心设计的、结构化的课程（Clarke-Stewart & Fein，1983）。班级规模和师幼比也影响教育质量。如果师幼比较低，那么幼儿就可能有更多的时间观察其他幼儿、打架以及模仿其他幼儿（Clarke-Stewart，1987）。

有关婴儿研究的研究结论不具有很强的说服力。接受儿童看护会对婴儿有益或是否可能由此导致婴儿情感上的不安全感和社会适应不良，这些问题都存在争议（Clarke-Stewart，1992a）。使用得最为广泛的评价婴儿及其母亲的依恋关系的方法是艾斯沃斯的"陌生情景"技术（在第十章已详细叙述过）。通过对16项研究中的1200名儿童的分析发现，全托儿童（36%）比不在托幼机构的儿童（29%）不安全依恋的比例更高（Clarke-Stewart，1989，1992）。问题是："这种差异重要吗？"克拉克—史都华（Clarke-Stewart）谨慎地指出"不重要"，而贝尔斯基（Belsky，1992）强烈地认为"重要"。

贝尔斯基（1992）不仅质疑这种差异，而且还质疑这些数据收集的方法。他认为，父亲看护孩子并不存在消极的作用。他发现了"经历早期的、延伸性的非父母照料"的孩子存在不安全依恋的风险（Belsky，1992，86）。在收集资料时，他在有关婴儿年龄的解释中说明了自己的一些不同观点："当那些参与实验后才知道日托和亲子依恋之间关系的家庭，与那些孩子1岁之前每周只接受20多个小时无父母看护的家庭相比，不安全感的亲子依恋几率要高很多。"（Belsky，1992，86）

贝尔斯基认为在研究托幼机构的影响时，儿童入托的年龄是一个关键因素。日托时年龄还不到1岁、每周有20个小时以上不在父母身边，这些都是产生不安全依恋的原因。他通过分析一些与不安全依恋相关的数据得出结论，即那些一周离开父母照料少于20个小时的儿童大概有25%出现了不安全依恋，离开父母超过20个小时的儿童大概有40%出现了不安全依恋，而那些得到不良照顾的儿童有超过60%出现了不安全依恋（Belsky，1992）。贝尔斯基得出的结论就是"当这种看护是在儿童1岁以内就开始的时候，低质量的日托机构是导致不利结果的罪魁祸首"（Belsky，1992，90）。儿童的不安全依恋、攻击性、不服从都与低质量的婴儿日托有关。

鲍曼（Bowman，1992）重新聚焦儿童学习的问题而非孩子的发展。她也试图把讨论的焦点从仅仅关注母子依恋转移到与儿童心理发展相关的更广的背景中去。这或许能够提供一个更有用的背景来理解和分析可得的资料，而不是仅仅关注艾斯沃斯"陌生情景"试验得出的结论。

总之，数据表明，"如果儿童看护有规律，且不受利益驱使，是高质量的，那么儿童就最可能拥有积极的、愉快的经历"（Howes，1992，43）。具有更高质量的托幼机构包括公立托幼机构、单位附属的托幼机构、有执照且享有公共基金资助的托幼机构，上述这些托幼机构都能够得到额外的财政补助以提高质量。高质量的托幼机构会雇用有教养的员工，并给予较好的待遇以吸引和留住高素质的教师，保证有充足的教师为婴儿和学步儿提供亲密的、细致的服务，并培养和留住有能力的领导者。

托幼机构对儿童发展的影响还不是很确切。但儿童看护现在是，将来也会继续伴随许多孩子成长的历程。早期儿童教育专家一如既往地竭力要求提高儿童看护的质量，既为了儿童的发展，也是国家建立和管理联动服务机制的需要。

政府在儿童看护中的角色

虽然关于为幼儿提供看护的政策决议是风生水起，引发了政府和家庭在早期教育中应该承担的责任问题，但许多已经颁行的法律也都在直接或间接地影响着儿童看护项目。许多联邦政府发起的项目都在影响儿童看护，包括托儿费用减税优惠计划（Dependent Care Tax Credit，DCTC）、未独立看护资助计划（Dependent Care Assistance Programs）、儿童保育与发展固定拨款计划（Child Care and Development Block Grants）、社会服务补助金（Social Services Block Grants）、对未独立儿童看护的救助计划（Aid for Dependent Children Child Care）、过渡期儿童看护计划（Transitional Child Care）、高风险儿童看护计划（At-Risk Child Care）、儿童看护营养计划（Child Care Food Program）、提前开端计划（Head Start）。这些项目中的许多都以某种特定的方式提供津贴，资助特定群体的儿童看护费用。美国劳动部引证了 11 个联邦机构以某种方式解决儿童看护的 31 个项目（经济发展委员会下属的政策研究委员会，1993）。1995 年 1 月，为了以一种更有效的、协调的、系统性的方式来处理儿童看护问题，美国政府在隶属于卫生与公共服务部的儿童、青年和家庭管理部内设立了儿童看护局。

图 13-3　如果不知道孩子入托的年龄、在托幼机构待的时间以及托幼机构的质量，那么就很难了解到早期教育的真正影响

联邦政府还制定了法规来规定哪些人可以从事儿童看护职业。立法层面，如美国《公法》（Public Law）中的第101～336条《美国残疾人法案（1990）》（Americans with Disabilities Act of 1990，ADA）鼓励所有儿童看护机构接纳残疾儿童。1991年修订的《公法》中的第102～119条《残疾人教育法案》（Individuals with Disabilities Education Act，IDEA）中有另外一些条款支持全纳教育。这个法案的意图是为了使得残疾的婴儿和学步儿能够在他们附近的早期教育机构中得到照顾，就像他们的兄弟姐妹一样。让残疾的婴儿和学步儿进入普通的早期教育机构并不是一个新的想法（美国卫生、教育和福利部门，1972）。20世纪90年代，全纳教育得到了极大的关注，残疾儿童的数量越来越多。同时，非欧美裔人口的增加使人们开始关注种族问题，随着舆论环境的变化，已经有法律基础来呼吁对处境不利的婴儿和学步儿进行早期干预服务。

(322) 接收发展迟缓的婴儿和学步儿

毫不奇怪，各种形式的早期儿童教育项目正越来越多地接收一些发展迟缓和被诊断患有残疾的幼儿（Wolery et al.，1993）。人们对于年幼的残疾儿童进入普通托幼机构的益处，谈得最多的就是将有助于所有儿童学会接受别人的不同，以及为残障儿童提供更多的正常生活经历和社会交往的机会（Wolery et al.，1993）。亦即，一个身患残疾的儿童可以在正常的环境下学习、练习和迁移技能，这种做法有利于他的全面发展（Bruder，Deiner & Sachs，1992）。

虽然全纳教育是由《美国残疾人法案》批准提出的，但是还存在一些阻力。5个被公认为最普遍的障碍就是：教员问题（没有受过特殊教育训练的教师，缺少这方面的咨询）；不充足的师幼比；家长、教师和行政人员的反对；缺少资金、场地、设备和必要的交通设施；建筑或设施限制（Wolery et al.，1993）。比起其他形式的托幼机构来说，家庭或许能更好地为残疾儿童服务（Fewell，1986）。影响家庭看护的主要问题是家庭日托机构举办者的责任保护及其家人对于家中收留残疾儿童的反应（Deiner，1992）。

已经有很多成功的全纳教育范例。"银行街家庭中心（the Bank Street Family Center）"接纳了8～9个6个月到3岁的幼儿，其中就包括一两个残疾儿童（Balaban，1992）。一些项目，如Delware FIRST和DelCare采用的是一种咨询的模式，为家庭日托机构和托幼机构的员工们进行职前及在职培训投资。与此同时，康乃狄克州的"日托培训计划（the Day Care Training Project）"建立了一个托幼机构接纳特殊儿童的课程模式（Bruder，Deiner & Sachs，1992）。特殊儿童的看护问题在很大程度上与为所有婴儿和学步儿提供高质量的看护服务相关。

儿童看护的类型

儿童看护存在许多类型，规模也不一，但至少可以划分为 5 种不同的类型：（a）父母看护；（b）亲戚看护（在亲戚家或在自己家）；（c）家庭日托机构；（d）儿童看护中心；（e）其他看护形式，包括保姆、家庭女佣和奶妈等。看护婴儿比看护稍大的幼儿更灵活。家长一般都选择他们认为最适合自己需要的看护形式。更方便的形式往往是最终的选择。一些专业人员认为家庭日托机构更适合婴儿和学步儿，但当儿童到了 3 岁以上，托幼机构的看护就能提供更多的选择。

表 13-2 将对 1990 年"国家儿童看护调查（the National Child Care Survey，NCCS，Hofferth et al.，1991）"的结果与国家教育统计中心（the National Center for Educational Statistics，NCES，1992）和美国人口调查局（the U. S Bureau of the Census，1990，1992）的数据进行比较。儿童看护调查只针对 3 岁以下的儿童。虽然数据显示出不均衡，但可以清晰地看出，许多婴儿和学步儿不是由父母看护的，至少有一些是由托幼机构来看护的。当婴儿和学步儿变成学龄前儿童时，在儿童看护中心的比例增加到 33%（Clarke-Stewart et al.，1995）。

表 13-2 美国 111 万名 3 岁以下儿童看护的情况分布

		NCCS%	NCES%
家长看护		52.5	25
非家长看护		47.5	75
	儿童看护中心	12.0	16
	家庭日托机构	11.2	26
	亲戚照看	16.5	27
	在亲戚家中	9.5	
	在儿童自己家中	7.0	
	入户看护	3.6	7
	其他形式	4.2	

资料来源：1990 年的国家儿童看护调查（NCCS，Hofferth et al.，1991）；国家教育统计中心（NCES，1993）。

父母看护

在美国，3 岁以下儿童中约有 25%～50% 是由父母在家中看护的。比起其他形式的看护，我们对这种看护形式及其质量了解得更少。一方面，从生物学角度来讲，父母自然可以确保对孩子积极而周全的看护；但另一方面，我们也明确地意识到这样做是不正确的（Pawl，1992）。这种生物学意义上的假定认为，当父母自己来看护孩子时，分离焦虑和亲子依恋都不是问题。有时，父母亲在家看护孩子的同时也可以工作，父母通过调整工作时间，来确保总有一个人在家；或者把孩子带到工作场所；或父母亲中有一方在家从事一些工作。

亲戚看护

有时，许多婴儿和学步儿是由亲戚来看护的，或住在亲戚家，或住在自己家。这些安排不会受制于任何形式。对父母来说，我们认为由亲戚照顾孩子自然比由非亲戚来照顾要好（再次声明，我们知道并不是在所有情况下这都是较好的）。那些不想把孩子送到一个有组织的儿童看护中心的母亲会把孩子交给长辈或者亲戚看护，而他们可能并没有精力来跟着孩子。奇怪的是，与非亲戚的看护者相比，儿童并没有表现出能与是亲戚的看护者形成更强的安全依恋（Galinsky et al.，1994）。看护质量由环境和看护者决定。母亲上学或工作时，孩子有时是由奶奶或阿姨来照顾；有时则碰巧由某个也有孩子的亲戚来照顾，这更像一种非正式的家庭儿童保育。这种看护形式对于那些母亲兼职的孩子和贫困家庭的孩子也很普遍。（Clarke-Stewart，Gruber & Fitzgerald，1994）。

在更深入地了解这个群体后我们可以发现，似乎 60% 照顾孩子的亲戚是出于帮助孩子的母亲而来的，而不是出于自己的意愿。另外，2/3 由亲戚照顾的孩子生活在贫困之中，还要忍受随之而来的压力（Galinsky et al.，1994）。主动性是一个很重要的变量；也就是说，这些亲戚是真的发自内心地照顾孩子或只是将其看做一种"帮助"？"主动的提供者能提供更高质量、更温暖的、更用心的照顾，这种照顾会帮助孩子充分挖掘其发展潜力。"（Galinsky et al.，1994）

家庭日托机构

家庭日托机构是指个体在自己家中为儿童（一般为 1～6 名）提供照料的形式。家庭日托机构是经营者在自己家中组织的小型托儿机构，照料他人的孩子，同时也照顾自己的孩子。照料对象的居住地点一般都在家庭日托机构的附近，便于接送。相比托幼机构，这种就近的托幼场所会让父母对孩子在托幼机构中的生活情况更放心。他们也更可能和日托提供者建立更密切的关系。在这种托幼机构中，经营者的角色可能更像一位母亲。很多经营者都会有灵活的安排。在某些州，举办家庭日托机构需要具备资格许可证，而另外一些州的家庭日托机构只需注册即可开办。不过，州政府并没有在法律上予以规定，或者说，很多经营者并不一定遵循注册流程、拿到执照。对于有1~2岁大的孩子且全职工作的妇女来说，这是一种最常见的托幼形式（Clarke-Stewart，Gruber & Fitzgerald，1994）。

家庭日托机构的提供者有不同的工作经验及教育背景。她们一般为成年妇女，大部分已婚或已离婚，都有自己的孩子。她们不仅照看自己的孩子，也照看其他家庭的孩子，有时会一起照顾。很多经营者都接受过在职培训，但是培训内容和培训时长却大不相同，有的经营者只是获得了托幼管理资格的最低一级认证，有的则拥有早期教育的本科学位。家庭日托机构的经营者必须设计和实施教育活动，这种工作与托幼机构主任的工作相似。但是一般来讲，经营者是家庭日托机构中唯一的教师。"家庭日托机构的经营者是所有与孩子打交道的专业人员中最孤单的，同时也是最少获得认可的。"（Trawick-Smith & Lambert，1995）

图13-4　家庭日托机构的提供者有机会与儿童在非正式的环境和氛围中更自在地工作

对于那些被送往托幼机构的孩子来说，家庭日托机构提供的托幼场所与家庭场景最为相似，家庭日托机构至少占全部托幼机构的30%。如果将那些没有正式许可证的或不正规的家庭日托机构也算进来，这个比例将更高（国家教育统计中心，1992）。国家教育统计中心（1992）发现，将孩子送往家庭日托机构的家庭几乎是送往托幼机构的两倍。

国家儿童看护调查（Hofferth et al.，1991）发现家庭日托机构和托幼机构可以为看护对象提供几乎同样的资源。这些数据的不一致可能与家庭日托机构管理的规范化程度相关。很多家庭日托机构没有获得正式许可。研究者（Kontos，1992）预计，有85%~89%的家庭日托机构没有获得正式许可。研究者（Galinsky）及其同事发现81%的家庭日托机构是"非法的、非正式的"（Galinsky et al.，1994）。这些统计资料不甚明晰，还有更多家庭日托机构没有被研究者统计在内，对家庭日托机构质量的监控也比预想的要少。

家庭日托机构为家长与经营者密切联系提供了更轻松的环境。家庭日托机构是婴幼儿社会支持系统的一部分。由于家庭日托服务的提供者是家庭日托机构的唯一所有者，家长可以方便地与之沟通，并共同决议该如何照料孩子。家长不必在像正规的托幼机构那样，通过一系列烦冗的官僚程序找到负责的教师或主任以获得相关信息，寻求改变。而且，相比托幼机构，家庭日托机构为婴幼儿及其家长提供的服务更具有连续性。家长很少担心孩子的主要看护者会换班，或担心由于更换看护者造成孩子重要信息的遗失。家庭日托机构中的孩子数量很少，每个孩子可以获得更多的关注，也不必太担心传染病的蔓延。

家庭日托机构在时间安排上更加灵活。一些家长可能需要在某些时段将孩子送到托幼机构，而另一些家长则可能因为工作需要全托照管，有时还包括晚上和周末。有些家长的工作时间是不固定的，不能与托幼机构的时间安排协调一致。家庭日托机构则可以自行决定是否满足家长的个性化需求。除了经营者自己提供的服务外，有些家庭日托机构还寻求其他家长的帮助。可以说，家庭日托机构为非正式的家庭支持网络的形成提供了可能性（Deiner & Whitehead，1988）。家庭日托机构的这种服务形式便于使经营者与家长建立亲密关系，甚至成为朋友。

大多数家庭日托机构中的孩子的年龄都很分散，需要照看的对象是年龄相差5岁或者更大的孩子。如果家庭日托机构同时为学龄前及学龄期的孩子提供照料，年龄差距将会更大。这意味着看护者必须有能力同时照顾不同发展水平的孩子，还要兼顾这些不同成熟水平的孩子之间的交往互动。家庭日托机构的看护者通常也需要在工作中照料自己的孩子。有时，家长的角色与看护者的角色也会发生冲突。他们还要解决自己孩子的问题，如自主与分离之间的矛盾，要区分哪些游戏材料及器材可以与其他小朋友分享、哪些不可以分享，还要区分照顾其他孩子的时间与属于自己家庭的时间（Trawick-Smith & Lambert，1995）。

家庭日托机构存在的一个问题就是缺乏支持系统。如果家庭日托机构的看护者生病了，就要另找一个成人来替代她的工作。但许多看护者并没有类似可以替代的支持系统，如果发生上述情况，他们只能关门大吉。如果看护者自己的孩子生病了，尤其是得了传染病，如水痘，那么也会出现类似的"危机"。如果机构只是暂时关闭，家长就要被迫在一些小广告中寻找其他暂时可以替代的托儿机构。

家庭日托机构中存在的另一个问题是其是否可以提供长期、稳定的服务。有研究指出，家庭日托机构的经营者的平均年资金流转率高达60%（全美幼儿教育协会，1985）。不稳定的儿童看护环境对婴幼儿依恋关系的形成非常不利，家长与需要重新寻找托幼机构并与之建立新的关系。家长也会担心孩子的看护质量，因为家庭日托机构中没有其他监督人员，孩子有限的语言发展水平，使其不能清楚地向父母回馈他们在家庭日托机构中的生活情况。

教育行政部门还没有为家庭日托组织制定统一的标准。在全国范围内，这些组织也没能整合。大部分经营者还没有挂靠在社区儿童看护中心，也不受其监管，不过这种状况会逐渐改善。某些小区正在建设支持家庭日托机构发展的基础设施。这种支持包括建立家庭日托机构协会、开展资格评定项目、开展儿童营养与食品项目、建立儿童看护资源及联动转移机制、提供教育培训机会以及建立一些支持性组织（Shuster，Finn-Stevenson & Ward，1992）。

 ### 儿童看护中心

儿童看护中心是儿童看护机构中最突出的机构，包括公立的、私立的、非营利性的和营利性的。有些中心是单个组织，有些则是连锁的。在美国，大约有一半的儿童看护中心都是营利性的（Clarke-Stewart et al.，1994）。在美国的儿童看护中心中，由私人团体或慈善组织管理的、由教会或公司管理的各占40%左右。约有9%的看护中心属于连锁性的托幼机构，另有10%的看护中心由财政资助。政府资助的看护中心通常提供从一日三餐到医疗护理等一系列的服务（Clarke-Stewart et al.，1994）。

儿童看护中心的规模不一，小到一个中心只有12个孩子，大到容纳几百个孩子。有些中心有自己独立的活动场所，而有些则与单位或公司共享一个场所。后者一般位于教堂、村落、居民小区、工厂和大学校园。儿童看护中心服务的对象的年龄也不相同。有些中心不招收婴儿，还有一些招收学龄期的儿童，最大的有11岁。

儿童看护中心必须持有州政府的认证许可，必须遵守州政府所规定的开办条例，每个州的条例大不一样。有些州政府颁布的许可条例中强调看护中心的卫生及安全规定，还包括对教职工及管理人员的具体规定，以及根据儿童年龄确定的师幼比规定。有些州政府则注重课程标准。儿童看护中心的质量与县及州政府的许可条例密切相关，也与政府对这些条例的监管密切相关。

其他看护形式

家长还会采取其他看护形式。其中，有一些是非正式的，比如，将孩子留给朋友或邻居照顾；还有一些比较组织化的，比如，在家中请一位全职保姆或请她定期来家中帮忙。请保姆定期来家中照顾孩子是最不常见的方式。虽然确实有一些机构提供这种服务，但却没有相关条例加以规范，服务质量的保障完全依赖于提供服务的人。有些服务是非常周到的，但同时也有一些不尽如人意的服务。正如我们对家长及亲戚看护的质量了解得很少一样，我们对这种照顾方式的质量以及服务提供者的资质也了解甚少。

按小时计费的上门服务是所有看护形式中最贵的一种，如今，这种服务的价格比1975年翻了一番——其他类型的服务价格则相对稳定（Hofferth et al.，1991）。然而，对那些有多个孩子的父母来说，这种服务还是物有所值的。

越来越多的人发现，儿童看护已经成为协调工作和家庭之间关系的重要因素。很多公司开始重视员工子女的看护问题，这已经成为增进员工工作状态、稳定员工工作、降低旷工率的重要途径。

工作/家庭与早期儿童看护

以往，人们期望个人的工作与生活是分开的。有关长期停职（absenteeism）的研究发现这种期望是不现实的。造成长期停职的原因有很多，如待在家里照看生病的孩子、寻找儿童看护服务以及儿童看护计划的无效等。从经济学的角度来看，如果女性挣得更少，且必须停薪留职，那么，相比男方，女方更可能待在家里（经济发展委员会下属的政策研究委员会，1993）。

工作/家庭的问题已经成为影响儿童看护问题的一部分，并导致对更可靠和更负责任的儿童看护的需求凸显。不管是单职工家庭还是双职工家庭，工作与家庭的冲突都给大多数家庭造成了压力。波士顿一家公司的职员认为对儿童看护的焦虑是第一大压力来源（Friedman，1986）。针对这个问题，许多商业机构和公司正在将提供儿童看护信息和相关服务作为一种员工福利。16项针对雇主提供的支持性儿童看护项目的调查都表明，雇主和享有看护中心服务的人都感觉到公司的长期请假现象有所改善，员工士气大振。研究显示，最大的益处在于公司招聘时更有吸引力、员工的流动率下降（Galinsky & Friedman，1993）。

一些大型公司已经率先采取措施为雇员能够获得有能力支付且高质量的儿童看护服务而努力。最初，大多数公司都专注于建立一些满足员工的需求的机制。借鉴"资源及资源传递（R & R）"的策略来寻找儿童看护机构，参与托儿费用减税优惠计划，即用税前工资支付看护费用，甚至是建立就地看护场所（on-site center）。一些公司超越了这个阶段，且开始采用更加综合的方式平衡工作和家庭之间的关系，包括收养补助、创设和监管儿童看护机构的质量、培训看护者等。一些公司又超越了这个阶段，实行家庭友好型工作场所。率先采取这种方式的有康宁公司（Corning Incorporated）、IBM、和约翰逊 & 约翰逊公司。这些公司提出了一系列有创意的项目，如家庭问题专家热线、弹性工作日程（如工作分享、家庭办公、压缩工作周），甚至举办研讨会来讨论如何处理工作和家庭之间的问题（经济发展委员会下属的政策研究委员会，1993）。

虽然许多公司对员工的流动和工作/家庭问题比较敏感，但其他公司并不认为工作系统、家庭系统和早期儿童看护系统之间有明显的重叠与交互。一些简单的问题，如父母工作时段比较特殊或不得不加班，使得这些家长有特殊的看护服务需求。工作、家庭和早期儿童看护系统之间的相互作用是动态的，其中一方面的变化会在很大程度上影响其他两方面。比如，工作时间的变化可能会与既定的令人满意的儿童看护计划或再要一个孩子的家庭决策产生矛盾，工作地点的变化可能会使既定的儿童看护计划不再令人满意。家庭可能需要为适应这些新情况而放弃原本令人满意的看护计划（Whitehead，1998）。除影响家庭以外，这些变化也会让婴儿或学步儿感觉到压力而无所适从。

儿童看护也不可避免地与福利改革相关。福利改革需要全体成员包括婴儿的母亲去工作或参加工作培训。这将增加对儿童看护机构以及儿童看护补助的需要（Cohen，1996）。福利改革的目的是使低收入家庭实现经济独立。经济状况不好的母亲需要外出工作，她们的孩子就需要看护。一旦这种看护需要花费她们收入所得的一大部分，那么她们工作的意义就不大了。美国审计总署（the General Accounting Office）的有关数据显示，如果儿童看护是免费的（100% 补贴），贫困母亲的工作率将从 29% 增加到 74%，家庭接近贫困的母亲的工作率将从 43% 增加到 81%（美国审计总署，1994）。部分补贴的作用有限。这些参加工作的贫穷和接近贫穷的母亲中的绝大多数都需要儿童看护补助。

一方面，资助儿童看护的资金有限；另一方面，很难确定符合领取补贴的标准，这就使得资助儿童看护的问题变得很复杂。比如，如果一位母亲得到的儿童看护资助来自"高风险儿童看护计划"和"过渡期儿童看护计划"，那么，她一旦失去工作，也将失去相应的儿童看护补助。对于在家照看孩子的母亲来说，不仅找到工作很难，且当她找到了另一份工作时也要被排在资助名单的末尾，必须自己承担儿童看护的全部费用。但是，如果她的收入低到福利设定的标准时，当她找到工作或参加雇用性的活动时，将会得到补贴性的儿童看护费用（全美幼儿教育协会，1995b）。

 ### 父母假 (Parental Leave)

1993年，一项旨在解决与工作/家庭矛盾相关的一些问题的《家庭和医学产假法案》（the Family and Medical Leave Act，FMLA）得以通过。这项联邦法案要求拥有50名及以上员工的公司必须为合格的雇员提供12个星期的无薪假期，以便他们能够照顾新生婴儿，且在假期结束时能够继续工作，并继续享有原有的健康福利。

FMLA法案是一个进步，有利于父母照看新生儿，但该法案只覆盖了半个劳动力市场。另外，因为是无薪产假，大多数父母都不愿接受长时间没有收入，所以问题还是没有得到彻底解决。因为需要收入，许多父母都在假期结束前就回去工作了（卡耐基满足幼儿的需求特别行动小组，1994）。

小结

毋庸置疑，20年前关于孩子的问题和现今的问题不尽相同。现在，人们越来越意识到婴儿期和学步期发展的重要性。所以，越来越多的人开始关心婴儿和学步儿的看护质量问题。

20世纪90年代，儿童看护机构非常普遍。当人们考虑婴儿和学步儿的看护问题时，他们有很大的选择空间。他们可以选择自己照看孩子，或把孩子送到早期儿童看护中心、家庭日托机构，或请亲戚帮忙照看，又或者雇人到家里来照看孩子。家庭拥有的资源，包括人力和财力，在很大程度上影响着他们的决定。不管最终做出什么决定，他们必须在可以选择的范围内抉择哪些儿童看护服务的质量较好。他们要考虑是否需要另外一个"妈妈"和家庭，或是"微型学前班"，又或是二者兼顾。家庭的价值观和家庭资源会影响上述所有的决定。

儿童看护质量是一个模糊的概念。专家和父母没有必要对何为高质量的儿童看护达成一致。父母更关心自己孩子及个别教师的情况，而专家更关心儿童群体、某些规则和规定、甚至为儿童制订活动计划。不同的儿童看护机构的质量也对看护机构中的儿童有不同的影响。人们一般认为，高质量的学前教育能够对儿童的智力产生积极的影响。但很少有人认为，高质量的学前教育对婴儿和学步儿有同样显著的影响，尤其是那些还没到 1 岁就被送到寄宿制托幼机构的孩子。

渐渐地，人们开始从生态学的视角看待儿童看护问题，并且认为这关系到工作和家庭的关系问题。商业机构和公司正在以各种方式介入儿童看护服务领域。昂贵的高质量儿童看护成本是一个问题。如果儿童看护是由专业的机构推荐且达到了一定水平，那么看护的费用就要加倍或是原来的 3 倍。但大多数中、低收入阶层的家庭却负担不起。

虽然没有国家范围的综合性的儿童看护体系，但政府已经在以各种方式提供儿童看护资助。国家还通过法案支持残疾的婴儿和学步儿，使他们能够进入邻近的儿童看护机构中，以便获得正常的发展。

实践活动

1. 假设你是一个父亲/母亲，必须在孩子 6 个月的时候重返工作岗位。你现在需要选择一种看护机构，当你去考察一些可供选择的机构时会考虑哪些因素？你将依据什么来决定孩子的安置？

2. 关于婴儿看护机构的作用，人们存在一些顾虑。从个人角度来说，你会如何处理这个问题呢？如果有任何消极影响的话，你将会如何去减少这种消极影响呢？

3. 假设你正在竞选当地的国会议员，描述一下你的儿童看护计划以及你将如何推行这个计划。

第十四章　为新生儿做计划：从出生到 8 个月

你会为新生儿做什么样的计划呢？在开始走路和说话之前，他们甚至还不能被称为一个个体，不是吗？新生儿具有各种令人惊奇的技能、喜好和厌恶，而且可以表达喜悦和失望。他们喜欢人的脸、声音和气味，并将成人看做一个有趣的物体、他们所处环境中的一个新奇的物体。他们甚至能用一张笑脸、一声笑声或者咿呀的语言来表达他们对此的喜爱。新生儿喜欢看着成人，但当他们觉得已经看了很久的时候就会停止。虽然新生儿对于自己确实存在的技能只有一个非常有限的指令系统，但计划的目标就是使新生儿愉快地发展，并为他们的技能发展提供支持。

形成哲学观

你怎么看待婴儿呢？新生儿应该和他的妈妈待在家里吗？你认为任何一个人都可以照看一个婴儿吗？照看一个婴儿是一个人自然就有的技能而不需要培训吗？你认为新生儿所需要的只是安全、温暖和干燥吗？你认为所有的新生儿都一样漂亮吗？你认为婴儿真的就像缩小了的成人一样，需要学很多东西吗？你对这些问题的答案将会影响你如何为新生儿做计划并构成你和婴儿待在一起时的哲学观。

你已经有了一套自己的关于和婴儿待在一起的哲学观了，尽管它可能还没有成为一个很好的、完整的系统，但它是存在的，并影响着你如何回答上面的问题。你的哲学观也将影响你如何和家庭互动、如何设计环境、做什么样的准备、在什么程度上制订个人化的计划以及能否设计发展适宜性的练习。

没有什么绝对正确的哲学观，但是能将自己的哲学观形成体系、了解其发展进程并根据个人的成长经历进行持续不断的评价和调整，非常重要。将自己的哲学观与早期儿童发展领域中的教师和研究者的新发现进行对比，也非常重要。无论你是和新生儿、学步儿第一次接触还是已经在这个领域从事了 30 年工作，无论你是没有孩子还是已经养育了 12 个孩子，都需要这样做。

形成和 0~36 个月大的儿童待在一起的哲学观是一个动态的过程。哲学观依赖于很多变量，包括你在儿时的经历以及你根据这些经历所做出的判断。此外，你的个性、脾气以及处事方式都会影响你的哲学观。与此相关的是你对儿童的一般态度，以及你怎么看待家庭和教育环境在儿童早期教养中发挥的作用。这些变量和你知道的许多具体内容领域，诸如儿童发展（尤其是关于 0～36 个月大的儿童的发展）、早期儿童教育、早期儿童特殊教育以及家庭学习等变量之间的相互作用，就形成了最初的哲学观。

最初的哲学观是在和 0～36 个月大的儿童待在一起的个人经验中逐渐形成的。这种个人经验可能来自从事早期看护工作或相关的教育环境、照看过的孩子或者自己有一个孩子。哲学观还会受到那些教你有关儿童教养方面的知识的人的影响。专业人士会强调某些方面，而忽略另外一些。有些专业人士会强调早期发展中社会性和情绪方面的发展，而另外一些人则强调认知的发展，这些倾向会影响你的哲学观。如果专家发表了一些关于这个领域的观点和原则，例如，母乳喂养还是奶瓶喂养或将儿童置于早期儿童看护中心等，这些都会影响你的哲学观。

最初，你的哲学观是不断改变的，它在不断地改变和调整中适应你的个人成长和发展，以及你对新生儿、学步儿的观点的改变。它受到你如何与孩子互动、为他们制订计划的影响，并且反过来，你不断增长的知识基础也会调整你的哲学观。你的哲学观随着你的学习和改变不断发展，并反映着你的知识和信仰。

于是，问题变成了你的个人哲学观将如何决定教室中发生什么。另一个中介变量是早期看护和教育环境的现实。你的哲学观可能在最初影响了你所选择的工作环境。从某种程度上说，如果一种环境所传达的哲学观和你本身的哲学观不一致，你就可能不会选择在那种环境下工作。一旦你在那种环境下工作，你的哲学观和教室中发生的一切就可能有所不同。例如，你可能认为儿童应该在饿了的时候吃饭、困了的时候睡觉，但是，教育环境中可能有一个设定好的吃饭和睡觉的时间表。如何处理这些不同，取决于你的哲学观以及它的可变性。甚至，也可能取决于你有多么需要这份工作以及是否可获得其他工作。

哲学观的形成是一个不断发展的过程，为了便于评价和再评价，应该在意识上发展哲学观。影响个人哲学观的许多变量将在本章、第十六章和第十八章来分述。

哲学观是影响你如何教的重要变量，因此在意识水平上考量它非常关键。你需要了解婴儿和学步儿在哪些方面与你的哲学观相吻合，或你的哲学观是否涵盖了发展延迟的婴儿和学步儿，以及你怎么看待那些生活于易受伤害的家庭中的婴儿和学步儿。因为婴儿的发展变化非常迅速，所以将你的哲学观聚焦在三个划分清晰的阶段是非常有效的做法：婴儿早期（出生～8 个月），爬行学步期（8～18 个月）和学步期（18～36 个月）（Lally，1987），本书的章节划分反映了以上的阶段划分。以下是一些非常重要的标准，可有助于澄清自己的哲学观。

早期看护和教育的目的是什么？对儿童的看护是根据什么来设计的呢？是为

了给父母提供服务，还是为孩子的成长和发展准备温暖而舒适的地方，或是二者兼而有之？如果你要照料非常小的孩子，你需要决定这些孩子需要什么样的照料。他们需要的只是喂养、变化的外界刺激以及保持安全感吗？许多早期教育专家认为，婴儿需要的更多——他们需要成人和他们玩耍并享受照料他们的过程；他们需要成人及时对自己的需要作出反应而不是期望自己遵守成人的时间表。

你怎么看待那些把宝宝放在看护中心的父母？你打算出去工作，另外请人来照料你的孩子吗？你怎么看待那些把宝宝交给别人来照料的父母？许多早期教育专家认为，成人需要做出决定，并总是尽量做出最好的决定。我们应该尊重他们的决定，使照料的环境对所有孩子都发挥积极的作用。

照料婴儿的人需要接受特殊培训吗？一些人认为照料婴儿是一种天生的能力。他们认为，所有成人尤其是女人，会自然地懂得怎样照料婴儿。早期教育专家则认为照顾与教育婴儿需要的技巧甚至和教授微积分所需的技巧一样多。那些学习微积分的学生可以通过向老师提问来澄清自己没有理解的部分。而婴儿则几乎没有能力去表达学习材料对自己并不合适，虽然他们可以通过哭泣来表达不满，但是不恰当的教育计划还不至于让婴儿难受到要哭泣的程度。他们完全依赖于一个敏感的成人观察者来提供合适的照顾。

教师／看护者的角色是什么？许多早期儿童的教师都有这样的认识：教师和父母的角色应该是不同的。他们认为"早期教育机构中的教师应该和父母保持恰当的亲密关系"（Honig，1989，5）。这个观点对于幼儿园中的孩子是适用的，但是对于婴儿呢？早期教育专家认为婴儿需要看护者的拥抱、摇晃和爱，和婴儿在一起工作是一种很亲密的社会关系，需要成人"温柔、细心地把婴儿抱在怀里；喂养时尊重不同婴儿的进食速度；准确地解释婴儿不适的信号并及时、迅速地给予令他们满意的关注；给予婴儿在地板上探索玩具的机会和自由，并将掌控社会互动的控制权交给小宝贝"（Martin，1981，in Honig，1989，5）。

什么是给婴儿的"课程"？在从事有关婴儿的工作时、在与婴儿的互动中，你有什么样的目标呢？婴儿需要一个学习的环境，这种环境可以支持其机体和肌肉的生长与发育，也可以刺激其智力机能的发展。他们需要在和成人及其他人发展积极的社会关系中获得支持，同样也需要在情绪的发展上受到鼓励。想要更有效地实现这些支持，需要将这些一般化的目标进一步细化，然后将它们转变成为一步步合适的、发展性的实践活动以及个性化的照料方式。

成人应该怎样和婴儿互动？成人应该为婴儿提供两个玩具以便看出他更喜欢哪一个吗？或者成人应该为婴儿选择一个玩具然后交给他吗？早期教育专家会给婴儿提供选择的机会和权利。他们观察婴儿在看什么，描述正在发生的事，而不是谈论什么吸引了他们。成人会和婴儿轮流表达与倾听，而不是成人一直在说。

总的来说，早期教育专家十分同意关于形成一个总的哲学观的提法。在这个总的哲学观中的个体变量要处理好那些特别行为的运用。确切地说，在可接受的范围内，个体站在什么立场上是其个人的选择，这个选择经常随着时间和经历而有所不同。

发展适宜性实践

发展适宜性实践的观点构成了为所有早期儿童教育制订项目计划的基础。这个观点主要包括两方面，即年龄适宜性和个体适宜性。年龄适宜性指的是基于对儿童在各年龄发展阶段水平的认识之上，创设的学习环境、所用的教育方法以及选择的活动形式和材料。个体适宜性关注把儿童视为独特的有着自己的个性、喜恶、学习模式、家庭和文化背景的个体，还要经常调整计划以适应不同儿童个体间的巨大差异（Bredekamp，1993）。成人根据年龄适宜性的观点决定在什么范围内选择行为方式、活动、材料和方法等，并根据个体适宜性做出具体的选择。促进发展适宜性的行为使学习效果得到了提升，并鼓励了婴儿的独立性。成人的角色是在尊重每个婴儿的独特性的同时，将相应的活动与婴儿的发展阶段相匹配。

从出生到 8 个月大的婴儿依赖着成人，不仅依赖成人为自己设计活动，还依赖成人让自己参与到活动中来，并常常一对一地和自己玩耍。为这个年龄段婴儿设计的大多是躺着或坐着的活动。对于 8 ~ 18 个月大的婴儿来说，由于他们刚刚具备运动能力，所以活动的焦点在运动上。他们需要一些诱发他们动起来的刺激，当他们爬到目的地之后需要有些事情可做。移动仍然是需要集中精力和付诸努力的活动，而孩子的技能发展有着不同的速率：善于爬的孩子也许在走路上发展迟缓，或是在转换运动方式时很缓慢。因此计划仍然是个性化的，18 ~ 36 个月大的儿童可以让人放心地独立活动，可以积极地选择想做的事情，因为他们可以自己发现那些想参与的活动并在完成后离开。本书关于活动设计的章节即按以上三个年龄段加以划分。

为小婴儿做计划的基本原则

为不能移动的婴儿做计划与为学步儿或幼儿做计划有很大的差异，许多专业人士也没有从专业化的角度提出什么是必须的。为非常小的婴儿制订的计划要基于发展的观点，使计划适合他们个人的爱好。活动常常是一对一的，而且是为每个婴儿特别制订的，在婴儿感兴趣的时候实施。婴儿，尤其是当他还特别小的时候，会具有一种行为模式，即重复一个有着微小变量的活动很多次直到达到下一个发展水平。举例来说，一个"磨牙棒"的活动可以重复很多次，只是要利用不同的磨牙棒并说一说它们各自的特点。

为婴儿做计划比为大些的儿童做计划更需要全盘考虑，婴儿参与一项任务的能力依赖于他们的状态以及你是否能选择合适的活动和时间来使其参与其中。一个看护者是否能做得比其他人优秀，取决于他对婴儿精确的观察、所具备的关于婴儿发展的知识以及将这两方面的信息融合在一起的能力。

为了做计划，婴儿期的早期可以根据大肌肉、小肌肉的发展划分为三个功能阶段。一般来说，肌肉对活动的需求决定了哪些活动是适合于哪些婴儿的。

● 从出生到大概 4~5 个月大的婴儿，没有很好的对抗重力的能力。因此，要为俯卧、仰躺或者在支持下坐着的婴儿设计活动，这些活动对于那些比这个发展阶段大一些的婴儿同样适宜。

● 从大约 4 个月大开始，婴儿不需要太多的支撑就能坐了（支撑头部的能力大大增长），而且他们渐渐能够独立地坐着了。他们在游戏中表现出更多的独立探索，他们的手现在可以自由地探索环境了。

● 在大约 8 个月大的时候，大多数婴儿渐渐发展出某种灵活性。婴儿开始通过挪动、爬行、蹒跚、猛冲或走路的方式独立移动。

那些能够激发婴儿积极参与的材料是最好的。所谓积极参与的活动是非常不同的，"看"，对小婴儿来说是一种积极的参与，但对大些的婴儿就不是了。

对非常小的婴儿来说，例行公事的照料和各个程序之间的过渡便是一天当中的重头戏。在把这一切看做一种潜在的学习经历的同时，享受这些经历并利用这个机会与婴儿进行个别化的交往，对成人而言是一个挑战。

学习环境

婴儿的学习环境是室内环境和室外环境的结合，而且有地板、漫步、膝盖（lap）、肩胛几个水平。婴儿在地板上玩耍的时候、在被抱起来的时候、在摇椅里摇晃的时候、在学步车里蹒跚的时候、在草地上的地毯上晒太阳的时候，学习环境是变化的。婴儿需要一个多变的学习环境，他们的环境应该包括硬环境要素和软环境要素。他们需要枕头和镜子，喜欢明亮、高对比度的颜色，喜欢看有趣的图案；他们需要挂在不同高度的婴儿、幼儿和成人的喜悦及友好表情的图片，这些图片应该表现的是不同年龄和种族的群体。婴儿不仅需要安静的属于自己的空间，也需要能和其他儿童互动的空间。他们需要能让自己旋转、翻滚、爬行的空间，也需要能够用来抓着练习站立的设施。学习环境应该具有适宜发展的、不断变化的装备和材料，这些材料应该有效地组合使用，从而使材料操作简单、变化多样，这样，材料价值的实现就能够一劳永逸了。

在为小婴儿布置环境时，需要考虑的一个主要因素就是安全，一个安全无忧的环境对于理想的成长和发展来说是必须的。根据婴儿年龄和发展阶段的不同，安全是需要经常进行再评价的，安全含有保护的成分。诸如烟雾报警器、灭火器这些安全设备应该是可操作的，成人应该知道怎么使用。应该每个月举行一次消防训练，以便所有成人都清楚地了解使用程序。通用的紧急服务电话号码单（包括毒品控制、消防队、医疗救护和与父母联系的电话）应该很容易找到。需要的时候应该能够获得急救，成人应该知道怎么做基础的急救以及如何处理窒息的情况。

除了考虑明显的安全因素之外，为婴儿准备的环境是可以放松和玩耍的舒适场所吗？婴儿有自己的婴儿床吗？那些用品对他们来说是特别舒适的吗？有适宜的儿童尺寸的家具和材料，如婴儿座椅、纺织枕头和坐垫吗？墙上有婴儿看得见的图片和适当高度的镜子，以使他们看得到自己吗？有什么规则或区域可以将不能行走和能行走的孩子区分开吗？小便、进餐、睡觉和游戏的区域是分开的吗？在这些空间中，有能使人平静或令人愉悦的声音和轻音乐吗？或整个环境都充斥着噪音和生气的声音吗？成人对这个空间有什么感觉呢？环境的摆设会鼓励成人拥抱儿童吗？他们想要蹲下来在地板上和孩子玩，还是觉得站着更舒服一些呢？一个成人可以轻易地看到每个婴儿，并能在与一个婴儿保持视觉接触的同时和另一个婴儿玩耍吗？她能迅速地在一个婴儿受伤或受惊吓的时候作出反应吗？

为小婴儿设计发展适宜性方案

乐观地看，当婴儿不睡觉、不吃饭或不参与例行公事的照料时，也是婴儿开始警醒并对他们的周围世界充满学习兴趣的时候。年幼儿童并不会长时间处于这个阶段，所以抓住时机是很重要的。随着年龄的增长，婴儿的睡眠时间逐渐减少，开始更多地处于这样的状态。由于小婴儿刚刚开始学习如何与他人交往，游戏的时间只能持续一会儿。这些与他人互动的时间和婴儿的独自活动是间隔出现的。设计好的游戏时间不仅指你要参与到儿童中间去，还包括你在其他时间也是以一种计划性较弱的形式参与到与儿童的互动中。每个婴儿每天都需要有能与成人在一起的设计好的游戏时间，也需要你照顾他和从多方面支持他的时间。

应该为每个婴儿记录下具体、详细的特别设计的游戏时间活动。成人通常会发现，这样能够尽可能多地帮助儿童，从而使他们围绕一个设计好的主题进行活动。活动主题帮助成人决定使用什么材料、如何表述语言。为年幼儿童设计游戏时间的活动理念将在下一章加以介绍。这些理念从不同的发展性领域来进行分组。

给婴儿做计划与他们的成长和发展紧密相关，而成长与发展对形成计划也十分有效。婴儿必须通过与自己的个人世界进行互动来学习，面对各类不同的活动和材料调整各自的反应。发展、经验和学习三者之间的互动成为给小婴儿做计划的基础。婴儿的发展为成人在其最近发展区内选择相关的经验和活动提供了前提。如果成人提供的经验和活动与儿童的最近发展区相匹配，学习就发生了。学习过程通过一系列的经验就可以达到熟练的水平，而且成人的支架作用表现为引入更多新的更复杂的活动经历。

4 个月大的婴儿和 8 个月大的婴儿的发展之间的差异是很显著的，所以针对他们中的某个群体的活动并不适合另一个。随着婴儿日益出现可预测性的移动以及一系列技能的习得，个性化不断减弱。

 感知觉发展

婴儿必须学习运用自己身体的大小肌肉。他们必须学会控制与稳定性相关的肌肉从而能够坐和站，控制与爬和走相关的肌肉，还有与操纵物体（如够取、抓握、放开物体）相关的肌肉（Wilson，1990）。此外，婴儿必须把通过感官获得的信息与通过动作获得的信息结合起来，理解看到的事物和触摸的事物是一致的。他们需要把肌肉的运用和从感官获得的信息相结合，了解如何才能够移动物体而不把它们弄翻，了解他们想去抓住的物体有多远。

大肌肉运动发展

一些活动时需要婴儿运动身体的大肌肉来完成的，这些大肌肉包括颈部、躯干、胳膊和大腿的肌肉。这些肌肉对所有的无重量姿势（如坐和站）都是必须的，同时，要想支撑身体以使各类动作可以进行，也需要这些部分的肌肉。这些肌肉发展的模式为提供相应的动作练习起到了指导作用。婴儿获得动作技能的速度是不一样的，但是整体的发展进程是一致的：为了促进大肌肉动作的发展，婴儿需要一系列的材料来支持非运动和早期运动性动作的发展。支持和两类动作发展的策略相似，即通过在远处摆放一个物体让婴儿通过移动去够取。

● 为加强非运动性动作的发展（如推、拉、伸、扭、转等），让婴儿身体前倾，将一个他想要的物体放在离他一段距离但伸手可取的位置，这样他就将不得不向前拉伸去拿物体。

- 叫婴儿的名字，使他不得不转过身体来和你进行面对面的交流。
- 当婴儿坐着的时候，鼓励他们去拿一些东西，在这个过程中他们必须拉伸或弯曲身体才能够取到物体。

小肌肉运动发展

小肌肉运动的发展包括儿童能够运用胳膊、手和手指的小肌肉。伸手取东西最早是整个手臂的运动，继而不断发展，进一步精确到手指的动作。抓握动作也是从横扫物体、使物体掉落不断精确到能够捡起细小的事物。正常的动作技能的发展依赖于其他相关技能的发展。尽管视觉对于正常动作技能发展不是必须的前提条件，但是能够看清物体可促使婴儿准确地指向他们想要取得的物体。伸取动作也依赖于婴儿对头部和躯干的控制，还有足够的平衡能力。伸取动作是抓握物体和拾起物体的必备前提，一个婴儿必须先学会拾起和放开物体，才可以获得手眼较好地协调发展。

年幼儿童，尤其是婴儿，通过他们的感官——看、听、触摸、尝和闻来探索外部世界，动作技能通常和感官信息是联系在一起的。在感觉运动综合系统中，感官和行为的动作组成成分在大脑中是联合在一起的，以促进平稳活动和学习新技能的能力的发展。婴儿需要活动来促进大小肌肉的发展，需要成人提供相应感官刺激来整合各类动作技能的机会。他们需要各种各样的材料来促进不同类型的活动，并表现出技能建构的发展性过程。婴儿是积极、主动的，他们想要练习刚刚萌芽的技能，所以成人应该了解和鼓励那些婴儿能够胜任的技能活动，同时确保这些活动是安全的。

- 给婴儿提供有趣的玩具来供他们伸取和抓握，这些玩具对他们来说应该是比较大的、柔软的，随着他们抓取的精确度的提高，这些玩具可以逐渐更换为小的和硬的。

图 14-1　通过练习，婴儿的够物和抓握动作会变得更加精确

● 鼓励婴儿去抓住和放开物体，让他们把抓到的物体交给你，有助于他们学会放开物体的动作。

● 给婴儿能够安全地坠落和投掷的物体，并鼓励他们这样做。

 认知发展

年龄较大的儿童在认知方面差异不大，但在婴儿和学步儿中却存在很大的不同。婴儿先从一些灵活性的动作开始，这些动作之后发展成更加组织化和协调的活动。然后，这些动作被有目的地重复及添加一些变化。

大约从 4 个月大开始，婴儿对物体能做什么表现出兴趣。婴儿开始探索这些物体到底能做什么。最初，目标是简单的大肌肉动作。现在，作为"发现者"的婴儿能够一遍一遍地摇晃拨浪鼓，这样他就能听到拨浪鼓发出的声音。这是手段——目的行为的开始。这也是科学。客体永久性的第一个标志出现在婴儿出生后第一年的中间时期。因此，婴儿需要很多掩藏物体和捉迷藏的经验。有时，物体的一部分应是能看到的。随着婴儿技能的提高，可以把整个物体藏起来。

● 随着客体永久性观念的发展，婴儿的游戏可以包括寻找物体、掩藏和找出物体。把物体藏起来，让婴儿去找和玩藏猫猫游戏。

● 当婴儿站在椅子上扔物体时，观察他是否注视物体。重复是很重要的，因此成人需要检索物体，这样有助于婴儿预期将会发生什么。

● 当你走出婴儿的视线之外时，和婴儿讲话。在相同或不同的地方消失或重复出现。

● 当婴儿理解他们行为的效果时，给他们一些可以操作的物体，如一个球，当婴儿击打时它能滚动。鼓励他们变换操作方式（用力推），指出自己的动作对物体的影响（你越用力推它，它滚得越远）。

 语言/交流能力发展

对婴儿来说，学习交流是一项主要的任务。对于语言基础概念及其用法的学习是从婴儿时期就开始的。婴儿需要知道交流是一项很有用的技能。这种学习需要反应。成人对婴儿发起的语言交流予以反馈，能增加继续交流和增强语言机能的可能性。交流同样需要倾听技能和倾听者。婴儿开始学习说话时，也开始学着把语言作为整理和组织信息的一种途径。

婴儿从出生起就开始学说话。在刚出生的几周里，婴儿学着区分不同的声音，即区分噪音和人的声音。1 个月大的婴儿对说话声和其他不同的声音会有不同的反应，并开始意识到人们发出的声音不同。小婴儿能听到说话的声音，但是他们不能发出这些声音，因为他们缺少说话的肌肉协调。到 6 ~ 7 个月大的时候，婴儿开始通过发出细语声和咿呀学语来练习发声。在这一阶段，同婴儿说话或模仿婴儿的咿呀学语是形成语言的不错的办法。

随着婴儿开始咿呀学语，他们也开始与其他人进行言语交流。这时的婴儿需要语言刺激。你可以通过对婴儿对话的意图（咿呀学语）给予反馈来支持其语言发展。引入新的词汇，但是要和他轮流进行。婴儿继续学习如何发出新的声音直至新的单词。

● 带着婴儿会出现反应的期望，发起与婴儿的语言交流，不管他是不是这么做。

● 与婴儿说话并肯定和鼓励他的努力。

● 通过语言标签经验和图画的模式语言来帮助婴儿拓展语言。

● 当你和婴儿一起玩时，通过直接与婴儿对话鼓励婴儿去发出细语声、咿呀声，说出单词。简单地描述你在做什么以及他在做什么。描述你在使用的材料。

● 在日常看护中与婴儿交谈，如喂食、换尿布和穿衣服时。这是向婴儿强调"他是特别的"的好时机。

嗡嗡声、唱歌和交谈，都是帮助婴儿倾听、发出声音、开始理解给和拿在交流技巧中的重要性的方法。通过提供刺激性的材料帮助婴儿倾听、触摸、玩耍，你给他们创造了倾听和发出声音的机会。鼓励婴儿发声的最重要的方式是一整天都与他们交流。

婴儿通过敲击、碰撞、摇晃甚至咀嚼来使物体发声。他们体验到一系列的声音和噪音，包括成人和其他婴儿的声音、开关门的声音、厨房的噪音、音乐以及外界的噪音。有许多种方式可以鼓励婴儿发声。一个经常提到的活动是玩乒乓游戏，即对一个孩子重复他的声音，让这个孩子模仿这个声音。观察并倾听他的反应。

 社会性和情绪情感发展

教孩子如何与他人进行社会性交往从出生时就开始了。成人对婴儿反应和交往的方式为他们以后的社会性技能的发展打下了基础。儿童会从成人的示范中获得线索并在自己的社会性交往中使用。合适的、正确的社会性交往可能导致较好的社会性技能的发展以及正面的自我印象。婴儿可能还没准备去学习社交礼仪，但是他们已准备好学习社会性发展的基本技能。这些早期基础技能发展的关键是社会性交往。

社会性交往技能的发展出现在成人和儿童之间的所有活动中。这些过程在一个成人回应婴儿的哭泣、喂奶时与婴儿交谈、换尿布时看着婴儿、在婴儿安静时等待与婴儿交往以及等待合适的时机与婴儿交流时就开始了。虽然成人可能感觉不到他们在主动地教婴儿社会性技巧，但他们在交际中的礼貌方式是很有力的潜在学习经验。

成人对婴儿的交际意图给予适当的反应，可帮助婴儿学习今后与他人交往的合适技巧。成人以平静的态度回应婴儿的哭泣，会帮助婴儿获得安全依恋感，知道当自己需要帮助时有人能帮助自己。婴儿需要信任照顾自己的成人并感到安全。这对一些婴儿来说要比其他婴儿简单些，既有婴儿自身的原因，也有他们生活或被照顾的环境方面的原因。婴儿是存在个别差异的。每个婴儿都有自己的存在方式。我们通常称之为气质。气质影响婴儿的一系列行为：行为水平，心境，坚持性和不专心，调解和改变的能力。看护者应该注意婴儿之间的气质差异。

虽然对成人而言看护婴儿有压力，但是对婴儿来说这可能更有压力。与父母亲分离、适应一个新的环境或一个新的看护者都可能是紧张的。不同的背景、日常规范和其他婴儿都能导致焦虑的产生。即使是调整他们已有的技能，尤其是运动技能，也可能使婴儿处于紧张的情境中。有必要让婴儿知道这种情况下当然可以有压力。因此，看护者需要尽力减轻压力并帮助婴儿学会处理压力。

- 当婴儿从小睡中醒过来时，用抚慰的语气与他交谈。尽量保持眼神交流。
- 当婴儿哭泣时，把他举过你的肩膀，揉揉他的后背，让他注意一个有趣的物品或你的脸。
- 当婴儿注意到他的手并从手的移动中获得乐趣时，可以用婴儿的手玩拍手或藏猫猫的游戏。
- 在安静的时候，将婴儿面对面放在你的腿上，一边用你的前额温柔地碰一下他的脑门儿，一边微笑着说"猫儿"，如果孩子喜欢这个游戏，就一直重复玩。
- 在任何合适的时机都要和婴儿对话。使用不同的语调：高、低、洪亮、轻柔、笑、安慰等。
- 你与婴儿的交往越多，就越能给他更多的机会玩互动游戏，婴儿的参与也会越多。如果你与他玩咿呀学语的游戏，并适当地等待，随着时间的推移，你会获得越来越多的反馈。
- 与成人建立安全依恋关系的发展对婴儿的健康和能力发展是至关重要的。
- 成人对婴儿的哭泣给予反应是不会惯坏他的！哭泣是他们表达什么地方不对头的方式。对婴儿的哭泣不作反应会导致婴儿不再发起交往，因为他会觉得没有人理他！所以我们应该用抚慰的语气和婴儿说话，问问他哪里不舒服。虽然他不能告诉你，但是这会使他感觉舒服点。

● 在你抱起、放下婴儿之前，给他换尿布之前，或把他放到婴儿床上之前，要告诉他你要做什么。这标志着将发生什么样的变化。

● 当婴儿开始试着说话时，他会一遍一遍地重复某种声音。你也可以重复发出这种声音。当你这么做的时候，把他的手指放到你的唇边。让他感觉到发出声音时的气流。这也会促进眼神交流。

● 对婴儿表示交流想法和情感的细微举动保持敏感性。每个婴儿都有一个独特的符号系统，因此，了解符号及其意义很重要。

 ## 自助和适应性发展

对婴儿来说，自我概念源于自我意识。婴儿需要知道他们自己是谁。他们需要知道成人为了保证他们的安全会设置种种限制。婴儿需要向成人那样得到尊重，拥有自己的所想和需要。其中一种需要就是获得能使他们独立行动的发展性机能的支持。婴儿在发展这些技能时需要你的支持，即使有时直接替他们做会更简单些。

● 帮助婴儿发现自己的手，并轻柔地引导他把手放进嘴里，如果这么做可以使他感到舒适的话。

● 支持婴儿自己拿起奶瓶，而不是你替他拿着。

● 给婴儿杯子和勺子，让他们边玩耍边探索用法。

● 当婴儿长到可以吃固体食品的时候，在他们的食谱中添加指形食物。

● 对婴儿正在出现的灵活性予以鼓励。

● 给婴儿提供选择的机会，当他们做出选择的时候，表示高兴和支持。

● 当婴儿学着控制自己的身体并尝试按照自己的想法行动的时候，表扬他们。

 ## 为过渡和常规看护制订计划

有两个时间进度表会影响一天：婴儿的时间进度表和成人的时间进度表。每个婴儿都有一个反映着他们的身体和生理需要的个性化的时间进度表。这个时间进度表是随时间不同而改变的（大些的婴儿睡的时间比小些的婴儿要少一些）。有些婴儿有相对规则的内在的时间进度，并建立了常规的时间进度表，而另一些则看起来没有什么固定的模式或者有着一定的困难。随着年龄的增长，几乎每个婴儿都能形成一个可预见性的一日常规事宜。成人应该制订一个能调整每个婴儿的看护者的时间进度表（Wilson，1990）。制订时间进度表的关键是灵活性以及将平常的时间块组织起来与婴儿的需要相适合。在理念上，时间是弹性的，但是顺序是可预见的。这可以使婴儿学习明白下面会发生什么。婴儿的年龄越小，就越需要根据婴儿的生物钟而不是根据预设的时间表来行动。

许多花在照顾婴儿上的时间是由重要且必须的常规事宜（如换尿布、准备三餐、准备奶或者帮助婴儿躺下来睡一会儿）组成的。这些常规事宜为和婴儿一起个性化地相处提供了机会，也提供了机会，和婴儿以眼神、交谈、哼唱、模仿其声音或者唱一些幼儿园中的韵律歌来和他交流你有多么喜欢他。常规事宜给婴儿提供了安全感和信赖感，因为他们绝大多数的基本需要在持续的照顾中都被满足了。将例行事宜看做学习环境中的一部分，可使计划合并到例行事宜的身体看护中。

到达时间（arrival time）

这是指婴儿从父母照看到由其他成人照看的过渡时间。成人应该使婴儿的这个过渡变得更加容易。我有时候把它看做"hip to hip"的转变。这对一些婴儿来说，也许是非常困难的。即使是已经准备好转变的婴儿也很可能在这段过渡时间里感到非常困难。成人也一样可能在这个过程中遇到麻烦。考虑着要将孩子交给他人看管的父母，也经常会发现这个过渡很困难。他们的担忧也许会使这个过渡变得更麻烦。那个需要照顾婴儿的人必须使父母确信在他们离开时孩子会得到很好的照顾。

到达时间是父母与看护者分享婴儿信息的时间。这些信息包括：婴儿在家的时间以及担忧，高兴或者发生过的特殊事件。例如，乔什的祖父母昨天来了，他一直到很晚也没有上床，很难安静下来。现在，如果乔什睡得比平常久一点，你也会知道为什么会这样了。我们鼓励父母把复杂的信息写下来。当父母真正离开的时候，婴儿需要和成人一起一个接一个地进入新的状况。婴儿接下来会干什么取决于他的年龄和他的特殊作息表。如果他很早起床，也许会睡一会儿。如果他不是很累，也许会玩耍一阵子。

如果看护者和父母之间非常清楚谁承担什么样的责任（比如，谁为婴儿穿上或脱下外面的衣服），会很有帮助。不管是看护者还是父母，都应该经常发起这种过渡，然后离去。如果二者都没有做出决定，婴儿就会变得不安静、烦躁，使成人之间的交流也变得很困难。

睡眠时间

建立睡眠的常规非常重要。平静、安详的婴儿更容易入睡。婴儿有不同的偏好。对一个处于婴儿世界中的成人而言，帮助婴儿形成健康的睡眠模式是非常关键的。有一些事件或者事件的模式是和睡眠相匹配的，这样婴儿就会把这些事件或者模式和睡眠联系起来，如果没有这些就无法入睡。一个特别的抚慰者，摇晃着、轻轻拍着或者慢慢地走着，这些都是平常的联系。这些睡眠联系的结果是，如果婴儿醒了，缺乏自己回到睡眠状态的能力，就需要成人的帮助（Family Resource Service，1993）。

婴儿可以学着自己入睡。他们有可能在成人把他们放在床上的时候仍然是醒着的，成人说着类似于"晚安"的话语，然后离开他们的视线。如果婴儿哭了，成人应该每隔5分钟来巡视一下。除非确实有抱起他们的理由，否则，这不是个很好的做法。婴儿需要爱，需要安心和支持，但是他们也需要学会入睡。当婴儿在这方面存在问题时，成人需要按照一个例行常规来帮助他们学会入睡，同时让他们在非适宜时间醒来时自我调适。婴儿床是睡觉的地方。当婴儿不睡觉时，把他们放在地板上、婴儿座椅里或者支持着他们玩耍。适宜婴儿进餐的典型时间是在睡醒之后。

喂养

非常小的婴儿每隔2～4小时需进餐一次。他们什么时候想吃东西，是毫无疑问的，因为他们会表现出烦躁和苦恼来使你知道。尽管如此，但是在很多情况下仍存在一个模式，如果你了解了这个模式，就可以在他们哭之前喂他们。给他们

喂食的时候，你需要把他们抱起来。进餐的时候是放松、清闲的社交时间。在喂他们的时候，轻轻地按摩他们的头、手指以及肩膀，也可以轻轻地哼唱歌曲。这时候有许多时间可以进行眼神交流，因为在你说话或唱歌的时候婴儿会看着你的脸。

随着年龄的增长，婴儿每次进餐的食量会增加，进餐的间隔会变长。在大约1个月大时，婴儿一般每天需进餐6～10次、总计560～1150毫升的液体食物。在1～3个月大之间，液体食物的量增加到1420～1700毫升，而进餐次数减少到6～8次。到了6个月大时，婴儿每天需进餐4～6次，每次1700～2000毫升（Marotz，Cross & Rush，1993）。

架奶瓶喂食法，即把婴儿放在婴儿床上，然后架一个奶瓶使之含在嘴里进食。从社会学或医学角度来说，不建议采用这种方法喂食。从社会学角度来说，婴儿需要与成人看护者进行亲密的肌肤接触。

图14-2 给小婴儿喂食是一段放松而悠闲的时光，但同时成人需要对环境中的那些较大孩子保持敏感性

从医学角度来说，含着奶瓶睡觉的儿童有患"奶瓶—嘴"综合征的危险。这种病症的一个典型特征就是容易使孩子的牙齿退化。虽然牙齿没有长出来，但牙的萌端已经在那里，受到损害或压抑后就易于退化。假如奶瓶的液体通道长有细菌，架奶瓶喂食法就会导致耳朵感染疾病，因为细菌会经由婴儿的嘴到欧氏管再到耳朵。让一个躺着的婴儿含着奶瓶，也会增加婴儿窒息的危险（Marotz, Cross & Rush, 1993）。

在婴儿生命的最初 6 个月中，母乳或替代乳品包含了一切婴儿所需的营养物质。在大约 4~6 个月大时，婴儿体内开始产生消化复杂碳水化合物和有别于牛奶中所含的蛋白质的其他蛋白质的酶（Marotz et al., 1993）。这个阶段，儿科医师和家长将决定什么时候给婴儿添加固体食物以及按什么次序添加。

6 个月是婴儿饮食中的一个真正的分水岭。这个时期通常会给婴儿添加辅食。一般来说，首先添加的是含铁丰富的谷类食物（婴儿的铁储量大约 6 个月大时就会消耗殆尽了），然后是水果和蔬菜，接着是肉类或肉类替代品。最开始的时候，应先添加单种食物而不是混合食物，因为如果发生食物过敏，就比较容易鉴别。便于手指取拿的食物，如干面包或饼干，也可在这个时候添加进来。一般来说，孩子偏好甜的食物。另外一条经验是小婴儿喜欢吃熟悉的食物。如果同时添加的所有食物对小婴儿来说都是新的话，那么他们就可能拒绝这些新食物。与其判定婴儿不喜欢某种他拒绝过的食物，不如持续地提供这种食物。仅长得好看或闻起来不错，是不行的。在一种食物变成熟悉的或被接受之前，婴儿必须吃这种食物（Birch, Johnson & Fisher, 1995）。这里存在一个生物学适应基础的问题。把食物吃进身体是危险的。如果你吃了某些有毒的食物，然后死了，怎么办？当你吃了某样东西并仍然健康的话，你会再吃同样的东西。也就是说，当你考虑从这大千世界中给婴儿选取各种食物时，有一个可信度的问题。

牙齿也在大约 6 个月时开始萌出。这对某些婴儿来说可能会感觉紧张、不适应，并破坏他们的饮食模式。他们会经常使用牙齿，这时要选择一些需要咀嚼的食物，如烤面包片或磨牙饼。长牙过程中常常伴随出现的痢疾不是由长牙过程本身带来的，而是来自婴儿吃的或咀嚼的食物所携带的感染性病体（Marotz, Cross & Rush, 1993）。

吃东西是一种轻松的社会性经验，即使对婴儿来说，也是如此。当婴儿吃东西时，跟他们说话或给他们唱歌。告诉他们所吃的食物的名称，描述它们的味道和口感。当他们能自己吃便于手指取拿的食物时，要鼓励和支持他们。允许婴儿玩耍空的杯子和勺子。

尿布

婴儿的尿布一天需要更换很多次。有时候，看护者会感觉他们一天所做的所有事除了喂食就是更换尿布。但是，这是婴儿每次醒来必须要一而再、再而三做的事情。通常，这种身体局部裸露的刺激会使婴儿处于觉醒状态并感到有趣。这是一个与他交谈、唱歌或玩耍的好时机。跟他谈身体的各部分，或者他正在做的或将要做的事。婴儿可能会偶尔看别的地方，但请继续保持眼神交流。他会再看回来的。

当你给婴儿换尿布时，要抓住机会发展婴儿的身体意识，比如，轻轻地、温柔地抚摸他的手臂、腿和脚。确保婴儿在换尿布时，能看到放置在某一高度的图片或镜子。要始终保持将一只手放在婴儿身上。千万别让婴儿单独留在换尿布台上。在做其他事之前、换尿布之后，请立即洗手。

频繁的时候，婴儿每隔 1~3 小时会尿一次尿；不频繁的时候，一天尿尿为 4~6 次。颜色越深，尿的浓度就越高。母乳喂养的婴儿的大便是淡淡的芥末色，而那些替代乳品喂养的婴儿是深褐色或黄色，气味也更重。它们也比母乳喂养的婴儿的大便更稠，类似于花生酱的黏稠度。不同的婴儿肠蠕动的频率也不同。母乳喂养的婴儿肠蠕动的频率少些，因为只有很少的固体废物需要排泄。通常，婴儿的排便是喂食后胃肠反射的结果。当胃满的时候，这种反射会激活消化系统的活动（Shelov，1993）。

假如替代乳品喂养的婴儿一天没有至少一次的肠蠕动，或者拉出的大便非常硬，那他们可能就便秘了。在给婴儿添加固体食物后，婴儿最初的几次大便可能比较难以排出，这个时候需要与父母很好地沟通。婴儿也可能会得痢疾，痢疾的重要特征就是大便稀，并且肠蠕动增加。这可能是因为婴儿或母亲饮食的变化（如果是母乳喂养的话），也可能是肠受感染的表现。痢疾导致的最可怕的一点是：可能会导致婴儿脱水（Shelov，1993）。记录肠蠕动也是日常记录的一部分。当大便非常干或者非常稀时，父母应该引起注意。

分离时刻

分离时刻是另外一个重大转变。有的婴儿见到父母后会表现得非常高兴，有的婴儿则对这种转变反应淡漠，此外，还有的婴儿很难实现这个转变。他们需要支持和令他们想起日常生活的暗示。一天快结束的时候，大多数看护者会反思这一天并决定跟家长分享哪些信息。重要的信息应该记录下来。如果有不止一个看护者，那么每个看护者在离开之前应收集和交流所有相关信息。应知道谁有权利来接孩子，这样，如果有父母之外的他人来接孩子就不会紧张。关于何时来接孩子离开，应该有清楚的规定；应确保你和家长都知道紧急支持系统是什么以及如何使用。

尽管婴儿的大部分时间花费在日常生活中，但剩下的时间是用于学习与游戏的。

看护婴儿的方法及所需材料

方法是指成人与婴儿或学步儿交往的行为、策略与技巧。材料是指婴儿或学步儿操作的物体或东西。成人使用方法时要具备一定的知识基础，包括评估婴儿的发展水平或状态的能力，一系列的行为、策略、技巧，以及在特定的情况下恰当地整合这些行为、策略、技巧应对婴儿的能力。接着，成人还必须通过观察婴儿的行为来评估这种整合是否恰当。

因为婴儿通过与环境的积极交往得以改变和成长，所以材料是计划中极其重要的一部分。不能移动的婴儿依赖于成人给他们提供材料。婴儿通过视觉、听觉、触觉、嗅觉和味觉学习。这要求材料可以让婴儿抓住、丢下、扔掉、放进嘴里或进行摇晃，也要求材料具有不同的质地、颜色、重量和大小。下面的表格（见表 14-1）描述了材料—方法相互作用的过程。

表 14-1　材料—方法/成人—婴儿的相互作用

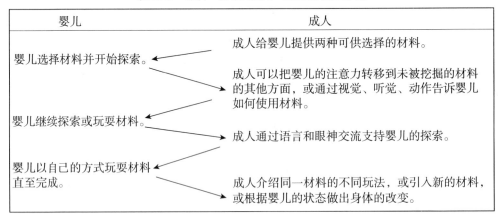

你选择的材料和使用的方法构成了学习环境的一部分。材料对小婴儿都是特别的，这里列出了一些材料（包括使用指导）以供选择。适宜的材料能够促进婴儿或学步儿的学习并鼓励他们独立。在选择材料时，询问自己以下几个问题是很有帮助的：

● 玩具安全且耐用吗？留意锋利的棱角或可拆卸的小部件，因为婴儿可能会误吞以致窒息。考虑一下哪些玩具耐摔、耐重击、耐咀嚼等。

● 玩具可清洗吗？婴儿喜欢并通过把玩具放进嘴里来进行学习。可清洗是阻止细菌传染的必要特性。

● 玩具的大小、重量和形状是否合适呢？应考虑到婴儿手持或者操作玩具的难易程度。如果玩具很重且很难抓紧，婴儿玩耍它的可能性就小些；如果玩具容易翻倒、滚动，婴儿就很容易产生挫败感（底部有吸盘的玩具可以避免这些问题）。

- 玩具的颜色是否鲜艳、多彩和吸引人？
- 玩具是否同时对多种感官有刺激作用？比如，玩具是质地柔软还是粗糙？它有噪声吗？
- 玩具是否适合婴儿的发展水平呢？一般而言，婴儿需要有成功玩耍玩具的经历，同时，如果玩具的难易度略微高于他们的现有水平，也将促进婴儿的发展。

下面将谈及一些有关材料的分类和实际例子中的材料选用问题。考虑到材料的全面性和多样性，我们应当试着使用一些类别中的部分材料而不是制作更多仅仅局限于一两种材料的玩具。

- 促使婴儿意识到自己和他人的材料：有镜子的玩具、洋娃娃和木偶。
- 多种质地的玩具：可以发出咔嗒咔嗒声、积木和毛绒玩具。
- 可以发出声响的材料：带音乐的、可以发出咔嗒咔嗒声和吱吱响的玩具。
- 反映多种族的材料。
- 令人想要抚摸和拥抱的材料：有柔软填充物的娃娃、动物和其他令人喜爱的玩具。

即使最好的材料也不能取代与成人间的相互作用。尽管婴儿可以从不受约束的玩耍阶段获益，但是，婴儿的这种玩耍几乎都伴有成人亲密的话语指导，指导婴儿正在做什么以及给他们提供所需要的鼓励和帮助。

对 8 个月大的婴儿来说，如下所述的多种材料都是有用的。

- 易变的、动态的材料（蹲下来评价它，因为那是婴儿所处的位置）。
- 能发出嘎嘎声的玩具。
- 磨牙棒（容易抓住的）。
- 音乐玩具。
- 不易碎的镜子。
- 不同材质的柔软织物玩具，而且要坚实且可清洗。
- 类似布娃娃或有四肢的动物玩具等易被抓住的玩具。
- 球（柔软的、有织纹的、容易抓的以及摇晃时能出声的）。
- 底部有充气软垫的玩具。
- 不倒翁。
- 塑料勺子。
- 软树脂或者纸板书。

● 充水玩具。

新奇事物是一个很重要的变量。婴儿会被新鲜的和不同的事物吸引。具有不同颜色、设计和活动可增加新异性。看护者也可以提供新鲜感，比如，增加和改变婴儿床的移动性，同时使多种相似的玩具旋转起来。

 ### 为婴儿组织材料

有很多种方法可以为婴儿组织材料，但是对材料的选择则依赖于个人的偏好和设计的风格。

● 在一般发展水平基础上组织材料。材料可以分为婴儿出生至 4 个月、4~8 个月。材料自身也会被分类，例如，所有发出咔嗒咔嗒声的材料最适合应用于 4~8 个月的婴儿身上。

● 将类似的材料（所有底部有吸盘的玩具）放入篮子、盒子或者别的容器中。这有利于在需要的时候更快、更准确地找到。

● 将大部分玩具不放在视线内，每次活动拿出一个或两个。每次拿出有限的玩具进行活动，以保持婴儿对玩具的新鲜感和好奇感。

● 另外一种组织材料的方法是主题式的。这可能是组织材料的第二级水平，决定了哪种发出咔嗒咔嗒声的材料会被选用于来体现主题。如果主题是"我的宝贝"，发出咔嗒咔嗒声的材料形状应当像只脚，同时要有一面镜子、一张婴儿的图片等。所有应用于特殊主题的材料，在主题改变后都要放在一起、清洗干净并归于原位。

有很多种为婴儿组织和计划的方法，随着时间的推移，你将发现最适合你需要的那种。决定主要取决于是为每个孩子制订周计划还是日计划，或者是某一天的每个孩子的计划。不管你选择哪种方法，计划的个性化很重要的。

并不需要每天为每个发展区做计划，但是必须为所有区做好周计划。同时，由于婴儿的年龄与计划的相关性很强，所以记录婴儿的年龄也是很重要的。4 个月以下的婴儿，以周来计算其年龄；4~8 个月大的婴儿，以两周来计算其年龄；或明确知道某个婴儿为 6 个半月大。因为婴儿的发展变化很快，成人需要不断反思制订的计划并加以改进，使其成为最合适的。当然，学习并不是计划的一部分，但为每个婴儿设计特殊学习事件并对此学习经历加以评价则很重要。

一些成人，尤其是那些家中孩子少的成人，倾向于选择在一页纸上对单个的婴儿做出周计划，正如表 14-2 和表 14-3 所展示的那样，怎样以日计划为依据，为一群婴儿做这一类型的计划和安排。再者，记录每个婴儿的年龄。婴儿的数量将决定你采取的计划形式的种类。你应当为大婴儿而不是小婴儿设计更多的活动。

表 14-2　一个婴儿一周的计划

婴儿的姓名＿＿＿＿＿＿年龄＿＿＿＿周次＿＿＿＿主题＿＿＿＿＿＿＿＿＿＿
发展领域　　　　　　　　　　　材料　　　　　　　　　　　方法

周一
L
C
S
E
SM

周二
L
C
S
E
SM

周三
L
C
S
E
SM

周四
L
C
S
E
SM

周五
L
C
S
E
SM

反馈/评价

发展领域：沟通/语言（L），认知（C），社会性（S），情绪情感（E），感知觉（SM）；不同领域循环记录。

表 14-3　一组婴儿的日计划

日期＿＿＿＿＿＿＿＿	主题＿＿＿＿＿＿＿＿＿＿＿＿＿＿	
婴儿的姓名＿＿＿＿＿＿＿＿＿＿年龄＿＿＿＿＿＿		
发展领域	材料	方法
周一		
L		
C		
S		
E		
SM		
反馈/评价：		

婴儿的姓名＿＿＿＿＿＿＿＿＿＿年龄＿＿＿＿＿＿		
发展领域	材料	方法
周一		
L		
C		
S		
E		
SM		
反馈/评价：		

婴儿的姓名＿＿＿＿＿＿＿＿＿＿年龄＿＿＿＿＿＿		
发展领域	材料	方法
周一		
L		
C		
S		
E		
SM		
反馈/评价：		

发展领域：沟通/语言（L），认知（C），社会性（S），情绪情感（E），感知觉（SM）；不同领域循环记录。

特殊婴儿的全纳教育

大多数早期教育和早期特殊教育的专家都认同对残疾儿童的最好安置是将其与正常儿童放在一起。1991年的美国《残疾人教育法案》认为所有的残疾儿童都应该接受服务，以使他们能在尽可能正常的环境中生活。也就是说，他们应该与其他儿童一样进入附近的学校（包括儿童看护机构）。可能大多数的看护者都需要既有能力照顾早熟的儿童又能照顾残疾儿童。因为针对特别年幼的儿童的项目太个性化了，给这些儿童做计划与给其他任何婴儿做发展性计划没有太大的差别。不同的是计划的形式和参与计划的儿童。

大多数被诊断为残疾的儿童，有中度到重度的残疾或出生时就能看出的特征（如唐氏综合征）和酒精综合征。其他婴儿可能由于他们出生时的低体重或家庭条件而被认定为处于危险中。有些残疾儿童看上去与其他儿童不同，也有些看不出差别。

 个性化的家庭服务计划

有发展障碍或有残疾的婴幼儿（0~3岁）应该有个性化的家庭服务计划（Individualized Family Service Plan，IFSP）。这个计划是由儿童的父母和一个儿童工作小组一起实施的。这个小组可能用工具从早期看护和教育机构中选择儿童。IFSP的目的是鉴别、组织、推动残疾儿童及其家庭的目标的实现（Johnson，McGonigel & Kaufmann，1989）。这个计划的组成部分在《残疾人教育法案》中的H部分已有展示。尽管关于什么构成儿童发展迟滞的规定不同，但是，如果儿童符合规定，就可能获得一分IFSP。尽管每份IFSP也不同，但它们都包含以下信息：

● 对儿童目前发展水平的描述，包括生理、认知、口语与语言、社会心理发展以及自助和适应技巧。

● 家庭中与促进儿童发展有关的能力和需要的描述。

● 描述对家庭和儿童的主要发展目标、实现目标的方法、测评目标实现程度和是否需要修订IFSP的时限。

● 介绍满足儿童和家庭需要的特殊干预服务，包括服务实施的频率、强度和方法。

● 计划开始和结束（如果需要的话）服务的时间。

● 负责实施和协调计划的服务协调者的姓名。

● 支持儿童和家庭转换到3~5岁项目的计划。

除了法律的特殊要求外，多数好的IFSP还包含以下信息，这些对项目计划非常重要：

- 对儿童的能力和需要的描述。
- 不仅处理测查成绩，还强调儿童的活动能力。
- 在发展背景下描述能力。
- 包含所有的发展领域（生理、认知、语言与口语、社会心理、自助），而不只是有缺陷的方面。
- 有关行为和性格特征的信息。
- 与干预计划有关的儿童的活动范围的描述（Bailey，1988）。

当一个婴儿有了一份 IFSP 后，都会有一个计划服务协调者，他会帮助收集计划所需的信息，并与家庭互动。看护者和家庭及其他专家都是为了这个儿童而一起工作的小组成员。残疾儿童可能比其他儿童需要更多的特殊计划。他们可能有需要注意的特殊的发展领域。看护者应该是这个残疾儿童计划制订小组的成员，这样，这份计划就不仅仅适合儿童而且看护者也知道如何实施。应该确保所做的行动计划是为了提高儿童的发展水平，而不仅仅是适应年龄水平的。要使行动适合个体的需要。父母和专家都可能给出关于某个儿童的特定建议，从而帮助看护者。

IFSP 背后的理念是，服务应该是以家庭为中心的，而不是仅仅以儿童为中心的。行动过程与结果背后的最重要的观念是，家庭决定着他们在 IFSP 中想要达成什么目标。这意味着家庭和针对这个残疾儿童工作的其他专家需要共同设计儿童的发展项目。父母和专家要为那些照料及干预婴儿的人提供指导与支持。在计划中，用来实现目标的程序和方法的描述是必须的。参见表 14-4 中的 IFSP 例子。

表 14-4 个性化的家庭服务计划范例（IFSP）

这份个性化的家庭服务计划是在莉莉 14 个月的时候开始的。由于她的年龄太小，这个组在一个月后又重做了这份计划，并在之后隔一段时间重新观察一次，间隔时间越来越长。这里所举的实例是莉莉 22 个月时重新观察得到的。

背景信息	家庭成员	与服务儿童的关系
儿童的姓名：莉莉	凯茜	母亲
SSN：222-66-6234	戴维	父亲
出生日期：1994 年 3 月 19 日	希苏	姐姐
月龄：14 个月		
地址：美国圣多美和普林西比主大街 201 号		
电话：717-322-0785		

IFSP 小组			
姓名	头衔	机构	日期
凯茜	母亲		1995 年 5 月
戴维	父亲		1995 年 5 月
伊芙琳	计划服务协调者	XYZ 婴儿项目	1995 年 5 月
凯西	口语病理学者	XYZ 婴儿项目	1995 年 5 月
卡罗林	医学家	儿童医院	1995 年 5 月
旺达	儿科医师	Antown 医学院	1995 年 5 月
米歇尔	辅助技术教育者	联邦大学	1995 年 5 月
埃尔希	护士	健康部	1995 年 5 月

IFSP 小组重新观察日期				
回顾	儿童的年龄	日期	是否重新评价（Y/N）	新结果（Y/N）
30 天	1 岁 3 个月	1995 年 6 月	Y	Y
90 天	1 岁 5 个月	1995 年 8 月	N	Y
4 个月	1 岁 6 个月	1995 年 9 月	Y	Y
8 个月	1 岁 10 个月	1996 年 1 月	Y	Y
12 个月				
18 个月				
24 个月				
30 个月				

如下 IFSP 展现的是根据观察和测评得到的莉莉的力量及动作发展水平，也给出了测评的结果。这里也反映了这个家庭关注和优先考虑的事。

儿童的姓名：莉莉　　　出生日期：1994 年 3 月 19 日　　　评价日期：1996 年 1 月 17 日

儿童的力量和动作发展水平：

莉莉的毅力比以前强了很多，她用画画的方法告诉我们她想要什么。她可以用气管发出几种声音。她能自己走动并且吃得更多了。她喜欢优格苹果酱和嫩鸡肉。她认识她的所有亲属，看到姐姐的时候就会笑。她开始越来越喜欢同一个玩具，但还是不能坚持玩超过两三分钟。莉莉走的时候还是双手高高举起，但她能走得更快了。她可以抓住小的玩具和勺子。她可以码放台阶，并尝试走上去。

家庭关注和优先考虑的事：

我们希望莉莉开始说话或者至少发出声音，她的气管似乎损坏了，而且有时候会猛吸气。

我们的经济状况不好，我们两个都必须工作。我们需要找人照顾莉莉，她现在的情况让我们坚定了这么做的决心。

我们需要一些时间在一起。去年对我们来说很困难，我们花了那么多时间和莉莉待在医院，以至现在我们已经不确定彼此之间的关系了。

儿童活动测评结果：

技能领域	儿童的实际年龄	测评显示出的年龄水平/年龄段	技能领域	儿童的实际年龄	测评显示出的年龄水平/年龄段	技能领域	儿童的实际年龄	测评显示出的年龄水平/年龄段
接受性	22 个月	14 个月（11～15 个月）	适应	22 个月	19 个月（15～22 个月）	自我—社会	22 个月	17 个月（16～18 个月）
速度	22 个月	12 个月（10～13 个月）	大肌肉动作	22 个月	17 个月（15～21 个月）			
认知	22 个月	16 个月（14～19 个月）	精细动作	22 个月	18 个月（16～20 个月）			

下面是 IFSP 的一个活动的例子，第一栏记录了日期和结果数。结果数反映了家长对这个结果优先考虑的事。第二栏是对结果的表述。接下来一栏是用以实现目标的必要支持和资源。第四栏是为了获得特定结果而设计的行动计划。再接下来是父母针对特定目标对项目做的评价及评价的日期。最后一栏是讨论。记录父母这一非专业人士在 IFSP 中对项目的评估。

IFSP 结果

儿童的姓名：<u>莉莉</u>　出生日期：<u>1994 年 3 月 19 日</u>　服务协调者：<u>伊芙琳</u>　页数：<u>1</u>

结果数和信息	目标描述	支持和资源	行动计划	家庭评估 日期	等级	讨论
1 1996 年 1 月	凯茜和戴维至少要拜访三个家庭育儿中心来为莉莉寻找一个日托场所。	伊芙琳和理查德曼，社会服务者，邻居和朋友。	凯茜和戴维要就家庭育儿服务咨询朋友和邻居。伊芙琳会从社会服务者那里拿到一张合格的机构的列表。	1996 年 2 月 1996 年 3 月 1996 年 4 月	2 3 5	给凯茜找工作。孩子被照顾得不好，需要改善。
2 1996 年 1 月	凯茜和戴维需要单独在一起的时间。	埃尔希，伊芙琳，亲戚。	凯茜和戴维问亲戚他们是否愿意接受培训来照顾莉莉。埃尔希会给亲戚提供这个训练。凯茜和戴维会每个月安排一次单独外出。	1996 年 3 月 17 日	5	一个家庭成员（塞尔阿姨）会接受培训。

家庭评价等级：1 = 情况改变了，不再需要　2 = 情况没有改变，还需要目标　3 = 计划开始实施，仍需要　4 = 目标部分实现　5 = 目标实现，但家庭还需要更多　6 = 目标基本实现，能满足需求　7 = 目标完全实现，满足了家庭的需要

除了服务协调者外，父母和姐姐在实施 IFSP 过程中发挥了重要的作用。

儿童的姓名：<u>莉莉</u>　出生日期：<u>1994 年 3 月 19 日</u>　服务协调者：<u>伊芙琳</u>　页数：<u>2</u>

结果数和信息	目标描述	支持和资源	行动计划	家庭评估 日期	等级	讨论
3 1996 年 1 月	莉莉需要用一两个词来索取房间中的物品。	凯西，伊芙琳，凯茜，戴维，希苏。	凯西会教凯茜和戴维如何保护莉莉的气管并鼓励她发出声音。希苏与莉莉一起玩并在她发出声音时给她拿玩具。	1996 年 2 月 1996 年 4 月	3 3	莉莉打开气管并开始发声。

357

第十四章　为新生儿做计划：从出生到 8 个月

结果数和信息	目标描述	支持和资源	行动计划	家庭评估		讨论
				日期	等级	
4 1996年 1月	莉莉要能与玩具玩至少10分钟	凯茜和戴维，希苏，伊芙琳，凯西	凯茜和戴维寻找莉莉喜欢的玩具。伊芙琳观察凯茜和莉莉耍并就如何延长莉莉的玩耍时间给凯茜提出建议。希苏可以和莉莉一起玩她喜欢的玩具。	1996年2月 1996年4月	3 4	身份玩具——希苏和莉莉玩得很顺利。

家庭评价等级：1＝情况改变了，不再需要　2＝情况没有改变，还需要目标　3＝计划开始实施，仍需要　4＝目标部分实现　5＝目标实现，但家庭还需要更多　6＝目标基本实现，能满足需求　7＝目标完全实现，满足了家庭的需要

资料来源：经 Michael Gamel-McCormick 同意刊登。

 低体重儿和早产儿

　　一些出生时体重非常低的儿童一开始就被划归为发展迟滞，并需要早期干预小组的个性化项目。

　　对所有婴儿来说，做计划建立在发展性的适当练习上。最初的判断是关于年龄/阶段的适宜性。对早期婴儿而言，妊娠期可能对做计划是最有帮助的。也就是说，一个现在 5 个月的婴儿，若是早产 2 个月，那么也许把它当做 3 个月来做计划会更适宜。个体的适宜性需要计划和项目的支持与修改，以满足婴儿的需要。

　　早产的婴儿通常比正常出生的婴儿在全部技能上有一定的限制，所以在同一个发展水平上，材料的多样性尤其重要。尽管许多在出生时体重非常轻的婴儿后来可以赶上同龄人，但在幼年时期仍存在与正常婴儿可预期的差异。这些婴儿给出的暗示通常是难以捉摸的。通过练习，这些暗示能够被解释和反映，但这并不是一项容易的任务。

　　● 这些婴儿可能在建立清醒与睡眠模式时会出现一些问题；他们的哭声通常音调比其他婴儿更高，并且更加频繁。

　　● 一个生活无序的早产婴儿经常每天哭 6 个小时（正常的新生儿通常在前几个月中每天只哭 2～3 个小时）。出现大哭不停最典型的是在刚进食之后，并且频繁的打嗝是有用的。很难解释他们这种随意的哭。这可能只是宣泄过剩能量、厌

倦感或者过度刺激的一种方式。

● 许多早产婴儿对刺激的忍耐力较弱。所以在儿童看护环境中变换太多场景会加重他们系统的负担。当他们变得烦躁和被激怒时，要试着减少刺激而不是增加刺激。

 ### 发展迟缓的婴儿

我们通常称某些早期婴儿发展迟缓，但并未试着准确地说出其是哪一种具体的不利。通过把发展迟缓婴儿的发展图表与正常发展的婴儿相比较，就能清楚地看到该婴儿不像其同龄婴儿发展得那样快。但是我们却不清楚，这种现象是否只是一种个人成长模式。该婴儿将来能否赶上同龄人的发展，或者这种发展延迟是一种永久性的属性，这些我们都不清楚。到了孩子 3 岁的时候，我们对这种延迟的属性会更清楚，能从一种更广泛的角度看待这种发展。

● 创设一个富含视觉刺激的环境，尤其是要有移动的物体，直到婴儿开始伸手抓住并紧握该物体。

● 运用大量的变化和重复的活动，特别是那些能激起婴儿兴趣的东西；婴儿很可能会花更长时间去"沉迷于"一个想法或技能。

● 对婴儿所做的努力给予鼓励。

 ### 有生理缺陷的婴儿

大多数生理残疾都与中枢神经系统的损害相关。尽管这些不能通过早期干预而获得治愈，但选择性神经传导可能通过练习、按摩、恰当的布置以及修复的使用等方式而获得发展（Krajicek，1991）。

● 提供那些看起来或听起来有趣的玩具。

● 给予婴儿一定物体和实验，来观察他是否有办法自己握住或控制该物体。

● 使用柔软或有质感的物体，以便婴儿容易握住。

● 使用有吸盘的玩具，将其固定在一个地方，以观察婴儿的动作协调能力。

● 婴儿所处的位置非常重要。有一些位置是不适宜婴儿的，还有一些搂抱婴儿的方式对婴儿也是不益的。与生理治疗师或者家长谈论关于放置婴儿的问题。

 ### 有视觉障碍的婴儿

在婴儿时期，视觉扮演的角色是激发和支配其行为。它也在偶然学习中扮演主要角色，并且它也把婴儿的世界带到其无法触及的地方（Zambone，1995）。因为有视力障碍的婴儿不能用眼睛交流来表达和维持其兴趣，看护者需要使用其他的感官来激发婴儿探索自己的世界。研究者（Fraiberg，1965）的经典著作展示了早期干预（包括触觉）对于防止有视力缺陷的婴儿发展成"盲症（blindisms）"或者类似孤独症行为的重要性以及生理刺激在关键的 2~3 个月这段时期和 7~9月依恋行为发展时期的必要性。

- 发现婴儿视力的程度以及在何种距离和光线的条件下能看得最清楚。
- 高对比度的颜色，比如，黑与白通常是最容易看见的，并且对这个年龄在发展上也是最恰当的。
- 使用真实的三维物体来演示和讲授一个概念。
- 提供对其他感官——听觉、嗅觉、味觉、触觉的刺激。
- 保持与婴儿的语言交流。如果他不能看见你，也可通过识别出你的声音来知道你就在附近。当你与他交谈时，一定要称呼他的名字。
- 提供尽可能多的语言刺激，使用你常用的单词，也就是说，不要避免使用像"看""观察"之类的词语，尽管这些婴儿不能看见东西。

有听觉障碍的婴儿

早期干预能增进婴儿所有的残余听力（Anastasiow & Harel，1993）。有听力障碍的婴儿运用手部动作和正常婴儿含糊说话的方式一样。这些动作应当被鼓励，就像鼓励正常婴儿牙牙学语一样（Petite & Marentelle，1991）。

- 支持婴儿的手部动作，学习了解婴儿及其父母用于相互交流的典型手势的意思。
- 听力的感觉与平衡是相关的。给婴儿提供更多需要并能发展平衡感的动作较大的活动。
- 提供其他感官的刺激：视觉、嗅觉、味觉与触觉。
- 利用歌曲和手指游戏以使动作伴随着单词。

所有婴儿在其发展早期的一个目标就是使神经系统更具组织性，这在更具可预测模式的行为中能经常被见到。决定这些模式的一种方式是与婴儿进行互动、观察其行为并记录下来。

成人与婴儿之间的互动

成人与婴儿之间的互动有着不同层次的介入。成人—儿童互动的性质是决定儿童看护质量的最重要变量之一（Klass，1987）。无论是在自己家中或家庭日托机构，成人都不同程度地介入到婴儿之中。有时，他们仅仅是在婴儿的附近，或者从旁协助干预，或者积极地参与到婴儿的活动之中。

介入的程度

成人介入到儿童中的层次是看护质量的一种测量标准。这些层次显示着成人介入的数量。研究者（Klass，1987）通过以下的方式辨别这些介入的层次。

固定在场：当婴儿清醒的时候，总需要一个成人在其左右来使他们有可供求助的对象，以确保他们的安全。成人的在场对婴儿行为有着稳定性的影响。一个成人对某个婴儿喂食或朗读时，应当知道该婴儿周围的孩子都发生了什么事。

协助干预：在这种情况下，一个成人参与到或走出婴儿的游戏中。他可能只是捡起婴儿掉落的玩具或者转移某个似乎想要从另一个婴儿那里夺得玩具的婴儿的注意力。这不是侵入性的，而是成人参与延伸、重新导向、扩展或明晰孩子正在做的事情。

图14-3 成人必须帮助婴儿拿玩具或物品来玩，如把镜子拿给婴儿并与婴儿互动

共同参与：这是指当成人和孩子都积极地参与活动其中时。这可能由婴儿发起，由成人作出反应或者成人预先计划好趁婴儿比较安静和警觉的时候与其互动。婴儿越小，其看护者越有可能对婴儿的邀请作出反应。共同参与还可能是话语转换或探索一个新玩具。随着婴儿的长大，还可能发展成他们一起看一本书、玩捉迷藏游戏或寻找被藏起来的玩具。

在这种不同层次的介入中，研究者（Klass，1987）描绘了6个截然不同的互动模式：身体亲密接触、自发对话、表扬、协助、结构性话语转换以及理解和遵循规则。这些模式，在一天的不同情景下都会发生，它被看做优质的成人—儿童互动的中心。后两种模式对初学走路的孩子更具特色，将在第十七章中具体讨论。

身体亲密接触：婴儿需要与成人在一天中频繁地进行身体亲密接触的机会。婴儿需要爱他们、支持他们并且对自己行为有反馈的成人，来满足自己的需要。他们需要成人频繁而又恰当地拥抱。随着对儿童性虐待关注的上升，家长和看护者对儿童的身体亲密接触都很谨慎。许多人觉得让成人的手远离孩子会更安全。对早期儿童来说，这种关注产生了一个主要的问题。婴儿需要那些关心他们的成人的身体亲密接触，就像他们需要食物和衣物一样。这不是一个是否允许身体亲密接触的问题，而是要鼓励它（Hyson，Whitehead & Prudhoe，1988）。

自发对话：婴儿需要成人在跟自己说话时看着自己的眼睛，需要成人用一种温柔而悦耳的声音说话，并且需要成人称呼自己的名字。他们需要成人使用简单的语言，即"妈妈语"来解释自己所看见的、听见的和触摸到的东西。婴儿还需要成人用语言告诉自己什么事情将会发生、描述正在发生的事和下一步要发生的事情的框架。

表扬/鼓励：积极的、表示赞赏的气氛而不是消极、经常责备的情境，对婴儿的成长更为有利。表扬是一种非常好的方式。当表扬是积极的、普遍的并且暗示着对婴儿表现的某种评价时，它可以帮助婴儿认识到自己的成功。我们可以使用这样的表扬，如"好样的，亚里克西斯"或者"夏尔丹，你做得很好，你几乎可以不需要别人的帮助了"。成人运用表扬来使婴儿对自我感觉良好，鼓励婴儿去学习，并且提升其恰当的行为。但是，最近的研究显示，不加选择的表扬并不总是具有这些效果（Hitz & Driscoll，1988）。表扬如果使用不当，有时也会产生某些负面的影响。不恰当的表扬可能影响早期儿童对他人的意见产生依赖心理。他们只有在博得了成人的欢心时才觉得自己是优秀的，而不是对自己进行自我评价（他们已经变得外在驱动而非内在驱动）。

鼓励这个词语可能比表扬更恰当。鼓励指对婴儿工作或游戏中所做的努力或某个方面所做的具体反应。鼓励不等于评价（"你真的倒了许多沙"）。鼓励关注努力而不是对一份完成了的作品加以评价（"你做得很努力"或者"你看起来很喜欢这些小甜饼"）。鼓励不是用来把一个婴儿与另一个进行比较的，而是关注个人的成绩和改进。

协助：因为婴儿是不可预期的，当他们哭的时候需要成人可预期地过来并给予耐心的安慰。婴儿需要成人能对其个人的需要作出回应，并且在他们睡觉、进食和排泄时给予协助。他们需要成人在保证安全的前提下支持自己的好奇心，并且为成人希望自己发展的行为发挥模范作用。他们还需要成人喜爱并珍惜自己。

观察并记录婴儿的行为

做计划要以婴儿为中心。所以，如要了解婴儿，你需要观察他们并记录你的观察。尽管可能看起来你只是注意婴儿的进食、睡眠和排泄模式等，但是建立一个观察的模式是很重要的。你需要有一个正式的和非正式的观察。正式观察应当为所有婴儿安排一个定期的轮流观察。因为婴儿的行为变化得非常快，这些观察对婴儿早期是每周性的，对婴儿晚期是每月性的。对于婴儿早期来说，正式和非正式的观察可能在设计方面是相似的，其中最主要的区别在于，正式观察是以定期为基础的，并且是记录保存系统的一部分。

对婴儿早期来说，观察和记录保存的首要用处是决定婴儿的生物规律。决定婴儿早期这些模式的方法之一，是对婴儿在早晚的不同时间做一个连续不断的24小时图表。在你拥有了婴儿24小时的信息后，再来决定模式，就要比仅仅拥有婴儿被照顾的几个小时内的信息要容易些。这也是一种与家长相互分享信息的一种方式。尽管并没有必要每天都做这种24小时图表，但如果你连续三天做会很有用，或者做到你决定采取某种模式为止。了解模式对做计划很有帮助。如果一个婴儿在一天的某个时候特别烦躁，你可能会到他身边，找出他之所以烦躁是因为在那个特别的时候有许多刺激，由此你会改变环境。改变模式在婴儿1~4月大时是可预期的，在其他任何时候则是不可预期的。

如果你制作一张图表，其中可以包括一些对你和婴儿父母有用的信息。表14-5是一个收集这些信息的样本。尽管使用15分钟作为观察间隔，你可能会失去一些信息，但这已有足够的信息可以建立一个你希望的模式。通常，父母不会填写这些图表的夜间部分，但是在早晨，他们可以记录起床后给婴儿喂食的时间。

表14-5　婴儿全天行为的图表

婴儿的姓名：_____ 出生生日：_____ 观察日期：_____ 观察者：_____							
时间	睡眠	进食（数量）	换尿布	安静状态警报	活动状态警报	哭泣	大惊小怪
8：00							
8：15							
8：30							
8：45							
9：00							

可靠的数据对所有观察都是必要的。复制观察表也是有用的，可便于你例行公事地记录信息。这些数据包括婴儿的姓名、出生日期、当天的日期等。姓名具有毫无疑问的重要性，记录下出生日期，以便你可以通过观察精确地推算出出生日期。随着孩子长大，以1周或1个月来了解其年龄也是不错的。但是对一个只

有 3 个月大的婴儿来说，1 个月是他 1/3 的生命那么长，所以必须更加精确一点。在观察开始的时候，记录下谁做的观察以及婴儿的状态。婴儿在一天的不同时间有不同的模式。大多数婴儿在早上更加警觉，如果你想要观察到最佳的行为，选择婴儿可能处于最佳状态的时间是明智的。

非正式的观察出现得更加经常，大多发生在那些标志性的事件上（比如，艾米莉今天第一次从仰卧到俯卧），或者偏离了一般模式的事件（朱安今天打了一个非同寻常的很长的盹儿）。记录观察过程中婴儿的位置，比如，在地毯中央的婴儿座上。记录还有谁在场（包括成人和儿童）以及婴儿可以玩什么。额外的信息也可以加进去，将包括评价性的评论等的记录写在背面。这张图表是一份工作数据，是一份视为整体的数据。

除了考虑到正式性的不同水平之外，观察还有两个重要的方面：细节和客观性。记录下"约书亚经历了非常艰难的一天"这样的数据是没有用的。你需要记录细节，包括对于发生了的事情的理解以及什么样的调整可以帮助约书亚。不管发生了什么样的"艰难"的事情，你应该知道你在这么说的时候要保持客观性。记录"今天早上，约书亚跌落之后哭了 20 分钟，下午睡觉时哭醒了"这样的信息，比前面那个更加有效。

在一日生活中进行的观察，是正在进行的教育和保育过程的一个部分。你需要持续地负责将环境和婴儿发展相匹配，并把需要进行的调整记录下来。另外，你的注意力可能会被某个婴儿的反常行为而吸引，比如，一个婴儿睡的时间比平常长了或短了、更活跃或者不活跃，甚至是达到了某个发展性的里程碑。

应该大致地记录下来有趣的行为以及和家长讨论的方法。家长想知道孩子的一天过得怎么样，而孩子又不能告诉他，所以要有一个系统来保证基本信息的传达。同样，你也需要一个能把家长的观察整合到一起的系统，这种观察也会影响你的一天。你选择用来记录非正式观察中搜集到的信息的方法，取决于观察的环境、目的以及父母的愿望。观察可以为了很多不同的目的来做记录。这种形式观察的目的在于与家长分享信息以及为婴儿的发展做个性化计划。

与家长分享观察信息

一些婴儿看护者在一日工作中利用开始和结束环节通过语言交流来与家长交换信息。但是这种方法通常在只有一个看护者和几个家长的时候更有效，家长们零零散散地来或者走。当看护者在改变一日进程的时候，信息经常就在这一刻产生了。即使交流的方式主要是语言，也应该给每个孩子建立一些书面记录系统，并作为一种永久性的保持记录的系统。和那些平常发生的一般性的发展信息一样，要记录下发展的重要事件，并在更加正式的家长—看护者会议上和家长一起讨论。

对婴儿的父母而言，信息通常可以归成两个类别：暂时性的关注以及永久性的记录。典型的信息包括交换关于婴儿吃（时间和数量）、睡（起始时间的记录）、排泄（记录肠蠕动）以及对婴儿一日生活的质量评价。永久性的记录则把关注重点放在发展区域的入口以及反映出来的婴儿的能力和偏爱上。这些观察都是正式记录的一部分。

应该有两种不同的记录系统。如果有很多看护者，他们应该使用相同的系统做记录，而且对于什么属于哪一个类别要有一些大致的共识。对于日常关注的事情，许多看护者采取信息板的形式，父母和看护者可以互相写些大致的记录，这些可以在一日活动结束后擦掉。一些人发现给家庭发放索引卡很有用，而另一些人为每个孩子发放一个笔记本，和孩子来回传递。还有一些人创制出一种表格，表格上已经写上了类别，也把不同种类的信息写在表格内。在办公室里永久性的记录通常被做成文件，包含更多的总括信息、书面观察以及照片和录音。

 ## 为制订个性化计划而记录观察信息

成人依靠观察和洞察力来为孩子选择适合于其发展水平及个人喜好的玩具。记录婴儿喜欢什么材料，是对计划而言非常必要的一个部分。记录婴儿在不同发展区中玩不同材料上的能力水平的差异，也很重要。婴儿也许掌握了某种大肌肉运动的技巧，但是同时，其他技能还刚刚出现。计划需要根据不同的个人差异来制订。

将你的观察与一系列的规范指标（比如，那些在 HELP 量表中的指标，Furuno et al.，1987）进行对比也很重要。对比可以帮助你关注于那些预期在某个特定年龄会出现的能力。类似的量表用在设计计划中和评价中，是不一样的。对于设计计划这个目的而言，量表可以用来看看在这个年龄里哪种能力出现了，这样你就可以选择材料和方法来支持这些能力的发展。这是需要成人帮忙的活动。

像表 14-6 这样的记录工具可以用于 6 个月大的婴儿，它只包含了大约 6 个月大时婴儿可能开始出现的技能。从开始出现到出现可能需要一个月，甚至两三个月。更早月份的量表和这个会有很多重合。这个量表可以在两周的时间内成为决定为哪个年龄段的孩子采用哪种类型的活动的向导。发展一个简单的代码，类似于加（＋）表示观察到了这个行为，减（－）表示没有观察到，（N）表示没有机会表现。

表 14-6　婴儿 6 个月大时出现的技能

婴儿的姓名＿＿＿＿出生日期＿＿＿＿	日期	日期	日期	日期
目光追随快速运动的物体				
提供 3 个物体时能拿起 2 个				
叫名字时，会寻找家人或者宠物				
在地面上滑动物体或玩具				
在 1~3 个遮蔽物后面找到隐藏的东西				
玩藏猫猫游戏				
闻出不同的东西				
用面部表情回应				
玩一个玩具 2~3 分钟				
含糊不清地说"爸爸"或"妈妈"				
"再见"时挥挥手				
以喊叫来引起注意				
身体翻正反应				
向后靠时保持平衡				
向侧、向前保护性地伸展胳膊				
仰卧时抬头				
倾斜时以一只手支撑重量				
能不依靠帮助坐住				
腿部承受大部分重量				
抓着（东西）站立				
可推着家具站立				
卧姿时一个膝盖向前放在躯体旁边				
运用腕部动作积极地操纵玩具				
对先前不能接受的情景表现出害怕或不安全感				
与妈妈分开表现出焦虑				
能将自己与妈妈分开				
对着镜子玩乐				
在游戏中进行合作				
仰卧时挣扎着起来				
主动嚼食物				
自己吃饼干				
自己喝水				

资料来源：根据 HELP 量表改编（Furuno et al.，1987）。

鉴于上表提供的信息，当之前很容易与妈妈分开的婴儿现在开始黏着妈妈了，当一位家长告诉你她的儿子叫她"妈妈"了或者会推家具了时，这些变化都不会让你十分惊奇。知道某个年龄段的婴儿可以玩 2~3 分钟的玩具，你就可能会鼓励 1 分钟后分散注意力的孩子玩的时间长一点。反之，如果婴儿玩了 4~5 分钟，你就要注意是什么吸引他、让他保持这么长时间的注意。你可以在镜子里和孩子做鬼脸、藏猫猫，帮助他向父母做出挥手告别的动作。你可以给俯卧着的孩子一个小玩具，这样当他一只手伸手够玩具时，就必须以另一只手支撑身体的重量，甚至在提供平衡和哼唱音乐时能起来和你一起跳舞。这些都是发展中新出现的适当的行为。成人的技能就是使它们实现个性化地适宜。当没有激起婴儿的兴趣或他对材料不感兴趣时，婴儿是不会伸手去够玩具或者长时间玩的。你需要邀请婴儿参加，而且玩耍的要求是好玩并尊重婴儿的需要和愿望。对有的婴儿来说，这可能是发展太快、太多了。如果你系统地使用此类表格并且发现孩子已经掌握了很多技能，你可能在孩子 6 岁半甚至 7 岁以前，不会想到转向下一份表格。存在一些比其他方面发展快的发展区域。各个婴儿的发展是不均衡的。教学的技能就是进行个性化计划的能力。

计划和设计完备是远远不够的。做一个敏感的观察者并持续做观察记录，是教学的一个重要部分，也是以后制订计划的基础。

小结

成人必须确定对照料的婴儿的感觉，这与他们的父母不同。成人还必须决定与婴儿相处的模式和方法。为小小孩制订计划不同于给会移动的婴儿或者学步儿制订计划。婴儿的计划是个别化的，为满足婴儿变化的兴趣和技能而设计。互相交叠的发展区域和婴儿的易受伤性也要列入考虑范围内。婴儿依赖于成人，成人要选择适合发展的材料并在婴儿清醒时把材料放在他们面前。成人需要有将早产儿和残疾婴儿纳入自己计划的能力。他们还需要具备团队合作的能力，因为需要团队为婴儿及其家庭制订计划和提供支持。

日常看护是婴儿一天的大部分生活。看护者应该确保高质量的社会性和情感发展的时间，也要保证高质量的语言刺激的时间。成人不仅应该支持学习，而且应该建立成人—婴儿互动的积极模式。成人应该提高对婴儿相关行为做正式和非正式的观察、记录的能力。婴儿不能告诉父母自己白天的生活，所以看护者必须将婴儿白天的信息及其生活中鼓舞人心的信息传达给他们的父母。

制订计划为婴儿看护工作提供了框架，但并没有提供活动。虽然知道这些对认知发展是有用的，但其不会具体地告诉你一个 3 个月大的婴儿的认知发展水平是怎样的。而这一认识对于为婴儿设计适合年龄和适合个体的活动来说，必不可少。

实践活动

1. 使用与表 14-5 相似的表格为小婴儿提供照料，以 15 分钟为时间段完成表格并制作有关婴儿行为的表格。

2. 为婴儿的读写课制订计划，首先根据年龄，然后实施计划。对课程进行评估并描述如何个别化地修改有关婴儿的工作计划。

3. 与两位妈妈谈论她们生活中平常的一天。选择一位职场妈妈和一位全职妈妈。让她们带你"走"进她们一天的生活，从早上几点开始、怎样起床到怎样度过一系列的时段。

4. 在离开或到达的过渡环节，拜访一个看护孩子的日托机构，观察父母和看护者怎样互动和分享信息。如果你是家长，会有什么感觉？如果你是看护者，会有什么感觉？为增进交流，你要做什么？

第十五章 为婴儿设计的活动方案：从出生到8个月

在集体看护中，婴儿的数量有着戏剧化的增长。一些婴儿在不到6周大的时候就进入了儿童看护中心，但大多数孩子是到了4~6个月大时才被送进来的。这些非常小的婴儿需要成人为他们营造一个有趣但不会过度刺激的环境，这些成人是解释婴儿暗示的专家，并且能够及时、温柔、一贯地予以回应。

为婴儿设计的活动方案

为非常小的婴儿选择的活动和材料，看起来或听起来应该很有趣。大约2~3个月大的婴儿开始伸手去拿玩具并抓住它。为大于3个月的婴儿设计的玩具要经得起激烈的探索，尤其是咬，还要经得起不断地洗涤。虽然婴儿并没有太多的本领，但他们需要练习已经掌握的本领。因此为婴儿准备大量相似的玩具是很有必要的，开发玩具的可变性是设计活动的关键。婴儿的变化和成长非常快，留心不要让大一点的孩子把玩具放在小婴儿可以够到的地方，这对于婴儿来说是不安全的。

这些为从出生到8个月的婴儿设计的标准化活动中，多数是对看护者常规活动的改编，被用来展现如何改编这些常规活动以及创编适合婴儿的不同类型的活动。把常规看做活动并不断加以变化，非常重要，否则照料会逐渐成为单纯的保管。如果婴儿还很小（出生才1个月），使用相应的部分能让活动变得更容易；如果婴儿更大一些了（6~8个月），这些活动就显得太简单了，需要用修改的设计来让活动变得对他们而言更难。

同样的原理也适用于为发展不利的婴儿改编活动。本章中的活动是为那些还不能独立移动的婴儿设计的。如果一个婴儿比期望更快地掌握移动的能力，就可以进入下一部分的活动了。同样，如果他习得移动能力比较迟缓，就利用本部分的活动，但要增加活动的难度。

■ 感知觉

 各种俯卧活动

目标：增强上半身的力量以及伸和抓的能力。

材料：能发出嘎嘎声的玩具，包括充气玩具。

步骤：当婴儿俯卧的时候，拿一个玩具放在他的前方引起他的兴趣和好奇，然后把玩具移到一边，为的是使他需要用一只胳膊来支撑自己的体重，用另一只胳膊抓住玩具。然后在他的另一面展示玩具，这样婴儿就可以练习用每只胳膊承受自己的体重。在婴儿够到玩具的时候夸奖他，但在他心情沮丧的时候不要让他太辛苦地运动。

降低难度：不要把玩具放得太高，并在婴儿感到累的时候就停止。

增加难度：为了促进婴儿发展伸的技能，逐渐增加玩具的高度。

备注：婴儿有时需要一些诱因来练习技能，如果没有东西迫使他们一只手用力推、另一只手使劲够，他们就不会练习。要使用不同形状、大小和颜色的玩具，但所有玩具都得让婴儿能抓住才行。

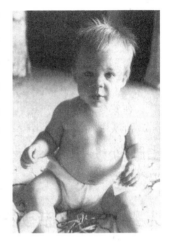

图 15-1　当一个婴儿不再需要胳膊的支撑就能坐的时候，可以给他一些玩的东西或给他一片薄脆饼干吃

■ 感知觉

 各种坐的活动

目标：增强上半身的力量和平衡感。

材料：无。

步骤：坐在婴儿面前，做以下热身练习。鼓励婴儿跟着你做动作，边做动作边说你正在做什么。

转动头看右肩，然后看左肩；看天花板，然后看地板。

转动你的肩膀。

伸展你的双臂与肩并齐，并上下拍动它们。

触摸你的脚趾。

向左、向右转你的肩。

看着婴儿并叫他的名字。

继续。婴儿不会熟练地跟你做动作，但这是很好的练习。

降低难度：如果婴儿开始弯垂、倒下，你就可以坐在他后面并用双手环绕他的臀部，向后降下并保持两分钟，这能够给他提供更多的支撑。在你说明你正在做什么的同时，轻轻地移动他的身体。坐在硬纸板箱里可以增加变化的可能性，也能给有的婴儿一点支撑，还可以把他们的玩具放在纸箱中，以便那些还不能移动的婴儿可以很容易地找到。

增加难度：增加更为精细的手部运动和面部表情。

备注：逐渐增加婴儿独立坐的时间和机会，大肌肉需要通过运用来发展，有时婴儿需要成人鼓励他持续发展这些肌肉。坐着的时候，他需要做些事情，所以要确保他身边有玩具可玩。如果你鼓励婴儿用小手玩玩具或模仿你的动作，他便会很少需要双臂来帮助自己保持平衡了。

■ 感知觉

 各种能发出嘎嘎声的玩具

目标：鼓励抓握和摇动。

材料：一个能发出嘎嘎声的玩具或必须通过摇动或拨弄才能发声的玩具。

活动准备：拿一个塑料容器，放入一勺生的谷类、大米或豆子，缚好容器盖并用彩带和贴片装饰一下，制作几种能发出不同声音的玩具。如果使用透明的容器，就可以把大米染成不同的颜色，晾干后把它们放入透明的容器中并把它密封好。

用结实的纱布把不同大小的塑料测量勺与容器绑在一起或缠绕在容器上，这样可以使它发出不同的声音。

步骤：摇晃能发声的玩具，然后把它展示给婴儿，如果婴儿没有回应，就向他示范如何摇晃这个发声玩具，口头上也要喊着你在做什么以引起他的注意，比如："看，我在摇玩具呢，听到声音了吗？你会摇吗？"然后再把发声玩具交给婴儿。

降低难度：帮助婴儿探究或为他操作玩具，以便他能够看到或听到玩具是怎么玩的。对他说你正在做什么以及你的动作和声音之间的关系是怎样的。如果可能的话，可以使用有粘贴带的手镯来帮助婴儿握住发声玩具，婴儿最容易握住茶匙形状或电话听筒形状的发声玩具。

增加难度：用一根结实的短于23厘米的细绳把发声玩具系在高椅子上，当玩具掉落在盘子里时，鼓励婴儿通过拉细绳来得到玩具，如果有需要的话，可以帮他一下，你还可以让婴儿模仿你玩发声玩具的动作。例如，制造出两种声音，然后看婴儿能否弄出这两种声音；制造出短的、长的、响亮的、轻柔的声音，看婴儿能否跟随你的示范，同时要用语言表述你和婴儿正在做的事。

备注：利用发声玩具的变化来制造出不同的声音。发声玩具和吸管杯子能制造出很有趣的变化。

注意事项：只有在成人的直接指导下才能让婴儿使用细绳，不能让他独自接触细绳。坚持使用尽可能短的绳子（短于23厘米）才是安全的预防措施。

■ 认知

 给婴儿按摩

目标：增强对身体的认知。

材料：浴液、可更换的桌子、地板、睡椅或床。

步骤：把不穿衣服的婴儿放在可更换的桌子或地板上（确保足够温暖），将浴液倒在一只手中，在它变暖后将浴液抹在婴儿身上。在你用浴液给婴儿的身体进行按摩的时候，跟他说一说他的身体："阿道夫，现在，我正在你的胳膊上上下抚摸，让我们检查一下你的小手，你有5个手指头，我要数数它们。1，2，3，4，噢，这个是拇指。"在你按摩婴儿的身体的时候继续跟他说他的身体。

降低难度：只在婴儿身体的某个范围内做按摩，如胳膊或腿。

增加难度：在你做按摩的时候说得更具体一些。

备注：按摩婴儿的身体能够增强其身体的觉察能力，也有利于使婴儿放松、建立与看护者之间的亲密感。

■ 认知

 毛发

目标：增强对身体的认知。

材料：漂亮的彩色毛发（妇女们过去习惯用于从小马尾巴上得到的东西）。

步骤：把毛发绕在婴儿的每只手腕或脚踝上，抓着婴儿的手向他指明这一点，并说："看，你的这只手看起来好漂亮呀！"看看婴儿的眼睛是否聚焦于自己的手（或者看着毛发）上。

降低难度：使用做成黑白条纹的毛发或有图案的材料。在毛发上系一个大铃铛或缠一个松紧带，使婴儿的脚能穿过它。

增加难度：鼓励婴儿把自己的手或脚拿到嘴前，帮助他较长时间地将注意力集中在毛发上。

备注：在婴儿有能力伸手够和抓住物体之前，就需要开始变得有觉察力并探究自己的身体。给婴儿的脚装饰漂亮的彩色毛发或有条纹的短袜，能够引起他们的注意。

注意事项：增加一个铃铛可为婴儿提供额外的声音刺激，但如果铃铛小到婴儿能够吞咽的程度，就会变成安全隐患。因此，要使用一个大铃铛，把它紧紧地系在毛发上，并定期检查它是否牢固。

■ 认知

 小老鼠

目标：促进婴儿的期待和参与。

材料：无。

步骤：从婴儿手或者脚的末端开始，用你的两根手指一边慢慢地向上走一边慢慢地说："小老鼠、小老鼠、小老鼠。"在你的手接近躯干（下腹部）的时候快速地说："小老鼠、小老鼠。"然后温柔地挠婴儿痒痒。

降低难度：少说几个"小老鼠"，以缩短期待的时间。

增加难度：在快速地说"小老鼠"之前，再从婴儿的身体末端走一遍，以延长期待的时间。

备注：学习期待确定将要发生的事是一项重要的认知能力，可以用婴儿的名字代替"小老鼠"来变换游戏。

■ 认知

 藏玩具

目标：发展客体永久性观念。

材料：小玩具、布。

步骤：用一个玩具引起婴儿的兴趣，然后用布将玩具完全盖起来，鼓励婴儿把玩具找出来。如果婴儿没有找到，就露出一部分玩具，再一次鼓励婴儿寻找。

降低难度：只用布覆盖玩具的一部分，鼓励婴儿去寻找玩具。如果他不愿尝试，就将玩具指给他看，然后再一次鼓励他。如果他还是没有找到，就富有戏剧性地揭开布，同时说："在这儿呢！"然后再玩一次。

增加难度：额外再加一块布，再一次从用玩具引起婴儿的兴趣开始，快速地将玩具藏在第一块布下，然后在婴儿看着的情况下，将玩具从第一块布下转移到第二块布下，要完全覆盖住玩具。最初，预期婴儿将在第一块布下搜索，然后可能转向第二块布。在婴儿寻找的时候可以提供言语上的支持。

备注：这样的活动能够帮助婴儿发展其客体永久性观念，这一观念具有很多方面，因而婴儿需要不断增加挑战性的经验来充分地发展这一观念。

■ 认知

 红铃铛

目标：促进伸手抓的能力，提高目标和因果意识。

材料：直径 15 厘米的铃铛。

步骤：让婴儿坐着，向他展示铃铛并让他伸手抓，鼓励婴儿用嘴咬或用手摇动铃铛来探究它。将铃铛放在地上，使婴儿正好能够抓到它，在铃铛中间放置一个合适的玩具，观察婴儿是否会通过拉动铃铛来得到玩具。

降低难度：把铃铛移得离婴儿近一点并示范如何通过拉动铃铛来得到玩具，之后，把铃铛和玩具放在婴儿能够到的范围之外，并用语言帮助和支持婴儿得到玩具。

增加难度：在铃铛上系一个 15～23 厘米长的细绳，在铃铛中放上玩具，并把它们放在婴儿够不到的地方，但要确保他能够到铃铛上的细绳，鼓励他通过拉细绳来获得玩具。

备注：婴儿需要很多机会来练习方法—结果的行为。把玩具放置在毛巾或尿布上婴儿够不到的地方，可以为他们提供相似的经验。

注意事项：在使用细绳时，不可将婴儿留在无人照看的环境中，不能用长于 23 厘米的细绳。

■ 语言

 黑白书

目标：促进语言理解能力与视觉协调能力的发展。

材料：只有黑色和白色的书或者《白色上的黑色，黑色上的白色，是什么，它们是谁》（*White on Black*，*Black on White*，*What is that*，*Who are They*）（by Tana Hoban）。

活动准备：把海报板分割成 6 片，长、宽分别为 15.25 厘米和 14 厘米。在第一页，用标志笔在中间部位画一个靶心，并围绕这个靶心重重地画三个同心圆；第二页，用尺子将海报板划分成 2.5 厘米见方的方格，并将间隔的方格涂成黑色；第三页，用尺子在海报板上画上 2.5 厘米宽的条纹，并将间隔的条纹涂成黑色；第四页，用尺子在海报板上画上 2.5 厘米宽的斜纹，并将间隔的斜纹涂成黑色；第五页，用标志笔的宽的一面画一张笑脸；第六页，画一张变形的脸（嘴位于眼睛应在的位置）或脸的漫画。把每张海报板放入一个塑料袋中，然后用订书机把塑料袋书页钉在一起做成书，还可以用塑封板代替塑料袋。

步骤：坐在一个舒服的地方，如坐在摇椅里，将婴儿放在你的腿上。把书放在婴儿能够看到的地方（大约离他的脸 20 厘米），然后观察他是否将注意力集中于靶心，如果没有的话，可以轻轻地敲海报板引起他的注意并说："你看，那是一个靶心。"然后翻页并为他指出每一页突出的特征。

降低难度：只用第一张图片。

增加难度：对每张图片多描述一下。制作另一套图片，图案是相同的，但宽度都减为 1.2 厘米。

备注：这个活动的重点是享受令人愉快的经验和与婴儿亲密阅读的经验，而不是"书"中的内容。制作附加的扭曲的脸（鼻子位于眉毛应在的位置）或在海报板上画上符合某种特征的脸，或用黑白的人脸图片，可以把这些图片塑封起来并挂在婴儿床栅栏上。

注意事项：如果你要用小的拉链扣住塑料袋，应确保它们已牢固地合上了。挂在婴儿床栅栏上的塑料袋对婴儿来说可能带来窒息的威胁。

■ 语言

 边走边说

目标：促进语言理解能力的发展和对环境的认知。

材料：无。

步骤：把婴儿抱起来，保持他的姿势使他能够看到你的肩膀上方。在房间里走来走去的时候，给婴儿指出一些物体或他正在做的事："那是电话机，有的时候它会响，我会用它跟其他人聊天。那是瑞克斯娜，她正在和多特玩。这是我最喜欢的一张画，是奥瑞画的，你看她用了非常漂亮的红色。"

降低难度：可以少走一段时间或少说一些话，使用那些孩子比较熟悉的事物，或是与他熟悉的东西相近的事物，就像他自己的外套，然后让他去触摸一下。使用完全无关的事物继续练习，如一本书，允许婴儿去触摸它。只说明一两项事物后就停止。

增加难度：为婴儿说明更多的事物，并说一说这些事物的功能。鼓励婴儿去触摸那些物体并模仿你来说，变化你的说法，如："那是什么？"等几秒钟后再说类似的话："那些是内森的靴子！"可以使用相似的事物，如帆布鞋、靴子、拖鞋以及一些说起来比较难的鞋，说一说这些鞋各自是谁的、它们为什么不一样。

备注：婴儿需要了解所生活的环境并感觉舒适。在你肩头看到的视野和他们在地上时看到的视野是非常不同的。因此，他们看到这一切并学习与这些感觉相关的语言非常重要。尽管婴儿并不能理解你使用的词汇，但他能听到你发出的不同声音和语调并开始联想，尤其是当你向他示范每项事物如何使用的时候。

■ **情绪情感/社会性**

 预期

目标：增强信任感和倾听能力。

材料：无。

步骤：给婴儿一个瓶子，将他抱起来或变换他的位置，在开始这些活动之前，给孩子一个语言上的信息和视觉上的暗示，告诉他将要发生什么。把瓶子给婴儿看并说："你饿了吗？我拿着你的瓶子，你想要它吗？"然后停下来给婴儿一些时间来回应你（不要期望他说"是的"，与其只是把奶瓶塞进他的嘴里，不如给他一些时间并尊重这个处理信息的过程）。在把婴儿抱起来之前，可以向他张开你的双臂，并说"我要把你抱起来喽"，然后停下来以便婴儿能够预期将要发生的事，之后再付诸行动。

降低难度：保持使用的手势和词汇的一致性，以便婴儿知道自己该预期什么。快一点完成动作，意思是说，如果你把瓶子拿给婴儿看，他回应了的话就立即喂他，不要等到几分钟之后。

增加难度：不要用暗示的方式来回应婴儿的暗示，如果在你靠近他的婴儿床或婴儿椅的时候他很安静，就说："你知道我要抱你了。"然后再抱。

备注：当婴儿知道他们的世界是可预期的时，他们甘愿为将要发生的事等待更长时间，因为他们正在学习信任感。

■ **情绪情感/社会性**

 感人的歌曲

目标：促进社会交往和信任感。

材料：无。

步骤：在你触摸婴儿的时候，哼唱相应的歌谣或押韵诗，例如："这只小猪去了市场。""我将要到你的鼻子上去。"还有："山核桃、山核桃停下来。"

降低难度：当你抱着婴儿的时候哼唱歌谣，并随着歌谣的节奏摇晃他，如"摇啊摇，宝贝"。

增加难度：帮助婴儿随着歌谣或押韵诗做动作，就像"拍一个蛋糕"或"约翰尼用锤子锤"，说的时候把婴儿放在你的膝盖上，温柔地摇晃他的身体。

备注：婴儿通过亲密而有感觉的接触来学习安全感，这应该是一种轻松而快乐的交往。

■ 情绪情感/社会性

 镜子

目标：促进社会交往。

材料：不易打碎的镜子（直径大约 30 厘米的圆镜子或方镜子）。

步骤：把婴儿抱在你的膝盖上，在他面前放上一面镜子，以便他能够看到自己。和他说说在镜子中看到的事物："看，那是艾丽森！我看见你了！"

降低难度：在婴儿面前放上一面大镜子，并在他能够更容易看到自己的地方安装镜子。轻敲他在镜子中的影像，说："看，这是你，是不是看起来特别漂亮呀？"

增加难度：当婴儿看着镜子的时候，向他指出五官并说出相应的名称，并让婴儿在自己脸上指出相应的部位。在镜子中玩模仿游戏，如张嘴、闭嘴、轻拍头、拽耳朵、做鬼脸！

备注：婴儿喜欢在镜子中看他们自己。很多镜子都太高了，使得婴儿看不到自己，这些他们能够看到的镜子对他们来说，是向他们展示自己看起来像什么的好工具。镜子玩具，尤其是婴儿能够自己操作的大镜子，对他们来说也非常有用。

■ 适应性/自助

 寻找手指

目标：增强自我安慰的能力。

材料：无。

步骤：当婴儿烦躁的时候，温柔地将他的手指引到嘴边，看他是否需要一些帮助来找到手指。鼓励婴儿吮吸手指，用平静的声音告诉婴儿，他可以享受自己发出的吮吸声。口头支持正在发生的事："有时候，这会让你感觉好一些。"

降低难度：帮助婴儿确保他够得到手指，并鼓励这个过程。

增加难度：在给予婴儿帮助之前，在口头上鼓励他找到自己的手指并吮吸。

备注：婴儿会从吮吸手指中获得绝对的快乐，帮助一个婴儿找到自己的手并不会导致他养成"吸手指"的习惯，婴儿吮吸是一种自我建构的方法，与吮吸手或手指相比，很多成人更希望婴儿吮吸橡皮奶头，很难解释婴儿为何不能两个都吮吸。重要的是婴儿可以使用自己的手，因为手总是能够到而橡皮奶头却不是。他们能够控制自己的手，而使用橡皮奶头却依赖于成人。

■ 适应性/自助

 磨牙棒

目标：提高自我安慰和手眼协调的能力。

材料：磨牙棒。

步骤：鼓励婴儿去够、抓并咬磨牙棒，说："这是一只脚形磨牙棒。这些'脚趾'好吃吗？"触摸婴儿的脚和脚趾并说："这是你的脚，我摸着你的脚趾呢！"

降低难度：如果有必要的话，就在婴儿的肩部温柔地引导其胳膊，帮助他抓住磨牙棒然后将它拿到自己的嘴边。对婴儿说话，告诉他你和他正在做什么。明确婴儿即便不饿，但在吮吸什么东西时也会获得安慰。

增加难度：除了用嘴外，还可鼓励婴儿用其他途径来探索磨牙棒，如重击、摇动和扔。尝试着在简单的模仿技能方面上帮助婴儿，例如，把一个脚形磨牙棒装进一个大袜子里，然后将它拿出来让婴儿试试看；一只手拿着磨牙棒时，轻轻敲打手面或拍手。

备注：这个活动使用了一种天生就有的研究形式（咬）来吸引婴儿并扩展这个活动。使用各种各样的磨牙棒，以便婴儿获得不同的经验：形状、颜色和质地。

■ 适应性/自助

 编织垫子

目标：促进身体感知能力的发展。

材料：各种材料制成的小垫子（如缎子、棉布、人造毛、丝绒、厚绒布的），很容易买到有织纹的垫子。

活动准备：把不同材质的正方形缝在一起，将9个30厘米见方的正方形制成大小合适的小垫子（边长约为90厘米的正方形）。

步骤：让婴儿俯卧在垫子上，如果足够温暖，只穿纸尿裤就可以了。抓着垫子的一角让婴儿用手抚摸，并跟他说一说材料的质感以及摸起来的感受。利用垫子的不同角来让婴儿感受其他的织纹。

降低难度：让婴儿穿着衣服趴在垫子上，并让他自由地用手探索。

增加难度：让婴儿体验更多质地的材料，将他放在垫子的不同位置上，以便他能更容易地够到其他质地的材料。

备注：有的婴儿可能不喜欢某些材质，所以要温柔一点，使用光滑、柔软质地的材料。你也可以使用没有缝在一起的正方形织物，帮助婴儿探索织物，用一片织物轻轻地在他的胳膊上摩擦，并跟婴儿说一说感受。

小结

从出生到 8 个月的婴儿成长变化得很快，还不会移动的婴儿要依靠其成长环境中的成人来选择促进其成长的特殊活动，并把这些活动带给他。最初，活动主要是要求婴儿来看或听。随着婴儿将更多的时间花在活跃的状态并获得更多的控制，扩展的活动包括抓握和咬目标物。

当婴儿能够坐的时候，他的手就解放出来了，可以探索和操作材料。因为婴儿没有太多的技能，所以他需要通过很多变化的活动不厌其烦地练习各种技能。当婴儿基本上可以自己移动时，活动一般用于鼓励婴儿在原地旋转并去够更有趣的材料。

实践活动

1. 一个朋友刚刚生了孩子，你想买一份婴儿礼品。描述一下你要买的玩具的类型，并说明你会怎么告知你的朋友该如何和孩子一起玩该玩具。

2. 拜访一个有不到 6 个月大的孩子的家庭并与孩子一起玩。选择并尝试一个特殊的活动，之后对该活动进行评估。在另一章选择一个更难的活动，并看一看活动过程是怎样的。

3. 按着文中的形式，写一个适合 6 个月大的婴儿的活动，评价你的经历。

第十六章　为学爬儿和早期学步儿做计划：8～18个月

为学爬儿和早期学步儿（walker）设计活动方案不同于为婴儿或两岁儿童设计活动方案。这是一个对儿童的发展具有里程碑式重要意义的过渡阶段：他们将迈出人生的第一步，说出人生的第一个字！儿童的自我认知和对同龄人的兴趣不断增长。他们热衷于聆听成人的语言，但却可能不愿意周围有陌生的成人。坐，成为一个过时的"职业"，站立和慢慢移动代替了爬行。行走出现后，随之而来的是小跑甚至倒着走。

尽管儿童会说几个单词，但是他们对语言的接受能力远远胜于表达能力。他们经常会说一些很长且应该是有意义的儿童式的句子，但是听起来仿佛是在讲另外一种语言。当儿童试图自己穿衣服和吃东西的时候，自理能力就出现了，尽管当他们不穿衣服或自己吃一些很脏的东西时，可能会更高兴。他们的表情变得更加明确、具体，他们会用微笑和拥抱来表达喜爱，在分离时会表现出焦虑，并且会对违背他们意愿的人或事物表现出生气。

为学爬儿和早期学步儿创设学习环境

学爬儿和早期学步儿对于所处的世界的认识在不断增长，并且已经有能力到达这个世界更多的地方。但是他们缺乏经验。方案设计的重点在于巩固他们已有的技能并且建立起信任周围世界的基础。因为有了新的移动能力，学爬儿和早期学步儿已从婴儿期过渡到蹒跚学步的阶段。回想一下你的知识体系，然后想想学爬儿和早期学步儿应该达到怎样的程度，看看他们如何对你的固有观念提出挑战或要求它做出改变。

成人应该为儿童提供游戏的场所。为了给儿童提供良好的游戏经验，成人必须准备好时间、空间、材料和足够的经验（Johnson，Christie & Yawkey，1987）。应为儿童安排一个时间表，包括对他们在室内或室外自由玩耍、吃东西和打盹等常规活动的时间安排。学爬儿和早期学步儿需要玩耍的空间以练习大量已经出现的运动技能，因此一个好的方案应该为儿童提供以下区域：进行创造性涂鸦的美术区、进行角色游戏的故事表演区（首先要简单改变一下家里的布局）、进行建构游戏的积木区、进行安静阅读的温馨的图书和语言学习区、练习精细运动能力的操作区域、通过玩沙和水探索物质特性的感官活动区。

学爬儿和早期学步儿还需要一些游戏材料。接下来就要为以上提到的各个区域提供材料。具体的材料是根据儿童的年龄和发展水平来选择的。学爬儿和早期学步儿的技能成熟程度存在较大差别，因此需要提供大量的材料供他们选择和使用。成人应该为所有儿童都提供充足的材料，要提供多个同样的、受欢迎的玩具，并且为他们操作这些材料提供足够的空间。教师在选择玩具时应考虑以下几个方面：安全、耐用、易清理、对学爬儿和早期学步儿有吸引力的、逼真、多用途、适合儿童的发展水平（Johnson，Christie & Yawkey，1987）。

部分儿童可能需要一些先期经验来帮助他们明白如何扮演特定的角色。举个例子，跟随父母去过商店买东西的学爬儿和早期学步儿通常能够扮演售货员或店员的角色。但是对于一个从来没有去过商店的儿童来说可能就有难度了。相对于售货员或者店员的角色，他们也许可以将父母所购物品进行储存或准备食物的角色扮演得更好。各种场所的"旅行"是丰富学爬儿实际生活经验的有效途径（Johnson，Christie & Yawkey，1987）。

学爬儿和早期学步儿如何学习

学爬儿和早期学步儿通过对材料及物体的积极探索来学习。他们通过视觉、触觉、嗅觉、味觉和听觉来学习。他们始终捕捉身边的光影和声音，无论这些事情的出现是安排好的还是自然发生的。在已掌握的经验的基础上，他们加入新的想法、词汇和思考。这种建构过程产生了学习的效果。学习产生于儿童在日常生活中获得的积极经验，同一环境中的成人为他提供必要的支架来支持其学习。

每个活动都为学爬儿和早期学步儿提供了一个学习以及更积极地选择他们想做什么的机会。现在，他们能够自己去拿，而无须再由别人递给他们玩具。无论是什么样的游戏活动，玩具或材料的作用不仅仅是为了玩耍，也是为了学习。学习不是突然出现的，而是当学爬儿和早期学步儿去挑战那些介于他们已知及未知的东西（最近发展区）时出现的。

游戏是童年时期的工作，课程就是游戏。通过游戏，儿童学会认知、社交、情感、语言、动作和各种适应的技能。在玩耍中，他们的运动技能得到完善，他们学会合作和分享，他们学会实际生活中的数学、自然科学、阅读、社会学习和交往技能。安全、可靠的游戏环境允许他们犯错误，因为在这样的环境中没有人要求他们做到最好，所以他们敢于冒险。另外，游戏培养了一种毕生的态度，借此儿童学会将游戏当成一种放松的方式。

8个月大的婴儿已经能够参与和成人一起进行的一些简单的合作性游戏。这种早期的社会性游戏包括轮流任务、把玩具递给成人并且当玩具被还回时给予反馈、看别人进行该游戏等。18 个月大的儿童可以和同龄人共同进行一些简单的合作游戏，如"围着玫瑰绕圈圈"（Hughes，Elicker & Veen，1995）。

活动可以帮助儿童在语言不够发达的时候通过动作来表达情感。思考游戏和游戏的性质非常重要。游戏是快乐的，游戏是为了过程，而不是为了结果。但是，游戏又不仅仅是为了快乐，游戏应该具有挑战性，但又不能太难，应该能够引起儿童的兴趣。游戏应该在宽松的环境中进行。

从皮亚杰的观点来看，通过操作物体，探索其不同用途并进行思考，儿童可以了解物体及因果关系。儿童的积极参与是游戏中非常重要的一个方面（Lawton，1988）。当儿童通过利用已有的知识发现"新"的方法去解决一件事情的时候，其理解力和知识就获得了增长。研究者（Johnson，Christie & Yawkey，1987）认为当儿童把一种物体当做是另外一种他们需要或想要的物体时，游戏就出现了。举例来说，当儿童用两块积木拼成一个他们所谓的电话而不是去探究积木的本质时，就是在游戏了。

学爬儿和早期学步儿不仅需要游戏时的优质的玩具和设备，还需要与成人温柔、关爱的互动。有经验的成人通过模仿、修改、变化并为儿童提供游戏时必要的帮助的方式，以使游戏得到发展。他们对儿童的游戏作出回应，让儿童感受到他们的行为是有结果的。如果儿童在玩橡皮泥，成人可以通过以下方式发展游戏：首先是操作橡皮泥，然后可以把它做成蛋糕、蛇或小球。儿童自己决定是否要将这些因素加入到已有的捏橡皮泥的活动中。还可以加入大头针和剪切工具，以帮助儿童用不同的方式操作橡皮泥。

学爬儿和早期学步儿将要学习这个世界上的很多东西。他们一开始可能不明白为什么把手堵在水龙头口时水会喷射出来。他们需要时间去试验、需要言语说明才能理解手放的位置和水流之间的关系。同样，在玩橡皮泥的过程中他们将了解到越是用力压，橡皮泥就会越扁。他们还需要知道当他们打了或弄伤了别人时，对方会哭甚至咬他们。当成人对他们的活动进行详细说明和回应时，他们将学到更多。

与成人口头上的互动可以发展儿童的语言能力、问题解决能力、自尊和社交技能。对儿童的行为和选择的认可能够帮助他们集中注意力，而且重复他们的话语可以增加他们再次表达的可能性。可与儿童交流他们正在做的事情，并问一些与他们的游戏有关的问题，即使他们可能还无法回答。示范一种玩具的多种玩法。如果儿童用手拍打气球，则可随意地示范如何用肘、头、脚或硬纸板来拍打气球。这是一种维果斯基所说的支架式学习方式，对于儿童达到最近发展区是必须的。

工作忙的时候，人们很容易忽略与学爬儿和早期学步儿单独相处的重要性。花时间单独与儿童在一起，和他交流，让他感到你喜欢他，他对你很重要。这将是一个很重要的学习时间。充分利用你所拥有的和每个儿童单独相处的时间（其他儿童不在的时候或者一个儿童先从睡梦中醒来的时候）。在家庭中，和成人单独相处的时间对所有儿童的早期看护和教育都是很重要的。儿童只知道按照他们想要的方式去爬、玩耍或到处走。成人可以跟在他们后面并询问他们在干什么。成人需要花时间去提高他们的技巧，试着在自己安排的活动方案和跟随儿童的选择两者之间达到一个平衡。

　　成人应该对儿童的游戏加以计划，包括给类似学爬儿和早期学步儿个体的一组儿童确定游戏的主题、总目标和方向，收集各种材料，计划用时和步骤。还包括为一两个同时进行的特殊活动组织材料。例如，可以有几辆玩具卡车和小汽车，并且有小人可以放进去和拿出来。当儿童对此不再感兴趣时，就要引入新的活动，如搭积木。儿童需要选择，当他们对这个活动不感兴趣的时候，要有其他活动供他们选择，但是选择不能太多，否则他们就会无从选择。

为学爬儿和早期学步儿设计发展适宜性方案

　　学爬儿和早期学步儿需要一种安排好的活动和自选活动的结合体，确认这种活动的可行性，如学爬儿和早期学步儿可能爬到一个地方坐下来，然后选择一个东西开始玩耍。做好准备，几分钟（或更长时间）后这个过程可能会重演。如果是学爬儿和早期学步儿自己开始的活动，很可能直接就在地板上进行了；如果是成人选择的活动，可能会在一把高椅上进行；当儿童更大一点后，则在小矮桌上进行。

 语言艺术

　　语言艺术渗透在所有的课程中。尽管对这一阶段的儿童来说，正式的语言技能课程还不太适用，但这个年龄阶段有非常丰富的语言输入机会。

　　对学爬儿和早期学步儿来说，语言学习的一个重要方面就是理解词语的意思。通常，他们学会的词都是基于话语背景中的准确的意思。比如，当一个学爬儿说"球"时，通常从具体的情境中就能容易地理解该字的意思，他是指"把球给我""抓住球"或"看我找到了什么，一个球"。直到18个月大时，早期学步儿才开始将字连起来说，如"球没了"。

● 当儿童和你讲话时，你要等他把"句子"说完，再做回答。这有助于强化正常谈话中的输出和接收节奏。不要打断他，而是要等他说完。

● 指出你正在谈论的内容以便儿童学会物体的名称。

● 学爬儿和早期学步儿理解的词远多于他们能够出说的词，可拼出他们所需要的代表物体或者活动的词语。成人应将自己视为一个语言模型，并确保正确的语言用法。

- 给学爬儿和早期学步儿一定的时间来反应你的请求。语言对他们来说是新的。
- 选择一些不易破损的书。许多婴幼儿的书都是硬壳包装、布制或者塑料的。要在一遍、一遍、又一遍的连续情境中读这些书。
- 为学爬儿和早期学步儿提供可以涂画的材料，如蜡笔和彩笔。

 探索发现

成人需要给儿童提供了解世界、进行语言拼写等有意义的经历的机会。这些经历和语言的结合对发展儿童的科学与数学思维是必须的。虽然从成人的角度来看很普通，但是听音乐、托儿所里的韵律练习，包括数数、说出形状和大小等，都是早期数学概念的学习。对于学爬儿来说，科学经历是基于他们在自然地做什么。他们看、触摸、品尝、闻、摆弄物体，这些正是科学家了解他们所生活的世界时必备的技能。探索活动为儿童提供了一个自然学习的过程。成人应经常为儿童提供主动了解周围环境的机会，为儿童提供各种材料让其去自我发现并建构自己的知识体系。

当学爬儿和早期学步儿的行为具有可预见性时，他们也就发展了能力。他们需要不断地练习发现物体和人们的行为之间的关系。

- 为了让学爬儿和早期学步儿了解到意义及结果，需要为他们提供各种发声玩具：摇铃、铃铛、振动器等。
- 提供包含因果关系的材料：发条玩具、忙碌箱、盒子玩偶（注：是一种玩具，打开盒子小丑会突然蹦出来）等。
- 为学爬儿和早期学步儿提供摆搭积木的机会，以促进他们精细动作和空间关系概念的发展。最初，成人可以示范搭两块积木，然后说："现在轮到汤米了。"这也可以促进儿童模仿能力的发展。记住：虽然大积木更容易拼搭，但是儿童的小手可能不易操控。

 感知觉

感知觉在婴儿和学步儿早期发展迅速。在这几年该种能力出现，并通过练习逐步精确化。动作发展的形式表明大动作的发展先于精细动作的发展。还不能捡起一个大球并把它举过头顶的学爬儿和早期学步儿，此时还不能认出自己的名字，除非经过一段时间的训练。学爬儿动作的发展需要不断受到挑战。随着平衡感的发展，他们能从站立到行走，到能沿着地面上的直线走，再到走平衡木。他们需要很多机会来统合来自于大动作和小动作的感觉信息。

● 把材料拿到户外玩，如骑的玩具、大球、大卡车和大汽车、大纸箱等。

● 鼓励学爬儿和早期学步儿练习适合的动作技能，除非超出能力以外。在弱势领域里他们需要更多的练习，因此要强调过程而不是结果。

● 为了有不同的感官输入，让儿童操作同类但不同质的材料，如玉米粉、燕麦、咖啡或大米。

艺术创造

所有儿童都是独一无二的，每个儿童都有自己独特的工作、学习和创造方式。创造性的发展基于儿童的发展水平和已有的与各种媒介接触的经验。婴儿表现出来的创造性行为对学爬儿来说也许很普通，但没有经历过特殊媒介的早期学步儿的创造性表现对已经学会走路并且有足够的相关经验的儿童来说，就不那么具有创造性了。

关于何时将艺术活动引入计划没有硬性的标准，然而，从1岁起儿童就可以参加一些简单的艺术活动，最初的艺术经历具有探索性和试验性的特点。学爬儿和学步儿对于材料能做什么以及如何使用材料感兴趣，他们关注的是材料的使用和材质。材料种类的多样性很重要，这样他们就能够探索每种材料最重要的性质。

图16-1　学步儿喜欢穿上成人的衣服，装扮自己

艺术对学爬儿和早期学步儿来说是一种感官体验。涂鸦发展于婴儿首次画出的模糊记号，到2岁时，学步儿开始随意涂画，这些涂画是随意的、不稳定的。儿童很可能仅仅是对从容器中拿出彩笔或彩笔本身感兴趣。因为他们对结果并不关注，所以这些作品被视为随意之作，很少有人认可。学爬儿和早期学步儿需要硬质的蜡笔、粉笔及刷子，纸张也要足够大以满足他们的大幅度活动。年纪小的儿童需要探索和使用各种不同的艺术创作材料。他们可以粘贴抽象拼贴画，还能把它们撕成碎片。他们喜欢手指画、蛋彩画、玩黏土和橡皮泥。学爬儿首先对探索材料本身感兴趣。艺术活动为他们提供了一个以舒适和建构的方式来发展并使用感官的机会。

年幼儿童喜欢各种音乐活动，并从中获得各种经验。当他们在唱和听音乐时，学会了新词语，发展了记忆力和节奏感。成人可以修改歌词，他们尤其喜欢听到自己的名字出现在乐曲中。歌曲可以很简单，如："我要去拿萨拉的瓶子、瓶子、瓶子。我要去拿萨拉的瓶子、瓶子、瓶子。我一分钟后就回来。"即使你不擅长唱歌，他们也愿意听你唱。

- 为学爬儿和早期学步儿提供足够的材料、空间、时间以发展其创造性。
- 让早期学步儿接触各种颜色的大彩笔、蜡笔以及各种颜色、大小、形状的纸（纸不要太小）。还可以提供一些小零件，如印章。使用湿的或干的粉笔在纸或黑板上画。将粉笔弄湿后，让学步儿观察发生了什么。
- 整天唱一些简单的歌曲，成人可以编词唱。
- 在过渡环节（如等待吃饭时、户外活动前）开展音乐活动，可以唱歌或者玩"听口令"的游戏。让儿童"摸鼻子"或"拍手"，唱"把你的手指伸出来"之类的歌。利用这个环节增加儿童的知识并增强他们的自尊。
- 将音乐和动作相结合，鼓励儿童摆出不同的动作，以探索对身体的认识。
- 当组织儿童玩角色游戏时，要在室内开展，因为这是一个熟悉且最容易操作的环境。不要在第一天就将所有道具提供给儿童，而是要观察他们的游戏，根据他们的兴趣逐步地提供材料。

社会意识

学爬儿和早期学步儿首先需要发展自己的社会意识，然后是对他人的意识和他人在生活中所扮演角色的重要性，这是社会意识的开始。首先，他们了解自己的家人和看护者，当进入托幼机构后，对成人的认识也得到发展。在进入托幼机构后，儿童需要学习与成人交往的新策略。儿童必须了解工作人员和父母的不同、机构教育与家庭教育的不同。他们需要寻找分享成人注意力的方法，同样，他们需要发展同伴交流的策略。整个过程也是他们了解自己的过程，这些是成长中困难的领域。

早期学步儿将大部分的社会学习时间花在了模仿和再现最熟悉的成人角色以及对他们有意义的情景上。随着社会意识的发展，儿童将新的角色加入到游戏中。比如，儿童参观完消防局后，家庭情境的游戏可能就会变成消防员灭火的游戏。

儿童经常会对学习穿脱衣服感兴趣。学习穿脱衣服最自然的时间是到达或离开某地，或在儿童外出或回来的过渡时间里，这些时间通常很紧迫。让儿童待在充满防雪服、皮靴、手套的环境中的想法，足以让一个热衷于户外游戏的儿童宁愿待在室内。长期的训练可以让学步儿逐渐学会自我满足和独立。

- 鼓励儿童自我意识等发展的材料，如带镜子的玩具、洋娃娃、木偶等。给儿童提供可以抱的材料（如填充玩具）以及舒适的环境。

- 公告板或展览墙应该包括来自不同种族群体的儿童、需要援助设备（如眼镜或轮椅）帮助的儿童以及有明显残疾的儿童的照片。

- 培养学爬儿和早期学步儿的身体意识以及对自己动作的计划能力，诸如指出哪只脚要走到哪里、什么是合适的帽子和棒球手套以及脱袜子的方法。

- 脱衣服比穿衣服容易，因此要从脱衣服开始训练。如脱衣服，最初让儿童仅仅完成任务的最后部分，如让他们去脱已经褪到脚趾上的袜子，之后逐渐地完成更多的任务（如脱在脚板中部位置的袜子、脱刚过脚踝的袜子），直到他们能够成功地脱下袜子。表扬儿童的每一点努力，从一些能够让儿童感到成功的事情开始，鼓励他们继续学习这些技能并尝试更难的环节。

 ### 为过渡和常规看护制订计划

很多过渡环节和常规看护计划是更小婴儿发展模式的延续。成人仍有必要互相交流学爬儿在家或托幼机构所花的时间。儿童一天的绝大部分时间花在游戏上，而只有较少的时间花在常规活动，尤其是睡眠上。睡眠模式在逐渐改变，8个月时，大部分婴儿早晨和傍晚都会小睡一会儿；到18个月时，可能仅需要一个开始时间较早的较长时间的午睡。然而，睡眠模式和时间表仍然因人而异。学爬儿通常开始长牙，并用咬东西代替了仅仅用嘴含物品。随着牙齿的萌出以及发展出更好的手臂和手指控制力，他们可能可以独立地或在成人的协助下使用杯子喝水，并且能够使用手指和汤匙吃饭。因为生理发展较慢，儿童可能会吃得比以前少。

特殊学爬儿和早期学步儿的全纳教育

对全纳教育的效果虽然尚未有明确的评价，但是事实证明：如果做得好，对所有参与者（残疾的学爬儿和早期学步儿及其家庭、同伴、老师）而言，全纳教育将成为一种积极的学习经验（Bruder, Deiner & Sachs, 1992）。研究者（Peterson, 1987）曾发现：为成功地教养有残疾的儿童，成人需意识到社会互动并非自然发生的，成人应经常负起推动残疾儿童与健康儿童之间社会互动的责任。鼓励积极互动的途径有：（1）强调所有这类儿童取得的成绩；（2）短时期或任务的配对；（3）为残疾儿童示范适宜的游戏行为；（4）鼓励所有儿童的移情和亲社会行为。

研究者（Beckman, Robinson, Jackson & Rosenberg, 1985）建议，为满足残疾儿童的教育需求，成人需：

● 响应来自学爬儿和早期学步儿的暗示，那可能意味着理解、兴趣、沮丧或疲劳。

● 提供适宜的口头信息，将儿童的注意力引导到能使他成功的行为和正向强化上来。

● 最大限度地给予学爬儿和早期学步儿操纵、探索事物及材料的机会。对一些有生理缺陷的儿童而言，这可能是困难的，成人有责任帮助他们发挥自己潜在的适应能力。

● 为项目中的每一名儿童提供包含发展适宜性技能和目标的活动。

 ### 适宜残障学爬儿和早期学步儿的玩具

大部分适用于儿童的玩具和材料都适用于残疾儿童；一些玩具可能需要稍微修改一下，如果是大的修改，父母或儿童教育专家将特别提供这种设备。一般而言，不要修改没有必要改编的活动；若必须修改，玩具和材料应该适合儿童的发展水平及年龄特点，应能促进相应年龄段儿童的社会性交往技能，并且不能影响常规或唤起对儿童不适当的注意（McCormick & Feeney，1995）。虽然会用到一些特殊的替代活动，但它们应该是有趣和多变的，并适用于其他班级的儿童。以下是对学爬儿和早期学步儿有益且具挑战性的一些简单的改编建议：

● 稍微放出些气体的海洋球比一般的橡皮球更适合让学爬儿和学步儿抓、抛、接。

● 可将玩具挂在不能够独立移动但正感兴趣地盯着或伸手去够这些玩具的儿童的正上方。可将玩具挂在一把婴儿椅的右上方、一个折叠桌子的上方或（如果你真的雄心勃勃的话）可以在天花板上缚上一个滑轮，并且通过绳索吊起玩具。使用滑轮可帮助你很容易地为不同的儿童调整玩具吊起的高度。如果儿童抓取到玩具并推它们时，要确保这些设备足够结实和安全。

● 由好几部分组成的玩具（如简单的拼图），可以在碎片的背后贴上磁贴。任何移动这些碎片的儿童都应得到甜面包片作为奖励。仅仅移动这些碎片和把它们从甜面包片上拿起或拿掉，可能会让儿童子在游戏之初产生一些抵触情绪。

● 如果学爬儿和早期学步儿难以抓握小的把手，如盒子玩偶上面的把手，砰砰珠可对准盒子上的缺口猛击，并推倒把手以使它更容易被抓握。同样，香波卷发夹子可被放置在画笔或蜡笔之上让儿童容易拿到。

● 通过对不同材料的实验可以知道什么是有用的，儿童改变和成长的速度极快，因此要持续不断地对改编的玩具进行检测和评价，以确保它们具有发展性和社会适宜性（改编自 Langley1985 年的研究）。

发展迟缓的学爬儿和早期学步儿

随着年龄的增长，儿童之间的差异开始表现出来。针对发展迟缓的儿童，你可能要在计划和活动中做一些修改，但这些修改都是细微的，常常很容易改编。

● 简化你的语言和使用短的指令。

● 将更多的有一定难度的活动分解成一个个小步骤（如果你正在让所有儿童使用砰砰珠，设想一下只有一个儿童在做相反的事情的场景：你期望儿童把所有珠子归拢起来，而他正在把它们弄散）。

● 先示范你想让儿童做的内容，然后让他做，鼓励他尝试着模仿你。观察他的反应后，修改你的示范然后再让他做。

● 一旦学爬儿已经发展起一项技能，就继续运用这项技能做各种各样的事，即如果一个儿童已经学会推倒红色积木来制造噪声，就换一种颜色或尺寸的积木让他玩。

● 尽量使活动简短，发育迟缓的学爬儿和早期学步儿比一般儿童的注意力持续时间更短，需要更多的支持，并且当他们游离活动时，需要重新定位。当他们操作材料的时候，可能需要更多的提示。

 ### 有生理缺陷的学爬儿和早期学步儿

儿童需要支持大运动技能和精细运动技能发展的材料。当其他儿童开始爬行或走路时，重要的是要关注给予他们其他活动形式，如一些类型的爬行设备等。因为运动任务对儿童而言可能比较困难，所以为这些活动提供支架很重要。你可能需要通过咨询了解一些提供这种支持的最好方式。

● 纠正有生理缺陷的儿童的姿势和操作物品的方式非常重要。有生理缺陷的儿童掌握的关于材料和姿势的细节信息应来自其父母、生理学专家或专业的临床医学家。

● 了解并鼓励学爬儿和早期学步儿完成他们能够胜任的动作。

● 高度关注儿童的精细动作，这暗示着他们关于想法和感觉的交流。

● 为有生理缺陷的学爬儿和早期学步儿提供观察其他儿童运用运动技能的机会，这些动作在他们身上可能会稍晚一些出现。

● 给予儿童观看和触摸材料的机会。这意味着你可能需要拿着材料让儿童触摸，或把材料放到他手中并帮他探索材料。

有视觉障碍的学爬儿和早期学步儿

随着移动的出现，有视觉缺陷的学爬儿和早期学步儿可能需要额外的照料。就空间安排、活动等事宜，咨询视力、方向和灵活性方面专家或其他能够为儿童服务的人。这些专家拥有关于儿童长期发展的预期的信息，即儿童是否需要使用盲人用的点字法、大的印刷字体或有用的提示等来阅读。

- 操作有声材料：装有铃铛的球或当它们移动时可发出噪音的可拉动的玩具都是有用的，确保发出的声音能让这些儿童确认方位并拿到材料。

- 鼓励听觉定位技能的发展。发出声音，当儿童转向声源时，鼓励他并将发出声音的材料给他，同时口头表扬他："福瑞德，我不得不承认，你知道声音来自哪里，对吧？这就是刚才那个球。"

- 使用任何学爬儿和早期学步儿能看到的材料，即使他仅仅能分辨出玩具的高对照差异，如黑与白。确保你拥有这样的材料。

- 对有视觉缺陷的儿童来说，运动是不同于其他儿童的。他们通常比正常儿童走路晚，也常常以蹒跚作为一种运动的方式（儿童在脚底打滑的时候蹒跚，这样可保护他们的头部）。

- 提供一些类似需要用双手操作的大玩具以及禁止自我刺激行为的活动，如果这是一个问题的话。

 ### 有听觉障碍的学爬儿和早期学步儿

向语言学家、听力学家、儿童的父母和其他拥有相关信息的人咨询如何修改及调整你的方案。

- 将视觉线索作为最初的信息输入方式。向儿童展示你想让他做的事情，给他做出行为示范。

- 提供鼓励儿童运用已有听力的活动。找出儿童最喜欢听的东西，并纳入你的课程中。

- 关注教室里的无关噪音。助听器会扩大所有的声音，因此如果背景声音很吵的话，儿童实际上可能有一段时间难以将注意力集中在需要他们关注的声音上。

社会性／情绪情感失调的学爬儿和早期学步儿

咨询心理学家、儿童的父母和其他临床治疗专家，会寻找改编计划的最好途径，并将这些儿童纳入你的计划中来。

- 意识到儿童可能对声音过分敏感，因此要从这方面对环境进行评估。聒噪的真空吸尘器或其他儿童玩耍的声音可能打扰到这些社会性/情绪情感失调的学爬儿和早期学步儿。
- 尊重儿童的触觉防御性，如果这是你所担心的一个问题的话，要确保能找到让儿童知道你喜欢他的其他途径。
- 言语性的支持（如"布莱特，今天早上看到你我很高兴"）会比一个拥抱更加明智。

看护学爬儿和早期学步儿的方法及所需材料

学爬儿和早期学步儿需要玩具来支持新发现的移动能力、自主性以及在想象游戏中正出现的各种技能。他们需要供他们推、拉、爬上爬下的玩具，需要进行独自游戏的玩具，也需要一些更具有社会性的玩具。一两种玩具是不够的，应该有大量的各种类型的玩具，包括：

- 鼓励移动的玩具，如拖拉玩具、推力玩具（包括那些刚学步儿童不易掌控的玩具）、球类、小型轮式玩具。
- 拼插玩具（toy with pieces that fit together），如形状分类玩具、简单的拼图（simple puzzles）（3~6块有把手或者没有把手的）、积木、搭建环。
- 需要用力才能拼在一起或者分开的玩具，如大型的相互搭配联锁的积木、砰砰珠、橡胶迷宫（rubber puzzle）、钉板和塑料结点板、巨大的吸在一起的积木或者链条。
- 材质变化多样的玩具，如不同质地的儿童玩具、球类、积木、毛绒玩具。
- 有声响的玩具，如音乐玩具、发出吱吱声响的玩具。
- 包含因果关系的玩具，如发条玩具、吃惊箱（busy boxes，一种安装了相互联结的能够弹出小动物的盒子）、建构积木。
- 带有隐藏部分的玩具，如盒子玩偶。
- 激发说话的玩具，如玩具电话、玩偶、识字卡板。
- 激发模仿的玩具，如玩具餐具、野餐供应品、帽子、洋娃娃、长椅。
- 能拥抱的玩具，如填充洋娃娃以及其他逗人喜爱、令人想拥抱的东西。

即使是最好的玩具，也会因为成人的互动而提升价值。儿童需要独自玩耍的时间，也需要成人的鼓励和协助。

健康和安全

成人的特殊作用以及大环境的作用的发挥是相互影响的。儿童影响环境，也受到环境的影响。看护者为儿童创设积极、有吸引力的环境非常重要，即使儿童似乎没有反馈。具有新的移动技能的学爬儿和早期学步儿需要在他们觉得安全且确实安全的环境中游戏，掌握那些一生都需要的技能。这种环境的设计需要考虑他们的生理需求，他们需要使用新的移动技能来完善自己，尽管他们可能只有少许关于安全的禁忌和概念。

随着年龄的增长，儿童新出现的移动技能给计划和方案的设计带来新的挑战。能挪动的婴儿正在学着自己得到想要的东西，尽管最初，有限的精力和注意力会让他在实现目标前忘记自己试图要做的事情。这种移动对环境提出了更高的警惕性和安全性的要求。如果这种环境只为年幼儿童设计，那么在环境创设方面的安全问题就很好解决。家庭日托机构的成人需要在这一点上达成一致。

室内和室外空间会出现不同的儿童安全问题。视察学习环境：寻找明显的涉及安全的问题，如尖角或者桌椅暴露在外的边缘。查看桌椅和书架的稳固程度，一个儿童拖拉它们的时候能把它们打翻吗？如果能，就要换掉它们。现在，手脚着地趴下来甚至是躺下来，有东西是你之前忽视了的吗？比如，暴露在外的没有安全塞的电插口、一个可能被拉扯的绳索、一个可能被吞咽的破损玩具的碎片？婴儿在睡觉的时候，婴儿床的护栏上的锁是锁上的吗？当儿童在一个可变的桌子（changing table）上或者在洗浴的时候，是否一直有一名成人在旁边？室外区域给安全问题提出了更多的挑战，因为室外区域通常是各种年龄阶段的儿童共同活动的区域。室外区域要以栅栏围住，有组织地发挥其功能。室外区域表面最好是草地，水泥地和沥青地在夏天会非常热，而且对坐着和学爬的儿童来说很危险，当儿童跌倒的时候，没有什么弹性。

适当的营养是保持健康的一个重要部分。相对于苦味和酸味来说，婴儿生来就更加喜欢甜味，但是食谱中含过多的糖会导致龋齿和过高的体重。当成人帮助儿童形成饮食习惯时，明智地选择餐点非常重要，要选择那些低脂肪、低盐、富含复杂碳水化合物的食物。加餐是食谱中最重要的因素，为儿童提供了超过20%的卡路里摄入（Rogers & Morris，1986）。将为儿童制作加餐作为方案的一部分，确保这些餐点符合很好的营养标准。寻找各种庆祝的方式，不要每次都用小蛋糕和糖果来庆祝。

当儿童的移动变得更加独立时，健康和安全事项就更为重要了。将儿童带到田野实地考察之前，你可以开始教他们一些安全的观念，如告诉他们会发生什么。在实地考察的时候，你可以在用小车推着儿童或将在他们散步的同时，跟他们谈论实际的安全问题："红灯是亮的，我们必须停下来等绿灯亮了才能走。""穿过道路之前，先看看两边。"

健康、安全和营养之间有着紧密的关系而且相互影响。我们根据体重和身高的增长以及发展的标准来追踪儿童。健康不仅仅是不生病，而是一个机体、社会性、精神方面动态良好的状态。预防性的健康照料可以是从婴儿期开始逐步形成良好的健康习惯。就像洗手一样，接种（疫苗）也是保护的一个部分。为避免事故和伤害，创设环境是保护的另外一个方面。

● 避免使用装有弹簧、细绳等学爬儿和早期学步儿可能尝试吃下去的物体的拖拉玩具。为安全起见，拖拉的绳子应该不长于 23 厘米。要为走路不稳的儿童重新评估你的环境。

● 对于那些尾部装有用来拽拉的弯曲绳索的玩具要特别注意。要告诉儿童千万不要把这些绳索缠在自己的身上，会导致绊倒或者窒息。像这样的玩具要放在儿童够不到的地方保存，在成人的看护下才能给他们玩。

● 确保用来骑的玩具配有宽阔的轮子，且重心较低以免翻倒。

● 填充玩具应该有着结实的接缝。儿童可能会被填充物哽住。检查商标，查看玩具是否防过敏的，是否可以机洗、机器烘干。

● 气球对年幼儿童是不适宜的。儿童可能会将它们吸到气管里，导致窒息而死。

● 金属和塑料玩具应具有平滑的包金箔的边缘。避免有参差不齐边缘的玩具，这样的边缘会使它们不能很好地相互匹配，还要避免那些看起来易破碎成尖锐的参差不齐的碎片的玩具。

● 不定期地检查玩具可以避免微小的伤害。一滴胶水、一个拧紧的螺丝、几滴油或者即使是一点胶带，都可能避免进一步的导致事故的伤害。

● 不推荐给这个年龄段儿童没有包装的泡沫球和积木，因为儿童会把所有东西放进嘴里，他们可能会吃掉这些泡沫，也许会因此噎住。

噎住

当婴儿可以自己吃东西并且可以故意把小物件放进自己嘴巴时，噎住的可能性就增加了。如果一个儿童被噎住了，首先检查看看他是不是还能呼吸，如果能，等待物体上来；如果不能，就把儿童转过来，头朝下至比屁股更低的位置，然后重重地拍打他的两块肩胛骨之间。如果没有用，就再试一次。如果把他正过来时，他仍然不能呼吸，就努力用手指把东西清除。如果儿童可以呼吸但是依然被噎住了，就尽快把他送到医院。所有照顾儿童的人都应该掌握海姆利克氏急救法和心肺复苏术（CPR）。

原则

学爬儿和早期学步儿好动，成人需要重新定义允许或不允许年幼儿童做什么以及他们应该如何应对侵害。当你把计划扩展到适合学爬儿和早期学步儿时，关于冲突及其解决方式的感觉都应该整合到你的哲学观中去。年幼学步儿在成长过程中需要的自主性和成人坚持控制、劝导以及社会可接受的行为之间，有一些内在冲突。有人也许把这种内在冲突看做在给予儿童完全自主和消磨其意志之间的一种连续统一状态。这种冲突首先出现在学爬儿和早期学步儿身上。在这个问题上，成人在有意或无意中都有自己的立场，并且会做出选择。一旦你关于如何处理冲突的哲学立场确定了，对于你为之工作的儿童，你就会考虑从长远出发行事还是从目前出发行事。儿童学习的关于处理冲突的技能为他之后在学校阶段如何处理冲突打下了基础。

设定限制是一个成人对儿童所承担的义务的一部分，而非仅仅对其某个即时行为作出反应。这一原则适用于该儿童以及该侵害，与此同时，成人应确信设定限制是照顾年幼儿童的重要组成部分。有原则的关心才是积极的。如果没有关心，坚持原则只是惩罚。而设立原则的目的有两个：当不恰当的行为发生时制止它；发展长期的内在行为控制能力。成人可以通过有效的使用积极的原则促进这些内在控制能力的发展。

儿童如何表现或者作出反应会影响成人与其互动的方式（Brazelton，1979；1992）。每个儿童都是不同的，其中一些比另一些更加容易应对。性情上的不同相对持久一些，这种不同会影响成人和儿童之间的互动。原则的关键是在成人的期望和学步儿在情绪及发展性方面的能力两者之间做到"恰到好处"。有些事对一个儿童来说很简单，也许对另一个儿童来说则根本不可能。儿童有属于自己的发展步调。

容易看护型儿童（那些表现出适度紧张、具有适应性、性情好、通常情绪积极和某种节奏的儿童），可能仅仅因为教师的一瞥就停止不恰当的行为。慢热型儿童（那些比容易看护型儿童要行动迟缓、紧张度低、适应时间延长的儿童）天生需要更多身体上的接触，但是当他们了解了规则后，会变得更富有自我控制力。教师需要意识到这一点，放慢节奏给他们更多机会建立起自我控制力。困难型儿童（那些有紧张反应、难以适应、生活没有节奏、经常情绪消极的儿童）需要更多身体上的照顾和鼓励，并且这种需要会持续很长时间。遗憾的是，这种困难型儿童需要更多的成人的理解，但是往往得到的却更少。那些不理解他们的成人给他们更少的积极反应，而且根本不懂得如何与困难型儿童相处（Chess，1983）。

有时，学步儿尤其是那些困难型儿童会令成人生气，特别是在他们伤害了另一个儿童的时候。有时，告诉学步儿他们的行为令你生气了是恰当的，然而，你的命令是为儿童的行为确立规则，而不是要惩罚他的行为。举个例子，你可以对罗谢尔说："你咬了托德，我不喜欢你那样。你弄疼他了，这使我很生气。你要远离其他小朋友，自己去玩吧。我不希望你再伤害别人。"过一段时间之后他回来了，可教他在想要咬人的时候应该学会的替代方法。重要的是，要进一步地指导儿童什么是可接受的行为。

 适合学爬儿和早期学步儿的指导方针

● 将儿童的发展水平牢记心中。期望的行为应该是适合他发展水平的行为。

● 决定如何处理儿童的特殊行为之前，先要考虑一下他的文化和环境背景。在某些情况下，事先把要遵守的规则告诉他们是很有必要的。比如："在吃点心之前要先洗手。"

● 要坚定、坚持、坚决。坚定可以让儿童知道你是严肃的，并让他们知道自己的行为是不恰当的。坚持——严格坚持你的决定。坚决——每次儿童撕书，都应受到惩罚。如果成人是坚定和坚决的，儿童就会减少不当行为。如果成人摇摆不定，儿童就会更多地尝试不当行为，因为他们并不知道这些行为是受限制的。

● 制订合理的规则。虽然早期学步儿正在学习分享，但是让他们跟同伴分享自己非常喜欢的一个玩具却是不现实的。

● 让儿童知道你在乎他们，知道你为他们以及他们所做的事情而骄傲。当他们行为适宜时，给他们以鼓励，或者尝试着让他们高兴。比如："凯瑟琳，我为你骄傲。你自己收拾了玩具。"

● 布置一下教室，让环境来激发儿童的恰当行为。避免设置可以奔跑的长道。

● 当儿童不开心、生气或者受伤害时，帮助他们用语言明确自己的情绪。你可以说："沙特尔，我知道你很生气，因为杰西拿了你的洋娃娃。"

● 说明你制订规则的原因："马尔科，在屋里你要慢慢走，因为地滑。"

 预期指导

俗语说，防患于未然。对于儿童的很多行为，我们更应预先想一个约束的办法。预防措施或者说预先引导，包含的内容很广泛。它包括制订发展适宜性措施，比如，在一个小组中排座位的问题；它还包括强化适宜行为，比如，了解个别学步儿不当行为前的暗示。

强化适宜行为

预先引导的一个方面是寻找"好的行为"，也就是说，抓住儿童出现适宜行为的时机。成人要尽可能多地鼓励儿童的适宜行为。儿童希望受到关注，他们会重复受到关注的行为。所以，如果适宜的行为能够经常受到关注，儿童就会更多地做出适宜行为。

表扬你想要强化的儿童适宜行为时，要基于事实基础。比如："多好的主意！你给宙斯拿了一个拼图玩具，这样你们就可以一人一个了。"在评论一个行为时要小心，避免把儿童潜在的积极行为误认为是消极行为。当一个儿童从另一个儿童手里抢玩具时，不要说："卡涅耳，不要抢。"而是要试着去改变情况，说："噢，我看到你很想玩拼图游戏。让我们看看能不能再找一个。"或者说："你是想帮助科瑞斯拼图吗？真棒，可是他好像想自己做。要不我再帮你找一个吧？"通过积极地干预消极行为，儿童能够以更积极的心态看待自己。让他们感到成人的理解和帮助将会使他们感到很愉快。

对事不对人

可以说行为是不好的，但是不要针对儿童。比如，可以说"我不喜欢你咬杰米"而不是说"只有坏女孩才咬人"。这样儿童才会明白你只是不喜欢她的行为（咬），而不是不喜欢她。

儿童开始慢慢理解别人。你可以通过以下方法来帮助他们。其中一种方法是给予被咬的儿童更多的关心而不是给咬人的儿童更多的负面评价。你可以用语言表达出受伤的儿童的感受以唤起其他儿童的同情感。比如："噢，杰米，被咬了以后一定很疼。我们怎样做你才会觉得好些呢？"拥抱受伤的儿童以满足他的愿望。不要给咬人的儿童太多关注。试着去理解双方的感受，不要过分指责做错的儿童。让那个儿童也知道应该如何去安慰受伤的儿童。

另一种方法是当你看到行为发生时，通过命名不同的感受、表达和行为来帮助儿童理解别人的感受。比如："瑞恩，你看上去很生气。你想要那个卡车吗？你可以先玩这个，等安娜玩完了再玩。""噢，布鲁纳，你把帕特的毯子给她了，你真细心。这让她很开心，可以帮助她睡觉。"

成人需要每天积极、主动地去赞扬儿童的积极行为。学爬儿和早期学步儿喜欢被关注并喜欢去取悦成人。如果他们得到了积极的表扬和拥抱，就会感觉很好。相反，如果他们总是在做不当行为时才能得到成人的关注，就会不停地做这种行为以得到关注。儿童偶尔也会发生冲突。你不可能避免所有的不良行为。但是，如果大多数时候你能够积极应对并把冲突变成学习的机会的话，儿童就会产生更多的积极行为。

托幼机构中的转换

当儿童逐渐长大时，常常要进入一个陌生的房间或机构，也会有新的伙伴加入他们。对儿童来说，离开熟悉的环境和熟悉的人来适应一个陌生的环境往往比较困难。对成人来说，离开了熟悉的喜欢的孩子而去面对一个陌生的新孩子，也需要从头开始去跟他建立友谊，这也是个挑战。要知道改变群体里的一个孩子，就可能会改变整个群体的结构。

当一个儿童转换到同一机构中的其他群体时，你可以通过几个步骤让这种转换和适应变得容易起来，比如，从婴儿组到学步儿组。同样，这个过程也适用于新加入群体的儿童。

决定何时让儿童离开特定的群体，应该从多方面来考虑。有些决定只是权宜之计（有空间）；有些则是有着更广泛的幼儿教育理论基础的。学爬儿和早期学步儿在12~18个月时就应当从婴儿组出来了，如果他们的大肌肉活动能力发展比较好的话，也可能会更早一些。如果在相对小的时候转换环境，可以让他加入12~24个月的学步儿组；如果稍晚些转换，应该让加入18~36个月组。

婴儿和学步儿的课程计划是不一样的。针对婴儿的课程通常更个别化，而且成人相对较多。在婴儿方案中，常常是一个成人负责一个婴儿。学爬儿和早期学步儿通常会选择他们喜欢的老师。学步儿组的儿童需要满足与同伴交往的社会需要，有着不同于婴儿组的一日常规（Daniel，1993）。

环境的改变给每个人都带来了紧张感：小组中的学步儿、离开儿童的家长、接受这些新儿童的教师。为了使这种转变对每个人而言都更容易一些，可尝试以下做法：

● 鼓励家长在送孩子之前看一看新环境并与教师谈一谈适应的过程。

● 要明白这个过程可能要持续4~6周。开始时先由熟悉的成人带着儿童来很短的时间（大约半小时）。逐渐增加这个时间量，直到儿童适应新的环境。这时成人可以不再陪儿童了，但是可以来看儿童。当他完全适应了以后，就会成为小组中的稳定成员了。

● 如果可能的话，让熟悉的小伙伴一起去同一个群体。

● 从婴儿屋（infant room）中借一些儿童熟悉的玩具，特别是可以抱着的让他们有家的感觉的玩具。

● 支持儿童的角色表演。儿童常常会把心里所想的"表演"出来，以此让成人了解他们内心所想。

● 给儿童读一些与入学或开始新生活有关的故事。

进入一个新的环境对每个儿童都是有挑战的，特别是由于他们自己还在成长中。要注意这一适应不应与其他对儿童有重大影响的事件同时进行（比如，新宝宝出生时、家庭离异时、假期时等）。这种适应可以放在这些事件之前或之后（Daniel，1993）。

尽管上述做法并不能完全解决适应带来的困难，但是它们能够减少困难。预测可能会发生的问题并制订策略来克服它非常有用。一些根据个人和儿童的情况制订的成熟而完善的计划也很有用。第一步是让儿童明白在适应的时间你希望他们怎么做。儿童需要有安全感并知道一切尽在成人的控制中。要知道，这个时期会出现一些不当行为，一个坚定且平静的回复将是解决的办法。

(398) 成人支持下的学习

成人在婴儿和学步儿的学习中起着重要的支持作用。尽管对儿童来说，独立游戏很重要，但是如果他们能够与成人一起，将会学到更多（Hohmann，1988）。对敏感的儿童尤其如此。儿童通过游戏学习，他们必须积极地融入环境中才能更好地学习。在游戏中接受成人帮助的儿童会学到更多。成人可以帮助他们解决学习过程中出现的问题。这种支架式的帮助是通过跟儿童一起谈论或者一起玩他们感兴趣的内容来实现的。成人可以使活动多样化、给予帮助或者发起新活动以及提一些建议。成人可以引导儿童学习但不能强迫他们。成人只在需要的时候提供帮助。通过积极地参与儿童的游戏，成人可以发现儿童的发展，这样就可以制订下一步的适宜的计划了。

有三种支持婴儿和学步儿的方法：环境支持、非言语支持和言语支持。

环境支持

这包括创设一个鼓励儿童游戏的环境，提供给儿童可供选择的不同材料，并保证玩具的数量能够满足每个儿童的需要，还要有足够的空间让儿童去玩。它还要能满足并促进儿童探索世界的要求和兴趣。

成人要鼓励并支持儿童独立游戏和探索，让儿童能够控制和掌握自己的环境。让儿童自己去学习非常重要。这并不意味着对儿童置之不理，而是说要创设一种发展适宜性的环境，并在需要的时候提供提示和帮助。儿童会在做中学，他们需要大量能够自己主导或者选择游戏的机会。

环境支持包括：

- 尽可能地避免干扰。在常规环节进行前提醒儿童应该怎么做。
- 提供一个在物质和心理上都适合游戏的环境。
- 在游戏结束时鼓励儿童帮忙收拾玩具和材料。
- 每次拿出一定数量的玩具以确保活动的新奇性，维持儿童和成人参与的兴趣。

 非言语支持

成人可以做很多非言语性的事情来鼓励儿童的游戏。观察儿童怎样使用材料，然后模仿、扩展他们的行为，可以扩大他们的视野，增强他们的技能。当与学爬儿和早期学步儿在一起的时候，成人可自己使用材料，但不要过于投入以至不再注意他们的反应。同时要避免制作儿童反复要求的模型，因为你的模型肯定会优于他们自己制作的模型。

用你的身体来表达兴趣。使自己处于儿童的视线水平。如果儿童坐在地板上，你也坐在地板上。如果儿童站着，你就跪下来和他们处在一个水平上。如果儿童坐在一把儿童椅上，你也可以坐在儿童椅上。倾听他们说什么，了解他们的谈话。

- 观察游戏，然后了解儿童玩得怎么样，他们在玩什么玩具和材料，他们的发展水平如何。这样，你就有一个非常好的机会来了解他们的个性特点。
- 对儿童在玩的事情表现出兴趣。让儿童知道你在肯定他们做的事情的价值。
- 在儿童需要的时候提供帮助。他们有时候在一段时间内会在与同伴游戏方面存在困难。成人应该在旁边帮助儿童学会如何解决问题。

图16-2　儿童对彼此感到好奇，因此，如果有足够的小道具，年幼儿童会模仿大些的儿童

● 接受学步儿的陈述和解释。有时，成人倾向于不信任学步儿的陈述。当一个儿童告诉成人他很热时，这个成人可能回应的信息是房间不热，成人也不热，而忽视了儿童可能真的觉得热。

● 在儿童的"错误"面前保持平静。很多成人在面对儿童洒了第一杯牛奶的时候，可能是心平气和的，但是，当儿童再次洒了牛奶的时候，他们的耐性就受到了考验，即使他们知道这只是一个意外。

 言语支持

你可以用丰富的语言表达来支持儿童的学习，以鼓励他们的语言发展。和他们交谈他们正在做的事情，问与他们的游戏有关的问题。通过问他们"你们怎么认为的"来鼓励他们回答自己的问题。

● 了解他们的行动和选择。对他们的答案和解释作出反应，以帮助学爬儿和学步儿将词语与行动联系起来。

● 重复和组织儿童的语言，并进行扩展，为儿童理解发生的事情以及语言的发展奠定基础。

● 帮助儿童学会向同伴求助，使他们在解决问题、增加交谈、发展社会性时，减少将成人看做唯一信息来源的依赖性。

● 与还不会说话的儿童进行语言交流能够帮助他们理解语言。很可能，那些还没有掌握语言的儿童会比其他儿童更需要好的语言范式。牙牙学语的儿童对成人的回应会让人更有成就感，与还不会说话的儿童用语言交流非常重要。

● 在适宜的时候扩展游戏。成人可以对儿童正在做的事情做很多语言性的建议，以介绍新的想法以及变化等。他可以向儿童描述正在做的事情，也可以问他们开放式的问题。他也可以为游戏的环境提供支持来鼓励进一步的游戏。

学爬儿和学步儿可以从成人的支持与关注中受益。那些在游戏时获得成人支持的儿童往往能学到更多（Hohmann，1988；Whitehead，1989）。

为混龄儿童群体做计划

那些为婴儿和学步儿工作的成人经常发现自己处在需要同时为不同年龄段儿童做活动计划的状态中。举例来说，在一个家庭日托机构可能有一个 6 个月大的婴儿、一些 18~28 个月大的学步儿以及两个 3~4 岁的学前儿童。这很棘手，因为大一些的儿童常常可以享受那些对婴儿和学步儿来说很危险的带有微小部件的玩具。以下是关于为不同年龄段儿童做计划的建议：

● 将婴儿、学步儿、幼儿的材料分开。举例来说，把婴儿的玩具（如拨浪鼓、软球和积木）放在地板上；而将给幼儿的材料（如蜡笔和纸）放在婴儿够不到的桌子上。

● 在一天之中，提供一段时间让大些的儿童可以帮助小点的儿童。要知道，大些的儿童也许很喜欢搭建一个积木城堡，而学步儿却总是一次次地撞倒它。因此，不要过于夸大帮助的作用。要保证大些的儿童有时间自己去玩耍、经历、探索那些适宜于他们年龄的活动。

● 为大些的儿童设计一些活动，同时允许年幼儿童参与其中，这时，以适合他们年龄特点的方式支持他们的参与。举例来说，鼓励儿童按照唱片上的音乐节奏（direction）来舞蹈（move），而对学爬儿仅支持他们随着音乐活动身体就好，不必随着音乐节奏。如果一个婴儿醒着了，你可以抱着他并随着音乐摇晃他。

● 如果一个大些的儿童从小睡中提前醒了，利用这个机会和他做游戏、拥抱他，和他谈话或者进行他自己选择的活动。因为当婴儿和学步儿都醒着的时候，这样的机会就会很少。

● 在喂婴儿的时候，和大些的儿童讲个谜语或做一个猜谜游戏。

● 在教一个混龄儿童群体时，调整你的期望以适合于他们本身的发展水平非常重要。

● 在小组的情况下，不要期望学步儿能坐很长时间。如果你正在做某个费时较长的活动时，请允许学步儿想来就来、想走就走。

● 当一个干扰性的行为不可避免时，就要在它快要发生的时候预测到并把它考虑进来。如果一个学步儿出现典型的与父母分离困难的情况，计划中要保证有一个成人可以一直给予其专门的关注来帮助他更平稳地实现这个过渡。

● 期望要与年龄相符。不同年龄的儿童要用不同的策略才会有效。学爬儿的注意力比年长儿童更容易分散。

● 用适宜不同年龄的方式来匹配不同儿童的不同发展水平。即使一个学步儿以比较低的年龄水平的方式活动，也要尽力找出适宜他的玩具和材料，而不是给他适宜婴儿的材料和玩具。

● 选择恰当的时机引导儿童做更加适合的活动。对于一个在学步儿期长时间对某种物体非常着迷而难以转移注意力的儿童来说，这很困难。你也许可以找到一个特别的时间给予这个儿童充分的注意，让他在你的密切监督下触摸危险的物体，这会降低而不是增加你对压力的承受水平。尽量不要太偏离那个水平。

● 有时要允许儿童有不参加活动的权利。在做好准备之前，他们经常会观察一会儿然后再加入进来。每个人包括儿童都有控制环境的需要，因此要让他们有所选择，当他们参与的时候，那就是他们做出选择的方式。同时，要关注那些不想参与的儿童，寻找使其参与的方式（find ways of regularly），让其参与进来。

- 一个组织良好的环境并不总是安静和整洁的。要确定什么程度的吵闹和散乱是你可以忍受的，力求将环境保持在这个水平以内。

与家长沟通

和家长沟通一直都是一项重要的内容。对学爬儿和早期学步儿来说，家长的关注开始从生物功能转变到社会性、情感以及认知等发展领域上来。虽然早期学步儿的家长仍然很想知道关于睡眠、饮食等方面的事情，但他们还是更加关心儿童在社会性和情绪情感方面的发展。因为儿童变化很快，知道他们这一天过得是好是坏对家长来说非常重要。以下是关于一些非正式的日常交流的指南：

- 家长需要知道孩子一天都做了什么。
- 寻找一种持续的记录信息的方法来为家长提供日常信息。可以是一个信息板、一个记录儿童成长信息的笔记本或者其他任何对你有效的方式。
- 家长希望你在孩子发生各种变化时都能接受并喜欢自己的孩子。你对孩子和家长都要表现出这些感觉，即使是在"不好"的一天里，这也是很必要的。
- 家长需要从你那里了解到孩子每天的进步，无论这种进步看起来有多么微小。

有时，家长的非正式交流为儿童和项目的匹配提供了一个更有效的推动力。这些交流包括类似于"杰森现在好像对学校有些烦闷"或者"夏琳原来喜欢去学校，可是现在看起来好像不太情愿去学校"的话语。虽然问题可能与项目无关，但这也是一个应该考虑的选择性的问题。

家长沟通有非正式的拜访、来园和离园时的交谈、固定的家长会等形式。有时，重要信息可以在事情发生时进行交流。无论如何，这并不能抵消家长会等会议的作用以及平时对每个学步儿的仔细照看，也不能抵消关于他是怎么成长的、项目是怎么调整以适应这些变化的需要。

小结

随着年幼儿童移动能力的发展，必须调整计划使其既能支持即将出现的运动能力的发展，又能考虑到他们已经可以根据自己想要参与的活动、进行多长时间来做出更多的积极选择这一事实。计划是提供选择以及为个别儿童设计特别活动的联合。游戏是童年的工作。在 8 个月大的时候，婴儿需要成人支持他们的游戏。但是到了 18 个月大的时候，学步儿则可以肩并肩地一起游戏了。成人通过各种方式支持学步儿的学习。他们创设环境使环境能够发展性地适宜于儿童的发展，他们通过自己的言语评价和非言语行为来支持这种学习。

过渡和常规照料占用的时间越来越少，儿童有越来越多的时间参与游戏活动了。随着运动能力的提高，两大领域占有了新的重要性：安全和规则。应该根据运动能力来评价环境，敏感的成人需要做适当限制以保证早期学步儿的安全。当儿童长大些时，他们能从一个环境移动到另一个环境中。计划应该考虑到这种转变，逐渐地给予儿童、父母以及教师时间以做出调整。这个年龄段的儿童常常待在混龄群体中，这使项目设计面临很大的挑战。处于儿童生活环境中的成人肩负着交换有关儿童的信息、为他的生活的连续性做计划的责任。随着年龄增长，计划变得越来越不那么个别化，而是更多以 2~3 岁的儿童为导向。这也反映出了儿童社会性和情绪情感的发展。

实践活动

1. 为一名 18 个月大的正在从婴儿发展为学步儿的儿童做一个转换方案设计。为父母列出关于这个转换过程以及你如何做计划的信息清单。

2. 参观一个儿童看护机构，录制一名学爬儿的录像。

3. 和一名学爬儿或学步儿的父母交谈，了解他们是如何调整自己的家庭环境以使其更加符合孩子的发展需要的。询问他们在这个过程中有没有忽略的内容或未预料到的内容。

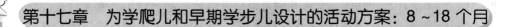

当婴儿长到 8 个月大时，他们的生长发育以及对周围世界的认识就有了突飞猛进的进步。他们已经能够坐立、移动自己的身体，有了明确的个性，此外，他们还能够以多种方式对周围世界提出自己的要求。学习爬行和行走的儿童，从几个月前就开始接受来自父母以外的其他成人的照料，而另外一些儿童则马上就会接受其他成人的照料。

当婴儿进入学步期时，他们开始按照自己的想法四处移动，开始理解别人与自己对话的大部分内容，当他们不喜欢某个东西或某件事情时，会断然地说"不"。学习爬行和行走的婴儿能够选择他们将要做什么（以及到哪儿去），因此，我们设计的活动要能够适应他们能力的发展变化。

虽然已具备了一定的能力，但是儿童仍然是很脆弱的。在某些时候，他们看起来像幼儿园的孩子一样能干，但是在下一刻也许又缠着成人，哭闹得像个小婴儿。他们对世界充满了好奇心，而这种好奇心需要在由成人营造的安全环境当中得到满足。照料学习爬行和行走的儿童是既容易让人产生满足感、也容易让人产生挫败感的工作。当他们在学习了解自身之时，我们也在了解我们自己。

为学爬儿和早期学步儿设计的活动方案

婴儿此时已经能积极、主动地玩玩具或者其他材料了。然而，尽管他们已经有了一些技能，但仍然需要练习这些仍然有待发展的能力。因此，我们需要给他们提供一些相似的又具有差异性的玩具和活动。婴儿和早期学步儿需要结实的玩具。他们可能会抓握、摇晃、击打、敲击、碰撞、摔、扔玩具，也会撕咬玩具。坐稳了的婴儿能腾出双手，同时，他们的运动能力也在不断发展。在这种情况下，他们需要可以抓握的玩具。当他们自由移动的能力更强的时候，就需要能活动的玩具。

要选择能刺激婴儿和早期学步儿想象力发展的玩具及活动。选择一些他们可以独立玩耍的玩具及活动。检查玩具是否安全很重要。不仅要看玩具的小部件是否会在不经意间脱落，更要看它是否会在推、摔、咬的过程中脱落。婴儿和早期学步儿喜欢并且能够把物体放在嘴里，我们要注意由此带来的安全隐患。由于小的物体容易卡在喉咙里引起窒息，所以我们必须让小物品远离儿童。儿童的运动能力在不断发展但并不稳定，我们需要在安全方面投入更多的关注。

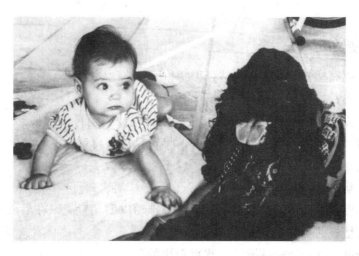

图 17-1　有时候有些能动的东西既是一种刺激，又会带来小小的恐惧，如狗

■ 感知觉

 各种翻滚运动

目标：提高感知运动能力的整合程度和大肌肉的协调性。

材料：浴巾、球。

步骤：让儿童在地毯或者草地上进行各种翻滚活动。要求他们进行：

● 圆木翻滚——手抱头，脚并在一起。

● 球翻滚——手抱头，脚扣住球。

● 鱼雷翻滚——双手放在身体的两侧。

● 风车翻滚——一只手在头上边，一只手放在一侧。

● 毛巾翻滚——从浴巾的一侧翻滚，把它卷起来，然后再把它展开。

● 圆圈翻滚——他人抓住儿童的脚踝，儿童在一个圆圈内翻滚。

● 斜坡翻滚——从斜坡上滚下。

降低难度：利用上述翻滚运动，给儿童提供必要的支持，缩短滚动的距离。

增加难度：鼓励儿童去思考不同的翻滚方法，并体会每种方法。告诉儿童翻滚是一种有效的移动方式，让儿童想出新的翻滚方式。

备注：翻滚是一种能释放精力并能够锻炼大肌肉的运动。翻滚既可以在雨天进行，也可以在室外的草地上进行。在草地上开展这项活动时，要注意清除场地中的石块和其他可能造成伤害的物品。

■ 感知觉

各种推拉运动

目标：提高感知运动能力的整合程度和运动的计划性。

材料：各种推拉玩具。

步骤：先让儿童玩一会儿玩具，然后把玩具放到他可以触摸到的范围以外。鼓励他爬着去够玩具。当他够到玩具时，将玩具放得再远一些，鼓励他推动玩具而不是原地摆弄（如果他不开心的话，就不要这样做了）。当儿童学会推玩具后，再引导他拉玩具。

降低难度：在儿童面前推动玩具。慢慢推动以便儿童能跟在后面爬。选择一些移动速度缓慢的玩具。

增加难度：选择轻轻一推就能跑得很快的玩具，如球；鼓励儿童尽可能快地跟着移动的玩具。当他能很好地拉玩具的时候，鼓励他把玩具放到一个特定的位置。

备注：先推后拉。推动的玩具要简单一些。拉动的玩具对刚开始学步的儿童来说是具有挑战性的，因为他们必须集中精力控制玩具，明白玩具与自己的位置之间的关系，并且他与玩具要同时运动。

■ 感知觉

各种走步运动

目标：提高感知运动能力的整合程度和运动的计划性。

材料：无。

步骤：让儿童参加各种走步活动。

● 光脚走路：让儿童在泥土、沙子、光滑的岩石、水泥地和水盆里走动，与他交流在每种材料上行走的感受和感觉。室内用地毯、浴室脚垫、门垫和泡沫垫等材料。

● 直线走：让儿童在一条直线上向前走、再向后走，把两只脚都放在线上。让儿童踮着脚尖走，尽可能地迈大步并让后面的脚迈过前面的脚。

● 侧行：让儿童每次向右走一步，把他们的左脚放在右脚上。向左走的时候则将右脚放在左脚上。如果让儿童围成一个圈或者两个圈，这个活动就会占用更少的空间，就可以在教室里进行。不过，如果排成一个长队，就更容易"跟着排头走"。

● 鸵鸟走：儿童弯腰、抓住脚踝、保持膝盖僵直并让脖子前后运动，同时向前移动。

● 鸭子走：儿童弯曲膝盖、手放在背后；一次向前移动一只脚并保持膝盖弯曲的姿势。

降低难度：用上面的走动方式，鼓励儿童进行各种尝试，缩短距离。

增加难度：跟学步儿商量新的方式。鼓励他们创造自己的行走方式并给它命名：姜行（ginger walk）。指出这种行走方式的显著特征，鼓励其他儿童模仿。让他们说一说每种走路方式的不同感觉；说一说他们能走较长的距离还是走较短的距离，保持平衡是否困难？

备注：这都是一些可以在雨天实施的非常好的活动方式，当儿童知道不同的行走方式的名字时将非常有趣。当儿童已经能够很好地行走时，再采用这些行走的变化形式。

■感知觉

 各种爬行运动

目标：提高感知运动能力的整合程度、大肌肉的运动能力和运动的计划性。

材料：录音机、磁带或 CD 播放器；用做障碍的材料，如线、盒子、桶、木板、椅子、呼拉圈。

步骤：让儿童参加各种不同形式的爬行活动。用音乐来设定速度，让儿童保持一个节奏。让他进行：

● 乌龟爬——用手和膝盖着地爬行，把一个小毯子放在儿童的背上（毯子像贝壳的形状），跟儿童介绍一下乌龟以及乌龟壳的作用。

● 不同材料爬行——让儿童在不同材料的物体上爬行（正方形的地毯、迎客毯、塑料包装等），与其交流在不同材料上爬行的感觉。让儿童在户外做这些活动。

● 蛇形爬——肚子贴地向前滑动，只用手臂拉动身体前进。

● 障碍爬——爬过一系列用盒子、椅子、桶、木板等构成的障碍物。

● 卡带轨迹爬——在屋子里沿着胶带的轨迹爬。

降低难度：缩短路程，并允许学步儿做出各种在地面上运动的方式。

增加难度：鼓励儿童想一想各种爬行运动的不同感受。与儿童谈论在什么情况下爬行是比较合适的移动方式。让儿童想出不同的爬行方式。

备注：由于学步儿可能已经掌握了爬行的技能，因此，改变爬行的方式可能会带给他们更大的乐趣。

注意事项：在户外爬行时，注意把有危险的物体清理干净。

■ 感知觉

 倒和装

目标：提高感知运动能力的整合程度和手眼协调能力。

材料：平底锅、大米、干的谷物、豆子、咖啡（豆或者粉末）、塑料度量杯、度量汤匙。

步骤：把一张塑料桌布铺在地板上，让儿童坐在桌布的中间，在平底锅中放上大米、干谷或者咖啡豆，放上一些杯子和汤匙。把锅放在儿童的面前，鼓励他把这些容器装满，然后再倒出来。

降低难度：先帮助儿童探索、认识这些材料。如果必要的话，把他的手放到容器中，让他来探索这些材料。

增加难度：让儿童把一个容器中的材料倒入另一个容器中。

备注：这种倒和装的活动是完成倾倒液体活动的前提，它比后者要干净得多。这种活动可帮助儿童进行简单的探究，同时对儿童感知、认识与测量和体积相关的概念有一定的帮助。

注意事项：对这个年龄的儿童来说，在"倒和装"中所使用的材料必须是可以食用的。因为儿童可能会吃这些材料。

■ 探索发现

用纸板制作的积木

目标：提高感知运动能力的整合程度，发展数学概念。

材料：纸板或者大小不同的干净的牛奶盒（果汁盒）、裁纸刀或者剪刀。

制作方法：从纸盒上部敞开的折痕处剪掉开口部分，把剪掉开口部分后同样大小的纸盒放到一起，来制作积木。分别使用容量为 250 毫升、500 毫升、1 升的纸盒来制作不同大小的积木。把一些纸盒剪短，使做成的积木成正方体而不是长方体。可以给这些积木包上包装纸。

步骤：跟儿童坐在一起，然后开始堆积木。给儿童一块积木，鼓励他和你一块儿搭建积木。

降低难度：只使用一些大的积木，把它们叠起

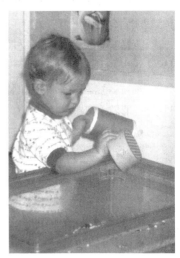

图 17-2　各种倒装活动可以帮助儿童发展手指的力量和手腕的协调能力，倒装多种材料的经历也促进了他们手眼协调能力的发展，而这正是倾倒液体所必需的能力

来，然后让儿童把积木拆开。再后让他把一块积木放到另一块积木的上面。无论成败与否，都要对儿童的尝试加以表扬。

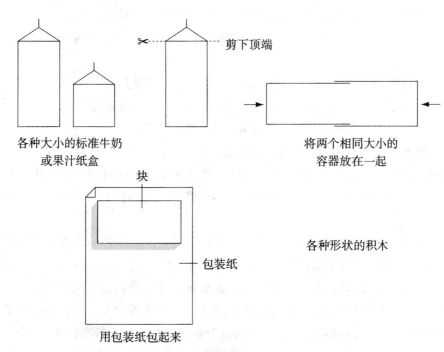

各种大小的标准牛奶
或果汁纸盒

剪下顶端

将两个相同大小的
容器放在一起

块

包装纸

各种形状的积木

用包装纸包起来

图 17-3　用纸板制作的积木

增加难度：让儿童搭建建筑。提供其他材料以扩展儿童的积木游戏，例如，小汽车和玩具娃娃。开始搭建一些简单的结构，如道路等。把积木一块接一块地连接起来，就可以搭建出这些结构。然后，儿童可以在上面一边驾驶"小汽车"一边说："看，我修的路。"

备注：积木游戏有助于学步儿发展数学概念和创造性地解决问题的能力。对这个年龄的儿童来说，大而轻的积木是理想的材料。使用轻一些的积木，这样即使积木跌落时，也不会对儿童造成伤害。

■ 探索发现

 各种藏猫猫活动

目标：发展客体永久性观念。

图 17-4　轻的积木是适合学步儿的，因为当它落下时不会伤到儿童

材料：小毛毯或者小件家具（椅子、沙发）。

步骤：用声音吸引儿童的注意力，用眼神和他交流，然后

- 藏在毛毯或者家具的后边。然后出来说："猫儿，我看见你了。"
- 在儿童和你的中间放一本书用来遮住你的脸，然后从书的一角偷偷露出头来。
- 在你的脸上放一条手帕，然后把它拿掉，说："猫儿。"
- 在孩子的脸上放一条手帕，然后把它拿掉，说："我看见你了。"
- 用你的手遮住脸，然后把手拿开，说："猫儿。"
- 跟儿童说话，用眼神交流，然后躲起来。

降低难度：还没有建立起客体永久性观念（通常在 8 个月时开始出现）的儿童可能不懂得这个游戏的目的。等几周之后再尝试。当你躲起来的时候，要跟儿童交谈。

增加难度：躲起来的时间要长一些或者在你消失地点以外的位置出现（如果你藏在椅子的右边，那么就从椅子的左边出现）。

备注：有很多游戏，成人与婴儿会一起玩很多年，藏猫猫就是其中之一。藏猫猫这个游戏对儿童的健康发展起着重要的作用，它可帮助儿童认识到他们看不见的物体依然存在（客体永久性）。因为这个游戏每次玩起来都差不多，儿童预见到游戏当中将会发生什么的能力也会得到发展。

■ 探索发现

 把它藏起来

目标：促进客体永久性观念、感性认识和观察能力的发展。

材料：泡沫包装材料、纸箱、小的物品。

步骤：把一些小的物品（如一个汤匙、球、杯子或者其他东西）藏在装有泡沫包装材料的纸箱子里，让儿童去寻找。

降低难度：使用较大而易见的物体和少量的泡沫包装材料。

增加难度：使用更小一些的物品和多一些的包装材料。

备注：儿童对藏起来的物品很好奇，这个游戏有助于发展儿童通过触觉辨别物体的能力。也可以玩其他藏东西的游戏，比如，在手里藏一个小东西，在左、右手之间迅速地交换，然后让儿童选择东西藏在哪只手里。

注意事项：保证泡沫包装材料足够大而不会被儿童吞下去。

■ **语言艺术**

 儿歌

目标：提高语言表达能力和倾听能力。

材料：一些儿歌书，如《我是一个小茶壶》（*I'm a little teapot*）、《这个小猪仔》（*This little piggy*）、《咩，咩，黑山羊》（*Baa，baa，black sheep*）、《胡桃林码头》（*Hickory，dickory dock*）等。

步骤：与一个或者一组儿童一起，边翻儿歌书边唱儿歌。经常使用这些书教儿童学习儿歌。

降低难度：在一天的不同时段和一个儿童用说、唱等多种形式诵读儿歌。

增加难度：让儿童跟你一起诵读这些儿歌或者其中的一段。

备注：儿童通常能分享成人在唱儿歌时候的动作和感情。和儿童分享其他的儿歌书。给儿童播放儿歌磁带。

■ **语言艺术**

 手偶

目标：提高语言表达能力和假装游戏的水平。

材料：简单的便于操作的动物、手偶娃娃。

步骤：让儿童把手偶套在手上，然后跟你或者其他儿童交谈。推荐一些简单的角色以鼓励他们使用手偶一起玩耍，或者想一些办法以密切他们和手偶之间的交流，从而延长游戏时间。他们可能需要你积极地协助以继续表演。

降低难度：跟一个儿童戴着玩偶玩，你先开始，让儿童回答。

增加难度：让两个儿童分别扮演两个不同但彼此有联系的手偶，让他们一起表演，比如，一个乌龟手偶和一个鱼形手偶。

备注：有些不愿意与人交谈的学步儿更愿意带着手偶交谈。找到能让不愿意交谈的儿童也参与到手偶游戏中来的方法。如果儿童群体是混龄的，就鼓励大一些的儿童跟小一些的儿童玩。戴着手偶交谈，能够促进儿童同伴交往能力和语言能力的发展。

■ **艺术创造**

 唱出来

目标：鼓励创造性的动作和适应能力的发展。

材料：无。

步骤：跟儿童交流他们今天做了什么。然后告诉他们你将会写一首关于他们所做事情的歌。让他们跟着歌词做动作。如果这会花费太多时间，就找到合适的动作来对应歌词。试着找一些相关的想法。问他们早晨起来最先做的是什么（在开始之前先理出头绪，只写儿童感兴趣的词）。用《我们在灌木丛》（*Here we go round the Mulberry bush*）的曲调唱。

我们这样来洗手，来洗手啊来洗手。

我早晨这样来洗手。

早晨

起床	洗手
刷牙	梳头
穿衣服	吃早餐
去上学	

用一些类似清理屋子这样的活动来替换歌词的主题。

扫地	用吸尘器清扫地毯
铺床	擦桌子

另外一种玩法是去问儿童喜欢玩什么，把他们的名字加进儿歌里。

朱安就是这样在玩球，在玩球啊，在玩球。

朱安就是这样在玩球，跟他所有的朋友玩球。

降低难度：让儿童参与得少些、歌词短些。

增加难度：鼓励儿童更加积极地创造与歌词有关的动作，思考歌词的内容。

备注：接受儿童想出的动作，无论这些动作是否与歌词有关。这不同于准确地模仿。当儿童有参与到类似活动中的经验以后，就会更积极地提出建议。

■ 艺术创造

 布丁手指画

目标：激发创造力，促进身体感知能力的发展。

材料：速溶布丁、牛奶、碗、鞭子、木勺。

制作方法：把牛奶和布丁放在一起搅拌2分钟，静置5分钟。如果太稠的话，就再加些牛奶。

步骤：把少量布丁放在高的椅子或者桌面上并拿到儿童面前，鼓励儿童认识、探究布丁，并用手指蘸着它画画。你可能需要做出示范。

降低难度：逐渐帮助儿童感觉布丁，用一只手的手指头搅拌它。询问儿童对它的感觉。鼓励其更多地参与进来（但不要强迫他）。

增加难度：鼓励儿童用双手做幅度更大的动作。问他们用手和用手指时，布丁看上去有什么不同。

备注：如果儿童吃布丁，没有关系，这是一项比较混乱的活动。在结束活动之后给儿童做清洁，让他们变整洁。记得在清理之前给他们照镜子，让他们看看自己在镜子中是什么样的。

■ 艺术创造

 涂鸦

目标：激发创造力，了解因果关系。

材料：大粉笔、白纸、磁带、海绵、水。

步骤：把纸拿到桌子上，让儿童尝试不同颜色的粉笔，实验它们在纸上产生的不同效果。然后用海绵将纸的一部分弄湿，或者换另外一张湿的白纸让他们再来试。问他们发现了什么不同之处。

降低难度：只用干的或者湿的白纸，但不同时用。

增加难度：让儿童比较粉笔画在干的和湿的纸上摸起来各有什么感觉、看起来怎样。

备注：很多儿童都在家里玩过蜡笔，但很少用粉笔。这可以保持儿童的兴趣。让他们在地面上用粉笔和蜡笔做同样的尝试。

■ 社会意识

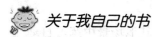 关于我自己的书

目标：发展社会意识、自我概念。

材料：塑料袋、儿童的照片、标记笔、铜版纸或招贴纸、糨糊。

制作方法：把铜版纸或者招贴纸裁成14厘米×15厘米的纸片，使它们能装进塑料袋里。把儿童做一组动作的照片贴在铜版纸的正反面，再将每张铜版纸放到单独的塑料袋里。用最开始的照片作为书的第一页。在纸和袋子上打上洞，用纱线把它们穿起来。也可以将照片压上透明膜。

步骤：让儿童坐在你的腿上，一起看书，谈论每张照片中他在做什么、他看起来状态如何。

降低难度：把书的长度做得短一些，如果可能的话，拍摄下儿童平日单独做的每一件事情（吃饭、睡觉、玩耍等）。

增加难度：找些包含事情更多的照片放在书里或者做一些情节更短、主题更为具体的书，如《沙利尼在家》《沙利尼在学校》《沙利尼跟朋友们玩》。

备注：儿童喜欢看这些书。你可以拍摄一些他们在学校的照片，或者让家长准备一些合适的照片。

■ 社会意识

 我的宝宝

目标：提高社会意识和社会交往技能。

材料：不同种族的男和女的玩具娃娃。

步骤：鼓励儿童观察玩具娃娃。让儿童和这些玩具娃娃玩耍并照顾它们。帮助儿童认识到玩具娃娃的差异。讨论班级中儿童之间的不同之处。让儿童去拿、拥抱、抚摸、摇玩具娃娃，给玩具娃娃唱歌。当儿童习惯了这些之后，教给他们新的与玩具娃娃玩耍的方式。让两个儿童一起玩，讨论各自与自己的玩具娃娃玩的方法以及为什么这样做。让他们去想象玩具娃娃可能想要或者需要的东西。

降低难度：鼓励儿童探索玩具娃娃。帮助他们轻轻地抚摸玩具娃娃的头发、眼睛、衣服，动一动玩具娃娃的身体。给身体各部位和衣服的各部分命名。

增加难度：看看儿童能否模仿更难一些的能力，比如，用勺子假装喂饭或者给玩具娃娃梳头。让儿童充分发挥想象力：开一个茶话会；让玩具娃娃坐上四轮马车，带它出去玩；用浴盆给玩具娃娃洗澡，然后给它擦干身子等。这样，让儿童不仅仅是通过给自己穿脱衣服、还通过给玩具娃娃穿脱衣服来发展自理能力。讨论一下玩具娃娃的相同点和不同点以及它们需要的照顾。

备注：儿童需要学习照顾别人的能力。他们更愿意在其他场景中练习自理能力。学步儿正在建立起自己的身份、独立性和自我的意识。以不同的角色与玩具娃娃玩耍、练习亲社会行为，对他们来说都是有益的。

■ 社会意识

 杯子和勺子

目标：学习自己吃饭。

材料：一些有把的塑料杯子、塑料勺子。

步骤：把儿童放在高椅上，把一个杯子和一个勺子放在盘子里。让儿童注意到这些物体。给儿童示范怎样将东西放进杯子里或者去搅拌，然后把这些东西交给儿童。让儿童拿起杯子假装喝水和用勺子吃东西。当你让儿童重复这个活动时，要用一个有些不同的杯子，如底部比较重的杯子。

降低难度：先分别向儿童介绍杯子和勺子，再把它们放在一起。

增加难度：一次给儿童很多不同的杯子和勺子。

备注：在儿童使用杯子和勺子等之前，让他们先玩玩这些物品，做一些探究是有好处的。

■ 社会意识

 食用明胶

目标：学习自己吃饭，提升创造力。

材料：4包没有味儿的食用明胶、3包调过味的食用明胶、4杯白开水和1个平底煎锅。

制作方法：把有味儿和没味儿的食用明胶混合放在大碗里，加上开水，不停地搅拌直到食用明胶完全溶解，再把它倒进大而浅的平底煎锅中冷却凝固。把凝固后的食用明胶切成小块，做成大约100个2.5厘米见方的小块。

步骤：给儿童一些块状的食用明胶。让他们去观察它们的各种特征，也可以品尝。

降低难度：用勺子喂儿童吃食用明胶，同时也让他们自己去观察。

增加难度：制作不同大小的食用明胶，让儿童自己用勺子切开然品尝。

备注：本活动为儿童提供了一个有趣的尝试和自己吃饭的机会。也可以给儿童一些布丁。这些布丁要足够厚，可以让他们学会用勺子去控制布丁；也要足够薄，不至于成为手抓食物。

■ 社会意识

 洗手液

目标：提高身体感知能力和感知运动的协调性。

材料：一瓶洗手液。

步骤：给儿童观看洗手液。如果他们不知道怎么使用它，就告诉他们需要按压洗手液瓶的顶部挤出洗手液。让儿童用一只手按按钮，另一只放在洗手液出来的位置。当洗手液出来的时候，让他们摩擦手的正面和背面，使得手指头上的每个地方甚至是指缝间都沾上洗手液。

降低难度：让学步儿把手放在洗手液出来的地方，你来按洗手液瓶。然后帮助他摩擦洗手液。

增加难度：让一个儿童帮助另一个儿童按压出洗手液。

备注：可以利用香皂来做类似的洗手活动。

注意事项：注意不要让儿童吞下洗手液和香皂。

■ 社会意识

 关于穿衣服的图书

目标：提高自理能力和表达能力。

材料：关于穿衣服的图书，如塞萨·塔克（Sian Tucher）所著的《我的衣服》（*My clothes*）。

步骤：让儿童坐在你的腿上或者在你旁边，和他阅读这本书。指着书中的各种衣服告诉儿童衣服的名称。然后让儿童指出你说出的衣服是图上的哪一件，并指出自己身上与其一样的衣服。和儿童讨论自己穿着的衣服的颜色和款式与书上的有什么不同。总结它们的相同点和不同点。

降低难度：给书中不同的衣服命名，并给儿童指看他身上穿的同类的衣服。

增加难度：让儿童给书中显示的衣服图片命名，然后找出自己身上穿的同样的衣服。然后让他说一说不同的衣服都穿在哪儿。比如："鞋子穿在哪儿?""是的，非常正确！鞋子穿在脚上!"

备注：鼓励儿童在日常活动中尽可能自己穿脱衣服。耐心地等待学步儿把胳膊伸进袖子、把腿穿进裤腿。鼓励他们自己穿袜子和鞋子。

小结

为学爬儿和学步儿设计的活动要能够刺激他们正在发展的运动能力，满足他们日益增长的好奇心，同时也要保护他们稚嫩的情绪情感。随着能力的增长，学爬儿和学步儿可以选择在地板上或者其他可以触及到的地方（如低矮的书架上）进行自己喜欢的活动。当然，他们运动能力的增强也相应地带来了一些新的安全隐患。

我们需要给学爬儿和学步儿提供大量的机会来巩固他们的运动能力。他们也需要与成人一对一地互动的机会。他们刚刚到感知觉发展的最后阶段。在随后的时间里，他们的语言将飞速发展。

实践活动

1. 你需要在孩子的第一个生日给他买礼物。他家里没有什么玩具，所以这个礼物应当很结实并且能玩很长一段时间。你会买什么？为什么？

2. 朋友带着一个9个月大的孩子来拜访你，他们跟孩子玩的游戏并不适合孩子的发展水平。在你看来，这个游戏可能更适合18个月大的孩子来玩。你会怎么样跟你的朋友谈及此事，你会与朋友分享哪些对9个月大的婴儿具有发展适宜性的活动？

3. 拜访一个儿童看护机构，观察其中的6～12个月大的儿童。描述为他们提供的活动的数量、类型以及儿童在一个活动中游戏了多长时间。跟组织者讨论他们怎样为每个儿童选择活动以及做计划。

4. 15个月大的塞缪刚刚能独立行走。问题是他总是在教室不安全的地方玩耍，对他来说，这是一个安全隐患。讨论他为什么这样做。想一想可使用什么材料和方法来解决这一问题，提出两三个建议。

发生在 18～36 个月大的儿童身上的变化是巨大的。学步儿（toddler）从蹒跚学步开始，逐渐学会跑、攀爬、跳和转圈。他们学会投掷，有时会能抓住球，能用手指抓起小物品、在纸上涂鸦，也能自己吃东西。他们能自己穿脱容易穿脱的衣服，他们中的大部分会自己上厕所。

学步儿也开始说话了。他们从开始使用双词句到说出完整的一句话。24 个月大时，大部分儿童已经能跟成人对话。随着语言能力的发展，他们的游戏开始变得更丰富、更有想象力。他们开始利用玩具和各种材料进行假装游戏、模仿成人，他们经常扮演"妈妈"或"爸爸"。

学步儿已经能把自己看做拥有权利的独立个体，然而，他们却只是开始注意到别人拥有同样的权利。比起别人的感觉，他们更注重自己的感受。这是一个自我意识不断发展的阶段。我们会听到他们用类似"我的""我来做""不"等语言来表现自己对周围世界的控制能力。他们注意到周围有其他儿童存在，并开始建构社会性游戏的能力。他们有时急切地与其他儿童分享玩具，有时又会藏起所有玩具。

学步儿是受情感支配的。他们不断确认、表达着自己的感觉。他们有着很多情感，有纯粹的快乐，也有挫败和伤心；有好奇和合群，也有极度羞涩；有开心地合作，也有顽固、不合作；有温柔的爱，也有强烈的愤怒。

在这一时期，儿童身体的发展减慢了，但语言、认知、社会性和情结情感发展方面却突飞猛进。这是一个快速变化和发展时期。成人要平静地用爱心去接受学步儿在行为上的诸多矛盾。

和婴儿相比，学步儿和 3 岁儿童在各个方面都给成人以挑战。有些成人觉得跟学步儿在一起很享受。对这些成人来说，他们乐于看一个小孩子不断尝试，看他们经历挫折和磨难后不断发展进步。而另一些成人则更喜欢婴儿，比起学步儿的自我意识萌芽，他们更喜欢婴儿对成人的依恋感。

下面是学步儿的一些特征，这也是成人需要面对的挑战：

- 学步儿有强烈的发展自我独立性的需求，常常会用"不"这个词来表示。
- 学步儿常毫无理由地表现出巨大的情感波动。
- 学步儿常把事情搞乱。他们缺少成人的协调感，所以常常行动笨拙，会弄洒东西、把东西打翻。他们在做中学习。

- 学步儿是好动的，看起来一直在动个不停，不会消停下来。

- 学步儿是自我中心主义者，只明白自己的想法，这跟自私不同。

- 学步儿的语言能力有限，不能把自己的感觉用语言表达出来。

- 学步儿掌握的知识有限。成人可能会提出学步儿知识范围内无法理解的要求。一个成人可能会要求学步儿轻轻地抱宠物，当学步儿粗鲁地去抱宠物时成人就会认为学步儿不听从要求。事实上，学步儿可能并不知道什么是轻轻地，成人需要给他示范什么叫做轻轻地。

- 随着客体永久性观念和长时记忆的发展，学步儿会出现阶段性的分离焦虑。当看不到父母时，他们知道父母还在，会想念父母。

- 学步儿通过抓、打、咬、推有生命的和无生命的事物来了解这个世界。对他们来说，这都是正常的行为，但是对成人来说，这种行为并不是让人感到高兴、可以接受的。

- 学步儿对时间的感觉有限。这让他们难以等待，难以延迟满足。让一个学步儿等 10 分钟再吃饭是没有意义的，因为他们没有 10 分钟的概念。

这些特点让学步儿成为一个特别难相处的具有挑战性的群体。他们好动，却并不具备在成人印象中与运动能力同步发展的"常识"。

学步儿和 3 岁儿童的发展适宜性计划

意识到学步儿和 3 岁儿童的特点是设计计划的第一步。它影响着你如何制订计划以及确立儿童和成人在其中的角色。下一步是审视你的观念，使它与这个领域的国家级专家的观念达成一致，以服务于学步儿和 3 岁儿童。下面是全美幼儿教育协会确定的指导纲要（Bredekamp, 1987）。

- 设计计划要以发展理论为依据，着眼于全体儿童的发展。项目要体现我们对儿童发展、学习理论和家庭教育的认识。

设计计划时要思考如何把理论用于实践以及如何平衡和融合不同的理论。在自然的成熟过程中，学习是如何展开的？学习在多大程度上依赖于个体与环境的互动，特别是儿童受到的奖励和正面强化？学步儿是积极的学习者，他们通过操作事物获取知识。他们也通过观察和模仿来学习。成人是他们的榜样，为他们的学习提供支持。材料影响着学步儿的学习，因此，要确保材料不仅是安全的，而且能为学步儿想象力的发展留有空间。学步儿的家庭文化和种族背景也会影响他们的学习，所以也应当被考虑进项目的设计当中。

- 学习需要与学步儿的已有经验相关，学习材料应当是有意义的，而且有相关背景作为支持。

学步儿并不是凭空学习。如果学习的内容与他们的已有经验不相关，他们就不会参与。怎么让重要的概念与学步儿相关？一些教育者通过运用儿童熟悉的主题活动来创造有助于学习的相关背景。通过参与和熟悉的主题相关的各种活动，儿童的知识之间建立了联系，从而使学习更有意义。因为儿童常常表现出对某种事物的兴趣、能积极地回应这种兴趣，所以计划常常来源于儿童本身。

● 设计计划需要切合实际，具有发展适宜性和年龄适宜性，要反映学步儿的需要、兴趣和能力。

针对城市学步儿的项目应该与针对农村学步儿的不同，因为这两个区域学步儿的兴趣和知识背景不同。如果有特殊儿童存在，尤其是当他们的能力明显低于其他儿童时，材料应当是具有个体适宜性和年龄适宜性的。如果一个 30 个月大的儿童的实际能力只有 9 个月大的水平，那么他使用的材料应当与比他更小的儿童使用的材料有所不同。对非常小的儿童来说，这比较容易调整。

 ### 计划必须将年龄和主题相结合

针对婴儿、学步儿和 3 岁儿童的计划与针对学前儿童的计划明显不同。对前者而言，课程的重要部分是提供保育，环境要体现支持性、一致性和稳定性，这些比令人刺激的活动更重要。人与人之间的关系很重要，我们期望儿童能表现出积极、主动的探索。

● 学步儿的行为有一些是惯有的，但基本是不断习得的。

计划不能是静止的。当一个小的学步儿长到 30 个月大时，本来适合他的活动或许就不再适合了，做计划时要考虑到儿童看护机构周围的环境、商店等。

● 计划要从儿童所知道的知识逐渐过渡到新知识的获取和巩固。

学步儿是从熟知已知的知识到学会不同的新知识的。在进行角色扮演和假装游戏之前，他们需要有真实活动的经验作为基础。这好比说，他们需要先有一次去苹果园吃苹果的郊外旅行，才能在后来看到书上苹果的图片时讲述那次旅行。学步儿还太小，不具有幼儿园儿童那种根据经验创编故事的能力。

● 学步儿是积极的学习者，他们既能从失败中学习，也能从成功中学习。

学步儿喜欢自己动手。告诉他们什么东西太大、不适合，通常是没有必要的。他们需要自己尝试。他们从错中学，也从正确中学。需要给他们不同的材料来学习，也需要给他们相同材料的不同变化来让他们检验学习。

图 18-1 让儿童学会排队和分享比较困难，在学习这些能力之时，他们需要成人的支持，也需要成人理解和安慰他们的失落心情

● 计划要把社会交往能力作为重点。

学习是一种社会经验。这种经验可以从观察其他儿童时获得，也可以在成人言语或非言语的支架作用下获得。社会交往要求学步儿意识到其他儿童及其想法和需求。计划应包括学会分享、轮流以及对受挫者的同情。

● 计划应支持幼儿的独立性和发展能力。

学步儿努力自己做主。他们把自己看做一个有一定能力的并能控制自己的生活的个体。成人应该支持他们，帮助他们学习必要的能力，如穿衣、吃饭、上厕所等。学步儿有自己的偏好，至少在某些时候是值得肯定的。

● 计划对于儿童来说应当是安全的。

学步儿所处的室内外的活动环境应当是安全的，以避免他们受到伤害，一些健康预防措施，如洗手，是必须要坚持的，以防止传染病的蔓延。为了学步儿的心理健康，提供支持性的环境也很有必要。

● 计划应当是有弹性的。

虽然应当有确定的日计划和周计划，但是计划对儿童来说应当是有弹性的，这样才能适应儿童的发展，发展应当具有连贯的过程，但是具体的时间不是确定的。

为学步儿和 3 岁儿童创设学习环境

你相信"可怕的 2 岁"吗？你认为学步儿应当服从于成人吗？你认为给学步儿穿衣服比让他们自己穿衣服要容易吗？你认为学步儿应当被成人告知什么是必须知道的吗？你认为学步儿参与集体活动的效果更好吗？你认为学步儿都是一样的吗？你认为学步儿仅仅是等待长大的小的学前儿童吗？你对这些问题的回答将影响你对学步儿能力的预期以及你对他们学习环境的构建。你需要决定儿童如何学、什么时候学以及学什么。

给学步儿制订的计划应该与婴儿甚至学爬儿童不同。给学步儿和 3 岁儿童设计的计划虽然以发展为基础，但主要以活动的形式呈现，以传统学科方式组织。一个好的学步儿计划应该给学步儿提供不同的活动选择。学步儿可在任何规定的时间内进行他们喜欢的游戏，也许并不是成人所希望的活动。如果有可能，学步儿会从成人提供的发展适宜性的活动中选择自己喜欢的玩具和材料。在一个低矮、开放的小柜子装上儿童能够使用的安全的玩具，就可以实现这一目的。提供选择的机会可以满足儿童自主和自立的需求。自己做选择可以建立自信。

好的学步儿计划应该根据其个人情况，并且其结果也应具有开放性。学步儿想离开某个区域时会自动停止游戏。强制或劝说 2 岁儿童结束自己的游戏，只会让成人和学步儿都恼火。成人应当接受儿童之间兴趣和注意持续性的差别。有的学步儿可以画上 20 分钟，有的学步儿只能画上 20 秒。即使同一个儿童也可能有一天画了很长时间而另一天却对画画一点兴趣都没有。

好的计划给学步儿提供从感官的、创造性的、身体的、问题解决等各种活动中学习的机会。活动是计划构成的一部分。当你想到活动时，就要想一下这个活动可以发展儿童哪些方面的能力以及如何把这些目的以发展适宜性的方式融入计划中。一个方法是把能力分为不同的方面，如语言艺术，然后把这些方面的能力分为更小的部分，如说听、说、读、写。然后，想一下你对学步儿在这些领域的发展预期。下列活动都需要有固定的场地，如玩沙和玩水、画画、创造性艺术活动、玩橡皮泥、欣赏简单的戏剧、看书、搭积木、欣赏音乐、开展语言及操作性活动。应该有供儿童使用的足够的材料以免引起争抢，也就是说，有一些玩具至少要有一对一模一样的，其他玩具也要有足够的数量，这样儿童才能充分分享。

学步儿的活动应该设计成可供他们自己选择的感兴趣的活动形式；用各种不同的变化使活动充满挑战性。下面展现了一个计划性良好且具有较高的保教质量的学步儿教室的特征：

● 教师主动、热情地与学步儿建立联系（言语或非言语的），而且乐于与学步儿进行游戏。

● 活动大多数是儿童主导的，极个别是教师主导的。

● 拥有一个综合性的活动计划。这个计划应该具有发展适宜性，同时满足个体和群体的兴趣。计划包括身体的、情感的、社会的、语言的、创造力的和认知领域的发展。

● 一日活动的安排具有稳定性和常规性，但同时为了满足学步儿的个性化需求，也具有一定的灵活性和可变性，包括设计动静活动的时间。

● 用常规和纪律来保护儿童的自尊。

● 给儿童提供大量的自己玩、与同龄人玩和与成人玩的机会。

- 创设鼓励积极游戏的安全的室内环境。

- 学步儿做什么事情都是迅速的，他们饿得快、恼得快、累得快。但是，他们恢复得也快。他们不善于等待，所以要把让他们等待的时间降到最少，努力给他们最快的答复。

- 要意识到学步儿经常会在独立和依赖中转变。他们也许刚才还黏着你，但过一会儿又说："我要自己做。"当他们自己做时，又会跑回来央求你抱他，这都是很正常的。

- 尽可能地为学步儿提供有一定数量限制的选择，然后让学步儿自己做出选择。比如："你想自己去洗手间还是跟我一起去？"但是，当你给他提供选择时，你要先确定自己能够接受他选择你提供的任何一个方案（也就是说，当儿童必须要去厕所时，不要简单地问他是否想跟你一起去洗手间）。

 ## 内容与过程

内容与过程孰轻孰重的问题已经讨论了很多年。所有的结论均认为它们都是必要的和重要的。事实上，内容和过程相互促进。但是，对学步儿来说，过程更重要。如果学步儿想涂鸦（过程），他们需要有涂鸦的对象（内容）。我们需要把相关的内容通过适宜的主题融合到大量的活动中以促进学习。但是，过分强调在训练中掌握某个内容，对年幼儿童来说是不合适的。

 ## 儿童主导与教师主导

教师主导的学习和儿童主导的学习的时间分配是另一个需要注意的问题。学步儿通过与周围环境的互动和根据反馈重新建构自己的知识背景，来增加自己的知识。当他们对某一事情感兴趣时，就想知道什么吸引了他们，这种吸引也许是转瞬即逝的。他们也可能向成人学习，但是这并不多见。很明显，教师主导与内容相关而儿童主导与过程相关。

 ## 全纳学习与分开学习

在婴儿和学步儿期，把正常儿童和特殊儿童都纳入常规的保教是有法律依据的。但是，你需要考虑自己对这种全纳教育的感受。有一些人认为应当实行全纳教育；另一些人则认为只有轻微或者中等残疾的儿童才能被纳入常规的保教中来。那么你对全纳教育是怎么考虑的呢？一旦你清楚了自己的想法，就可以进一步思考一下：这些儿童如何融入进来？如果纳入了这些儿童，应该怎样给他们提供必要的支持？

 时间安排

思考一下如何安排学步儿的活动时间，半天还是全天？初步计划是你可以把一天分为不同的时间段以满足不同的需要。

学步儿跟婴儿一样，上厕所、睡觉和吃饭等占用了一日当中大量的时间。如何安排剩下的时间就反映了你的教育哲学。看一下你安排的集体活动的时间长度。你认为它们适合学步儿的年龄和发展水平吗？记住，对小的学步儿来说，3~5分钟就很长了；对于2岁儿童来说，10分钟就好像永远那么长。学步儿的大多数时间内都应该有自由选择的机会。

 活动的数量

提供多少种活动供学步儿选择是适宜的？学步儿需要有自己选择的机会，但是供选择的数量不应太多。参与艺术活动的儿童是应该同时进行同一个活动，还是应该让他们有的画画、有的玩橡皮泥、有的搭积木、有的玩过家家而另一些玩水？学步儿需要能有机会自己决定玩什么和待多长时间。要求他们在一种活动上待一定的时间或者要求他们都在同一个标准下进行一种活动，是不合理的。

 活动之间的平衡

看一下你的活动是否平衡了动静活动以及教师主导的活动和儿童主导的活动。这些符合你的理念吗？也就是说，如果你认为学步儿需要自己做决定，那么他们能够从5种或者5种以上不同的活动类型中自由选择吗？在2个小时内，他们自主选择的时间占整个时间的75%以上吗？看一下你提供给幼儿的活动的复杂性，以确保无论是聪明的学步儿还是学习速度比较慢的学步儿都能够有充足的选择机会。

为学步儿和3岁儿童确定主题计划

给学步儿确定的主题应该比给大一些儿童确定的主题简单。它们常常与感觉相关。因为学步儿的兴趣通常是暂时的，他们的活动以过程为中心，成人常常并不给他们制订长期计划，也不考虑活动计划之间的联系（LeeKeenan & Edwards，1992）。但是，对学步儿进行主题教学越来越受到人们的关注。主题活动选择的话题应当是有趣的，围绕主题能够产生各种活动，活动应当能够整合认知（Lee-Keenan & Edwards，1992）。主题可以是简单的，但是要能与学步儿的已有知识相关。要与家长沟通主题的内容，这样他们就可以在家中继续进行这些活动，以拓展学步儿的学习。

看护机构开展的活动要从学步儿本身展开。毕竟，他们才是焦点，而他们的性格特点将影响你做出的所有选择。首先选择一个主题，然后选择能够体现主题的活动。主题要简单、具体、与学步儿已有经验有关。这些主题应该包括食物、身体、感觉、家庭、农场（如果他们知道农场的话）等。学步儿还太小，没有恐龙、颜色、海边（除非他恰好住在那里）的经验。可以图表形式呈现计划，如表18-1 和表 18-2 所示。

表 18-1　设计主题

	主题：想法	
语言艺术		探索发现
说		数学
听		科学
读		
写		
设计一份这样的表格，这样你就能够时时看到计划，起到提醒自己的作用。这是非常有用的。在计划中要把儿童作为中心。	学步儿	
	感知觉	艺术创造
	大肌肉运动	美术
	小肌肉运动	音乐
	感知运动能力的整合	创造性的活动
	社会意识	戏剧表演
	社会性学习	
	健康和安全	
	自理	
	全纳教育	

表 18-2　主题计划：食物

婴幼儿的发展与活动计划

426

主题：食物	
语言艺术	探索发现
给水果和蔬菜命名	做苹果酱
与食物有关的书	比较整个的和切成片
磁带:Riffi-"食品杂货店"	片的水果/蔬菜
手指游戏：高高的苹果树	

学步儿

感知觉	艺术创造
在水盆里放薄板状的食物	创建戏剧表演角，如
图片感觉并讨论长毛绒/	厨房，并提供盘子、
塑料水果和蔬菜的质地	用具、盆子、水等
提供水果和蔬菜迷宫	制作果乐（Kool-Aid）
	橡皮泥
	用布丁创作手指画

应该选择这样的主题：能够很容易聚焦到一些发展领域，能为学步儿和 2 岁儿童提供整体经验；活动经验具有多样性和一定的重复性。

社会意识

介绍一些种族特有
的食品

跟学步儿说一说他
们早餐都吃了什么

把水果和蔬菜切片
作为小点心

其他活动：杂货店、果园或者农场（跟季节有关），或者花园

相关词汇：

水果	牛奶	葡萄	莴苣	剥
食物	柠檬	甜瓜	面包	切
曲奇	倒	西红柿	果汁	果心
苹果	饼干	豆子	蔬菜	种子
橘子	小甜饼	玉米	洗	关于颜色的词语
吃	香蕉	土豆	猕猴桃	茄子

为学步儿和 3 岁儿童设计发展适宜性方案

每天的活动至少要包括每个设定的计划领域中的一个活动。因为学步儿需要可供选择的计划，如果你能够提供一个以上的活动当然更好。有的主题也许更适合在一个领域开展活动，所以应确保主题的多样性以制订一个全面的计划。

 语言艺术

学步儿需要有与成人对话以及倾听成人说话的机会。他们需要阅读和写字的活动。除了正常的听说机会以外，每天还应当有专门的语言学习时间。尽管语言学习的四个主要方面（听、说、读、写）是各不相同的，但是应该有让它们互相联系的全面的计划。

说

学步儿在能够准确地说出某些词语之前就已经明白了它们的意思。帮助学步儿建立用于表达的词汇库是一个重要目标。学步儿的表达方式与成人不同，所以要借助情境来理解学步儿的意思。不同的学步儿语言能力的发展速度不同，有些学说话比较早而有些比较晚。几乎所有的学步儿在发某些词的音时都有困难。根据发展的规律，直到六七岁，儿童才能够把英语中的所有语音都发出来，这是受生理发展影响的。

学步儿不仅需要学说话的机会，也需要有说话的内容。应当给学步儿提供丰富的经验，在经历这些事情时以及体验了这些经验以后，要与学步儿交谈。这些经验可以简单到在木板上打滚、去商店、观察或者抚摸邻居家的宠物，这些经历都是很重要的。给他指点观看路上的花，在往购物筐内放水果时说出水果的名称，当他摸小猫时告诉他它的毛是"毛绒绒"的。

下面是一些帮助学步儿发展语言的方法：

● 当你跟儿童谈话时给他示范好的语言。

● 如果学步儿发错了某个词的音，你就要在下一句话中正确重复这个词。比如，如果他说："这儿有胡桐树（poon）。"你可以说："呀，你发现了一个汤勺（spoon）。"

● 当你给学步儿提供了一个选择的机会时，可鼓励他说出自己喜欢哪个或者描述自己所喜欢的事物的特征，而不是仅仅说"好"或者"不"。

● 说简单的话，但是避免使用成人对婴儿说话时的那些咿咿呀呀的语言。

● 倾听学步儿。有人倾听会促使他多说话。

● 提供一些刺激说话的材料，如玩具电话、手指偶、图画书。

● 鼓励学步儿说出并指出自己的身体部位，然后给玩具娃娃的身体部位进行命名。跟他说一说这些部位的作用。

● 学步儿可从具体的经验中学习。如果他能看见、触摸、品尝、嗅闻一个真正的苹果的话，就会更好地学习"苹果"这一概念。不过，他需要一个成人的语言指导来帮助他建立苹果的经验，告诉他：苹果红红的，咬上去脆脆的，而且有点酸。

● 用不同的实物来扩展具体经验，比如，说苹果时谈及 Granny Smith、Golden Delicious 和 Macintosh（这是美国三种主要的苹果类型）等不同品种。给这些苹果命名并区分它们的特征（从颜色、口味和形状方面）。但是不要期望他能够记住这些名称。允许学步儿观看、触摸、闻嗅、品尝这些苹果。

● 郊外旅行可以给儿童提供获得感受实物的第一手经验的机会。

● 说一些儿歌，玩一些手指游戏和简单的儿歌游戏。

拓展和延伸是两种鼓励学步儿运用更加复杂的句子结构的方法。拓展指的是提取学步儿的咿呀语并把它扩展成更加复杂的句子的形式。比如，一个学步儿使用电报句说出"我去"，拓展它的方法可以是"你要去哪里"或者"你准备好现在去了吗"。重要的是提供一个语句范例，而不是简单地回答"好"。

延伸是把学步儿的意思放到更广的背景中去；也就是说，扩展词组的意思。如果一个学步儿说"我出去"，你可以回答"如果你想出去的话，要把外套穿上。"这种方式尤其适合于学步儿刚开始学习对话时以及准备好聆听成人的反馈时使用。

听

通常，我们并不把听作为一种能力。我们想当然地认为儿童应当学习说话，也应当学着看书和写字，而他们生来就懂得听。听是学习的复杂的组成部分之一。它包括听觉器官听的过程和对语音的辨别。人们所听到的需要存入短时记忆或者长时记忆中。跟说一样，如果你能起到好的示范作用的话，学步儿也会有很好的听的能力。当你听学步儿说话时，认真听！如果你总是重复你所说的话，你所说的第一遍他们就不会认真听。

尽管婴儿需要做好倾听的准备，但成人的目的常常是想让学步儿静静地听自己讲话。此外，我们很少认为倾听也需要能力。我们成人需要考虑的其中一个问题是："我们所说的话有多少是学步儿认为值得听的?""我们自己愿意每天坐在那里花很多个小时听一些无聊的事情吗?"要想发展学步儿听的能力，我们需要提供一些刺激，来吸引学步儿倾听一段较短时间的谈话。

跟其他方面一样，发展儿童听的能力，也需要一些指导。

● 用一些信号来集中学步儿听的注意力，比如，在钢琴上弹奏的旋律、一个特定的手指游戏或者敲打动作。

● 建立一些听别人说话时应该遵守的规则，比如，轮流讲话、不要打断别人的谈话、在集体活动时想说话先举手等。

● 可以建立一些跟听有关的说话的规则，比如，说话的声音要足够大而且要说得清楚。如果学步儿认为没有必要听的话，就不会听。

● 手指游戏可以让儿童闭上嘴准备好听别人讲话，或者说"竖起小耳朵"。

● 如果学步儿不明白，你就需要重复所说的话。如果你不知道他在说什么，就可以要求他"换句话说"。这给了你和学步儿第二次表达的机会。

好的倾听能力可以让儿童从环境中获得更多的有用信息。

读

专门为帮助学步儿提高阅读能力的计划是存在争议的。用学科式的方法（如用字母动画卡片学习）确实给儿童带来了不必要的压力，使他们不再像儿童那样通过游戏的经验来学习。然而，给学步儿设定阅读的目标是很有必要的。

每天都要有一个出声朗读的时间。小的学步儿喜欢你坐在摇椅上而他坐在你的膝盖上、你慢慢地翻着书讲述书上图片的感觉。这种近距离的身体接触和书本一样重要。学步儿也可能会自己咬书、翻书、敲打书并尖叫，或者拿着书蹒跚迈步。这些跟书一起玩耍的行为也会带给他们一些积极的早期经验，以提高语言学习的能力。3岁儿童喜欢与一两个同伴一起分享图书。

图18-2　学步儿尤其喜欢本班自制图书，那里有每个儿童的家庭照片，这也是分享的方式之一，并且对那些思念家人的儿童来说也是一种支持

- 鼓励学步儿讲一讲书中的图片内容。

- 如果书中有文字，语言应该简单、概括。

- 学步儿可能会拿着自己最喜欢的书找你给他们一遍遍地讲述。他们喜欢这种重复和多次重复带来的可预见性，因为他们正尝试控制自己周遭的环境。

- 书中的图片让他们有寻找的快乐；也就是说，从不同的页上找重复的熟悉的实物（比如，每页都有一只有待寻找的老鼠）能引起大的学步儿的兴趣。

- 3 岁儿童喜欢与"灾难"有关的简单故事，如拉屎、弄坏什么东西、弄脏自己等。

- 读完一个故事之后，问一下学步儿对故事的看法。有时候他们会有不同寻常的想法！

- 各种可以操作的书丰富了图书的种类，如触摸书、带拉链的穿衣书、可以抓和闻的书、可以挤压的吱吱响的书等。

写

在写的方面，最重要的目的是让学步儿建立文字的概念，知道写和说之间有联系。当然，不要期望这个年龄的儿童会写字。但是，可以让他们在很小的时候就明白书写与创作是不同的。

- 给学步儿提供诸如大粉笔和标记笔等用来书写的工具。他们喜欢在空白的纸上涂色和画画。

- 当在纸上写他的名字时，可以向学步儿介绍一下这几个字（比如，每当你写他的名字时，都这样说"这个念 Inti"）。

- 当儿童开始命名自己的画时，比如，他叫自己的涂鸦作品为"球"，就把"球"字写在纸上，不管画看上去像不像他所说的。这有助于学步儿建立口语和书面语之间的联系。

探索发现

学步儿需要了解所生活的这个世界。他们需要真实的生活经验作为科学探索和数理逻辑推理的基础。对学步儿而言，他们需要主动地对环境作出反应，才能发现它们之间的联系并形成观念。他们必须有大量的经验才能拥有抽象的概念。许多事情都可以丰富学步儿和 3 岁儿童的想象力——从下雨到冲厕所，从垃圾车到爬进垃圾车的小虫。所有这些都是学习的机会。

数学

人们并不指望学步儿拥有复杂的运算能力，但是会对他们对数有所认识并形成数数的概念有所期盼。随着年龄渐渐增长，学步儿可以区分出什么是大、什么是小；当成人数数时，他们能够把大钉子放到小钉板上。他们能唱数数歌。他们可能能够"数数"，但是在这个年龄不可能真正形成数概念。他们对不同的形状有所认识，能做简单的拼图玩具（3 块）。

积木

积木的功能颇多，它能帮助儿童建立数学概念。积木对不同年龄的儿童来说可以有不同的使用方法。婴儿可能喜欢抓握积木，小的学步儿喜欢推倒你搭好的塔，大一些的学步儿和 3 岁儿童喜欢自己搭积木。无论是块状积木还是纸板积木，都对学步儿有用。

● 学步儿通过推倒积木塔来学习因果关系。他们逐渐明白当他们用手推塔的时候，积木塔会倒塌并发出大的声响。他们希望你不停地搭建积木塔，然后由他来检验是不是每次都会发生同样的事情。

● 3 岁儿童喜欢给积木配对来获取形状和大小概念。给学步儿两个在形状上相差很大的积木，自己也拿两个，举起其中一个说："拿起跟我一样的积木。"当儿童拿对了时，可以换用一组形状更为接近的积木，逐渐让任务变得更难一些。

● 鼓励学步儿尽可能自己想办法解决问题。让他们自己想想为什么积木会倒塌以及如何避免这种情况的发生。你可以通过一个好的问题，引导他们思考正确的方法。

● 有时候简单的开放式的语言，如"我想知道为什么会这样"，可以给学步儿自由思考和回答的机会，而不必直接给他答案。

● 积木可以帮助 3 岁儿童进行假装游戏。开始时先用一个积木来假装一个物品，如小汽车或者电话。推动"积木小汽车"在地上运动并发出"哔哔"的声音。这样可以逐渐让 3 岁儿童构建更为复杂的场景。你也可以提供一些辅助物，如汽车、动物、人等，来拓展游戏。

● 把积木按照大小和形状分组放在低矮的敞开的柜子上。这样，当学步儿帮助整理时，他们可以练习按形状和大小分类。

科学

学步儿的科学学习包括对所居住的这个世界的探索。发现答案的过程比答案本身更重要。这是思考的基础。对这个年龄段的儿童来说，科学是非正式的、间接的、自由探索的。成人在这个过程中要创建吸引学步儿积极探索的环境。

有些成人可能认为给学步儿设计科学活动太牵强了。其实科学活动是很容易设计并实施的。给学步儿设计的科学活动包括植物的生长、动物的成长变化、我们自己的身体的变化发展、不同的天气、我们吃的食物、颜色的融合和水的性质等。

- 在不同的季节和不同的天气状况下，与学步儿一起探索户外世界。经常到户外能够帮助儿童认识自然和所居住的环境。认识自然的过程是自由的，也是具有挑战性的。

- 到附近的公园或者丛林旅行，了解植物生长、岩石、老的植物和树木甚至是一些动物，如野兔、松鼠和一些昆虫以及蜘蛛。室内学习可以延续室外科学学习的经验。

- 让学步儿在杯子里种一些种子（豆子是容易种植的，并且能长得很快），在植物生长过程中观察它的变化。或者让他们帮忙在操场上开辟一小块种植区。

- 抓一些昆虫或者蜘蛛，让学步儿观察一两天。安排"放生"的实践，把昆虫放回大自然。

- 找一处蚂蚁窝。学步儿对蚂蚁勤劳的天性非常感兴趣。

- 找一些不同的石头，把它们放在花园或者活动场。鼓励学步儿去感受石头不同的质地，说一说石头颜色和重量的区别（要设定一些规则，如不乱扔石头）。

- 安排一次在住所附近捡垃圾的郊外出游活动。这是一次很好的学习机会，对儿童来说，也是很好的锻炼机会。记得让儿童戴上手套捡垃圾。

- 用一个轻便的、无绳的手拿式搅拌器跟学步儿一起烹饪/烘烤食品。可以在任何地方搅拌（低桌子、在地板上的托盘里、户外等）。不要担心绳索的问题，仅仅考虑搅拌就可以了！如果面糊不够黏稠的话，可以让学步儿轮流用木勺来搅拌。但是要知道，他们是不太懂得排队等待的。

感知觉

儿童通过感觉来了解世界。婴儿和小的学步儿常常用嘴来认识周围的环境。随着渐渐长大，他们开始更多地使用手。其中一个重要的具体感觉（触觉）的接收器是手。这个感受器给儿童带来有关周围世界的很多信息。比如说，如果一个物体是坚固而光滑的（一个紧紧的拥抱或者一个光滑的玩具），儿童常常会产生舒服的感觉。有一些感受是不舒服的，如小的触摸（挠痒痒），儿童就会逃避它们。

很多感觉经验是通过日常活动获得的，比如，让学步儿在不同材料的表面上玩耍（草地、油毡、地毯、被褥）或者给他们不同材质的玩具玩。不同的游戏活动给儿童提供了很多触觉刺激，这些应该是儿童活动的常规部分。泥、手指画、沙和橡皮泥是感觉游戏的不同材料，它们给儿童提供了触觉经验。而这些触觉经验对儿童的全面发展非常重要。

大肌肉运动

学步儿需要空间和物体来进行推、拉、搬和举等活动。这些活动可以增强躯干的力量。他们需要滑行和摇摆的安全场所。把音乐打开，鼓励学步儿自己跳舞或者一起跳舞。这不是芭蕾，而是扭动！用音乐来鼓励儿童练习，特别是在不能外出的时候。

户外是练习大肌肉能力的最好的场所。许多人认为即使在寒冷的天气里，带儿童在户外游戏也是有好处的。在户外，有更大的空间可以进行大肌肉运动，而在不同的游戏场地进行游戏可以调动学步儿的兴趣。户外活动的多样性不仅仅激发了儿童的兴趣和学习，同样也能激发你的想法和学习。这也是让学步儿过剩的精力得到释放的好办法。

除了下雪天以外，你安排的在冷天进行的学步儿活动也应该与天气暖和时的活动相似。

- 与学步儿在户外玩"追逐"游戏。当他们跑开时，你慢慢地追他们。如果他们成功地跑开了，他们就会咯咯笑个不停，收获胜利的感觉。也可以变换形式，让他们追逐和抓住你。

- 在周边散步；说一说季节的变化。

- 鼓励学步儿在雪地里玩耍。帮助学步儿收集一些干净的雪，盛在大碗或者锅里并拿到室内。让他们去摸、去戳、去塑造形状，看着雪慢慢融化。把碗里的雪水放到托盘里、塑料桌子上或者地板上旧的淋浴帘上。如果雪水是干净的，可让儿童尝一下。也可以给它掺上果乐让儿童品尝。

感觉运动的整合

各种不同的感知经验可帮助儿童与生活环境相互作用。感知经验（如捡东西和摆玩玩具物品等）可帮助学步儿和 3 岁儿童（包括迷宫游戏、涂鸦、串珠子）发展小肌肉运动能力。

- 学步儿喜欢在水容器中玩耍，如一个供若干儿童玩耍的水池或者一个供单个儿童玩耍的盘子。在容器里加上水，放一些塑料杯子、大汤匙或者一些可以漂在水面上（如软木塞子、塑料泡沫）以及沉入水底的物品（如石头、衣夹等）。

- 学步儿也喜欢用水画画。在一个暖和的天气里，装上几桶水，放上一些旧的水粉刷，儿童就可以在外面的墙上、边墙上、篱笆上画画了。

- 学步儿喜欢玩沙。可以用盛水的容器盛沙子。可以放上一些杯子、汤匙、小汽车和木质或者塑料的小人。也可以往沙里加入一点水使灰尘沉淀，使沙子容易塑形。要看着儿童，不要让他吃沙子。

- 旧式的泥沙游戏虽然比较脏，但却能提供有趣的感官体验。如果某个角落有一些需要挖走的泥土的话，不妨倒上一些水让它变成泥。在暖和的天气里，把学步儿脱得只剩下尿布或者短裤让他们去玩耍。用肥皂和水能很容易地把泥土冲刷干净！让他们出去之前抹上防晒霜。

● 橡皮泥总是好玩的。无论儿童的年龄和能力怎样，他们都可以压、卷、拍、挤橡皮泥（面团）或者把它捏成什么形状。放上切甜饼的小刀或者喝饮料的管子（儿童用它们切东西）。面团很容易买到，你也可以用很多不同的方法自己做（见第十九章"各种面团活动"）。如果你自己做，儿童品尝它就不成问题，他们也可以参与制作面团的过程。

小肌肉运动

小肌肉运动能力的发展包括学步儿用手臂、手和手指的小肌肉来伸手够东西、抓握以及使用东西。对学步儿而言，重点在于学会自理，如穿脱衣服、上厕所、洗手和擦手、清洁自己。自理能力的发展是发展独立性和建立自信心的重要组成部分。

肌肉和关节的稳定性是进行小肌肉运动的先决条件。如果学步儿没有躯体发展的稳定性，就不能够做好一些小肌肉运动，如扣扣子。儿童需要从早期的抓握形式（整只手的运动）发展到随意使用有用的肌肉。整只手的抓握能力可以通过抓握小棍、树枝的活动和拖拉比赛等来加以发展。

良好的抓握能力包括手指的单独使用以及用拇指和食指一起捡小物体。手抓食物、大粉笔和大的木串珠将有利于这些能力的发展。学步儿需要发展运动能力，准确地捡起和放下这些物品。

● 让学步儿练习穿衣能力，如拉拉链、扣扣子。可利用一些为此目的设计的娃娃、图书或者穿衣架等。从大的纽扣和拉链开始练习。

● 鼓励学步儿穿大号的容易穿脱的衣服。

 艺术创造

创造力是思考、表演或者用创新的方法做某事的过程。这并不是说一个人必须是某个事物的发明制造者或者第一个做某事的人，而是说它对一个人而言是全新的体验。比如，手指画不是新鲜的事情，但它可能是一个小的学步儿富有创造性的体验过程，因为他探索了水粉颜料的质地。对大的学步儿而言，它也可能仍然是创造性的活动，因为该儿童可能会尝试用新的方法把颜料画在纸上。这些学步儿以不同的方式用手指作画，但是都是具有创造性的。

创造力帮助学步儿建立起良好的自我概念。它鼓励儿童思考及表达自己的想法、寻找事情的不同解决方法。它让儿童努力克服困难，发展新的能力。你的计划应该有助于儿童的创造性活动。

创新的体验常常提供了无结构的探究机会。在这个年龄阶段，它们明显以过程为主，所以它们提供的学习机会同样也包含了材料。我们需要支持、肯定学步儿的创造性活动。客观地说，这些产品也许不是好的；但重要的是，它发展了儿童的创造性思维。学步儿需要有自由的机会去探索图画书、随音乐舞动、学习简单的歌曲和扮演熟悉的角色。

美术

学步儿在与美术材料互动的过程中，会经历可以预期的若干个发展阶段。到30个月时，学步儿开始能够更精细地涂写，包括画重复性的图案和圆圈。儿童某些时候能够意识到他们的运动和纸上的符号之间的关系。他们在努力控制自己的手的运动了。虽然，他们的涂鸦并没有因此而与之前的绘画有所不同，但是对学步儿来说，控制手的运动的经验是以前没有体验过的。这种控制是应激性的，也能够普遍化。如果他们知道自己在纸上做了记号，也就能知道自己用指头在面团上戳了个洞。现在，艺术对儿童来说变成了一种不同寻常的体验。尽管儿童之间存在差异，但这种变化一般发生在 3 岁左右。3 岁时，他们开始命名自己的涂鸦作品，尽管它也许看上去什么都不像。3 岁时，儿童开始拥有了小肌肉运动能力和手眼协调能力，这能够帮助他们进行有意义的绘画活动。

美术对学步儿来说，意味着凌乱、有趣和运用不同工具进行自由探索。儿童把颜料弄到纸上、画架上或者桌子上，看着颜料从瓶子中一滴滴挤出来，用手指或者手进行绘画，把蘸满颜料的海绵上的颜料挤到手上，滚动、敲打橡皮泥，把纸屑、布条和通心粉粘贴到纸上，用蜡笔、粉笔或者水笔涂色及涂鸦。这些都是儿童的美术。

美术不是学步儿看着教师把事先准备好的图画粘贴到纸上，不是要儿童做得跟别人或者教师一模一样，不是在涂色书里用蜡笔在画好的线里涂色，也不是简单的重复。它也不是成人与儿童一对一的活动。美术不是儿童从家中带来爸爸妈妈画得好看的画；它是儿童创作的经历，尽管画得什么都不像，也许都不算一个作品！

通过使用美术材料和参与艺术活动，学步儿：

- 学习如何把天然材料做成成品。
- 运用自己的感觉探索材料。
- 学会自己做决定。
- 学会分享材料和欣赏他人的作品。
- 建立积极的自我概念。

● 建立和精细化小肌肉运动能力，提高认知能力。

由于学步儿的美术活动是凌乱的，帮助他们设计场地就变得很重要。把大的油布铺在地上或者在儿童桌上铺上报纸。给儿童穿上工作服（成人的旧衬衫就可以了）。

成人的作用是让学步儿描述一下自己正在画什么，如果儿童太小，还不太会说话，成人就可以用语言描述儿童正在进行的活动。询问儿童某个东西是什么，是很不明智的。应该更注重过程而不是最后的作品。

● 每天给儿童提供涂抹、绘画、粘贴、涂色和泥塑的机会。不要给学步儿提供让他们模仿的范画。

● 让艺术活动时间成为真正的创造时间；把涂色或者匹配颜色的活动放在其他时间进行。

● 关注学步儿的活动，无论水平高低，都要呈现他们所有原创的艺术作品。

● 跟儿童一起活动以鼓励他们。当你参与时，应示范过程而不是作品。比如，挤压、滚动、敲打橡皮泥，把它撕成很多小条，但是不要把它做成一个笑脸。

● 用语言来鼓励儿童创造性的想法。不要说"你画的是什么"，而要说"跟我说一说你的画"。不要对每个问题都给予直接的回答，而要不时地问"你认为会怎样呢"。问一些为什么和怎么样的问题："为什么你认为它会发生？"或者："你是怎么做到的？"

● 给学步儿不同种类的材料供其探索（比如，如果让他们粘贴，就可以提供撕好的纸片、通心粉、木条和豆子等）。

● 使用多种类型的简单工具。让学步儿绘画可以用大刷子、滚子、海绵和装满颜料的小瓶等。可以通过加入沙子来变换蛋彩画的纹路。在桌上或者画架上画画。

● 让学步儿用刮胡霜、蛋彩画颜料或者布丁进行手指画。直接让他们在桌上作画，然后让他们帮助整理（注意要留出足够的时间整理卫生，并给予足够的指导）。由于在进行手指画时儿童很容易把颜料放入口中，所以要考虑颜料的可食用性。

● 采用会影响面团的坚硬性和纹理的各种不同方法来制作橡皮泥（推荐采用可食用的橡皮泥）。对于 2 岁儿童来说，可以加入诸如切曲奇的小刀和饮料吸管等工具。

图 18-3　学步儿进行美术活动时是凌乱的

音乐

学步儿对音乐的气氛会有反应。安静的音乐和摇动将给儿童营造入睡的氛围，而欢快的击鼓声会让儿童乐于活动。学步儿能够用工具制造声音。他们会用木槌敲击木琴或者用手指敲击钢琴。学步儿通过用不同物体敲击不同乐器发出不同声音来体验音乐。18 个月时，他们就喜欢音乐和舞蹈；到 24 个月时，他们已经学会简单的歌曲并能够一遍一遍地唱。他们喜欢简单的歌曲和童谣，你可以和他们一起吟唱。儿童喜欢并从不同的音乐中学习。当他们唱歌、听音乐、重复歌曲或者歌曲的一部分时，会学习到新的词汇、建立起节奏感、发展自己的记忆能力。

● 把特定的音乐作为进行下一个活动的标志。

● 在一天的不同时间播放音乐。流行的、古典的曲子和儿童歌曲都行。让音乐与活动相适应。午睡时间播放一些安静的、使人放松的音乐。当雨天不能到户外时，放一些声音比较大的比较振奋的音乐，让学步儿在室内跳舞。

● 帮助学步儿制作一些简单的乐器，用于你唱歌或者放磁带时打节奏。可以把燕麦包装盒涂色或者包上包装纸，装饰成鼓。可以用一些小的材料（如干豆子）填充大鸡蛋盒或者空的影带盒并用带子扎紧来做摇摇鼓。即使是最小的孩子，也喜欢敲鼓和玩摇摇鼓。

● 用手指游戏教学步儿语言技能，包括听、记忆、排序和说歌词，也能够实现感知运动的整合。

● 用音乐提高学步儿的社会交往能力。由于在唱歌和做手指游戏时常常跟其他儿童在一起，儿童会注意到一些有意思的现象，并模仿成人和其他儿童。

创造性的动作

随着学步儿能够控制自己的动作，他们开始进行创造新动作。大约 2 岁的儿童喜欢有节奏的音乐，并随着音乐起舞。的确，他们仍然需要经常休息；他们还没有到不知疲倦地运动的阶段。当学步儿还在尝试控制自己身体的动作时，是不能够随心所欲地创编动作的。

创造性的动作体现了一个人的内心状态。这与有一定目的的功能性运动不同。由于这是个人的状态，所以它的运动方式没有对错之说。不要以笨拙等来评价创造性的动作。不管是对男孩还是对女孩，所有动作都应当被认为是合理的。不要给学步儿示范，那样他们会认为应该模仿你做，就不会再出现创造性的动作了。音乐常常被用来协助动作。把音乐和动作整个融入小组游戏，比如，"做动作（Hokey Pokey）"或"围着玫瑰绕圈圈（Ring around the Rosie）"，或者有感情地唱"你开心你知道（If You're happy and you know it）"。让儿童投入到不同类型的活动中。

角色表演

　　小的学步儿通过角色表演来体验和模仿他们最熟悉的成人。家庭中总有一些角色可以模仿。照顾孩子、打扫卫生和做饭是典型的家务主题。学步儿也会表演对他们有意义的场景。我们常常可以通过观看学步儿的表演来了解他们的感受。18个月的学步儿就已经有角色表演的经验了。通过提供工具或者发起表演，成人可以给学步儿提供很多有意义的角色表演活动。两三岁的儿童会运用心理再现和象征性思维。语言是事物和事件的抽象符号。学步儿可以根据功能分类。这些能力的获得，使得他们的表演更具创造性。他们能够"假装"。

　　学步儿先观察他人，然后再进行自己的活动。他们最初的表演可能是在碗边移动汤匙以模仿爸爸做饭、假装喂娃娃或者毛绒玩具。我们要鼓励这种行为。如果学步儿没有假装表演而只是对娃娃、毛绒玩具或者其他玩具感兴趣，就鼓励他们模仿你。当你假装给娃娃梳头时说"我在梳头"，然后对儿童说"你来试试"。如果他没有模仿的话（生理本能），就轻轻地抓住他的手带他做。认可学步儿的任何尝试。如果他还不感兴趣的话，那可能是他还没有发展到这个阶段，你可以等到日后再来进行类似的模仿活动。男孩和女孩都需要这种尝试。除了传统角色的扮演以外，男孩也需要喂娃娃、做饭，女孩也需要推卡车和消防车。如果你在很小的年龄允许男孩玩做饭游戏而女孩玩开卡车，他们长大后在选择职业时就不会有很多限制。

　　学步儿发展社会性的方法之一就是模仿成人的活动。这可以解释为什么他们最喜欢的角色是他们最了解的。看学步儿玩假装游戏是一种享受。有时候他们把妈妈、爸爸和教师演得非常逼真。这种表演看上去很有趣，但学步儿从中学到了什么呢？3岁以前的儿童很少会扮演英雄或者好人、坏人。学步儿需要有关场景或事件的亲身经历来理解它。因为对很多学步儿来说，妈妈做饭、爸爸洗碗是经常可以看到的，这就成为他们最初的角色表演中最常见的。

　　学步儿从表演中学习如何与人相处。许多学步儿都有一个与同龄人相处的困难时期。随着实践和逐渐成熟，他们慢慢学会分享、交流和协商。在角色表演中，学步儿要商量解决谁演妈妈（或者爸爸、大姐姐、孩子），每个角色的作用（做他们应该做的）、这个游戏情景背后通常有什么主题。

　　角色表演增强了儿童的语言能力。学步儿必须通过语言来解决分歧以保证游戏顺利进行。由于学步儿会在角色表演中学习不同的人做事的不同办法，因此，他们的认知水平也得到提高。如果孩子的妈妈在职，那么一个孩子的妈妈可能是公司老板，而另一个孩子的妈妈也许在快餐店工作，这就说明职场妈妈有不同的职业。还有的妈妈也许不上班，那么这个孩子的妈妈角色就会不同。通过角色表演，每个孩子都了解到妈妈们的不同角色。

角色表演也是儿童发泄消极感受的安全方式。一个有了小弟弟或小妹妹的学步儿捶打着玩具娃娃并说"他们真坏"是很正常的（没有什么不好）。学步儿可以在没有生命的物体上发泄他们的不满、伤心或者嫉妒，而不会伤害自己。以下是鼓励学步儿进行角色表演的一些建议。

● 设立一个"家务活动"表演区。该区域包括一个玩具厨房（炉子和冰箱）、儿童桌椅、玩具盘子和玩具锅、空的食物箱（可以加入清洁用具、橡皮泥或者把它改成面包房，从而增加游戏的多样性）。给儿童提供儿童可用的扫帚和簸箕，让他帮助你扫地。他一开始会扫飞垃圾而不是扫拢垃圾，但是经过练习，就能做好！

● 在角色表演区设置一个商店。收集一些空食品盒、纸袋、收款箱、篮子和架子来装食物。家长常常会自愿带来一些空盒子。

● 把角色表演区变成鞋店。让家长收集一些旧鞋子（成人的鞋子）。把它们放在架子上，可以假装测量脚的尺寸，给扮演顾客的儿童放一些椅子。放一些鞋盒子和袋子。

● 把角色表演角变成娃娃家。放一些玩具娃娃、小衣服、小床（用纸盒）、瓶子、毛毯、锅、供宝宝洗澡用的浴巾、空的粉末盒和尿布等。

社会意识

自我感觉比较好的学步儿能够很好地接纳自己。他们也能够接纳他人，因为社会意识也包括儿童作为一个群体成员的成长。作为群体的一部分，学步儿要学会分享材料、轮流、善于倾听、独立工作和参与小组活动。

随着年龄的增长，儿童的自我意识发展起来。2岁儿童会说自己的名字、性别、家庭成员和宗教信仰。他们知道住在哪里。他们开始意识到自己跟他人的相同及不同。他们开始认识自己的优缺点。他们通过别人对他们作出的反应来了解自己。

社会学习

学步儿逐渐了解周围的环境、自己的家庭和学校的环境以及所居住的社区。他们通过短途郊外活动、去商店买东西以及去别人家玩来认识这一切。他们见到与他们看上去不一样的人们。他们看到成人做各种不同的工作。社会学习帮助学步儿了解所生活的环境的复杂性。

学步儿社会意识的其中一个方面是了解自己的文化和宗教背景。早期儿童的活动计划应着重强调每个个体的相同点和优点，而不论种族、宗教信仰、性别和是否残疾。学步儿需要知道他们是谁、他们的朋友是谁。他们需要学习彼此之间的相同与不同，以达到学会互相尊重和合作的目的。

学步儿不需要多元文化的课程。但他们确实需要有跟不同背景的朋友和成人接触的机会，以此来接触好的榜样，感受到作为人类的美好。好的计划应该包含下面的许多理念。

● 把每个学步儿看做特殊的个体。了解不同文化的差异，并将其作为日常的一个正常组成部分来加以讨论。虽然我们不提供"节日课程"，但要利用庆祝节日的机会来了解不同的风俗。邀请家长参与和分享一些独特的东西，如特别的食品、歌曲、装饰甚至服饰。

● 图书角应包含带有不同宗教背景的儿童图片的图书以及有关不同风俗的图书。

● 鼓励家长跟孩子们分享他们的文化风俗，可以是民族食品或传统的服饰。

● 跟学步儿讲一讲他们与他人的相同点和不同点。欣赏每个儿童独特的方面。

● 在小组活动时，通过给学步儿配对交新朋友来一起完成任务。这有利于学步儿多交朋友，也有利于你将所有儿童都纳入活动中。

健康和安全

健康和安全都是很值得关注及研究的问题。当学步儿意识到健康的感觉而且能够用词语来描述他们哪个地方受伤了时，疾病不被发现的可能性就降低了。当他们知道什么是危险的并能够作出适宜的反应时，环境相对就安全了。只有当学步儿是健康的并感到安全时，他们才能充分地参与到活动中。

当学步儿认识了自己的身体部位并对自己的身体更加了解时，他们在健康看护中就可以起到更积极的作用。这也是学步儿对自己和他人身体感到好奇的时期。可以讨论什么是"好"的触摸、什么是"坏"的触摸。要告诉学步儿如果触碰让他们感到不舒服时，他们应该告诉自己信任的成人。学步儿从小就可以学习健康的行为习惯，如饭前便后要洗手。他们可以了解如何根据不同的天气穿不同衣服、知道好的营养搭配是怎样的。

● 当儿童穿衣出门或者回来时，告诉他们在暖和的天气里和寒冷的天气里衣服穿着的不同，帮助学步儿了解天气和着装之间的关系。

● 作为每日常规的一部分，要教给学步儿基本的健康常识（如饭前便后要洗手）。

● 给学步儿选择健康的点心，如新鲜的蔬菜、切好的或整个的水果、全麦面包、蛋糕、酸奶、奶酪或者黄油面包、苹果、香蕉或者蛋糕等。

- 偶尔让学步儿帮忙准备点心。他们通常会喜欢品尝自己制作的新食品。

自理

学步儿自理能力的发展是课程中不可或缺的一部分，需要安排专门的时间。穿脱衣服、如厕、洗手和清理卫生，都需要运用小肌肉能力、感知运动能力、计划和排序能力等。这些能力的发展同样会促进儿童独立和自尊的发展。穿脱衣服可能会成为一件乏味的事情，尤其是在冬天，应该想办法让它成为学习的机会。

- 分析任务，然后把任务根据它们的特点分成若干步骤，一步步地教。也就是说，当你在教一个学步儿洗手时，你首先要教会他的是拿起毛巾和放下毛巾。这样，他就能把手擦干，会使用毛巾，然后教他关水笼头等。当他顺利地完成单个任务时，他会产生满足感，也避免了从一开始就要求他完成所有任务带来的挫败。

- 对学步儿来说，穿外套是很难的。下面是一种最简单但非最常规的方法：

1. 把学步儿的外套放在地板上，里边朝外，将领子或者帽子放在学步儿的脚边。

2. 让学步儿把两只胳膊的一部分都放在袖子里。

3. 帮助学步儿把外套罩过头，而此时，胳膊的一部分仍然放在袖子里。

4. 把胳膊完全放入袖子中，帮助他们把拉链对上或者帮助他们扣上纽扣，这样就穿好了！

- 常规包括卫生清理。当儿童洒了牛奶的时候，给他一块海绵让他擦干净。

- 当学步儿能够自己穿衣和做其他事情时，可使他们建立自主意识。

- 当学步儿进行穿衣等活动时偷偷溜走，让他们找自己的衣服、戴手套、穿靴子、戴围巾和帽子等。

- 描述你或者儿童正在做的事情以发展他们的语言能力，比如："埃里克，看看你是怎么把腿放进滑雪服里的?"

- 通过给予表扬和鼓励，来帮助学步儿发展社会性和情感能力。这也会让学步儿自我感觉良好。

在儿童穿脱衣服和进行其他的自理活动时，多用一些时间跟他们说话，鼓励他们，使这个过程变得更加愉快和放松。思考一下自理能力与儿童其他领域发展之间的关系，你会觉得它的确应该作为学步儿课程计划的一部分。

特殊学步儿和 3 岁儿童的全纳教育

鉴于学步儿开始意识到自己与他人不同，一个敏感的教师应该具有制订长期计划以发展他的这种意识的能力。儿童把你看做榜样。思考一下自己对于早期儿童计划中接纳特殊儿童的看法。也想一下自己面对不同宗教、种族的儿童时的感受以及对性别的看法，从而知道你在跟有些儿童相处时，是否会因为个人的价值观问题陷入麻烦。

如果你同情特殊儿童或者对他们给予更多的保护或者迁就，其他儿童就会模仿你。如果你只是庆祝大多数儿童共同的节日而忽视个别信仰不同的儿童，这些儿童就会感到被排斥。如果你总是让男孩去积木区而让女孩去角色表演区，那么你就在宣扬性别差异观念。关注对所有儿童而言都是重要的。学步儿是以自我为中心的，他们需要别人的支持。

如果成人能满足儿童群体中每一个个体的需要，那么就能成功地将有残疾的学步儿纳入自己的项目中。有时候，特殊的学步儿和 3 岁儿童需要一些特殊的玩具和材料来帮助其学习新的能力。通常，其他儿童也可以使用这些特殊玩具。

实施全纳教育，可能使所有儿童都获得进步。下面是把特殊的学步儿和 3 岁儿童纳入计划的一些建议：

● 创建一个能够自由讨论种族、性别和残疾问题的氛围。儿童对这些差别十分敏感。3 岁儿童会通过模仿成人的行为，学会对跟自己不同的儿童表示尊重和关爱。

● 通过提供不同的活动、材料和计划来实现选择的多样化。学步儿可通过第一手的经验知道人与人之间的不同。如果一个儿童戴着绷带，其他儿童可能也想戴绷带。通过物理治疗医生的帮助，获取一些拐杖、绷带、拐棍和轮椅等，让儿童在成人的监督下体验。学步儿通常不喜欢把眼睛蒙起来，所以给他们制造视力障碍是不明智的。我们的目标是让他们有积极的而不是消极的体验。

● 告诉学步儿怎样处理注视以及对特殊儿童说一些不礼貌的话的情况。让所有儿童都明白被人盯着看的感受。教给儿童可以接受的了解他人的方式。

● 教给儿童接近他人和进入其他群体的具体能力。如果有儿童嘲笑或者对残疾儿童说一些难听的话，要站到残疾儿童的一边。制止嘲笑并告诉儿童这些话会伤人。给他们一些正确的评论，比如："凯米莉不是傻子。她只是需要比别人更多的时间来学习新的知识。"帮助这些儿童掌握一些能够使他们自豪的能力。

● 帮助所有儿童调整以适应自己的角色，让所有儿童一起游戏。

● 鼓励混龄组里大一些的儿童在残疾学步儿需要时帮助他们。当然，这不是永恒不变的责任。让其他儿童也有机会与残疾儿童一组，还可以让小的学步儿与他们一组，让学步儿从小就学会帮助别人。

实行学步儿和 3 岁儿童的全纳教育要求有更个体化的计划。成人要考虑个别特殊儿童的需要，也要考虑所有儿童的共同需要。通常，这些需要是一致的，只需要在普遍的计划上做一些改动。全纳的提议体现了针对该年龄段儿童的发展适宜性实践，只需让计划做一些改动，以满足学步儿的个体需要。

 ### 发育迟缓的学步儿和3岁儿童

让学步儿积极参与到学习过程中去，但是要不断变化并重复这个过程。当你教"下面"这个概念时，让学步儿从桌子下面爬过去。当儿童进行路障活动时告诉他，他在梯子的"下面"。你需要使用更加直观的方式，而不是假定学步儿可以自己发现该做什么或者简单通过观看别人来学习。你需要起到更多的支架作用来激发他的学习。

● 每天严格执行常规，从而让学步儿知道下一步该做什么。提供一张图表来展示每日常规。

● 把自由活动时段的选择限制到两三个，或者给儿童提供选择适宜活动的指导。

● 减少分心的可能性，尤其是在小组活动时间，可以让儿童坐得离你近一些或背向热闹的游戏角。

● 通过摆放地毯等提醒学步儿应该坐在哪儿。

● 给多余的精力提供合适的发泄方式。学步儿需要用敲打袋子或者做些笨拙的事情等方式来发泄剩余精力。

● 让任务由简到难，从而满足学步儿的发展水平。必要的时候可以倒着来。

● 确定活动规则并用图片表示、张贴出来。不但要告诉学步儿这些规则，还要展示给他们看。

● 帮助学步儿组织他们的活动。比如，可以询问："你想先做什么？……然后再做什么？"

● 利用各种教学方法，包括给学步儿做示范。学步儿经常通过模仿他人来学习正确的行为。发展滞后的学步儿可能只有有限的行为技能，示范可以增加他的技能。你可以指出你希望他注意的重要方面。

● 帮助学步儿建立一种行为时，可以把行为分成许多小的步骤，引导他们逐步掌握这些步骤，在这个过程中给予提示，直到他能够自己掌握。

● 积极的构建方式要逐渐减少。当学步儿开始掌握一个技能的时候，逐步减少提示，让他逐渐独立完成。

有生理缺陷的学步儿和3岁儿童

学步儿需要材料来发展大肌肉和小肌肉运动能力。成人的作用是提供充足的多种材料，鼓励儿童的多种运动并制订发展技能的计划。

- 运用合适的设备让学步儿能够尽可能正常地参与到活动中。
- 提供大一些的可操作的玩具。
- 小心教室里容易划伤儿童或者容易滚动的设备。
- 鼓励自助技能，在儿童代步车里放上一个大的袋子或篮子，或者给使用拐杖的儿童的脖子上挂一个小袋子。
- 鼓励学步儿运用肌肉。许多儿童由于觉得困难而羞于进行美术或者操作性的活动，但是他们需要练习。

有视觉障碍的学步儿和3岁儿童

帮助学步儿熟悉屋里的每个活动区，并确保他们能安全地到达每个区（地上没有玩具）。让这些活动区相对固定，并鼓励他们自己活动。实施固定的常规有助于儿童了解下一步要做什么，支持他们自立。

- 时刻注意他们在屋里的什么地方。
- 利用学步儿能够触摸的物品，当他们触摸到某个物品，告诉他们与该物体配对的词语，比如："琼卡，这是一个球。摸一下看它有多圆。如果你拍它的话，它能弹回来。"
- 注意光线。有的学步儿在昏暗的灯光下看得更清楚。如果学步儿在有灯光的情况下看得更清楚，那么就应该调整光线来适应他。

图 18-4 有视觉障碍的幼儿需要很多动手的练习

- 用你喜欢的语言。没有必要禁止使用"看"等语言，只不过你要给儿童用更加具体的方式描述所看到的东西。

有听觉障碍的学步儿和3岁儿童

家长通常会对如何发展孩子的交流能力有想法。你要支持这些想法。如果可能的话，把儿童喜欢的交流方式引入常规活动中。

婴幼儿的发展与活动计划

● 如果移动教室里的布置不会引起混乱，那么，就把阻碍儿童视线的物体拿走。鼓励学步儿在做决定之前，先看一下教室里都摆放了哪些可供选择的物品。

● 鼓励学步儿在倾听时看着对方的脸。当你跟他讲话时看着他，提醒其他儿童也这么做："跟索菲亚说话时看着她，这样可以让她更好地理解你所说的。"

● 在小组活动或者吃点心时，让他们在你的视线范围内，可以就在你的对面，但不要让儿童直视太阳。记住，你说话时要看着他。

 社会性／情绪情感失调的学步儿和 3 岁儿童

一个组织良好的、可预期的、安全的环境有助于学步儿有更好的表现。稳定的环境会给人稳定的感觉。这些儿童需要成人的支持、关心和关注。

● 在安全的环境里给这些学步儿提供跑、跳、爬和摇摆的机会。

● 跟家长一起制订一个控制不稳定情绪、培养目标行为的计划。

● 为儿童参与小组活动与他人玩耍或者与其他儿童接近提供大量机会，给他们积极的反馈。

过渡环节

过渡指的是上一个活动结束到下一个活动开始之间的时间。这可能发生在活动之间、一天的开始或者结束、午餐前后、吃点心前后、午睡前后或从室内到室外。过渡时间对学步儿、教师和家长来说都是难以应付的。即使是在家里，吃饭、睡觉之前等类似情况下的过渡也会带来紧张。无论是在哪儿进行过渡活动，过渡带来的改变都会引起心理上的紧张。鉴于一天中有很多过渡环节，把过渡环节很好地加以计划来作为学习的时间，是很重要的。由于过渡环节的紧张会带到下一个活动中，所以要考虑一下消除紧张的办法。

 为什么过渡环节会有压力

通常，成人比学步儿更能意识到过渡。由于学步儿刚刚学习顺序，他们把每个事件包括过渡环节都看做单独的事件。他们认为过渡环节既不与前面的活动有关系，也不与后面活动有关系。平静、坚定的回答可以让儿童获得安慰。在过渡环节中，儿童需要感受到安全并明白这是常规，受到成人的控制。儿童的年龄越小，过渡所需要的时间可能就越多（比较一下 5 岁儿童和 2 岁儿童穿靴子、滑雪裤所用的时间）。同样，群体中儿童的年龄差别越大，过渡所需的时间就越长。

过渡时间越长，场面就越难控制。过渡环节难以组织有很多原因。下面是一些可能的原因和解决方法。

烦躁。过渡常常意味着等待。无事可做的学步儿通常会找一些事情来做，而这些通常不是你所希望的。

消除烦躁。尽可能缩短等待的时间。当你不能缩短时间时，就跟学步儿一起唱首歌、玩个手指游戏，讲一个或者读一个故事。不要等到下一个活动准备好再开始过渡。比如，不要等到午饭都摆好放在桌上了再让儿童去洗手；不要等儿童都坐好了才开始活动。行动比较慢的学步儿如果觉得自己慢了会加快速度的。

变化。学步儿像成人一样，当完成某个活动时就想换个活动，而不会考虑时间。他们会对将要进行什么活动感到茫然。

让变化变得简单。要让儿童意识到将要发生的改变，比如："5分钟后是洗手的时间。"一定要按照计划执行。学步儿没有时间概念，所以你适当延长或缩短活动的时间是可以的，但是要按照计划的先后顺序来进行活动。让他们自己想一下接下来该干什么。

规则。学步儿对过渡环节的规则要求不是很明确。

让规则易于执行。明确告诉学步儿你希望他们在过渡环节怎么做。比如，让他们帮忙收玩具，如果收好后需要放回原处，你要用图示或者在架子上明确指示每个物品的摆放位置。允许过渡环节出现一些混乱。

控制。学步儿希望控制自己的生活，获得独立和自立。

给学步儿一些自由。如果在过渡环节给儿童一些自由选择会更好。确保这些选择是你所希望的。学步儿可以决定他们在午休时间看哪本书，而不是是否午休。

分离。有些过渡意味着分离，无论是跟父母、看护人、兄弟姐妹、小伙伴还是熟悉的地方。

减轻分离焦虑。如果儿童跟父母分开很困难，就跟其父母谈谈这个问题并一起制订一个计划。用图片表示的时间表对这样的儿童是有用的，特别是当他们看到最后的图片是父母把他们接走时。

技能欠缺。过渡环节常常要求学步儿在一段较短的时间内运用一些他们不太熟练的技能，如穿脱衣、如厕和自己吃饭。

给予充足的时间来提升技能。设置某些过渡环节的目的是为了让儿童练习自理能力。要求他们迅速做完，会给那些正在掌握技能的儿童带来很大压力。这会导致他们反对你的要求。多给那些不太熟练的学步儿一些时间。先让那些反应较慢的儿童进入过渡环节，从而让他们有更多的过渡时间；或者在过渡环节以后设计一个方便这些儿童随时加入的活动。

缺乏计划性。过渡环节是一天中的重要环节，也需要计划和目标。

给过渡环节制订计划。过渡环节既是必要的环节，也是学习的过程。先可以让他们增加对自己的了解，比如，让"长头发的孩子""棕色眼睛的孩子""穿胶底运动鞋的孩子"等先离开。活动要有创造性。让学步儿假装为聚会做准备或者由于活动需要学袋鼠跳、像风一样轻轻地走、齐步走、踮着脚尖走等。

 ### 过渡环节的界限测试

偶尔，学步儿会哭闹。想象一下，到了收玩具时间，一个孩子没有结束游戏因而很生气。他哭闹、扔玩具并拒绝收玩具。成人在劝说了几分钟后，很生气，并强行让他收玩具。看上去，在这个长时间的争执中一方胜了、一方输了。其实双方都输了，因为时间和精力都被浪费了，而这种情况本来是可以避免的。

如果再给你一次机会，你会怎么做？收玩具之前，提前两三分钟告诉儿童要结束了，并告诉他将要进行什么活动。等到收玩具的时候，可以让儿童选择："你可以把积木放到架子上，也可以帮我把颜料放好。"如果学步儿不听，你可以重复你的要求并走过去开始整理。通常，他会开始收玩具或者离开这个区域。如果他要离开这个区域，叫住他，给他一些需要放回的玩具，并对他说："谢谢你帮忙整理玩具，这个放在架子上。我们现在要开始吃点心了。"给儿童正面的指导，也就是告诉他应该做什么，这通常是有效的。

处理哭闹的学步儿的关键是心平气和。如果成人事先有所准备而不是感情用事，混乱的场面就不太会发生，或者说就不会那么严重。另外，就是需要有合理的期望。学步儿整理玩具通常是随意而仓促的。要记得他们整理玩具的努力是值得肯定的。

 ### 收玩具的时间

应让收玩具成为常规的一部分。学步儿应当参与其中。开始时要求不要过高（比如，让小的学步儿把两块积木放到盒子里），然后逐渐提高要求。收玩具时播放固定的歌曲是必要的。可以是你每天都唱或者用磁带放的一首歌曲。这将帮助学步儿建立常规。这首歌可以是你自己做的简单曲调，也可以把词填到熟悉的曲调里。

以下是两首经常播放的歌曲：

我们拿起玩具把它放好，放玩具，放玩具。

我们拿起玩具把它放好，在早晨时。

（利用《让我们围着桑树走》（Here we go round the Mulberry Bush）的曲调）

或者：

到了我们收玩具的时间，收玩具，收玩具.

到了我们收玩具的时间，明天再来玩。

（利用《玛丽有只小羊羔》（Mary had a little lamb）的曲调）

可以稍做改变，比如，加入玩具的名称或儿童的名字或场景的名称或将要进行的活动的名称：

杰克拿起玩具把它放好，放积木，放积木。

杰米莉拿起积木，他们都把积木放好了。

选择玩具、材料和设备

学步儿需要各种安全且耐用的玩具。玩具包括娃娃、卸货卡车、罐、锅和木勺等。学步儿会创造、发展这些玩具的玩法。选择材料时需注意这样几方面：

● 真实性。对学步儿来说，真实很重要。娃娃看上去像真的吗？比如，玩卡车，小的木头卡车比木头积木更真实，尽管它们使用起来差不多。儿童的年龄越小，玩具就越需要真实。

● 玩具的结构性程度。学步儿的思维是具体的，特定的材料可以建构具体结构。特定的玩具可以引发特定的游戏。结构性玩具，有如小汽车或者玩具盘；非结构玩具，有如橡皮泥和积木。

● 互相作用。材料是否能鼓励儿童参与？鼓励参与的材料将有助于游戏和学习的开展。会动、能发出声音和用手可以变化形状的玩具会鼓励儿童的参与。

● 复杂性。考虑玩具的复杂性。它有多少种玩法？一个简单的玩具（如球）在功能上是复杂的，因为儿童可以用很多方法玩球。人类是创造高手，成人和儿童、儿童和儿童之间的互动可以增加游戏的复杂程度。

● 可塑性。玩具可以被不同年龄的不同儿童用不同方法玩吗？积木就是很好的材料，因为在儿童逐渐长大的过程中，他们可以有不同的玩积木的方法。婴儿可以用它练习抓握、撕咬和聚拢物品。学步儿通过把它拿进、拿出盒子来发展空间感知能力和运动能力。大一些的儿童可以用它搭建以及将其用于假装游戏中。

积木也可以让更多的儿童共同游戏。一些美术材料（如水彩、蜡笔和橡皮泥等）也具有这样的特性。

● 独立性。玩具是否能独立使用还是儿童总是需要成人的帮助才能使用它？尽管成人常常需要指导游戏，但是不要让游戏依赖于成人的指导。

纪律还是惩罚

学步儿和3岁儿童需要成人的指导来告诉他们什么是可以做的、什么是不可以做的。成人可以用温和的命令重复、让儿童自己去感受、给予其正面反馈、给予其适当惩罚，甚至让其自己待一会儿。但是，也许学步儿仍然不能认识到错误。显然，如果出现这种情况的话，麻烦就来了。

3岁儿童很可爱也很难缠。他们是情绪化的，因为他们在该年龄阶段的发展目标之一是学会控制情绪。成人的做法会影响负面情绪的次数、持续时间和强度。

许多成人不知道应该何时以及如何来约束学步儿。什么时候开始呢？通常来说，当婴儿快满1岁时，运动能力更强，成为学步儿时，成人就开始约束他们了。大多数学步儿是守规矩的——在他们看来，他们并没有举止失礼；不守规矩是成人对他们的看法。有时，成人想要约束学步儿是因为他们有了一定的独立性并开始做自己喜欢的事情。他们是活跃的，而且喜欢动手操作，这使得成人想要控制学步儿的行为（Morrison，1998）。

许多人交替使用"纪律（discipline）"和"惩罚（punishment）"两个词，看上去它们是可以互换的。其实，它们的含义不同，会对儿童产生不同的影响。研究者（Gartrell，1987）把纪律定义为为鼓励自我管理而规定行为。也就是说，纪律规定了人们的行为和语言，它帮助人们学会自制，让自己的言行符合特定的环境的要求。所以，纪律的目的在于教会儿童在某种情况下可以做什么，而不是不能做什么。纪律就是教人合适或可接受的行为。

惩罚是为了阻止一个人的特定行为时所采取的措施。惩罚关注的并不是教给儿童正确而合适的行为，而是制止不合适的行为。惩罚在对不合理或者错误的行为采取措施时，常常造成了一些负面的结果（Gartrell，1987）。惩罚通常能够阻止错误的行为，但是也带来了负面的影响。学步儿可能会学着在成人不在的情况下做了坏事就逃跑，或者把成人看成严厉和没有爱心的。

积极的纪律或者引导可以帮助儿童形成良好的自我认识，发展亲社会行为和自控能力（Gartrell，1987）。这是一个循序渐进的过程，而不是一蹴而就的。积极的纪律要考虑儿童的感觉、发展水平和现有的控制能力。当一个儿童的行为不合适时，合理的解释是他为了维护自尊。当儿童逐渐懂得行为具有后果（好的行为有好的结果，不好的行为有负面的结果）时，他们也开始学着控制自己的行为。纪律的目的是让儿童知道哪些是被社会允许的行为并发展内在控制能力。纪律可以帮助儿童发展社会交往能力和亲社会行为能力（Lawton，1988）。

大多数学步儿并不是故意犯错的。学步儿刚刚开始思考行为的后果。撕书的学步儿并不是想毁坏书，他们只是觉得这很好玩。我们成人常常认为他们是故意的，所以很生气。我们知道不应该撕书，但是学步儿不知道。

● 如果你生气的话，要很好地利用你的情绪来进行建构性的教学。让学步儿知道你生气了，并给他们示范如何正确处理这种消极情绪。让学步儿学会处理生气的情绪也很重要。比如，你可以引导："里卡尔，你打了伯瑞，我很生气。你现在去玩别的游戏吧。"

● 告诉学步儿哪些是不应当做的以及如何用更合理的方式代替。比如，你可以说："诺尔，你不能爬篱笆。我带你去体育馆，你可以在那里爬。"

● 帮助学步儿自己解决问题。先教给儿童或者没有经验的学步儿一些语言，渐渐地，他们就能自己表达问题了。比如，可以引导儿童："瑞根，告诉爱尔玛，你不喜欢她打你。"

如果学步儿非常不开心，要让他们有发泄的地方。添加一些玩橡皮泥或水的活动，可能会是个好办法。

● 当学步儿发脾气时，让他们在一个安全的地方冷静下来。成人需要在儿童的附近，因为他们发狂是可怕的。一旦他们平静下来，就要用平静的语调跟其谈一下发生了什么。不要在他们尖叫、哭闹时跟其理论。你可以说："查德，你安静下来以后我们再谈这个问题。"

● 用大量有趣的活动和平稳的过渡来吸引学步儿的参与，尽量减少等待的时间。

● 营造鼓励探索的氛围。把一些有价值的或者不能动的东西放到儿童够不着的地方。如果你不停地跟学步儿说他们不能摸什么东西，探索行为（学步儿获得知识的重要手段）就被阻止了。

● 让房间的布置与你鼓励积极行为的目标一致。比如，如果你希望发展学步儿的独立性，可以把一些精心选择的玩具放在低矮、开放的架子上，让他们自由选择；如果需要的话，多摆放几个他们最喜欢的玩具。

● 让学步儿意识到自己的行为和话语会对他人造成影响。比如，你可以说："德瑞恩，你看到奥兰多的表情了吗？你推倒了他的积木，他非常生气。"

教会学步儿习得适宜的行为是成人的重要任务。对学步儿来说，纪律的最终目标是发展控制社会行为和情绪情感行为的能力。支持学步儿发展自控能力的是纪律而不是惩罚。

控制攻击性行为

处理攻击性行为的原则与适用于学步儿的其他纪律原则是相似的，只不过它尤其适用于攻击性行为。学步儿的攻击性行为和反社会性行为包括打别人、咬别人、向他人扔东西、伤害他人、不与他人分享、骂人和说脏话等。通常，存在攻击他人的儿童，也存在受到伤害的儿童。

在所有纪律中，你首先要考虑学步儿自身的需要及生理年龄。儿童产生好的行为依赖于成人尊重的处理方式。你一贯的尊重的处理方式是对儿童进行行为控制的最好办法。被关爱和尊重的儿童更乐于合作及遵守规则。

为了更有效地处理攻击性行为和反社会性行为，懂得一些特定的知识是必要的。花三天时间观察学步儿并制订方案。这比较困难，因为面对此种情况时你有着现在就要做些什么的紧迫性。但是，也许你正在用的方法现在并不起作用，因此通常的办法并不十分见效。那么，你就需要思考下面几个问题。

● 有规律可循吗？首先看一下这种引发问题的行为的出现是否存在一些规律。

发生的时间。它发生在学步儿入园时？离园时？吃点心或者午餐前？午睡期间？一天的所有时间？

活动和常规活动。它发生在某些特定的活动或常规活动中？如果是的话，充分考虑这些活动。它们是结构化的活动还是自由选择的活动？是群体活动还是单独活动？是儿童坐着时还是活动时？

地点。有没有攻击性行为发生的特定地点？是在室外还是在室内？是在教室的特定区域，如积木区或者角色表演区？

原因。是什么原因导致出现了攻击性行为？在这之前发生了什么？是另一个儿童抢走了这个儿童的东西还是这个儿童向另一个儿童要东西时被拒绝？儿童之间在争吵还是在打架或者正准备打架。他很烦吗？他的家庭有没有什么变故？是不是有新的弟弟或妹妹出生？有爷爷、奶奶、姥姥、姥爷到来或者爸爸、妈妈离开？学步儿需要柔软膝盖的环绕以及理解的微笑，而不是"不要再扔玩具"的命令和"你应该变成大孩子"这样的要求。

● 谁是受害者？受害者是恰好在那里还是受伤害的总是他，或者是个新来的孩子？如果有很多孩子，看一下男孩多还是女孩多抑或两者的数量差不多？看一下是大孩子还是小孩子？是攻击性强的孩子还是害羞的胆小的孩子？

● 攻击性行为发生后学步儿有何表现？学步儿否认还是承认行为？学步儿听到受害者的哭声会感到不安吗（如果发生这种情况的话）？受害者用同样的方式（如咬或打）回击时他不高兴吗？在实施行为之前，儿童会先观察一下成人是否在看吗？儿童攻击完以后是否走开了？儿童是否赔礼道歉并关心受害者？（选自Deiner 的研究，1993）

如果有些儿童的行为失常，看一下他是不是不舒服。比如，有时候耳朵发炎的唯一征兆就是行为失常。

这些问题的答案可以帮助你得到一些干预攻击性行为的方法。当你面对一个必须处理的情况时，形成一种所有成人都遵循的策略是很重要的。它需要大家一致同意并得到坚决的执行。这个过程是这样的：

● 迅速查看受伤者；如果需要的话，让其他成人来完成。

● 坚定但平静地告诉实施攻击性行为的儿童你不能够容忍这种行为。事先想好在这种情境中要说的话，如："不允许你伤害其他孩子。你坐在这儿，直到我让你走你才能离开。"如果他不肯坐在那里，让其他成人陪他坐在那里并告诉他："米勒夫人会陪着你。"

● 给儿童设定一个时间或定一个闹钟，让他自己待着。在这段时间，不要跟这个儿童说话，也不要看他。如果有其他儿童走到他跟前，跟这个儿童说："埃伯需要自己待一会儿。"让其他儿童去别的区域。

● 给儿童选择符合他的发展水平的时间。合适的时间一般是每大1岁加1分钟（如1岁幼儿为1分钟、2岁幼儿为2分钟等）。尽管对成人来说，这个时间很短，但对学步儿来说，感受是不同的。最好让这个时间短一些，不至于因为他不乐意待这么长时间而再次出现问题。

● 当时间到了时，走到儿童跟前说："现在你可以起来了。"帮助他找一个有趣的活动。不要再说刚才的事情了；学步儿已经意识到被强制坐在椅子上的原因。这个事件就算过去了，一切照常进行。

提示：有些人认为这种方法已经过时了。事实上，这种方法在问题出现以前就已经开始使用了（Essa，1990；Deiner，1993）。

小结

学步儿和3岁儿童的发展适宜性计划要尤其重视年龄以及个体的差异性。学习环境的建构包括内容和过程之间的关系、儿童主导的活动和教师主导的活动之间的比例，全纳教育也受到了特别关注。学步儿和3岁儿童发展计划的重点在于安排一天的时间、可供学步儿选择的活动的数量和如何平衡这些活动。

学步儿和3岁儿童积极探索着自己的世界并试图去了解它。计划需要包括发展的各个方面。给学步儿制订的计划要用简单、具体的主题并提供发展自理能力的时间，因为独立性的发展是课程的重点。

文中提到了成人在促进学步儿独立和自立中的作用，揭示了过程和内容的重要性、游戏的作用和成人指导学习的方法，具体化和细化了项目设计。与为婴儿提供的个体化设计相比，这种项目设计与幼儿园的主题教育方案更具相似性。本章给出了针对学步儿和3岁儿童的全纳教育的方法。

过渡环节作为学步儿的特殊情绪阶段在此处被单独加以论述。本章提出，要重视过渡环节，并把它作为增加学习经验、减轻紧张情绪的时间。在活动中，还需要实施纪律，因为学步儿在探索环境时不免出现一些违反规则的行为。

实践活动

1. 纪律还是惩罚？一个学步儿在看书时开始撕书。讨论如何处理这种情况并说明为什么要这样做。

2. 写出你关于0~3岁儿童的教育理念。

3. 写一份在9月份供12个学步儿和3岁儿童使用的一周主题计划。然后把这个计划改成适用于同一组幼儿在3月份时采用的主题计划（他们长大了半岁）。你希望他们学什么？他们的哪些发展变化将影响你的计划？

4. 描述发展适宜性实践，并阐述它对照顾3岁以下儿童的成人来说意味着什么。参观一个儿童看护机构，用发展适宜性理念来评价它的活动。

第十九章　为学步儿和 3 岁儿童设计的活动方案：18～36 个月

儿童 18 个月大时，运动是天经地义的。但是，学步儿喜欢跑得更快。他们的成长速度慢了下来，动作更加精细化。里程碑不再像迈出"第一步"或者说出"第一个词"那么明显。变化更加细微，而且更多是在语言、社会性和认知领域。学步儿逐渐理解发生了什么并能说出自己的需求。他们更加清楚自己的周围发生了什么，更善于回答，同时"不"仍然是他们最常用的词语。语言是有魅力的。现在儿童能指着图画或者物体用双词句来表达。他们大多数时候想自己做主，随着小肌肉运动能力的发展，他们能够自己做更多的事情。

学步儿和 2 岁儿童从情绪情感上说仍然很脆弱。他们前一秒看上去还很有能力，接着就可能把事情搞砸。他们才刚刚开始拥有关于安全的知识。他们才开始有能力自己做事情并要求独立，虽然他们喜欢成人伙伴，但对同龄伙伴之间的关系更加感兴趣。他们成为"更好的伙伴"，与他们相处会很有趣。他们享受跟成人的友谊，对同龄伙伴深感好奇，与同龄伙伴的关系还在萌芽中。

为学步儿和 3 岁儿童设计的活动方案

应该给这个年龄段的儿童提供单独活动或与两三个熟悉的同伴进行小组活动的机会。他们需要大量的机会来练习新能力和掌握运动能力。尽管他们的基本技能有所提高，但增加活动的多样性仍然是计划的重点。本章提到的活动适用于多个年龄段的儿童。但是对儿童来说，他们使用材料的能力会有所不同。橡皮泥就是一个可以供不同年龄段儿童活动的材料。这种活动的标志之一是标题中有"各种……"。

■ 感知觉

 障碍练习

目标：促进感知运动能力的整合和运动能力的发展。

材料：桶、盒子、木板、椅子、铁环、平衡木。

步骤：障碍练习在室内外都可以进行。这种练习的难易程度取决于儿童的已有经验，这种活动需要大量的身体运动技能和一个能同时容纳若干儿童一起运动的场所。这种练习要求儿童能越过、从下面爬过、绕过或者穿过障碍物。应允许儿童探索。当他们熟练以后，给具体的活动提出要求。

降低难度：让练习简单一些、路程短一些或者允许儿童中途停下。边让儿童做边给其解说他们正在参与的活动，这样他们就开始将语言与活动联系起来。如果在活动过程中需要做出选择，就可以使用一些箭头或者图画指示来指导儿童学习穿越障碍的方法。

增加难度：给儿童分配一些复杂的任务，比如，拿着盛豆子的袋子或在平衡木上穿过铁环。要求儿童穿过特殊障碍物时要用特殊的姿势，或者加入音乐，要求儿童按照节奏运动。

备注：这是一系列让儿童练习不同的运动能力的活动。通常，儿童擅长某些运动并且只喜欢做这些运动；该活动为每种运动能力的练习提供了一段时间，这样就能够保证儿童各种能力的全面发展。

■ 感知觉

 各种平衡运动

目标：促进感知运动能力的整合、运动能力的发展和对身体的认识。

材料：装有豆子的袋子、书、纸盘、颜料刷、羽毛、蜡笔。

步骤：让儿童用头顶着装有豆子的袋子。鼓励他们站起、坐下或者快走、慢走，从中寻找平衡。然后让他们把袋子放在身体的其他部位：肩膀、肘、膝盖和脚。让他们趴在地上把脚举起来，然后把袋子放到一只脚上并保持平衡，然后用手抓袋子。

降低难度：给儿童提示姿势是否正确，指导其了解怎样更容易保持平衡。

增加难度：让儿童尝试平衡不同的比较难掌握平衡的物体。

备注：这些感知运动活动要求儿童具有动静平衡能力和集中注意力。

■ 感知觉

 各种投掷运动

目标：提高感知运动能力、运动能力和手眼协调能力。

材料：装有豆子的袋子、网球、附有粘扣带的乒乓球、海绵、小橡皮球、橡皮筋、马蹄铁、塑料空心球、皱纹纸、酷什球（koosh ball）、硬纸盒、海绵球、靶子、乒乓球。

步骤：让儿童参与到下面所列的各种投掷活动中。一天只提供一种活动，但是提供多种不同的球。比如，在投掷篮球时加入网球、酷什球和塑料空心球。帮助他们辨别投掷不同的球的区别。有一些是适合室外的，而另一些是适合室内的。

● 投掷结构球——用海绵球或者结构球（塑料空心球）；儿童开始理解向近处的人抛球。逐渐增加抛球距离并发展至将手举过肩投。

● 投圈——用橡皮筋拴着马蹄铁，这个游戏要求具有多种投掷能力。

● 投装有豆子的袋子——把袋子投入大洞或空咖啡罐里。

● 投纸团——把纸团成球并扔进废纸篓。

● 投网球——由于球会弹起，所以这个游戏有难度。如果球的位置低的话，指导儿童将手握成杯状去抓球。

● 投掷牛奶瓶或牛奶箱——把塑料牛奶瓶或者牛奶箱堆成金字塔状，用网球击打。

● 桶掷——用桶或废纸篓接球。一开始先把桶放在地上，然后再把它放在椅子或箱子上。

● 空盒投掷——把一个无底的纸盒侧放在地上或者把它钉在墙上，然后投掷或者滚动球穿过箱子。

● 目标投掷——把附有粘扣带的乒乓球投向靶子（附着粘扣带）；通过改变靶子的距离和大小来变换游戏。

● 海绵投掷——用一个带有不同大小的洞的纸盒作为靶子进行投掷，或者让儿童把海绵扔过呼拉圈。天热时可以使用湿的海绵。

降低难度：让学步儿用改变投掷物等方式变换游戏。通常，距离越短、靶子越大、球越大，任务就越简单。

增加难度：引导儿童发现哪种投掷方式比较难。讨论哪种球容易投掷。

备注：变化可促进感知运动能力发展——调整和补偿使得学习经验超出了简单的运动精细化。这些活动在室内外都可以开展。应让学步儿排队投掷，以确保安全。

注意事项：可与学步儿和 3 岁儿童讨论哪里是安全的投掷地点。讨论哪些物品是可以用来投掷的。

■ 感知觉

 各种球类运动

目标：提高感知运动能力和手眼协调能力。

材料：各种球类，如小的硬橡皮球、未充满气的大充气球、网球、酷什球、大小不同的充气橡皮球。

步骤：无论是在室内还是室外，都可让儿童参与不同种类的球类活动。先玩未充满气的大充气球，因为它是儿童最容易控制的球。让儿童参与下面的活动：

双腿分开坐在球上来回滚动。

把球滚向目标处。

把球尽可能地扔高。

把球轻轻地扔给其他伙伴。

把球扔到盒子或篮子里。

将球踢得尽可能的远。

把球踢到目标处。

降低难度：指导儿童并把球抛回给他。

增加难度：鼓励一个儿童踢或者扔球，另一个儿童捡球，然后交换角色。

备注：球或者其他可以滚动的玩具可以有多种玩法。提供不同大小的球、其他质地的玩具用来滚动。儿童可以滚动不同重量和大小的球。婴儿需要直接的经验，来了解球会滚动而立方块不会。当学步儿运动能力发展得更好的时候，也许并不知道要放回玩具，而这需要你的帮助直到他意识到这个问题。用不同的球来重复运动。投掷充气球和网球是非常不同的感觉。

■ 语言艺术

 我能行

目标：增强语言意识和自信。

材料：照片、杂志图片、索引卡片、标记笔、密封袋。

步骤：给每个儿童制作一本体现自己能力的书——"我能行"，这本书记录着儿童大大小小的成绩或者贴有各种照片，每张照片都展示了儿童的一次成功。比如，在一张学步儿自己站立的照片底下写着"我能站起来了"或者在一张儿童双手击掌的照片下写着"我能拍手了"。照片不必非常精美，只要能表达出意思就行了。

降低难度：将这本书制作好并读给儿童听。

增加难度：让儿童参与制作书的过程。留出一些空间来添加儿童的美术作品。

备注：如果你给每张图片加上日期的话，这将成为一种记录，并且可以跟其他家庭成员交流儿童的成长。我们常常关注儿童不能做的事情，其实与儿童分享他们的进步是很必要的。儿童能把他们感兴趣的任何东西加入书中。

帽子

目标：提高语言能力。

材料：各种帽子；安尼克出版社（Annick Press）出版的黛比·贝利（Debbie Bailey, 1993）所著的《帽子》（Hats）。

步骤：给一个小组的儿童读《帽子》这本书。向儿童展示一顶帽子并说一说帽子的功能。给他们看各种类型的帽子：不同季节的、不同作用的。让儿童玩弄帽子并讨论帽子的特点和作用。引导儿童戴帽子。准备好镜子。

降低难度：只读书中的一段。让帽子的数量少一些，将重点放在帽子而不是语言发展上。

增加难度：讨论不同帽子的不同功能。引导儿童"猜一猜"为什么有些帽子造型奇特。

备注：学习语言的一个难点是总结物品的功能以及功能与名字之间的关系。为儿童提供大量接触实物的机会，帮助他们理解帽子的概念。在玩帽子时可以继续念书上的故事。

■语言艺术

 用贴绒板讲故事

目标：提高语言能力和倾听能力。

材料：贴绒板、故事、贴绒板故事节选（从涂色书或故事书上剪下人物图片）。

步骤：选择一个有几个主角的简单的故事（动物主角是很好的选择）。制作一些可粘贴的人物图片。讲故事，并让儿童把图片贴到贴绒板上（对学步儿来说，可能是新的体验）。

降低难度：给儿童更多的提示并帮助他们贴图片。

增加难度：让儿童自由使用贴绒板创编故事。

备注：这些故事应简单，易于儿童参与，这样可以使倾听变得简单。相较于故事本身，儿童可能对讲故事的过程更感兴趣，所以可以再讲一遍。

■语言艺术

 把声音录下来

目标：提高语言能力，增强自信心。

材料：录音机、空白磁带、儿童的照片。

步骤：在每天的活动之余，让儿童用一分钟说一说自己在做什么并录下来。当班里的每个儿童都录了音后，组织儿童听录音并猜一猜是谁在说话。当儿童辨别出某个儿童的声音时，让这个儿童说话然后再听一遍录音。

降低难度：出示两三张儿童的照片，让他们从中选择是谁的声音。

增加难度：让儿童伪装自己的声音，其余儿童可通过声音的特点来猜测。

备注：记录下儿童说话的顺序以确保你能辨别每个儿童的录音。

■ 探索发现

 香蕉饼

目标：提高根据因果关系进行推理的能力和排序能力。

材料：香蕉、全麦酥饼、小塑料袋、擀面杖或圆柱形木棒。

步骤：让儿童把全麦酥饼放到袋子里，用滚筒或手弄碎饼干。让儿童比较全麦酥饼和饼干屑之间的区别，并思考他们在捣烂全麦酥饼时所用的时间、力量与最后捣成的饼干碎屑大小之间的关系。让学步儿帮忙剥香蕉，然后成人用小刀把香蕉切成大块。让学步儿把香蕉条放入装有饼干碎屑的袋子里，系上袋子摇晃，然后就可以吃蘸满饼干屑的香蕉了。

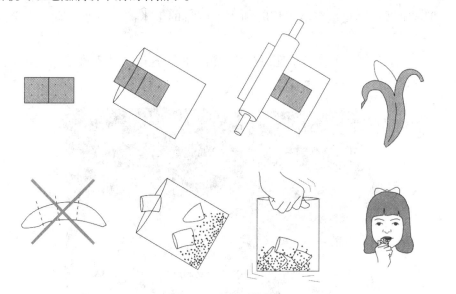

图 19-1 制作香蕉饼

降低难度：成人把香蕉剥好皮切好并把全麦酥饼压碎，儿童只需要把香蕉放入袋子摇晃就可以吃香蕉了。

增加难度：把过程的每个步骤画出来，看儿童能否看着图一步一步地做出来。

备注：儿童喜欢吃自己帮忙做的食物。这能让他们更好地意识到状态的变化和动作的结果。其他类似的过程性的任务（如制作匹萨）也可以用同样的方法。

■ 探索发现

 黏糊物

目标：提高根据因果关系进行推理的能力和感知运动能力的整合性。

材料：水、玉米淀粉、碗、盛果冻卷的盘子。

步骤：在碗中放入一袋玉米淀粉，逐渐加水（如果需要的话，可以加入食用色素），搅拌做成黏糊的流体。黏糊物可能看上去比较坚硬，但拿起来时就会知道它是流体（用等量的水和玉米淀粉搅拌，有利于做成黏糊物）。让儿童自己用不同比例的水和淀粉来实验，并观察结果。把黏糊物放入盛果冻卷儿的盘子中给儿童玩。引导儿童讨论黏糊物的不同状态。鼓励他们感觉、挤压、滴、溢出、滑动黏糊物。儿童可以只玩黏糊物，也可以利用勺子、铲子和小容器等工具。

降低难度：引导儿童玩黏糊物。把它分成若干份，让儿童观察这些小块一开始是分开的，过一会儿会黏到一起。在黏糊物上戳一个洞，接着洞会自己消失。让黏糊物从手指中流过等。

增加难度：让儿童在玩流体时加入不同量的玉米淀粉或水，看一下会发生什么。

备注：黏糊物是可食用而且相对容易清理的。这个活动不难组织。它虽然简单，但是即使对成人来说也很有意思。

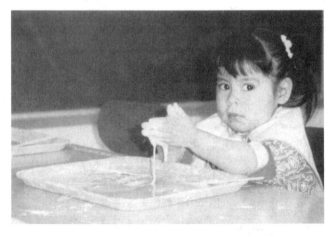

图 19-2　黏糊物是儿童喜欢的，而且也是相对卫生的

 **各种面团活动**

目标：提高根据因果关系推理的能力和感知运动能力的整合性。

材料：碗、木勺、水、量杯和量勺、面团。

制作有纹路的面团

原料：面粉、盐、植物油。

将面粉和盐按照以下比例混合起来，制作面团：1 份盐 + 7 份面粉 + 水（或植物油）；1 份盐 + 7 份面粉 + 水（或植物油）。

将面粉和盐混合，加入植物油和水，直到达到理想的状态，如果太黏了，可以再加入面粉。

制作果乐（Kool-Aid）面团

原料：面粉、盐、酒石奶酪、油、"酷爱"饮料。

准备 3/2 杯的面粉、3/4 杯的盐、3 勺酒石奶酪、3/2 杯温水、3/2 勺油、酷爱饮料（刚开始的时候倒 1/4 杯）。将这些原料混合、搅拌，加热 5 ~ 10 分钟，在加热的过程中不断地搅拌。它会逐渐变成一个球的形状。等它冷却下来以后，用手把它捏得光滑。将成品放到塑料袋里或者用塑料容器盖住，放入冰箱。

制作肉桂面团

原料：面粉、盐、水、油、肉桂。

准备 1/2 杯的盐、1 杯面粉、1 勺油、1/2 杯水。混合这些原料饼用勺子搅拌，再撒入肉桂，继续搅拌。

制作可食用的面团

原料：花生酱、葡萄干、蜂蜜、奶粉。

准备 1/3 杯花生酱、1 勺蜂蜜、葡萄干、2 勺奶粉（足够做面团）。把这些原料放在碗里，让儿童用勺子搅拌成面团。鼓励儿童往面团中放葡萄干。葡萄干也可以作为装饰。

步骤：让儿童帮忙做面团。让他们讨论不同的原料对制作面团的影响。鼓励儿童思考他们想做什么面团。做好面团后，让儿童使用多种玩法并讨论其不同。

降低难度：让儿童玩面团但不让他们做。讨论不同时先大致给出分类。

增加难度：让儿童通过触摸面团来给它们分类。讨论不同质地面团的用处。让儿童尝试其他做法，加入锯屑、沙子等。用小剂量的材料，以免影响作品的外观。

备注：当儿童参与制作面团时，会开始明白为什么面团的感觉不同。当他们运用多种感官时往往能够懂得更多。面团可以发展他们的手指运动能力和触觉。

给面团加入香味可以丰富活动中的感觉刺激，并给儿童同时运用多种感官的机会。许多儿童喜欢尝面团。多用一些可食用的有营养的面团以供他们品尝，而不是要求他们不能吃面团。

备注：让儿童在活动之前先洗手。不要让儿童吃一些不宜食用的东西（如锯屑）。

图 19-3　面团活动能够促进儿童社会交往能力的发展和感官运动能力的整合

■ 探索发现

 室外百宝箱

目标：发展辨别、分类和概括能力。

材料：鞋盒、大蜡笔。

步骤：把每个儿童的名字分别写在不同的盒子上。告诉儿童什么是宝贝，并告诉他们这个盒子是用来藏宝的。进行短途散步。每个儿童都由成人拉着。散步要因季节和场地的不同而不同。如果是春天的散步，要给儿童指出视觉（"看看树上美丽的粉红花"）、声音（"听，你听见小鸟唱歌了吗"）、嗅觉（"噢，闻一下花香，你喜欢这个味道吗"）、质地（"这棵树被叫做姑娘柳，因为它们摸上去像小猫一样软"）等信息。

如果儿童刚刚学话，可以用一些常见的词语（如"花"或"鸟"）来描述你所看到的景色。鼓励他们寻找宝贝，可以将一些他们想要放入百宝箱里的东西带回去细细观看。回到室内后，与每个儿童讨论他们找到的宝贝并口头说出它们的名字。

降低难度：给儿童提供一些简单的东西，如石头或草叶，看一下他们是否对这些感兴趣并把它们收藏为宝贝。

增加难度：让儿童根据颜色、形状、大小和功能给宝贝分类。

备注：儿童喜欢收集小物品，而这种活动给他们提供了学习的机会。儿童将通过以下感官了解世界——视觉、嗅觉、触觉、味觉和听觉。给他们一些第一手经验。在不同季节要穿适宜的衣服散步，甚至是雨天。如果儿童喜欢的话，你可以进行不同种类的寻宝活动。

■ 探索发现

 ## 盒子、盒子、盒子

目标：增进有关形状、大小和测量的概念，促进感知运动能力的整合。

材料：大小不同的纸盒、一个大盒子（仅需一个用来做用具就可以）。

步骤：把小、中、大盒子放到开阔的场地里。鼓励儿童从小号和中号的盒子里爬进爬出。有些儿童喜欢在大盒子里"藏"一段时间。允许儿童把玩具放到盒子里推拉或者推拉在盒子里的其他伙伴。讨论大小概念，比如，小盒子、中盒子、大盒子以及它们分别能装的物品。使用一些关于空间的词汇：里、外、在前面、在后面和旁边。大的工具箱可以作为儿童自己的"家"。引导儿童思考窗户和门应该在哪里，估量一下它们的高度、位置和大小。

降低难度：用口头语言和行动引导儿童的盒子探索活动。如果他们进不去盒子里面的话，可以帮助他们。

增加难度：鼓励儿童创造性地使用盒子，比如，做成一个火车。引导他们按盒子大小摆放盒子。看看儿童能不能用盒子搭塔。

备注：在天气好的时候，这是非常好的户外活动，在运用大肌肉的同时也提高了空间感知能力。学步儿喜欢无限制地创造。

■ 艺术创造

 ## 刮胡霜手指画

目标：鼓励创造性活动和感知运动能力的整合。

过程：摇匀刮胡霜，把它直接喷在桌子上。鼓励儿童探索它并用它做手指画。指出它摸起来和闻起来有什么特点。当刮胡霜没了时，再喷出一些。

降低难度：放一点刮胡霜在手上，让儿童在使用之前摸一下。

增加难度：把蛋彩画颜料末洒在刮胡霜上，让它变得有一些颜色。

备注：这是其他活动没有准备好或者不巧下雨时一个很好的备用活动。学步儿喜欢这种经历，它很容易准备而且容易清理。

■ 艺术创造

 撕纸

目标：鼓励创造性活动和手眼协调能力的发展。

材料：硬纸板、剪下的彩色图片、糨糊、蜡笔、剪刀。

步骤：教儿童撕纸和用胶水的方法。鼓励他们撕不同颜色和不同大小的纸，然后把这些碎纸屑粘到硬纸板上。

降低难度：仅仅让儿童撕纸。

增加难度：鼓励儿童把纸剪成和撕成一些形状。用不同类型的纸，如铝箔、蜡纸、墙纸、手工折纸等。这些纸撕起来时感觉不同。

备注：撕纸能释放不良情绪，并能满足不太会使用剪刀的儿童的需要，大多数 2 岁儿童即使使用专门的剪刀剪都会觉得比较困难。

■ 艺术创造

 心情舞蹈

目标：鼓励创造性的动作和感知运动能力的整合。

材料：录音机、磁带或 CD 播放机、音乐。

步骤：播放音乐。让儿童随着音乐起舞。运用各种不同的音乐，不过要确保音乐有特定的节奏和情绪。跟儿童说一说音乐表现的情绪情感：快还是慢，欢快还是悲伤，轻快还是沉重。如果学步儿不会跳的话，你跟他一起跳或者就让他跟会跳的孩子一组。你一定也要参与进来，这会帮助他们理解音乐所表现的情绪。你的示范会鼓励他们参与。

降低难度：鼓励儿童做出各种动作，无论它是否跟音乐表现的情绪有关。

增加难度：让儿童在跳舞之前先听一分钟音乐，讨论一下音乐所表现的情绪情感、节奏以及快慢的感受。提供一些小道具，如丝巾。

备注：跟着音乐跳舞的能力会让人受用终生。

■ 社会意识

 大幅图画

目标：鼓励社会意识、合作意识和创造性活动。

材料：大幅新闻纸、水笔、大蜡笔、大粉笔、遮蔽胶带。

步骤：在桌上盖上纸，固定住它。让每个儿童有自己的空间和自己的水笔、蜡笔和粉笔，鼓励他们共同商量完成作品。

降低难度：鼓励、支持儿童在纸上进行任何涂鸦。

增加难度：把图画分成不同的主题，并让儿童画与主题相关的画。如果儿童要求的话，可给涂鸦命名并写上他们想说的话。

备注：让大幅图画摆放的时间长一些，可以让儿童其间参加别的活动然后再回来作画。对这么小的儿童来说，小组活动是比较困难的，但是这不失为一个很好的尝试。鼓励儿童学习其他同伴。可把画挂起来让儿童跟家人分享。平时在户外散步时也可以做这个活动。

■ 社会意识

 庆祝活动

目标：增强对个体差异和文化多样性的认识。

材料：无（家长也可以提供）。

步骤：与儿童简要讨论不同节日的庆祝方式、家人是怎么庆祝不同节日的、同样的节日不同的庆祝方式。讨论节日带来的感受、兴奋和期待。在合适的机会邀请家长来分享他们的经验。设计一些相关活动以引发这样的谈话。可以准备一些点心，因为食品通常是许多节日的一部分。

降低难度：鼓励儿童坐在家人的旁边讨论节日的问题。

增加难度：鼓励儿童多发言。

备注：无论班里的儿童在庆祝活动时是否有差异，都要让儿童知道人们有不同的节日。你应清楚班里某些不庆祝特定节日的儿童。通过与他及其家人的交流，了解他们希望如何与同伴讨论这个节日。

■ 社会意识

 工具

目标：提高适应能力或自理能力以及感知运动的整合性。

材料：放入了沙子或者燕麦片的浴盆、小的物品以及一些不同的工具，如色拉夹、大汤勺、制作派或蛋糕的工具、抹刀、镊子、糖钳、意大利面勺、漏勺、针鼻钳。

步骤：把小的物件放入装满沙子的浴盆中，让儿童用不同的工具找出这些小物件。

降低难度：儿童可以先用手找出沙子里的小物件，然后用勺子，最后再用复杂的工具。

增加难度：让儿童用更复杂的工具，如钳子和镊子，以发展协调性。

备注：儿童需要练习使用工具。尽管夹取小物件对他们来说比较难，但是儿童非常喜欢小的东西。

■ 社会意识

 穿衣服

目标：增强适应能力、自理能力以及语言意识。

材料：五六岁大的儿童或者体型小的成人穿的衣服；小装饰品，如围巾、项链、帽子、手套、腰带、皮夹等。

步骤：利用大一号的衣服，将它套在学步儿的衣服外面。让儿童边穿边说出衣服的名字。鼓励儿童自己穿脱衣服。小装饰品可以增添乐趣并增加语言学习的经验。跟儿童说一说他们要去哪儿以及要扮演什么角色。

降低难度：帮助儿童穿上衣服，看他们能否自己脱下来。选择更简单的衣服。

增加难度：让活动变得更复杂，如变成有纽扣的衣服，鼓励儿童自己穿脱衣服。鼓励儿童扮演不同的角色。帮助他们穿戴小装饰品。

备注：这个活动能促进儿童自理能力和语言能力的发展。它把这种练习的有趣和过渡环节的增速结合了起来。

小结

学步儿和 3 岁儿童的语言能力发展得很快。随着语言能力的发展，他们的想象性游戏活动增加了。学步儿通常表演自己熟悉的内容，所以他们需要一些实际生活经历来支持新游戏。他们开始发展帮助自己独立的能力，如穿脱衣服，因此我们需要给他们提供这样的活动来促进他们能力的发展。

18～36 个月是儿童发展社会性游戏技能的时期，所以要让儿童在一起游戏，但不要强调合作。这种能力是在不知不觉中显露的。有时，学步儿喜欢分享和合作；有时，他们很不喜欢。给学步儿和 3 岁儿童设计的活动应该更复杂，需要更多的智慧和想象。

实践活动

1. 选择一个玩具并评价它。看它适合哪个年龄段的儿童、有利于发展哪种能力和适用于哪种活动。

2. 思考如何让上述玩具适用于存在视觉、听觉、肢体障碍以及发育迟缓的学步儿和3岁儿童。

3. 参考本章中介绍的活动，为一组6名18～36个月大的儿童设计一天的主题活动。